Die Bedeutung des Börsenkurses für die Höhe von Barabfindungen

Schriften zum Wirtschafts- und Medienrecht, Steuerrecht und Zivilprozeßrecht

Herausgegeben von Jürgen Costede
und Gerald Spindler

Band 32

PETER LANG
Frankfurt am Main · Berlin · Bern · Bruxelles · New York · Oxford · Wien

Katharina Padberg

Die Bedeutung des Börsenkurses für die Höhe von Barabfindungen

PETER LANG
Internationaler Verlag der Wissenschaften

Bibliografische Information der Deutschen Nationalbibliothek
Die Deutsche Nationalbibliothek verzeichnet diese Publikation in der Deutschen Nationalbibliografie; detaillierte bibliografische Daten sind im Internet über <http://www.d-nb.de> abrufbar.

Zugl.: Göttingen, Univ., Diss., 2006

D 7
ISSN 1614-2071
ISBN 978-3-631-56782-1

www.peterlang.de

Vorwort

Ihr Juristen seid doch das wunderlichste Volk auf der Welt!

J. W. von Goethe zu Prof. G. Hugo,
Rechtsgelehrter in Göttingen, am 23.5.1809

Die vorliegende Arbeit wurde im Wintersemester 2005/2006 von der Juristischen Fakultät der Georg-August-Universität Göttingen als Dissertation angenommen.

Mein herzlicher Dank gebührt Herrn Professor Dr. Gerald Spindler für die geduldige und aufmerksame Betreuung der Arbeit und allen Mitarbeitern für die schöne Zeit am Lehrstuhl. Frau Professor Dr. Renate Schaub danke ich für die Erstellung des Zweitgutachtens.

Das Promotionsvorhaben wurde von der Stiftung der Deutschen Wirtschaft - Studienförderwerk Klaus Murmann - mit einem Stipendium gefördert. Im Rahmen der immateriellen Förderung durfte ich an einer Vielzahl überaus interessanter Veranstaltungen teilnehmen. Ich hatte oft die Gelegenheit, mich zum Schwerpunkt dieser Arbeit und anderen juristischen Fragen, vor allem aber zu weit darüber hinausgehenden Themen auszutauschen - eine Förderung in jeder Hinsicht. Ich danke Herrn Professor Dr. Dieter Medicus für eine gute Idee.

Besonderer Dank gilt meinem Mann Frank, der mich unermüdlich und überaus verständnisvoll unterstützt und immer wieder neu motiviert hat.

Lüneburg, im September 2007 Katharina Padberg

Inhaltsübersicht

Inhaltsverzeichnis

Abkürzungsverzeichnis

a. A.	andere(r) Ansicht
Abs.	Absatz
a. E.	am Ende
a. F.	alte(r) Fassung
AG	Aktiengesellschaft, Die Aktiengesellschaft (Zeitschrift)
AktG	Aktiengesetz
AktG-E	Entwurf des Aktiengesetzes
Alt.	Alternative
Anh.	Anhang
Anm.	Anmerkung
AnSVG	Gesetz zur Verbesserung des Anlegerschutzes
Art.	Artikel
Aufl.	Auflage
BAG	Bundesarbeitsgericht
BAGE	Amtliche Sammlung von Entscheidungen des Bundesarbeitsgerichts
BayObLG	Bayrisches Oberstes Landesgericht
BB	Betriebs-Berater (Zeitschrift)
Bd.	Band, Bände
Begr.	Begründung, Begründer
BFH	Bundesfinanzhof
BFHE	Sammlung der Entscheidungen des Bundesfinanzhofes
BGB	Bürgerliches Gesetzbuch
BGBl.	Bundesgesetzblatt
BGH	Bundesgerichtshof
BGHZ	Amtliche Sammlung von Entscheidungen des Bundesgerichtshofes in Zivilsachen
BewG	Bewertungsgesetz
BKR	Zeitschrift für Bank- und Kapitalmarktrecht
BörsG	Börsengesetz
BörsenO	Börsenordnung
BörsenO-FWB	Börsenordnung für die Frankfurter Wertpapierbörse
BR-Drucks.	Bundesratsdrucksache
BStBl.	Bundessteuerblatt
BT	Bundestag
BT-Drucks.	Bundestagsdrucksache
BUW	Betrieb und Wirtschaft (Zeitschrift)
BVerfG	Bundesverfassungsgericht

BVerfGE .... Amtliche Sammlung von Entscheidungen des Bundesverfassungsgerichts
BVerwG .... Bundesverwaltungsgericht
BVerwGE .... Amtliche Sammlung von Entscheidungen des Bundesverwaltungsgerichts
bzw. .... beziehungsweise

ca. .... circa
CAPM .... Capital Asset Pricing Model
DB .... Der Betrieb (Zeitschrift)
DCF .... Discounted Cash Flow
ders. .... derselbe
d. h. .... das heißt
DJT .... Deutscher Juristentag
dies. .... dieselben
DNotZ .... Deutsche Notarzeitung (Zeitschrift)
DStR .... Deutsches Steuerrecht (Zeitschrift)

EG .... Europäische Gemeinschaft
EGAktG .... Einführungsgesetz zum Aktiengesetz
EGMR .... Europäischer Gerichtshof für Menschenrechte
EGV .... Vertrag zur Gründung der Europäischen Gemeinschaft (in der Fassung des Vertrages von Nizza)
Einl. .... Einleitung
EMRK .... Europäische Menschenrechtskonvention
ErbStR .... Erbschaftssteuerrichtlinien
EStG .... Einkommensteuergesetz
etc. .... et cetera
EuGH .... Europäischer Gerichtshof
EuGRZ .... Europäische Grundrechte-Zeitschrift
evtl. .... eventuell
EWiR .... Entscheidungen zum Wirtschaftsrecht (Zeitschrift)

f., ff. .... folgende
FGG .... Gesetz über die Angelegenheiten der freiwilligen Gerichtsbarkeit
FGPrax .... Praxis der freiwilligen Gerichtsbarkeit (Zeitschrift)
Fn. .... Fußnote
FS .... Festschrift

GA .... Generalanwalt beim Europäischen Gerichtshof
GbR .... Gesellschaft bürgerlichen Rechts

gem. .... gemäß
GG .... Grundgesetz
GKG .... Gerichtskostengesetz
GmbH .... Gesellschaft mit beschränkter Haftung
GmbHG .... Gesetz betreffend die Gesellschaften mit beschränkter Haftung
GmbHR .... GmbH-Rundschau (Zeitschrift)
grds. .... grundsätzlich
GrS .... Großer Senat

h. A. .... herrschende Ansicht
Hb. .... Handbuch
HGB .... Handelsgesetzbuch
h. M. .... herrschende Meinung
Hrsg. .... Herausgeber

i. d. F. .... in der Fassung
i. d. R. .... in der Regel
i. d. S. .... in diesem Sinn
IdW .... Institut der Wirtschaftsprüfer e. V.
i. E. .... im Ergebnis
i. e. S. .... im engeren Sinn
insb. .... insbesondere
i. S. d. .... im Sinne der/des
i. S. e. .... im Sinne einer/eines
i. ü. .... im übrigen
i. V. m. .... in Verbindung mit
i. w. S. .... im weiteren Sinn

JuS .... Juristische Schulung (Zeitschrift)
JW .... Juristische Wochenschrift (Zeitschrift)
JZ .... Juristenzeitung (Zeitschrift)

KG .... Kammergericht, Kommanditgesellschaft
KGaA .... Kommanditgesellschaft auf Aktien
KonTraG .... Gesetz zur Kontrolle und Transparenz im Unternehmensbereich
KWG .... Kreditwesengesetz

LG .... Landgericht
lit. .... littera
LZ .... Leipziger Zeitschrift für Deutsches Recht

m. E. .... meines Erachtens
m. w. N. .... mit weiteren Nachweisen

n. F. .... neue Fassung
NJW .... Neue Juristische Wochenschrift (Zeitschrift)
NJW-RR .... NJW-Rechtsprechungs-Report Zivilrecht
Nr. .... Nummer
NZG .... Neue Zeitschrift für Gesellschaftsrecht

OHG .... Offene Handelsgesellschaft
OLG .... Oberlandesgericht

RegE .... Regierungsentwurf
RG .... Reichsgericht
RGZ .... Amtliche Sammlung von Entscheidungen des Reichsgerichts in Zivilsachen
Rn. .... Randnummer
Rz. .... Randziffer

s. .... siehe
S. .... Satz, Seite
SE .... Societas Europaeae (Europäische Gesellschaft)
SEAG .... Ausführungsgesetz zur Verordnung über die Europäische Gesellschaft
SEEG .... Gesetz zur Einführung der Europäischen Gesellschaft
SE-VO .... Verordnung der Europäischen Gemeinschaften über das Statut der Europäischen Gesellschaft
s. o. .... siehe oben
sog. .... sogenannte(r/s)
SpruchG .... Spruchverfahrensgesetz
s. u. .... siehe unten

u. a. .... und andere, unter anderem
UMAG .... Gesetz zur Unternehmensintegrität und Modernisierung des Anfechtungsrechts
UmwBerG .... Gesetz zur Bereinigung des Umwandlungsrechts
UmwG .... Umwandlungsgesetz
UmwGDVO .... Durchführungsverordnung zum Umwandlungsgesetz
UmwStG .... Umwandlungssteuergesetz
usw. .... und so weiter
u. U. .... unter Umständen

vgl. .... vergleiche
Vorb. .... Vorbemerkungen
VwGO .... Verwaltungsgerichtsordnung
VwVfG .... Verwaltungsverfahrensgesetz

WG .... Wechselgesetz
WiB .... Wirtschaftsrechtliche Beratung (Zeitschrift)
WM .... Wertpapier-Mitteilungen (Zeitschrift)
Wpg .... Die Wirtschaftsprüfung (Zeitschrift)
WpHG .... Wertpapierhandelsgesetz
WpÜG .... Wertpapiererwerbs- und Übernahmegesetz
WpÜG-AngebotsVO ..... Angebotsverordnung zum Wertpapiererwerbs- und Übernahmegesetz
WRV .... Weimarer Reichsverfassung

z. B. .... zum Beispiel
ZBB .... Zeitschrift für Bankrecht und Bankwirtschaft
ZfbF .... Schmalenbachs Zeitschrift für betriebswirtschaftliche Forschung
ZGR .... Zeitschrift für Unternehmens- und Gesellschaftsrecht
ZHR .... Zeitschrift für das gesamte Handels- und Wirtschaftsrecht
ZIP .... Zeitschrift für Wirtschaftsrecht
ZPO .... Zivilprozessordnung
ZSEG .... Gesetz über die Entschädigung von Zeugen und Sachverständigen
z. T. .... zum Teil

Einleitung

A. Anlass und Ziel der Untersuchung

Dem Kapitalmarkt kommt in Deutschland eine wachsende wirtschaftliche Bedeutung zu; zur Kapitalaufnahme bedienen sich deutsche Aktiengesellschaften heute regelmäßig der Finanzmärkte. In den letzten Jahren stiegen die Marktkapitalisierung wie auch die Zahl der IPO's[1] an den deutschen Börsen. Seit dem Jahr 2000 konnte sich dieser positive und teils euphorische Trend zwar nicht ganz fortsetzen. Die Börsenlandschaft wird aber zunehmend durch eine breitere Streuung der Aktien in den Händen von privaten Anlegern mit geringer Beteiligungshöhe geprägt. Die Beteiligung von Kleinaktionären hat daher eine wachsende wirtschaftliche wie auch gesellschaftspolitische Bedeutung. Diese Entwicklung wird sich auch in der Zukunft fortsetzen, da die Anlage am Kapitalmarkt immer stärker zur Altersvorsorge eingesetzt wird, je mehr sich der Staat wegen knapper Kassen aus dieser Aufgabe zurückzieht. Die Kleinaktionäre bilden dabei aufgrund ihrer geringen Beteiligungshöhe im Gegensatz zu einzelnen Großanlegern oder auch einer Gruppe von Anlegern, die gemeinsam den Großteil der Aktien auf sich vereint, in der Regel den Kreis der sogenannten Minderheitsaktionäre. Die Terminologie ist dabei in den verschiedenen gesetzlichen Regelungen nicht einheitlich; in der Regel handelt es sich jedoch um Beteiligungen, die zusammen genommen einen Anteil von 5 % des Grundkapitals nicht übersteigen. Im Laufe der Untersuchung wird vor allem der Frage nachzugehen sein, ob der Begriff des Kleinaktionärs leitbildartig zu definieren ist und als solcher Ausdruck eines besonderen Verhältnisses zur Gesellschaft sein kann oder muss.

Das Aktienrecht gewährt verschiedene Möglichkeiten, Minderheitsaktionäre aus ihrer Stellung als Gesellschafter zu verdrängen oder ihre Rechte als Gesellschafter weitgehend auszuhöhlen. Dem steht jedoch grundsätzlich die Eigentumsgarantie des Art. 14 Abs. 1 GG, die auch die Beteiligung an einer Gesellschaft umfasst, entgegen. Wenn das Interesse des Minderheitsaktionärs an der Beteiligung an der Gesellschaft nun ausnahmsweise hinter den übergeordneten Interessen eines Mehrheitsaktionärs zurückstehen soll, so muss ihm hierfür ein ausreichender und angemessener Ersatz geboten werden. Bei börsennotierten Aktiengesellschaften und Kommanditgesellschaften auf Aktien stellt sich dabei die Frage, welchen Einfluss der Börsenkurs der Anteile auf die Höhe der dem Minderheitsaktionär zu gewährenden Abfindung hat. Die vorliegende Arbeit stellt die Probleme dar, die sich bei der Bestimmung der Abfindungshöhe ergeben, und soll

[1] Initial Public Offering = Börseneinführung oder Neuemission.

die Diskussion auf diesem Gebiet mit neuen Überlegungen und Lösungsvorschlägen bereichern. Es sind hierzu die Interessen und Rechte der beteiligten Parteien zu untersuchen und in ein angemessenes Verhältnis zueinander zu bringen.

B. Anmerkungen zum rechtstheoretischen Charakter der Untersuchung

In der Diskussion und Darstellung juristischer Problematiken lassen sich verschiedene Richtungen, aus der sich dem Thema zu nähern versucht wird, unterscheiden.[2] In einer rein deskriptiv-empirischen Dimension, gilt es zunächst, das positiv geltende Recht zu erfassen und zu beschreiben. In einer darüber hinausgehenden logisch-analytischen Dimension wird angestrebt, das geltende Recht begrifflich und systematisch zu gliedern und zu durchdringen. Nähert man sich der Fragestellung dagegen in einer normativ-praktischen Dimension, wird versucht, der tatsächlichen Rechtspraxis eine Anleitung oder auch Kritik zukommen zu lassen und diese dadurch in der aufgezeigten Richtung zu beeinflussen.

In der vorliegenden Arbeit soll in der letztgenannten Weise versucht werden, zum einen die rechtlichen Grundlagen und Maßgaben für die Entstehung einer Abfindungsverpflichtung aufzuzeigen. Dabei ist zu hinterfragen, welche gleichartigen Merkmale die Gleichbehandlung dieser Sachverhalte auf Rechtsfolgenseite – bei der Wertermittlung für die Berechnung der anzubietenden Abfindung – zu begründen vermögen. Zum anderen soll vor allem nach rechtlichen Maßstäben und Kriterien gesucht werden, die die Wahl eines bestimmten Bewertungsgrundsatzes aus den zurzeit von der Betriebswirtschaft angebotenen verschiedenartigen Bewertungsmethoden bestimmen. Diese rechtlichen Kriterien sind abzuleiten sowohl aus positivem, vor allem übergeordnetem Recht als auch aus pragmatischen Überlegungen und aus tatsächlichen Wirkungsweisen der Struktur von Mehrheit und Minderheit in der Gesellschaft und im Konzern, welche die Rechtsanwendung aus Wertungsgesichtpunkten leiten und einschränken können. Es soll daher versucht werden, die Diskussion für die Rechtspraxis auf normativ-praktischer Ebene und mit dem Ziel möglichst effektiver Konfliktlösung voranzutreiben.

---

2 Siehe im einzelnen Alexy, Theorie der juristischen Argumentation, S. 307-311.

C. Gang der Untersuchung

Die Untersuchung gliedert sich in vier Teile. Zunächst soll im 1. Kapitel die Entwicklung des Meinungsstandes in Rechtsprechung und Literatur zur Beachtlichkeit des Börsenkurses bei der Bemessung der Abfindungshöhe dargestellt werden. Hervorzuheben sind hier vor allem die grundlegende Feldmühle-Entscheidung des Bundesverfassungsgerichts aus dem Jahr 1962, in der das Primat der vollen Abfindung etabliert wurde, die März/EKU-Entscheidung des Bayerischen Obersten Landesgerichts aus dem Jahr 1998, in der erkennbar erstmals nach über 30 Jahren ein Obergericht den Börsenkurs als Bemessungsansatz nicht grundsätzlich ausgeschlossen hat, sowie der DAT/Altana-Beschluss des Bundesverfassungsgerichts aus dem Jahr 1999, der den Paradigmenwechsel innerhalb der Rechtsprechung einleitete, wonach es nun als verfassungswidrig anzusehen ist, wenn die Abfindung unter dem Verkehrswert des Anteils liegt. Es folgt eine kurze Zusammenfassung einiger in den vergangenen Jahren durchgeführter empirischer Untersuchungen, die sich mit der Frage nach der Korrelation von Börsenkursen und Abfindungsbeträgen, die nach Gesamtbewertungsmethoden - vor allem der Ertragswertmethode - ermittelt wurden, befassen.

Im 2. Kapitel sollen die Fälle erläutert werden, in denen eine Abfindung zu Gunsten eines Minderheitsaktionärs in Betracht kommen kann. Gesetzliche Regelungen hierzu finden sich in allen Bereichen des Aktien- und Konzernrechts, bei Unternehmensverträgen, der Eingliederung sowie bei Umwandlungsvorgängen. Praktische Bedeutung hat der sogenannte Squeeze-out erlangt, der durch eine gesetzliche Neuregelung zum 1.1.2002 im Zusammenhang mit dem Wertpapiererwerbs- und Übernahmegesetz geschaffen wurde. Zu erläutern ist in diesem Zusammenhang auch die übertragende Auflösung, die für den Aktionär die Beendigung der Mitgliedschaft in der AG durch einen Mehrheitsbeschluss bedeutet und einen Anspruch auf Beteiligung am Liquidationserlös mit sich bringt, sowie das ordentliche und das „kalte“ Delisting. Der Vollständigkeit halber sind die Zwangseinziehung von Aktien, der Ausschluss aus der Gesellschaft aus wichtigem Grund und die Beseitigung von Mehrstimmrechten durch Beschluss der Hauptversammlung zu nennen. Die Übernahmeangebote passen auf den ersten Blick nicht in den Kreis von Eingriffen in die Beteiligung, die eine Abfindungspflicht nach sich ziehen. Gleichwohl handelt es sich dabei um einen Konflikt zwischen (zukünftiger) Mehrheit und Minderheit in der Gesellschaft, der im Sinne eines vorbeugenden Schutzes der Minderheit eingreift, und daher zwar strukturelle Unterschiede aber auch deutliche thematische Parallelen zu den vorgenannten Fällen aufweist.

Anschließend werden im 3. Kapitel die verschiedenen Bewertungsverfahren vorgestellt, die nach Ansicht von Rechtsprechung und Literatur zur Bestimmung der Abfindungshöhe herangezogen werden könnten. Ausführlicher einzugehen ist hierbei insbesondere auf das Ertragswertverfahren, das von der ganz überwiegenden Ansicht zur Bewertung des Unternehmens und daraus abgeleitet zur Ermittlung des Abfindungsbetrages verwendet wird. Behandelt wird ebenfalls das im Vordringen befindliche Discounted Cash Flow-Verfahren. Im Rahmen der Erläuterung des Börsenkurses als Bezugsgröße für den Wert der Beteiligung ist auf die rechtliche Struktur der Einrichtung Börse in Deutschland einzugehen.

Das 4. Kapitel wird sich der Frage widmen, inwieweit das Recht zur Aushöhlung der Gesellschafterstellung des Minderheitsaktionärs durch die Eigentumsgarantie des Art. 14 GG eingeschränkt wird, und inwieweit eine Kompensation des Rechtsverlustes möglich und erforderlich ist. Als These wird untersucht, ob allein der Börsenkurs für die Ermittlung der Abfindung heranzuziehen ist. Ansatzpunkt ist dabei, ob es eine nach rechtlichen und tatsächlichen Kriterien definierbare Figur des Klein- oder Anlageaktionärs gibt, die ihrerseits die Rechtsanwendung in der Frage der Abfindungsberechnung beeinflussen muss. Schließlich sind die Umsetzung der These im praktischen Verfahren, ihre Auswirkungen sowie ihre Bedeutung für den Parallelfall der Abfindung in Aktien darzustellen.

1. Kapitel: Meinungsstand

A. Rechtsprechungsentwicklung

Die Rechtsprechung hat sich in den vergangenen Jahren in zahlreichen Urteilen und Beschlüssen mit der Höhe der Abfindung für Minderheitsaktionäre beschäftigt und hat dabei auch zu den verschiedenen Bewertungsarten Stellung genommen.

Die Bestimmung einer angemessenen Barabfindung und die dieser zugrundeliegende Unternehmensbewertung ist zuerst eine rechtliche Frage, zu deren Lösung sich das Gericht in der Praxis Sachverständiger auf dem Gebiet der Betriebswirtschaftslehre bedient.[1] Die von den Sachverständigen ermittelten Unternehmenswerte sind dabei aber nicht nur auf Plausibilität zu prüfen, die Gerichte haben vielmehr die rechtlichen Kriterien der Abfindungsregelung festzustellen und anhand dieser den jeweils zutreffenden Unternehmenswert zu ermitteln.[2] Von den Gerichten wurde es zwar immer wieder abgelehnt, eine bestimmte Bewertungsmethode als rechtlich geboten einzustufen.[3] Dennoch lässt sich bei der Wahl und der Anwendung der Bewertungsmethoden eine Entwicklung und das Herausbilden einer vorherrschenden Meinung feststellen.

---

[1] BayObLG vom 11.07.2001 – 3Z BR 153/00, AG 2002, 390 – „Rieter II“; BayObLG vom 19.10.1995 – 3Z BR 17/90, AG 1996, 127 – „Paulaner“; OLG Celle vom 31.07.1998 – 9 W 128/97, AG 1999, 128, 130 – „Hofbräuhaus Wolters/Gildebrauhaus“; **anders noch:** OLG Hamm vom 23.01.1963 – 8 AR 1/60, AG 1963, 218, 221; BGH vom 13.03.1978 – II ZR 142/76, NJW 1978, 1316, 1319 – „Kali+Salz“ (insoweit nicht in BGHZ 71, 40 ff. abgedruckt); OLG Celle vom 04.04.1979 – 9 Wx 2/77, AG 1979, 230, 231 – „Ilseder Hütte/ Salzgitter AG“; OLG Düsseldorf vom 29.10.1976 – 19 W 6/73, AG 1977, 168, 169 – „Metallgesellschaft AG/Stolberger Zink AG“.

[2] BayObLG vom 19.10.1995 – 3Z BR 17/90 AG 1996, 127; Ränsch AG 1984, 202, 203; s. a. Großfeld JZ 1981, 641 f.

[3] BGH vom 13.03.1978 – II ZR 142/76, NJW 1978, 1316, 1319 – „Kali + Salz“ (insoweit nicht in BGHZ 71, 40 ff. abgedruckt); BayObLG vom 19.10.1995 – 3Z BR 17/90, AG 1996, 127; BayObLG vom 11.12.1995 – 3Z BR 36/91, AG 1996, 176, 177; KG vom 15.12.1970 – 1 W 2982/69, AG 1971, 158, 162 ff.; OLG Düsseldorf vom 17.02.1984 – 19 W 1/81, ZIP 1984, 586, 588 – „ATH/Rheinstahl“; OLG Zweibrücken vom 09.03.1995 – 3 W 133, 145/92 AG 1995, 421 – „Saint Gobain/Grünzweig + Hartmann“; LG Dortmund vom 01.07.1996 – 20 AktE 2/94, AG 1996, 427, 428 – „Lippe-Weser-Zucker AG“; s. a. BGH vom 20.03.1995 – II ZR 205/94, BGHZ 129, 136, 165 – „Girmes“.

I. Die Feldmühle-Entscheidung des BVerfG vom 7.8.1962

Eine Abfindung für Minderheitsaktionäre ist nach einhelliger Ansicht in der Rechtsprechung nur dann als angemessen anzusehen, wenn sie dem „vollen" Wert des Anteils entspricht.[4] Dies hat das Bundesverfassungsgericht bereits im Jahr 1962 im Hinblick auf § 12 UmwG – bis zur Reform des Umwandlungsrechts zum 1.1.1995 war dies die Abfindungsvorschrift im Bereich der übertragenden Umwandlung – entschieden.[5] Wie z. B. der heutige § 29 UmwG sah diese Vorschrift eine *„angemessene Abfindung"* für die ausscheidenden Minderheitsaktionäre bei einer Umwandlung vor.[6]

In diesem vom BVerfG entschiedenen Fall sollte die Mehrheitsumwandlung einer Aktiengesellschaft auf eine andere, die an ihr mit mehr als 75 % beteiligt war, in das Handelsregister eingetragen werden. Die übrigen (Minderheits-) Aktionäre sollten dabei nach der gesetzlichen Regelung automatisch aus der umzuwandelnden Gesellschaft ausscheiden.[7] Das Registergericht zweifelte an der Verfassungsmäßigkeit des hierbei anwendbaren § 15 UmwG 1956[8] in Bezug auf

---

4 BVerfG vom 07.08.1962 – 1 BvL 16/60, BVerfGE 14, 263, 284 – „Feldmühle"; BGH vom 30.03.1967 – II ZR 141/64, NJW 1967, 1464; BGH vom 13.03.1978 – II ZR 142/76, BGHZ 71, 40, 51 – „Kali+Salz"; OLG Düsseldorf vom 29.10.1976 – 19 W 6/73, AG 1977, 168, 169 – „Metallgesellschaft AG/Stolberger Zink AG"; OLG Hamburg vom 17.08.1979 – 11 W 2/79, AG 1980, 163.

5 BVerfG vom 07.08.1962 – 1 BvL 16/60, BVerfGE 14, 263, 284.

6 § 12 UmwG 1956: *"(1) Die ausscheidenden Aktionäre haben Anspruch auf angemessene Abfindung."*

Durch § 39 EGAktG 1965 wurde die Vorschrift wie folgt ergänzt:

"[2] Die Barabfindung muß die Vermögens- und Ertragslage der Gesellschaft im Zeitpunkt der Beschlußfassung ihrer Hauptversammlung über die Umwandlung berücksichtigen. [3]Sie ist von der Bekanntmachung der Eintragung der Umwandlung an mit fünf vom Hundert jährlich zu verzinsen; die Geltendmachung eines weiteren Schadens ist ausgeschlossen."

7 §§ 3 bis 8 UmwG 1956 regelten die Umwandlung einer Aktiengesellschaft auf eine bestehende OHG, die Alleinaktionärin ist, §§ 9 bis 14 UmwG 1956 erweiterten diese Möglichkeit für den Fall, dass die OHG mindestens ¾ des Grundkapitals der Aktiengesellschaft hält (Mehrheitsumwandlung). In der Fassung der Neubekanntmachung des Umwandlungsgesetzes von 1969 wurde die erforderliche Mehrheit auf 9/10 des Grundkapitals erhöht.

8 § 15 UmwG 1956 bestimmte die entsprechende Anwendung der §§ 3 – 14 UmwG 1956, wenn die Übertragung auf einen einzelnen Aktionär, auch eine juristische Person, erfolgen sollte. § 15 UmwG 1956 lautete:

"(1) Wird das Vermögen einer Aktiengesellschaft auf einen Gesellschafter übertragen, so finden, wenn sich alle Aktien der Gesellschaft in der Hand des Gesellschafters (Alleingesellschafter) befinden, §§ 3 bis 8, wenn sich mehr als drei Viertel des Grundkapitals in der

die Mehrheitsumwandlung. Es hielt die übertragende Umwandlung einer Aktiengesellschaft auf eine andere, die an dieser mit einer Aktienmehrheit von mindestens 75 % des Grundkapitals beteiligt ist, für unvereinbar mit Art. 14 GG[9] und stellte einen Antrag auf Normenkontrolle gemäß Art. 100 Abs. 1 GG an das Bundesverfassungsgericht. Das vorlegende Registergericht sah eine Verletzung des Eigentumsgrundrechts auf Seiten der Minderheitsaktionäre darin, dass sie ohne einen Anspruch auf Beteiligung an der übernehmenden Gesellschaft aus ihrer Aktionärsstellung verdrängt werden konnten.[10]

Das BVerfG hielt den Antrag jedoch für unbegründet und § 15 UmwG 1956 für mit Art. 14 GG vereinbar. Es erachtete es als zulässig, dass der Gesetzgeber die Interessen der Minderheitsaktionäre, die aus der Gesellschaft ausscheiden müssten, hinter denen des Mehrheitsaktionärs bzw. hinter den Interessen der Konzernleitung zurücktreten ließ. Die Ambivalenz der aktienrechtlichen Normen, die für eine Vielzahl unterschiedlicher Gestaltungsformen in der Wirtschaft anwendbar sein sollen, seien in erster Linie dazu bestimmt und auch geeignet, Beschlüsse im Interesse der Gesellschaft oder der Gesamtwirtschaft zu ermöglichen, die zumindest wertneutral sind.[11] Voraussetzung für eine Grundgesetzkonformität sei nicht, dass ein Missbrauch von vornherein ausgeschlossen ist, sondern dass eine ausreichende Missbrauchskontrolle zur Verfügung stände und die betroffenen Minderheitsaktionäre für den Verlust ihrer Rechtsposition wirtschaftlich voll entschädigt würden.[12]

Eine geringere als die volle Abfindung, die bei einer Entschädigung für eine Enteignung durch den Staat auch bereits unter der Weimarer Reichsverfassung möglich war,[13] sei dagegen nicht zulässig.[14] Nichts anderes ergibt sich in Hinblick auf den heutigen Art. 14 Abs. 3 S. 3 GG, wonach für Entschädigungen bei Enteignungen eine Abwägung mit den Interessen der Allgemeinheit vorzuneh-

---

Hand des Gesellschafters (Hauptgesellschafter) befinden, §§ 9 bis 14 ... entsprechende Anwendung...“

[9] BVerfG vom 07.08.1962 – 1 BvL 16/60, BVerfGE 14, 263, 273, 276.

[10] BVerfG vom 07.08.1962 – 1 BvL 16/60, BVerfGE 14, 263, 276.

[11] BVerfG vom 07.08.1962 – 1 BvL 16/60, BVerfGE 14, 263, 275.

[12] BVerfG vom 07.08.1962 – 1 BvL 16/60, BVerfGE 14, 263, 275, 283.

[13] Art. 153 WRV (Weimarer Reichsverfassung vom 11.8.1919, RGBl 1919, S. 1383):
... (2) [1]Eine Enteignung kann nur zum Wohle der Allgemeinheit und auf gesetzlicher Grundlage vorgenommen werden. [2]Sie erfolgt gegen angemessene Entschädigung soweit nicht ein Reichsgesetz etwas anderes bestimmt. ...

[14] BVerfG vom 07.08.1962 – 1 BvL 16/60, BVerfGE 14, 263, 284; **a. A. noch** Heun Wirtschaftstreuhänder 1938, 220, 221 f.

men ist,[15] denn anders als bei einem Ausgleich im Über-/ Unterordnungsverhältnis Staat-Bürger fehle im Verhältnis zwischen Gleichstehenden der Grund für eine solche Abwägung.[16]

Die „volle" Abfindung sei für die ausscheidenden Aktionäre das, was ihr Anteil am lebenden bzw. arbeitenden Unternehmen wirklich wert ist.[17] Dabei verwies das Bundesverfassungsgericht auf Literaturmeinungen, die ihrerseits auf die Ertragslage und die Vermögenssubstanz des Unternehmens abstellten und den Börsenkurs als unmaßgeblich für die Bewertung der Anteile verwarfen.[18]

In der Folge ist die Rechtsprechung fast einheitlich dieser Linie gefolgt und hat den Börsenkurs für die Berechnung der Abfindung abgelehnt. Im Jahre 1963 hat allein das OLG Hamm dem Börsenkurs der Aktien einer umgewandelten Gesellschaft für die Höhe der Abfindung nach § 12 UmwG eine gewisse Bedeutung zugemessen. Es benutzte den Kurs unter Hinweis auf den Kapitalanlagecharakter der betreffenden Vorzugsaktien als Referenz- und Kontrollwert für die sich aus den Bilanzen des Unternehmens ergebenden Werte.[19]

Im übrigen meinte die Rechtsprechung jedoch, der Minderheitsaktionär müsse zweifellos für die Beeinträchtigung und den Verlust mitgliedschaftlicher Rechte[20] wirtschaftlich voll entschädigt werden, der Börsenkurs könne für die Ermittlung des Betrags dieser Entschädigung jedoch nicht herangezogen werden.[21] Die

---

15 Vgl. Papier in: Maunz/Dürig, Art. 14 Rn. 604.

16 BVerfG vom 07.08.1962 – 1 BvL 16/60, BVerfGE 14, 263, 284.

17 BVerfG vom 07.08.1962 – 1 BvL 16/60, BVerfGE 14, 263, 284; BGH vom 30.03.1967 – II ZR 141/64, NJW 1967, 1464; Kirchheim, Abfindung des Minderheitsaktionärs, S. 50.

Hüttemann, ZGR 2001, 454, 456, geht davon aus, dass nach dem BVerfG mit der „vollen Entschädigung" noch kein bestimmtes bewertungsrechtliches Konzept verbunden sein sollte.

18 BVerfG vom 07.08.1962 – 1 BvL 16/60, BVerfGE 14, 263, 284; vgl. Böttcher/Meilicke, Umwandlung und Verschmelzung von Kapitalgesellschaften, 5. Aufl. 1958, §§ 12, 13 UmwG Rn. 24, S. 144; Veith/Börnstein, Umwandlungsgesetz und Umwandlungs-Steuergesetz, 1958, §§ 12, 13 UmwG Anm. 2, S. 125.

19 OLG Hamm vom 23.01.1963 – 8 AR 1/60, AG 1963, 218, 219 f.; vgl. auch die vorsichtige Einschätzung des OLG Stuttgart, das die Entwicklung an der Wertpapierbörse „nicht außer acht" lassen will, OLG Stuttgart vom 12.11.1962 – 8 AR 1/59, AG 1963, 77, 78.

20 BGH vom 20.05.1997 – II ZB 9/96, BGHZ 135, 374, 378 f. – „Guano"; BGH vom 04.03.1998 – II ZB 5/97, BGHZ 138, 136, 139, 141 – „ASEA/BBC II".

21 BGH vom 30.03.1967 – II ZR 141/64, NJW 1967, 1464; BGH vom 13.03.1978 – II ZR 142/76, BGHZ 71, 40, 51 – „Kali + Salz"; KG vom 28.04.1964 – 5 U 1493/63, AG 1964, 217, 220; KG vom 15.12.1970 – 1 W 2982/69, AG 1971, 158, 163; OLG Düsseldorf vom 08.06.1973 – 19 W 21/72, DB 1973, 1391, 1392; LG Frankfurt vom 16.05.1984 – 3/3

Kursentwicklung an der Börse sei von einer Vielzahl von Einflüssen abhängig, etwa politischen Ereignissen, der allgemeinen Börsentendenz, der Größe und Enge des Marktes sowie verschiedenen psychischen Faktoren und spekulativen Momenten, die mit der Werthaltigkeit des Unternehmens selbst nichts zu tun haben; er unterliege damit völlig unberechenbaren Schwankungen und Entwicklungen.[22] Das Verhältnis der Höhe des Börsenkurses zum wahren Wert der Aktie sei daher mehr oder weniger zufällig[23]

In den folgenden Jahren wurde daher die sogenannte Ertragswertmethode in der betriebswirtschaftlichen Praxis weitgehend etabliert und von den Gerichten, z. T. unter Ergänzung des Wertes der Sachsubstanz des nicht betriebsnotwendigen Vermögens, regelmäßig zur Bestimmung der Unternehmens- und Anteilswerte herangezogen.[24] Das Institut der Wirtschaftsprüfer hat mit den „Grundsätzen zur Durchführung von Unternehmensbewertungen“[25] einen Standard zur Ermittlung des Ertragswertes erarbeitet, der zwar keine allgemein verbindlichen Regeln aufstellt, der jedoch bestimmte, in Theorie und Praxis anerkannte und gefestigte Standpunkte festhält.[26]

AktE 144/80, AG 1985, 310, 311 – „Triumph-Adler AG“; OLG Düsseldorf vom 02.08.1994 – 19 W 1/93, AG 1995, 85, 86 – „DAT/Altana Unternehmensvertrag“; OLG Düsseldorf vom 02.08.1994 – 19 W 5/93, AG 1995, 84 – „DAT/Altana Eingliederung“; BayObLG vom 11.12.1995 – 3Z BR 36/91, AG 1996, 176, 177.

22 BGH vom 30.03.1967 - II ZR 141/64, NJW 1967, 1464.

23 BGH vom 30.03.1967 - II ZR 141/64, NJW 1967, 1464; OLG Düsseldorf vom 17.02.1984 – 19 W 1/81, ZIP 1984, 586, 587 – „ATH/Rheinstahl“; OLG Düsseldorf vom 02.08.1994 – 19 W 1/93, AG 1995, 85, 86 – „DAT/Altana Unternehmensvertrag; BayObLG vom 11.12.1995 – 3Z BR 36/91, AG 1996, 176, 177; LG Dortmund vom 31.10.1980 – 18 AktE 2/79, AG 1981, 236, 237 – „Rheinstahl/Thyssen“.

24 Z. B. KG vom 15.12.1970 – 1 W 2982/69, AG 1971, 158, 163; OLG Frankfurt vom 06.07.1976 – 14 U 103/75, AG 1976, 298, 299 – „Kali + Salz“; OLG Zweibrücken vom 09.03.1995 – 3 W 133, 145/92, AG 1995, 421; BayObLG vom 11.12.1995 – 3Z BR 36/91, AG 1996, 176, 177; OLG Celle vom 31.07.1998 – 9 W 128/97, AG 1999, 128, 129; LG Hannover vom 16.06.1977 – 22 AktE 1/70, AG 1977, 346, 348 – „Ilseder Hütte AG/Salzgitter Hüttenwerke AG“; LG Dortmund vom 10.06.1997 – 20 AktE 1/94, AG 1998, 142 – „Sinalco AG“. Siehe Hoffmann-Becking in: FS Fleck, 1988, S. 105, 123; Korth BB 1992, Beilage 19 zu Heft 33, S. 5; Seetzen WM 1994, 45, 46; Aha AG 1997, 26, 27; Schulze-Osterloh EWiR 1997, 679, 680.

25 Stellungnahme HFA 2/1983, abgedruckt in WPg 1983, 468 ff.; mittlerweile in der überarbeiteten Fassung IDW S 1 von 2000, abgedruckt in WPg 2000, 825 ff.

26 Eine genauere Darstellung zur Ermittlung des Ertragswertes folgt im 3. Kapitel, Abschnitt C. „Ertragswert“.

Andere Bewertungsmethoden wie die Substanzwertmethode oder das Discounted Cash-Flow-Verfahren konnten sich in der Rechtsprechung dagegen nicht durchsetzen.

II. Die März/EKU-Entscheidung des BayObLG vom 29.9.1998

Im Jahre 1998 hatte das BayObLG einen Fall zu entscheiden, in welchem zwei Aktiengesellschaften einen Beherrschungs- und Gewinnabführungsvertrag abschlossen, wobei die eine Gesellschaft eine Mehrheitsbeteiligung an der anderen besaß.[27] In dem Unternehmensvertrag unterbreitete die Obergesellschaft den außenstehenden Aktionären ein Angebot auf Barabfindung. Dem Angebot lag ein Privatgutachten zugrunde, in welchem der Wert der Anteile nach der Ertragswertmethode ermittelt worden war. Außenstehende Aktionäre stellten daraufhin einen Antrag auf Festsetzung einer angemessenen Abfindung und eines angemessenen Ausgleichs im gerichtlichen Spruchverfahren.

Das Gericht hielt - in der zweiten Instanz - das Gutachten aus mehreren Gründen nicht für geeignet, um als Entscheidungsgrundlage für die Bestimmung einer angemessenen Abfindung herangezogen zu werden. Zum einen lag das tatsächlich unterbreitete Abfindungsangebot zwar immerhin ca. 25 % über der nach dem Gutachten angemessenen Abfindung; der Börsenkurs lag jedoch etwa 69 % darüber, was das Gericht zumindest zu Zweifeln veranlasste, ob das Gutachten den Wert zutreffend ermittelt habe. Ausschlaggebend war aber, dass das Gericht verschiedene Bewertungsansätze, wie den in der Berechnung angewandten Kapitalisierungszinsfuß, als unzutreffend verwarf.[28]

Die Einholung eines neuen Gutachtens war jedoch nicht möglich. Über das Vermögen der beiden Gesellschaften war mittlerweile das Konkursverfahren eröffnet worden und es wurde die normalerweise übliche Zustimmung[29] zu einer besonderen Vereinbarung über die Vergütung des gerichtlichen Sachverständigen gemäß § 7 ZSEG verweigert.[30] Das Gericht stellte zudem fest, dass es tatsächlich nicht möglich sein würde, Wirtschaftsprüfer als Sachverständige zu den gesetzlichen Vergütungssätzen von 50 bis 100 DM/Stunde gemäß § 3 ZSEG zu

[27] BayObLG vom 29.09.1998 – 3Z BR 159/94, ZIP 1998, 1872 ff.

[28] BayObLG vom 29.09.1998 – 3Z BR 159/94, ZIP 1998, 1872, 1874.

[29] LG Köln vom 04.12.1996 – 91 O 222/94, AG 1997, 187 – „Hageda AG/M und H GmbH".

[30] BayObLG vom 29.09.1998 – 3Z BR 159/94, ZIP 1998, 1872, 1874.

gewinnen,[31] andererseits sei die Übernahme der Gutachterkosten durch die antragstellenden außenstehenden Aktionäre unzumutbar.[32]

In der früheren gerichtlichen Praxis wurde in einer solchen Situation die Durchführung eines Spruchverfahrens aufgrund der Unmöglichkeit der Erhebung der notwendigen Beweise teilweise abgelehnt, weil sich das Gericht ohne ein Sachverständigengutachten nicht in der Lage sah, eine angemessene Abfindung zu ermitteln.[33] Dass damit dem antragstellenden Aktionär im Einzelfall der Rechtsschutz faktisch verwehrt wurde, ist in der Literatur zu Recht auf Kritik gestoßen.[34]

Erstmals wurde daher für den Fall, dass Anhaltspunkte für eine anderweitige Wertermittlung nicht verfügbar sind, der Börsenkurs der Aktie durch das BayObLG zumindest als Bewertungsalternative in den Raum gestellt. Ob der Börsenkurs bei der Wertermittlung grundsätzlich einzubeziehen sei, wurde zwar offen gelassen.[35] Aufgrund der veränderten tatsächlichen Verhältnisse, d. h. einer weiten Verbreitung des Wertpapiers Aktie, sowie der Tatsache, dass im Aktienkurs verkörperte spekulative Elemente durchaus auch in Wertermittlungen nach der Ertragswertmethode Eingang finden, sei der Börsenkurs jedoch nicht als völlig ungeeignet für die Wertermittlung zu verwerfen, und könne in einem solchen Ausnahmefall durchaus herangezogen werden.[36]

Trotz dieser vorsichtigen Formulierung durch das BayObLG stellt die Entscheidung einen völlig neuen Ansatz im Bereich der Abfindung von Minderheitsaktionären dar und hat einen Kurswechsel in einer jahrzehntelangen Rechtsprechungstradition angekündigt.

---

[31] So auch LG Köln vom 04.12.1996 – 91 O 222/94, AG 1997, 187; **anders noch:** KG vom 15.12.1970 – 1 W 2982/69, AG 1971, 158, 163.

[32] BayObLG vom 29.09.1998 – 3Z BR 159/94, ZIP 1998, 1872, 1874.

[33] LG Köln vom 04.12.1996 - 91 O 222/94, AG 1997, 187 f. – „Hageda AG/M und H GmbH"; **nachfolgend aber:** OLG Düsseldorf vom 26.09.1997 – 19 W 1/97 AktE, AG 1998, 37, 38 – „Hageda AG/M und H GmbH": Das Gericht weist auf die Pflicht zahlreicher Sachverständiger zur Erstellung von Gutachten gemäß § 407 Abs. 1 ZPO hin. Besteht eine solche Pflicht, könne der Sachverständige die Übernahme des Gutachtenauftrages nicht von einer Vergütungsvereinbarung abhängig machen.

[34] Ammon FGPrax 1998, 121, 122.

[35] BayObLG vom 29.09.1998 – 3Z BR 159/94, ZIP 1998, 1872, 1875.

[36] BayObLG vom 29.09.1998 – 3Z BR 159/94, ZIP 1998, 1872, 1875.

III. Die DAT/Altana-Entscheidung des BVerfG vom 27.4.1999

Den Paradigmenwechsel leitete schließlich die sogenannte DAT/Altana-Entscheidung des BVerfG ein. Gegenstand einer Verfassungsbeschwerde waren zwei Urteile des OLG Düsseldorf vom 2.8.1994.[37]

Antragsgegner im Spruchverfahren waren zum einen die Deutsch-Atlantische Telegraphen Aktiengesellschaft (DAT AG), deren Aktionäre die Antragsteller waren, sowie die Altana AG, die geschäftsführende Holding eines Konzerns, zu dem auch die DAT AG gehörte. Zunächst schlossen die Gesellschaften, als die Altana AG 91,3 % der Aktien der DAT AG hielt, einen Beherrschungs- und Gewinnabführungsvertrag. Nachdem die Altana AG durch Aktienzukäufe über 95 % an der DAT AG besaß, wurde die Eingliederung der DAT AG in die Altana AG beschlossen. Für beide Vorgänge beantragten Minderheitsaktionäre die Festsetzung einer angemessenen, d. h. einer höheren als in den Verträgen vorgesehenen, Abfindung.

Das OLG Düsseldorf lehnte die Anträge mit der Begründung ab, die angebotenen Abfindungsbeträge seien nach den Bewertungsgutachten als angemessen anzusehen und der Börsenkurs sei nicht als Bewertungsmaßstab heranzuziehen.[38]

In einer Verfassungsbeschwerde wandte sich eine Aktionärin daraufhin an das Bundesverfassungsgericht und rügte eine Verletzung ihres Eigentumsgrundrechts aus Art. 14 Abs. 1 GG. Der Börsenkurs der beiden Unternehmen dürfe bei der Ermittlung des Umtauschverhältnisses für die Abfindung in Aktien bzw. für den Betrag der angebotenen Barabfindung vor allem im Hinblick auf den mittlerweile organisierten Kapitalmarkt in Deutschland nicht außer Acht gelassen werden. Zudem habe die Altana AG im Vorfeld über die Börse und auch außerbörslich bereits Aktien zu einem weit höheren Preis erworben, was gegen den Gleichheitsgrundsatz des Art. 3 Abs. 1 GG verstoße.

Das Bundesverfassungsgericht hielt die Verfassungsbeschwerde für begründet, da die Entscheidungen des Oberlandesgerichts gegen Art. 14 Abs. 1 GG verstießen. Die Regelungen der §§ 291 ff. und §§ 320 ff. AktG seien grundsätzlich als Inhalts- und Schrankenbestimmungen mit dem Grundrecht auf Eigentum ver-

---

[37] OLG Düsseldorf vom 02.08.1994 – 19 W 5/93 AktE, AG 1995, 84 – „DAT/Altana Eingliederung"; OLG Düsseldorf vom 02.08.1994 – 19 W 1/93 AktE, AG 1995, 85 – „DAT/Altana Unternehmensvertrag".

[38] OLG Düsseldorf 02.08.1994 – 19 W 5/93 AktE, AG 1995, 84 f.; OLG Düsseldorf vom 02.08.1994 – 19 W 1/93 AktE, AG 1995, 85, 86 f.

einbar, da der Gesetzgeber durchaus das Interesse an der freien unternehmerischen Entfaltung im Konzern höher bewerten könne als die Interessen der Minderheitsaktionäre, solange deren Interessen durch eine wirksame Missbrauchskontrolle sowie durch eine volle Entschädigung für den Verlust ihrer Rechtsposition bzw. dessen wirtschaftlicher Aushöhlung Rechnung getragen werde.[39]

Hierbei verwies der Senat ausdrücklich auf die Feldmühle-Entscheidung aus dem Jahre 1962[40] und betonte, dass sich aufgrund der veränderten Wettbewerbsbedingungen das unternehmerische Interesse an Konzernierungsmaßnahmen sogar noch verstärkt habe. Unternehmen seien gezwungen, im Interesse einer effektiven zentralen Unternehmenslenkung Teile oder Unternehmenseinheiten einerseits auszugliedern und zu verselbständigen und andererseits durch Konzernierungsmaßnahmen zusammenzuführen, um Synergieeffekte zu nutzen.[41]

Wenn die gesetzlichen Regelungen des Aktienrechts das Eigentumsgrundrecht der Minderheitsaktionäre nicht verletzen, so müsse Art. 14 GG dennoch bei der Anwendung der Normen durch die Zivilgerichte beachtet werden. Das Bundesverfassungsgericht sah im vorliegenden Fall den Verstoß gegen Art. 14 GG durch die Gerichte in der grundsätzlichen Nichtbeachtung des Börsenkurses.[42] Zwar sei die weit verbreitet angewandte Ertragswertmethode, die auf die Fähigkeit des Unternehmens abstellt, künftig Erträge zu erwirtschaften, zur Ermittlung des Unternehmenswertes grundsätzlich geeignet und in der Anwendung verfassungsrechtlich unbedenklich.[43] Da vor allem für den Kleinanleger der Charakter der Aktie als Kapitalanlage jedoch im Vordergrund stehe und daher diese Eigentumsposition stark von der Verkehrsfähigkeit sowie der Abhängigkeit von der Kursentwicklung an der Börse geprägt werde, dürfe dies bei der Wertbestimmung nicht außer Betracht bleiben.[44] Der Vermögensverlust, den der Kleinaktionär erleidet, stelle sich im Wesentlichen als Verlust des Verkehrwertes dar, denn er knüpft seine Investitionsentscheidungen an die Kursentwicklung an der Börse.[45] Unter dem Verkehrswert wird regelmäßig der Wert verstanden, der bei einer Veräußerung voraussichtlich zu erzielen gewesen wäre.[46] Bei einer Abfindung unter dem Börsenkurs erhalte der Minderheitsaktionär weniger, als

---

39 BVerfG vom 27.04.1999 – 1 BvR 1613/94, BVerfGE 100, 289, 302 f.

40 S. o. Abschnitt A. I. „Die Feldmühle-Entscheidung des BVerfG vom 7.8.1962“.

41 BVerfG vom 27.04.1999 – 1 BvR 1613/94, BVerfGE 100, 289, 303 f.

42 BVerfG vom 27.04.1999 – 1 BvR 1613/94, BVerfGE 100, 289, 304 f.

43 BVerfG vom 27.04.1999 – 1 BvR 1613/94, BVerfGE 100, 289, 307.

44 BVerfG vom 27.04.1999 – 1 BvR 1613/94, BVerfGE 100, 289, 305, 307.

45 BVerfG vom 27.04.1999 – 1 BvR 1613/94, BVerfGE 100, 289, 308.

46 LG Dortmund vom 18.11.2000 – 20 AktE 8/94, ZIP 2001, 739, 741 – „SNI“.

wenn die gesellschaftsrechtliche Maßnahme, die zur Abfindung verpflichtet, nicht vorgenommen worden wäre.[47] Der Börsenkurs müsse daher als Untergrenze bei der Bewertung der Gesellschaft und damit auch bei der Höhe der Abfindung berücksichtigt werden.[48]

Damit bleibt das Ertragswertverfahren in der gerichtlichen Abfindungspraxis auch bei börsennotierten Aktiengesellschaften weiterhin von entscheidender Bedeutung, vor allem wenn der nach dem Ertragswertverfahren ermittelte Abfindungsbetrag über dem Börsenkurs liegt.[49]

Dabei schränkte das Gericht diesen Grundsatz insoweit ein, als der Börsenkurs nicht stets allein maßgeblich sein müsse. So sei etwa eine Überschreitung verfassungsrechtlich unbedenklich, eine Unterschreitung möglicherweise dann, wenn der Börsenkurs nicht dem Verkehrswert entspricht, z. B. wegen Marktenge oder weil die Aktie tatsächlich längere Zeit nicht gehandelt wurde.[50] Ebenso sei es verfassungsrechtlich nicht notwendig, auf einen Stichtagskurs abzustellen, die Zivilgerichte könnten bei der Festsetzung der Abfindung auch einen Durchschnittskurs für eine Referenzperiode vor Bekanntgabe der Maßnahme zugrunde legen.[51]

Diese Vorgaben galten somit für die Anträge, über die das OLG Düsseldorf im DAT/Altana-Fall erneut zu entscheiden hatte. Für den Fall der Abfindung wegen Eingliederung der DAT AG in die Altana AG entschied das Oberlandesgericht im Mai 2000, dass der Börsenkurs nicht herangezogen werden könne, da er aufgrund des geringen Handelsvolumens nicht den für die Minderheitsaktionäre erzielbaren Verkehrswert dargestellt habe.[52] Des weiteren hätten die Antragsteller nichts über die tatsächliche Kursentwicklung vorgetragen. Die Entscheidung wurde daher im Ergebnis nicht abgeändert.

Für den Antrag bezüglich des Unternehmensvertrages vertrat das OLG Düsseldorf den Standpunkt, dass, wenn der Börsenkurs als Untergrenze herangezogen werden soll, auf den Stichtagskurs am Tag des Hauptversammlungsbeschlusses

---

47 BVerfG vom 27.04.1999 – 1 BvR 1613/94, BVerfGE 100, 289, 308.

48 BVerfG vom 27.04.1999 – 1 BvR 1613/94, BVerfGE 100, 289, 308.

49 Siehe z. B. LG München I vom 27.03.2000 – 5 HKO 19156/98, ZIP 2000, 1055, 1056; BayObLG vom 11.09.2001 – 3Z BR 101/99, ZIP 2001, 1999, 2002 – „Ytong".

50 BVerfG vom 27.04.1999 – 1 BvR 1613/94, BVerfGE 100, 289, 309.

51 BVerfG vom 27.04.1999 – 1 BvR 1613/94, BVerfGE 100, 289, 309 f.

52 OLG Düsseldorf vom 25.05.2000 – 19 W 5/93 AktE, AG 2000, 421, 422 – „DAT/Altana II".

abzustellen sei.[53] Damit setzte sich das Gericht in Widerspruch zu einer Entscheidung des OLG Stuttgart vom 4.2.2000, in der eine mehrmonatige Referenzperiode zur Ermittlung eines Durchschnittskurses zugrunde gelegt wurde.[54] Da die Entscheidung des OLG Düsseldorf daher eine „andere" i. S. d. § 28 Abs. 2 FGG darstellen würde, war eine Vorlage gemäß §§ 306 Abs. 2, 99 Abs. 3 S. 5 AktG i. V. m. § 28 Abs. 2 FGG zum Bundesgerichtshof erforderlich.

Nach Auffassung des Bundesgerichtshofes kommt grundsätzlich sowohl der Börsenkurs zum Stichtag als auch ein auf diesen Stichtag bezogener Durchschnittskurs in Betracht.[55] Aus den gesetzlichen Vorgaben des § 305 Abs. 3 S. 2 AktG einerseits, bei dem nach dem Wortlaut vom Zeitpunkt der Beschlussfassung der Hauptversammlung auszugehen ist, sowie den Ausführungen des Bundesverfassungsgerichts im DAT/Altana-Beschluss andererseits ergäben sich keine eindeutigen Regelungen, da auch der auf einen Stichtag bezogene Durchschnittskurs zu den maßgeblichen Verhältnissen im Berücksichtigungszeitpunkt zähle.[56] Aus Gründen der Rechtssicherheit, d. h. um eine Beeinflussung des Börsenkurses durch Manipulationen möglichst zu erschweren oder auszuschließen, entschied der Bundesgerichtshof jedoch, dass zur Ermittlung eines Durchschnittskurses auf einen 3-monatigen Referenzzeitraum unmittelbar vor dem Hauptversammlungsbeschluss abzustellen sei.[57]

Das LG Dortmund ging in einer Entscheidung vom 18. November 2000 ebenfalls von einem 3-monatigen Referenzzeitraum aus, der aber mit dem Bekannt werden der Informationen über die Abfindungskonditionen durch die Medien enden sollte.[58] Dieser Zeitraum liefere einen Referenzkurs, der zeitlich möglichst nahe an den Bewertungsstichtag heranreicht, gleichzeitig aber einen ausreichenden Schutz vor Kursbeeinflussung bietet, da der Beginn der Frist in dem zu entscheidenden Fall noch vor Bekanntgabe der Eingliederungsabsicht lag.[59]

---

[53] OLG Düsseldorf vom 25.05.2000 – 19 W 1/93 AktE, ZIP 2000, 1525, 1526 – „DAT/Altana III".

[54] OLG Stuttgart vom 04.02.2000 – 4 W 15/98, AG 2000, 428, 429 – „Schwaben-Zell AG".

[55] BGH vom 12.03.2001 – II ZB 15/00, BGHZ 147, 108, 118 – „DAT/Altana".

[56] BGH vom 12.03.2001 – II ZB 15/00, BGHZ 147, 108, 117 f.

[57] BGH vom 12.03.2001 – II ZB 15/00, BGHZ 147, 108, 118.

[58] LG Dortmund vom 18.11.2000 – 20 AktE 8/94, ZIP 2001, 739, 742 – „SNI".

[59] LG Dortmund vom 18.11.2000 – 20 AktE 8/94, ZIP 2001, 739, 742 – „SNI".

B. Diskussion in der Literatur

Einheitlich war und ist auch die Literatur der Ansicht, der außenstehende Aktionär müsse wirtschaftlich voll entschädigt werden. Ebenso wie in der Rechtsprechung wird dabei oft abgelehnt, eine bestimmte Wertermittlungsmethode als rechtlich geboten einzustufen.[60] Lange Zeit wurde in diesem Zusammenhang aber auch durch die Literatur fast durchweg verneint, dass der Börsenkurs die Grundlage oder zumindest einen Anhaltspunkt für die Berechnung der dem ausscheidenden Aktionär zustehenden Abfindung bilden könne.[61]

Im wirtschaftsrechtlichen Schrifttum hatten sich zwar bereits in den 30er Jahren Stimmen für die Heranziehung des Börsenkurses ausgesprochen.[62] Begründet wurde dies damit, der Börsenkurs sei als Marktpreis bereits die Zusammenfassung aller preisbildenden Umstände und spiegele damit die inneren Verhältnisse der Gesellschaft zutreffend wider. Einer Korrektur sei er daher überhaupt nicht zugänglich.[63] Dabei sei die Kursentwicklung durch die Spruchstelle bis zum Zeitpunkt der Entscheidung sinngemäß zu verlängern.[64] Die ganz überwiegende Mehrheit verwarf diesen Ansatz jedoch mit der Begründung, die Abfindung dürfe nicht durch den möglicherweise niedrigeren Börsenkurs herabgedrückt werden.[65]

Vertreten wurde auch, dass der sogenannte subjektive Anteilswert, d. h. der Wert, den die Anteile gerade für den betreffenden abzufindenden Aktionär haben, für die Bemessung herangezogen werden könnte. Danach sollte ein Aktionär, der z. B. eine Sperrminorität besitzt, eine höhere Abfindung verlangen kön-

---

60 Koppensteiner in: Kölner Kommentar, § 305 Rn. 70; Rodloff DB 1999, 1149; **anders:** Piltz/Wissmann NJW 1985, 2673, 2677 f. (allerdings für den Zugewinnausgleich) und Gansweid AG 1977, 334, 336 f., die allein die Ertragswertmethode als rechtlich geboten ansahen.

61 Meilicke JW 1938, 3018 f.; Böttcher/Meilicke, Umwandlung und Verschmelzung von Kapitalgesellschaften, 5. Aufl. 1958, §§ 12, 13 UmwG Rn. 24, S. 144; Veith/Börnstein, Umwandlungsgesetz und Umwandlungs-Steuergesetz, 1958, §§ 12, 13 UmwG Anm. 2, S. 125.

62 Buwert Wirtschaftstreuhänder 1938, 145, 147 f.; Rieger Wirtschaftstreuhänder 1938, 256 f.; Rieger JW 1938, 3016, 3017; dem folgend: Busse von Colbe AG 1964, 263, 266 f.

63 Rieger Wirtschaftstreuhänder 1938, 256, 257; Rieger, JW 1938, 3016, 3017.

64 Rieger JW 1938, 3016, 3018.

65 Böttcher/Meilicke, Umwandlung, Verschmelzung und Auflösung, 4. Aufl. 1937, 3. UmwGDVO § 6 Rn. 5, S. 164 f.; Meilicke JW 1938, 3018, 3019 m. w. N.; Veith/Börnstein, Umwandlungsgesetz und Umwandlungs-Steuergesetz, 1958, §§ 12, 13 UmwG Anm. 2, S. 125.

nen.[66] Hiergegen wurde aber unter anderem, zutreffend und recht plakativ, eingewandt, dass derjenige, der eine Sperrminorität besitzt, die Maßnahme selbst verhindern könne, es also gar nicht zu einem Abfindungsfall käme und dieser Aktionär die seiner Meinung nach werthaltigere Beteiligung damit erhalten könne.[67]

Etwa ab den 60er Jahren wurde vermehrt von dem Anspruch, einen „absolut richtigen", objektiven Wert für das Unternehmen ermitteln zu wollen, Abstand genommen[68] und eine subjektivierte Grenzpreisbestimmung gefordert.[69] Dies ist aber nicht zu verwechseln mit dem o.g. „subjektiven Anteilswert", der eine unterschiedliche Behandlung verschiedener Aktiengattungen oder auch Paketzuschläge bzw. Minderheitsabschläge zulassen würde. Es sei vielmehr zu bestimmen, welchen Wert die Anteile für die Beteiligten auf beiden Seiten aufgrund ihrer Absichten und Zielvorstellungen haben, und hieraus sei ein Grenzpreis zu ermitteln,[70] der letztlich einen intersubjektiven Wert darstelle.[71]

Die überwiegende Ansicht im Schrifttum folgte der oben dargestellten Rechtsprechung bis zum Ende der 90er Jahre und verwarf den Börsenkurs als Bewertungsmaßstab,[72] während einzelne Stimmen die Praxis kritisierten[73] und - entgegen den Vorgaben der Rechtsprechung bis zur DAT/Altana-Entscheidung - for-

---

66 Böttcher/Meilicke, Umwandlung, Verschmelzung und Auflösung, 4. Aufl. 1937, 3. UmwGDVO § 6 Rn. 5, S. 164 f.; Böttcher/Meilicke, Umwandlung und Verschmelzung von Kapitalgesellschaften, 5. Aufl. 1958, §§ 12, 13 UmwG Rn. 27, S. 145; Heun Wirtschaftstreuhänder 1938, 220, 222; **dagegen:** Großfeld JZ 1981, 769, 770.

67 Rieger JW 1938, 3016, 3017.

68 Busse von Colbe AG 1964, 263, 266.

69 Erner, Berücksichtigung von Kapitalverflechtungen, S. 33 ff.; Großfeld JZ 1981, 641, 644 f.; Drukarczyk AG 1973, 357, 362 ff.

70 Drukarczyk AG 1973, 357, 362 ff.

71 Großfeld JZ 1981, 641, 644 f.; m. w. N. Sieben/Schildbach DStR 1979, 455 ff.

72 Geßler in: Geßler/Hefermehl, § 305 Rn. 34; Semler in: Geßler/Hefermehl, § 320 Rn. 21; Würdinger in: GroßKomm, AktG, § 305 Anm. 13, § 320 Anm. 14; Hüchting, Abfindung und Ausgleich, S. 44 ff.; Gansweid AG 1977, 334, 335; Forster AG 1980, 45; Dielmann/König AG 1984, 57, 65; Korth BB 1992, Beilage 19 zu Heft 33, S. 4; Seetzen WM 1994, 45, 46; Kindl WiB 1996, 1107; Schulze-Osterloh EWiR 1997, 679, 680; Bungert NZG 1998, 990.

73 Dörfler/Gahler/Unterstraßer/Wirichs BB 1994, 156 ff; Hecker/Wenger ZBB 1995, 321, 326 ff.; Götz DB 1996, 259, 260 ff.; Ammon FGPrax 1998, 121, 122; Luttermann EWiR 1998, 821, 822.

derten, dass der Börsenkurs betragsmäßig die Untergrenze des Abfindungsangebots darstellen müsse.[74]

Vermehrt wurde dieser Ansatz schließlich ab 1998 in Folge des Beschlusses des BayObLG aufgegriffen und eine generelle Einbeziehung des Börsenkurses in die Wertermittlung bei Abfindungsangeboten eingefordert.[75]

Seit dem DAT/Altana-Beschluss schließlich hat auch ein großer Teil der Literatur die neue Rechtsprechung des BVerfG begrüßt[76] und dafür plädiert, dass der Börsenkurs als Untergrenze bei der Bestimmung der Abfindung im Rahmen von Unternehmensverträgen Beachtung finden soll,[77] auch wenn hierbei unter Umständen die nach dem Ertragswertverfahren ermittelten Werte vergleichend heranzuziehen seien.[78] Zum Teil wird für die Berücksichtigung des Börsenkurses als alleinigen Bewertungsmaßstab plädiert,[79] andere Autoren stehen der veränderten Linie der Rechtsprechung skeptisch gegenüber[80] und kritisieren, dass aufgrund der tatsächlich bestehenden Abhängigkeit der Kurse von nicht abschätzbaren und zu beziffernden Faktoren, der Kurswert, anders als das BVerfG annimmt, regelmäßig nicht mit dem Verkehrswert übereinstimme.[81]

---

[74] Aha AG 1997, 26, 27 f.; Drukarczyk AG 1973, 357, 362 ff.; Götz DB 1996, 259, 263; Hügel, Verschmelzung und Einbringung, S. 200 f.; Seisler, Anspruch des Minderheitsaktionärs, S. 149 f., 224; vorsichtig: Henn, Hb. Aktienrecht, Rn. 360 Fn. 430.

[75] Luttermann EWiR 1998, 965 f.; Zeidler NZG 1998, 949 f.; Emmerich JuS 1999, 401 f.; Luttermann ZIP 1999, 45, 47; Rodloff DB 1999, 1149, 1150 f.; Steinhauer AG 1999, 299, 306; eingeschränkt Seetzen WM 1999, 565, 571.

[76] Luttermann JZ 1999, 945 ff.; Wilken ZIP 1999, 1443; Behringer BUW 2000, 463, 466; Busse von Colbe in: FS Lutter, 2000, S. 1053 ff.; Drüke DB 2000, 713 f.; Lutter/Bezzenberger AG 2000, 433, 438; Luttermann EWiR 2000, 209, 210; ders. EWiR 2000, 701, 702; W. Müller in: FS Bezzenberger, 2000, S. 705, 712 f.; ders. EWiR 2000, 751; Ehricke/Roth DStR 2001, 1120, 1122; Luttermann ZIP 2001, 869 ff.

[77] Behnke NZG 1999, 934; Piltz ZGR 2001, 185, 192 ff., Komp, Zweifelsfragen des aktienrechtlichen Abfindungsanspruchs nach §§ 305, 320 b AktG, S. 382; Gude, Strukturänderungen und Unternehmensbewertung zum Börsenkurs, S. 163 f.

Entsprechend für den Squeeze-out: Ehricke/Roth DStR 2001, 1120, 1122; Vetter AG 2002, 176, 188.

[78] Hüffer, § 305 Rn. 24 c, § 320b Rn. 2 („Doppelarbeit"); Großfeld BB 2000, 261, 265 f.

[79] Piltz ZGR 2001, 185, 212.

[80] Vetter AG 1999, 569, 571; Riegger DB 1999, 1889 f.; Maier-Reimer/Kolb in: FS W. Müller, 2001, S. 93, 99 ff.; siehe auch Letzel NZG 2001, 260, 266.

[81] Henze in: FS Lutter, 2000, S. 1101, 1109 ff.

C. Empirische Untersuchungen gezahlter Abfindungen

In empirischen Untersuchungen wurde festgestellt, dass die Abfindungen betragsmäßig oft erheblich unter dem Börsenkurs lagen. Im Rahmen von Unternehmensverträgen gemäß §§ 291 ff. AktG wurden nach einer Untersuchung von WENGER/HECKER aus dem Jahr 1995 Abfindungen gezahlt, die im Durchschnitt etwa 37 % unter dem Börsenkurs zwei Tage vor der ersten Veröffentlichung des Abfindungsangebotes lagen. In 12 der untersuchten 46 Fälle (dies entspricht 26 %) lag das Angebot über dem Börsenkurs. Wurde ein Spruchverfahren angestrengt, wurden die Abfindungsbeträge zwar durchschnittlich um 25 % angehoben, sie lagen damit im Durchschnitt aber immer noch deutlich unter den Börsenkursen.[82]

Auch bei Abfindungsangeboten im Rahmen von Eingliederungen lässt sich eine ähnliche Situation feststellen.[83] Richtigerweise muss hier jedoch danach unterschieden werden, ob im Vorfeld der Eingliederung bereits ein Unternehmensvertrag bestand oder ob der Mehrheitsaktionär in unmittelbarem zeitlichen Zusammenhang verstärkt Aktien über die Börse erworben hat, um überhaupt die für die Eingliederung notwendige Mehrheit von 95 % zu erreichen. In ersterem Fall hängt der Börsenkurs weniger von der Einschätzung des Marktes, als vielmehr vom Umfang der zugesicherten wiederkehrenden Ausgleichszahlungen ab. Erzeugt der Mehrheitsaktionär dagegen eine starke Nachfrage, steigt der Kurs kurzfristig, zumindest bis die 95 %-Schwelle erreicht wird. Bei den in diesem Zusammenhang betrachteten Fällen lagen die Abfindungen, ohne dass zuvor ein Unternehmensvertrag geschlossen wurde, zum Stichtag vor Veröffentlichung des Abfindungsangebotes ca. 20 % unter dem Börsenkurs. Bestand ein Unternehmensvertrag, entsprach die Abfindung wertmäßig in etwa dem Börsenkurs. Ging der Eingliederung während eines Zeitraumes von 2 Jahren ein freiwilliges Übernahmeangebot voraus, lag die Abfindung in der Mehrzahl der Fälle dagegen deutlich über dem Börsenkurs. WENGER/HECKER/KNOESEL versuchen allerdings nicht, dieses Ergebnis näher zu begründen.

Vorbehaltlich aller Einwände, die auf statistische Ungenauigkeiten, Fehler in der Auswahl und Zusammenstellung der Datensätze sowie bei der Bereinigung und Diskontierung der Preise etc. abzielen können,[84] lässt sich dennoch recht eindeu-

---

82 Wenger/Hecker, ifo-Studien 1995, 51, 77, 81 bzw. Wenger/Hecker/Knoesel in: Gahlen/Hesse/Ramser, Finanzmärkte, S. 93, 117 ff.

83 Wenger/Hecker/Knoesel in: Gahlen/Hesse/Ramser, Finanzmärkte, S. 93, 124 ff.

84 Vgl. auch die Diskussion der Autoren selbst: Wenger/Hecker, ifo-Studien 1995, 51, 73 ff., 80.

tig festhalten, dass die tatsächlich gezahlten Abfindungen in der Vergangenheit betragsmäßig oft deutlich hinter den jeweiligen Börsenkursen zurückblieben.[85]

DÖRFLER/GAHLER/UNTERSTRAßER/WIRICHS haben die durch Bewertungsgutachten ermittelten und die tatsächlich gezahlten Abfindungen gegenübergestellt.[86] Dabei ergab sich ein im Durchschnitt um 28 % erhöhtes Abfindungsangebot. Die Autoren vermuten daraufhin, dass das Bewertungsgutachten als einseitiges Parteigutachten zunächst eine viel zu niedrige Abfindung ausweist, die es dem Mehrheitsaktionär erlaubt, das Angebot scheinbar großzügig zu erhöhen. Ein solcher Aufschlag dient teilweise offensichtlich als zusätzlicher Anreiz für die außenstehenden Aktionäre, statt der Abfindung in Aktien der Muttergesellschaft die Barabfindung zu wählen, soweit sie alternativ angeboten wird.

Sowohl die Gutachtenwerte als auch die tatsächlichen Abfindungsangebote bei Unternehmensverträgen blieben bei dieser Untersuchung ebenfalls deutlich hinter dem Börsenkurs zurück.[87] Erwähnt wird hier jedoch auch, dass möglicherweise vorhergehende Spekulationen um eine Abfindung den Kurs in die Höhe treiben und so die Differenz zwischen Börsenkurs und Gutachtenergebnis vergrößern. Bei der Untersuchung der Ergebnisse von Spruchverfahren ermittelten die Autoren eine durchschnittliche Anhebung der Abfindungsbeträge um ca. 48 %.

DÖRFLER ET AL. versuchen darüber hinaus den Wert der Barabfindung mit dem Wert des Umtauschangebotes bei einer Abfindung in Aktien zu vergleichen. Bei der Betrachtung eines 6-Monats-Zeitraumes war in 5 von 6 Fällen die Barabfindung günstiger, da sich der Börsenkurs des herrschenden bzw. übernehmenden Unternehmens nicht entsprechend positiv entwickelte, um den Nachteil eines niedrigen Umtauschverhältnisses durch höhere Erträge auszugleichen. Sie gehen hierbei von einem Wert des Umtauschrechtes aus, der sich aus dem Mittel der Monatsdurchschnittskurse des Großaktionärs, d. h. des Abfindungsschuldners, der letzten 6 Monate vor Bekanntgabe des Angebots ergibt.

---

85 Darüber hinaus werden eklatante Verstöße gegen Grundsätze der ordnungsgemäßen Bewertung gerügt, Wenger/Hecker/Knoesel in: Gahlen/Hesse/Ramser, Finanzmärkte, S. 93, 105 ff. Siehe dazu auch Hax in: Gahlen/Hesse/Ramser, Finanzmärkte, S. 147, 150.

86 Dörfler/Gahler/Unterstraßer/Wirichs BB 1994, 156 ff.

87 Durchschnittlich erreichten die Gutachterwerte 80,3 % des vorherigen Durchschnittskurses, entsprechend betrugen die Börsenkurse etwa 124,5 % der errechneten Abfindung. Demgegenüber lagen die tatsächlich angebotenen Abfindungen durchschnittlich nur 8,2 % unter dem Börsenkurs.

Mangels aktueller und umfassender empirischer Untersuchungen zur Frage des Zusammenhangs zwischen dem gutachterlich ermittelten Unternehmenswert, der Höhe der tatsächlich angebotenen Abfindung und der Höhe des Börsenkurses zu diesem Zeitpunkt, lassen sich eindeutige Aussagen über generelle Abweichungen zwischen diesen Größen nicht treffen. Zumindest die pauschale Annahme, die angebotenen Abfindungsbeträge hätten stets weit unter dem Börsenkurs gelegen, lässt sich jedoch anhand der zitierten Untersuchungen widerlegen. Eine Tendenz in diese Richtung mag erkennbar sein; unklar bleibt jedoch, inwieweit Abweichungen des Börsenkurses allein der allgemeinen Entwicklung der Aktienmärkte, etwa während einer Hausse, geschuldet sind.

2. Kapitel: Abfindungsfälle

Es gibt verschiedene Situationen, in denen Minderheitsaktionären ein Angebot auf Barabfindung für ihre Aktien zu unterbreiten ist. Solche Fälle ergeben sich zunächst aus dem Aktiengesetz für den Bereich der Unternehmensverträge, der Eingliederung eines beherrschten Unternehmens sowie des Squeeze-out. Eine besondere Stellung nimmt der Fall der sogenannten „übertragenden Auflösung", d. h. der Übertragung des gesamten Gesellschaftsvermögens auf den Mehrheitsaktionär mit anschließender Auflösung der Gesellschaft, ein. Es soll außerdem kurz auf ähnlich gelagerte Fälle des Eingriffs in Gesellschafterrechte gegen Leistung einer Abfindungszahlung, wie die Einziehung und die Beseitigung von Mehrstimmrechten, eingegangen werden.

Weitere Vorschriften, welche die Pflicht zur Abgabe von Barabfindungsangeboten an Minderheitsaktionäre begründen, finden sich um Umwandlungsgesetz mit der Verschmelzung, der Auf- und Abspaltung, der Vermögensübertragung sowie dem Formwechsel. Neu eingeführt wurden Barabfindungsvorschriften im Zusammenhang mit Umstrukturierungen bei einer Europäischen Aktiengesellschaft (SE). An der Schnittstelle zum Kapitalmarktrecht bewegen sich die verschiedenen Formen des Delisting, das auf Antrag oder faktisch durch eine gesellschaftsrechtliche Umstrukturierungsmaßnahme erreicht werden kann. Untersucht werden soll weiterhin, ob sich der Ausschluss aus wichtigem Grund und die Übernahmeangebote nach dem WpÜG mit den übrigen Barabfindungsfällen vergleichen lassen.

A. Abfindungsfälle nach Aktiengesetz

I. Unternehmensverträge

1. Rechtsnatur der Verträge

Das Aktiengesetz unterscheidet zwischen dem Beherrschungs- und Gewinnabführungsvertrag gemäß § 291 AktG einerseits und sonstigen Unternehmensverträgen gemäß § 292 AktG (Gewinngemeinschaft, Teilgewinnabführung sowie Betriebspacht und –überlassung) andererseits. Eine Abfindung außenstehender Aktionäre ist für die letzteren nicht vorgesehen. Hintergrund ist, dass die in § 292 AktG erfassten Vertragstypen aus der Sicht des Gesetzgebers lediglich schuldrechtliche Austauschverträge sind, die auf beiden Seiten Ansprüche und

Verbindlichkeiten begründen.[1] Der Beherrschungs- sowie der Gewinnabführungsvertrag, die oft als Beherrschungs- und Ergebnisabführungsvertrag zu einer Einheit zusammengefasst werden,[2] greifen, so auch die Begründung zum Gesetzesentwurf aus dem Jahr 1965, dagegen in die Verfassung der Aktiengesellschaft selbst ein.[3] Über die Begründung einer schuldrechtlichen Beziehung hinaus gestalten sie unmittelbar die gesellschaftsrechtlichen Beziehungen zwischen den vertragschließenden Gesellschaften sowie gegenüber den außenstehenden Aktionären der beherrschten Gesellschaft.[4] Es handelt sich nach heute herrschender Ansicht daher um sogenannte Organisationsverträge,[5] durch die das Zuständigkeitsgefüge innerhalb der beherrschten Gesellschaft verändert wird, indem insbesondere die eigenverantwortliche Leitungsmacht des Vorstandes gemäß § 76 AktG durch § 308 AktG eingeschränkt, die Kapitalbindung zugunsten des herrschenden Unternehmens gemäß § 291 Abs. 3 AktG aufgehoben und der Gesellschaftszweck am Konzerninteresse ausgerichtet wird.[6]

Erforderlich für die Wirksamkeit eines Unternehmensvertrages ist gemäß § 293 AktG, dass sowohl die Hauptversammlung der Untergesellschaft als auch der Obergesellschaft, falls es sich dabei um eine AG oder KGaA handelt, dem Vertrag mit einer ¾-Mehrheit des bei der Beschlussfassung vertretenen Kapitals zustimmen. Einer sachlichen Rechtfertigung bedarf dieser Beschluss nicht.[7] Weitere Wirksamkeitsvoraussetzung ist vor allem die Eintragung in das Handelsregister gemäß § 294 Abs. 2 AktG.

---

1 Begr. zum RegE § 292, bei Kropff S. 378.

2 Kübler, § 29 II. 2., S. 366; K. Schmidt, Gesellschaftsrecht, § 31 III. 1. a), S. 953.

3 Begr. zum RegE § 291, bei Kropff S. 376; Altmeppen in: MünchKomm AktG, § 292 Rn. 7.

4 Emmerich/Habersack, Konzernrecht, § 11 III. 1., S. 170.

5 BGH vom 24.10.1988 – II ZB 7/88, BGHZ 105, 324, 331 – „Supermarkt"; BGH vom 11.11.1991 – II ZR 287/90, BGHZ 116, 37, 43 – „Stromlieferung"; BGH vom 30.01.1992 – II ZB 15/91, NJW 1992, 1452, 1453 – „Siemens"; BayObLG vom 10.12.1992 – 3Z BR 130/92, NJW 1993, 1804, 1805 – „BSW"; OLG Karlsruhe vom 12.10.1993 – 11 Wx 48/93, WM 1993, 2092, 2093; Altmeppen in: MünchKomm AktG, § 291 Rn. 25; Geßler in: Geßler/Hefermehl, § 291 Rn. 24, 77; Emmerich in: Emmerich/Habersack, § 291 Rn. 25, 53; K. Schmidt, Gesellschaftsrecht, § 31 III. 1. a), S. 952; Kübler, § 29 I., S. 364; Ulmer in: Hachenburg, GmbHG, § 53 Rn. 139. **Anders noch:** Kronstein, Die abhängige juristische Person, 1931, S. 46 ff.

6 Beyerle AG 1980, 317, 319 fasst diesen Effekt wie folgt zusammen: Durch den Unternehmensvertrag wird die Beteiligung an einer unabhängigen Gesellschaft für den Aktionär zu einer reinen Finanzbeteiligung ohne wirksames Mitspracherecht, da durch die klaren Mehrheitsverhältnisse sowie das Weisungsrecht des herrschenden Unternehmens die Hauptversammlung in ihrer Organfunktion verändert wird.

7 Hirte, Bezugsrechtsausschluß, S. 144 ff.; Hüffer, § 293 Rn. 7.

2. Anspruch auf angemessene Abfindung gemäß § 305 AktG

Ein Gewinnabführungsvertrag verhindert, dass ein Bilanzgewinn entsteht, der gemäß § 58 Abs. 4 AktG als Dividende an die Aktionäre auszuschütten wäre; bei einem Beherrschungsvertrag hängt der Bilanzgewinn seiner Höhe nach von der Disposition und den Weisungen des anderen Vertragsteils ab, an welche die Gesellschaft aufgrund § 308 AktG gebunden ist.[8] Ein Beherrschungs- oder Gewinnabführungsvertrag muss daher gemäß § 304 AktG einen Ausgleich für die außenstehenden Aktionäre durch eine wiederkehrende Geldleistung bestimmen, der den Verlust ihres mitgliedschaftlichen Dividendenrechts kompensieren soll.[9] Die Ausgleichszahlung wird jedoch nicht an der tatsächlichen wirtschaftlichen Entwicklung des Unternehmens orientiert, da gemäß § 304 Abs. 2 AktG entweder ein jährlicher Festbetrag gemäß der bisherigen Ertragssituation oder ein der Dividende der Obergesellschaft entsprechender Gewinnanteil zu zahlen ist. Durch den Verbleib in der Gesellschaft bleibt für den Aktionär die Situation daher nur insoweit unverändert, als die bisherigen Vermögenserträge für die Zukunft betragsmäßig eingefroren werden können. Bessert sich die wirtschaftliche Lage des abhängigen Unternehmens, partizipiert der Minderheitsaktionär höchstens mittelbar und nur für den Fall, dass im Unternehmensvertrag sein Gewinnanteil an die Dividende der Obergesellschaft gekoppelt wurde.

Zudem muss den außenstehenden Aktionären gemäß § 305 Abs. 1 AktG zusätzlich eine angemessene einmalige Abfindung als Gegenwert für den Erwerb ihrer Aktien angeboten werden, so dass sie die Möglichkeit haben, aus der Gesellschaft auszuscheiden. Das Abfindungsangebot soll die außenstehenden Aktionäre gegen die Beeinträchtigung ihrer aus der Mitgliedschaft folgenden Herrschafts- und Mitverwaltungsrechte sichern.[10] Den außenstehenden Aktionären soll nicht zugemutet werden, in einer abhängigen Gesellschaft zu verbleiben, auf deren Geschäftspolitik sie keinen Einfluss haben und für die keine Garantie be-

---

[8] Vgl. Hüffer, § 304 Rn. 1; BVerfG vom 27.01.1999 – 1 BvR 1805/94, NJW 1999, 1699, 1700 – „SEN".

[9] Bilda in: MünchKomm AktG, § 304 Rn. 9.

[10] So die h. M.: BGH vom 04.03.1998 – II ZB 5/97, BGHZ 138, 136, 139 – „ASEA/BBC II"; Begr. zum RegE § 305, bei Kropff S. 397; Bilda in: MünchKomm AktG, § 304 Rn. 9, § 305 Rn. 2; Emmerich/Habersack, Konzernrecht, § 22 I 2., S. 307 f.; Hüffer, § 305 Rn. 1.

Vgl. aber auch andere Ansätze: So erklärt Fleischer, ZGR 1997, 368, 393, das Abfindungsangebot an den Minderheitsaktionär mit der Möglichkeit, die Gesellschaft zu verlassen (*exit*), als Äquivalent des diesem eigentlich zustehenden, durch das AktG mit der Möglichkeit der Mehrheitsentscheidung jedoch entzogenen Zustimmungsrechts (*voice*).

Klöhn, AG 2002, 443, 447 ff., arbeitet Parallelen der Abfindungsangebote zu Entschädigungsansprüchen nach dem zivilrechtlichen Aufopferungsgedanken entsprechend etwa §§ 904 S. 2, 906 Abs. 2 S. 2, 912 Abs. 2 BGB heraus.

steht, dass sie bei Beendigung des Unternehmensvertrages noch wirtschaftlich eigenständig lebensfähig ist.[11] Eine vollständige Kompensation der Beeinträchtigung der Herrschaftsrechte ist jedoch nicht möglich,[12] da sie nur in der (Wieder-) Gewährung gleichartiger Herrschaftsrechte bestehen könnte. Die Abfindung stellt daher eine Entschädigung für den erlittenen Rechtsverlust dar,[13] der verfassungsrechtlich geboten ist, da Aktien als gesellschaftsrechtlich vermitteltes Eigentum dem Schutz des Art. 14 GG unterstehen.[14] Wählt der außenstehende Aktionär die Abfindung, entscheidet er sich für eine Deinvestition und damit von vornherein für die Vermeidung von Vermögensnachteilen, die der Ausgleich gemäß § 304 AktG möglicherweise nicht erfasst.[15]

a) *Außenstehende Aktionäre*

Der Kreis der außenstehenden Aktionäre ist begrifflich im Gesetz nicht umrissen oder definiert.[16] Der Begriff wird zum einen in den §§ 295 ff. AktG, zum anderen in den §§ 304 ff. AktG verwandt. Nach h. M. ist dieser Personenkreis im Kontext des jeweiligen Normbereiches zu bestimmen, so dass eine allgemeingültige Definition nicht existiert.[17] Im Rahmen der §§ 304, 305 AktG ist zu

---

[11] BGH vom 20.05.1997 – II ZB 9/96, BGHZ 135, 374, 378 – „Guano"; Begr. zum RegE § 295, bei Kropff S. 397; Kübler, § 29 IV. 4., S. 370; Würdinger in: GroßKomm, AktG, § 305 Einl.

[12] Bilda in: MünchKomm AktG, § 305 Rn. 2; Hüffer, § 305 Rn. 1.

[13] BVerfG vom 07.08.1962 – 1 BvL 16/60, BVerfGE 14, 263, 283 – „Feldmühle"; BGH vom 15.06.1992 – II ZR 18/91, BGHZ 119, 1, 10 – „ASEA/BBC"; BGH vom 20.05.1997 – II ZB 9/96, BGHZ 135, 374, 378 f. – „Guano"; BGH vom 04.03.1998 – II ZB 5/97, BGHZ 138, 136, 139 – „ASEA/BBC II".

[14] BVerfG vom 07.08.1962 – 1 BvL 16/60 BVerfGE 14, 263, 276 ff. – „Feldmühle"; BVerfG vom 07.05.1969 – 2 BvL 15/67, BVerfGE 25, 371, 407 – „Rheinstahl"; BVerfG vom 01.03.1979 – 1 BvR 532, 533/77, 419/78, 1 BvL 21/78, BVerfGE 50, 290, 341 ff. – „Mitbestimmung"; Papier in: Maunz/Dürig, Art. 14 Rn. 195; s. u. ausführlicher 4. Kapitel, Abschnitt B.II.1. „Aktie als gesellschaftsrechtlich vermitteltes Eigentum".

[15] Begr. zum RegE § 305, bei Kropff S. 397.

[16] Es wurde bewusst auf eine solche Festlegung verzichtet. Begr. zum RegE § 295, bei Kropff S. 385.

[17] Bilda in: MünchKomm AktG, § 304 Rn. 19; Emmerich in: Emmerich/Habersack, § 304 Rn. 15, § 295 Rn. 28; Koppensteiner in: Kölner Kommentar, § 295 Rn. 38; so wohl auch Altmeppen in: MünchKomm AktG, § 295 Rn. 47. Vgl. LG Essen vom 16.12.1994 – 47 O 238/94, AG 1995, 189, 190 – „RAG Immobilien AG".

Die Gegenansicht geht von einem grundsätzlich einheitlichen Begriff aus: Geßler in: Geßler/Hefermehl, § 295 Rn. 25, § 304 Rn. 14; Hüchting, Abfindung und Ausgleich, S. 110; Hüffer, § 295 Rn. 12; Würdinger in: GroßKomm, AktG, § 295 Anm. 5, § 304 Anm. 3.

Zum Teil wird dabei eine Korrektur über Stimmrechtsverbote angenommen: Bachelin, Minderheitenschutz, S. 21 ff.; Kley, Rechtsstellung der außenstehenden Aktionäre, S. 29 ff., 43; Hüchting, Abfindung und Ausgleich, S. 110 f.; Pentz AG 1996, 97, 108 f.

überlegen, wer tatsächlich für den Verlust von Herrschafts- und Mitverwaltungsrechten entschädigt werden muss.

(1) Der andere Vertragsteil

Einigkeit besteht darüber, dass der andere Vertragsteil nicht außenstehender Aktionär ist,[18] da diesem, obwohl ihm als Aktionär der abhängigen Gesellschaft ein Nachteil durch den Unternehmensvertrag entsteht, als Äquivalent der Einbußen unmittelbar auch der wirtschaftliche Vorteil aus dem Vertrag zufließt.[19]

(2) Verflochtene Gesellschaften

Vereinzelt wird vertreten, dass allein der andere Vertragsteil von Ausgleich und Abfindung auszuschließen sei, mithin jeder andere Aktionär als Außenstehender anzusehen sei.[20] Es lässt sich jedoch nicht begründen, warum der andere Vertragsteil von den Rechten der außenstehenden Aktionäre auf Ausgleich und Abfindung nicht profitieren darf, während ein Unternehmen, das seinerseits über einen Beherrschungsvertrag die Leitungsmacht in dem anderen Vertragsteil inne hat und über Abschluss und Inhalt des Unternehmensvertrages mittelbar bestimmen kann, diesen Schutz genießen sollte. Andere Aktionäre, die wirtschaftlich mit dem anderen Vertragsteil zusammenhängen, sind daher grundsätzlich vom Kreis der abfindungsberechtigten außenstehenden Aktionäre auszuschließen.

Fraglich ist jedoch, wo die Grenzen der Zurechnung zum anderen Vertragsteil zu ziehen sind und welche Aktionäre der beherrschten Gesellschaft trotz einer gewissen Verflechtung noch zu den Außenstehenden zu zählen sind. Es ist also zu überlegen, ob der fragliche Aktionär noch zum „Lager" des anderen Vertragsteils zu rechnen ist.[21]

Die Begründung zum Regierungsentwurf zu § 295 AktG 1965[22] stellt hierbei auf die wirtschaftliche Verflechtung mit dem anderen Vertragsteil sowie die Beteiligungsstrukturen ab:

---

[18] Begr. zum RegE § 295, bei Kropff S. 385; Emmerich in: Emmerich/Habersack, § 304 Rn. 16; Geßler in: Geßler/Hefermehl, § 304 Rn. 14; Hüffer, § 304 Rn. 2; Koppensteiner in: Kölner Kommentar, § 295 Rn. 41; Würdinger in: GroßKomm, AktG, § 304 Anm. 3.

[19] Bilda in: MünchKomm AktG, § 304 Rn. 18; Koppensteiner in: Kölner Kommentar, § 295 Rn. 17; Würdinger in: GroßKomm, AktG, § 304 Anm. 3.

[20] Pentz, Rechtsstellung der Enkel-AG, S. 55 ff., 66, 101; ders. AG 1996, 97, 104 ff.; Kley, Rechtsstellung der außenstehenden Aktionäre, S. 29 ff.

[21] Emmerich in: Emmerich/Habersack, § 304 Rn. 16; Emmerich/Habersack, Konzernrecht, § 21 II 1.a), S. 292.

[22] Bei Kropff S. 385.

„Dem anderen Vertragsteil müssen aber diejenigen Aktionäre gleichgestellt werden, deren Vermögen wirtschaftlich mit dem Vermögen des anderen Vertragsteils eine Einheit[23] bildet oder deren Erträge dem anderen Vertragsteil oder denen die Erträge des anderen Vertragsteils zufließen."

„Nicht außenstehende Aktionäre sind daher auch Aktionäre, die mit dem anderen Vertragsteil unmittelbar oder mittelbar durch den Besitz aller Anteile oder durch einen Gewinnabführungs- oder Beherrschungsvertrag verbunden sind. Das gleiche gilt, wenn die Gesellschaft ihre vertraglichen Leistungen statt an den anderen Vertragsteil an einen Dritten zu erbringen hat, für den Dritten und mit ihm in der erwähnten Weise verbundenen Aktionäre."

Die herrschende Meinung schließt dem folgend grundsätzlich diejenigen Aktionäre aus dem Kreis der ausgleichs- und abfindungsberechtigten außenstehenden Aktionäre aus, die unmittelbar oder mittelbar ähnlich dem anderen Vertragsteil aus dem Unternehmensvertrag profitieren, d. h. Unternehmen, die an dem anderen Vertragsteil zu 100 % beteiligt sind oder an denen er zu 100 % beteiligt ist.[24]

(a) Variante 1 – Die Obergesellschaft beherrscht auch die außenstehende Gesellschaft D

Hält die herrschende Gesellschaft an der dritten Gesellschaft D, die auch Gesellschafter der Untergesellschaft ist, 100 % oder besteht zwischen diesen beiden ein Beherrschungs- und Gewinnabführungsvertrag, käme die Zahlung einer Abfindung oder eines Ausgleichs an D einer Zahlung der Obergesellschaft an sich selbst gleich, da die beiden Unternehmen wirtschaftlich und vermögensmäßig eine Einheit bilden und das herrschende Unternehmen vom Gewinn des dritten Unternehmens D direkt profitiert.

Hat die an der Untergesellschaft beteiligte Gesellschaft D jedoch ihrerseits Minderheitsaktionäre und ist sie nicht selbst durch einen Beherrschungs- und Gewinnabführungsvertrag an die Obergesellschaft gebunden, sind diese Gesellschafter zu schützen; ihnen darf ihr über das Dividendenbezugsrecht vermittelter

---

23 Kley, Rechtsstellung der außenstehenden Aktionäre, S. 32 f., argumentiert, bei dem Begriff der wirtschaftlichen Einheit handele es sich nur um einen Oberbegriff. Insbesondere sei die Eingliederung bereits durch die nachfolgend genannten Alternativen, die auf Ertragsflüsse abstellen, erfaßt. Hiergegen läßt sich einwenden, dass gerade die Eingliederung mehr bedeutet als bloße Ertragsabführung, dass vielmehr gerade bei dem rechtlich noch selbständigen aber eingegliederten Unternehmen eine wirtschaftliche und organisatorische Vermögensverflechtung vorliegt, die eine andere Qualität als etwa eine unternehmensvertragliche Verbindung aufweist.

24 KG vom 15.12.1970 – 1 W 2982/69, AG 1971, 158, 159; OLG Nürnberg vom 17.01.1996 – 12 U 2801/91, AG 1996, 228 f. – „Tucherbräu"; Emmerich/Habersack, Konzernrecht, § 21 II. 1. a), S. 293; Hüffer, § 304 Rn. 2, 3; Koppensteiner in: Kölner Kommentar, § 295 Rn. 42; Krieger in: Münch. Hb. GesR, § 70 Rn. 64.

Anteil an Ausgleich und Abfindung, den die Obergesellschaft wegen Beherrschung der Untergesellschaft an die Gesellschaft D zahlen muss, nicht vorenthalten werden.[25] HÜCHTING und VON GODIN/WILHELMI wollen dagegen, weitergehend als die herrschende Meinung, auch bei einer bloßen Mehrheitsbeteiligung der Obergesellschaft an D die Gesellschaft D vom Kreis der außenstehenden Aktionäre der Untergesellschaft ausschließen, falls die Abhängigkeitsvermutung des § 17 Abs. 2 AktG nicht widerlegt sei.[26] Sie begründen dies mit der rechtlich vermittelten Möglichkeit der Einflussnahme der Obergesellschaft auf D, wohingegen eine rein tatsächliche Möglichkeit der Einflussnahme, etwa aufgrund geschäftlicher Beziehungen, wegen der entstehenden Abgrenzungsprobleme nicht ausreichend sein soll. Das Argument der Einflussnahmemöglichkeit ist zwar zutreffend. Wegen der bereits angeführten Schutzwürdigkeit der Minderheitsaktionäre der D ist dieser Ausschluss der D-Gesellschaft vom Kreis der außenstehenden Aktionäre der Untergesellschaft jedoch als nicht zulässig anzusehen.

(b) Variante 2 – Die Obergesellschaft wird von der außenstehenden Gesellschaft D beherrscht

Ist die Konstellation umgekehrt und hält die Gesellschaft D sowohl einen Anteil an der Untergesellschaft als auch 100 % an der Obergesellschaft bzw. besteht zwischen D und der Obergesellschaft ein Beherrschungs- und Gewinnabführungsvertrag zu Lasten der Obergesellschaft, so ist D im Verhältnis zur Untergesellschaft als Konzernspitze anzusehen. Nach ganz herrschender Meinung rechtfertigt diese Art der Verflechtung, die Gesellschaft D als nicht außenstehenden Aktionär zu betrachten.[27]

---

[25] Ganz h.M.: OLG Nürnberg vom 17.01.1996 – 12 U 2801/91, AG 1996, 228 f. – „Tucherbräu"; Bachelin, Minderheitenschutz, S. 24; Bilda in: MünchKomm AktG, § 304 Rn. 21; Emmerich in: Emmerich/Habersack, § 304 Rn. 17 f.; Geßler in: Geßler/Hefermehl, § 304 Rn. 15; Krieger in: Münch. Hb. GesR, § 70 Rn. 64; Würdinger in: GroßKomm, AktG, § 304 Anm. 3. Vgl. auch KG vom 15.12.1970 – 1 W 2982/69, AG 1971, 158, 162.

Bayer, in: FS Ballerstedt, 1975, S. 157, 170 f., will den außenstehenden Aktionären der D dagegen direkte Ausgleichsansprüche gegen die Obergesellschaft analog §§ 304, 305 AktG zugestehen.

[26] Hüchting, Abfindung und Ausgleich, S. 108; von Godin/Wilhelmi, § 304 Anm. 7.

[27] **A. A.:** Geßler in: Geßler/Hefermehl, § 304 Rn. 17, der zusätzlich einen Unternehmensvertrag zwischen D und der Obergesellschaft für erforderlich hält, sowie Kley, Rechtsstellung der außenstehenden Aktionäre, S. 38, der argumentiert, die Vorteile aus dem Unternehmensvertrag würden, über die Dividendenzahlung des herrschenden Unternehmens „gefiltert", d. h. der volle Nachteilsausgleich für D sei nicht mehr über das herrschenden Unternehmen gesichert.

Umstritten ist, ob dies auch gelten muss, wenn D an der Obergesellschaft lediglich mehrheitlich beteiligt ist und ein bloßes Abhängigkeitsverhältnis im Sinne des § 17 AktG besteht. Nach HÜCHTING und VON GODIN/WILHELMI soll derjenige Aktionär vom Kreis der Außenstehenden ausgeschlossen werden, der aufgrund einer Mehrheitsbeteiligung Einfluss auf Abschluss und Gestaltung des Unternehmensvertrages zwischen Ober- und Untergesellschaft nehmen konnte, falls nicht die Abhängigkeitsvermutung des § 17 Abs. 2 AktG widerlegt sei.[28] Aus der Abhängigkeit ergäbe sich die Möglichkeit der Einflussnahme im Einzelfall.

Nach BILDA bilden dagegen bei bloßen Abhängigkeitsbeziehungen oder faktischen Konzernverhältnissen die Vermögen der Obergesellschaft und der Gesellschaft D keine derartige wirtschaftliche Einheit, die einen Ausschluss der D aus dem Kreis der außenstehenden Aktionäre rechtfertigen würde.[29] GEßLER wiederum stellt auf eine Konzernverbindung für den Ausschluss der D-Gesellschaft ab, da, auch wenn die Vermögen der Unternehmen keine Einheit bildeten, wirtschaftlich die Vorteile eines Konzernunternehmens auch dem anderen zugute kämen.[30] KOPPENSTEINER vergleicht die Höhe der Beteiligungsquote der D-Gesellschaft an der Obergesellschaft einerseits und der Untergesellschaft andererseits.[31] Ist die erstgenannte Quote kleiner als die zweite, sei D außenstehender Aktionär der Untergesellschaft, da sie nur dann mit Abschluss des Unternehmensvertrages schlechter stände als ohne.

Nach überzeugender Ansicht ist jedoch tatsächlich für den Ausschluss der D-Gesellschaft eine 100 %ige Beteiligung an der Obergesellschaft oder das Bestehen eines Beherrschungs- und Gewinnabführungsvertrages erforderlich.[32] Zum einen ist dieses Ergebnis wegen der Klarheit und Eindeutigkeit zu befürworten, während das Widerlegen einer Abhängigkeitsvermutung gemäß § 17 Abs. 2 AktG zu Unsicherheiten führen kann. Zum anderen wird diese Lösung auch dem Zweck der §§ 304, 305 AktG, nämlich dem Kompensations- und Entschädigungsgedanken, gerecht, da allein bei einem im Ergebnis vollständigen Abfluss der Vorteile des Unternehmensvertrages an die D-Gesellschaft – entweder über das Dividendenbezugsrecht oder über einen Beherrschungs- und Gewinnabführungsvertrag – ein zusätzlicher Ausgleich bzw. ein Abfindungsangebot unnötig ist, um die entstandenen Nachteile zu kompensieren.

---

28 Hüchting, Abfindung und Ausgleich, S. 109 f.; von Godin/Wilhelmi, § 304 Anm. 7.

29 Bilda in: MünchKomm AktG, § 304 Rn. 22.

30 Geßler in: Geßler/Hefermehl, § 304 Rn. 18.

31 Koppensteiner in: Kölner Kommentar, § 295 Rn. 43.

32 Hüffer, § 304 Rn. 3; Krieger in: Münch. Hb. GesR, § 70 Rn. 64; Petzel, Ansprüche der Minderheitsaktionäre, S. 26 ff.

(3) Dritte, an die Leistungen aus dem Vertrag zu erbringen sind

Nach der Begründung zum Regierungsentwurf sind weiterhin diejenigen Aktionäre nicht als außenstehend anzusehen, an die Leistungen aus dem Unternehmensvertrag zu erbringen sind.[33] Verbleibt dem Dritten der Vorteil aus dem Vertrag, ist er eindeutig nicht schutzwürdig. GEßLER ist jedoch der Ansicht, dass Dritte, die die Leistungen aus dem Vertrag zwischen Ober- und Untergesellschaft erhalten sollen, dann als außenstehend gelten müssen, wenn sie hierfür ihrerseits dem anderen Vertragsteil ein Entgelt schulden.[34] Hiergegen wendet KIRCHHEIM zutreffend ein, dass eine solche Entgeltverpflichtung, wenn es sich bei der dritten Gesellschaft nicht bereits um ein Tochterunternehmen handelt, nur wiederum durch einen Unternehmensvertrag begründet sein könnte, so dass auch eine wirtschaftliche Einheit vorliege.[35]

(4) Zwischenergebnis

Es lässt sich daher festhalten, dass zum Kreis der ausgleichs- und abfindungsberechtigten außenstehenden Aktionäre nur diejenigen zählen, die *nicht*

- anderer Vertragsteil sind oder
- mit diesem über eine 100 %ige Beteiligung bzw.
- einen Beherrschungs- und Gewinnabführungsvertrag verbunden sind,
- Dritte sind, an die die vertraglichen Leistungen zu erbringen sind.

Eine bloße Mehrheitsbeteiligung schließt den Aktionär dagegen nicht vom Kreis der außenstehenden Aktionäre aus, auch wenn die Abhängigkeitsvermutung nicht widerlegt ist.

b) Rechtlicher Charakter der vertraglichen Abfindungsklausel sowie des Abfindungsanspruchs

Nach ganz herrschender Meinung handelt es sich bei der Abfindungsklausel gemäß § 305 AktG um einen Vertrag zugunsten Dritter im Sinne des § 328 BGB, da die außenstehenden Aktionäre durch den zwischen herrschendem und beherrschtem Unternehmen geschlossenen Vertrag das Recht auf Abschluss eines Kauf- oder Tauschvertrages über ihre Aktien mit dem herrschenden Unternehmen erwerben.[36] Einzelne Autoren nehmen auch an, es handele sich dabei

---

[33] Begr. zum RegE § 295, bei Kropff S. 385.

[34] Geßler in: Geßler/Hefermehl, § 304 Rn. 16.

[35] Kirchheim, Abfindung des Minderheitsaktionärs, S. 28 f.

[36] RG vom 08.02.1935 – II 280/34, RGZ 147, 42, 46 f.; BGH vom 20.05.1997 – II ZB 9/96, BGHZ 135, 374, 380 – „Guano"; OLG Düsseldorf vom 12.02.1992 – 19 W 3/91, AG 1992, 200, 201 – „Dt. Babcock/Balcke-Dürr"; OLG Düsseldorf 07.10.1997 – 19 W 1/97, AG 1998, 39, 40; Bilda in: MünchKomm AktG, § 305 Rn. 8; Emmerich in: Emmerich/Habersack, § 305 Rn. 5, 25; Emmerich/Habersack, Konzernrecht, § 22 II. 1. a), S. 309; Geßler in: Geßler/Hefermehl, § 305 Rn. 11; Hüffer, § 305 Rn. 3; Koppensteiner in:

um einen aktienrechtlichen Vertrag sui generis.[37] Für eine solche Konstruktion ist jedoch keine Notwendigkeit ersichtlich. Nach ganz überwiegender Ansicht muss der Vertrag selbst das Angebot auf Abfindung enthalten, so dass es nur noch von der Erklärung der außenstehenden Aktionäre abhängt, ob sie ihre Beteiligung an der Gesellschaft aufgeben und damit anstelle des wiederkehrenden Ausgleichs gemäß § 304 AktG einen Abfindungsanspruch gemäß § 305 AktG haben.[38] Trotzdem es sich nicht um ein „freies Angebot" auf dem Markt sondern um ein Soll-Angebot in einer besonderen Situation handelt, liegt dennoch eine Übertragung von Aktien gegen einen bestimmten Geldbetrag vor, mithin eine klassische Kaufsituation.

Trotz der vertraglichen Ausgestaltung des Anspruchs wird aber mittlerweile davon ausgegangen, dass es sich bei dem Abfindungsanspruch *dem Grunde nach* um ein gesetzliches Schuldverhältnis handelt.[39] Teilweise wird dazu ausgeführt, dass der Eingriff des anderen Vertragsteils in die Vermögens- und Herrschaftsrechte des außenstehenden Aktionärs lediglich aus rechtstechnischen Gründen in die Form des Vertrages gekleidet sei.[40] In Wahrheit handele es sich um eine Art In-Sich-Geschäft, das der Mehrheitsgesellschafter vornehme und das zum Schutz der Außenstehenden die gesetzliche Verpflichtung Ausgleich bzw. Abfindung auslöst.[41] Der BGH spricht davon, dass der Abschluss des Beherrschungsvertrages lediglich auslösendes Moment für Rechtsbeeinträchtigung und Verlust und für die dafür zu gewährende Entschädigung sei[42] und der Anspruch dem Grunde nach kraft Gesetzes gewährt werde.[43] Vor allem folgende Überle-

---

Kölner Kommentar, § 305 Rn. 12; **a. A.** Luttermann NZG 2006, 816, 817; Luttermann JZ 1997, 1183; Praël, Eingliederung und Beherrschungsvertrag, S. 74 f.

37 Petzel, Ansprüche der Minderheitsaktionäre, S. 42; Thywissen, Spruchstellenverfahren, S. 79 ff., 82.

38 Bilda in: MünchKomm AktG, § 305 Rn. 5; Hüffer, § 305 Rn. 3; Koppensteiner in: Kölner Kommentar, § 305 Rn. 12; Emmerich in: Emmerich/Habersack, § 305 Rn. 5; Würdinger in: GroßKomm, AktG, § 305 Anm. 1; **anders** Geßler in: Geßler/Hefermehl, § 305 Rn. 11, der annimmt, der Vertrag müsse nicht unbedingt das Angebot selbst enthalten, ausreichend sei auch lediglich die Aufnahme der Verpflichtung des anderen Teils gegenüber der Gesellschaft, den außenstehenden Aktionären (gesondert) ein Abfindungsangebot zu unterbreiten.

39 Emmerich in: Emmerich/Habersack, § 305 Rn. 7a, 25; Hüffer, § 305 Rn. 4a, 4b; Ammon FGPrax 1998, 121, 123; Luttermann NZG 2006, 816, 817; Luttermann JZ 1997, 1183; Röhricht ZHR 162 (1998), 249, 257.

40 Bilda in: MünchKomm AktG, § 305 Rn. 8.

41 Röhricht ZHR 162 (1998), 249, 257.

42 BGH vom 04.03.1998 – II ZB 5/97, BGHZ 138, 136, 139 – „ASEA/BBC II".

43 BGH vom 20.05. 1997 – II ZB 9/96, BGHZ 135, 374, 380 – „Guano"; offen gelassen: BGH vom 08.05.2006 - II ZR 27/05, BGHZ 167, 299 ff. - „Jenoptik".

gung spricht für das Vorliegen eines gesetzlichen und nicht allein vertraglichen Schuldverhältnisses: Fehlt die Abfindungsklausel, ist der Vertrag dennoch wirksam;[44] das Gesetz gewährt den außenstehenden Aktionären aber die Möglichkeit, eine angemessene Abfindung im Spruchverfahren einzufordern (§ 305 Abs. 5 S. 2 AktG). Weder die Gewährung noch die betragsmäßige Bestimmung des Anspruchs ist daher in das Belieben der Vertragsparteien gestellt.

Wird ein Gericht im Spruchverfahren zur Überprüfung der angebotenen Abfindung aufgerufen, wirkt seine Entscheidung gemäß § 13 SpruchG vertragsgestaltend[45] für und gegen alle Beteiligten, einschließlich der bereits abgefundenen Aktionäre. Die Vorgaben der Spruchstelle werden dadurch Bestandteil des Unternehmensvertrages.

c) Arten der Abfindung

(1) Abfindung in Aktien

Das Gesetz sieht in § 305 Abs. 2 Nr. 1 AktG –zwingend– eine Abfindung der außenstehenden Aktionäre in Aktien vor, wenn der andere Vertragsteil eine europäische Aktiengesellschaft[46] bzw. KGaA ist, die ihrerseits nicht abhängig ist oder in Mehrheitsbesitz steht. Dies ist als der gesetzliche Regelfall anzusehen. Dem außenstehenden Aktionär soll dadurch Primärschutz bzw. „Naturalrestitution" statt eines finanziellen Vermögensausgleichs gewährt werden.[47] Dabei soll ihm die Beteiligung an der Gesellschaft ermöglicht werden, die seiner bisheri-

---

44 BGH vom 15.06.1992 – II ZR 18/91, BGHZ 119, 1, 9 f. – „ASEA/BBC"; Geßler in: Geßler/Hefermehl, § 305 Rn. 9; Hüffer, § 305 Rn. 29; kritisch dazu Beyerle BB 1978, 784, 788 f., der die „Muss"-Formulierung in § 305 Abs. 1 für vorrangig hält.

45 Siehe auch Bilda in: MünchKomm AktG, § 305 Rn. 123; Hüffer, § 305 Rn. 31.

46 Aktiengesellschaft in einem Mitgliedsstaat der Europäischen Union oder einem anderen Vertragsstaat des Abkommens über den Europäischen Wirtschaftsraum; geändert durch Gesetz zur Unternehmensintegrität und Modernisierung des Anfechtungsrecht (UMAG) vom 22.9.2005, BGBl. I 2005 S. 2802, 2807.

Die frühere Beschränkung der Pflicht zur Abfindung in Aktien auf inländische Unternehmen wurde damit begründet, dass die Überprüfung der angemessenen Umtauschrelation im Spruchverfahren bei ausländischen Aktien Schwierigkeiten unterliegen kann, und möglicherweise nicht gewährleistet ist, dass die durch ausländischen Anteilsbesitz vermittelten Rechte denen des Aktiengesetzes entsprechen (Bilda in: MünchKomm AktG, § 305 Rn. 39; Emmerich in: Emmerich/Habersack, § 305 Rn. 10). Vor dem Hintergrund des Diskriminierungsverbotes des Art. 12 EGV und der Harmonisierung des Binnenrechts ist nunmehr die Unterscheidung inländische/ausländische Aktiengesellschaften einer Unterscheidung in europäische/außereuropäische Gesellschaften gewichen (vgl. Hüffer, § 305 Rn. 10).

47 Hüffer, § 305 Rn. 1, 9; Koppensteiner in: Kölner Kommentar, § 305 Rn. 6.

gen Gesellschaft wirtschaftlich am nächsten steht.[48] Er soll weder aus der Gesellschaft verdrängt werden können noch zum bloßen Renten-Aktionär werden.[49]

Des weiteren ist den außenstehenden Aktionären, wenn der andere Vertragsteil seinerseits ein abhängiges Unternehmen ist, eine Abfindung in Aktien des herrschenden Unternehmens gemäß § 305 Abs. 2 Nr. 2 AktG anzubieten. Die außenstehenden Aktionäre, die gerade aus einer abhängigen Gesellschaft ausscheiden wollen, sollen nicht mit Aktien eines seinerseits abhängigen Unternehmens abgefunden werden können.[50] Im drei- oder mehrstufigen Konzern ist die Regelung entsprechend anzuwenden, so dass dann Aktien der Konzernspitze, anzubieten sind.[51]

(2) Barabfindung

Im oben bereits erwähnten Fall des § 305 Abs. 2 Nr. 2 AktG, wenn der andere Vertragsteil seinerseits beherrscht wird, kann den außenstehenden Aktionären statt der Abfindung in Aktien der Konzernobergesellschaft auch eine Barabfindung angeboten werden. Auch wenn die Abfindung in Aktien als Grund- oder Regelfall vom Gesetz aufgestellt wird und eine Geldzahlung für den Anleger einen völlig anderen Charakter hat, gewährt die vollständige Deinvestition dem Aktionär eine größere Freiheit der Anlageentscheidung.[52] Die Barabfindung ist daher mindestens genauso geeignet, die geforderten Kompensations- und Entschädigungsfunktionen, die der Abfindung in Aktien immanent sind, zu erfüllen.

Die Gesetzesformulierung „oder" in § 305 Abs. 2 Nr. 2 AktG impliziert, dass die beiden Abfindungsformen zur Wahl stehen. Nach ganz h. M. steht das Wahlrecht, anders als bei der Eingliederung[53] (§ 320b Abs. 1 S. 3 AktG), den Vertragsparteien und nicht den abfindungsberechtigten Aktionären zu.[54] Für dieses

48 Begr. zum RegE § 305, bei Kropff S. 397; Ausschußbericht § 305, bei Kropff S. 398.

49 Bilda in: MünchKomm AktG, § 305 Rn. 38.

50 Würdinger in: GroßKomm, AktG, § 305 Anm. 6.

51 Bilda in: MünchKomm AktG, § 305 Rn. 48; Emmerich in: Emmerich/Habersack, § 305 Rn. 14a; Hüffer, § 305 Rn. 13.

52 Vgl. Hüffer, § 305 Rn. 14 („durchaus gleichwertiger Schutz").

53 Siehe hierzu unten Abschnitt A.II.2.b) „Abfindung der Minderheitsaktionäre".

54 Bilda in: MünchKomm AktG, § 305 Rn. 51; Geßler in: Geßler/Hefermehl, § 305 Rn. 22; Hüffer, § 305 Rn. 15; Koppensteiner in: Kölner Kommentar, § 305 Rn. 46; Krieger in: Münch. Hb. GesR, § 70 Rn. 98; Würdinger in GroßKomm, AktG, § 305 Anm. 6; Exner, Beherrschungsvertrag, S. 239 ff.; Pentz, Rechtsstellung der Enkel-AG, S. 96 f.; Werner in: FS Steindorff, 1990, S. 303, 317.

Ergebnis spricht auch ein Vergleich mit dem Wortlaut des § 320b Abs. 1 S. 3 AktG, wonach das Wahlrecht bei der Eingliederung eindeutig den Aktionären zusteht („nach deren Wahl"). Im Umkehrschluss[55] kann beim Unternehmensvertrag das Wahlrecht gerade nicht den Aktionären zustehen.

Gemäß § 305 Abs. 2 Nr. 3 AktG ist auch in allen „anderen Fällen" eine Barabfindung anzubieten, etwa dann, wenn es sich bei dem herrschenden Unternehmen nicht um eine AG oder KGaA handelt oder es seinen Sitz im außereuropäischen Ausland hat, aber auch, wenn der andere Vertragsteil von einer Gebietskörperschaft abhängig ist oder in deren Mehrheitsbesitz steht.[56] Nr. 3 ist daher ein Auffangtatbestand für die von Nr. 1 und 2 nicht erfassten Fälle.

Unabhängig von der Verpflichtung zu einer bestimmten Abfindungsart ist es stets möglich und zulässig, den Aktionären ein zusätzliches Barabfindungsangebot, und umgekehrt ein zusätzliches Aktienabfindungsangebot, zu unterbreiten.[57] Nach Ansichten in der Literatur muss dieses zusätzliche freiwillige Angebot nicht den gesetzlichen Anforderungen, insbesondere hinsichtlich der betragsmäßigen Angemessenheit, genügen.[58] Hier besteht jedoch die Gefahr der Irreführung oder zumindest Unklarheit zu Lasten des Minderheitsaktionärs. Der Aktionär, der ein Abfindungsangebot erhält, das sich für ihn zumindest dem ersten Anschein nach als ein Pflichtangebot nach dem AktG oder ein gleichartiges Angebot darstellt, muss sich auch darauf verlassen können, dass dieses Angebot nach den gleichen Maßstäben ermittelt wurde wie das ihm gleichzeitig erteilte tatsächliche Pflichtangebot. Will die Gesellschaft ein zusätzliches Barabfindungsangebot unterbreiten, weil es etwa einfacher zu handhaben ist als eine Aktienabfindung, muss sie sich mit dieser zusätzlichen Möglichkeit ebenfalls der Forderung der „Angemessenheit" unterwerfen.

(3) Bewertungsmaßstab

Die dem außenstehenden Aktionär angebotene Abfindung muss angemessen sein. Dabei ist zwischen der Bar- und der Aktienabfindung zu unterscheiden.

Nunmehr auch Emmerich in: Emmerich/Habersack, § 305 Rn. 16. Die auf Hüchting, Abfindung und Ausgleich, S. 21 f., basierende Gegenansicht wurde aufgegeben.

55 Hüffer, § 305 Rn. 15; vgl. zum *argumentum e contrario* Larenz, Methodenlehre der Rechtswissenschaft, S. 390.

56 Bilda in: MünchKomm AktG, § 305 Rn. 52.

57 Bilda in: MünchKomm AktG, § 305 Rn. 56; Emmerich in: Emmerich/Habersack, § 305 Rn. 2, 12 ff.; Hüchting, Abfindung und Ausgleich, S. 22; Krieger in: Münch. Hb. GesR, § 70 Rn. 101; Würdinger in: GroßKomm, AktG, § 305 Anm. 9.

58 Exner, Beherrschungsvertrag, S. 244; Wenger/Hecker/Knoesel in: Gahlen/Hesse/Ramser, Finanzmärkte, S. 93, 128.

Für die Barabfindung ist gemäß § 305 Abs. 3 S. 2 AktG nur festgeschrieben, dass auf die Verhältnisse der Gesellschaft im Zeitpunkt der Beschlussfassung ihrer Hauptversammlung abzustellen ist. Bis zur Gesetzesänderung im Jahr 1994 durch das UmwBerG[59] war für die Bestimmung der angemessenen Abfindung auf die Vermögens- und Ertragslage der Gesellschaft im Zeitpunkt der Beschlussfassung abzustellen. Aus der Begründung des Gesetzesentwurfs ergibt sich, dass nicht mehr wie bisher die Berücksichtigung bestimmter Bewertungsmethoden vorgeschrieben werden sollte.[60] Die Anwendung und Gewichtung verschiedener Methoden könnten je nach Unternehmen verschieden zu beurteilen sein, so dass sich das Gesetz jetzt darauf beschränkt, den für die Bemessung der Barabfindung relevanten Zeitpunkt festzulegen.[61]

Für die Abfindung in Aktien ist dagegen festgelegt, dass die Abfindungsaktien gemäß § 305 Abs. 3 S. 1 AktG in dem Verhältnis zu gewähren sind, das bei einer Verschmelzung zu ermitteln wäre (Verschmelzungswertrelation). Damit wird die Ähnlichkeit der wirtschaftlichen Folgen von Unternehmensverträgen nach § 291 AktG und der Verschmelzung verdeutlicht. Es ist demnach erforderlich, beide Unternehmen zu einem bestimmten Stichtag zu bewerten.[62] Festzulegen, nach welchen Kriterien die Verschmelzungsrelation bestimmt wird, ist nach heute überwiegender Ansicht eine rechtliche Aufgabe.[63]

Der Ausgleich nach § 304 AktG und der Abfindungsbetrag nach § 305 AktG müssen sich wertmäßig nicht unbedingt entsprechen, d. h. dass die wiederkehrende Ausgleichszahlung keine verrentete Abfindung ist sowie die Abfindung kein kapitalisierter Ausgleich.[64] Den jeweiligen Beträgen können unterschiedliche Unternehmenswerte zugrunde liegen. Zwar basiert der Ausgleich auf einer

---

59 BGBl. I 1994, S. 3210, 3262.

60 Vgl. BT-Drucks. 12/6699, S. 94 f., 179. Die Angemessenheitsklausel der Abfindungsvorschriften im Umwandlungsgesetz und im Aktiengesetz wurde durch das UmwBerG 1994 jeweils gleichlautend ausgestaltet. Obwohl sich die Begründung ausdrücklich nur auf § 30 UmwG bezieht, kann sie daher übertragen werden.

61 Vgl. LG Dortmund vom 10.06.1997 – 20 AktE 1/94, AG 1998, 142 – „Sinalco AG".

62 Hüffer, § 305 Rn. 17.

63 BayObLG vom 19.10.1995 – 3Z BR 17/90, AG 1996, 127 – „Paulaner"; OLG Celle vom 31.07.1998 – 9 W 128/97, AG 1999, 128, 130 – „Hofbräuhaus Wolters/ Gildebrauhaus"; Hüffer, § 305 Rn. 17; **anders noch:** OLG Hamm vom 23.01.1963 – 8 AR 1/60, AG 1963, 218, 221.

Siehe dazu im folgenden die Darstellung der Bewertungsverfahren im 3. Kapitel sowie die Untersuchung rechtlicher Kriterien und ihre Würdigung im 4. Kapitel.

64 Hüffer, § 304 Rn. 11a; Krieger in: Münch. Hb. GesR, § 70 Rn. 74; Lutter/Drygala AG 1995, 49, 50 ff.; **a. A.** Koppensteiner in: Kölner Kommentar, § 304 Rn. 37; Emmerich in: Emmerich/Habersack, § 304 Rn. 37, 39.

Ertragsprognose und auch in die Bewertung des Unternehmens für die Ermittlung eines Abfindungsangebotes werden regelmäßig, vor allem bei Anwendung des Ertragswertverfahrens,[65] Erwartungen über die zukünftige Entwicklung des Unternehmens mit einbezogen. Dennoch können in einzelnen Punkten bestimmte Werte unterschiedlich anzusetzen und zu berücksichtigen sein.[66]

Anders, wenn man die verschiedenen Arten der Abfindung vergleicht. Gleich, ob es sich um eine Abfindung in Aktien eines anderen Unternehmens oder um eine Barabfindung handelt, sollen in beiden Fällen die gleichen die Bewertungsmaßstäbe anzuwenden sein.[67] Aufgrund der unterschiedlichen Ansatzpunkte, die der Gesetzgeber gewählt hat, ist eine solche automatische Gleichstellung jedoch nicht zwingend.[68]

II. Eingliederung gemäß § 320 AktG

Die Möglichkeit der Eingliederung wurde im deutschen Aktienrecht erst mit dem Aktiengesetz 1965 geschaffen, bis dahin existierte sie nicht.[69] Der Gesetzgeber hat die Mehrheitseingliederung unproblematisch als zulässig erachtet, weil eine Eingliederung nicht daran scheitern sollte, dass sich noch eine kleine Minderheit von Aktien in den Händen bekannter oder unbekannter anderer Aktionäre befindet.[70] Sie ist eine intensive Maßnahme zur Einbeziehung einer Gesellschaft in einen Konzern und steht von ihren Wirkungen her zwischen dem Beherrschungsvertrag und der Verschmelzung.[71]

---

65 Siehe hierzu unten 3. Kapitel Abschnitt C. „Ertragswert“.

66 Vgl. z. B. LG Nürnberg-Fürth vom 22.04.1999 – 1 HK 6730/89, AG 2000, 89, 90 – „Philips“; Emmerich/Habersack, Konzernrecht, § 21 III. 3., S. 298 f.; Henn, Hb. Aktienrecht, Rn. 360.

67 Bilda in: MünchKomm AktG, § 305 Rn. 59; Geßler in: Geßler/Hefermehl, § 305 Rn. 36; Hüffer, § 305 Rn. 18; Krieger in: Münch. Hb. GesR, § 70 Rn. 102; **anders:** LG Dortmund vom 31.10.1980 – 18 AktE 2/79, AG 1981, 236, 238 – „Rheinstahl/Thyssen“, anschließend OLG Düsseldorf vom 17.02.1984 – 19 W 1/81, ZIP 1984, 586, 593 – „ATH/Rheinstahl“, die davon sprechen, dass die Barabfindung u. U. günstiger für den ausscheidenden Aktionär sein könne, dass aber das Gesetz der übernehmenden Gesellschaft die Barabfindung nicht aufzwinge, und dass deren Wert daher nicht die Untergrenze für die Aktienabfindung darstellen darf.

68 Siehe hierzu unten 4. Kapitel Abschnitt D.IV. „Ermittlung der Verschmelzungswertrelation für die Abfindung in Aktien“.

69 Vgl. Begr. zum RegE Vorbemerkungen Dritter Teil, bei Kropff, S. 421.

70 Begr. zum RegE § 320, bei Kropff, S. 424.

71 Emmerich/Habersack, Konzernrecht, § 10 I., S. 132; Grunewald in: MünchKomm AktG, Vor § 319 Rn. 3; Koppensteiner in: Kölner Kommentar, Vorb. § 319 Rn. 3 f.; Krieger in:

1. Voraussetzungen

Nach § 320 AktG ist eine Eingliederung zulässig bei einer mindestens 95 %igen Beteiligung der Hauptgesellschaft an der einzugliedernden Gesellschaft. Eigene Aktien der Gesellschaft sind dabei gemäß § 320 Abs. 1 S. 2 vom Grundkapital abzuziehen.[72]

Problematisch könnte sein, ob außer der Kapitalmehrheit in Höhe von 95 % auch eine entsprechende Stimmenmehrheit erforderlich ist.[73] Sie würde abweichend festzustellen sein, wenn einerseits Mehrstimmrechtsaktien[74] oder andererseits stimmrechtslose Vorzugsaktien existieren. Die ganz h. M. verlangt keine Stimmenmehrheit sondern lediglich eine Kapitalmehrheit in Höhe von 95 %.[75] Das Argument KOPPENSTEINERS, der die Bedeutung der Eingliederung ganz allgemein für ein Indiz für den Willen des Gesetzgebers hält, dass auch eine entsprechende Stimmenmehrheit erforderlich ist, ist in seiner Allgemeinheit unbestimmt und nicht zwingend. Die Bedeutung und Sonderstellung der Eingliederung im Rahmen der Konzernierungsmaßnahmen von Unternehmensvertrag bis Fusion wird bereits dadurch deutlich, dass die Hauptgesellschaft selbst mit mindestens 95 % des Grundkapitals beteiligt sein muss. Dies ist eine extrem hohe Schwelle; eine in Prozentzahlen ebenso hohe Quote auch beim Stimmrecht zu fordern, abweichend vom System des Aktiengesetzes, das Grenzen von 10 %, 25 %, die einfache oder qualifizierte Mehrheit kennt, müsste auch im Wortlaut des Gesetzes seinen Niederschlag gefunden haben. Eindeutig verlangt die Norm jedoch nur 95 % des Grundkapitals. Höhere Voraussetzungen lassen sich nicht

---

Münch. Hb. GesR, § 73 Rn. 1; vgl. Begr. zum RegE Vorbemerkungen Dritter Teil, bei Kropff, S. 421; Begr. zum Gesetzentwurf UmwBerG 1994, BT-Drucks. 12/6699, S. 179.

Zur Rechtsnatur der Eingliederung s. Praël, Eingliederung und Beherrschungsvertrag, S. 96 ff.

72 Für die Behandlung von Wandelschuldverschreibungen und Optionsrechten: vgl. die Darstellung in Abschnitt A.III.1. „Voraussetzungen des Squeeze-out gemäß §§ 327a ff. AktG".

73 So Koppensteiner in: Kölner Kommentar, § 320 Rn. 6; ohne Argumentation von Godin/Wilhelmi, § 320 Anm. 3.

74 Grundsätzlich sind Mehrstimmrechtsaktien, d. h. Aktien, die mehr Stimmrechte gewähren, als es der auf das Grundkapital bezogenen Quote entspricht, gemäß § 12 Abs. 2 AktG nicht zulässig. Jedoch gilt durch § 5 Abs. 1 EGAktG noch bis zum 1.6.2003 eine Übergangsregelung. Danach erlöschen die Mehrstimmrechte, wenn nicht vorher von der Hauptversammlung die Fortgeltung beschlossen wurde.

75 Grunewald in: MünchKomm AktG, § 320 Rn. 7; Habersack in: Emmerich/Habersack, § 320 Rn. 11; Hüffer, § 320 Rn. 4; Krieger in: Münch. Hb. GesR, § 73 Rn. 27; Semler/Grunewald in: Geßler/Hefermehl, § 320 Rn. 9; offengelassen von OLG Hamm vom 08.12.1993 – 15 W 291/93 AG 1994, 376, 377 f. – „Siemens/Nixdorf".

ohne weiteres über den Gesetzeswortlaut hinaus begründen. Gemäß § 319 Abs. 1 S. 2 AktG sind die Vorschriften über Satzungsänderungen, die eine qualifizierte Mehrheit verlangen würden, nicht anwendbar. Erforderlich ist nach h. M. für den Beschluss daher nur eine einfache Stimmenmehrheit.[76]

Neben dem Beschluss der Hauptversammlung der einzugliedernden Gesellschaft ist die Zustimmung durch die Hauptversammlung der Hauptgesellschaft erforderlich; dies ergibt sich aus der Anwendbarkeit von § 319 Abs. 1, 2 gemäß § 320 Abs. 1 S. 3 AktG. Ein Vertrag ist dagegen nicht nötig.[77] Der Beschluss der Hauptversammlung der einzugliedernden Gesellschaft, der letztlich aufgrund der hohen Beteiligungsquote allein von der Hauptgesellschaft gefasst wird, bedarf nach überwiegender Ansicht keiner sachlichen Rechtfertigung,[78] d. h. er kann nicht wegen Unangemessenheit angefochten werden. Damit ist er einer materiellen Beschlusskontrolle nur im Bereich des Missbrauchs zugänglich, so, wenn ganz bestimmte Minderheitsaktionäre gezielt ausgeschlossen werden sollen.[79] Eine Anfechtung nach § 243 AktG ist möglich, wenn überhaupt keine oder keine ordnungsgemäße Abfindungsregelung – insbesondere eine falsche Abfindungsart – enthalten ist.[80] Die betragsmäßige Unangemessenheit der Abfindung ist dagegen im Spruchverfahren geltend zu machen. Ebenso wenig bedarf nach überwiegender Ansicht der Zustimmungsbeschluss einer sachlichen Rechtfertigung.[81]

Die Eingliederung wird schließlich, ebenso wie der Unternehmensvertrag, wirksam mit der Eintragung des Hauptversammlungsbeschlusses der einzugliedernden Gesellschaft in das Handelsregister, §§ 320 Abs. 1 S. 3, 319 Abs. 7 AktG.

---

[76] Grunewald in: MünchKomm AktG, § 320 Rn. 7; Krieger in: Münch. Hb. GesR, § 73 Rn. 32.

[77] Hüffer, § 320 Rn. 2; Krieger in: Münch. Hb. GesR, § 73 Rn. 4; siehe dazu Koppensteiner in: Kölner Kommentar, Vorb. § 319 Rn. 12.

[78] Habersack in: Emmerich/Habersack, § 320b Rn. 21; Koppensteiner in: Kölner Kommentar, § 320 Rn. 12; Hirte, Bezugsrechtsausschluß, S. 142 f.; Reinisch, Ausschluß von Aktionären, S. 27; a. A. Rodloff, Mehrheitseingliederung, S. 44 ff., 112 f; Wiedemann ZGR 1980, 147, 157 f.

[79] Grunewald in: MünchKomm AktG, § 320 Rn. 8; Habersack in: Emmerich/Habersack, § 320b Rn. 21.

[80] BGH vom 27.05.1974 – II ZR 109/72, WM 1974, 713, 717 (insoweit nicht in NJW 1974, 1557 abgedruckt) – „BASF/Wintershall“; BGH vom 13.10.1977 – II ZR 123/76, BGHZ 69, 334 f. – „VEBA“; OLG Celle vom 28.06.1972 – 9 U 155/71, WM 1972, 1004, 1009.

[81] Grunewald in: MünchKomm AktG, § 320 Rn. 19; Habersack in: Emmerich/Habersack, § 320 Rn. 6, § 320b Rn. 16; i. E. wohl offengelassen: Hirte, Bezugsrechtsausschluß, S. 149.

2. Wirkungen und Folgen für den Minderheitsaktionär

Wie bereits erwähnt, steht die Eingliederung in ihren Wirkungen zwischen Unternehmensvertrag und Verschmelzung, bzw. ist der Verschmelzung in ihren wirtschaftlichen Folgen vergleichbar, wenn auch die eingegliederte Gesellschaft als Rechtssubjekt erhalten bleibt. Der Vorteil gegenüber einer Verschmelzung besteht darin, dass die Eingliederung relativ leicht rückgängig gemacht werden kann.[82] Die Eingliederung begründet ein Abhängigkeitsverhältnis im Sinne von § 17 AktG und die unwiderlegliche Vermutung, dass zwischen den Gesellschaften ein Konzern besteht (§ 18 Abs. 1 S. 1 u. 2 AktG).[83]

a) Weisungsrecht und Vermögenszugriff

Gemäß § 323 AktG kann die Hauptgesellschaft, vertreten durch ihren Vorstand nach § 78 AktG, der eingegliederten Gesellschaft verbindliche Weisungen erteilen. Anders als bei einem Unternehmensvertrag (§ 308 Abs. 1 S. 2 AktG) muss dieses Weisungsrecht auch nicht im Interesse des herrschenden Unternehmens bzw. im Konzerninteresse liegen und darf für das eingegliederte Unternehmen sogar existenzgefährdend sein.[84] Es müssen lediglich die Grenzen der Sitten- und Rechtswidrigkeit beachtet werden.

Das Hauptunternehmen kann fast unbegrenzt auf das Vermögen der eingegliederten Gesellschaft zugreifen. Insbesondere gelten die Kapitalbindungsvorschriften der §§ 57, 58 und 60 AktG nicht. § 324 AktG befreit die eingegliederte Gesellschaft außerdem von der Verpflichtung zur Bildung und Einstellung von gesetzlichen Rücklagen gemäß § 150 AktG. Dadurch kann die Hauptgesellschaft bis zur Grenze der Grundkapitalziffer im Wesentlichen frei über das Vermögen der eingegliederten Gesellschaft verfügen.[85]

b) Abfindung der Minderheitsaktionäre

Die Aktien der Minderheitsgesellschafter gehen gemäß § 320a AktG kraft Gesetzes auf die Hauptgesellschaft über und sie erhalten eine Abfindung. Bei der Beschlussfassung der einzugliedernden Gesellschaft muss daher gemäß § 320

---

[82] Krieger in: Münch. Hb. GesR, § 73 Rn. 1.

[83] Vgl. Krieger in: Münch. Hb. GesR, § 73 Rn. 5.

[84] Grunewald in: MünchKomm AktG, § 323 Rn. 2 f.; Koppensteiner in: Kölner Kommentar, § 323 Rn. 2; Krieger in: Münch. Hb. GesR, § 73 Rn. 49; Semler/Grunewald in Geßler/Hefermehl, § 323 Rn. 2.

[85] Grunewald in: MünchKomm AktG, § 324 Rn. 1; Hüffer, § 324 Rn. 1; Koppensteiner in: Kölner Kommentar, § 324 Rn. 1.

Abs. 2 S. 1 AktG eine Abfindungsregelung vorliegen, welche das Umtauschverhältnis für die Abfindung in Aktien bzw. die Höhe der Barabfindung nennt.[86]

Bedenken gegen den automatischen Verlust des Mitgliedschaftsrechtes des Minderheitsaktionärs bestehen in Rechtsprechung und Literatur seit Einführung der Eingliederung ersichtlich nicht.[87] Die Interessen der Minderheitsaktionäre werden vor dem Hintergrund wirtschaftspolitischer Notwendigkeit als nachrangig gegenüber dem Konzernierungsinteresse angesehen.[88]

Ebenso wie bei einem Unternehmensvertrag ist den Minderheitsaktionären gemäß § 320b Abs. 1 S. 2 AktG grundsätzlich eine Abfindung in Aktien der Hauptgesellschaft anzubieten. Eine Barabfindung muss nach dem Wortlaut der Norm ausdrücklich nach Wahl der ausscheidenden Aktionäre angeboten werden, wenn die Hauptgesellschaft ihrerseits abhängig ist. Zusätzlich kann auch eine freiwillige Barabfindung angeboten werden, dieses Angebot ist dann ebenso verbindlich für die Hauptgesellschaft.[89] Handelt es sich bei der Hauptgesellschaft ihrerseits um eine bereits eingegliederte Gesellschaft (Ketteneingliederung), so ist nach ganz h.M. neben einer Barabfindung eine Abfindung in Aktien der Konzernspitzengesellschaft anzubieten,[90] um den Umweg über eine erneute Eingliederung der Mittelgesellschaft zu vermeiden. Ein schützenswertes Interesse der Minderheitsaktionäre, den komplizierten Wiedereingliederungsweg zu beschreiten, besteht ebenso wenig wie daran, ein verbessertes Umtauschverhältnis im Sinne einer „Lästigkeitswertes" zu erreichen.[91]

Aufgrund der gleichlautenden Angemessenheitskriterien „Verschmelzungswertrelation" und „Verhältnisse der Gesellschaft" wendet die ganz herrschende An-

---

86 Vgl. Krieger in: Münch. Hb. GesR, § 73 Rn. 32.

87 BVerfG vom 07.08.1962 – 1 BvL 16/60, BVerfGE 14, 263, 273 ff. – „Feldmühle"; BVerfG vom 27.04.1999 – 1 BvR 1613/94, BVerfGE 100, 289, 302 – „DAT/Altana"; BVerfG vom 23.08.2000 – 1 BvR 68/95,. 147/97, NJW 2001, 279 f. – „Moto Meter"; Begr. zum RegE § 320, bei Kropff, S. 424; Grunewald in: MünchKomm AktG, § 320 Rn. 2; Habersack in: Emmerich/Habersack, § 320 Rn. 1; Koppensteiner in Kölner Kommentar, Vorb. § 319 Rn. 7; Krieger in: Münch. Hb. GesR, § 73 Rn. 26; Semler in: Geßler/ Hefermehl, § 320 Rn. 3.

88 BVerfG vom 07.08.1962 – 1 BvL 16/60, BVerfGE 14, 263, 282 f. – „Feldmühle".

89 OLG Düsseldorf vom 02.08.1994 – 19 W 5/93 AktE, AG 1995, 84 – „DAT/Altana Eingliederung".

90 BGH vom 30.03.1998 – II ZR 12/97, BGHZ 138, 224, 226 – „Veba/Stinnes/Rhenus/ Bayerischer Lloyd"; m. w. N. Habersack in: Emmerich/Habersack, § 320 b Rn. 10; Hirte NJW 2000, 3531, 3541; Kurzwelly AG 2000, 337, 339; Richter NZG 1999, 260.

91 BGH vom 30.03.1998 – II ZR 12/97, BGHZ 138, 224, 229 – „Veba/Stinnes/Rhenus/Bayerischer Lloyd".

sicht ohne weitere Unterscheidung dieselben Bewertungsgrundsätze wie bei den Abfindungsangeboten nach § 305 AktG an.[92]

III. Squeeze-out gemäß §§ 327a ff. AktG

Durch das zum 1.1.2002 in Kraft getretene "Gesetz zur Regelung von öffentlichen Angeboten zum Erwerb von Wertpapieren und von Unternehmensübernahmen"[93] wurde erstmals im deutschen Recht die Möglichkeit des Squeeze-out, d. h. des Herausdrängens von Minderheitsgesellschaftern, eingeführt.[94] Trotzdem diese Normen im Zusammenhang mit dem WpÜG geschaffen wurden, das öffentliche Erwerbs- und Übernahmeangebote regelt, knüpfen die §§ 327a ff. AktG dem Wortlaut nach nicht an ein öffentliches Übernahmeangebot an. Sie gewähren das Ausschlussrecht vielmehr unabhängig davon, wie die erforderliche Mehrheit erlangt wurde.[95]

Der Gesetzgeber erkennt mit der Einführung des Squeeze-out an, dass es wirtschaftlich sinnlos sein kann, sehr kleine Minderheiten in Aktiengesellschaften oder auch Kommanditgesellschaften auf Aktien zu belassen, und dass die Beachtung der minderheitsschützenden Vorschriften vielmehr einen erheblichen und kostspieligen Formalaufwand, z. B. bei der Einberufung und Durchführung von Hauptversammlungen, darstelle.[96] Darüber hinaus würden Kleinstbeteili-

---

[92] Siehe z. B. Habersack in: Emmerich/Habersack, § 320 b Rn. 12.

[93] BGBl. I 2001, S. 3822 ff.

Flankierend wurden durch das Bundesministerium der Finanzen mehrere Verordnungen erlassen: WpÜG-Beiratsverordnung (BGBl. I, S. 4259 f.), WpÜG-Widerspruchsausschuss-Verordnung (BGBl. I, S. 4261 f.), WpÜG-Angebotsverordnung (BGBl. I, S. 4263 ff.), WpÜG-Gebührenverordnung (BGBl. I, S. 4267 f.).

[94] Zur Rechtslage in Großbritannien, Frankreich, den Niederlanden, Belgien, Italien, Österreich und der Schweiz, in denen Squeeze-out-Regelungen bestehen, siehe Doralt/Druey/Hommelhoff u. a. ZGR 1998, 672, 734 ff.; Sieger/Hasselbach NZG 2001, 926 ff.; Grzimek in: Geibel/Süßmann, WpÜG, Art. 7, § 327a AktG Rn. 17 ff.

[95] Grzimek in: Geibel/Süßmann, WpÜG, Art. 7, § 327a AktG Rn. 25; Vetter AG 2002, 176, 183 ff.; Wolf ZIP 2002, 153; Krieger BB 2002, 53, 55; Kallmeyer AG 2000, 59, 60; Land/Hasselbach DB 2000, 1747, 1754; **a. A.** Habersack ZIP 2001, 1230, 1235 f.

Dies ist nunmehr unzweifelhaft nach Einführung des kapitalmarktrechtlichen Squeeze-out (§§ 39a ff. WpÜG), d. h. der Möglichkeit des Squeeze-out auf Antrag des 95 %igen Mehrheitsaktionärs nach einem Übernahme- oder Pflichtangebot. Siehe dazu im einzelnen Diekmann NJW 2007, 17, 19 f.

[96] Begr. zum RegE WpÜG, BT-Drucks. 14/7034, S. 31; vgl. weitergreifend zur rechtspolitischen Rechtfertigung Fleischer ZGR 2002, 757, 760 ff.; **kritisch**, da diese Rechte den Aktionären ja durch den Gesetzgeber ausdrücklich eingeräumt wurden Hanau AG 2002, 1040, 1044 f.

gungen oft auch missbraucht, um Unternehmensumstrukturierungen zu verhindern oder zumindest zu verzögern sowie um den Mehrheitsaktionär bei der Unternehmensführung zu behindern.[97] Diese Nachteile müssen hingenommen werden, wenn der Kreis der Minderheitsaktionäre einen gewissen Umfang erreicht.[98] Ist dieser Kreis jedoch sehr klein, hat der Gesetzgeber das Interesse eines Hauptaktionärs an der vollständigen Übernahme der Gesellschaft anerkannt. Es wird zwar auch darauf hingewiesen, dass der Wert solcher „Kleinstbeteiligungen“ von weniger als 5 % des Anteilsbesitzes bei großen börsennotierten Gesellschaften leicht in zweistellige Millionenbeträge gehen könne und dass das Squeeze-out die „Falschen“ treffen könnte, wenn etwa Mitarbeiter oder Führungskräfte des Unternehmens Anteile über Beteiligungsprogramme erworben hätten.[99] Darauf lässt sich jedoch entgegnen, dass aus Sicht des Großaktionärs auch bei einer absolut umfangreichen Minderbeteiligung relativ gesehen eben doch nur ein Anteil von weniger als 5 % des Stammkapitals vorliegt. Die wirtschaftliche Bedeutung einer Minderheitsbeteiligung steigt zwar mit wachsendem Gesamtumfang des Unternehmens, entsprechend stärker sind jedoch auch die (finanziellen) Interessen des Großaktionärs zu gewichten. Besteht zum anderen ein wirtschaftlicher Zwang, Mitarbeiter und Führungskräfte an dem Unternehmen zu beteiligen, so kommt ein zwangsweiser Ausschluss dieser Aktionäre für den Großaktionär sowohl wirtschaftlich als auch aus Imagegründen nicht in Betracht.

Festzustellen ist außerdem, dass als Reflex auf den durchgeführten Squeeze-out die Börsenzulassung der Gesellschaft entfällt, da ein ordnungsgemäßer Handel der Aktie an der Börse nach § 38 Abs. 1 Nr. 2 BörsG n. F. ausscheidet.[100] Hierdurch entstehen weitere Kostenersparnisse, da z. B. die Pflicht zur Veröffentlichung von Ad-hoc-Mitteilungen gemäß § 15 WpHG ebenso wie von Zwischenberichten gemäß § 40 BörsG n. F. entfällt.

Der Squeeze-out hat gegenüber der bisherigen, indirekten Methode des Herausdrängens von Minderheitsgesellschaftern durch eine übertragende Auflösung[101] den Vorteil der steuerlichen Neutralität und geringerer Kosten für den Mehrheitsaktionär.[102]

---

97 Begr. zum RegE WpÜG, BT-Drucks. 14/7034, S. 31 f.

98 Vgl. Krieger BB 2002, 53.

99 Zschocke DB 2002, 79, 85.

100 Vgl. Vetter DB 2001, 743, 745. Zu den Folgen des „Kalten Delisting“ s. u. Abschnitt D.III.2.

101 Siehe hierzu Abschnitt A.IV. „Übertragende Auflösung“.

102 Schwichtenberg DStR 2001, 2075, 2082.

Zu erwähnen ist, dass der Squeeze-out systematisch betrachtet weniger ein Ausschluss von Anteilsinhabern ist, wie ihn das Kapitalgesellschaftsrecht bisher kennt. So verbleiben bei einem Ausschluss von GmbH-Gesellschaftern aus wichtigem Grund[103] die Anteile zunächst bei dem Gesellschafter bis sie nach Wahl der Gesellschaft eingezogen oder an einen anderen veräußert werden.[104] Bei dem Squeeze-out wird dagegen der Weg des direkten Übergangs der Anteile an den Hauptaktionär gewählt, ohne dass die Gesellschaft selbst eingeschaltet wird und etwa als Abfindungsschuldner in Betracht kommt.[105] Dies qualifiziert den Squeeze-out – neben der Tatsache, dass ein Mehrheitsbeschluss der Hauptversammlung Voraussetzung für die Durchführung der Maßnahme ist – unmittelbar als Konfliktverhältnis zwischen Mehrheits- und Minderheitsaktionär.

1. Voraussetzungen

Die Voraussetzungen des Ausschlusses werden in §§ 327a, 327e AktG genannt. Es ist ein Hauptversammlungsbeschluss der AG bzw. KGaA erforderlich, der auf Verlangen des Hauptaktionärs, der mindestens 95 % des Grundkapitals hält, gefasst wird. Deutlich ist die Parallele zur Mehrheitseingliederung erkennbar, bei der ebenfalls eine Mehrheit von 95 % erforderlich ist, § 320 Abs. 1 S. 1 AktG. Für den Beschluss ist die reguläre einfache Stimmenmehrheit gemäß § 133 Abs. 1 AktG ausreichend. Die Rechtsform oder Unternehmereigenschaft des Hauptaktionärs spielt keine Rolle.[106] Ebenso wenig ist der Squeeze-out auf börsennotierte Gesellschaften beschränkt.[107] Der Hauptaktionär kann daher auch eine GmbH, Personenhandelsgesellschaft oder eine natürliche Person sein. Der Ausschluss der Minderheitsaktionäre bedarf zur Wirksamkeit außerdem der Eintragung in das Handelsregister gemäß § 327e AktG.

---

[103] Ein solches Ausschlußrecht ist im GmbHG nicht vorgesehen, wird jedoch allgemein anerkannt; vgl. Grunewald, Ausschluß aus Gesellschaft und Verein, S. 48 ff.

[104] Hueck/Fastrich in: Baumbach/Hueck, GmbHG, Anh. § 34 Rn. 10.

[105] Vgl. Grzimek in: Geibel/Süßmann, WpÜG, Art. 7, § 327a AktG Rn. 6; Vetter AG 2002, 176, 190; Habersack ZIP 2001, 1230, 1236.

[106] Vetter AG 2002, 176, 185; Grunewald ZIP 2002, 18, 19; Grzimek in: Geibel/Süßmann, WpÜG, Art. 7, § 327a AktG Rn. 12; Ehricke/Roth DStR 2001, 1120; **a. A.** Habersack ZIP 2001, 1230, 1234 f.

[107] Dies ergibt bereits *e contrario* aus dem Umstand, dass eine ausdrückliche Bezugnahme auf die Börsennotierung, wie sie an anderer Stelle im AktG zu finden ist, fehlt. Zum *argumentum e contrario* siehe Larenz, Methodenlehre der Rechtswissenschaft, S. 390.

Vgl. auch Grunewald ZIP 2002, 18, 22; Krieger BB 2002, 53, 55; Vetter AG 2002, 176, 183 ff.; **kritisch** Habersack ZIP 2001, 1230, 1235; Fleischer ZGR 2002, 757, 770 ff.

Da sich die Funktion der Hauptversammlung, aufgrund der eindeutigen Mehrheitsverhältnisse, auf eine Möglichkeit zur Information und Stellungnahme für die auszuschließenden Aktionäre beschränkt, wird das Erfordernis eines Hauptversammlungsbeschlusses – zu Recht – als Förmelei angesehen.[108] Die materielle Voraussetzung des Mehrheitserfordernisses ist auch bei der Eintragung in das Handelsregister zu überprüfen, alle notwendigen Informationen erhalten die betroffenen Aktionäre bereits über den schriftlichen Bericht, den der Hauptaktionär gemäß § 327c Abs. 2 AktG zu erstatten hat. Der Hauptversammlungsbeschluss dient daher in der Tat nur dazu, den Aktionären ein Forum und damit quasi eine Gelegenheit für „das letzte Wort" zu bieten, bevor ihnen ihre Beteiligung an der Gesellschaft entzogen wird.

Bei der Bestimmung der erforderlichen Kapitalmehrheit sind gemäß §§ 327a Abs. 2, 16 Abs. 2, Abs. 4 AktG eigene Aktien der Gesellschaft vom Nennkapital abzuziehen. Andererseits sind ausdrücklich Anteile, die einem vom Hauptaktionär abhängigen Unternehmen gehören, sowie Anteile, die einem Dritten für Rechnung des Hauptaktionärs gehören, zu dessen Anteilsbesitz hinzuzurechnen.[109] Diese Zurechnungsregelung trägt dem Umstand Rechnung, dass das Bedürfnis nach einem Squeeze-out vor allem im Konzern bestehen wird, bei dem die Beteiligung eines Hauptaktionärs oft über verschiedene Konzernstufen vermittelt wird.[110]

---

108 Ehricke/Roth DStR 2001, 1120, 1124; ausführlich: Vetter DB 2001, 743 ff.

Demgegenüber verlangt Hanau, NZG 2002, 1040, 1043, eine sachliche Rechtfertigung für den Hauptversammlungsbeschluss aufgrund der Bedeutung der Entscheidung des Aktionärs für die konkrete Beteiligung. Diese Auswahl treffe er in Erwartung einer Wertsteigerung aufgrund des vermuteten wirtschaftlichen Potenzials der Gesellschaft. Auch wenn derartige Erwartungen nicht als Vermögenswert geschützt seien, so ergebe sich hieraus wegen der Wichtigkeit der Entscheidung das Erfordernis eines eindeutigen Bestandsschutzes. Nur auf diesem Wege könne ein umfassender Vermögensschutz gewährleistet werden. Diese Argumentation versucht jedoch, über einen argumentativen Umweg die Möglichkeit der Inhaltskontrolle zu konstruieren. Es ist nicht zu erklären, warum bloße Erwartungen, die zugegebenermaßen für den Anleger ausschlaggebend sind, aber für den Vermögensschutz nicht berücksichtigt werden können, in diesem Fall sogar auf die Ebene des Bestandschutzes durchschlagen sollen.

109 Ein Zusammenschluss einzelner Aktionäre reicht jedoch nicht aus, zudem wird bei einem Wertpapierdarlehen Rechtsmissbrauch angenommen: OLG München vom 23.11.2006 - 23 U 2306/06, ZIP 2006, 2370 ff.

110 Ehricke/Roth DStR 2001, 1120, 1122.

2. Folgen für den Minderheitsaktionär

Der Minderheitsaktionär verliert seine Beteiligung mit Eintragung des Übertragungsbeschlusses in das Handelsregister gemäß § 327e Abs. 3 S. 1 AktG. Zum Kreis der Minderheitsaktionäre sind naturgemäß nur diejenigen zu zählen, deren Aktien nicht dem Mehrheitsaktionär gemäß § 327a Abs. 2 AktG zugerechnet wurden. Verbundene Unternehmen sind daher vom Ausschluss nicht betroffen.

a) Verfassungsrechtliche Bedenken gegen die Zulässigkeit eines Ausschlusses

Der Ausschluss von Aktionären und damit der automatische Verlust ihrer Mitgliedschaft allein aufgrund eines Beschlusses der Mehrheit erscheint zunächst verfassungsrechtlich bedenklich. Bereits im Feldmühle-Urteil[111] hatte das BVerfG jedoch die Zulässigkeit des automatischen Ausscheidens von Aktionären gemäß § 15 UmwG a. F. grundsätzlich nicht beanstandet, da den unternehmerischen Interessen im Konzern ein höheres Gewicht zukommen könne. Die Minderheit müsse nur durch eine Missbrauchskontrolle sowie eine angemessene Entschädigung geschützt werden. Im Hinblick auf die Zulässigkeit der Eingliederung gemäß §§ 320 ff. AktG und vor allem der gesetzlich nicht ausdrücklich geregelten übertragenden Auflösung hat das BVerfG auch in jüngster Zeit die verfassungsrechtliche Unbedenklichkeit des Verlustes der Mitgliedschaft aufgrund von Mehrheitsentscheidungen festgestellt.[112] Bei einem Squeeze-out nach § 327a ff. AktG liegt jedoch keine Situation konzernrechtlicher Umstrukturierung mit der Folge des Ausscheidens von Aktionären vor,[113] sondern die Maßnahme selbst ist ein isolierter und gezielter Ausschluss. Auch für die übertragende Auflösung hat das Gericht jedoch anerkannt, dass sie mit dem Ziel des Herausdrängens der Minderheitsaktionäre durchgeführt werden darf, z. B. um unternehmerische Maßnahmen zu erleichtern. Notwendig sei es zwar, die Minderheit zu schützen, der Schutz dürfe jedoch auf die Vermögenskomponente der Beteiligung reduziert werden.[114] Gleiches lässt sich auch aus der Entscheidung

---

[111] BVerfG vom 07.08.1962 – 1 BvL 16/60, BVerfGE 14, 263 ff. – „Feldmühle"; vgl. im einzelnen oben 1. Kapitel Abschnitt A.I. „Die Feldmühle-Entscheidung des BVerfG vom 7.8.1962".

[112] BVerfG vom 23.08.2000 – 1 BvR 68/95, 147/97, NJW 2001, 279 f. – „ Moto Meter AG"; BVerfG vom 27.04.1999 – 1 BvR 1613/94, BVerfGE 100, 289, 302 f. – „DAT/Altana"; vgl. Henze in: FS Peltzer, 2001, S. 181, 190.

Dies ändert nichts daran, dass der Squeeze-out unter Umständen als mißbräuchlich zu qualifizieren sein kann. Siehe hierzu Krieger BB 2002, 53, 61 f.

[113] So auch Vetter DB 2001, 743, 745; Grzimek in: Geibel/Süßmann, WpÜG, Art. 7, § 327a AktG Rn. 6.

[114] BVerfG vom 23.08.2000 – 1 BvR 68/95, 147/97, NJW 2001, 279, 280 – „ Moto Meter AG".

des Gesetzgebers ableiten, die Auflösung der Aktiengesellschaft gemäß § 262 Abs. 1 Nr. 2 AktG durch Mehrheitsbeschluss ohne das Erfordernis einer sachlichen Rechtfertigung zuzulassen.[115] Daher wird man auch den Squeeze-out als konsequente Fortsetzung dieser klaren Auseinandersetzung zwischen Mehrheits- und Minderheitsinteressen anerkennen müssen.[116]

b) Art und Höhe der Abfindung

Den ausscheidenden Aktionären ist eine Barabfindung zu gewähren. Eine Pflicht zur Abfindung in eigenen Aktien besteht nicht, auch wenn es sich bei dem Hauptaktionär um eine Aktiengesellschaft handelt.

Auch in § 327a Abs. 1 S. 1 AktG findet sich, ebenso wie in § 305 sowie § 320 AktG die Formulierung, die Abfindung müsse die Verhältnisse der Gesellschaft im Zeitpunkt der Beschlussfassung ihrer Hauptversammlung berücksichtigen. Der Gesetzgeber hat diese Formulierung ganz offensichtlich bewusst gewählt, um eine Vergleichbarkeit der Fälle zu schaffen und eine Gleichbehandlung zu erreichen. Es ist daher davon auszugehen, dass die Verhältnisse der Gesellschaft auch nach den gleichen Kriterien zu beurteilen sind. Die Unterschiede in der Struktur der Maßnahmen hat daher auf die Ermittlung der Abfindung grundsätzlich keinen Einfluss.

Die Höhe und Angemessenheit der Barabfindung wird dabei zunächst durch den Hauptaktionär festgelegt und durch einen sachverständigen Prüfer geprüft, der gemäß § 327c Abs. 2 S. 3 AktG auf Antrag des Hauptaktionärs vom Gericht bestellt wird. Die gerichtliche Bestellung des Prüfers soll den Eindruck der Nähe des Prüfers zum Hauptaktionär vermindern und dadurch die Akzeptanz des Prüfers durch die Minderheitsaktionäre steigern.[117] Hält der ausgeschlossene Aktionär die Abfindung für unangemessen, kann er ein Spruchverfahren gemäß den Vorschriften des Spruchverfahrensgesetzes anstrengen, § 327f Abs. 1 AktG. Eine Anfechtungsklage wegen der Unangemessenheit der Abfindung ist dadurch ausgeschlossen. Dass der Minderheitsaktionär bei dieser Vorgehensweise zunächst das Preisrisiko trägt, ist zutreffend,[118] passt sich aber in das System der Pflichtabfindungsangebote des Aktienrechts ein. Denn auch in den übrigen Fällen, in denen das Gesetz verlangt, den Minderheitsaktionären ein Abfindungsan-

---

115 Ehricke/Roth DStR 2001, 1120, 1121; vgl. unten Abschnitt A.IV. „Übertragende Auflösung".

116 Eine Klage gegen einen Squeeze-out-Beschluss, die nur auf die angebliche Verfassungswidrigkeit der §§ 327a AktG gestützt wurde, hat z. B. das LG Osnabrück abgewiesen: Urteil vom 05.07.2002 – 13 O 177/02,AG 2002, 527 – „KM Europa Metall AG".

117 Krieger BB 2002, 53, 59.

118 So Zschocke DB 2002, 79, 85.

gebot zu unterbreiten, sind diese auf eine nachträgliche gerichtliche Festsetzung bei Unangemessenheit verwiesen.

Noch im Referentenentwurf zum Wertpapiererwerbs- und Übernahmegesetz[119] war eine alternative Regelung zur genaueren Bestimmung der Angemessenheit der Abfindung vorgesehen. Danach sollte die Abfindung, wenn der Hauptaktionär die 95 %ige Beteiligung aufgrund eines Übernahmeangebotes erworben hat, dem Betrag dieses Angebotes entsprechen, wenn es von mindestens 90 % der Aktien angenommen wurde, an die es gerichtet war. Dabei sollte eine gerichtliche Überprüfung der Abfindungshöhe ausgeschlossen sein, da der Akzeptanz durch 90 % die unwiderlegliche Vermutung der Angemessenheit innewohnen sollte. Diese Regelung ist verschiedentlich als verfassungswidrig kritisiert worden[120] und ist aus diesem Grund nicht in die gesetzliche Regelung übernommen worden.[121]

IV. Übertragende Auflösung

Bis zur Einführung des Squeeze-out war die Gestaltungsmöglichkeit der sogenannten „übertragenden Auflösung" der einzige Weg, Aktionäre aus einer Gesellschaft zu drängen bzw. de facto auszuschließen.

1. Durchführung

In der Rechtsprechung finden sich zwei Durchführungsvarianten der gesetzlich nicht geregelten übertragenden Auflösung[122]: Entweder beschließt die Hauptversammlung der Gesellschaft mit den Stimmen des Mehrheitsaktionärs zunächst die Auflösung der Gesellschaft und dieser erwirbt anschließend ihr Vermögen;[123] oder die Gesellschaft schließt mit dem Mehrheitsaktionär einen Vertrag über die Übertragung ihres gesamten Vermögens, der durch die Hauptversammlung mit den Stimmen des Mehrheitsaktionärs genehmigt wird, und die Gesell-

---

119 Abgedruckt in NZG 2000, 844 ff.

120 Ehricke/Roth DStR 2001, 1120, 1123; Habersack ZIP 2001, 1230, 1238; Rühland NZG 2001, 448, 450 ff.; siehe auch Beschlussempfehlung des Finanzausschusses des Bundestages, BT-Drucks. 14/7477, 42; a. A. Krieger BB 2002, 53, 57.

121 Sie findet sich jedoch nunmehr in § 39a Abs. 3 Satz 3 WpÜG (§§ 39a ff. WpÜG einführt durch Artikel 1 des Gesetzes zur Umsetzung der Richtlinie 2004/25/EG des Europäischen Parlaments und des Rates vom 21. April 2004 betreffend Übernahmeangebote vom 08. Juli 2006, BGBl. I 2006, S. 1426) für den sogenannten kapitalmarktrechtlichen Squeeze-out nach einem erfolgreichen Übernahme- oder Pflichtangebot.

122 Vgl. Henze in: FS Peltzer, 2001, S. 181, 182 f.

123 Vgl. BGH vom 01.02.1988 – II ZR 75/87, BGHZ 103, 184, 189 ff. – "Linotype".

schaft wird im Anschluss durch einen Beschluss der Hauptversammlung aufgelöst.[124] Die weitere Darstellung orientiert sich an der zweitgenannten Möglichkeit, die rechtliche Würdigung muss allerdings in beiden Fällen zu einem gleichlautenden Ergebnis kommen. Erforderlich ist in jedem Fall ein enger zeitlicher Zusammenhang, um diese besondere Gestaltung von lediglich nacheinander ausgeführten Übertragungs- und Liquidationsbeschlüssen abzugrenzen.[125]

Durch das Umwandlungsrechtsbereinigungsgesetz vom 28.10.1994[126] wurde § 179a in das Aktiengesetz eingeführt,[127] der bestimmt, dass Verträge, durch die sich die Gesellschaft zur Übertragung ihres gesamten Vermögens verpflichtet, ohne dass das Umwandlungsgesetz anwendbar ist, der Zustimmung der Hauptversammlung mit mindestens satzungsändernder Mehrheit, d. h. ¾-Mehrheit, bedürfen. Abgrenzungskriterium zu den Fällen des Umwandlungsrechts ist dabei vor allem, dass bei einem Vorgehen nach § 179a AktG eine Einzelrechtsnachfolge des Hauptaktionärs stattfindet, d. h. es ist – anders als im Umwandlungsrecht[128] – die gesonderte Übertragung jedes Vermögensgegenstandes der Gesellschaft erforderlich (sog. asset deal). Unbeachtlich ist, wenn unwesentliches Vermögen bei der Gesellschaft verbleibt; um eine Umgehung auszuschließen, greift § 179a AktG auch dann ein.[129] Zu beachten ist vor allem, dass bei dieser Vorgehensweise stille Reserven aufgelöst werden müssen.

Für die Übertragung des Unternehmensvermögens muss der Gesellschaft in Erfüllung des Vertrags eine angemessene Gegenleistung zufließen. Anders als bei der Verschmelzung findet jedoch eine Prüfung der Angemessenheit des Kaufpreises nicht von vornherein statt. Die Minderheitsaktionäre können aus diesem Grund den Zustimmungsbeschluss der Hauptversammlung aber mit einer Anfechtungsklage angreifen.[130]

Anschließend wird die Aktiengesellschaft durch einen Hauptversammlungsbeschluss mit einer Mehrheit von ebenfalls ¾ des bei der Beschlussfassung vertre-

---

[124] Vgl. OLG Stuttgart vom 21.12.1993 - 10 U 48/93, ZIP 1995, 1515, 1518 f. - „Moto Meter I".

[125] OLG Zweibrücken vom 25.04.2005 – 3 W 255/04, ZIP 2005, 948, 949 – „Guano AG II".

[126] BGBl. I S. 3210.

[127] Die Norm ersetzte den gleichzeitig aufgehobenen § 361 AktG a. F. Bereits in § 303 HGB a. F., § 255 AktG 1937 fanden sich jedoch Regelungen, die eine Vermögensübertragung aufgrund eines qualifizierten Mehrheitsbeschlusses zuließen; vgl. BGH vom 16.11.1981 – II ZR 150/80, BGHZ 82, 188, 192 – „Hoogovens".

[128] Vgl. Schwarz in: Widmann/Mayer, UmwR, § 174 Rn. 6.

[129] Hüffer, § 179a Rn. 5.

[130] Siehe Schwichtenberg DStR 2001, 2075, 2078.

tenen Grundkapitals gemäß § 262 Abs. 1 Nr. 2 AktG aufgelöst. Die Rechtsprechung hat in diesem Zusammenhang stets eine Überprüfung des Auflösungsbeschlusses im Sinne einer materiellen Beschlusskontrolle abgelehnt.[131] Die Auflösung der Gesellschaft stellt eine zulässige Möglichkeit dar, das in die Gesellschaft investierte Kapital zu deinvestieren, indem der Gesellschaftszweck beendet wird. Die Rechtfertigung trage der Beschluss aufgrund der gesetzlich festgelegten Mehrheitserfordernisse in sich.[132] Ein Missbrauch wirtschaftlicher Macht könne nicht bereits darin gesehen werden, dass sich der Mehrheitsaktionär der Minderheitsaktionäre zu entledigen versuche. Einen Anspruch auf Abfindung haben die Minderheitsaktionäre dabei nicht; sie werden vielmehr wie die übrigen Aktionäre am Liquidationserlös gemäß § 271 AktG entsprechend ihrem Anteil am Grundkapital beteiligt.

In der Vergangenheit wurde die übertragende Auflösung von der Literatur im Hinblick auf eine Umgehung des Umwandlungsrechts oft kritisch hinterfragt.[133] Aber auch hinsichtlich der Einführung des Squeeze-out in das AktG ist zweifelhaft, inwiefern diese Gestaltung noch zulässig ist. Da für den Squeeze-out eine Mehrheit von 95 % erforderlich ist, könnte die übertragende Auflösung nun als eine Form der unzulässigen Umgehung der gesetzlichen Regelung anzusehen sein. Die Literatur, die sich bisher mit diesem Problem befasst hat, kommt zu dem Ergebnis, dass der Weg der übertragenden Auflösung grundsätzlich auch weiterhin gangbar ist. Die Zulässigkeit der übertragenden Auflösung ergebe sich aus einem allgemeinen Verhältnis der Interessen von Mehrheits- und Minderheitsgesellschafter. Die Squeeze-out-Regeln der §§ 327a ff. AktG stellen lediglich einen zusätzlichen vereinfachten Weg für den Ausschluss einer kleineren Minderheit dar, der der Anwendbarkeit des bisher zulässigen Verfahrens nicht entgegenstehe.[134] Naheliegend ist, dass die übertragende Auflösung vor allem dann eine Rolle spielen wird, wenn der Mehrheitsaktionär einen Anteil von we-

---

[131] BGH vom 01.02.1988 – II ZR 75/87, BGHZ 103, 184, 189 ff. – "Linotype"; OLG Stuttgart vom 21.12.1993 – 10 U 48/93, ZIP 1995, 1515, 1518 f. – „Moto Meter I"; OLG Stuttgart vom 04.12.1996 – 8 W 43/93, ZIP 1997, 362 f. – „Moto Meter II"; BayObLG vom 17.09.1998 – 3Z BR 37/98, ZIP 1998, 2002, 2003 f. – „Magna Media/WEKA"; BVerfG vom 23.08.2000 – 1 BvR 68/95, 147/97, NJW 2001, 279, 281 – „Moto Meter"; so auch Grunewald, Ausschluss aus Gesellschaft und Verein, S. 299; Lutter/Drygala in: FS Kropff, 1997, S. 191, 216.

Dagegen in der Literatur: Wiedemann ZGR 1980, 147, 156 ff.; Wiedemann ZGR 1999, 857, 870; Wiedemann DB 1993, 141, 145; Martens GmbHR 1984, 265, 269 f.

[132] BGH vom 01.02.1988 – II ZR 75/87, BGHZ 103, 184, 190 f. – „Linotype".

[133] Siehe z. B. Lutter/Drygala in: FS Kropff, 1997, S. 191, 195 ff.

[134] Grzimek in: Geibel/Süßmann, WpÜG, Art. 7, § 327a AktG Rn. 9; Rühland WM 2002, 1957, 1958; Wolf ZIP 2002, 153, 154, 157.

niger als 95 % der Aktien besitzt, da bei einem größeren Anteil das einfachere und vor allem steuerlich neutrale Squeeze-out-Verfahren durchgeführt werden kann.[135]

2. Folgen für den Minderheitsaktionär und verfassungsrechtliche Bedenken

Es könnte verfassungsrechtlich bedenklich sein, wenn dem Mehrheitsaktionär aufgrund einer gesetzlich nicht ausdrücklich geregelten Gestaltungsmöglichkeit gestattet wird, Minderheitsaktionäre aus der Gesellschaft zu drängen, die zusammen bis zum einem Viertel der Aktien besitzen. Das BVerfG hat in seiner Rechtsprechung jedoch seit dem Feldmühle-Urteil[136] stets betont, dass der Eigentumsschutz des Art. 14 GG grundsätzlich nicht ausschließt, dass eine Aktionärsminderheit gegen ihren Willen aus der Gesellschaft ausgeschlossen wird.[137] Zwar war für die Mehrheitsumwandlung nach § 15 UmwG a. F., die im Feldmühle-Urteil Gegenstand der Diskussion war, immerhin die Mehrheit von ¾ des Grundkapitals – und nicht nur des *bei Beschlussfassung vertretenen* Grundkapitals – erforderlich; im Moto-Meter-Beschluss hat das BVerfG seine Ansicht jedoch ausdrücklich auch für die besondere Konstellation der übertragenden Auflösung bestätigt, in der nur eine Mehrheit von ¾ des vertretenen Grundkapitals nötig ist.

Auch wenn dem unternehmerischen Interesse des Mehrheitsaktionärs der Vorrang vor den Interessen der Minderheitsaktionäre am Erhalt ihrer Beteiligung eingeräumt wird, kann dieses Recht nach der Rechtsprechung des BVerfG jedoch nicht uneingeschränkt gewährt werden. Den Minderheitsaktionären müssen zum einen wirksame Rechtsbehelfe gegen einen Missbrauch der wirtschaftlichen Macht zur Verfügung stehen. Zum anderen müssen sie für den Verlust ihrer Rechtsposition, nämlich ihrer Vermögensanlage, wirtschaftlich voll entschädigt

---

135 Vgl. Schwichtenberg DStR 2001, 2075, 2082.

Lutter/Drygala in: FS Kropff, 1997, S. 191, 220, nehmen bereits an, dass die übertragende Auflösung nur bei einem Rest von 5 % Minderheitsaktionären mit rein finanziellen, d. h. Kapitalanlageinteressen, nicht als rechtsmißbräuchlich anzusehen wäre, da nur ab dieser Grenze die wirtschaftlichen Interessen des Mehrheitsaktionärs als überwiegend einzustufen wären. Dem folgend: Henze in: FS Peltzer, 2001, 181, 189; Rühland WM 2002, 1957, 1961 ff.

136 Siehe oben 1. Kapitel Abschnitt A.I. „Die Feldmühle-Entscheidung des BVerfG vom 7.8.1962“.

137 BVerfG vom 07.08.1962 – 1 BvL 16/60, BVerfGE 14, 263, 280 ff. – „Feldmühle“; BVerfG vom 27.04.1999 – 1 BvR 1613/94, BVerfGE 100, 289, 302 – „DAT/Altana“; BVerfG vom 23.08.2000 – 1 BvR 68/95, 147/97, NJW 2001, 279 ff. – „Moto Meter“.

werden.[138] Auch hier soll die volle Entschädigung dem Aktionär das ersetzen, was seine Beteiligung an dem arbeitenden Unternehmen wert ist.[139]

Es wird deutlich, dass das BVerfG die Parallele des Falles zu den gesetzlichen Abfindungsansprüchen der Minderheitsaktionäre gesehen hat und ihren Schutz an dieser Stelle in gleichem Maße berücksichtigt wissen will. Wird das Unternehmensvermögen an einen Dritten veräußert, stellt das BVerfG zutreffend fest, dass es an einem Interessenkonflikt zwischen Mehrheits- und Minderheitsgesellschafter fehlt. Beide haben ein gleichlaufendes Interesse daran, dass ein möglichst hoher Kaufpreis erzielt wird. Wird jedoch an den Mehrheitsaktionär veräußert, bestehen gegenläufige Interessen, die eine Überprüfung des Kaufpreises zum Schutz der Minderheitsaktionäre erfordern. Fehlt die Kontrolle durch Marktmechanismen, muss sie auf andere Weise gewährleistet werden. Das BVerfG meint daher auch, dass ein Gericht überprüfen müsse, ob der durch den Mehrheitsgesellschafter gezahlte Preis angemessen ist. Eine derartige selbständige Prüfung könne auch nicht durch ein Gutachten ersetzt werden, mit dem die betroffene Aktiengesellschaft vorher ihren Wert habe bestimmen lassen.[140]

3. Zulässigkeit eines Spruchverfahrens?

Fraglich ist jedoch, in welchem Verfahren der Minderheitsaktionär seine Rechte geltend machen kann. Gesetzlich ist, anders als in den Fällen der Umwandlung, der Eingliederung oder auch des Squeeze-out, kein besonderes Verfahren vorgesehen. Die Aktionäre haben daher dem Gesetz nach nur die Möglichkeit, mittels einer Anfechtungsklage gegen den Übertragungsbeschluss, in welchem die durch den Käufer angebotene Gegenleistung durch die Gesellschaft akzeptiert wird, vorzugehen. Liegt in dem Beschluss ein unzulässiger Sondervorteil für den Mehrheitsaktionär ist er gemäß § 243 Abs. 2 AktG anfechtbar und damit vernichtbar.[141] Die Höhe des Kaufpreises und damit letztlich die Höhe des Anspruchs auf Liquidationserlös kann damit zum Ausgleich zwischen Mehrheits- und Minderheitsinteressen gerichtlich überprüft werden. Der Auflösungsbeschluss trägt seine Rechtfertigung, wie bereits oben dargelegt, dagegen in sich, da dem Aktionär, der über die gesetzlich vorgeschriebene Mehrheit verfügt, die

---

[138] BVerfG vom 07.08.1962 – 1 BvL 16/60, BVerfGE 14, 263, 283 – „Feldmühle“; BVerfG vom 23.08.2000 – 1 BvR 68/95, 147/97, NJW 2001, 279, 280 – „Moto Meter“.

[139] BVerfG vom 23.08.2000 – 1 BvR 68/95, 147/97, NJW 2001, 279, 280 – „Moto Meter“; BVerfG vom 27.04.1999 – 1 BvR 1613/94, BVerfGE 100, 289, 303 – „DAT/Altana“.

[140] BVerfG vom 23.08.2000 – 1 BvR 68/95, 147/97, NJW 2001, 279, 280 f. – „Moto Meter“; siehe auch Lutter/Drygala in: FS Kropff, 1997, S. 191, 206 f.

[141] BGH vom 01.02.1988 – II ZR 75/87, BGHZ 103, 184, 193 ff. – „Linotype“; BayObLG vom 17.09.1998 – 3Z BR 37/98, ZIP 1998, 2002 – „Magna Media/WEKA“.

Beendigung des Gesellschaftszwecks nicht über dieses Erfordernis hinaus erschwert werden darf.

Umstritten war jedoch stets, ob es überhaupt interessengerecht ist, dem Minderheitsaktionär nur die Möglichkeit einzuräumen, die Übertragung des Gesellschaftsvermögens und damit die gesamte Maßnahme nachträglich zu verhindern. Möglich wäre es auch, allein die Kaufpreishöhe und damit den Anspruch des Minderheitsaktionärs in einem Spruchverfahren entsprechend den Regelungen der §§ 306 AktG a. F., 305 ff. UmwG a. F., bzw. nach dem neuen Spruchverfahrensgesetz[142] zu überprüfen. Das Spruchverfahren böte vor allem für die Minderheitsaktionäre entscheidende Vorteile. Im Unterschied zu einem regulären Zivilprozess gilt gemäß § 17 Abs. 1 SpruchG, § 12 FGG der Amtsermittlungsgrundsatz, so dass die Minderheit nicht darauf angewiesen ist, die notwendigen Auskünfte zur Angemessenheit des Preises über das Auskunftsrecht gemäß § 131 AktG zu erzwingen. Des weiteren entfiele für die Minderheitsaktionäre das nicht unerhebliche Prozesskostenrisiko. Für die Gesellschaft bzw. den Mehrheitsaktionär brächte das Spruchverfahren den Vorteil, dass die Transaktion nicht bis zur Entscheidung des Gerichts blockiert wird, sondern –wenn auch unter dem Vorbehalt der nachträglichen Verteuerung– durchgeführt werden kann.

Entsprechend der Aufzählung des § 1 SpruchG ist das Spruchverfahren auf die übertragende Auflösung nicht anzuwenden. Einigkeit besteht dennoch darüber, dass es sich bei wirtschaftlicher Betrachtungsweise um einen Vorgang handelt, der im Ergebnis einer Verschmelzung gleichkommt.[143] Es kann daher nur eine entsprechende Anwendung im Rahmen einer Gesamtanalogie zu den im Gesetz ausdrücklich geregelten Fällen in Frage kommen.[144] Entscheidendes Argument hierfür wäre die vergleichbare Schutzwürdigkeit der Minderheitsaktionäre.

Die Rechtsprechung hat eine analoge Anwendung des Spruchverfahrens lange Zeit verneint.[145] Als Argument wurde dabei angeführt, der Gesetzgeber habe

---

[142] Gesetz über das gesellschaftsrechtliche Spruchverfahren (Spruchverfahrensgesetz - SpruchG), Art. 1 des Gesetzes zur Neuordnung des gesellschaftlichen Spruchverfahrens vom 12.6.2003, BGBl. I 2003, S. 838 ff.

[143] BayObLG vom 17.09.1998 – 3Z BR 37/98, ZIP 1998, 2002, 2004 – „Magna Media/ WEKA“; Meister/ Klöcker in: Dirksen/Kallmeyer, UmwG, § 305 Rn. 2.

[144] Die Analogiefähigkeit der Vorschriften zum Spruchverfahren verneinen Lutter/Drygala in: FS Kropff, 1997, S. 191, 215, generell.

[145] BayObLG vom 17.09.1998 – 3Z BR 37/98, ZIP 1998, 2002, 2003 f. – „Magna Media/ WEKA“; OLG Stuttgart vom 04.12.1996 – 8 W 43/93, ZIP 1997, 362 – „Moto Meter II“; OLG Stuttgart vom 21.12.1993 – 10 U 48/93, ZIP 1995, 1515, 1518 – „Moto Meter I“.

eine entsprechende Regelung bewusst nicht getroffen, während mit dem UmwBerG 1994 das Umwandlungsrecht mit seinen Abfindungsregeln überarbeitet und die Vorschrift des § 179a AktG geschaffen wurde. Für eine Analogie fehle es daher bereits an einer planwidrigen Regelungslücke im Gesetz. Mit dieser Norm, die das Umwandlungsrecht ausdrücklich ausschließt, verweise der Gesetzgeber den Konflikt zwischen Mehrheits- und Minderheitsgesellschafter im Fall der übertragenden Auflösung in den Bereich der Grundlagengeschäfte.

Der BGH hatte zwar in einer Entscheidung aus dem Jahr 1981 angedeutet, bei Unangemessenheit des Entgeltes könne eine entsprechende Anwendung der §§ 305, 306 AktG a. F. in Betracht kommen, hat dies aber im Ergebnis offen gelassen, da er über diese Frage nicht entscheiden musste.[146] Jedenfalls sei das Fehlen einer entsprechenden Regelung verfassungsrechtlich nicht bedenklich, da ein Mehrheitsbeschluss nach § 179a AktG nicht generell mit der Gefahr einer Schädigung der Minderheitsaktionäre verbunden sei.

Das BVerfG schließt in seinem Moto-Meter-Beschluss vom 23.8.2000 eine planwidrige Regelungslücke nicht schon deshalb aus, weil der Gesetzgeber mit § 179a AktG bereits eine Norm zum Schutz der Aktionäre geschaffen hat.[147] Gleichwohl hält das Gericht die entsprechende Anwendung des § 306 AktG a. F. verfassungsrechtlich nicht für geboten. Der Schutz der Aktionäre sei ausreichend über die Möglichkeit der Anfechtungsklage gewährleistet. Entscheidend ist jedoch, dass der Gesetzgeber mit Einführung des SpruchG zum 1.9.2003 ausdrücklich und enumerativ die Abfindungsfälle, auf die das Verfahren Anwendung finden soll, geregelt hat und die übertragende Auflösung nicht aufgeführt hat. Für eine analoge Anwendung der Vorschriften zum Spruchverfahren ist damit endgültig kein Raum mehr.

So auch Henze in: FS Peltzer, 2001, S. 181, 193 f.; Dreher EWiR 1997, 197, 198; Windbichler EWiR 1998, 1057, 1058; **a. A.** Wolf ZIP 2002, 153, 158 ff.; Land/Hennings AG 2005, 380, 381.

Dagegen hat der BGH die Analogiefähigkeit der Vorschriften zum Spruchverfahren ausdrücklich bejaht, soweit eine Verletzung von Informations-, Auskunfts- oder Berichtspflichten im Zusammenhang mit einem Barabfindungsangebot gemäß § 207 UmwG vorliegt: BGH vom 18.12.2000 – II ZR 1/99, BGHZ 146, 179, 182 – „MEZ". Siehe dazu auch die neuen Regelungen im UMAG.

Ebenso weist das LG Karlsruhe, Urteil vom 06.11.1997 – O 43/97 KfH I, ZIP 1998, 385, 388 f., auf die Vergleichbarkeit der Einzelrechtsübertragung im Sinne des § 179a AktG und der Gesamtrechtsnachfolge im Wege der Ausgliederung hin und wendet auf ersteren Fall die Vorschriften über die Berichtspflichten bei der Spaltung (Spaltungsbericht und Zwischenbilanz) entsprechend an.

146 BGH vom 16.11.1981 – II ZR 150/80, BGHZ 82, 188, 193 – „Hoogovens".

147 BVerfG vom 23.08.2000 – 1 BvR 68/95, 147/97, NJW 2001, 279, 281 – „Moto Meter".

V. Zwangseinziehung von Aktien gemäß § 237 AktG

Die Einziehung von Aktien ist neben der Herabsetzung der Nennbeträge sowie der Zusammenlegung von Aktien eine Möglichkeit der Kapitalherabsetzung. Nach § 237 AktG ist zwischen der Zwangseinziehung von Aktien und der Einziehung eigener Aktien nach Erwerb durch die Gesellschaft zu unterscheiden. In letzterem Fall erwirbt die Gesellschaft die Aktien zwar gerade zum Zweck der Einziehung, den Aktionären steht die Veräußerung der Aktien jedoch frei, so dass es sich nicht um einen Fall eines Eingriffs in das Mitgliedschaftsrecht handelt.

Die Einziehung kann, mangels einer Beschränkung des Anwendungsbereiches durch das Gesetz, allen Zwecken einer Kapitalherabsetzung dienen: der Sanierung, Kapitalrückzahlung an die Aktionäre, Ausgleich von Verlusten etc. Darüber hinaus wird jedoch auch als zulässig angesehen, dass der Zweck gerade die Einziehung selbst, d. h. die Beseitigung bestimmter Mitgliedschaften, sein kann.[148]

1. Voraussetzungen

a) Angeordnete und gestattete Einziehung

Es ist zu unterscheiden zwischen der sogenannten angeordneten und der gestatteten Einziehung. In beiden Fällen ist gemäß § 237 Abs. 1 S. 2 AktG eine Regelung in der Satzung der Gesellschaft erforderlich. Bei der angeordneten Einziehung muss die Satzungsbestimmung bereits detailliert und bindend die Voraussetzungen und den Umfang der Einziehung festlegen.[149] Gemäß § 237 Abs. 6 AktG ist in diesem Fall eine Beschlussfassung der Hauptversammlung nicht nötig und der Vorstand setzt die Einziehung allein um. Dies ist nur zulässig, weil ihm dabei kein Entscheidungsspielraum verbleibt.[150] Bleibt der Hauptversammlung oder dem Vorstand der Gesellschaft dagegen ein gewisses Ermessen, z. B. auch wenn die satzungsmäßigen Festlegungen nicht detailliert genug sind, handelt es sich nicht mehr um eine angeordnete sondern immer nur um eine gestattete Einziehung.[151] Ist bei der angeordneten Einziehung die Entscheidung der Hauptversammlung nur nach Maßgabe des § 119 Abs. 2 AktG möglich, ist sie

---

[148] Hüffer, § 237 Rn. 4; Lutter in: Kölner Kommentar, § 237 Rn. 13.

[149] Siehe bereits Kammergericht vom 18.01.1906 – 1 Y 19/06, KGJ 31, A 164, 170; Kammergericht vom 13.06.1913 – 1a. X. 649/13, KGJ 45, A 172, 173 f.; Hefermehl in: Geßler/Hefermehl, § 237 Rn. 54; Hüffer, § 237 Rn. 10, 17.

[150] Hefermehl in: Geßler/Hefermehl, § 237 Rn. 13; Krieger in: Münch. Hb. GesR, § 62 Rn. 7; Lutter in: Kölner Kommentar, § 237 Rn 34.

[151] Hefermehl in: Geßler/Hefermehl, § 237 Rn. 12 f.; Lutter in: Kölner Kommentar, § 237 Rn. 34.

bei der gestatten Einziehung durch § 237 Abs. 2, 4 AktG vorgeschrieben. Die Satzung eröffnet somit grundsätzlich die Möglichkeit der Einziehung, die dann durch die Hauptversammlung beschlossen und durch den Vorstand umgesetzt wird.

b) Nachträgliche Einziehungsklausel

Gemäß § 237 Abs. 1 S. 2 AktG muss die Einziehungsklausel bereits in der Gründungssatzung enthalten sein oder zumindest vor Übernahme oder Zeichnung der betreffenden Aktien bestanden haben. Umstritten ist, ob auch eine nachträgliche Vereinbarung, d. h. nach Zeichnung, mit den betroffenen Aktionären zulässig ist. Der Wortlaut des § 237 Abs. 1 S. 2 AktG spricht dagegen. Nach dem Grundsatz der Satzungsstrenge des § 23 Abs. 5 AktG wäre eine abweichende Regelung durch die Satzung mangels ausdrücklicher Abweichungsbefugnis daher nicht möglich. Die Zulassung einer nachträglichen Aufnahme in die Satzung könnte deshalb nur als Ergänzung im Sinne des § 23 Abs. 5 S. 2 AktG zu verstehen sein; fraglich ist daher, ob § 237 Abs. 1 S. 1 AktG als abschließende Norm anzusehen ist.

Die überwiegende Ansicht in der Literatur bejaht die Zulässigkeit einer späteren Aufnahme mit dem Argument, dass jeder betroffene Aktionär auf den ihm durch die Norm gewährten Schutz verzichten könne.[152] Zum Teil wird auch mit dem Rechtsgedanken des § 180 Abs. 2 AktG argumentiert, bei dem ebenfalls eine Strukturänderung durch individuelle Zustimmung möglich wird.[153] REINISCH führt dagegen die Entstehungsgeschichte der (Vorläufer-) Norm an, bei deren Begründung ausgeführt wurde, die Beschränkung auf eine vorherige Satzungsklausel „ginge zu weit".[154] Dies ist insofern missverständlich, als sich die zitierte Denkschrift des Reichsjustizministeriums durchaus grundsätzlich gegen die Zulässigkeit einer nachträglichen Klausel ausspricht.[155] Allein für den Fall der Amortisation (Einziehung) aus dem Reingewinn durch Ankauf von den Aktionären wird für die Zulässigkeit einer nachträglichen Satzungsänderung plädiert. In diesem Fall läge kein Eingriff in die Mitgliedschaft des betroffenen Aktionärs vor, da die Amortisation durch Ankauf, anders als bei der Amortisation durch Auslosung oder Kündigung, mit seinem Willen geschähe. Dem genannten Fall der Einziehung aus dem Reingewinn anstatt aus dem Grundkapital entspricht heute sinngemäß das vereinfachte Einziehungsverfahren des § 237 Abs. 3 AktG.

---

[152] Hefermehl in: Geßler/Hefermehl, § 237 Rn. 11; von Godin/Wilhelmi, § 237 Anm. 8; Hüffer, § 237 Rn. 8; Schilling in: GroßKomm, AktG, § 237 Anm. 10; a. A. ohne Begründung Lutter/Schneider ZGR 1975, 182, 200.

[153] Lutter in: Kölner Kommentar, § 237 Rn. 29.

[154] Reinisch, Ausschluß von Aktionären, S. 21.

[155] Reichsjustizamt, Denkschrift zum Entwurf eines Handelsgesetzbuches, § 210, S. 137.

Unter der Einziehung durch Ankauf ist aber, im Gegensatz zur ebenfalls im Gesetzesentwurf genannten Einziehung durch Kündigung, nach heutigem Verständnis m. E. der Ankauf von Aktien zum Zweck der anschließenden Einziehung (eigener) Aktien zu verstehen. Ein eindeutiges Argument lässt sich daher aus dieser Gesetzesbegründung nicht ableiten. Die dort ins Feld geführte Freiwilligkeit kann aufgrund dieser Unbestimmtheit nach dem heutigen Stand der Diskussion nicht das entscheidende Kriterium sein.

Zu betrachten ist vielmehr der Zweck der Norm, d. h. vor allem, welche Interessen sie schützen soll. Zum einen dient die Vorschrift den Interessen des betroffenen Aktionärs: ihm soll nicht gegen seinen Willen die Mitgliedschaft entzogen werden können. Hat er die Beteiligung an der Gesellschaft dagegen bereits mit der Möglichkeit der Einziehung „belastet" erworben, ist er insoweit nicht schutzwürdig, da er mit dem Verlust rechnen musste. Gleiches gilt für den freiwilligen Verzicht auf den „Bestandsschutz".

c) *Sachliche Rechtfertigung*

Eine Maßnahme muss, um Willkür auszuschließen, stets dann sachlich gerechtfertigt sein, wenn mit ihr eine Ungleichbehandlung von Aktionären einhergeht. Dieser von der Rechtsprechung im Hinblick auf den Bezugsrechtsausschluss entwickelte Grundsatz[156] lässt sich auf die schwerer in das Mitgliedschaftsrecht eingreifende Zwangseinziehung entsprechend anwenden.[157] Liegt dagegen eine rechtliche Gleichbehandlung der Aktionäre vor, wie etwa im Fall der (Teil-) Liquidation, ist eine allgemeine Inhaltskontrolle am Maßstab der sachlichen Rechtfertigung weder erforderlich noch möglich.[158]

Bei der angeordneten Einziehung ist nach einhelliger Meinung eine sachliche Rechtfertigung nicht erforderlich.[159] Den Gesellschaftsorganen verbleibt kein Entscheidungsspielraum über die Einziehung und ihre Modalitäten, Willkür ist daher bereits im Ansatz ausgeschlossen.

---

[156] BGH vom 06.10.1960 – II ZR 150/58, BGHZ 33, 175, 186 – „Minimax II"; BGH vom 13.03.1978 – II ZR 142/76, BGHZ 71, 40, 44 – „Kali + Salz"; BGH vom 19.04.1982 – II ZR 55/81, BGHZ 83, 319, 320 f. – „Holzmann".

[157] Krieger in: Münch. Hb. GesR, § 62 Rn. 11; Reinisch, Ausschluß von Aktionären, S. 23.

[158] BGH vom 01.02.1988 – II ZR 75/87, BGHZ 103, 184, 190 f. – „Linotype"; Krieger in: Münch. Hb. GesR, § 62 Rn. 11; Lutter in: Kölner Kommentar, § 237 Rn. 47; Oechsler in: MünchKomm AktG, § 237 Rn. 49.

[159] Hüffer, § 237 Rn. 11; Krieger in: Münch. Hb. GesR, § 62 Rn. 9; Lutter in: Kölner Kommentar, § 237 Rn. 38; Reinisch, Ausschluß von Aktionären, S. 23.

Bei der gestatteten Einziehung, bei welcher der Hauptversammlung ein gewisser Spielraum bezüglich des Ob und Wie der Einziehung verbleibt, ist dagegen eine Interessenabwägung erforderlich, die h.M. verlangt aus diesem Grund eine sachliche Rechtfertigung der Einziehung.[160] Der Grund für die Maßnahme muss daher im objektiven Interesse der Gesellschaft liegen. Als ultima ratio gestattet die h.M. auch die Einziehung aus einem in der Person des Gesellschafters liegenden Grund.[161] Zulässig sollen etwa Satzungsbestimmungen sein, nach denen eine Einziehung vinkulierter Namensaktien für den Fall der Pfändung, der Konkurseröffnung oder des Todes des Aktionärs gestattet wird.[162] Ein gezieltes Herausdrängen von Minderheitsaktionären ist jedoch kaum möglich.[163]

Bereits das Kammergericht hat im Jahre 1906 angemerkt, die vorherige detaillierte Regelung der Einziehungsmöglichkeit in der Satzung solle Willkürentscheidungen entgegen wirken. Es hat aber dargelegt, dass diese Anforderungen nicht allein dem Schutz der Aktionäre sondern auch der Gesellschaftsgläubiger dienen.[164]

2. Folgen der Einziehung für den betroffenen Aktionär

Mit Wirksamwerden der Einziehung erlischt sowohl das Mitgliedschaftsrecht als Teilhaberecht als auch die vermögensrechtliche Beteiligung des Aktionärs an der Gesellschaft. Daher liegt es nahe, dass der ausscheidende Aktionär auch eine Entschädigung oder Abgeltung für diesen Rechtsverlust erhält. Das Gesetz enthält jedoch keine Vorschriften über die Höhe einer Abfindungszahlung, es wird lediglich in § 237 Abs. 2 S. 3 AktG auf die Gläubigerschutzvorschrift des § 225 Abs. 2 AktG verwiesen.

---

160 Krieger in: Münch. Hb. GesR, § 62 Rn. 11; Lutter in: Kölner Kommentar, § 237 Rn. 48; Reinisch, Ausschluß von Aktionären, S. 23; ohne nähere Begründung und Differenzierung: Hirte, Bezugsrechtsausschluß, S. 36.

161 Krieger in: Münch. Hb. GesR, § 62 Rn. 11; Lutter in: Kölner Kommentar, § 237 Rn. 50 f.; Schilling in: GroßKomm, AktG, § 237 Anm. 12.

162 Reinisch, Ausschluß von Aktionären, S. 24.

163 Habersack ZIP 2001, 1230.

164 Kammergericht vom 18.01.1906 – 1 Y 19/06, KGJ 31, A 164, 170: Der einzige Aktionär hatte nachträglich eine Klausel in die Satzung aufnehmen wollen, wonach die Amortisation (Einziehung) durch Ankauf, Auslosung, Kündigung oder in ähnlicher Weise ermöglicht werden sollte. Das Kammergericht hielt diese Klausel für zu unbestimmt, da ohne eine genaue statutarische Regelung darüber, in welcher Höhe, in welchen Zeiträumen und in welcher anderen als der genannten Weise die Einziehung vorgenommen werden könne, die Höhe des Grundkapitals mehr oder weniger von der Willkür der Gesellschaftsorgane abhinge. Eine detaillierte Regelung sei zum Schutz der Gesellschaftsgläubiger daher nötig.

Bei der angeordneten Zwangseinziehung muss nach h.M. bereits die Satzung eine detaillierte Regelung über die angemessene Höhe bzw. Bezugsgröße der Abfindung enthalten.[165] Bei der gestatteten Einziehung kann die Satzung das Abfindungsentgelt regeln, andernfalls entscheidet die Hauptversammlung. Um auch hier Willkür möglichst auszuschließen, nimmt die h.M. an, die Bestimmung dürfe nicht völlig in das Belieben der Hauptversammlung gestellt werden. D. h. fehlt eine Satzungsregelung ganz, soll der Aktionär automatisch einen Anspruch auf ein „angemessenes" Entgelt erhalten, das angelehnt an die Grundsätze zu § 305 AktG zu ermitteln sei,[166] nach anderer Ansicht einen Anspruch auf den (fiktiven) Liquidationserlös.[167] LUTTER nimmt an, mindestens der Börsenkurs sei als angemessen anzusehen, eventuell korrigiert durch einen höheren Ertragswert.[168] Eine nähere Begründung zu diesem Ansatz, der von der überwiegenden Ansicht abweicht, fehlt jedoch an dieser Stelle. OECHSLER führt die leichte Berechenbarkeit der Abfindung anhand des Börsenkurses als Vorteil an sowie die Überlegung, dass über die Markterwartungen bereits die stillen Reserven, der good will des Unternehmens etc. im Kurs erfasst sind.[169]

Teilweise wird vertreten, es solle zulässig sein, in der Satzung die Einziehung ohne Entgelt anzuordnen.[170] In dieser Allgemeinheit erscheint die Aussage jedoch bedenklich.[171] Es bedarf einer besonderen Rechtfertigung, wenn dem Akti-

---

[165] Hefermehl in: Geßler/Hefermehl, § 237 Rn. 13; Hüffer, § 237 Rn. 17; Krieger in: Münch. Hb. GesR, § 62 Rn. 12; Lutter in: Kölner Kommentar, § 237 Rn. 69; Oechsler in: MünchKomm AktG, § 237 Rn. 63; Schilling in: GroßKomm, AktG, § 237 Anm. 15.

[166] Hüffer, § 237 Rn. 18; Krieger in: Münch. Hb. GesR, § 62 Rn. 12; Oechsler in: MünchKomm AktG, § 237 Rn. 64; Schilling in: GroßKomm, AktG, § 237 Anm. 15; Zöllner/Winter ZHR 158 (1994), 59, 64.

[167] von Godin/Wilhelmi, § 237 Anm. 14 a. E.; Hefermehl in: Geßler/Hefermehl, § 237 Rn. 13.

[168] Lutter in: Kölner Kommentar, § 237 Rn. 72; ähnlich Oechsler in: MünchKomm AktG, § 237 Rn. 64, der den Liquidationswert als Untergrenze ansieht; **kritisch** dazu: Zöllner/Winter ZHR 158 (1994), 59, 63 f.

[169] Oechsler in: MünchKomm AktG, § 237 Rn. 64.

[170] Baumbach/Hueck, AktG, § 237 Rn. 4; Hefermehl in: Geßler/Hefermehl, § 237 Rn. 13; Schilling in: GroßKomm, AktG, § 237 Anm. 15.

[171] Vgl. auch Hüffer, § 237 Rn. 17; Oechsler in: MünchKomm AktG, § 237 Rn. 65.

Vgl.: Flume, Personengesellschaft, S. 181 f. FLUME spricht in diesem Zusammenhang, wenn ein Gesellschafter (einer Personengesellschaft) in jedem Fall des Ausscheidens einer Abfindungsbeschränkung unterliegt, von einem a priori-Gesellschafter „minderen Rechts". Diese Überlegungen im Bereich des Personengesellschaftsrechts sind nicht unumstritten. Die Argumente Flumes, die sich etwa auf die Aufnahme von Familienangehörigen beziehen, lassen sich aber vor allem nicht auf die typische, kapitalistisch geprägte börsennotierte Gesellschaft übertragen.

onär das Anteilseigentum ohne Gegenwert entzogen werden soll. Im Hinblick auf den Schutz der Gläubiger des Aktionärs wird vertreten, die unentgeltliche Einziehung bzw. die Einziehung zu einem geringeren als dem vollen Entgelt sei für den Fall der Zwangsvollstreckung in die Aktie oder des Konkurses des Aktionärs jedenfalls dann unzulässig, wenn die Satzung die Abfindung bei anderen in der Person des Gesellschafters liegenden Gründen höher ansetzt.[172] Eine Kürzung des Anspruchs soll daher regelmäßig zulässig sein, solange sie nicht allein den Gläubiger des Aktionärs trifft. Diese Abgrenzung ist zwar durchaus sinnvoll und wird den berechtigten finanziellen Gläubigerinteressen gerecht. Über den Anspruch, der dem Aktionär zustehen sollte, sagt dies aber noch nichts aus.

Nicht unbeachtet sollte daher die Unterscheidung bleiben, die LUTTER hervorhebt[173]: Es besteht ein erheblicher struktureller Unterschied zwischen einer „personalistisch" organisierten Aktiengesellschaft, bei der es sich z. B. um ein Familienunternehmen mit überschaubarem Aktionärskreis handelt, und der börsennotierten Publikumsgesellschaft. Muss der Gesellschafter der einen schon aufgrund des wahrscheinlich geschlossenen Kreises der beteiligten Gesellschafter sowie einer der GmbH ähnlichen internen Struktur mit gewissen Einschränkungen rechnen, die auch bei Personengesellschaften oder GmbHs etwa als Möglichkeit der Ausschließung aus wichtigem Grund auftreten, so rechnet der Anleger am Kapitalmarkt, insbesondere beim Handel über die Börse, nicht mit solchen Besonderheiten. Eine grundsätzliche Herabsetzung des Einziehungsentgeltes erscheint bei solchen Gesellschaften daher nicht gerechtfertigt. Das Vertrauen des Anlegers in die Kapitalanlageform Aktie kann es durchaus begründen, dass eine Gesellschaft, die sich des offenen Kapitalmarktes zur Kapitalbeschaffung bedient, die Erwartungen dieses Marktes nicht in einer derartigen Weise verunsichert. Behält sich die börsennotierte Gesellschaft daher die Möglichkeit der Einziehung von Aktien vor, so muss sie auch die Konsequenz eines Abfindungsentgeltes im vollen Wert der Beteiligung tragen.

3. Zwischenergebnis

Da der Aktionär seine Beteiligung unmittelbar verliert, erscheint es zunächst auch sachgerecht, die gleichen Grundsätze wie bei der Eingliederung und dem Squeeze-out für die Bestimmung der Abfindungshöhe heranzuziehen. Allerdings handelt es sich bei letzteren um reine Mehrheitsentscheidungen. Bei der Einziehung muss die Eingriffsmöglichkeit dagegen bereits in der Satzung eröffnet worden sein, bevor die Aktie auf den Primärmarkt gelangt. Stimmt der Aktionär

---

172 Hefermehl in: Geßler/Hefermehl, § 237 Rn. 13; Hüffer, § 237 Rn. 17; Krieger in: Münch. Hb. GesR, § 62 Rn. 12; Lutter in: Kölner Kommentar, § 237 Rn. 68.

173 Lutter in: Kölner Kommentar, § 237 Rn. 67.

der Einziehungsmöglichkeit nicht schon selbst zu, erwirbt er Eigentum, das mit der Möglichkeit der Entziehung durch Mehrheitsbeschluss belastet ist. Im Rahmen des Grundsatzes der Gleichbehandlung der Aktionäre handelt es sich somit bei der Zwangseinziehung nicht um eine Situation, in der sich Mehrheits- und Minderheitsgesellschafter mit ihren gegenläufigen Interessen gegenüberstehen und damit auch nicht um eine Abfindungssituation im Sinne dieser Untersuchung.

VI. Reverse Stock Split

Eine weitere, gesetzlich jedoch nicht geregelte, Form des Eingriffs in die Rechtsposition von Minderheitsgesellschaftern bietet die Konstruktion des sog. Reverse Stock Split. Wie die englische Bezeichnung veranschaulicht, handelt es sich um einen umgekehrten Aktiensplit,[174] d. h. um eine Zusammenlegung von Aktien. Dabei wird eine bestimmte Anzahl von „Alt-Aktien" der Gesellschaft zu einer „Neu-Aktie" zusammengelegt. Besitzt ein Aktionär nicht die erforderliche Anzahl von „Alt-Aktien", muss er die zum Umtausch fehlenden Aktien entweder hinzuerwerben oder seinen Bestand veräußern.[175] In diesem Fall verwertet die Gesellschaft die eingereichten Aktien für Rechnung des Aktionärs.[176] Indem das Umtauschverhältnis sehr hoch angesetzt wird, können meist Minderheitsaktionäre aufgrund ihres begrenzten Investitionskapitals gezwungen werden, die Gesellschaft zu verlassen.[177]

In Ländern, in denen die Börsennotierung einer Gesellschaft entfällt, wenn die Zahl der Aktionäre eine bestimmte Mindestzahl unterschreitet, wird diese Gestaltung außerdem für ein Going Private eingesetzt.[178] Da eine entsprechende Regelung in Deutschland weder im Gesellschafts- noch im Börsenrecht existiert, führt eine Aktienzusammenlegung nicht zum automatischen Delisting der Gesellschaft.

Außerdem kann der Reverse Stock Split in Deutschland nur eine vergleichsweise untergeordnete Rolle spielen, denn die Zusammenlegung von Aktien ist notwendig an eine Kapitalherabsetzung geknüpft. Gemäß § 222 Abs. 4 AktG darf die Zusammenlegung erst erfolgen, wenn der Nennbetrag bzw. der rechnerische

[174] Land/Hasselbach DB 2000, 557, 560 f.

[175] Vgl. Grzimek in: Geibel/Süßmann, WpÜG, Art. 7, § 327a AktG Rn. 16.

[176] Schilling in: GroßKomm, AktG, § 226 Anm. 16.

[177] Richard/Weinheimer BB 1999, 1613, 1615.

[178] Vgl. Richard/Weinheimer BB 1999, 1613, 1616.
Zum Going Private bzw. Delisting siehe unten Abschnitt D. „Delisting/Going Private".

Nennwert einer Aktie unter den nach § 8 AktG erforderlichen Mindestnennbetrag von 1 € herabgesunken ist. Darüber hinaus erfordert eine Kapitalherabsetzung entweder eine Krisenlage der Gesellschaft, dann kann eine vereinfachte Kapitalherabsetzung gemäß § 229 AktG durchgeführt werden, oder es ist die bei einer ordentlichen Kapitalherabsetzung anwendbare Gläubigerschutzvorschrift des § 225 AktG zu beachten.[179]

Entscheidend ist jedoch, dass die Rechtsprechung den Reverse Stock Split als treuwidrig und damit als unzulässig ansieht, wenn nicht möglichst vielen Aktionären der Verbleib in der Gesellschaft ermöglich wird.[180] Diese Verpflichtung wird auf die gesellschafterliche Treuepflicht gegründet, die der Mehrheitsaktionär in angemessener Weise beachten muss, wenn ihm aufgrund der Mehrheitsverhältnisse die Möglichkeit eingeräumt wird, die Interessen der Mitgesellschafter zu beeinträchtigen. Das Bestehen einer Treuepflicht sowohl im Verhältnis Gesellschaft - Aktionär als auch im Verhältnis der Aktionäre untereinander ist mittlerweile in der Rechtsprechung anerkannt.[181] Es ist somit festzuhalten, dass eine Beeinträchtigung der Minderheitsaktionäre durch das Korrektiv der Treuepflichtverletzung weitgehend ausgeschlossen ist.

VII. Beseitigung von Mehrstimmrechten gemäß § 5 EGAktG

Mehrstimmrechtsaktien sind Aktien, die mehr Stimmrechte gewähren als es dem quotalen Anteil der Beteiligung am Grundkapital entspricht. Sie sind gemäß § 12 Abs. 2 AktG unzulässig, d. h. es gilt der Grundsatz der Gleichheit von Kapital- und Stimmenanteilen („one share one vote“). Die frühere Regelung des Aktienrechts im HGB bis 1937 kannte keine Beschränkung bei der Zulässigkeit von Mehrstimmrechten.[182] Vor allem während der Inflation wurden Mehrstimmrechtsaktien benutzt, um die Gesellschaft vor Überfremdung durch ausländische Investoren oder auch feindliche Take overs inländischer Konkurrenten zu schützen.[183] Durch die Aktienrechtsreform von 1937 wurde ein grundsätzliches Verbot neuer Mehrstimmrechtsaktien eingeführt, wobei aber Ausnahmen aufgrund

---

[179] Vgl. Land/Hasselbach DB 2000, 557, 561.

[180] BGH vom 05.07.1999 – II ZR 126/98, BGHZ 142, 167, 170 – „Hilgers AG“; vgl. auch Grunewald, Ausschluß aus Gesellschaft und Verein, S. 296 f.; **anders noch** OLG Düsseldorf vom 03.04.1913 – 7 U 36/13, LZ 1914, 272, 273.

[181] BGH vom 09.06.1954 – II ZR 70/53, BGHZ 14, 25, 38; BGH vom 01.02.1988 – II ZR 75/87, BGHZ 103, 184, 194 f. – „Linotype“; **anders noch:** BGH vom 27.10.1955 – II ZR 310/53, BGHZ 18, 350, 365.

[182] Kluth ZIP 1997, 1217.

[183] RG vom 13.12.1927 – II 401/27, RGZ 119, 248, 255; Kluth ZIP 1997, 1217 f.; Saenger ZIP 1997, 1813, 1814.

einer ministeriellen Genehmigung zum „Wohl der Gesellschaft" vorbehalten wurden. Seit der Aktienrechtsreform 1965 sind hierfür „gesamtwirtschaftliche Belange" erforderlich. Genutzt wurden solche Ausnahmegenehmigungen vor allem bei kommunalen Beteiligungen im Bereich der Energiewirtschaft.[184] Seit 1966 sind jedoch, soweit ersichtlich, keine neuen Mehrstimmrechte mehr eingeführt worden und durch das KonTraG von 1998[185] wurde zudem die Ausnahmeregelung in § 12 AktG aufgehoben, so dass die praktische Bedeutung von Mehrstimmrechtsaktien relativ gering ist.[186]

Im Zuge der Reform des Aktienrechts 1965 wurde in § 5 Abs. 2 EGAktG die Möglichkeit zur Beseitigung von Mehrstimmrechten durch Hauptversammlungsbeschluss geschaffen. Anders als die generelle Abschaffung der Mehrstimmrechtsaktien zum 1.6.2003 durch das KonTraG,[187] die eine Entscheidung des Gesetzgebers im Zuge europarechtlicher Vereinheitlichungsbestrebungen darstellt, bedeutet die Beseitigung der Rechte durch Hauptversammlungsbeschluss einen Eingriff in das Mitgliedschaftsrecht durch ein Organ der Gesellschaft aufgrund einer gesetzlichen Ermächtigung. Zu beachten ist, dass die Stimmenmehrheit allein nicht bei allen Beschlussfassungen der Hauptversammlung zum Tragen kommt. Entscheidend ist sie zwar in der Regel gemäß § 133 AktG, ausnahmsweise ist jedoch die Kapitalmehrheit entscheidend, etwa bei Satzungsänderungen gemäß § 179 Abs. 2 AktG, und Kapitalerhöhung gemäß § 182 Abs. 1 AktG bzw. Kapitalherabsetzung gemäß § 222 Abs. 1 AktG.

1. Beschluss der Hauptversammlung

Gemäß § 5 Abs. 2 S. 2 EGAktG bedarf es zur Beseitigung der Mehrstimmrechte eines Beschlusses der Hauptversammlung mit einer Mehrheit der Hälfte des vertretenen Grundkapitals; die Mehrheit der Stimmen ist naturgemäß nicht entscheidend. Anders als bei der Möglichkeit der Verlängerung der Mehrstimmrechtsaktien über den 1.6.2003 hinaus gemäß § 5 Abs. 1 EGAktG sind die Mehrstimmenaktionäre nicht von der Abstimmung ausgeschlossen. Eines Sonderbeschlusses der Mehrstimmrechtsaktionäre bedarf es dabei entgegen § 179 Abs. 3 AktG wegen des spezielleren § 5 Abs. 2 S. 3 EGAktG nicht.

---

[184] Vgl. Kermel, Steuerungsmöglichkeiten der öffentlichen Hand bei Beteiligung an Aktiengesellschaften der Energieversorgung, S. 54 f.; Claussen AG 1996, 481, 492; Kluth ZIP 1997, 1217, 1218; Saenger ZIP 1997, 1813, 1814.

[185] Gesetz zur Kontrolle und Transparenz im Unternehmensbereich vom 27.4.1998, BGBl. I, S. 786 ff.

[186] Vgl. die Angaben von Claussen AG 1996, 481, 492.

[187] Vgl. hierzu Schulz NZG 2002, 996 ff.; Kluth ZIP 1997, 1217 ff.; Saenger ZIP 1997, 1813 ff.; Zöllner/Hanau AG 1997, 206 ff.; Zöllner/Noack AG 1991, 157 ff.

2. Rechtsfolge: Entschädigungspflicht

Werden Mehrstimmrechtsaktien in Einstimmenaktien umgewandelt, ist den betroffenen Aktionären gemäß § 5 Abs. 3 S. 1 EGAktG ein angemessener Ausgleich zu gewähren, der den besonderen Wert der Mehrstimmrechte berücksichtigt. Sind die betroffenen Aktionäre mit der Höhe der festgelegten Abfindung nicht einverstanden, können sie, wenn sie in der Hauptversammlung Widerspruch zur Niederschrift erklärt haben,[188] gemäß § 5 Abs. 4, 5 EGAktG eine gerichtliche Überprüfung im Spruchverfahren beantragen. Eine Anfechtung des Beschlusses über die Beseitigung der Mehrstimmrechte kann aus diesem Grund nicht auf die Unangemessenheit des Ausgleichs gestützt werden, § 5 Abs. 4 S. 1 EGAktG.[189]

Erlischt das Mehrstimmrecht aufgrund der gesetzlichen Regelung durch Zeitablauf zum 1.6.2003 gemäß § 5 Abs. 1 EGAktG, soll die Entschädigung immer in Geld zu leisten sein.[190] Wird das Mehrstimmrecht jedoch durch Beschluss der Hauptversammlung entzogen, muss der Ausgleich nicht zwingend in Geld erfolgen; die Hauptversammlung kann mit dem Beschluss auch die Art der Abfindung bestimmen, wobei vom Gesetzgeber auf eine „einvernehmliche Lösung" gesetzt wurde.[191] So ist neben der Entschädigung in Geld auch die Gewährung von Stammaktien der Gesellschaft, die Einräumung von Vorzugsrechten oder auch die Aufhebung der evtl. bestehenden Vinkulierung möglich.[192]

a) Mehrstimmrecht als von Art. 14 GG geschützte Rechtsposition

Die „Beteiligung an sich" wird durch den Beschluss der Hauptversammlung nicht angetastet, der Aktionär ist nach der Maßnahme immer noch Gesellschafter der AG mit derselben Beteiligungsquote. Jedoch besteht die durch Art. 14 GG geschützte gesellschaftsrechtliche Beteiligung nicht allein aus dem vermögensrechtlichen Aspekt der Kapitalanlage, sondern dieses wird vielmehr gerade erst durch das Mitgliedschaftsrecht vermittelt.[193] Insbesondere bei der Beteiligung an einer Aktiengesellschaft kann der Gesellschafter, außer der Entscheidung, die Beteiligung ganz zu veräußern, nur über das Stimmrecht in der Haupt-

---

188 Wasmann BB 2003, 57, 58 f.

189 Vgl. BayObLG vom 31.07.2002 – 3Z BR 362/01, ZIP 2002, 1765, 1766 – „Siemens AG".

190 Schulz NZG 2002, 996, 997.

191 Beschlussempfehlung des Rechtsausschuss des Bundestages zum KonTraG, BT-Drucks. 13/10038, S. 28; vgl. auch Hüffer, § 12 Rn. 14; Schulz NZG 2002, 996, 1003.

192 Vgl. die Darstellung bei Schulz NZG 2002, 996, 1003 ff.

193 Näher hierzu: 4. Kapitel Abschnitt B.II.1. „Aktie als gesellschaftsrechtlich vermitteltes Eigentum".

versammlung auf Leitung und Geschäfte der Gesellschaft und damit auf Nutzung und Verwendung seines in die Gesellschaft eingebrachten Kapitals Einfluss nehmen.[194] Das Stimmrecht muss daher als Bestandteil des Aktieneigentums den verfassungsrechtlichen Schutz des Art. 14 GG genießen.[195] Der Streit um die dogmatische Einordnung des Schutzes des Stimmrechts spielt in vielen Fällen aber auch nur eine theoretische Rolle, da durchaus auch die vermögensrechtliche Seite der Beteiligung betroffen ist, denn der Marktwert der Beteiligung wird unter anderem von der Ausgestaltung der verschiedenen Aktiengattungen mit oder ohne Stimmrecht beeinflusst.[196]

Die Ermächtigung der Hauptversammlung zur Abschaffung der Mehrstimmrechte stellt ebenfalls eine Inhaltsbestimmung des Eigentums dar.[197] Hieraus ergibt sich auch das Erfordernis sorgfältiger Abwägung der betroffenen Interessen.[198] So ist, quasi spiegelbildlich zum schutzwürdigen Interesse des von der Abschaffung betroffenen Aktionärs am Erhalt seiner Mehrstimmrechte, ein schutzwürdiges Interesse der übrigen nicht mehrstimmberechtigten Aktionäre an der Abschaffung der Mehrstimmrechte beachtlich, da sie wiederum in ihrem Mitgliedschaftsrecht beeinträchtigt sind, indem ihnen kein ihrer Beteiligungsquote entsprechendes Stimmrecht zukommt. Im Rahmen der Abwägung hat sich der Gesetzgeber, auch im Hinblick auf eine transparentere Situation am Kapi-

---

[194] BVerfG vom 01.03.1979 – 1 BvR 532, 533/77, 1 BvL 21/78, BVerfGE 50, 290, 342 – „Mitbestimmung"; Zöllner/Hanau AG 1997, 206, 207 f.; Kluth ZIP 1997, 1217, 1219; Saenger ZIP 1997, 1813, 1818; siehe auch Hering/Olbrich WPg 2001, 809, 811.

[195] Kluth ZIP 1997, 1217, 1219; Saenger ZIP 1997, 1813, 1818; im Ergebnis auch: BayObLG vom 31.07.2002 – 3Z BR 362/01, ZIP 2002, 1765, 1766 – „Siemens AG", der Senat macht den grundrechtlichen Schutz wohl aber davon abhängig, ob auch das Vermögensinteresse betroffen ist.

[196] Schulze NZG 2002, 996, 1000 ff.; Kruse/Berg/Weber ZBB 1993, 23 ff.; Senger/Vogelmann AG 2002, 193, 196.

Zwar hat das BVerfG, vom 01.03.1979 – 1 BvR 532, 533/77, 1 BvL 21/78, BVerfGE 50, 290, 342 ff., im sogenannten „Mitbestimmungsurteil" festgestellt, dass gerade die mitgliedschaftliche Position des Aktionärs bei überwiegenden schutzwürdigen Interessen anderer stärker eingeschränkt werden kann. In dieser Entscheidung spielte jedoch vor allem die soziale Funktion des Anteilseigentums eine entscheidende Rolle. Im Rahmen der Abwägung zwischen den mitgliedschaftlichen Interessen der Anteilseigner und der Verantwortlichkeit der Unternehmenseigner für die sozialen Belange und die Daseinsgrundlage der Arbeitnehmer sah das Gericht die Vorschriften zur Mitbestimmung als zulässige Inhalts- und Schrankenbestimmung i. S. d. Art. 14 Abs. 1 GG an.

[197] Kluth ZIP 1997, 1217, 1222; Saenger ZIP 1997, 1813, 1819.

[198] Kluth ZIP 1997, 1217, 1222.

talmarkt, für die Abschaffung entschieden, für die jedoch im Rahmen der Verhältnismäßigkeit grundsätzlich eine Entschädigung zu leisten ist.[199]

b) Umfang der Entschädigung

Die Entschädigung soll nach dem Gesetzeswortlaut den besonderen Wert der Mehrstimmrechte angemessen berücksichtigen, § 5 Abs. 3 S. 1 EGAktG. Dabei sind nach der Begründung des Rechtsausschusses u. a. die Entstehungsgeschichte des Mehrstimmrechts, der vermittelte Stimmrechtseinfluss und die satzungsgemäße Ausgestaltung als Kriterien im Einzelfall heranzuziehen.[200] Es kommen verschiedene Methoden in Betracht, um den genauen Wert des Mehrstimmrechts zu ermitteln, aus dem der Ausgleichsbetrag abzuleiten ist. Das Ertragswertverfahren und auch das Substanzwertverfahren scheiden aus methodischen Gründen aus; zum einen weil ein zukünftiger Ertrag des Stimmrechts nicht ermittelbar ist, zum anderen, weil ein Wiederbeschaffungswert für das nicht separat handelbare Stimmrecht der Natur der Sache nach nicht existiert.[201]

Unbestritten kann das Stimmrecht, auch wenn nicht einzeln übertragbar und handelbar, durchaus einen Wertfaktor für eine Beteiligung darstellen.[202] So werden etwa stimmrechtslose Vorzugsaktien oft zu niedrigeren Kursen gehandelt als Stammaktien[203] und bei größeren Aktienpaketen werden zusätzlich zur

---

[199] Zöllner/Noack AG 1991, 157, 161; Zöllner/Hanau AG 1997, 206, 216; Saenger ZIP 1997, 1813, 1819.

Schulz, NZG 2002, 996 ff. zieht hieraus den Schluss, dass das Stimmrecht grundsätzlich und *stets werthaltig* sei. Als Begründung wird angeführt, dass auch das Gesetz hiervon ausgehe. Richtig ist, dass das Gesetz eine Ausgleichspflicht vorsehen muss, um dem Schutzanspruch des Art. 14 GG gerecht zu werden. Danach ist die Eigentumsposition generell gegen Eingriffe geschützt, gleichzeitig hat der Gesetzgeber aber auch deutlich gemacht, dass der *besondere* Wert im Einzelfall berücksichtigt werden muss. Ist dem Stimmrecht kein Wert zuzuordnen, ist die Inhaltsbestimmung „Gestattung zur Entziehung durch Hauptversammlungsbeschluss“ auch ohne Ausgleich verhältnismäßig.

[200] Begründung des Rechtsausschusses, BT-Drucks. 13/10038, S. 28; siehe hierzu im einzelnen Wasmann BB 2003, 57, 62 f.

[201] Schulz NZG 2002, 996, 998.

Zu den Verfahren im einzelnen siehe unten 3. Kapitel Abschnitt B. „Substanzwert“ und C. „Ertragswert“.

[202] Vgl. LG München I vom 14.09.2001 – 5 HKO 16369/99, ZIP 2001, 1959, 1960 f. – „Siemens AG“; Großfeld, Unternehmens- und Anteilsbewertung, S. 234; **a. A.** RG vom 30.03.1926 – II 226/25, RGZ 113, 188, 196; RG vom 13.12.1927 – II 401/27, RGZ 119, 248, 258.

[203] Siehe Jung/Wachtler AG 2001, 513, 517; vgl. auch Lutter in: FS Mestmäcker, 1996, S. 943, 952; BFH vom 21.04.1999 – II R 87/97, BFHE 188, 431, 434; BFH vom 09.03.1994 – II R 39/90, BFHE 173, 561, 565 f.

Summe der Marktwerte Paketzuschläge gezahlt, die eine Abgeltung der größeren Einflussmöglichkeit in der Gesellschaft darstellen. In der Praxis werden als Entgelt für den Entzug der Mehrstimmrechte z. T. Preise gezahlt, die nach Näherungsrechnungen aus der Differenz zwischen Stamm- und Vorzugsaktien für einen willkürlichen Referenzzeitraum ermittelt wurden.[204]

HERING/OLBRICH versuchen mit einem modelltheoretischen Ansatz zu begründen, dass das Mehrstimmenrecht nach einer Art modifizierter Ertragswertmethode, die einen Vergleich der vergangenen und der zukünftigen Zahlungsströme vom Unternehmen an den Aktionär aufstellt, nur in Ausnahmefällen einen Wert besitzt.[205] Auch in den Beschlussempfehlungen des Rechtsausschusses des Bundestags zum KonTraG wurde eingeräumt, dass der entschädigungspflichtige Wert des Stimmrechts und damit der Betrag des Entgelts gegen Null tendieren könne.[206]

Eine praktikable Möglichkeit der Wertermittlung besteht in einer Berechnung anhand der Börsenkurse. Nach KRUSE/BERG/WEBER kann der Wert des Stimmrechts unter Umständen aus den Kursdifferenzen zwischen Aktiengattungen mit und ohne Stimmrecht, unter rechnerischer Elimination des kursbeeinflussenden

---

Dass das Stimmrecht nicht der einzige Faktor ist, der den Kursunterschied zwischen Stamm- und Vorzugsaktien verursacht, untersuchen Kruse/Berg/Weber ZBB 1993, 23 ff. Sie kommen zu dem einleuchtenden Ergebnis, dass die Kursdifferenz nicht mit dem Wert des Stimmrechts gleichzusetzen ist, sondern dass vielmehr von dem Differenzbetrag der Wert des Dividendenvorzugs der Vorzugsaktien abzuziehen ist.

Wasmann BB 2003, 57, 63, vermutet dagegen auch regelmäßig einen Abschlag beim Kurs stimmrechtsloser Vorzugsaktien aufgrund ihrer schlechteren Handelbarkeit.

204 Auch das LG München I, Beschluss vom 14.09.2001 – 5 HKO 16369/99, ZIP 2001, 1959, 1961 – „Siemens AG", ermittelt den Wert des (mehrfachen) Stimmrechts mangels eines Marktpreises für die Mehrstimmrechtsaktien anhand der Differenz zwischen den Kursen für stimmrechtslose Vorzugsaktien und (einfach-) stimmberechtigten Stammaktien. Da jedoch nur die Stammaktien der Siemens AG börsennotiert waren, zieht das Gericht hierfür die Kurse von anderen großen und im Untersuchungszeitraum liquiden Gesellschaften heran. Aus diesem Grund, nämlich dem Fehlen der Börsennotierung einer Aktiengattung, lehnt das BayObLG, Beschluss vom 31.07.2002 – 3Z BR 362/01, ZIP 2002, 1765, 1768 f. – „Siemens AG", nachfolgend aber ab, dass im konkreten Fall ein bestimmter Wert für das Stimmrecht ermittelbar ist.

205 Hering/Olbrich WPg 2001, 809, 811 ff.; dies. ZIP 2003, 104 ff.; ablehnend BayObLG vom 31.07.2002 – 3Z BR 362/01, ZIP 2002, 1765, 1769 – „Siemens AG".

206 Beschlussempfehlung des Rechtsausschusses des Bundestages zum KonTraG, BT-Drucks. 13/10038, S. 28 = ZIP 1998, 487, 492; siehe auch LG München I vom 14.09.2001 – 5 HKO 16369/99, ZIP 2001, 1959, 1960 – „Siemens AG"; BayObLG vom 31.07.2002 – 3Z BR 362/01, ZIP 2002, 1765, 1766 – „Siemens AG".

Dividendenvorzugs der stimmrechtslosen Vorzugsaktie, erfolgen.[207] Von SCHULZ wird, um dem Problem zu begegnen, dass evtl. eine Aktiengattung nicht börsennotiert ist, eine Vergleichswertrechnung vorgeschlagen, die von statistischen Mittelwerten börsennotierter Aktiengattungen anderer Gesellschaften ausgeht, die dann um werterhöhende oder –verringernde Faktoren zu konkretisieren und zu individualisieren sei.[208] Allerdings ist diese Vorgehensweise nicht unproblematisch, da entscheidend ist, wie die Vergleichsgruppe gewählt wurde; u. U. dürften wertbeeinflussende Faktoren nicht in Ansatz gebracht werden, wenn sie bereits im Durchschnittswert enthalten sind. Gleichfalls abzulehnen und nicht mit den Vorgaben des Gesetzgebers vereinbar ist der Vorschlag von ARNOLD, die Entschädigung je Stimmrecht mit 10-20 % des Kurses der Stammaktie anzusetzen, wobei diese Größenordnung aus den in den USA und Großbritannien zu beobachtenden Kursdifferenzen abgeleitet wird.[209]

Wie hoch der Wert des Stimmrechts im einzelnen Fall ist, kann nur durch eine unternehmensspezifische Analyse der Kursdaten oder anderer Indizien, etwa aus der „Entstehungsgeschichte" der Mehrstimmrechtsaktien, ermittelt werden.

VIII. Zwischenergebnis

Bei Unternehmensvertrag, Eingliederung und Squeeze-out handelt es sich um Konfliktsituationen zwischen Mehrheits- und Minderheitsgesellschafter, die der Gesetzgeber durch Gestattung der Maßnahme gegen eine angemessene (Bar-) Abfindung gelöst hat. Auch wenn die Wirkungen vergleichbar sind, hat sich der Gesetzgeber gegen eine Gleichstellung der übertragenden Auflösung mit diesen Abfindungsfällen entschieden.

Die Einziehung ist immer durch eine grundsätzliche Zustimmung und damit eine geringere Schutzwürdigkeit des Aktionärs gekennzeichnet, so dass eine Abfindungssituation nicht vorliegt. Beim Reverse Stock Split sind die Interessen des Minderheitsaktionärs anderweitig über die gesellschaftsrechtliche Treuepflicht geschützt, die hier eine echte Begrenzung der Einflussnahme begründet. Dage-

---

207 Kruse/Berg/Weber ZBB 1993, 23; OLG Düsseldorf vom 20.11.2001 – 19 W 2/00 AktE, AG 2002, 398, 402 – „Kaufhof/Metro"; **dagegen** BayObLG vom 31.07.2002 – 3Z BR 362/01, ZIP 2002, 1765, 1768 – „Siemens AG".

208 Schulz NZG 2002, 996, 999 ff.; Hüffer, § 12 Rn. 14, hält jedenfalls eine Schätzung gemäß § 287 ZPO aus der typisierenden Betrachtung solcher Kursdifferenzen für möglich.

Differenzierend: BayObLG vom 31.07.2002 – 3Z BR 362/01, ZIP 2002, 1765, 1769 – „Siemens AG". Gegen die Zulässigkeit von Vergleichswertrechnungen: Heider in: MünchKomm AktG, § 12 Rn. 44.

209 Arnold BB 2003, 267, 269 f., siehe die Kritik hierzu von Hering/Olbrich BB 2003, 1519 f.

gen stellt die Beseitigung von Mehrstimmrechten einen abfindungspflichtigen Eingriff in das Mitgliedschaftsrecht dar; er betrifft jedoch nur einen Teil dieses Rechts, so dass sich auch die Art der Abfindungsermittlung nach Besonderheiten richtet, auf die in der weiteren Untersuchung nicht näher eingegangen werden kann.

B. Abfindungsfälle nach Umwandlungsgesetz

Das deutsche Umwandlungs- und Umstrukturierungsrecht für Unternehmen wurde 1994 mit der Schaffung des neuen Umwandlungsgesetzes in einer Kodifizierung zusammengefasst. Auch im Umwandlungsrecht finden sich Konstellationen, in denen Aktionären ein Barabfindungsangebot unterbreitet werden muss. Minderheitsaktionäre, die mit der Umwandlung nicht einverstanden sind, scheiden aber nicht mehr automatisch aus ihrer Gesellschaft aus,[210] ebenso wenig gibt es ein Austrittsrecht bei Verschmelzung zweier Aktiengesellschaften, es sei denn die Anteile am übernehmenden Rechtsträger unterliegen Verfügungsbeschränkungen.[211]

Zur Durchsetzung des Anspruchs auf eine angemessene Abfindung steht das Spruchverfahren gemäß § 1 Nr. 4 SpruchG zur Verfügung. Unwirksamkeitsklagen gegen die Umwandlungsmaßnahmen wegen unzureichender oder fehlender Entschädigungen sind auch hier, wie im Bereich der aktienrechtlichen Abfindungsansprüche, ausgeschlossen.[212] Nach überwiegender Ansicht steht das Spruchverfahren jedoch nur den Anteilsinhabern des übertragenden, nicht aber des übernehmenden Rechtsträgers offen.[213] Diese können sich nur durch eine Anfechtungsklage gegen die Maßnahme zur Wehr setzen.

Anreiz für Umwandlungsmaßnahmen ist unter anderem die möglicherweise geringere steuerliche Gesamtbelastung bestimmter Rechtsformen und Gestaltungen, wobei die Umwandlung selbst regelmäßig steuerneutral durchgeführt werden kann. So ist etwa gemäß § 15 Abs. 1 UmwStG grundsätzlich Buchwertfort-

---

[210] Vgl. noch die übertragende Umwandlung, oben 1. Kapitel Abschnitt A.I. „Die Feldmühle-Entscheidung des BVerfG vom 7.8.1962".

[211] Sagasser in: Sagasser/Bula/Brünger, C Rn. 12; Seetzen WM 1999, 565, 566; siehe dazu sogleich Abschnitt B.I.3.a) „Barabfindungsangebot gemäß §§ 29, 30 UmwG".

[212] Vgl. Krieger in: Lutter, UmwG, § 305 Rn. 4; Meister/Klöcker in: Dirksen/Kallmeyer, UmwG, § 305 Rn. 2; Sagasser in: Sagasser/Bula/Brünger, C Rn. 17.

[213] Meister/Klöcker in: Dirksen/Kallmeyer, UmwG, § 307 Rn. 4; Sagasser in: Sagasser/Bula/Brünger, C Rn. 27.

führung möglich und die Aufdeckung stiller Reserven kann vermieden werden.[214]

I. Verschmelzung

Verschmelzung ist die Übertragung des gesamten Vermögens eines bzw. mehrerer Rechtsträgers auf einen anderen, schon bestehenden oder neu zu gründenden Rechtsträger im Wege der Gesamtrechtsnachfolge (§ 2 UmwG). In der Entwicklung einer konzernrechtlichen Verflechtung von Unternehmen, die bisher bereits stufenweise mit dem Unternehmensvertrag und der Eingliederung angesprochen wurde, stellt die Verschmelzung den letzten Schritt dar. Sie führt durch die tatsächliche und rechtliche Zusammenführung der Unternehmen zu einer Ressourcenbündelung und Konzentration, die Marktvorteile sowie Rationalisierungspotential bedeuten kann.[215]

Im Rahmen bereits bestehender Konzernverflechtungen kann unterschieden werden zwischen der Verschmelzung einer Tochter- auf die Muttergesellschaft (Up-Stream Merger), umgekehrt der Verschmelzung der Mutter- auf die Tochtergesellschaft (Down-Stream Merger) sowie der Verschmelzung von Schwestergesellschaften.

1. Voraussetzungen der Verschmelzung

Erforderlich ist ein Verschmelzungsvertrag zwischen den beteiligten Rechtsträgern, der von den vertretungsberechtigten Organen abzuschließen ist, § 4 Abs. 1 UmwG. Dieser Vertrag ist nach allgemeiner Ansicht ein Organisationsvertrag, der auch schuldrechtliche Wirkungen hat, indem sich die Vertragsparteien zur Durchführung der Verschmelzung verpflichten.[216] Der Mindestinhalt dieses Vertrages ist im Interesse einer umfassenden Information der Anteilsinhaber gesetzlich in § 5 UmwG festgelegt.

Anschließend haben die Vertretungsorgane jeder Gesellschaft gemäß § 8 Abs. 1 UmwG einen Verschmelzungsbericht aufzustellen, in welchem detailliert schriftlich der Verschmelzungsvertrag bzw. sein Entwurf im einzelnen zu erläu-

---

[214] Siehe im einzelnen etwa: Rahier, Zusammenführung von Unternehmen durch Verschmelzung nach dem UmwG: Eine steuerliche Vorteilhaftigkeitsanalyse, 1999; Sagasser in: Sagasser/Bula/Brünger, D Rn. 1 ff.; Schaumburg in: Lutter, Kölner Umwandlungsrechtstage, S. 329 ff.

[215] Sagasser/Ködderitzsch in: Sagasser/Bula/Brünger, I Rn.1.

[216] Lutter in: Lutter, UmwG, § 4 Rn. 4 f.; Marsch-Barner in: Dirksen/Kallmeyer, UmwG, § 4 Rn. 2.

tern und zu begründen ist. Dieser Bericht dient der Information der Anteilsinhaber über die geplante Umwandlungsmaßnahme und soll ihre Entscheidung im folgenden Beschluss vorbereiten.[217] Dies ergibt sich vor allem aus § 8 Abs. 3 UmwG, wonach ein Verschmelzungsbericht entbehrlich ist, wenn sich alle Anteile des übertragenden Unternehmens in der Hand des übernehmenden befinden, es sich mithin um eine 100 %ige Tochtergesellschaft handelt, oder wenn alle Aktionäre darauf verzichten. Der erforderliche Inhalt und Umfang dieses Berichts ist jedoch im Gesetz nicht geregelt, ebenso fehlt hierzu höchstrichterliche Rechtsprechung. Nach dem OLG Karlsruhe soll der Bericht zumindest so umfangreiche Angaben zu den Wertverhältnissen der beteiligten Rechtsträger enthalten, dass dem Anteilseigner eine Stichhaltigkeitskontrolle des ermittelten Umtauschverhältnisses möglich sei.[218] Für jeden beteiligten Rechtsträger ist darüber hinaus gemäß § 9 Abs. 1 UmwG eine Verschmelzungsprüfung durchzuführen, die ebenfalls dem Schutz der Anteilseigner beider Rechtsträger dient,[219] da vor allem die Angemessenheit des Umtauschverhältnisses zu untersuchen und im Prüfungsbericht zu erläutern ist, § 12 Abs. 2 UmwG.

Die Anteilsinhaber der zu verschmelzenden Rechtsträger müssen dem Verschmelzungsvertrag gemäß § 13 Abs. 1 UmwG, bzw. seinem Entwurf gemäß § 4 Abs. 2 UmwG, in einer Versammlung zustimmen. Die hierfür erforderlichen Mehrheiten sind im UmwG für die jeweiligen Rechtsträger gesondert festgelegt,[220] bei der Aktiengesellschaft ist gemäß § 65 Abs. 1 UmwG eine Mehrheit von ¾ des vertretenen Grundkapitals bei einer einfachen Stimmenmehrheit gemäß § 133 Abs. 1 AktG erforderlich.[221] Zu erwähnen ist in diesem Zusammenhang die Beschlusserleichterung bei Konzernverschmelzungen gemäß § 62 UmwG. Danach ist ein Beschluss der Anteilseigner der übernehmenden Gesellschaft nicht erforderlich, wenn es sich um eine Aktiengesellschaft handelt und diese mindestens 90 % der Anteile der übertragenden Gesellschaft hält, bei der es sich ebenfalls um eine Kapitalgesellschaft handeln muss. Nur wenn eine Minderheit von mindestens 5 % dies verlangt, ist dennoch ein Beschluss zu fassen.[222]

---

[217] OLG Karlsruhe vom 30.06.1989 – 15 U 76/88, ZIP 1989, 988, 990 – „SEN“; Sagasser/Ködderitzsch in: Sagasser/Bula/Brünger, J Rn. 80.

[218] OLG Karlsruhe vom 30.06.1989 – 15 U 76/88, ZIP 1989, 988, 990 – „SEN“.

[219] Bula/Schlösser in: Sagasser/Bula/Brünger, J Rn. 94.

[220] §§ 43, 45 d, 50, 65, 78, 84, 103, 106, 112 Abs. 3 UmwG.

[221] Zimmermann in: Dirksen/Kallmeyer, UmwG, § 65 Rn. 5.

[222] Zu überlegen ist, ob § 62 UmwG entsprechend auf den Fall des Down-stream-merger angewendet werden kann. Danach könnte ein Beschluss der Anteilseigner der mindestens 90 %-igen Muttergesellschaft, die auf die Tochtergesellschaft verschmolzen wird, entbehrlich sein.

Der übertragende Rechtsträger geht mit der Eintragung der Verschmelzung in das Handelsregister gemäß § 20 Abs. 1 UmwG ohne Abwicklung kraft Gesetzes unter. Gleichzeitig werden die Anteilsinhaber des übertragenden Rechtsträgers Anteilsinhaber des übernehmenden Rechtsträgers. Wird auf eine Kapitalgesellschaft verschmolzen, muss diese in der Regel, um die notwendige Anzahl auskehrbarer Anteile bereitzustellen, eine verschmelzungsbedingte Kapitalerhöhung im Verhältnis der tatsächlichen für die Verschmelzung relevanten Unternehmenswerte durchführen, §§ 55, 69 UmwG.

2. Merger of equals oder Konzernverschmelzung?

Für den Minderheitsaktionär ist bei der Verschmelzung zwar auch prägend, dass es sich um eine Mehrheitsentscheidung handelt, die gegen seinen Willen durchgesetzt werden kann. Werden unabhängige Gesellschaften verschmolzen, fehlt es aber gerade im Hinblick auf das Umtauschverhältnis an einem gesellschaftsinternen Spannungsverhältnis. Dieses besteht vielmehr zwischen den an der Verschmelzung beteiligten Rechtsträgern, da das Umtauschverhältnis das Ergebnis einer Preisfindung im Kräftegleichgewicht zwischen beiden Gesellschaften ist,[223] von dem der Mehrheitsaktionär genauso wie der Minderheitsaktionär betroffen ist. WILM und BUNGERT beschreiben diese Situation als das Fehlen

---

Voraussetzung für eine analoge, d. h. über den Wortlaut hinausgehende, Anwendung der Norm sind unter anderem Ähnlichkeit und Vergleichbarkeit der Sachverhalte (Larenz, Methodenlehre der Rechtswissenschaft, S. 381). Die Norm in ihrer direkten Anwendung beruht im wesentlichen auf der Vorstellung, die Verschmelzung der 90 %igen Tochter auf die Mutter habe für deren Aktionäre keine besondere Relevanz (Marsch-Barner in: Dirksen/Kallmeyer, UmwG, § 62 Rn. 3), so dass im Rahmen einer Abwägung (siehe Grunewald in: Lutter, UmwG, § 62 Rn. 7) der möglichen Interessen an der Durchführung einer Abstimmung die Beschlussfassung als grundsätzlich entbehrlich angesehen wird.

Bei einem Down-stream-merger handelt es sich jedoch um eine grundlegend andere Konstellation. Es wird nicht, wie im gesetzlich geregelten Fall, die bereits beherrschte und vermögensmäßig abhängige Tochtergesellschaft integriert, während die Beteiligung an der übernehmenden Muttergesellschaft unverändert bleibt. Vielmehr geht die Muttergesellschaft als Rechtsträger unter und die Beteiligung ihrer Gesellschafter wird durch eine Beteiligung an der übernehmenden Tochtergesellschaft ersetzt. Zum Schutz der Aktionäre der Muttergesellschaft ist eine solche analoge Anwendung des § 62 UmwG abzulehnen.

[223] Piltz ZGR 2001, 185, 206 nennt als Bespiele Bayerische Hypothekenbank/Vereinsbank, Thyssen/Krupp, VEBA/VIAG, Württembergische/Wüstenrot sowie Daimler/Chrysler und Hoechst/Rhône Poulenc. Diese Fälle werden sowohl von den betroffenen Aktionären als auch in der Literatur teilweise als Übernahmen des einen Unternehmens durch das andere gewertet. Dennoch lassen sich diese Beispiele hier anführen, da es sich trotz eines möglichen strukturellen Ungleichgewichts dennoch um unabhängige Unternehmen handelt, die in der Position sind, über die Bewertung der Unternehmen verhandeln zu können.

eines Konzernkonflikts,[224] d. h. eines gesellschaftsinternen Konflikts zwischen Mehrheits- und Minderheitsgesellschafter. Die Anteilsinhaber beider Gesellschaften sind im Hinblick auf den Vermögens- und Eigentumsschutz schutzwürdig.[225] Es soll sich im Idealfall nach dem Wert der Aktien um ein „Nullsummenspiel" handeln, bei der, von den beiderseits erwünschten Synergieeffekten abgesehen, keine der Parteien einen Wertzuwachs erzielt.[226] Denn in das Eigentumsrecht der Anteilsinhaber einer Gesellschaft würde unzulässigerweise eingegriffen, wenn ihr Anteil an der neuen Vermögensmasse verhältnismäßig kleiner als vor der Verschmelzung wäre. Wird nicht tatsächlich das „richtige" Verschmelzungsverhältnis gefunden, liegt bei den Aktionären der einen oder der anderen Gesellschaft eine Verkürzung der Eigentumsposition vor. Die dabei agierenden Unternehmensleitungen dürfen nicht zu Lasten ihrer eigenen Aktionäre ein zu niedriges Verhältnis akzeptieren, so dass durchaus davon gesprochen werden kann, dass die als Ergebnis der Verhandlungen festgelegte Wertrelation die „Vermutung der Angemessenheit" in sich trage.[227]

Eine andere Situation liegt vor, wenn die Unternehmen konzernverflochten sind.[228] Spätestens wenn das eine der zu verschmelzenden Unternehmen von dem anderen abhängig ist, liegt keine Verhandlungssituation in dem eben geschilderten Sinn mehr vor.[229] Das herrschende Unternehmen kann das Verschmelzungswertverhältnis weitgehend bestimmen und zu Lasten des beherrschten verschieben. Bei der konzerninternen Verschmelzung von Schwestergesellschaften kann die Konzernmutter ebenfalls das Ob und Wie der Maßnahme weitgehend unabhängig festlegen, außerdem wird sie die Entscheidungen vor allem am Konzerninteresse ausrichten wollen. Hier ist daher unter Umständen ein Konzernkonflikt, also ein Konflikt zwischen Mehrheits- und Minderheitsgesellschafter, zu bejahen, auch wenn beide Aktionärsgruppen des Unternehmens allein im Hinblick auf die betroffene Beteiligung dieselben Vor- und Nachteile aus der Verschmelzung ziehen und sie eine zu ihren Lasten zu niedrige Verschmelzungswertrelation in gleichem Maße trifft. Eine Angemessenheitsvermutung in dem Sinne kann hier daher nicht vorliegen, so dass auch ein strengerer Maßstab für den Schutz der Minderheitsaktionäre anzulegen ist.

---

224 Wilm NZG 2000, 234, 235 f.; Bungert/Eckert BB 2000, 1845, 1846.

225 Bungert/Eckert BB 2000, 1845, 1847; Piltz ZGR 2001, 185, 205; **a. A.:** Erb DB 2001, 523, 524.

226 Lutter in: FS Mestmäcker, 1996, S. 943, 949.

227 Piltz ZGR 2001, 185, 207.

228 Nach empirischen Untersuchungen besteht in Deutschland bei Aktiengesellschaften ein Konzernierungsgrad von mindestens 75 %; diese besondere Situation kann daher nicht vernachlässigt werden. Siehe Binder AG 1994, 391 ff.; Altmeppen ZIP 2001, 1073, 1082.

229 Bermel in: Goutier/Knopf/Tulloch, UmwG, § 2 Rn. 8.

3. Folgen für den Minderheitsaktionär

a) *Barabfindungsangebot gemäß §§ 29, 30 UmwG*

Neben der Möglichkeit, die Angemessenheit der Verschmelzungswertrelation gerichtlich überprüfen zu lassen und eine bare Zuzahlung gemäß § 15 Abs. 1 UmwG zu erlangen, ist den Aktionären des übertragenden Rechtsträgers ein Barabfindungsangebot zu unterbreiten, wenn sie gegen den Verschmelzungsbeschluss der Hauptversammlung Widerspruch zur Niederschrift des Notars erklärt haben und der übernehmende Rechtsträger eine andere Rechtsform als der übertragende hat (Mischverschmelzung) bzw. die Anteile, die der Aktionär vom übernehmenden Rechtsträger erhalten soll, Verfügungsbeschränkungen unterliegen. Nicht als Rechtsträger anderer Rechtsform gilt dabei die KGaA gemäß § 78 S. 4 UmwG. Nimmt der Anteilsinhaber das Angebot auf Abfindung an, muss er die neu erhaltenen Anteile des übernehmenden Rechtsträgers an diesen übertragen bzw., wenn es sich um eine Personengesellschaft oder einen Verein handelt, sein Ausscheiden erklären.

Der Wechsel der Rechtsform bzw. die drohenden Beschränkungen[230] des zu übernehmenden Anteils sind ein derart weitgehender Eingriff in die Position des Anteilsinhabers, dass ihm die Möglichkeit eröffnet werden soll, aus der Gesellschaft auszuscheiden.[231] Die Umwandlungsmaßnahme und damit die Umgestaltung der Mitgliedschaft auch gegen den Willen einzelner Anteilsinhaber wird somit grundsätzlich gestattet, dies muss derjenige aber für sich nicht akzeptieren,[232] sondern er kann die Deinvestition wählen.

Umstritten ist, ob der betreffende Aktionär gegen den Verschmelzungsbeschluss gestimmt haben muss.[233] Der betreffende Aktionär muss seinen entgegenstehenden Willen bereits als Widerspruch zur Niederschrift festhalten lassen, so dass man eine „doppelte Verneinung" nicht für notwendig halten könnte.[234] Der Widerspruch dient jedoch vor allem dazu, die Zahl der möglicherweise Abfindungsberechtigten überschauen zu können.[235] Es würde aber jedenfalls widersprüchlich sein, wenn der Aktionär sich grundsätzlich mit der Umwandlungs-

---

[230] Siehe dazu im einzelnen: Marsch-Barner in: Dirksen/Kallmeyer, UmwG, § 29 Rn. 5 ff.; Grunewald in: Lutter, UmwG, § 29 Rn. 3 ff.

[231] Hoffmann-Becking ZGR 1990, 482, 487; Marsch-Barner in: Dirksen/Kallmeyer, UmwG, § 29 Rn. 2; Schaub NZG 1998, 626; Wilm NZG 2000, 234, 237.

[232] Wilm NZG 2000, 234, 237

[233] Dafür Grunewald in: Lutter, UmwG, § 29 Rn. 10; Schaub NZG 1998, 626, 628; **a. A.** Marsch-Barner in: Dirksen/Kallmeyer, UmwG, § 29 Rn. 13.

[234] So Hommelhoff ZGR 1993, 452, 470 f.

[235] Grunewald in: Lutter, UmwG, § 29 Rn. 10.

maßnahme einverstanden erklären würde, andererseits aber nicht Anteilsinhaber des übernehmenden Rechtsträgers werden wollte, der das Vermögen und Unternehmen seiner bisherigen Gesellschaft weiterführt. Aus diesem Grund ist zu verlangen, dass der betreffende Aktionär, außer Widerspruch zur Niederschrift zu erklären, auch gegen den Beschluss gestimmt hat. Ausreichend muss aber auch sein, dass der Aktionär an der Abstimmung nicht teilgenommen hat und so zum Ausdruck gebracht hat, dass er die Maßnahme in der Abstimmung nicht unterstützen will.

Das Barabfindungsangebot muss bereits konkret und explizit im Verschmelzungsvertrag enthalten sein.[236] Schuldner der Barabfindung ist gemäß § 29 Abs. 1 S. 1 UmwG der übernehmende Rechtsträger, da der übertragende bereits kraft Gesetzes untergegangen ist. Umstritten ist auch bei diesem Abfindungsanspruch, ob er gesetzlicher oder vertraglicher Natur ist. Ebenso wie bei einem Anspruch gemäß § 305 AktG ist davon auszugehen, dass es sich dem Grunde nach um einen gesetzlichen Anspruch handelt, für dessen Entstehen der Abschluss des Verschmelzungsvertrages der Auslöser ist.[237]

b) Gesetzliche Vorgaben für die Bewertung

Die Abfindung muss „angemessen" sein, sie muss gemäß § 30 Abs. 1 S. 1 UmwG die Verhältnisse des übertragenden Rechtsträgers im Zeitpunkt der Beschlussfassung der Hauptversammlung über die Verschmelzung berücksichtigen. Vergleichbar der entsprechenden Regelung im Bereich der Unternehmensverträge sollte durch diese Formulierung klargestellt werden, dass nicht eine bestimmte Bewertungsmethode vorgeschrieben wird.[238]

Entsprechend den Vorgaben des BVerfG in der Feldmühle-Entscheidung aus dem Jahr 1962[239] muss der ausscheidende Gesellschafter für die Beeinträchtigung seiner Mitgliedschaft, die dadurch entsteht, dass die neue Beteiligung nach der Verschmelzung wirtschaftlich und rechtlich nicht mit der bisherigen Beteiligung vergleichbar ist, voll entschädigt werden. Er muss das erhalten, was seine Beteiligung an dem weiterarbeitenden Unternehmen wert war. Die zu zahlende Abfindung muss sich als vollwertiges Äquivalent der ursprünglichen Beteiligung an der untergegangenen Gesellschaft darstellen.[240]

---

[236] Grunewald in: Lutter, UmwG, § 29 Rn. 20; Marsch-Barner in: Dirksen/Kallmeyer, UmwG, § 29 Rn. 14; Sagasser/ Ködderitzsch in: Sagasser/Bula/Brünger, J Rn. 72.

[237] Schwab BB 2000, 527, 528.

[238] Begr. zum RegE UmwBerG, BR-Drucks. 75/94, S. 94.

[239] BVerfG vom 07.08.1962 – 1 BvL 16/60, BVerfGE 14, 263 ff.

[240] Dehmer, UmwG, § 29 Rn. 4, 9 f.; Wilm NZG 2000, 234, 237.

GRUNEWALD führt aus, die Bestimmung des Barabfindungsangebotes folge denselben Grundsätzen wie die Ermittlung des Umtauschverhältnisses.[241] Es sei möglicherweise nur auf einen anderen Bewertungsstichtag abzustellen. Daher könnten die für das Umtauschverhältnis ermittelten Werte ohne weiteres auf den Tag der Beschlussfassung über die Verschmelzung fortgeschrieben werden. Vorzugreifen ist an dieser Stelle insoweit, als verschiedene Bewertungsmethoden durchaus zu sehr unterschiedlichen Ergebnissen führen können, in Abhängigkeit davon, welche Unternehmenskennzahlen im Vordergrund stehen oder wie verschiedene Faktoren bei den unterschiedlichen Methoden zu gewichten sind.

Für die Ermittlung der Verschmelzungswertrelation sind beide Rechtsträger einer Bewertung zu unterziehen. Diese Bewertung zielt jedoch darauf ab, einen Ausdruck dafür zu gewinnen, welchen Umfang, welches Gewicht, kurz, welchen Wert das eine Unternehmen gerade *im Verhältnis zum anderen* besitzt. Entschließen sich die Unternehmen aus bestimmten Gründen, einen wertbildenden Faktor höher zu gewichten als einen anderen, ist dies ein Vorgang der intersubjektiven Preisfindung. Kommt es hierbei zu einem Ungleichgewicht, ist der Minderheitsaktionär zu schützen, indem er gegen diese Preisvereinbarung entweder im Wege des Spruchverfahrens oder durch Anfechtung des Verschmelzungsvertrages vorgehen kann. Das Abfindungsangebot, das der Aktionär fordern kann, muss andererseits zwar ebenso „angemessen" sein. Dennoch verfolgt hier die Bewertung das Ziel, dem Aktionär seine Beteiligung zu vergüten, und zwar nicht allein im Verhältnis zu dem übernehmenden Rechtsträger. Er ist in vollem Umfang zu entschädigen. Der Wert, den seine Beteiligung unter diesem Gesichtspunkt hat, kann, muss aber nicht mit dem Wert identisch sein, der zur Ermittlung der Verschmelzungswertrelation ermittelt wurde. Dort müssen die herangezogenen Wertansätze unzweifelhaft auch „richtig" sein und die mögliche Korrektur nach § 15 Abs. 1 UmwG erfolgt nicht durch zusätzliche Anteilsgewährung sondern ebenfalls durch Zahlung eines absoluten Geldbetrages. Es kommt jedoch vor allem auf das richtige Verhältnis der Werte an,[242] der Bewertungszweck für die Ermittlung der Verschmelzungswertrelation unterscheidet sich somit von dem der Abfindungsberechnung. Eine einfache Fortschreibung der Werte bedarf daher einer genauen Prüfung daraufhin, ob die gewählte Bewertungsmethode auch die für das Abfindungsangebot zutreffende sein kann.

---

[241] Grunewald in: Lutter, UmwG, § 30 Rn. 2; Müller in: Dirksen/Kallmeyer, UmwG, § 30 Rn. 9; ebenso ohne weitere Begründung Schaub NZG 1998, 626, 628.

[242] Siehe auch Maier-Reimer ZHR 164 (2000), 563, 568.

II. Ab- und Aufspaltung gemäß §§ 123, 125, 29, 34 UmwG

Die gesellschaftsrechtliche Möglichkeit der Spaltung wurde in Deutschland, abgesehen von den spezialgesetzlichen Formen der Spaltung von Gesellschaften der Treuhand (SpTrUG) oder Landwirtschaftlichen Produktionsgenossenschaften der ehemaligen DDR (LwAnpG), erst mit Inkrafttreten des UmwG zum 1.1.1995 eingeführt. Es existierte zwar mit der 6. Gesellschaftsrechtlichen Richtlinie der EG (sog. Spaltungsrichtlinie) vom 17.12.1982[243] eine europarechtliche Vorgabe für die Ausgestaltung von Spaltungsregelungen, zur Umsetzung waren die einzelnen Mitgliedsstaaten jedoch nicht verpflichtet.[244]

Spaltungen, d. h. Vermögensübertragungen und –auslagerungen auf andere Rechtsträger, werden aus verschiedenen Gründen durchgeführt und stellen eine Form der konzern- und gesellschaftsrechtlichen Dekonzentration dar. So dienen Spaltungsmaßnahmen etwa der Schaffung kleinerer, am Markt selbständig auftretender Einheiten, insbesondere von Tochterunternehmen, als Kooperationspartner zur Bildung von Gemeinschaftsunternehmen oder als Vorstufe für eine Teilfusion mit anderen Unternehmen. Sie sollen die Veräußerung von Unternehmensteilen vorbereiten oder die Umwandlung eines gewerblichen Unternehmens in eine Holding oder Teilholding ermöglichen. Durch die gesellschaftsrechtliche Trennung der Rechtsträger wird die Isolierung von Haftungsrisiken, z. B. bei der Entwicklung neuer Produkte, möglich. Insbesondere die Aufspaltung kann dazu dienen, fehlerhafte oder erfolglose Verschmelzungen rückgängig zu machen.[245]

Bis 1995 mussten Spaltungen, bezeichnet als Realteilung, umständlich im Wege der Einzelrechtsübertragung durchgeführt werden. Die Schaffung der Möglichkeit von Spaltungen im Wege der Sonderrechtsnachfolge überwindet diese Schwierigkeiten, die die Realteilung diffizil oder praktisch fast unmöglich machen können. Gemäß § 126 Abs. 2 UmwG ist aus Gründen der Klarheit jedoch stets erforderlich anzugeben, welche Vermögensgegenstände übergehen. Allein in den einer Gesamtrechtsnachfolge vergleichbaren Fällen können Ausnahmen zugelassen werden.[246]

---

243 Abgedruckt in: Amtsblatt der EG L 378/47.

244 Teichmann in: Lutter, UmwG, § 123 Rn. 3.

245 Siehe Begr. zum Gesetzentwurf UmwBerG 1994, BT-Drucks. 12/6699, S. 74; Sagasser/Sickinger in: Sagasser/Bula/Brünger, M Rn. 4; Schwarz in: Widmann/Mayer, UmwR, § 123 Rn. 1, 2; Teichmann in: Lutter, UmwG, § 123 Rn. 29 ff.

246 Mayer in: Widmann/Mayer, UmwR, § 126 Rn. 202 ff., 211.

1. Formen und Voraussetzungen der Spaltung

In § 123 UmwG unterscheidet das Gesetz zwischen verschiedenen Formen der Spaltung: Aufspaltung (Abs. 1), Abspaltung (Abs. 2) sowie Ausgliederung (Abs. 3).

Bei der Aufspaltung teilt ein Rechtsträger unter Auflösung ohne Abwicklung sein gesamtes Vermögen auf und überträgt die Vermögensteile im Wege der partiellen Gesamtrechtsnachfolge auf mindestens zwei andere schon bestehende oder neu zu gründende Rechtsträger. Als Gegenleistung erhalten die Anteilsinhaber des übertragenden Rechtsträgers Anteile an den neuen bzw. übernehmenden Rechtsträgern. Mit der Eintragung im Register wird die Aufspaltung wirksam und der aufspaltende Rechtsträger geht unter, § 131 Abs. 1 Nr. 1 UmwG.

Die Abspaltung ist als wirtschaftlich bedeutsamer einzuordnen.[247] Dabei überträgt der Rechtsträger nicht sein gesamtes Vermögen sondern lediglich einen Teil davon, in der Regel einen Betrieb oder mehrere Betriebe, auf einen neu zu gründenden oder schon bestehenden Rechtsträger. Die übertragende Gesellschaft bleibt, da nicht das gesamte Vermögen übergeht, bestehen. Auch hier erwerben die Anteilsinhaber des übertragenden Rechtsträgers Anteile an den aufnehmenden Rechtsträgern.

Die Gestaltungsform der Ausgliederung deckt sich hinsichtlich des teilweisen Vermögenstransfers mit der Abspaltung.[248] Die als Gegenwert gewährten Anteile am übernehmenden Rechtsträger kommen hier jedoch nicht den Anteilsinhabern des übertragenden Rechtsträgers sondern diesem selbst zu. Bei dem übertragenden Rechtsträger tritt also keine Verringerung des Vermögens ein, sondern die Sachwerte, die übergehen, werden durch die Anteile am übernehmenden Rechtsträger lediglich ersetzt.[249]

Das Gesetz verweist, von speziellen Regelungen abgesehen, für das Verfahren bei Spaltungen im wesentlichen auf die Vorschriften des Verschmelzungsrechts, so dass auf die Ausführungen zur Verschmelzung verwiesen werden kann. An die Stelle des Verschmelzungsvertrages tritt dabei der Spaltungsvertrag bzw. bei einer Spaltung zur Neugründung der Spaltungsplan gemäß § 136 UmwG, wel-

---

247 Vgl. Begr. zum Gesetzentwurf UmwBerG 1994, BT-Drucks. 12/6699, S. 71; Teichmann in: Lutter, UmwG, § 123 Rn. 21.

248 Dehmer, UmwG, § 123 Rn. 11; Teichmann in: Lutter, UmwG, § 123 Rn. 22.

249 Teichmann in: Lutter, UmwG, § 123 Rn. 24.

cher sich nicht vom Spaltungsvertrag unterscheidet,[250] nur zusätzlich der Gesellschaftsvertrag des neu zu gründenden Rechtsträgers enthält.

Gemäß § 125 i. V. m. § 13 UmwG müssen die Anteilsinhaber der beteiligten Rechtsträger dem Spaltungsvertrag durch Beschluss mit mindestens ¾-Mehrheit zustimmen. Über die Verweisungsnorm des § 125 UmwG findet § 62 UmwG auch auf die Spaltung zur Aufnahme Anwendung, der somit Beschlusserleichterungen auch bei Spaltungsmaßnahmen im Konzern ermöglicht. Auch hier ist jedoch zu beachten, dass die Norm nur bei „Up-Stream"-Maßnahmen Anwendung finden kann.[251] Wie bereits bei der Verschmelzung liegt bei einer „Down-Stream"-Spaltung keine vergleichbare Situation vor;[252] auch die Minderheitsaktionäre der Muttergesellschaft sind hier vorrangig schutzwürdig. Beschlusserleichterungen über eine analoge Anwendung des § 62 UmwG sind als nicht zulässig anzusehen.

2. Folgen für den Minderheitsaktionär

Auch bei Spaltungsmaßnahmen ändert sich zum Teil die Rechtsstellung der Aktionäre. Bei der Aufspaltung gehen die Anteile am übertragenden Rechtsträger unter und sind dafür in Anteile des übernehmenden Rechtsträgers umzutauschen. Bei der Abspaltung vermindert sich der in der Beteiligung verkörperte Wert,[253] da sich mit der Vermögensübertragung die Werthaltigkeit des gesamten Unternehmens reduziert. Im Gegenzug bekommen die Anteilsinhaber im Verhältnis ihrer bisherigen Beteiligung Anteile am neuen Rechtsträger (Pflicht zur Anteilsgewährung).[254] Grundsätzlich liegt auch hier, wie bei der Verschmelzung, eine Gleichbehandlung der Aktionäre vor, da alle Anteilsinhaber von der Maßnahme gleichermaßen betroffen sind. Wie das Umtauschverhältnis zu ermitteln ist, gibt das Gesetz auch bei der Spaltung nicht an. Auch hier sind der übertragende und der übernehmende Rechtsträger zu bewerten. Anschließend ist die Wertrelation für das Umtauschverhältnis zu bilden.[255]

---

[250] Sagasser/Sickinger in: Sagasser/Bula/Brünger, N Rn. 27.

[251] Rieger in: Widmann/Mayer, UmwR, § 62 Rn. 3; a. A. Sagasser/Sickinger in: Sagasser/Bula/Brünger, N. Rn. 144.

[252] Vgl. oben Abschnitt B.I.1. „Voraussetzungen der Verschmelzung".

[253] Müller in: Dirksen/Kallmeyer, UmwG, § 126 Rn. 9.

[254] Vgl. Mayer in: Widmann/Mayer, UmwR, § 126 Rn. 65 ff.

[255] Mayer in: Widmann/Mayer, UmwR, § 126 Rn. 131.

Der Sonderfall der nicht verhältniswahrenden Spaltung (§ 128 UmwG) oder sogar der „Spaltung zu Null“[256] muss hier nicht beachtet werden, da in diesem Fall jedenfalls alle Anteilsinhaber zustimmen müssen und damit ihre Interessen selbst erfolgreich wahrnehmen können.

Unter den Voraussetzungen des § 29 UmwG, d. h. wenn die Spaltung auf einen Rechtsträger anderer Rechtsform erfolgt oder die „neuen“ Anteile Verfügungsbeschränkungen unterliegen, ist, wie bei der Verschmelzung, in den Spaltungs- und Übernahmevertrag ein Angebot auf angemessene Abfindung aufzunehmen. Für die Frage, wie und nach welchen Maßstäben diese „angemessene Abfindung“ zu ermitteln ist, ist hier zunächst auf die Ausführungen bei der Verschmelzung zu verweisen.[257]

Allein für die Ausgliederung sind gemäß § 125 die Regelungen der §§ 29-34 UmwG nicht anwendbar. Begründen lässt sich dies damit, dass kein Anteilstausch stattfindet.[258] Die Art der Beteiligung sowie deren Vermögenszuordnung am übertragenden Rechtsträger bleiben bestehen, so dass keine Strukturänderung vorliegt, die einen Abfindungsanspruch begründen könnte.

III. Formwechsel gemäß §§ 190, 207, 212 UmwG

Nach dem Umwandlungsgesetz ist weiterhin ein einfacher Formwechsel möglich, wenn die Rechtsform des Unternehmens als nicht mehr zweckmäßig angesehen wird. Die Beweggründe hierfür können unterschiedlicher Art sein. So spielen etwa steuerliche Erwägungen stets eine Rolle bei der Wahl der Rechtsform, aber auch veränderte persönliche, wirtschaftliche oder rechtliche Rahmenbedingungen können eine andere Rechtsform für die Unternehmung vorteilhaft erscheinen lassen.[259]

Bei einem Formwechsel wird allein die rechtliche Ausgestaltung des Gesellschaftsverhältnisses geändert, so dass es sich um einen gesellschaftsinternen Organisationsakt handelt.[260] Der Kreis der Anteilsinhaber wird grundsätzlich beibehalten und der Rechtsträger behält seine rechtliche Identität, auch wenn ein

---

[256] Dabei wird einem oder mehreren Gesellschaftern der übertragenden Gesellschaft kein neuer Anteil gewährt, vgl. LG Essen vom 15.03.2002 – 42 T 1/02, ZIP 2002, 893 ff.; LG Konstanz vom 13.02.1998 – 1 HTH 6/97, ZIP 1998, 1226.

[257] Siehe oben Abschnitt B.I.3.b) „Gesetzliche Vorgaben für die Bewertung“.

[258] Sagasser/Sickinger in: Sagasser/Bula/Brünger, N Rn. 68.

[259] Sagasser/Sickinger in: Sagasser/Bula/Brünger, Q Rn. 2 f., siehe auch Meyer-Landrut/Kiem WM 1997, 1361, 1363 f.

[260] Sagasser/Sickinger in: Sagasser/Bula/Brünger, R Rn. 4.

Rechtsformwechsel zwischen Personen- und Kapitalgesellschaft erfolgt,[261] so dass die dem Rechtsträger zugeordneten obligatorischen und dinglichen Rechtsgeschäfte fortbestehen.[262]

1. Voraussetzungen

Ein Formwechsel ist im Vergleich zu Verschmelzung oder Spaltung einfacher durchzuführen, da keine Vermögensübertragung erfolgt und regelmäßig[263] Dritte nicht beteiligt sind.[264] Aufgrund des Charakters als gesellschaftsinterner Regelung ist kein Vertrag erforderlich. Es genügt ein Beschluss der Anteilsinhaber, § 193 Abs. 1 UmwG. Jedoch sind hier je nach Rechtsform, in die umgewandelt werden soll, unterschiedliche Mehrheitserfordernisse zu beachten. Bei Umwandlung einer Kapitalgesellschaft in eine GbR, OHG oder Partnerschaftsgesellschaft ist gemäß § 233 Abs. 1 UmwG ein einstimmiger Beschluss erforderlich, da sich aus der neuen Rechtsform eine unbeschränkte Haftung für den Anteilsinhaber ergibt. Einstimmigkeit ist ebenso bei der Umwandlung in eine eingetragene Genossenschaft erforderlich, soweit das Statut der Genossenschaft eine Nachschusspflicht vorsieht.

Eine Mehrheit von lediglich ¾ des bei der Beschlussfassung vertretenen Grundkapitals ist dagegen erforderlich bei der Umwandlung in eine KG[265] (§ 233 Abs. 2 UmwG), bei der Umwandlung in eine andere Form der Kapitalgesellschaft (§ 240 Abs. 1 UmwG) sowie bei der Umwandlung in eine eingetragene Genossenschaft, wenn keine Nachschusspflicht besteht (§ 252 Abs. 2 UmwG). In diesen Fällen handelt es somit tatsächlich um Mehrheitsentscheidungen, die gegen den Willen eines Minderheitsgesellschafters durchgesetzt werden können.

2. Folgen für den Minderheitsaktionär

Da sich bei einem Formwechsel der Charakter der Beteiligung definitionsgemäß immer ändert,[266] ist gemäß §§ 194 Abs. 1 Nr. 6, 207 UmwG im Umwandlungsbeschluss ein Angebot auf angemessene Abfindung zu unterbreiten. Weitere Voraussetzung ist allein, dass ein Widerspruch zur Niederschrift gegen den

[261] Begr. zum Gesetzentwurf UmwBerG 1994, BT-Drucks. 12/6699, S. 72, 136.

[262] Sagasser/Sickinger in: Sagasser/Bula/Brünger, R Rn. 9.

[263] Ausnahmen bestehen bei einem Formwechsel in eine KGaA, bei dem Gesellschafter ausscheiden oder beitreten können.

[264] Sagasser/Sickinger in: Sagasser/Bula/Brünger, R Rn. 17.

[265] Die zukünftigen Komplementäre der KG müssen selbstverständlich zustimmen.

[266] Vgl. zur freien Veräußerbarkeit von börsennotierten Aktien Piltz ZGR 2001, 185, 211.

Umwandlungsbeschluss erfolgt ist.[267] Fehlt ein solches Angebot ganz oder ist es unangemessen niedrig, kann eine Klage gegen die Wirksamkeit des Umwandlungsbeschlusses jedoch gemäß § 210 UmwG nicht auf diese Gründe gestützt werden; es ist gemäß § 212 UmwG allein ein Verfahren zur gerichtlichen Neufestsetzung der Abfindung zulässig.

Das Abfindungsangebot muss im Prüfungsbericht durch externe Prüfer geprüft und erläutert werden.[268] Die Angemessenheit ist zudem unter Angabe der verwendeten Bewertungsmethoden zu beurteilen und zu begründen, sonst ist der Umwandlungsbeschluss nichtig.[269]

Zu beachten ist, dass die §§ 207 ff. UmwG aufgrund der spezielleren Vorschrift des § 250 UmwG nicht anwendbar sind, wenn zwischen der Rechtsform der KGaA und der AG gewechselt wird. Der Grund hierfür ist leicht ersichtlich: die Formen der Beteiligung sind als einander derart ähnlich anzusehen, dass sie als für den Beteiligungsinhaber gleichwertig gelten können. In einem solchen Fall kann daher kein Angebot auf Abfindung verlangt werden.[270]

§ 207 Abs. 1 UmwG spielt daher für die vorliegende Untersuchung nur eine Rolle bei der Umwandlung von börsennotierten AG und KGaA in GmbHs, Kommanditgesellschaften und Genossenschaften, bei denen keine Nachschusspflicht besteht. Allein in diesen Fällen kann ein Mehrheitsbeschluss entgegen den Stimmen der Minderheitsgesellschafter für die Wirksamkeit der Umwandlungsmaßnahme ausreichend sein und es ist eine Abfindung anzubieten, für deren Höhe der Börsenkurs ausschlaggebend sein könnte.

Für die Angemessenheit der Abfindung sind auch hier die Verhältnisse der Gesellschaft im Zeitpunkt der Beschlussfassung entscheidend,[271] da § 208 UmwG auf die entsprechende Norm des Verschmelzungsrechts, § 30 UmwG, verweist.

---

267 Auch hier wie bei der Verschmelzung verlangt die h. M., der Anteilsinhaber, der Widerspruch zur Niederschrift erklärt, müsse bei der Beschlussfassung gegen die Umwandlungsmaßnahme gestimmt haben. Vgl. Vollrath in: Widmann/Mayer, UmwR, § 207 Rn. 7.

268 LG Heidelberg vom 07.08.1996 – II KfH O 4/96, AG 1996, 523 f. – „Scheidemandel AG"; Meister/ Klöcker in: Dirksen/Kallmeyer, UmwG, § 207 Rn. 21; Sagasser/Sickinger in: Sagasser/Bula/Brünger, R Rn. 19; a. A. LG Berlin vom 26.02.1997 – 99 O 178/96, ZIP 1997, 1065, 1066 – „Aqua Butzke-Werke AG".

269 KG vom 27.11.1998 – 14 U 2892/97, AG 1999, 126, 127 f. – „Aqua Butzke Werke AG".

270 Siehe aber unten Abschnitt D. „Delisting/Going Private", für den Fall, dass mit dem Rechtsformwechsel auch der Verlust der Börsenzulassung verbunden ist.

271 Meister/Klöcker in: Dirksen/Kallmeyer, UmwG, § 207 Rn. 26.

IV. Vermögensübertragung gemäß §§ 174, 176 f. UmwG

Eine Vermögensübertragung nach den §§ 174 ff. UmwG lässt sich beschreiben als Übergang des gesamten Vermögens eines Rechtsträgers bzw. eines Teils davon im Wege der Gesamtrechtsnachfolge unter Auflösung ohne Abwicklung.[272] Es handelt sich dabei um Auffangtatbestände für Fälle, in denen der übernehmende Rechtsträger den Anteilsinhabern des übertragenden Rechtsträgers keine Beteiligung anbieten kann und deshalb ein Austausch von Anteilen, wie es im Recht der Verschmelzung oder Spaltung vorgesehen ist, nicht möglich ist.[273] Als Gegenleistung für die Übertragung des Vermögens ist daher eine andere Art von Entgelt oder Entschädigung zu leisten. Aus der Natur als Auffangtatbestand ergibt sich, dass der Kreis der zur Vermögensübertragung zugelassenen Rechtsträger auf solche beschränkt ist, bei denen aufgrund ihrer Struktur das Verschmelzungs- und Spaltungsrecht nicht anwendbar ist. Die Vermögensübertragung von Kapitalgesellschaften ist eingeschränkt nur auf die öffentliche Hand, d. h. den Bund, ein Bundesland, eine Gebietskörperschaft oder einen Zusammenschluss von Gebietskörperschaften möglich, § 175 Abs. 1 UmwG und kann praktisch eine Rolle etwa bei Energieversorgungsunternehmen spielen.[274]

Bei der Vollübertragung gemäß § 174 Abs. 1 UmwG wird das Vermögen als Ganzes auf den übernehmenden Rechtsträger übertragen und der übertragende Rechtsträger geht gemäß § 176 Abs. 3 S. 2 UmwG unter. Dieser Vorgang ist der Verschmelzung ähnlich, daher sind gemäß § 176 UmwG auch die Vorschriften für die Verschmelzung durch Aufnahme entsprechend anwendbar, soweit sie für die Vermögensübertragung passend sind.[275] Des weiteren kann eine Übertragung aller Vermögensteile analog zur Aufspaltung vorgenommen werden, § 174 Abs. 2 Nr. 1 UmwG. Der übertragende Rechtsträger geht auch in diesem Fall unter. Möglich ist ebenfalls eine Teilübertragung in Form der Abspaltung oder Ausgliederung gemäß § 174 Abs. 2 Nr. 2, 3 UmwG. Auf diese Fälle sind gemäß § 177 Abs. 1 UmwG die entsprechenden Spaltungsvorschriften anzuwenden.

Voraussetzung der Vermögensübertragung ist ein entsprechender Übertragungsvertrag der von den Vertretungsorganen des übertragenden und übernehmenden Rechtsträgers abzuschließen ist, §§ 176 Abs. 1, 4 UmwG bzw. §§ 177 Abs. 1, 125, 4 UmwG. Auf der Seite des übertragenden Rechtsträgers ist außerdem ein Hauptversammlungsbeschluss mit ¾-Mehrheit gemäß §§ 176 Abs. 1, 65, 78 UmwG bzw. §§ 177 Abs. 1, 125, 65, 78 UmwG erforderlich.

---

[272] Vgl. Begr. zum Gesetzentwurf UmwBerG 1994, BT-Drucks. 12/6699, S. 72.

[273] Vgl. Sagasser/Watrin in: Sagasser/Bula/Brünger, U Rn. 2.

[274] Begr. zum Gesetzentwurf UmwBerG 1994, BT-Drucks. 12/6699, S. 134.

[275] Begr. zum Gesetzentwurf UmwBerG 1994, BT-Drucks. 12/6699, S. 133.

Für die Übertragung des Vermögens muss eine angemessene Gegenleistung gewährt werden, die nicht in Anteilen oder Mitgliedschaften am übernehmenden Rechtsträger bestehen kann. In den Fällen der Vollübertragung, entsprechend der Verschmelzung, sowie der Teilübertragung, entsprechend der Auf- und Abspaltung, ist die angemessene Gegenleistung den Anteilsinhabern zu gewähren, wobei sie an die Stelle der Anteile am übernehmenden Rechtsträger tritt. Im Fall der Ausgliederung ist die Gegenleistung dem übertragenden Rechtsträger selbst zu gewähren, die Aktionäre haben daher keine eigenen Ansprüche gegen den übernehmenden Rechtsträger der öffentlichen Hand.

Erhalten die Aktionäre eine Gegenleistung für den Wert ihrer Anteile, den sie verlieren und scheiden sie automatisch im Umfang der Vermögensübertragung aus ihrer Gesellschaft aus, so ist das Entgelt als Abfindung für den Verlust der Mitgliedschaft anzusehen. Ein zusätzliches Abfindungsangebot erübrigt sich in einem solchen Fall. Eine Barabfindung ist daher allein den Inhabern von Sonderrechten anzubieten, § 176 Abs. 2 S. 4 UmwG, da bei der öffentlichen Hand nicht denkbar sind. Nur von Sonderrechtsinhabern kann daher ein Spruchverfahren entsprechend § 34 UmwG angestrebt werden.[276]

V. Zwischenergebnis

Für die vorliegende Untersuchung lassen sich die Ergebnisse dieses Abschnitts wie folgt zusammenfassen. Das Umwandlungsgesetz eröffnet eine Reihe von Möglichkeiten für Konzernierungsmaßnahmen, die mit stets mit Umstrukturierungen und teilweise mit Änderungen der Rechtsform einhergehen. Abfindungsangebote sind vom Gesetz stets nur für Anteilsinhaber der übertragenden Rechtsträger vorgesehen. Entscheidend ist zudem, dass eine gesetzliche Normierung der Pflicht zur Abgabe eines Abfindungsangebotes nur besteht, wenn ein Rechtsformwechsel vorliegt oder die angebotenen Anteile am übernehmenden Rechtsträger Verfügungsbeschränkungen unterliegen. Vom Sonderfall der Vermögensübertragung abgesehen, muss der Aktionär, der eine Abfindung erhalten will, im Hauptversammlungsbeschluss gegen die Umwandlungsmaßnahme gestimmt haben und Widerspruch zur Niederschrift erklärt haben. Er muss somit sein Überstimmtwerden das Vorhaben betreffend deutlich machen.

Im übrigen treffen die Folgen von Umwandlungsmaßnahmen zunächst alle Aktionäre gleichermaßen, da das Umtauschverhältnis für alle gleich festgesetzt wird. Dennoch kann es sich um Konflikte zwischen Mehrheits- und Minderheitsgesellschafter handeln. Es kann zwar grundsätzlich nicht als unzulässige Ausübung von Mehrheitsmacht gelten, wenn der Gesellschafter mit Stimmen-

---

[276] Vgl. Schwarz in: Widmann/Mayer, UmwR, § 176 Rn. 21, § 177 Rn. 20.

mehrheit die Maßnahmen durchsetzt, die er für richtig und wirtschaftlich sinnvoll hält. Beachtet werden muss jedoch auch folgendes, wie oben bereits dargelegt: Umwandlungsmaßnahmen sind oft Vorgänge, die innerhalb bereits bestehender Konzernverflechtungen ablaufen. Sie werden dabei nicht zur Optimierung des Ergebnisses und der Entwicklung des einzelnen Unternehmens eingesetzt, sondern um die Verhältnisse im gesamten Konzern wirtschaftlich sinnvoller zu ordnen. Ein solches übergreifendes Interesse kann jedoch nicht im Blickwinkel des Minderheitsaktionärs liegen; er wird, sofern die Mehrheitsverhältnisse entsprechend eindeutig sind, nichts gegen eine geplante umwandlungsrechtliche Umstrukturierung unternehmen können und ihm muss deshalb der „Notausstieg" des Ausscheidens gegen Abfindung gewährt werden, wenn er unter den veränderten Umständen sein Kapital deinvestieren will. Ein „Konzernkonflikt" zwischen Mehrheit und Minderheit unter den Anteilseignern kann daher auch bei den Umwandlungsfällen zu bejahen sein.

C. Abfindung nach SEAG – Europäische Gesellschaft

Mit dem Gesetz zur Einführung der Europäischen Gesellschaft (SEEG)[277] wurde in Deutschland die unmittelbar geltende EG-Verordnung des Rates vom 8.10.2001 Nr. 2157/2001 über das Statut der Europäischen Gesellschaft (SE)[278] konkretisiert. Die Verordnung stellt keine umfassende Regelung dar und schafft keine einheitliche Rechtsform einer Europäischen Gesellschaft, sondern setzt lediglich Rahmenbedingungen im Sinne einer Minimalharmonisierung, die durch das nationale Recht ausgefüllt werden.[279] Im SEEG finden sich insbesondere Regelungen zur inneren Verfassung der SE im Hinblick auf den Aufsichtsrat sowie Abfindungsregelungen für Minderheitsaktionäre für den Fall einer Umstrukturierung der SE.[280]

277 Gesetz vom 22.12.2004, BGBl. I S. 3675 ff.

278 Amtsblatt der Europäischen Gemeinschaften, L294 vom 10.11.2001, im folgenden SE-VO.

279 Horn DB 2005, 147.

280 Grundsätzliche Kritik an den neuen Abfindungsregelungen, die nach seiner Ansicht sowohl die bisherigen Grenzen des deutschen Aktienrechts sprengen als auch die Rechtsform der SE unattraktiv machen werden, übt Kübler, ZHR 167 (2003), 627 ff.; ebenfalls kritisch zur konkreten Ausgestaltung: Brandes AG 2005, 177, 180 f.

I. Voraussetzungen

1. Sitzverlegung

Die Sitzverlegung der SE ist in Art. 8 SE-VO geregelt[281]. Für die Sitzverlegung in einen anderen Mitgliedsstaat ist gemäß Art. 8 Abs. 2 SE-VO durch das Leitungs- oder Verwaltungsorgan der SE ein Verlegungsplan zu erstellen, der gemäß Art. 13 SE-VO offen zu legen ist. In einem weiteren Bericht sind gemäß Art. 8 Abs. 3 SE-VO die wirtschaftlichen und rechtlichen Aspekte der geplanten Verlegung zu erläutern und zu begründen, insbesondere sind die Auswirkungen auf Aktionäre, Gläubiger und Arbeitnehmer detailliert zu erläutern. Frühestens zwei Monate nach der Offenlegung des Plans kann die Hauptversammlung der SE die Sitzverlegung beschließen, wobei gemäß Art. 8 Abs. VI i. V. m. Art. 59 Abs. 1 SE-VO eine satzungsändernde Mehrheit von 2/3 der abgegebenen Stimmen erforderlich ist.

Der neue Sitz der Gesellschaft betrifft die Aktionäre in ihrer Stellung als Anteilseigner sowohl tatsächlich als auch rechtlich. Viele Normen der SE-VO sind nicht einheitlich geregelt, sondern verweisen auf die Vorschriften desjenigen Mitgliedsstaates, in welchem die SE ihren Sitz hat. Zudem enthält Art. 10 SE-VO eine allgemeine Verweisung auf das Aktienrecht des Sitzstaates.[282] Das anwendbare Recht charakterisiert daher die jeweilige Gesellschaft und die Beteiligung des Aktionärs.[283] Da die Ausgestaltung der Aktionärsrechte in dem Zielland der neuen Gesellschaft vom deutschen Aktienrecht abweichen kann,[284] ermöglicht § 12 SEAG[285] dem Aktionär das Ausscheiden aus der Gesellschaft.[286]

2. Verschmelzung

Eine SE kann gemäß Art. 2 Abs. 1 SE-VO durch Verschmelzung von zwei Aktiengesellschaften gegründet werden, die dem Recht verschiedener Mitglieds-

---

[281] Siehe bereits vorher die EuGH-Rechtsprechung zur Verlegung des Verwaltungssitzes: EuGH vom 27.09.1988 – Rs. 81/87, NJW 1989, 2186 – „Daily Mail"; EuGH vom 05.11.2002 – C-208/00, NJW 2002, 3614 – „Überseering"; EuGH vom 30.09.2003 – C-167/01, ZIP 2003, 1885 – „Inspire Art".

[282] Siehe zu der vom EuGH im Gegensatz dazu vertretenen Gründungstheorie: EuGH vom 09.03.1999 – C-212/97, NJW 1999, 2027 – „Centros".

[283] Oechsler AG 2005, 373, 374.

[284] Sehr übersichtliche Zusammenstellung bei Hocker in: FS Bezzenberger, 2000, S. 147 ff.

[285] SE-Ausführungsgesetz: Art. 1 des SEEG.

[286] Zum Problem der Zuständigkeit der deutschen Gerichte für das Spruchverfahren gegen die nunmehr im Ausland ansässige SE siehe Oechsler AG 2005, 373, 375 f.

staaten der Europäischen Union unterliegen.[287] Dies ist sowohl im Wege der Verschmelzung durch Aufnahme (Art. 17 Abs. 2 lit. a) SE-VO) als auch der Verschmelzung durch Neugründung (Art. 17 Abs. 2 lit. b) SE-VO) möglich.

Die Leitungs- bzw. Verwaltungsorgane der Gesellschaft stellen gemäß Art. 20 SE-VO einen Verschmelzungsplan auf, dem die Hauptversammlungen mit einer nach dem nationalen Recht erforderlichen Mehrheit zustimmen. Dabei bleibt es den Mitgliedsstaaten gemäß Art. 24 Abs. 2 SE-VO überlassen, Schutzvorschriften für Minderheitsaktionäre, die sich gegen die Maßnahme aussprechen, zu erlassen. In Deutschland ist dieser Schutz durch die Pflicht zur Abgabe eines Barabfindungsangebotes der übertragenden Gesellschaft gemäß § 7 SEAG gewährleistet.[288]

Ebenso wie bei der Verschmelzung nach dem Umwandlungsgesetz kommt es auch hier auf eine Beeinträchtigung der Stellung des Minderheitsaktionärs an, die ihn zum Ausscheiden berechtigt. Voraussetzung des Abfindungsangebotes des § 7 SEAG ist daher, dass die zu gründende SE ihren Sitz im Ausland haben soll. Entscheidend ist der neue Sitz der Gesellschaft, die bloße Verschmelzung soll diese Folge nicht auslösen, da die entstehende SE gemäß Art. 10 SE-VO wie eine deutsche Aktiengesellschaft zu behandeln ist.

3. Gründung einer Holding

Gemäß Art. 2 Abs. 2 SE-VO kann eine SE auch als Holding mehrerer Aktiengesellschaften oder GmbHs, die dem Recht verschiedener Mitgliedsstaaten unterliegen gegründet werden. Hierfür stellen die Leitungs- bzw. Verwaltungsorgane der Gesellschaften gemäß Art. 32 Abs. 2 SE-VO einen Gründungsplan einschließlich eines Berichts über die Auswirkungen auf Aktionäre und Arbeitnehmer auf, der von einem unabhängigen Sachverständigen zu prüfen ist. Gemäß Art. 32 Abs. 6 SE-VO ist die Zustimmung der Hauptversammlungen der Gesellschaften erforderlich. Nach der Festlegung des Gründungsplans können die Anteilsinhaber der Gesellschaft binnen 3 Monaten mitteilen, ob sie ihre Gesellschaftsanteile in die neu zu gründende Holding-SE einbringen. Die Holding muss im Ergebnis jeweils einen Stimmrechtsanteil von mehr als 50 % an den Gesellschaften erreichen, Art. 32 Abs. 2 SE-VO. Für die in die Holding einge-

[287] Nach deutschem Recht ist wegen § 1 Nr. 1 UmwG eine grenzüberschreitende Verschmelzung unzulässig. Siehe hierzu EuGH, Schlussanträge des GA vom 07.07.2005 – C-411/03, ZIP 2005, 1227 ff. – „Sevic“.

[288] Das SEAG sieht auch für diese Abfindungsfälle eine Überprüfung der Angemessenheit im Spruchverfahren vor. Aufgrund des grenzüberschreitenden Charakters der Verschmelzung und möglicherweise abweichenden Regelungen in dem anderen hiervon berührten Mitgliedsstaat ist die Einschränkung des Art. 25 Abs. 3 SE-VO zu beachten.

brachten Gesellschaftsanteile erhalten die betreffenden Aktionäre Anteile an der Holding-SE.

Falls die Holding-SE ihren Sitz im Ausland haben wird oder ihrerseits ein i. S. d. § 17 AktG abhängiges Unternehmen ist, ist den Minderheitsaktionären gemäß § 9 Abs. 1 S. 1 SEAG im Gründungsplan eine Barabfindung anzubieten. Hier zeigen sich Parallelen zum System der Abfindungsangebote des Aktienrechts im übrigen, dem Aktionär das Ausscheiden aus der Gesellschaft in bestimmten Situationen zu ermöglichen. Wie im Fall des Unternehmensvertrages soll dem Aktionär nicht zugemutet werden, gegen seinen Willen Anteilsinhaber einer ihrerseits abhängigen Gesellschaft zu werden, auch wenn die Holding-SE im Unterschied zum Unternehmensvertrag nur ein faktisches Konzernverhältnis begründet[289]. Der andere Fall der Holding-SE mit Sitz im Ausland ist auf das bereits dargestellte Problem der Sitzverlegung zurückzuführen.

II. Folgen für den Minderheitsaktionär

Die Folgen für den von der Maßnahme betroffenen Minderheitsaktionär sind in den Abfindungsfällen des SEAG gleichartig ausgestaltet. Hat der Minderheitsaktionär bei der Beschlussfassung über die jeweilige Maßnahme Widerspruch zur Niederschrift erklärt, so ist ihm gemäß § 7 Abs. 1 S. 1 (Verschmelzung), § 9 Abs. 1 S. 1 (Gründung einer Holding) und § 12 Abs. 1 S. 1 (Sitzverlegung) SEAG eine Barabfindung anzubieten. Diese muss die Verhältnisse der Gesellschaft im Zeitpunkt der Beschlussfassung berücksichtigen, § 7 Abs. 2 SEAG.

Dem Aktionär wird somit gestattet, die Gesellschaft, die sich in ihrer Struktur grundlegend ändert, abhängig wird oder durch die Sitzverlegung die auf sie anwendbaren Rechtsvorschriften ändert, zu verlassen. Aufgrund der Wahl der gleichen Formulierung für die Rechtsfolge muss die angemessene Abfindung entsprechend der Regelungen im Aktien- und Umwandlungsrecht eine „volle" sein, d. h. dem ausscheidenden Aktionär den Wert seiner Beteiligung an dem Unternehmen ersetzen.

D. Delisting / Going Private

Die Kapitalallokationsfunktion der Börse ermöglicht das Zusammenführen von Kapitalangebot – in nicht unerheblichem Maße auch durch private Kleinanleger – und Kapitalnachfrage auf Seiten der Unternehmen, denen über den Kapital-

---

289 Hierzu Horn DB 2005, 147, 149.

markt eine langfristige Finanzierung zur Verfügung gestellt wird.[290] Hierin liegt auch der Vorteil für einen Kapitalanleger mit nur geringem Anlagevolumen. Die Anlage ist flexibel und kann, von den steuerlichen Einschränkungen durch die Regeln zur Spekulationsfrist abgesehen, kurzfristig aufgenommen oder abgestoßen werden. Die Zulassung zur Börse und die damit verbundene Fungibilität der Aktien stellt ein entscheidendes Kriterium für eine Kapitalanlage dar.[291] Die Attraktivität dieser Anlageform liegt gerade in ihrer jederzeitigen Veräußerbarkeit begründet.

Der Begriff „Going Private" hat sich in Umkehrung des Begriffes „Going Public", der den Gang des Unternehmens an die Börse bezeichnet, entwickelt.[292] Taking/Going Private oder auch „Delisting"[293], P2P („Public to Private")[294] sind daher Begriffe für den Vorgang des Rückzugs eines Emittenten von der Börse durch Beendigung der Börsenzulassung. Unter dem Begriff „Going Private" im weiteren Sinn kann, unabhängig von ihrem wirtschaftlichen Hintergrund, jede Art von Transaktion verstanden werden, die es aufgrund der Kontrollübernahme bestimmten Personen erlaubt, die Gesellschaft in ihren eigenen Besitz zu überführen und im Ergebnis dazu führt, dass eine börsennotierte Publikumsgesellschaft in eine nicht börsennotierte (private) Gesellschaft überführt wird.[295] Hier soll der Begriff „Delisting" verwendet werden, um zu verdeutlichen, dass das Augenmerk vorrangig auf den Tatbestand des Wegfalls der Börsennotierung gerichtet sein soll, für den Regelfall mithin auf das Ergebnis innergesellschaftlicher Kontrollverschiebungen. Zu untersuchen ist, ob und auf welchem Weg die Börsenzulassung und damit die Börsennotierung[296] durch einen Mehrheitsaktionär entgegen dem Willen einer Minderheit beendet werden kann.

I. Gründe für ein Delisting

Für den Entschluss, sich von der Börse zurückzuziehen, kann zunächst der Börsenkurs der Aktie ausschlaggebend sein; ist dieser zu niedrig in dem Sinne, dass eigentlich mehr „Potential" in der Aktie steckt, kann dies unerwünscht Investo-

---

290 Kümpel, Bank- und Kapitalmarktrecht, Rn. 8.417.

291 Vgl. Meyer-Landrut/Kiem WM 1997, 1361, 1367.

292 Vgl. Inderbitzin, Going Private, S. 3.

293 Begr. zum RegE Drittes Finanzmarktförderungsgesetz, BT-Drucks. 13/8933, S. 57, 74.

294 Groß, Kapitalmarktrecht, § 38 BörsG, Rn. 17; Land/Hasselbach DB 2000, 557.

295 Inderbitzin, Going Private, S. 6, vgl. auch die Abgrenzungskriterien in der Arbeit von Inderbitzin, S. 7 ff., die für die Definition des Vorgangs „Delisting" in der vorliegenden Arbeit allerdings nicht entscheidend sind.

296 S. Groß, Kapitalmarktrecht, § 38 BörsG, Rn. 15.

ren anziehen, die das Unternehmen zu übernehmen versuchen[297] oder auf Spekulationsgewinne hoffen. Darüber hinaus ist stets zu überdenken, ob die mit der Börsenzulassung verbundenen nicht unerheblichen Kosten für Investor Relations, Organisation und Durchführung von Hauptversammlungen, Analystenkonferenzen, zusätzliche rechtliche Betreuung, Listinggebühren und die umfassenden Publizitätspflichten noch durch die mit der Zulassung verbundenen Vorteile gerechtfertigt sind („the cost of being public“[298]).

Die durch das AktG normierten Unterschiede zwischen börsennotierten und nicht notierten Aktiengesellschaften bestehen zudem bei letzteren in einer größeren Satzungsautonomie im Bereich der Gewinnverwendung sowie Erleichterungen bei der Einberufung und Durchführung der Hauptversammlung.[299]

Möglich ist auch, dass die Kapitalaufnahme über die Börse durch eine Kapitalerhöhung aufgrund des Börsenkurses nur zu ungünstigen Konditionen möglich und die Finanzierung über eine Kreditaufnahme billiger ist. Dann wird die Funktion der Börse zur Zusammenführung von Kapitalangebot und –nachfrage für dieses Unternehmen uninteressant. Zu denken ist auch an den Fall, dass eine weitere Kapitalaufnahme über die Börse langfristig nicht gewünscht wird, weil sie aufgrund der guten finanziellen Verfassung des Unternehmens und hoher Gewinne nicht erforderlich ist. Andererseits kann sich aber auch die, durch eine (sich positiv entwickelnde) Börsennotierung gesteigerte, Kreditwürdigkeit des Unternehmens bei stark sinkenden Kursen ins Gegenteil verkehren.[300]

Ausschlaggebend können jedoch auch andere Gründe unabhängig von der Entwicklung des Börsenkurses sein. So kann z. B. eine andere Rechtsform für die Unternehmung aufgrund steuerlicher Anreize oder einer anderen Ausgestaltung der Einflussmöglichkeiten und Rechte der Anteilsinhaber attraktiver erscheinen. Werden bei einer solchen anderen gesellschaftsrechtlichen Gestaltung Anteile gewährt, die keine Wertpapiere sind und deshalb nicht zur Börse zugelassen werden können, so bedeutet auch das notwendig einen Rückzug von der Börse.

II. Formen des Delisting

Für die Aufhebung der Börsenzulassung sind grundsätzlich zwei verschiedene Wege denkbar. Zum einen besteht die Möglichkeit eines entsprechenden An-

---

297 Feindliche Übernahmen, vgl. Land/Hasselbach DB 2000, 557.

298 Vgl. Inderbitzin, Going Private, S. 24.

299 Vgl. Hamann in: Schäfer, § 43 BörsG Rn. 29.

300 Vgl. Inderbitzin, Going Private, S. 25.

trags bei der Zulassungsstelle der Börse[301], zum anderen kann ein sogenanntes „kaltes Delisting" durchgeführt werden, indem unmittelbar auf die gesellschaftsrechtlichen Strukturen, an die die Zulassung geknüpft ist, eingewirkt wird.

1. Widerruf der Zulassung gemäß § 38 Abs. 4 BörsG n.F.

Durch das Dritte Finanzmarktförderungsgesetz wurde für den Emittenten einer Aktie die Möglichkeit eingeführt, bei der Zulassungsstelle der Börse einen Antrag auf Widerruf der Zulassung zu stellen. Damit wurde das Delisting erstmals in Deutschland gesetzlich geregelt. Den Unternehmen, die erwägen, eine Zulassung zum Börsenhandel zu beantragen, sollte damit Planungssicherheit verschafft werden,[302] die Attraktivität des staatlich überwachten Kapitalmarkts sollte durch die Möglichkeit des Rückzugs erhöht werden.

Der Widerruf der Zulassung ist, wie die Zulassung, nach der actus-contrarius-Theorie ein Verwaltungsakt.[303] Auf die Zulassung als öffentlich-rechtliche Erlaubnis kann nach h. M. verzichtet werden, d. h. es besteht eine Dispositionsbefugnis des Berechtigten, allerdings nur, soweit kein öffentliches Interesse entgegensteht.[304] Die Zulassungsstelle, die über den Antrag entscheidet, trifft daher eine Ermessenentscheidung,[305] bei der die Belange und der Schutz der Anleger als öffentliche Interessen in Abwägung mit den berechtigten Interessen des Emittenten Berücksichtigung finden müssen.[306] Vor allem ist zu beachten, dass die Anleger die Beteiligung in dem Vertrauen erworben haben, diese auch zu einem späteren Zeitpunkt über einen organisierten Kapitalmarkt wieder veräußern zu können. Ein Anspruch der Gesellschaft auf den Widerruf der Zulassung besteht aufgrund der Ausgestaltung als Ermessensentscheidung nicht.[307]

---

[301] Siehe zu den Organen der Börse 3. Kapitel Abschnitt E.II. „Struktur der Börse in Deutschland".

[302] Begr. zum RegE Drittes Finanzmarktförderungsgesetz, BT-Drucks. 13/8933, S. 74.

[303] Groß, Kapitalmarktrecht, § 38 BörsG, Rn. 20; Schwichtenberg DStR 2001, 2075, 2079.

[304] Kümpel, Bank- und Kapitalmarktrecht, Rn. 17.749.

[305] Begr. zum RegE Drittes Finanzmarktförderungsgesetz, BT-Drucks. 13/8933, S. 75; Groß, Kapitalmarktrecht, § 38 BörsG, Rn. 21.

[306] Hellwig/Bormann, ZGR 2002, 465, 473 ff., legen dar, dass auf Seiten der Aktionäre Art. 14 GG, auf Seiten der Gesellschaft die von Art. 2 Abs. 1 GG geschützte unternehmerische Freiheit betroffen ist.

Das Tätigwerden der Zulassungsstelle im öffentlichen Interesse ergibt sich unmittelbar aus dem Gesetz, §§ 31 Abs. 5, 49 Abs. 2 S. 3 BörsG n. F.

[307] Hellwig/Bormann ZGR 2002, 465, 468; Schwichtenberg DStR 2001, 2075, 2079.

a) *Teil-Delisting*

Zu unterscheiden ist bei diesem Verfahren zwischen dem vollständigen Rückzug vom Börsenhandel und dem Rückzug von einzelnen Regionalbörsen, d. h. der Konzentration auf nur einen Handelsplatz. Beim vollständigen Going Private, das auch über das dargestellte „kalte Delisting" erreicht werden kann, entfallen alle Pflichten des Emittenten, die an eine Zulassung geknüpft sind. Bei einem Teil-Delisting von einzelnen deutschen Regionalbörsen bleiben diese Pflichten bei der weiterhin notierenden Börse jedoch bestehen. Auch ist dem Aktionär problemlos eine Veräußerung seiner Anteile an diesem verbleibenden Handelsplatz möglich, so dass seine Interessen, denen das Delisting gemäß § 38 Abs. 4 S. 2 BörsG n. F. nicht widersprechen darf, regelmäßig nicht beeinträchtigt sind. Daher ist das Ermessen der Zulassungsstelle bei der Entscheidung über den Delisting-Antrag in dieser Richtung reduziert.[308]

Diesem Fall ist auch die Konstellation des sogenannten Downgrading, d. h. des Herunterstufens von einem Marktsegment der Börse[309] in ein anderes, ähnlich. Dabei wird der Antrag auf Widerruf der Zulassung zu einem Segment mit dem Antrag auf Zulassung zu dem anderen verknüpft.[310] Die Regelungen zum Anlegerschutz sind zumindest im geregelten Markt denen des amtlichen Marktes annähernd vergleichbar, so dass die Interessen der Aktionäre regelmäßig nicht maßgeblich beeinträchtigt sein werden.[311] Anders liegt jedoch der Fall des Downgrading in den Freiverkehr,[312] da dieser keinen staatlich organisierten und überwachten Markt darstellt. Ein solcher Schritt kommt daher einem vollständigen Rückzug von der Börse nahe und ist als Going Private bzw. Delisting anzusehen.[313]

---

[308] Groß, Kapitalmarktrecht, § 38 BörsG, Rn. 22; Hamann in: Schäfer, § 43 BörsG Rn. 30; vgl. Begr. zum RegE Drittes Finanzmarktförderungsgesetz, BT-Drucks. 13/8933, S. 75.

[309] Siehe zu den verschiedenen Marktsegmenten 3. Kapitel Abschnitt E.II.2. „Marktsegmente".

[310] Anders dagegen der Widerruf der Zulassung zum Teilsegment des Prime Standard an der Frankfurter Wertpapierbörse. Gemäß §§ 67 Abs. 4, 82 BörsenO-FWB wird die Notierung von Amts wegen im General Standard fortgeführt, d. h. die Zulassung zum amtlichen bzw. geregelten Markt bleibt bestehen.

[311] Groß, Kapitalmarktrecht, § 38 BörsG, Rn. 22; Schlitt ZIP 2004, 533, 541.

[312] Vgl. Kümpel, Bank- und Kapitalmarktrecht, Rn. 17.764.

[313] Mülbert, ZHR 165 (2001), 104, 107, 122 f., betont dagegen die möglicherweise sogar höhere Qualität des fortbestehenden außerbörslichen Handels wie dem Freiverkehr und rügt die Anbindung des gesellschaftsrechtlichen Schutzes allein an den von der Gesellschaft gesteuerten Rückzug vom Markt sowie die Inkonsequenz des Nebeneinander von börsenrechtlichem und gesellschaftsrechtlichem Schutz der Aktionäre.

b) *Vollständiger Rückzug vom Börsenhandel*

Bei einem vollständigen Rückzug vom Börsenhandel entfallen, wie erwähnt, die an die Zulassung geknüpften Pflichten des Emittenten, vor allem Publizitäts- und Verhaltenspflichten nach dem BörsG und dem WpHG. Auch der Schutz vor Insiderhandel durch §§ 12 ff. WpHG sowie die staatliche Überwachung der Preisbildung entfallen. In die Rechtsstellung des Aktionärs wird dadurch empfindlich eingegriffen, so dass durch die Zulassungsstelle eine gründliche Abwägung der beteiligten Interessen erforderlich ist. Zu prüfen kann aber auch sein, ob noch Handel an einem vergleichbaren Markt im Ausland[314] stattfindet, der einem dem deutschen Recht ähnlichen Schutz für den Anleger vorsieht und für diesen ohne maßgeblich erhöhte Transaktionskosten erreichbar ist.[315]

Bei einem vollständigen Delisting ist nach h.M. ein entsprechender Hauptversammlungsbeschluss notwendig.[316] Ob dabei eine einfache, satzungsändernde[317] oder gar 90 %ige Mehrheit erforderlich ist, ist umstritten.[318] Legt man die Ähnlichkeit des Delisting zu umwandlungsrechtlichen Strukturmaßnahmen im Wege einer Gesamtanalogie zugrunde, ergäbe sich die Notwendigkeit einer ¾-Mehrheit, die im Umwandlungsrecht die Regel darstellt.[319] Zum Teil wird dagegen die gesellschaftsrechtliche Verpflichtung, die vom Börsenrecht nicht geregelt wird und nicht geregelt werden kann, auf die Grundsätze der Holzmüller-

---

[314] Vgl. § 54a Börsenordnung für die Frankfurter Wertpapierbörse (pdf-Publikation unter http://deutsche-boerse.com), der aufgrund der Ermächtigung in § 43 Abs. 4 S. 5 BörsG erlassen wurde. Danach steht der Schutz der Anleger dem Widerruf insbesondere dann nicht entgegen, wenn der Handel an einem inländischen oder ausländischen organisierten Markt gewährleistet erscheint.

[315] Siehe Groß, Kapitalmarktrecht, § 38 BörsG, Rn. 22; Kümpel, Bank- und Kapitalmarktrecht, Rn. 17.767 f.

[316] BGH vom 25.11.2002 – II ZR 133/01, BGHZ 153, 47, 53 – „Macrotron", vorgehend: OLG München vom 14.02.2001 – 7 U 6019/99, ZIP 2001, 700, 703 sowie LG München I vom 04.11.1999 – 5 HKO 10580/99, ZIP 1999, 2017, 2019 f.; Heidelbach in: Schwark, Kapitalmarktrecht, § 38 BörsG Rn. 33; Kleindiek in: FS Bezzenberger, 2000, S. 653, 655; Lutter in: FS Zöllner, 1998, S. 363, 380; Streit ZIP 2001, 1279, 1288; Vollmer/Grupp ZGR 1995, 459, 475; a. A. Arnold ZIP 2005, 1573, 1575 f.; Bungert BB 2000, 53, 55.

[317] So wegen des Charakters als Strukturentscheidung: Lutter in: FS Zöllner, 1998, S. 363, 378, 380.

[318] Vgl. Darstellung bei K. Schmidt NZG 2003, 601, 602 f.; Kleindiek in: FS Bezzenberger, 2000, S. 653, 657 f.; Bungert BB 2000, 53, 56; Schwichtenberg DStR 2001, 2075, 2080.

[319] Eine 90 %ige Mehrheit wird heute wohl nicht mehr ernsthaft gefordert werden können; allein in Anlehnung an die früher erforderlichen Mehrheitsverhältnisse bei der übertragenden Umwandlung (siehe oben 1. Kapitel Abschnitt A.I. „Die Feldmühle-Entscheidung des BVerfG vom 7.8.1962") konnte dies angemessen erscheinen.

Entscheidung des BGH[320] gestützt.[321] Danach würde die Beendigung der Zulassung zum Börsenhandel einen derart schweren Eingriff in die Mitgliedschafts- und Vermögensrechte der Aktionäre darstellen, dass der Vorstand vernünftigerweise nicht mehr annehmen kann, er dürfe sie in alleiniger Verantwortung durchführen. Aus diesem Zusammenhang wird schließlich auch gefolgert, entsprechend §§ 119 Abs. 2, 133 Abs. 1 AktG sei die einfache Beschlussmehrheit ausreichend. Der BGH lehnt diese Begründung ab, da durch das Delisting nicht in die Innenstruktur der Aktiengesellschaft oder die Mitverwaltungsrechte der Aktionäre eingegriffen würde.[322] Gleichwohl beeinträchtige die Maßnahme die Verkehrsfähigkeit der Aktie, die als besondere Eigenschaft des Aktieneigentums verfassungsrechtlichen Schutz durch Art. 14 GG genieße.[323] Dieser Schutz sei auch im Verhältnis zwischen Gesellschaft und Aktionären beachtlich, so dass die Zuständigkeit der Hauptversammlung begründet ist. Der Beschluss bedürfe der einfachen Mehrheit.[324]

Oft mag es sich bei dem Erfordernis eines Hauptversammlungsbeschlusses um eine „überflüssige Förmelei"[325] handeln, wenn der Mehrheitsaktionär, der das Delisting durchsetzen will, bereits über die entsprechende Mehrheit der Stimmrechte verfügt. Zu beachten ist aber, dass es sich bei der Entscheidung über das Delisting eben nicht nur um eine einfache Geschäftsführungsmaßnahme handelt,[326] sondern die Stellung der Aktionäre unmittelbar betroffen ist. Mag dabei auch nicht das „Innenverhältnis" zur Gesellschaft sondern vornehmlich das „Außenverhältnis"[327] zu den anderen Marktteilnehmern betroffen sein, ist der Antrag auf ein Delisting eine Maßnahme, die von der Gesellschaft ausgeht und

---

320 BGH vom 25.02.1982 – II ZR 174/80, BGHZ 83, 122 ff. – „Holzmüller".

321 OLG München vom 14.02.2001 – 7 U 6019/99, ZIP 2001, 700, 702 f.; Pluskat WM 2002, 833, 834 f.; Schwark/Geiser ZHR 161 (1997), 739, 762; Schwichtenberg DStR 2001, 2075, 2080; **dagegen:** Bungert BB 2000, 53, 55; Mülbert ZHR 165 (2001), 104, 129; Schlitt ZIP 2004, 533, 535.

322 BGH vom 25.11.2002 – II ZR 133/01, BGHZ 153, 47, 54 f. – „Macrotron".

323 BGH vom 25.11.2002 – II ZR 133/01, BGHZ 153, 47, 54 f.; **a. A.:** Arnold ZIP 2005, 1573, 1576; Mülbert ZHR 165 (2001), 104, 114 f.; Schlitt ZIP 2004, 533, 535.

324 BGH vom 25.11.2002 – II ZR 133/01, BGHZ 153, 47, 53 – „Macrotron"; Heidelbach in: Schwark, Kapitalmarktrecht, § 38 BörsG Rn. 34.

325 So generell Bungert BB 2000, 53, 55; K. Schmidt NZG 2003, 601, 603: „Legitimationskosmetik".

326 A. A. Mülbert ZHR 165 (2001), 104, 129, 132, der dies aus dem im AktG verankerten verbandsrechtlichen Grundgedanken des Binnenorganisationsrechts der Aktiengesellschaft ableitet, wonach die Aktionäre sich zusammen schließen, um den Gesellschaftszweck unter Wahrnehmung ihrer Mitverwaltungsrechte gemeinsam zu verfolgen

327 LG München I vom 04.11.1999 – 5 HKO 10580/99, ZIP 1999, 2017, 2019 – „Macrotron".

nicht nur die Fungibilität der Aktie zu Lasten der Aktionäre einschränkt. Darüber hinaus verlieren die Anleger auch die Kontrollinstrumente, die das Börsen- und Kapitalmarktrecht zu ihrem Schutz bereithält. Der Unterschied zwischen der börsennotierten und der nicht börsennotierten Gesellschaft ergibt sich dabei – und das übersieht auch der BGH – sowohl aus der gesellschaftsrechtlichen Ausgestaltung der Mitgliedschaft als auch ergänzend aus den Rechten und Pflichten, die mit der Börsenzulassung zusammenhängen. Das Aktiengesetz unterscheidet sehr wohl zwischen börsennotierten und nicht börsennotierten Gesellschaften,[328] so dass sich bereits aus dem Gesetz eine andere Ausgestaltung der Mitgliedschaft im Innenverhältnis ergibt.[329]

Jedenfalls muss aber das Börsenrecht in das Gesellschaftsrecht ausstrahlen, sonst entstünde eine Schutzlücke, die aus einem praktisch-orientierten, wirtschaftlichen Blickwinkel nicht toleriert werden kann. Lehnte man das Erfordernis der Zustimmung der Hauptversammlung ab, muss man sich zudem die Situation vor Augen führen, in der kein Mehrheitsaktionär auf das Delisting drängt, sondern der Vorstand der Gesellschaft das Delisting zur Vorbereitung eines Management Buy-out (MBO) nutzen will. Ein Hauptversammlungsbeschluss schützt daher die Aktionäre, indem die Entscheidungsgründe für ein Delisting transparent gemacht werden und gleichzeitig die Möglichkeit einer Anfechtung des Beschlusses eröffnet wird.[330] Von Förmelei kann in diesem Zusammenhang m. E. nicht gesprochen werden.

2. „Kaltes Delisting“

Bei einem „kalten Delisting“ entfällt die Börsenzulassung[331] dadurch, dass die Aktien, für welche die Zulassung erteilt wurde, untergehen und damit der Anknüpfungsgegenstand für die Zulassung entfällt. Der Verwaltungsakt erledigt sich gemäß § 43 Abs. 2 VwVfG, einer weiteren Entscheidung der Börsenzulas-

---

[328] Siehe z. B. §§ 20 Abs. 8, 21 Abs. 5, 110 Abs. 3, 121 Abs. 5, 125 Abs. 1 S. 3, 130 Abs. 1 S. 3, 134 Abs. 1 S. 2, 161, 171 Abs. 2 AktG, §§ 317 Abs. 4, 321 Abs. 4 HGB.

Zur Herausbildung eines Börsengesellschaftsrecht siehe etwa: Lutter in: FS Zöllner, 1998, S. 363, 375 ff.; Seibt/Heiser ZHR 165 (2001), 466, 487; Fleischer ZHR 165 (2001), 513, 515; Fleischer NZG 2002, 545 f.

[329] A. A. Mülbert ZHR 165 (2001), 104, 130, der allein aus dem „quantitativ beachtlichen Bestand an besonderen Vorschriften“ noch keine Entscheidung des Gesetzgebers zur Aufspaltung der „Einheits-AG“ in verschiedene Typen ableiten will.

[330] Pluskat WM 2002, 833, 834.

[331] Die Zulassung erfolgt durch Verwaltungsakt, vgl. 3. Kapitel Abschnitt E.II.3. „Zulassung und Einbeziehung“.

sungsstelle bedarf es daher nicht.[332] Der Wegfall der Zulassung ist vielmehr nur ein Reflex der gesellschaftsrechtlichen Gestaltungsmaßnahme. Die Zulassungsstelle der Börse ist ohne weiteren Prüfungs- oder Entscheidungsspielraum zur Durchführung des Delisting verpflichtet.[333]

Die Börsenzulassung entfällt daher stets, wenn, etwa durch Verschmelzung oder Aufspaltung, anstelle des bisherigen Rechtsträgers für das Unternehmen ein nicht börsennotierter oder nicht börsenfähiger Rechtsträger eingerichtet wird. Die ursprüngliche Beteiligung des Aktionärs geht gemäß § 20 Abs. 1 Nr. 2 S. 1 UmwG zusammen mit dem übertragenden Rechtsträger unter und wird nicht durch ein ebenfalls börsennotiertes Papier ersetzt. Gleiches gilt bei einem Formwechsel einer Aktiengesellschaft in eine Gesellschaft anderer Rechtsform.[334]

Im Fall einer Eingliederung gemäß § 320 AktG oder eines Squeeze-out gemäß § 327a AktG bleibt die Gesellschaft zwar als eigenständiges Rechtssubjekt erhalten, jedoch gehen gemäß §§ 320a, 327e Abs. 3 AktG alle Aktien, die sich nicht bereits in der Hand der Hauptgesellschaft bzw. des Hauptaktionärs befinden, ipso jure auf diese über. Der Rechtsträger und die Anteile gehen gerade nicht unter, die Börsenzulassung könnte eigentlich erhalten bleiben. Die Zulassung zum Handel an einer Börse dient jedoch dazu, dem Anleger eine Deinvestition zu einem Börsenpreis zu ermöglichen.[335] Befinden sich alle Aktien in der Hand eines Aktionärs, entfällt damit aber dieser Zweck der Börsenzulassung.[336] In einem solchen Fall ist ein Widerruf der Zulassung von Amts wegen gemäß § 38 Abs. 3 BörsG geboten.[337]

Eine weitere Möglichkeit besteht in der gesetzlich nicht geregelten Gestaltungsmöglichkeit der übertragenden Auflösung. Die Zulassung erledigt sich hierbei mit der Auflösung der Gesellschaft gemäß § 262 Abs. 1 Nr. 2 AktG.

Es wäre zu bedenken, ob über die Voraussetzungen der jeweiligen Umstrukturierungsmaßnahme hinaus eine Entscheidung der Hauptversammlung über den „Börsenaustritt" vorliegen muss. Dies wäre allein aus Gründen des Minderhei-

---

332 Groß, Kapitalmarktrecht, § 38 BörsG, Rn. 18.

333 Steck AG 1998, 460, 462.

334 Groß, Kapitalmarktrecht, § 38 BörsG, Rn. 18.

335 Heidelbach in: Schwark, Kapitalmarktrecht, § 38 BörsG Rn. 27.

336 Groß, Kapitalmarktrecht, § 38 BörsG, Rn. 19, siehe auch Land/Hasselbach DB 2000, 557, 560.

337 Heidelbach in: Schwark, Kapitalmarktrecht, § 38 BörsG Rn. 27; Grunewald ZIP 2004, 542.

tenschutzes denkbar. Mit der Ausgestaltung der jeweiligen Mehrheitserfordernisse für die gesellschaftsrechtliche Wirksamkeit der Maßnahmen sowie der Verpflichtung zur Abgabe von Abfindungsangeboten hat der Gesetzgeber jedoch bereits eine Abwägung der beteiligten Interessen vorgenommen und Anforderungen formuliert, die den Schutz der Minderheitsaktionäre gewährleisten können.[338] Ist der Wegfall der Börsenzulassung Konsequenz der gesellschaftsrechtlichen Maßnahme ist daher eine weitergehende Entscheidung der Hauptversammlung nicht erforderlich.

Für die Abwicklung eines „kalten Delisting" kann teilweise auf die bisherigen Ausführungen zu Eingliederungs- und Umwandlungsvorgängen verwiesen werden, die zunächst nur unter dem gesellschaftsrechtlichen Aspekt des Konflikts zwischen Mehrheits- und Minderheitsgesellschafter untersucht wurden. Die Maßnahmen haben jedoch auch die genannten Auswirkungen auf die Zulassung der Aktien des jeweiligen Unternehmens zum Handel an der Börse. In der vorliegenden Arbeit liegt der Schwerpunkt gerade auf der Stellung des Minderheitsaktionärs in der börsennotierten Gesellschaft. Daher ist im folgenden auch zu untersuchen, wie sich dessen Rechtsstellung im Hinblick auf den Wegfall der Börsenzulassung durch die Maßnahmen ändert.

III. Folgen für den Minderheitsaktionär

1. Folgen nach Entscheidung der Zulassungsstelle

Nach einer Entscheidung der Börsenzulassungsstelle zur Beendigung der Zulassung bleibt der gesellschaftsrechtliche Rahmen der Beteiligung, einschließlich aller Rechte, wie dem Anspruch auf den Bilanzgewinn, dem Recht zum Bezug neuer Aktien im Fall einer Kapitalerhöhung sowie auf Teilnahme am Liquidationserlös, erhalten. Die Gesellschaft besteht in ihrer Struktur unverändert fort, nur die Zulassung der Anteile zum Handel an der Börse ist entfallen. Wie bereits dargelegt, stellt das Delisting für den Aktionär, vor allem für den Inhaber einer Minderheitsbeteiligung, dennoch einen einschneidenden Schritt dar, der seine Beziehung zu dem Anteilseigentum maßgeblich beeinflusst.

Der Schutz der Kapitalanleger ist daher zu Recht sowohl gesellschaftsrechtlich als auch börsenrechtlich abzusichern: Es ist ein Beschluss der Hauptversammlung erforderlich, um den Vorstand zur Antragstellung gemäß § 38 Abs. 4 BörsG n. F. zu ermächtigen. Zusätzlich hat die Börsenzulassungsstelle über den

[338] Meyer-Landrut/Kiem WM 1997, 1361, 1367; siehe auch Land/Hasselbach DB 2000, 557, 559.

Antrag nach pflichtgemäßem Ermessen zu entscheiden und hierbei auch die Interessen der Kleinanleger zu beachten.

a) Börsenrechtliche Absicherung

Zur näheren Ausgestaltung des Aktionärsschutzes hat z. B. die Frankfurter Wertpapierbörse aufgrund der Ermächtigung in § 38 Abs. 4 BörsG n. F. eine Vorschrift in die Börsenordnung aufgenommen, die das Ermessen der Zulassungsstelle dahingehend lenkt, die Vermögensinteressen des Minderheitsaktionärs seien dann ausreichend gewahrt, wenn er seine Beteiligung auch weiterhin auf einem organisierten Kapitalmarkt veräußern kann. Die Voraussetzung, unter der die Delisting-Entscheidung zulässig ist, bezeichnet dabei gleichzeitig auch die Rechtsfolge für den betroffenen Aktionär: Er kann seine Beteiligung innerhalb von 6 Monaten über die Börse veräußern; erst nach dieser Frist wird die Entscheidung wirksam (§ 58 Abs. 1 S. 2 Nr. 2 i. V. m. Abs. 2 S. 3 BörsenO-FWB).

Diese Fristenlösung ist relativ neu, bis zur Änderung des § 54a a. F. der Börsenordnung der Frankfurter Wertpapierbörse im Jahr 2002[339] musste den Anlegern ein Kaufangebot unterbreitet werden, das betragsmäßig in einem angemessenen Verhältnis zum höchsten Börsenpreis der letzten sechs Monate vor Antragstellung stand.[340] Die Änderung der Börsenordnung entlastet nunmehr eindeutig den Emittenten und belastet den Anleger mit dem Risiko eines Veräußerungsverlustes nach Durchführung der Maßnahme.[341]

b) Gesellschaftsrechtlicher Schutz

Der BGH hat daher festgestellt, allein die börsenrechtliche Regelung stelle keinen ausreichenden Schutz für den Anleger dar.[342] Zudem könnten die entsprechenden Vorschriften in den Börsenordnungen jederzeit durch die zuständigen

---

[339] Beschluss des Börsenrates vom 6.3.2002, Inkrafttreten zum 26.3.2002.

[340] Vgl. die Fassung der BörsenO der Frankfurter Wertpapierbörse bis zum 26.3.2002:

„§ 54a Zulassungswiderruf auf Antrag des Emittenten
Die Zulassungsstelle widerruft die Zulassung zur amtlichen Notierung auf Antrag des Emittenten, wenn der Schutz der Anleger einem Widerruf nicht entgegensteht. Der Schutz der Anleger steht einem Widerruf insbesondere dann nicht entgegen, wenn ....
2. den Inhabern der Wertpapiere ein Kaufangebot unterbreitet wird. Der Preis für das Kaufangebot muß in einem angemessenen Verhältnis zum höchsten Börsenpreis der letzten sechs Monate vor Stellung des Antrags auf Widerruf der Zulassung stehen. ..."

Eine solche Regelung besteht auch weiterhin an anderen Regionalbörsen, vgl. Schlitt ZIP 2004, 533, 539.

[341] Vgl. Streit ZIP 2002, 1279, 1284.

[342] BGH vom 25.11.2002 – II ZR 133/01, BGHZ 153, 47, 56 – „Macrotron".

Börsengremien geändert werden.[343] Ein adäquater Schutz des Anlegers könne daher nur über ein Pflichtangebot zum Kauf der Aktien durch die Gesellschaft oder den Großaktionär zum Anteilswert erreicht werden.[344] Eine Rechtsgrundlage für den Anspruch oder einer nähere Erklärung für die Verpflichtung des Großaktionärs anstelle oder neben der Gesellschaft liefert das Gericht nicht. Da sich der BGH aufgrund der Ähnlichkeit der Abfindungssituation zum Unternehmensvertrag und dem Umwandlungsrecht wegen der gerichtlichen Überprüfung der Anspruchshöhe für eine analoge Anwendung des SpruchG ausspricht, liegt es nahe, den Anspruch auch inhaltlich auf eine Gesamtanalogie zu §§ 304 Abs. 3 S. 2, 305 Abs. 5 S. 2 AktG, §§ 15, 34, 196, 212 UmwG zu stützen.[345] Andererseits rückt die Einschränkung der Verkehrsfähigkeit das Delisting strukturell eher in die Nähe der Umwandlung bzw. einem Rechtsformwechsel,[346] so dass zur klaren Abgrenzung des materiellrechtlichen Anspruchs auch allein auf § 207 UmwG abgestellt werden kann.[347] Die Gesellschaft und der (einzelne) Großaktionär können als Gesamtschuldner für den Anspruch auf Abgabe eines Abfindungsangebotes angesehen werden.[348]

Stellt man dieses gesellschaftsrechtliche Pflichtangebot neben das nach manchen Börsenordnungen weiterhin bestehende börsenrechtliche Pflichtangebot mit einer möglicherweise abweichenden Regelung der Gegenleistung, ist das Verhältnis dieser zugleich entstehenden Ansprüche zu klären. Die wohl überwiegende Meinung in der Literatur spricht sich gegen eine doppelte Absicherung des ab-

---

343 Zur Änderung des § 54a BörsenO-FWB: Streit ZIP 2002, 1279 ff.

344 BGH vom 25.11.2002 – II ZR 133/01, BGHZ 153, 47, 57 – „Macrotron".

Heidelbach in: Schwark, Kapitalmarktrecht, § 38 BörsG Rn. 36, nimmt dagegen an, ein „volles" Abfindungsangebot belaste den Ausgleichspflichtigen über Gebühr. Da eine Fungibilitätsbeeinträchtigung vorliege, sei – neben einer Abfindung zum Börsenkurs, der aber regelmäßig deutlich unter dem „vollen" Wert liegen werde – denkbar, nur den Fungibilitätsverlust zu ersetzen, der aus der Differenz der Kurse vor und nach der Bekanntgabe der Entscheidung abgeleitet werden könne. Diese Ansicht verkennt jedoch die strukturellen Unterschiede der Gesellschaft mit und ohne Börsennotierung, die sich nicht auf den Marktzugang beschränken; ein Fungibilitätsausgleich allein wird dem nicht gerecht.

345 Lutter in: FS Zöllner, 1998, S. 363, 381 f.; Schlitt ZIP 2004, 533, 536 m. w. N.

346 So sowohl für den umgekehrten Fall des Going Public, d. h. des Börsengangs, als auch für das Delisting: Lutter in: FS Zöllner, 1998, S. 363, 378, 380.

347 BayObLG vom 01.12.2004 – 3Z BR 106/04, ZIP 2005, 205, 209 – „Macrotron"; Hellwig/Bormann ZGR 2002, 465, 489.

348 So Schlitt ZIP 2004, 533, 537.

zufindenden Aktionärs aus und will allein die für den Anleger günstigere Regelung anwenden.[349]

2. Folgen des „kalten Delisting“

In den oben bereits dargelegten gesellschaftsrechtlichen Strukturmaßnahmen, die zu einem Wegfall der Börsennotierung führen, ist in der Mehrzahl der Fälle auch ein Barabfindungsangebot an die Minderheitsgesellschafter gesetzlich vorgeschrieben. Allein bei der Umwandlung und Aufspaltung der börsennotierten AG auf eine andere Aktiengesellschaft sowie dem Formwechsel zwischen AG und KGaA besteht ein solcher Anspruch nicht. Aber auch bei der Eingliederung in eine nicht abhängige und nicht börsennotierte Gesellschaft besteht nur ein Anspruch auf Abfindung in Aktien des Hauptaktionärs und nicht auf eine Barabfindung. Aus gesellschaftsrechtlicher Sicht kann die Differenzierung nach Art der Zielgesellschaft bei den Umwandlungsvorgängen bzw. der Hauptgesellschaft bei der Eingliederung gerechtfertigt sein: Ist die Struktur der Gesellschaft und die rechtliche Ausgestaltung der Mitgliedschaft vergleichbar, wird der Anteilsinhaber nicht schlechter gestellt als ohne die Maßnahme. Seine gesellschaftsrechtliche Stellung, einschließlich aller vermögens- und mitgliedschaftlichen Rechte, bleibt unverändert erhalten. Bei der Umwandlung ist eine Abfindung auch ohne Wechsel der Rechtsform nur dann vorgesehen, wenn die Beteiligung an dem neuen Rechtsträger gemäß § 29 Abs. 1 S. 2 UmwG Verfügungsbeschränkungen unterliegt.

a) §§ 29, 207 UmwG analog

Jedoch entfällt in den Fällen des Übergangs von der börsennotierten in die nicht notierte Gesellschaft der Umstand, der für den Anleger mit einer relativ geringen Beteiligungshöhe für den Erwerb dieses Anteils überhaupt ausschlaggebend war: Kontrolle, Transparenz und eine jederzeit gewährleistete unproblematische Veräußerbarkeit, die durch den organisierten Kapitalmarkt gewährleistet werden.[350] Man könnte dem entgegenhalten, der Wegfall der kapitalmarktrechtlichen Schutzvorschriften würde dadurch ausgeglichen, dass die Gründe für diesen gesetzlich angeordneten Schutz, nämlich die Gefahren des Kapitalmarktes für den Anleger, ebenfalls entfallen. Jedoch entfallen neben den Gefahren, denen sich der Anleger überdies eigenverantwortlich aussetzt,[351] auch die Chancen

---

[349] Heidelbach in: Schwark, Kapitalmarktrecht, § 38 BörsG Rn. 39; Schlitt ZIP 2004, 533, 539; Eßers/Weisner/Schlienkamp DStR 2003, 985, 990.

[350] Den Hinweis, auch nicht börsennotierte Aktien seien über das Internet jederzeit problemlos zu veräußern, weisen Hellwig/Bormann, ZGR 2002, 465, 481, zu Recht vehement zurück.

[351] Siehe hierzu unten 4. Kapitel Abschnitt C.III. „Entscheidung für die Relevanz der Marktbewertung“.

und Vorteile, die mit der Börsennotierung verbunden sind, und die über die bloßen Schutzmechanismen hinausgehen. Vor allem die Chance der jederzeitigen freien Veräußerbarkeit auf einem Markt, den der Aktionär mit Hilfe veröffentlichter und frei zugänglicher Kennzahlen und Daten selbst überwachen kann, bedeutet einen mit der gewählten Kapitalanlageform unmittelbar verbundenen Vorteil, der dem Aktionär nicht ohne weiteres entzogen werden darf.

In den genannten Fällen, in denen ausnahmsweise kein Angebot auf Abfindung zu unterbreiten ist, soll der dissentierende Gesellschafter nach überwiegender Ansicht dem Delisting daher nicht schutzlos gegenüber stehen.[352] Vielfach wird ein Abfindungsanspruch gegen die Gesellschaft in Analogie zu §§ 29, 207 UmwG vorgeschlagen.[353] Diese Ansicht erlangte zusätzliches Gewicht durch die Macrotron-Entscheidung des BGH[354] zur Abfindungsverpflichtung beim regulären Delisting.[355] Zwar unterliegt der neue Anteil, den der Gesellschafter erhält, keinen Verfügungsbeschränkungen im Sinne des § 29 Abs. 1 S. 2 UmwG; hierunter sind nur solche Beschränkungen zu verstehen, die bei Nichtbeachtung zur Nichtigkeit des Verfügungsgeschäftes führen, vor allem z. B. die Vinkulierung.[356] Rekurriert man jedoch bereits bei dem Erfordernis des Hauptversammlungsbeschlusses auf eine Analogie zum Umwandlungsrecht, liegt die Analogie auch im Bereich der Abfindungsansprüche nahe. Auch ist eine Rechtsunsicherheit oder die Entwicklung des § 29 UmwG zur allgemeinen Austrittsnorm[357] bei Verschmelzungen wohl nicht zu befürchten,[358] denn der Begriff der Verfügungsbeschränkungen wird zum einen nicht uferlos erweitert, zum anderen liegt

---

352 Vgl. Kleppe, Anlegerschutz, S. 195 ff.; Seibt/Heiser ZHR 165 (2001), 466, 487; **dagegen** Steck AG 1998, 460, 465, der im Fall der Verschmelzung lediglich einen Ausgleich über einen Fungibilitätszuschlag im Rahmen der Ertragswertermittlung zugunsten der Aktionäre des bei der Verschmelzung untergehenden Rechtsträgers befürwortet.

353 OLG Düsseldorf vom 30.12.2004 – I-19 W 3/04 AktE, ZIP 2005, 3003, 301 – „Rhenag“; Kleindiek in: FS Bezzenberger, 2000, S. 653, 667 f.; Lutter in: FS Zöllner, 1998, S. 363, 381; Vollmer/Grupp ZGR 1995, 459, 475 f. Grundsätzlich so auch Seibt/Heiser ZHR 165 (2001), 466, 487. Sie lehnen einen Anspruch jedoch im Ergebnis ab, da es an der Planwidrigkeit der Regelungslücke fehle.

354 BGH vom 25.11.2002 – II ZR 133/01, BGHZ 153, 47 ff. – „Macrotron“.

355 OLG Düsseldorf vom 30.12.2004 – I-19 W 3/04 AktE, ZIP 2005, 3003, 301 – „Rhenag“; Schlitt ZIP 2004, 533, 540.

356 Vgl. Steck AG 1998, 460, 465; Schaub NZG 1998, 626, 627.

357 Gerade diese Verallgemeinerung trifft Grunewald, ZIP 2004, 542, 544, aufgrund der gleichartigen Anwendung auf die Umstrukturierungsmaßnahmen. Indem die Gemeinsamkeiten dieser Fälle herausgearbeitet werden und in ein System des Austritts aus Gesellschaften eingefügt werden, wird nicht einer unkontrollierten und bedingungslos weiten Anwendung Vorschub geleistet, wie von den Kritikern offenbar befürchtet.

358 So aber Steck AG 1998, 460, 465.

neben der eingeschränkten Fungibilität als Parallele zu § 29 UmwG aus Sicht des Aktionärs auch eine Veränderung der Beteiligung durch die fehlende kapitalmarktrechtliche Überwachung vor. Zudem wird dem Minderheitsaktionär die Möglichkeit genommen, die Aktie jederzeit wieder zu veräußern, um so ihren Wert für sich zu realisieren.[359] Die Anwendung einzelner anlegerschützender Vorschriften muss möglich sein, wenn Anlegerinteressen in vergleichbarer Weise beeinträchtigt werden.[360] Voraussetzung ist dann jedoch, dass auch hier wie im Umwandlungsrecht ein Widerspruch zur Niederschrift gegen den Hauptversammlungsbeschluss eingelegt wird.

b) Austrittsrecht aus wichtigem Grund ?

Gegen eine analoge Anwendung der umwandlungsrechtlichen Vorschriften in der genannten Weise wird eingewandt, mangels einer echten Strukturänderung bei der Gesellschaft und der dennoch vorliegenden Beeinträchtigung der Rechte des Gesellschafters komme eher ein Austrittsrecht aus wichtigem Grund in Betracht.[361] Das Austrittsrecht aus wichtigem Grund, das mittlerweile für alle Gesellschaftsformen grundsätzlich anerkannt ist,[362] stellt eine ultima ratio dar.[363] Allein das Bestehen eines Abhängigkeitsverhältnisses bedeutet z. B. nach h.M. zwar keinen wichtigen Grund in diesem Sinne und gewährt daher kein solches Austrittsrecht.[364] Aber für die dargestellten Fälle des Verlustes der Börsenzulassung wäre ein Austrittsrecht denkbar. Mit dem Wegfall der Börsenzulassung liegt, wie oben dargestellt, tatsächlich ein wichtiger Grund für den Gesellschafter vor, der den Erwerb der veränderten Mitgliedschaft bzw. den Verbleib in der geänderten Gesellschaft für den Aktionär unzumutbar macht. Genau auf dieser Überlegung beruht jedoch auch das System der Pflichtabfindungsangebote, die dem betroffenen Aktionär das Verlassen der Gesellschaft ermöglichen. Warum aber statt einer analogen Anwendung der bereits vorhandenen gesetzlichen Regeln auf den nicht geregelten, aber durchaus gleichartigen Fall das ebenfalls richterrechtlich entwickelte Rechtsinstitut des Austrittsrechts aus wichtigem Grund herangezogen werden soll, ist nicht ersichtlich.

---

[359] Vgl. für das reguläre Delisting BGH vom 25.11.2002 – II ZR 133/01, BGHZ 153, 47, 54 – „Macrotron".

[360] Kleindiek in: FS Bezzenberger, 2000, S. 653, 666; Seibt/Heiser ZHR 165 (2001), 466, 487 vergleichen die Qualität der Strukturänderung mit einem Rechtsformwechsel.

[361] Grunewald in: FS Boujong, 1996, S. 175, 199 f.; Schwark/Geiser ZHR 161 (1997), 739, 764 f.

[362] Vgl. Grunewald in: FS Boujong, 1996, S. 175, 199.

[363] Vgl. K. Schmidt, Gesellschaftsrecht, § 35 IV. 3.b), S. 1066; Grunewald in: Lutter, UmwG, § 29 Rn. 32.

[364] Habersack ZIP 2001, 1230, 1235; Habersack in: Emmerich/Habersack, Vor § 311 Rn. 1; Krieger in: Münch. Hb. GesR, § 69 Rn. 18.

c) *Zwischenergebnis*

Im Fall eines „kalten Delisting" durch die Umwandlung und Aufspaltung einer börsennotierten AG auf eine andere Aktiengesellschaft oder durch den Formwechsel zwischen AG und KGaA besteht nach den umwandlungsrechtlichen Vorschriften unmittelbar keine Abfindungspflicht. Die Ähnlichkeit der Sachverhalte in den Auswirkungen auf den Minderheitsaktionär gebietet jedoch eine analoge Anwendung der Abfindungsvorschriften des UmwG.

3. Kontrolle der Abfindung im Spruchverfahren?

Meines Erachtens muss die Höhe der angebotenen Abfindung auch in den Fällen des „kalten Delisting", in denen dies nicht bereits gesetzlich geregelt ist, in einem Spruchverfahren überprüft werden können, wenn dem Minderheitsaktionär ein Anspruch analog § 29 UmwG zu gewähren ist. Ist der Abfindungsanspruch dem Inhalt nach kongruent dem umwandlungsrechtlichen Anspruch ausgestaltet, gehört hierzu auch die entsprechende Möglichkeit der gerichtlichen Überprüfung. Dagegen spricht auch nicht, dass in einem solchen Fall eigentlich nur eine Beeinträchtigung der kapitalmarktrechtlichen Stellung des Aktionärs vorliegt, wenn das Gesellschaftsrecht eine solche im Prinzip verneint. Ausnahmsweise ist hier aus den genannten Gründen anzuerkennen, dass die Auswirkungen des Kapitalmarktrechts auf die gesellschaftsrechtliche Stellung des Aktionärs durchschlagen.

Für den gesellschaftsrechtlichen Abfindungsanspruch im Fall des ordentlichen Delisting kann aufgrund der Parallelen zum Umwandlungsrecht nicht anderes gelten.[365] Falls die Gesellschaft bzw. der Mehrheitsaktionär jedoch aufgrund der Bestimmungen in der Börsenordnung zur Abgabe eines Übernahmeangebotes verpflichtet wird,[366] liegt dagegen weniger Ähnlichkeit zu den Fällen der gesellschaftsrechtlichen Abfindungsverpflichtung vor. Tatsächlich handelt es sich bei der Entscheidung über das ordentliche Delisting – und damit im Rahmen der Ermessensausübung auch über die Angemessenheit der angebotenen Abfindung – um eine Verwaltungsentscheidung, die im Verwaltungsrechtsweg zu überprüfen ist.[367] Für eine analoge Anwendung des gesellschaftsrechtlichen Verfahrens

---

[365] BGH vom 25.11.2002 – II ZR 133/01, BGHZ 153, 47, 58 – „Macrotron"; siehe auch K. Schmidt NZG 2003, 601, 603; Pluskat WM 2002, 833, 838; Schwichtenberg DStR 2001, 2075, 2081; **a. A.:** Vorinstanzen der BGH-Entscheidung OLG München vom 14.02.2001 – 7 U 6019/99, ZIP 2001, 700, 705; LG München I vom 04.11.1999 – 5 HKO 10580/99, ZIP 1999, 2017, 2021.

[366] Für die Frankfurter Wertpapierbörse gilt dies nach der neuen Fassung des § 54a BörsenO-FWB nicht mehr.

[367] Groß ZHR 165 (2001), 141, 148, 157 ff.; Hellwig/Bormann ZGR 2002, 465, 468.

in den Bereich des Verwaltungsrechts hinein besteht daher mangels Regelungslücke kein Bedarf.

E. Ausschluss aus wichtigem Grund

Bis zur Einführung des Squeeze-out waren nur zwei Möglichkeiten eines Ausschlusses von Aktionären gesetzlich geregelt: zum einen die Kaduzierung gemäß § 64 AktG, zum anderen die bereits dargestellte Einziehung im Zusammenhang mit einer Kapitalherabsetzung gemäß § 237 AktG. Gesetzlich nicht geregelt bleibt die Möglichkeit des Ausschlusses eines Aktionärs aus einem in seiner Person liegenden wichtigen Grund. Es ist auch derzeit noch umstritten, ob ein solcher Ausschluss überhaupt zulässig ist.

I. Dogmatische Grundlagen

Dogmatisch betrachtet wird der Ausschluss eines Gesellschafters aus wichtigem Grund vornehmlich darauf gestützt, dass allgemein bei einem Dauerschuldverhältnis stets eine Kündigung aus wichtigem Grund möglich sein muss.[368] Beziehungen, die stark in die Lebensbetätigung der Beteiligten eingreifen oder eine besondere persönliche Interessenverflechtung mit sich bringen sowie ein gutes Einvernehmen bzw. ungestörtes gegenseitiges Vertrauen erfordern, müssen vorzeitig gelöst werden dürfen, wenn ein wichtiger Grund vorliegt, der dieses Einvernehmen und Vertrauen stört. Liegen besondere Anlässe vor, müssen die Beteiligten nicht überlang an das Rechtsverhältnis gebunden bleiben.[369] Eine Art von gegenseitiger Pflichtenbindung wurde von der Rechtsprechung für die Aktiengesellschaft zwar zunächst abgelehnt,[370] mittlerweile wird jedoch sowohl eine Treuepflicht zwischen Gesellschaft und Gesellschaftern als auch der Gesell-

---

[368] BGH vom 01.04.1953 – II ZR 235/52, BGHZ 9, 157, 162 f.; BGH vom 23.02.1981 – II ZR 229/79, BGHZ 80, 346, 349 f., jeweils für die GmbH; Kübler, § 33 IV. 2. c), S. 433.

Siehe auch bereits RG vom 13.08.1942 – II 67/41, RGZ 169, 330, 334. Becker ZGR 1986, 383, 385, Fn. 10 weist jedoch zutreffend daraufhin, dass die wohl erste von der Rechtsprechung gebilligte Ausschließung eines GmbH-Gesellschafter aus wichtigem Grund ohne Grundlage im Gesellschaftsvertrag im Jahr 1942 einen Juden betraf. Es ist dabei nicht auszuschließen, dass das Ermöglichen des Gesellschafterausschlusses auch der „Entjudung" der deutschen Wirtschaft dienen sollte.

[369] Grunewald, Ausschluß aus Gesellschaft und Verein, S. 14.

[370] BGH vom 27.10.1955 – II ZR 310/53, BGHZ 18, 350, 365; BGH vom 16.02.1976 – II ZR 61/74, AG 1976, 218, 219 – „Audi/NSU"; vgl. hierzu auch RG vom 08.04.1908 – Rep. I. 595/07, RGZ 68, 235, 246 – „Hibernia"; ebenso Petzel, Ansprüche der Minderheitsaktionäre, S. 75.

schafter untereinander anerkannt,[371] die sich aber naturgemäß nach der tatsächlichen Ausgestaltung des Gesellschaftsverhältnisses[372] richtet. Bei einer AG mit überschaubarem Gesellschafterkreis, die sich auch durch enge persönliche Kontakte der Aktionäre untereinander auszeichnet, ist ein umfassenderer Pflichtenmaßstab anzulegen als bei einer börsennotierten Publikumsgesellschaft mit einer nahezu unüberschaubaren Zahl von Gesellschaftern. Entscheidend ist im Rahmen dieser Auslegung jedoch nicht allein, dass sich die Gesellschafter kennen, vielmehr muss die ungestörte Zusammenarbeit für die Zweckerreichung der Gesellschaft notwendig sein.[373] Aus diesem Grund muss der wichtige Grund gerade auch im mitgliedschaftlichen Bereich angesiedelt sein; die Treuepflicht umfasst nicht die Wahrung außergesellschaftlicher Interessen von Mitgesellschaftern.[374]

Aus diesen Überlegungen ergibt sich zunächst jedoch nur die Erforderlichkeit eines Kündigungsrechtes aus wichtigem Grund, das dazu führt, dass das Schuldverhältnis beendet werden kann. Ob darüber hinaus nach diesem Ansatz auch ein Recht zum Ausschluss unter Fortsetzung der Gesellschaft mit den übrigen Mitgliedern anzuerkennen ist, ist nicht unumstritten.[375]

Aus diesem Grund wird auch diskutiert, ob das Ausschlussrecht nicht vielmehr Ausdruck eines Rechts zur Sicherung des Unternehmensfortbestands oder des Gesellschaftszwecks sei.[376] Im Recht der Personengesellschaften ist der Ausschluss aus wichtigem Grund in § 140 HGB, § 737 BGB normiert. Dabei wird in § 140 HGB den übrigen Gesellschaftern der Ausschluss als die im Verhältnis zur Kündigung weniger einschneidende Alternative zur Verfügung gestellt. Es soll im Interesse der anderen Gesellschafter vermieden werden, den umständlicheren Weg der Kündigung und Abwicklung der Gesellschaft mit anschließender Neugründung zu gehen.[377] Allgemein formuliert wird aus dem Recht zum Ausschluss im Sinne von § 140 HGB, § 737 BGB ein rechtsformübergreifendes

---

[371] BGH 09.06.1954 – II ZR 70/53, BGHZ 14, 25, 38; BGH vom 01.02.1988 – II ZR 75/87, BGHZ 103, 184, 194 f. – „Linotype"; BGH vom 22.06.1992 – II ZR 178/90, NJW 1992, 3167, 3171 – „IBH/Scheich Kamel"; BGH vom 20.03.1995 – II ZR 205/94, BGHZ 129, 136, 142 f. – „Girmes".

[372] Vgl. BGH vom 27.10.1955 – II ZR 310/53, BGHZ 18, 350, 361.

[373] Becker ZGR 1986, 383, 398, Fn. 44.

[374] BGH vom 22.06.1992 – II ZR 178/90, NJW 1992, 3167, 3171 – „IBH/Scheich Kamel".

[375] **Dafür:** die wohl h. M.: BGH vom 01.04.1953 – II ZR 235/52, BGHZ 9, 157, 162; BGH vom 23.02.1981 – II ZR 229/79, BGHZ 80, 346, 349 f.; K. Schmidt, Gesellschaftsrecht, § 28 I.5., S. 811 f.; **dagegen:** Grunewald, Ausschluß aus Gesellschaft und Verein, S. 15 ff.

[376] Vgl. Becker ZGR 1986, 383, 389 ff.

[377] Grunewald, Ausschluß aus Gesellschaft und Verein, S. 22 ff.

verbandsrechtliches Prinzip zur Lösung verbandsinterner Probleme, die auf das Verhalten eines Mitglieds zurückgehen, abgeleitet.[378]

Die Rechtsprechung hat es bisher zwar abgelehnt,[379] diesen Grundsatz, der mittlerweile für andere Gesellschaftsformen – auch die GmbH – anerkannt ist, auf die Aktiengesellschaft zu übertragen und den Ausschluss eines Aktionärs aus wichtigem Grund zuzulassen.[380] Der BGH hat jedoch in einer Entscheidung aus 1988 die Möglichkeit einer Analogie zu § 140 HGB, § 737 BGB zumindest nicht ausgeschlossen.[381]

II. Der wichtige Ausschlussgrund

Lässt man einen Ausschluss aus wichtigem Grund prinzipiell zu, so ist als nächstes zu fragen, worin ein solcher Grund bei einem Aktionär zu sehen sein kann. Es muss sich dabei um einen Grund handeln, der in der Person des Aktionärs liegt und die Fortsetzung der Gesellschaft mit ihm unzumutbar macht. Das bloße Nichtvorliegen bestimmter Eigenschaften oder Fähigkeiten in der Person des Aktionärs ist dabei als weniger relevant zu betrachten; anders als bei Personengesellschaften ist der Gesellschaftszweck nicht vorrangig durch eigene Beiträge der Gesellschafter zu fördern. Zu fragen ist vielmehr, welche Verhaltenspflichten den Aktionär treffen können, deren Verletzung einen Ausschluss rechtfertigen würde. Dabei muss bedacht werden, dass es sich bei der Ausschließung tatsächlich um die ultima ratio handelt.[382]

Die gesetzlich normierte Hauptverpflichtung des Aktionärs besteht in der Leistung der Einlage gemäß § 54 AktG. Sanktioniert wird die Verletzung dieser Pflicht durch Kaduzierung gemäß § 64 AktG, für einen Ausschluss aus wichtigem Grund bleibt kein Raum. Die Verpflichtung zur Erbringung von wiederkeh-

[378] Becker ZGR 1986, 383, 390; Vetter DB 2001, 743, 744.

[379] BGH vom 01.04.1953 – II ZR 235/52, BGHZ 9, 157, 163 (obiter dictum); BGH vom 27.10.1955 – II ZR 310/53, BGHZ 18, 350, 365 (obiter dictum); **dagegen** Hommelhoff ZHR 151 (1987), 493, 516.

[380] Bisher hatte der BGH über das Problem des Aktionärsausschlusses aus wichtigem Grund offensichtlich nicht zu entscheiden. Aus der geringen Anzahl der Fälle, in denen sich der BGH auch nur in einem obiter dictum zu dieser Frage äußerte, läßt sich aber ableiten, dass das Gericht das Recht zum Ausschluss zunächst ablehnte. Mittlerweile scheint diese Position nicht mehr ganz so eindeutig vertreten zu werden. Auch für die GmbH hat sich in Rechtsprechung und Literatur die Zustimmung zur Zulässigkeit eines Ausschlusses aus wichtigem Grund erst nach und nach über einen gewissen Zeitraum entwickelt; vgl. die Darstellung bei Grunewald, Ausschluß aus Gesellschaft und Verein, S. 45 ff.

[381] BGH vom 01.02.1988 – II ZR 75/87, BGHZ 103, 184, 192 – „Linotype“.

[382] BGH vom 17.02.1955 – II ZR 316/53, BGHZ 16, 317, 322.

renden Nebenleistungen nach § 55 AktG kann nach der gesetzlichen Intention durch Vertragsstrafen in der Satzung gesichert werden (§ 55 Abs. 2 AktG). Darüber hinaus wird jedoch anerkannt, dass in der Satzung auch die Zwangseinziehung der Aktien gemäß §§ 237 ff. AktG als Folge eines Verstoßes angeordnet werden kann.[383] All dies betrifft jedoch nicht den gerade nicht gesetzlich normierten wichtigen Ausschlussgrund. Er kann daher nur in der Verletzung von – gesetzlich nicht erfassten – sonstigen Zweckförderungs- und Loyalitätspflichten gesehen werden.

An dieser Stelle wird die Unterscheidung zwischen Gesellschaften mit überschaubarem Aktionärskreis und tatsächlichen persönlichen Beziehungen der Gesellschafter untereinander, quasi einer „personalistischen Aktiengesellschaft" sowie Publikumsgesellschaften relevant. Das Verhalten des Aktionärs muss sich dabei in der jeweiligen Situation als Treuepflichtverstoß darstellen.

Steht die Gesellschaft im Mehrheitsbesitz, so kann der Mehrheitsaktionär auf die Geschäftsführung der Gesellschaft und die Besetzung von Vorstand und Aufsichtsrat Einfluss nehmen. Es existieren im Aktiengesetz Normen, die gerade bei gesellschaftsschädigendem Verhalten durch Ausnutzen des Einflusses auf die Gesellschaft einen Schadensersatzanspruch gewähren (§§ 117, 317 AktG). Es ist im Einzelfall zu fragen, ob diese gesetzlichen Sanktionsmittel zusammen mit der Möglichkeit der gerichtlichen Überprüfung von Hauptversammlungsbeschlüssen ausreichen, um den Mehrheitsaktionär zu gesellschaftstreuem Verhalten zu bewegen, oder ob der Mehrheitsaktionär durch sein Verhalten die Erreichung des Gesellschaftszwecks nachhaltig stört.[384] Allein das Ausnutzen der Mehrheitsposition kann jedoch noch keinen wichtigen Grund zum Ausschluss eines Aktionärs darstellen. Es ist dem Prinzip der Mehrheitsentscheidung immanent, dass sich im Grundsatz die Interessen des Inhabers der Stimmenmehrheit gegenüber der Minderheit durchsetzen. Begrenzt wird dieser Einfluss zunächst nur durch allgemeine Richtsätze wie etwa dem Verbot des Missbrauchs der beherrschenden Stellung. Ist also zum einen zu prüfen, ob das Verhalten des Mehrheitsaktionärs dem Erreichen des Gesellschaftszwecks schadet, so ist gleichzeitig zu beachten, dass der Mehrheitsaktionär auch in der Lage ist, den Gesellschaftszweck durch eine Auflösung nach Mehrheitsentscheidung zu beenden (§ 262 Abs. 1 Nr. 2 AktG). Allein eine beherrschende Stellung und die Gestaltung der Geschäftsführung im eigenen Sinne führen noch nicht zum Vorliegen eines wichtigen Ausschlussgrundes.

---

[383] Hefermehl in: Geßler/Hefermehl, § 55 Rn. 25.

[384] So Becker ZGR 1986, 383, 399.

Ebenso wenig kann allein die Position als Minderheitsaktionär einen wichtigen Ausschlussgrund darstellen.[385] Auch wenn ein Minderheitsaktionär „querulatorisch" auftritt, möglicherweise wiederholt Anfechtungsklagen gegen Hauptversammlungsbeschlüsse betreibt, macht er dabei zunächst nur von den ihm zustehenden Rechten als Aktionär und Teilhaber der Gesellschaft Gebrauch. Ein Minderheitsaktionär kann zwar durchaus „störend" bei einigen durch den Mehrheitsaktionär geplanten Maßnahmen eingreifen. In einem solchen Fall wäre jedoch eher daran zu denken, das Verhalten des Aktionärs als rechtsmissbräuchlich zu qualifizieren und so die von ihm angestrengten Maßnahmen, etwa Anfechtungsklagen, aus diesem Grunde als unzulässig anzusehen. Ein Ausschluss aus wichtigem Grund ist daher praktisch nicht denkbar.

Bezogen sich die eben dargestellten Konflikte eher auf die Situation in einer „großen", möglicherweise börsennotierten Gesellschaft, so ist die Situation in kleineren Gesellschaften, die etwa auch im Familienkreis betrieben werden, eine andere. Hier führt die tatsächliche Ausgestaltung der Verhältnisse in der Gesellschaft, die eher von den einzelnen beteiligten Persönlichkeiten abhängig ist, zu einer stärkeren Ausprägung der Treuepflichten; diese sind eher mit den Beziehungen in einer Personengesellschaft vergleichbar. Ein Ausschluss aus wichtigem Grund ist in einer solchen Gesellschaft durchaus möglich.

III. Folgen für den betroffenen Aktionär

Der eigentliche Ausschluss erfolgt durch einen Hauptversammlungsbeschluss, bei dem der auszuschließende Aktionär selbst kein Stimmrecht hat.[386] Parallel zu den Fällen des Ausschlusses aus einer GmbH,[387] ist für den Beschluss eine ¾-Mehrheit zu verlangen. Da das Recht zum Ausschluss weitgehend auf eine Analogie zu § 140 HGB gestützt wird, ist zudem eine Ausschlussklage der Gesellschaft gegen den betreffenden Aktionär zu richten.[388] Ist der Ausschluss in besonderen Fällen zulässig, muss der Aktionär für den Entzug seiner Mitgliedschaft durch Zahlung einer Abfindung entschädigt werden.[389]

Unter Beachtung der sonstigen Vermögensbindungsvorschriften der AG[390] ist der Aktionär, dies stellt die Regel bei Ausscheiden eines Gesellschafters dar,

---

385 Vgl. Becker ZGR 1986, 383, 386; Habersack ZIP 2001, 1230.

386 Grunewald, Ausschluß aus Gesellschaft und Verein, S. 117.

387 BGH vom 13.01.2003 – II ZR 227/00, BGHZ 153, 285, 288 f.

388 Becker ZGR 1986, 383, 406.

389 Grunewald, Ausschluß aus Gesellschaft und Verein, S. 117.

390 Hierzu Becker ZGR 1986, 383, 413 f.

zum vollen Wert abzufinden.[391] Möglich ist jedoch eine Beschränkung der Abfindungshöhe in der Satzung.[392] Dies ergibt sich nicht zuletzt aus der Überlegung, dass der Gesellschafter die Ursache seines Ausscheidens selbst gesetzt hat; ein Konflikt mit dem Mehrheitsgesellschafter, in welchem der ausgeschlossene (Minderheits-) Aktionär zu schützen wäre, liegt nicht vor.

F. Übernahmeangebote nach dem WpÜG

Durch das Wertpapiererwerbs- und Übernahmegesetz neugeschaffen[393] sind die seit langem geforderten Vorschriften zur Regulierung öffentlicher Angebote zum Erwerb von Wertpapieren. Dabei werden vor allem differenzierte Anforderungen bezüglich der Angebotsunterlagen aufgestellt. Darüber hinaus ist der Bieter bei der Wahl der angebotenen Gegenleistung für die Übernahme der Beteiligung in der Regel frei. Hiervon ausgenommen sind Übernahmeangebote, die auf den Erwerb der Kontrolle gerichtet sind, und Pflichtangebote, die bei Erreichen bestimmter Beteiligungsschwellen veröffentlicht werden müssen.

I. Freiwilliges Übernahmeangebot gemäß § 29 WpÜG

Übernahmeangebote sind gemäß § 29 WpÜG freiwillige Angebote, die darauf gerichtet sind, die Kontrolle über die Zielgesellschaft zu erlangen, wobei gemäß Abs. 2 bereits das Halten von mindestens 30 % der Stimmrechte als Kontrolle gilt.

II. Pflichtangebot gemäß § 35 WpÜG

Gemäß § 35 WpÜG ist derjenige, der unmittelbar oder mittelbar die Kontrolle über die Zielgesellschaft erlangt hat, auch hier sind 30 % der Stimmrechte maßgeblich, verpflichtet, unverzüglich das Erreichen dieses Schwellenwertes und die tatsächliche Beteiligungshöhe zu veröffentlichen. Außerdem ist er verpflichtet, ein Angebot zum Erwerb aller anderen Aktien der Zielgesellschaft abzugeben, da mit einem Kontrollwechsel in der Gesellschaft regelmäßig auch grundlegende Änderungen in der Unternehmenspolitik verbunden sind, was Ein-

---

391 Grunewald, Ausschluß aus Gesellschaft und Verein, S. 86 ff.

392 Siehe zu den einzelnen Gestaltungsmöglichkeiten Grunewald, Ausschluß aus Gesellschaft und Verein, S. 152 ff.

393 Der Entwurf der europäischen Übernahmerichtlinie 1997 (siehe Abdruck des vom Vermittlungsausschuss am 6.6.2001 gebilligten Gemeinsamen Entwurfs bei Neye ZIP 2001, 1120, 1123) ist endgültig durch die Ablehnung durch das Europäische Parlament am 4.7.2001 gescheitert; vgl. auch BR-Drucks. 574/01, S. 63.

fluss auf Risiko und Ertragsaussichten für den Anleger haben kann[394]. Durch das Pflichtangebot soll den übrigen Aktionären daher die Möglichkeit gegeben werden, ihre Beteiligung zu einem angemessenen Preis zu veräußern, wenn sie ihre Anlageentscheidung unter den veränderten Verhältnissen überdenken wollen. Denn in einem weitgehend anonymisierten Kapitalmarkt kann sich der Anleger ohne weiteres Zutun einer Situation ausgesetzt sehen, in der er die Anlageentscheidung möglicherweise revidieren möchte.[395]

Die Verpflichtung zur Abgabe des Übernahmeangebotes entsteht dabei unabhängig von der Art der Kontrollerlangung, d. h., der rechtsgeschäftliche Erwerb, sowohl börslich als auch außerbörslich, sowie der gesetzliche Eigentumserwerb sind genauso erfasst wie die Kontrollerlangung aufgrund der Zurechnung von Stimmrechten gemäß § 30 WpÜG[396]. Die einzige Ausnahme, die das Gesetz in § 35 Abs. 3 WpÜG selbst formuliert, ist der Kontrollerwerb infolge eines vorangegangenen Übernahmeangebotes nach § 29 WpÜG, da bereits hierbei für alle Aktionäre die Gelegenheit bestand, gegen eine angemessene Gegenleistung aus der Gesellschaft auszuscheiden.[397]

Die neue Regelung des § 35 WpÜG gestattet es daher dem Aktionär zu handeln und die Gesellschaft zu verlassen, *bevor* gesellschaftsrechtliche Umstrukturierungen oder Konzernierungsmaßnahmen durchgeführt werden. Damit sorgt das Pflichtangebot für einen Präventivschutz,[398] der den künftigen Minderheitsaktionär vor der Situation schützen will, demnächst außenstehender Aktionär einer abhängigen Gesellschaft zu werden, im Rahmen einer Eingliederung aus der Gesellschaft auszuscheiden etc. Natürlich steht es jedem Aktionär frei, seine Beteiligung zu jedem beliebigen Zeitpunkt am Markt zu veräußern. Daher geht es zwar zum einen darum, eine Absatzchance für die Anteile – bzw. eine Erwerbschance aus Sicht des Anbietenden – zu schaffen, zum anderen ist aber auch die Signalwirkung wichtig, die bei dem einzelnen Anleger dazu führen wird, die Anlageentscheidung konkret zu überdenken. Liegt das Angebot aus der Sicht sehr vieler Anteilsinhaber unter dem Wert, den sie der Aktie zumessen, werden

---

394 Zehetmeier-Müller in: Geibel/Süßmann, WpÜG, Einleitung Rn. 84; Houben WM 2000, 1873.

395 Weber-Rey/Schütz AG 2001, 325, 328.

396 Zehetmeier-Müller in: Geibel/Süßmann, WpÜG, Einleitung Rn. 85; speziell zum Fall des passiven Kontrollerwerbs siehe Fleischer/Körber BB 2001, 2589, 2593 ff; ausführlich Seibt/Heiser ZHR 165 (2001), 466 ff.

397 Zum Verhältnis übernahme- und umwandlungsrechtlicher Vorschriften siehe Technau AG 2002, 260 ff.

398 Zehetmeier-Müller in: Geibel/Süßmann, WpÜG, Einleitung Rn. 87; Mülbert ZIP 2001, 1221, 1226; Houben WM 2000, 1873, 1876.

sie das Angebot nicht annehmen und die Übernahme scheitert. Der Bieter muss den Gegenwert erhöhen, um überhaupt die von ihm angestrebte Veränderung in der Gesellschaftsstruktur durchführen zu können. Im Vergleich dazu wird bei den Regeln im Bereich der aktienrechtlichen Strukturmaßnahmen dem Aktionär die Möglichkeit, aus der Gesellschaft auszuscheiden, erst eröffnet, wenn eine Maßnahme durchgeführt ist, auf deren Umsetzung er keinen Einfluss hatte.

III. Angemessene Gegenleistung gemäß § 31 Abs. 1 WpÜG

Bei Übernahmeangeboten und Pflichtangeboten muss der Bieter den Aktionären der Zielgesellschaft eine Gegenleistung anbieten, die „angemessen" sein muss. Hierfür hat das Gesetz in § 31 Abs. 1 S. 2 WpÜG die Forderung aufgestellt, grundsätzlich seien der Börsenkurs der Aktien der Zielgesellschaft sowie sonstige Erwerbsvorgänge durch den Bieter bei der Bemessung der angemessenen Gegenleistung zu berücksichtigen. Für die nähere Bestimmung möglicher Angemessenheitskriterien ist dem Bundesministerium der Finanzen in § 31 Abs. 7 WpÜG eine Verordnungsermächtigung erteilt worden, von der mit der WpÜG-Angebotsverordnung vom 27.12.2001[399] Gebrauch gemacht wurde. Nach dem Vorbild der umwandlungsrechtlichen Regelungen (§§ 29 Abs. 1 S. 1, 207 Abs. 1 S. 1 UmwG) sollte auf die Festlegung einzelner Kriterien zur Bestimmung der Angemessenheit im Gesetz verzichtet werden, wobei jedoch aus Gründen der notwendigen Verfahrensbeschleunigung und der erforderlichen Rechtssicherheit und –klarheit eine Normierung nicht unterlassen werden sollte; somit schien der Weg der Verordnungsermächtigung angebracht.[400]

Das Gesetz trifft daher im Zusammenhang mit §§ 3-7 WpÜG-AngebotsVO Regelungen zur Ermittlung der Mindestwerte für die Gegenleistung. Diese Mindestwerte stellen dabei die absolute Untergrenze für die Berechnung der Gegenleistung dar, sie gewährleisten jedoch noch nicht, dass dieser Wert auch angemessen im Sinne des § 31 Abs. 1 WpÜG ist. Die angemessene Gegenleistung kann betragsmäßig daher auch darüber liegen.[401]

1. Art der Gegenleistung

Gemäß § 31 Abs. 2 WpÜG muss die Gegenleistung grundsätzlich entweder in Euro oder in liquiden, an einem organisierten Markt zugelassenen Aktien bestehen. Wem die Wahl zwischen den beiden Abfindungsarten zustehen soll, ist

[399] BGBl. I S. 4263.

[400] Vgl. Begr. zum RegE, WpÜG, BT-Drucks. 14/7034, S. 55.

[401] Thun in: Geibel/Süßmann, WpÜG, § 31 Rn. 76.

nicht eindeutig geregelt, jedoch spricht der Wortlaut eher dafür, dem Bieter die Wahl der Abfindungsart zu überlassen.[402] Bei den angebotenen Aktien muss es sich nicht um eigene Aktien des Bieters handeln, er kann vielmehr auch Aktien aus seinem Handelsbestand oder von Tochtergesellschaften anbieten.[403] Das Erfordernis der Liquidität der angebotenen Aktien soll sicherstellen, dass der Aktionär, der die Gesellschaft verlassen will, nicht an diese andere Gesellschaft gebunden ist, sondern die Anteile umgehend anderweitig veräußern[404] und somit deinvestieren kann. Auch dies spricht dafür, dem Bieter die Auswahl der Gegenleistung zuzugestehen, da eine liquide, börsennotierte Beteiligung den Aktionär nicht schlechter stellt als eine Gegenleistung in Bargeld.

Ausnahmen von diesem Grundsatz der Freiheit in der Wahl der Gegenleistung werden in § 31 Abs. 3 WpÜG genannt. So ist der Bieter zu einem Barangebot verpflichtet, wenn er oder mit ihm gemeinsam Handelnde bzw. Tochterunternehmen in zeitlichem Zusammenhang mit dem Angebot, d. h. bis zu 3 Monaten vor der Veröffentlichung der Entscheidung zur Angebotsabgabe bzw. während des Angebotsverfahrens, Aktien der Zielgesellschaft gegen Geld erworben haben oder erwerben. Damit diese Verpflichtung eingreift, muss der Erwerb bei einem Vorerwerb 5 % der Aktien oder Stimmrechte der Zielgesellschaft umfassen, bei einem Parallelerwerb während des Angebotsverfahrens mindestens 1 %. Das erklärte Ziel dieser Ausnahmen ist es, ein „Anschleichen" des Bieters an die Zielgesellschaft unter Ausgrenzung der Minderheitsaktionäre zu verhindern.[405]

2. Höhe der Gegenleistung

a) Börsenpreisregel

Hervorzuheben ist vor allem die ausdrückliche Erwähnung des durchschnittlichen Börsenkurses der Aktien der Zielgesellschaft in § 31 Abs. 1 WpÜG, den die Gegenleistung berücksichtigen soll. § 5 WpÜG-AngebotsVO legt eine Referenzperiode von 3 Monaten vor der Veröffentlichung der Entscheidung zur Abgabe des Übernahmeangebots gemäß § 29 WpÜG bzw. von 3 Monaten vor der Veröffentlichung des Erreichens der Kontrollschwelle gemäß § 35 WpÜG fest. Der maßgebliche Zeitraum endet mit der Veröffentlichung und damit der Ankündigung des Angebotes, da ab diesem Zeitpunkt Kursschwankungen gerade aufgrund der Maßnahmen zu erwarten sind bzw. sich der Kurs auf der Höhe des angekündigten Angebotes einpendeln wird. Nur ausnahmsweise soll nicht der 3-

---

402 Vgl. das ähnliche Problem bei den Unternehmensverträgen, oben Abschnitt A.I.2.c)(1) „Abfindung in Aktien".

403 Thun in: Geibel/Süßmann, WpÜG, § 31 Rn. 9.

404 Thun in: Geibel/Süßmann, WpÜG, § 31 Rn. 10.

405 Begr. zum RegE, WpÜG, BT-Drucks. 14/7034, S. 30, 55.

Monats-Durchschnittskurs maßgeblich sein, sondern statt dessen die höchste durch den Bieter erbrachte Gegenleistung, wenn der Erwerb innerhalb eines Zeitraums von 3 Monaten vor Angebotsveröffentlichung stattgefunden hat. An dieser Stelle überlagert die Gleichpreisregel[406] die grundsätzliche Börsenpreisregel.

b) Unternehmensbewertung gemäß § 5 Abs. 4 WpÜG-AngebotsVO

Gemäß § 5 Abs. 4 WpÜG-AngebotsVO soll jedoch der Börsenkurs dann nicht mehr als Grundlage der Gegenleistungsberechnung herangezogen werden können, wenn nur an weniger als einem Drittel der Börsentage Börsenkurse festgestellt wurden und wenn mehrere nacheinander festgestellte Börsenkurse um mehr als 5 % voneinander abweichen. In einem solchen Fall soll eine Bewertung des Zielunternehmens durchgeführt werden, um Verzerrungen des Marktpreises der Zielgesellschaft und einer daraus resultierenden nicht marktgerechten Bewertung zu Lasten der Aktionäre der Zielgesellschaft zu vermeiden.[407]

Welche Bewertungsmethode in diesem Fall anzuwenden ist, ergibt sich aus dem Normtext der Verordnung nicht. Es besteht jedoch weitgehend Einigkeit darüber, dass eine vollumfängliche Bewertung der Gesellschaft etwa nach den Grundsätzen des Instituts der Wirtschaftsprüfer ausscheidet, da dem Bieter zum einen nicht genügend Informationen aus dem Unternehmen zur Verfügung stehen,[408] und zum anderen die Angebotsfrist des § 14 Abs. 1 WpÜG von 4 Wochen zu knapp bemessen sei.[409] Es müsste daher eine Bewertung nach vereinfachten Verfahren, wie etwa durch die Anwendung von Multiplikatoren, ausreichend sein.[410] Zu bedenken ist auch das Argument, die Aktionäre der Zielgesellschaft seien, wenn für ihre Aktien kein liquider Markt bestände, nicht so schutzwürdig, da in dieser Situation regelmäßig große Aktienpakete in festen Händen sind und der Bieter diese nicht ohne einen angemessenen Preis erwer-

---

406 Dazu gleich Abschnitt III 2.c) „Gleichpreisregel".

407 Lappe/Stafflage BB 2002, 2185, 2186.

408 Krieger in: Henze/Hoffmann-Becking, Gesellschaftsrecht 2001, S. 289, 298; Thun in: Geibel/Süßmann, WpÜG, § 31 Rn. 99; Liebscher ZIP 2001, 853, 865.

A. A. Lappe/Stafflage BB 2002, 2185, 2186 f.: Sofern der Bieter im Angebotsstadium bereits eine financial due diligence der Zielgesellschaft durchgeführt habe oder aber das Management der Zielgesellschaft ausreichende Daten zur Verfügung stelle, verfüge er auch über die notwendigen Informationen zur Unternehmenswertermittlung nach dem Ertragswert- oder DCF-Verfahren.

409 Liebscher ZIP 2001, 853, 865.

410 Krieger in: Henze/Hoffmann-Becking, Gesellschaftsrecht 2001, S. 289, 298.

ben könne,[411] wovon jeder Aktionär wiederum wegen der Gleichpreisregel profitiere.

c) Gleichpreisregel

Die Gleichpreisregel besagt im wesentlichen, der Bieter müsse den Aktionären ein Angebot zu denselben Bedingungen unterbreiten, die er außerhalb des Angebotsverfahrens zu bieten bereit ist.

(1) Vorerwerb des Bieters

Vorerwerbe des Bieters, d. h. Aktienkäufe, die er im Vorfeld des Angebotes getätigt hat, gehen gemäß § 4 WpÜG-AngebotsVO in die Ermittlung der angemessenen Gegenleistung ein. Der höchste Preis, den der Bieter oder mit ihm handelnde Personen bzw. Tochterunternehmen in einem Zeitraum von 3 Monaten vor Veröffentlichung des Angebotes gezahlt oder vereinbart hat, bildet den Mindestwert der angemessenen Gegenleistung.

(2) Parallelerwerb des Bieters

Erwirbt der Bieter während des Angebotsverfahrens, d. h. zwischen der Veröffentlichung der Angebotsunterlage und der Veröffentlichung des Ergebnisses des Übernahmeangebotes, Anteile zu einem Preis, der über der in der Angebotsunterlage genannten Gegenleistung liegt, so erhöht sich das Angebot[412] gegenüber allen Aktionären um den Unterschiedsbetrag, § 31 Abs. 4 WpÜG. Dies ist ein Ausfluss des Gleichbehandlungsgebotes[413], wodurch eine Übervorteilung derjenigen, die allein auf die Angebotsunterlage verwiesen werden, unterbunden werden soll. Dabei reicht gemäß § 31 Abs. 4 S. 1 WpÜG allein die Vereinbarung über eine höhere Gegenleistung, sie muss noch nicht bewirkt sein. Raum für Unsicherheiten bleibt, wenn die Gegenleistung erst für einen weiter in der Zukunft liegenden Termin vereinbart ist, sich also die Frage nach der Abzinsung auf den Zeitpunkt der Fälligkeit stellt, oder wenn die höhere Gegenleistung von zukünftigen Faktoren wie der Entwicklung von Branchenindizes etc. abhängig gemacht wird.[414]

(3) Nacherwerb des Bieters

Ebenfalls dem Gleichbehandlungsgebot dient die Vorschrift des § 31 Abs. 5 WpÜG, die eine Nachbesserung der angebotenen Gegenleistung bei außerbörslichem Erwerb innerhalb eines Jahres nach der Veröffentlichung des Ergebnis-

---

[411] Krieger in: Henze/Hoffmann-Becking, Gesellschaftsrecht 2001, S. 289, 298 f.

[412] Die Erhöhung tritt kraft Gesetzes ein, Thun in: Geibel/Süßmann, WpÜG, § 31 Rn. 52.

[413] Thun in: Geibel/Süßmann, WpÜG, § 31 Rn. 46; **sehr kritisch** Letzel BKR 2002, 293, 297, 303.

[414] Vgl. Thun in: Geibel/Süßmann, WpÜG, § 31 Rn. 50, 51.

ses des Übernahmeangebotes bestimmt. Das Übernahmevorhaben muss selbstverständlich erfolgreich gewesen sein, d. h. es muss die vom Bieter vorher festgesetzte Mindestannahmeschwelle erreicht worden sein, und es dürfen keine sonstigen Wirksamkeitshindernisse entgegenstehen.[415] Anders als im Fall des Parallelerwerbs, der zu einer Nachbesserung des Angebots in der bereits angebotenen Art der Gegenleistung führt, muss die Nachbesserung aufgrund eines qualifizierten Nacherwerbs zwingend in einer Geldleistung bestehen.[416]

Gemäß § 31 Abs. 5 S. 5 WpÜG sind Nacherwerbe, die aus einer gesetzlichen Verpflichtung zur Gewährung von Abfindungen im Zusammenhang mit anderen Strukturmaßnahmen wie Unternehmensverträgen, Eingliederungen, Verschmelzungen etc. resultieren, unerheblich.[417] Die Vorgänge sollen getrennt betrachtet werden, und etwaige abweichende Bewertungen der Anteile nach jahrelangen Spruchverfahren sollen das Angebotsverfahren unberührt lassen.

3. Gerichtliche Überprüfung der Gegenleistung?

Ist die angebotene Gegenleistung aus Sicht der Aktionäre der Zielgesellschaft nicht angemessen, steht es ihnen frei, das Angebot des Bieters nicht anzunehmen. Fraglich ist aber, ob sie darüber hinaus auch gerichtlich die Festsetzung einer höheren Gegenleistung durchsetzen können. Als Anspruchsgrundlage hierfür kommt, da es an einer speziellen anspruchsbegründenden Norm fehlt, nur ein Anspruch über Prospekthaftung in Betracht.[418] In § 12 WpÜG sind die Voraussetzungen für einen vollständigen Angebotsprospekt aufgestellt; ist dieser Prospekt unrichtig und haben Aktionäre das Angebot innerhalb der Angebotsfrist aufgrund der Angaben angenommen, kann ihnen ein Schadensersatzanspruch zustehen. Im Hinblick auf die übrigen oben dargestellten Abfindungsfälle liegt es nahe, die Anwendbarkeit der Vorschriften über das Spruchverfahren zu untersuchen. Allerdings findet sich im WpÜG keinerlei Verweis auf dieses besondere Verfahren.

Für eine Analogie fehlt es zudem an mehreren Voraussetzungen. Zum einen ist die Interessenlage mit den Fällen, in denen das Gesetz das Spruchverfahren anordnet, nur begrenzt vergleichbar.[419] Dem Aktionär der Zielgesellschaft wird

---

[415] Begr. zum RegE, WpÜG, BT-Drucks. 14/7034, S. 56.

[416] Im einzelnen, auch zur Kritik: Thun in: Geibel/Süßmann, WpÜG, § 31 Rn. 60 ff.

[417] Ebenso zum Verhältnis von gesetzlichen Abfindungsangeboten und freiwilligen Angeboten nach dem Übernahmekodex: BGH vom 13.11.2001 – XI ZR 122/01, ZIP 2001, 2278 – „Computer 2000".

[418] Lappe/Stafflage BB 2002, 2185, 2189 ff.; siehe auch Fleischer/Kalss AG 2002, 329 ff.

[419] Lappe/Stafflage BB 2002, 2185, 2189.

lediglich ein Angebot auf Übernahme seiner Aktien gemacht, in seine Rechtsstellung wird nicht eingegriffen, ohne dass er dies verhindern könnte. Das bloße Angebot verändert nichts an der Beziehung des Minderheitsaktionärs zu der Gesellschaft, ebenfalls unverändert bleibt die kapitalmarktrechtliche Stellung der Gesellschaft, da die Börsennotierung von dem Übernahmeangebot unberührt bleibt.

Gleichwohl kann das Angebot die Einschätzung des Marktes beeinflussen und somit auch hier wirtschaftlich betrachtet Druck auf den Minderheitsaktionär ausüben.[420] Sowohl die Höhe des Angebotes als auch die ständigen obligatorischen „Wasserstandsmeldungen", die der Bieter über die Zahl der Aktionäre, die das Angebot bereits angenommen haben, abgeben muss, bestimmen letztlich den Marktwert des Anteils während und nach der Angebotsphase. Der Markt wird somit für einen gewissen Zeitraum künstlich verengt und eingefroren und dies drängt den Aktionär zur Überprüfung seiner Investitionsentscheidung. Um diesen Druck zu mindern, schreibt das Gesetz eine Mindestangebotshöhe vor, die sich am Börsenkurs und somit an der Dritteinschätzung der Werthaltigkeit des Anteils vor der Marktverengung orientiert. Das WpÜG bietet somit eine Ausstiegsmöglichkeit, die eine Beeinträchtigung der Minderheitsbeteiligung im Vorfeld abfangen kann, gleichwohl aber die Entscheidung des Aktionärs quasi durch eine Warnung über die drohende zukünftige Beeinträchtigung in Richtung Verlassen der Gesellschaft beeinflusst.

Selbst wenn man aus diesen Gründen die Interessenlage als vergleichbar mit den Abfindungsfällen, in denen ein Spruchverfahren vorgesehen ist, ansieht, fehlt es aber jedenfalls an einer planwidrigen Regelungslücke im Gesetz. Anders als bei der übertragenden Auflösung, deren legislatorische Anerkennung nur in einer einzigen Norm Ausdruck gefunden hat, handelt es sich beim WpÜG um Artikel 1 des „Gesetzes zur Regelung von öffentlichen Angeboten zum Erwerb von Wertpapieren und Unternehmensübernahmen". In Artikel 7 des gleichen Gesetzes sind die Änderungen des Aktiengesetzes geregelt, durch die der Squeeze-out in §§ 327a ff. AktG völlig neu normiert wurde. In diesem Regelungskomplex ist die Durchführung von Spruchverfahren explizit vorgeschrieben. Vom Schweigen des Gesetzgebers im Bereich des WpÜG lässt daher nur darauf schließen, dass das Spruchverfahren im Bereich der Übernahme- und Pflichtangebote nicht zur Anwendung kommen soll.[421] Somit bleibt dem Aktionär in diesem Fall das Verfahren der freiwilligen Gerichtsbarkeit verwehrt.

---

[420] Vgl. auch Fleischer ZIP 2001, 1653, 1659; Fleischer/Körber BB 2001, 2589, 2592; **dagegen** Mülbert ZIP 2001, 1221, 1223 mit Hinweis auf die Nachfrist des § 16 Abs. 2 WpÜG.

[421] Lappe/Stafflage BB 2002, 2185, 2192; i. E. auch Seibt/Heiser ZHR 165 (2001), 466, 485.

4. Zwischenergebnis

Die Übernahmeangebote und Pflichtangebote sind in Situationen abzugeben, in denen nicht in das Aktieneigentum der Aktionäre eingegriffen wird. Das Pflichtangebot gemäß § 35 WpÜG betrifft zwar den Fall einer bereits bestehenden großen Beteiligung eines einzelnen Aktionärs, aber die Übernahme der anderen Anteile geschieht nicht durch ein automatisches Ausscheiden oder durch unmittelbaren wirtschaftlichen Druck, die Gesellschaft zu verlassen. Die Übernahme- und Pflichtangebote greifen vielmehr ein, bevor ein Mehrheitsaktionär in der Lage ist, die Geschicke der Gesellschaft zu bestimmen und ermöglichen den Aktionären die Deinvestition zu Marktkonditionen, die sie bei einer zeitnahen vorhergehenden Veräußerung über den Markt ebenfalls erhalten hätten.

Klarzustellen ist, ein wirtschaftlicher Druck auf die Aktionäre, an die das Angebot gerichtet wird, kann in Grenzsituationen auftreten. Ist die angebotene Gegenleistung höher als der von dem Aktionär subjektiv angenommene Wert des Anteils, wird die ganz überwiegende Mehrheit das Angebot voraussichtlich annehmen und aus der Gesellschaft ausscheiden. Ist die Gegenleistung jedoch eindeutig zu niedrig bemessen, würde keiner der Aktionäre das Angebot annehmen wollen. Welchen Wert der Anteil für den einzelnen Aktionär hat, richtet sich, gerade bei Kleinanlegern, nach der Entwicklung des Börsenkurses. Da sich aber das Angebot zwingend mindestens dem gewichteten Aktienkurs der letzten 3 Monate entsprechen muss, ist die Situation, wenn die Gegenleistung tatsächlich an dieser Mindestgrenze liegt, für viele Aktionäre eher als ambivalent einzustufen. Sie müssen das Risiko abwägen, zu einem Preis aus der Gesellschaft auszuscheiden, der dem vollen Wertpotential des Anteils nicht entspricht, d. h. sie befinden sich in der Situation, den Grenzpreis für einen potentiellen Erwerber abschätzen zu müssen – hiergegen werden sie teilweise durch die Gleichpreisregel geschützt.

Die Gefahr liegt für den Aktionär zum einen darin, nach der erfolgreichen Übernahme als Minderheitsaktionär in der Gesellschaft zu verbleiben und auf die weiteren Stufen des Minderheitenschutzes angewiesen zu sein, die mit der Umsetzung weiterer Konzentrierungs- und Konzernierungsmaßnahmen eingreifen. Dabei kann es passieren, dass sich der Börsenkurs negativ entwickelt, weil er effektiv nur noch den Wert der im Streubesitz verbleibenden Anteile widerspiegelt. Diese verfügbar verbleibenden Anteile werden für den neuen Mehrheitsaktionär nach Erreichen der angestrebten Beteiligungsschwellen jedoch nicht mehr einen so hohen Grenzpreis besitzen, wie zum Zeitpunkt des Übernahmeangebotes; das gleiche gilt für andere potentielle Mehrheitserwerber, wenn das Übernahmeangebot in großem Umfang erfolgreich war – sie werden von dem Versuch, ein Aktienpaket mit bestimmten Beteiligungsschwellen zu erwerben absehen, zumindest aber keine Preise mehr zahlen, die einen Bonus für den möglichen Mehrheitserwerb enthalten.

Andererseits kann die Übernahme auch misslingen, ein weiteres höheres Angebot unterbleibt und das Unternehmen bleibt als unattraktive Zielgesellschaft mit der bisherigen Aktionärsstruktur zurück; dies kann sich ebenfalls negativ auf den Börsenkurs auswirken und der Marktwert des Anteils sinkt. Der einzelne Aktionär befindet sich dadurch durchaus in einer wirtschaftlichen Drucksituation, in der er sich eher von der Beteiligung trennen wird, als einen weiteren Wertverlust in der Zukunft zu riskieren. Eine freie Entscheidung des einzelnen Aktionärs über den Verbleib in der Gesellschaft ist damit in vielen Fällen nicht mehr gegeben.

Gleichwohl bleibt festzuhalten, dass es sich bei den Pflichtangeboten nach dem WpÜG nicht um die Folge eines gesetzlich legitimierten Eingriffs in die Rechtsstellung eines Minderheitsaktionärs handelt, sondern die durch das Angebot umgesetzte Erwerbsmöglichkeit eröffnet dem Erwerber lediglich die Möglichkeiten zur weiteren Durchsetzung von Mehrheitsentscheidungen in der Gesellschaft. Das erfolgreiche Pflicht- bzw. Übernahmeangebot schafft letztlich erst die strukturelle Unterlegenheit, die für den jeweiligen (Klein-) Aktionär in die, in den vorstehenden Abschnitten geschilderten, Abfindungssituationen führen kann. Von diesem Grundsatz ausgehend ist das Abfindungsangebot nach dem WpÜG eher Entgelt denn Entschädigung für erlittenen Rechtsverlust. Es handelt sich daher nicht um einen Abfindungsfall.

G. Charakteristik des echten Abfindungsfalles

Die erläuterten Maßnahmen der Umstrukturierung, der Intensivierung oder Neuordnung gesellschaftsrechtlicher Beziehungen und auch der Veränderung des Charakters der Gesellschaft sowie des einzelnen Anteils zeichnen sich durch rechtliche Gemeinsamkeiten aber auch Unterschiede in der Ausgestaltung und in den Voraussetzungen aus. Aus den dargestellten Fällen sind diejenigen herauszustellen, die als echte Abfindungsfälle aufgrund ihrer übereinstimmenden Strukturen und Wertungen der weiteren Untersuchung zugrunde gelegt werden können.

Gemein ist allen Fällen, in denen der Aktionär aufgrund gesetzlicher oder richterrechtlich entwickelter Regeln gegen Entgelt aus der Gesellschaft ausscheidet, eine umfassende Abwägung der beteiligten Interessen. Dem Interesse des betroffenen Aktionärs steht dabei das Interesse der Aktionärsmehrheit, der Gesellschaft selbst oder auch ein Konzerninteresse gegenüber. Es kann sich daher um gesellschaftsinterne aber auch konzernweite Vorgänge handeln.

Die Übernahmeangebote des WpÜG sind bereits im Ansatz aus dem Kreis der Abfindungsfälle auszuschließen, denn es handelt nur um die Auseinandersetzung zwischen einer möglicherweise zukünftigen Mehrheit und Minderheit. Die Grenze zwischen dieser Form des Konzerneingangsschutzes und den Abfindungsfällen wird vielfach in der Diskussion um die Abfindungsermittlung verwischt, im Hinblick auf die Preisvorgaben und Bewertungsmaßstäbe z. T. sogar von einer einheitlichen Regelung für alle Abfindungsfälle gesprochen.[422] Die Verpflichtung zur Abgabe von Übernahmeangeboten soll zwar auch dem Schutz der Aktionäre dienen, aber nicht nur dem Schutz einer Minderheit. Der Bieter kann keine Maßnahme gegen den Willen einer Minderheit durchsetzen, die restlichen Aktionäre können die Übernahme durch bloßes Nichtstun verhindern. Wenn der Gesetzgeber sich in den Bereich der Preisfindung einmischt, bewirkt dies über die Teilhabe an außerbörslich gezahlten Preisen zwar auch einen Schutz von Kleinaktionären, die in derartige Preisverhandlungen nicht aktiv eingreifen können. Das Ergebnis stellt sich jedoch bei allen Aktionären ein, ohne dass eine Abgrenzung einzelner Aktionärskreise möglich ist. Der Eingriff des Gesetzgebers in die Preisfindung ist eine Ausnahme und dient übergeordneten Interessen wie der Funktionsfähigkeit der Gesellschaft während der Übernahmephase, der Transparenz und Sicherheit des Kapitalmarktes.

Im Gegensatz dazu greift der Gesetzgeber bei den Abfindungsangeboten bei Unternehmensvertrag, Eingliederung, Squeeze-out und Umwandlung bereits bei der Zulassung der Mehrheitsmaßnahme ein. Er erlaubt den Zugriff der Mehrheit auf die Struktur der Gesellschaft und verlangt dafür Rechtsschutzmöglichkeiten sowie eine angemessene Abfindung als Ausgleich. Die im Übernahmeverfahren gebotene Summe stellt keinen solchen Ausgleich dar, da noch keine Mehrheitsmaßnahme erfolgen kann.

Eine Abfindungssituation kann andererseits aber auch nur dann angenommen, wenn der Aktionär nicht anderweitig ausreichend geschützt wird. Im Fall der übertragenden Auflösung erhält jeder Aktionär seinen Anteil am Liquidationserlös, dessen Höhe über die Beschlusskontrolle auch überprüft werden kann. Trotz Mehrheitsmaßnahme fehlt es hier an der Schutzwürdigkeit der Minderheitsaktionäre, da sie ihre Ansprüche auch anderweitig wahrnehmen können. Bei der Einziehung und dem – wenn auch nur theoretisch denkbaren – Ausschluss aus wichtigem Grund hat der Aktionär dagegen selbst seine Schutzwürdigkeit auf-

---

[422] Siehe unten 4. Kapitel Abschnitt C.III.4.b) „Paketzuschläge und ‚goldene Aktien'“ sowie Abschnitt D.II.1.a) (3) „§ 5 Abs. 4 WpÜG-AngebotsVO“.

gegeben, indem er die Maßnahme eingeräumt bzw. den Ausschlussgrund selbst gesetzt hat.

In Übereinstimmung hiermit hat der BGH im Fall des ordentlichen Delisting die Schutzwürdigkeit der Minderheitsaktionäre betont und ihnen über den bereits bestehenden börsenrechtlichen Ausgleichsanspruch hinaus einen gesellschaftsrechtlich begründeten Abfindungsanspruch nach dem Muster des Umwandlungsrechts gewährt, für den auch die besonderen Regeln des Spruchverfahrens gelten.

Unabhängig von der Ausgestaltung der Maßnahme als zwangsweises Ausscheiden oder nur als Angebot zum Ausscheiden aus der Gesellschaft, lassen sich die Merkmale der echten Abfindungsfälle daher wie folgt zusammenfassen:

- Das Abfindungsangebot stellt die Lösung eines Konfliktes zwischen Minderheits- und Mehrheitsgesellschafter, evtl. auch mit Konzerninteressen, dar.
- Der Gesetzgeber löst den Konflikt durch Gestattung der Maßnahme gegen Gewährung einer angemessenen Abfindung mit der Möglichkeit einer privilegierten gerichtlichen Überprüfung im Spruchverfahren.
- Ein anderer Schutzmechanismus steht dem Minderheitsaktionär nicht zur Verfügung oder ist nicht gleich wirksam, um seinem Eigentumsinteresse gerecht zu werden. Er kann die Maßnahme weder aktiv durch Abstimmung in der Hauptversammlung noch auf andere Weise verhindern.

Diese Voraussetzungen liegen bei den Abfindungsangeboten im Rahmen
- des Unternehmensvertrags,
- der Eingliederung,
- des Squeeze-out,
- der Umwandlungen,
- der Umstrukturierung der SE,
- sowie des kalten Delisting und des ordentlichen Delisting (neben dem Börsenrecht)

vor. Auch die Beseitigung von Mehrstimmrechten erfüllt die genannten Voraussetzungen; da es sich jedoch um einen Eingriff in nur einen Teil des Mitgliedschaftsrechtes handelt, muss auch die Abfindungsermittlung den Besonderheiten der nur teilweisen Beeinträchtigung folgen. Auf sie können daher die weiteren Überlegungen nicht erstreckt werden.

Die Vergleichbarkeit der Abfindungsfälle anhand der dargestellten Kriterien hat auch der Gesetzgeber in den Abfindungsvorschriften umgesetzt. Der Anspruch auf angemessene Barabfindung ist gleichartig ausgestaltet, indem stets die Verhältnisse der eigenen Gesellschaft des abzufindenden Aktionärs für die Abfindungshöhe maßgeblich sein sollen.

3. Kapitel: Bewertungsverfahren

Der Gesellschaftsanteil oder auch das Unternehmen als Ganzes ist für die Ermittlung der Abfindung zu bewerten. In der betriebswirtschaftlichen Literatur wird vor allem untersucht, wie ein Unternehmen im Hinblick auf einen Kauf/ Verkauf zu bewerten ist, wobei ein Entscheidungswert aus der individuellen Sicht des Käufers bzw. Verkäufers gesucht wird.[1] In der Abfindungssituation ist jedoch ein fairer Einigungs- oder Arbitriumwert zu suchen,[2] der als intersubjektiver Wert für mehrere Beteiligte festgestellt werden soll.[3] Dabei ist das Rechtsverhältnis der beteiligten Parteien entscheidend und die Situation, welche die Bewertung des Unternehmens oder des Anteils erfordert. GROßFELD bezeichnet das Ergebnis dieser intersubjektiven Wertermittlung mit typisierender Sichtweise als den *rechtsgeprägten Einigungswert* oder *Normwert* des Unternehmens.[4] Eine andere Terminologie verwendet z. B. EMMERICH und unterscheidet den *Grenzpreis*, den der Aktionär mindestens erhalten müsse, um aus der Gesellschaft ohne Nachteile auszuscheiden, vom *Schiedspreis*, der beim Verkauf am Markt erzielt werden kann.[5]

Es gibt verschiedene Verfahren, die von der Betriebswirtschaft zur Unternehmensbewertung entwickelt wurden. Problematisch ist dabei, dass es einen regulären „Markt" für Unternehmen, an dessen Einschätzung sich die Bewertung orientieren könnte, in diesem Sinne nicht gibt.[6] Die Schwierigkeit besteht darin,

---

1 Vgl. Busse von Colbe in: Hadding/Schneider, Gesellschaftsanteile als Kreditsicherheit, 1979, S. 315; Großfeld, Unternehmens- und Anteilsbewertung, S. 26.

2 Hügel, Verschmelzung und Einbringung, S. 184; Busse von Colbe in: Hadding/Schneider, Gesellschaftsanteile als Kreditsicherheit, 1979, S. 315.

3 Großfeld, Unternehmens- und Anteilsbewertung, S. 25 f.

4 Großfeld, Unternehmens- und Anteilsbewertung, S. 27 ff.

5 Emmerich in: Emmerich/Habersack, § 305 Rn. 38.

Dagegen bezeichnet Koppensteiner in: Kölner Kommentar, § 305 Rn. 63, den *Grenzpreis* als den Mindest- bzw. Höchstpreis aus Sicht von Verkäufer und Käufer, damit als Folge der Transaktion kein wirtschaftlicher Nachteil entsteht. Der *Schieds- oder Arbitriumwert* soll dagegen für die Abfindungsermittlung der Wert zu ermitteln sein, der die gegenläufigen Interessen der Beteiligten ausgleicht.

Die Suche nach Begrifflichkeiten führt daher nicht weiter und kann an dieser Stelle nicht als Ausgangspunkt der Untersuchung dienen. Hierauf soll daher im Laufe des 4. Kapitels, im Abschnitt C.I. „Wert und Preis von Anteil und Unternehmen" eingegangen werden.

6 Vgl. Busse von Colbe, Zukunftserfolg, S. 9; Jaensch, Wert und Preis der ganzen Unternehmung, S. 3. Anders Barthel DB 1990, 1145 ff., der sich gerade auf den am Markt auf-

aus den verschiedenen Bewertungsmethoden und den sich aus ihnen ergebenden Werten den angemessenen herauszufinden. Dabei richtet sich die Frage nach dem „richtigen Wert“ wie erwähnt immer nach dem Bewertungsanlass und -zweck, da es anerkanntermaßen keinen absolut richtigen, objektiven Wert für ein Unternehmen gibt.[7] Die Rechtsprechung hat in der Vergangenheit bestimmte Kriterien als grundlegend für die Bewertung von Unternehmen erachtet. So hat bereits das Reichsgericht[8] festgestellt, dass ein lebendes Unternehmen im Grunde das wert sein muss, was sich bei einer möglichst vorteilhaften Veräußerung im ganzen ergeben würde. Bereits hier lassen sich Prinzipien erkennen, die heute auch im Rahmen der Ertragswertmethode anerkanntermaßen Beachtung finden sollen: der Grundsatz der Bewertung der wirtschaftlichen Unternehmenseinheit[9] sowie das Going Concern-Prinzip.[10]

An dieser Stelle kann nur ein grober Überblick über die Art und Weise der Berechnung gegeben werden, der verdeutlicht, welche Aspekte bei der Bewertung des Unternehmens nach den verschiedenen Methoden zu berücksichtigen sind. Auf weitere Einzelheiten kann in dieser Arbeit nicht eingegangen werden.[11]

A. Liquidationswert

Der Liquidationswert eines Unternehmens ist die Summe der Einzelveräußerungspreise aller Gegenstände, die im Unternehmen vorhanden sind.[12] Er wird allein durch den Veräußerungswert, nicht den Wiederbeschaffungswert, der einzelnen Gegenstände nach Abzug der Schulden und Abwicklungskosten gebil-

---

tretenden Methodenpluralismus (Umsatzmethode etc.) bezieht und gegen den Vorrang des Ertragswertverfahrens argumentiert.

7 Bergrath, Vergleich der Ertragswertmethode mit der DCF-Methode, S. 18 ff.; W. Müller JuS 1973, 603, 604 ff.

8 RG vom 06.01.1940 – II 56/40, DR 1941, 1301, 1303; RG vom 22.12.1922 – II 621/22, RGZ 106, 128, 132; RG vom 13.11.1908 – VII 590/07, LZ 1909, 229.

9 Vgl. Dörner in: WP-Handbuch 1992 II, A Rn. 42 ff.; Bergrath, Vergleich der Ertragswertmethode mit der DCF-Methode, S. 112 f.

10 Vgl. Dörner in: WP-Handbuch 1992 II, A Rn. 70; Betsch/Groh/Lohmann, Corporate Finance, S. 188 f.

11 Detaillierte Ausführungen und Problemdarstellungen sind dem betriebswirtschaftlichen Schrifttum zu entnehmen. Nicht bei allen Bewertungs- und Berechnungsdetails handelt es sich auch um Rechtsfragen, die durch den Richter zu entscheiden wären, vgl. Großfeld, Unternehmens- und Anteilsbewertung, S. 21.

12 Großfeld, Unternehmens- und Anteilsbewertung, S. 203.

det.[13] Bei der Ermittlung des Liquidationswertes geht man daher von einer Zerschlagung und Beendigung des zu bewertenden Unternehmens aus; es wird eine Abwicklung fingiert.[14] Wenn man bei der Bewertung jedoch voraussetzt, dass das Unternehmen nicht beendet, sondern – wenn auch unter Umständen in der äußeren Form einer anderen Gesellschaft – weitergeführt wird, also eine Liquidation des Unternehmens gerade nicht gewollt ist, ist der Liquidationswert bei der Unternehmensbewertung regelmäßig nicht anzuwenden.[15] Allein wenn der Bewertungsanlass mit der Liquidation des Unternehmens zusammenhängt, kann der Liquidationswert der einzelnen Vermögensgegenstände des Unternehmens eine Rolle spielen.[16]

Dass der Liquidationswert für sich genommen den Wert eines lebenden Unternehmens abbilden könnte, wird heute erkennbar nicht mehr vertreten. In Frage kommt dieser Wertansatz jedoch insoweit, als er als Korrektiv bei der Werter- mittlung nach anderen Methoden herangezogen werden kann, indem er als Untergrenze den Mindestwert des Unternehmenswertes verkörpert.[17] Würde bei der

---

[13] Gansweid AG 1977, 334, 336; Bergrath, Vergleich der Ertragswertmethode mit der DCF-Methode, S. 161.

[14] Großfeld, Unternehmens- und Anteilsbewertung, S. 203.

[15] Zu Recht wird darauf hingewiesen, dass für einen Erwerber, falls er das Unternehmen nicht liquidieren sondern weiterführen wolle, der Unternehmenswert nach anderen Berechnungsmethoden niedriger als der Liquidationswert liegen könne. (Jacobs, Bedeutung der Unternehmenssubstanz, S. 68) Anders als bei den für JACOBS maßgeblichen Erwägungen geht es vorliegend jedoch nicht um die Ermittlung von Preisen für einen potentiellen Erwerber.

Das OLG Düsseldorf, Beschluss vom 20.11.2001 – 19 W 2/00 AktE, AG 2002, 398, 400 – „Kaufhof/Metro", stellt klar, dass der Liquidationswert als Mindestwert auch für die Ermittlung der Verschmelzungswertrelation nicht heranzuziehen ist, wenn gegenüber dem betroffenen Aktionär keine Verpflichtung zur Liquidation bestehe oder das Unternehmen nicht tatsächlich liquidationsreif ist; siehe auch LG Dortmund vom 22.10.2001 – 20 AktE 15/99, AG 2003, 50, 51.

[16] Vgl. OLG Düsseldorf vom 04.10.2006 - 26 W 7/06 AktE, ZIP 2006, 2379 ff.

[17] BGH vom 17.01.1973 – IV ZR 142/70, NJW 1973, 509, 510; BayObLG vom 31.05.1995 – 3Z BR 67/89,AG 1995, 509, 510; KG vom 15.12.1970 – 1 W 2982/69, AG 1971, 158, 164; LG Frankfurt vom 16.05.1984 – 3/3 AktE 144/80, AG 1985, 310, 311 – „Triumph-Adler AG"; LG Dortmund vom 06.08.1993 – 18 AktE 1/87, AG 1994, 85, 86 – „Guano"; Dörner in: WP-Handbuch 1992 II, A Rn. 247; IdW S 1, Abschnitt 7.4., Tz. 141, WPg 2000, 825, 838; Grzimek in: Geibel/Süßmann, WpÜG, Art. 7 § 327b Rn. 22; Bergrath, Vergleich der Ertragswertmethode mit der DCF-Methode, S. 160; W. Müller JuS 1974, 558, 559; Busse von Colbe, Zukunftserfolg, S. 24 f.; Piltz, Unternehmensbewertung, S. 31 f., vgl. auch S. 189 ff.; a. A. Gansweid AG 1977, 334, 336 f.

Mittlerweile wird danach differenziert, ob eine Fortführung des Unternehmens geplant bzw. unternehmerisch sinnvoll sei. Ist dies der Fall, könne eine aufwändige Liquidations-

Abfindungsermittlung der Liquidationswert unterschritten, fiele die Chance auf einen Liquidationserlös schließlich allein den verbleibenden Gesellschaftern zu.[18] Bei der Berechnung ist jedoch zu beachten, dass der Liquidationserlös nur in der Höhe angesetzt werden kann, wie eine Abwicklung der Gesellschaft möglich ist; dabei ist die Zerschlagungsintensität (Könnten mehrere Gegenstände als Einheit veräußert werden?) sowie die Zerschlagungsgeschwindigkeit (In welchem Zeitraum würde die Liquidation abgeschlossen?) zu beachten.[19]

B. Substanzwert

Der Substanzwert eines Unternehmens bezeichnet den Gebrauchswert des betriebsnotwendigen Vermögens,[20] wobei davon auszugehen ist, dass die Vermögensgegenstände am Markt wiederbeschafft werden müssten. Die einzelnen Vermögensgegenstände werden vor diesem Hintergrund bewertet, die Summe bildet den Substanzwert des Unternehmens.[21] Die nicht bilanzierungsfähigen immateriellen Werte wie der good will des Unternehmens bzw. andere selbst erwirtschaftete immaterielle Wirtschaftsgüter müssten eigentlich zu Wiederbeschaffungswerten in die Berechnung eingehen. Aufgrund der Schwierigkeiten bei der Ermittlung dieser Werte bleiben sie jedoch bei diesem Ansatz in der Regel außer Betracht.[22] Die Werterhöhung gerade durch das Zusammenwirken der einzelnen Gegenstände wird nicht in die Berechnung einbezogen. Anders als beim Liquidationswert sind jedoch die Werte anzusetzen, die den einzelnen Vermögensgegenständen bei Fortführung des Unternehmens zukommen. Damit wird der Wert der betriebsnotwendigen Substanz immer durch den Zukunftserfolg der Unternehmung beeinflusst.[23] Das früher vorgebrachte Argument, der Substanzwert sei leichter zu ermitteln und nicht mit den Unsicherheiten, welche

---

wertermittlung bei einem florierenden Unternehmen unterbleiben: OLG Düsseldorf vom 27.02.2004 – 19 W 3/00 AktE, ZIP 2004, 753, 757 f. – „EVA AG"; OLG Düsseldorf vom 20.11.2001 – 19 W 2/00 AktE, AG 2002, 398, 402 f. – „Kaufhof/Metro"; siehe z. B. auch Land/Hennings AG 2005, 380, 385.

18 Großfeld, Unternehmens- und Anteilsbewertung, S. 205.

19 Vgl. Großfeld, Unternehmens- und Anteilsbewertung, S. 203; Dörner in: WP-Handbuch 1992 II, A Rn. 253.

20 Gansweid AG 1977, 334, 336; Dörner in: WP-Handbuch 1992 II, A Rn. 255; W. Müller JuS 1974, 558; Busse von Colbe, Zukunftserfolg, S. 19 f.

21 Reinicke/Tiedtke DB 1984, 703.

22 Großfeld, Unternehmens- und Anteilsbewertung, S. 36 f., 221; IdW S 1, Abschnitt 8.4., Tz. 171 f., WPg 2000, 825, 841.

23 W. Müller JuS 1974, 558.

die Ertragswertmethode mit sich bringt, belastet, wird heute nicht mehr vertreten.[24]

Dieser auch als Teilrekonstruktionswert bezeichnete Ausdruck für den (Wiederbeschaffungs-) Wert eines Unternehmens kann im Einzelfall sinnvoll sein, um das zukünftige Investitions- und Abschreibungsvolumen eines Unternehmens zu bewerten. Das Unternehmen selbst als lebendige Einheit erfasst er jedoch nicht.[25] Auch als Untergrenze für eine Wertermittlung ist er als untauglich anzusehen,[26] da er einerseits nicht die Ertragskraft des Unternehmens abbildet, andererseits nicht das Ergebnis der (alternativen) Deinvestitionsentscheidung darstellt. Der Substanzwert ist allenfalls als bloßer Hilfswert für die Wertermittlung tauglich.[27]

C. Ertragswert

Von grundsätzlich anderen Annahmen geht die so genannte Ertragswertmethode aus. Es wird versucht, wertmäßig auszudrücken, inwiefern das Unternehmen mit den ihm zur Verfügung stehenden Vermögensgegenständen die Fähigkeit zur

---

[24] Gansweid AG 1977, 334, 336 f.

[25] Die Entscheidung des OLG Düsseldorf, Beschluss vom 11.04.1988 – 19 W 32/86, ZIP 1988, 1555, 1556 – „Colditz", mangels „geschäftlicher Aktivitäten" des zu bewertenden Unternehmens auf diesen Wert zurückzugreifen, erscheint zwar zunächst pragmatisch, aber auch hier wäre die Bewertung nach der Ertragswertmethode vor dem Hintergrund der geplanten Geschäftstätigkeit unter Einbeziehung der bereits vorhandenen Vermögensgegenstände vorzugswürdig gewesen.

[26] So Großfeld, Unternehmens- und Anteilsbewertung, S. 222; ablehnend auch OLG Celle vom 04.04.1979 – 9 Wx 2/77, AG 1979, 230, 231 – „Ilseder Hütte/Salzgitter AG"; OLG Hamburg vom 17.08.1979 – 11 W 2/79, AG 1980, 163 – „Hamburger Verkehrsbetriebe"; LG Frankfurt vom 16.05.1984 – 3/3 AktE 144/80, AG 1985, 310, 311 – „Triumph-Adler AG"; BGH vom 17.01.1973 – IV ZR 142/70, NJW 1973, 509, 510. Bleibt der Ertragswert auffällig hinter dem Substanzwert zurück, mahnt jedoch das KG, Beschluss vom 15.12.1970 – 1 W 2982/69, AG 1971, 158, 163, zu besonders sorgfältiger Prüfung.

[27] Vgl. IDW S 1, Abschnitt 8.4., Tz. 172, WPg 2000, 825, 841; Piltz, Unternehmensbewertung, S. 35, vgl. auch S. 206; LG Hannover vom 16.06.1977 – 22 AktE 1/70, AG 1977, 346, 348 – „Ilseder Hütte AG/Salzgitter Hüttenwerke AG"; Jaensch, Wert und Preis der ganzen Unternehmung, S. 73 f.; **siehe aber auch** Bergrath, Vergleich der Ertragswertmethode mit der DCF-Methode, S. 103, der den Substanzwert völlig unbeachtet lässt.

Dem Substanzwert als dem zahlenmäßigen Ausdruck der Vermögensbestandteile des Unternehmens kommen wichtige Hilfsfunktionen zu, etwa bei der Bewertung des nicht betriebsnotwendigen Vermögens oder auch, um die Beträge für Abschreibungen, Zinsen etc. für die Ertragswertrechnung zu ermitteln. Dörner in: WP-Handbuch 1992 II, A Rn. 256; W. Müller JuS 1974, 147; siehe schon Käfer in: FS Juzi, 1946, S. 71, 74.

Gewinnerzielung besitzt.[28] Sie wird heute weitgehend als die zur Unternehmensbewertung und Abfindungsberechnung maßgebliche Methode angesehen.[29]

I. Ertragsprognose

Der Ertragswert entspricht dem Barwert der auf den Bewertungsstichtag abgezinsten Überschüsse der zukünftigen Einnahmen über die zukünftigen Ausgaben.[30] Es sind die Vorteile zu betrachten, die das Unternehmen zukünftig an den Anteilseigner in Form von Dividenden, Gewinnanteilen etc. zahlen wird[31], wobei eine Vollausschüttung der Zukunftserfolge[32] bei vollständiger Erhaltung der Substanz unterstellt wird.[33] Dabei ist vom nachhaltig erzielbaren Ertrag auszugehen.[34] Es ist somit zu prognostizieren, wie die zukünftige wirtschaftliche Entwicklung des Unternehmens verlaufen wird, was naturgemäß Schwierigkeiten aufwirft.

Der Wert der Sachsubstanz selbst wird nur insoweit berücksichtigt, als - wie erwähnt - der Liquidationswert der Vermögensgegenstände als Mindestwert bei der Berechnung zu beachten ist. Denn stellt der Ertragswert den Wert aller künftig zu erwartenden Zahlungen des Unternehmens an den investierenden Kapitalanleger dar, so ist der Liquidationswert als letzter dieser Zahlungsströme am Ende des Bestehens der Unternehmung anzusehen.[35]

---

28 Gansweid AG 1977, 334, 336, 338.

29 Vgl. etwa Zöllner/Winter ZHR 1994 (158), 59, 62; OLG Düsseldorf vom 11.01.1990 – 19 W 6/86, AG 1990, 397, 399 – „EVA".

30 Vollrath in: Widmann/Mayer, UmwR, § 30 Rn. 23; BayObLG vom 29.09.1998 – 3Z BR 159/94, ZIP 1998, 1872, 1874 – „März/EKU".

31 Bula/Schlösser in: Sagasser/Bula/Brünger, J Rn. 47; Großfeld, Unternehmens- und Anteilsbewertung, S. 38 ff.; Piltz, Unternehmensbewertung, S. 17; vgl. W. Müller JuS 1974, 147.

32 Vgl. Bergrath, Vergleich der Ertragswertmethode mit der DCF-Methode, S. 115 f.

Auch hier ist – wie bei vielen anderen Einzelfragen – der Bewertungszweck zu beachten. Z. B. argumentieren Betsch/Groh/Lohmann, Corporate Finance, S. 196 f. gegen die Vollausschüttungshypothese bei einer Bewertung zum Zweck der Grenzpreisermittlung für Unternehmenserwerber.

33 Dörner in: WP-Handbuch 1992 II, A Rn. 71 f.; Piltz, Unternehmensbewertung, S. 22 f.

34 Bergrath, Vergleich der Ertragswertmethode mit der DCF-Methode, S. 122.

35 W. Müller JuS 1974, 147.

1. Planungs- und Prognoseperioden

Man behilft sich daher damit, durch die Untersuchung vergangener Perioden (meist zwischen 3 und 10 Jahren)[36] von den erzielten ausschüttungsfähigen Gewinnen auf die künftig nachhaltig erzielbaren Erträge zu schließen, d. h. die Vergangenheit in die Zukunft zu projizieren. Als Vergangenheitsergebnisse können jedoch nicht einfach die Werte aus den Gewinn- und Verlustrechnungen übernommen werden. Vielmehr sind sie um außerordentliche Ereignisse, Chancen und Risiken zu bereinigen.[37] Hierzu zählen auch Bilanzierungs- und Bewertungswahlrechte sowie genutzte Sonderabschreibungen.[38] Zu eliminieren sind auch Nachteile, die ein herrschendes Unternehmen herbeigeführt hat und die nach Konzernrecht ausgleichspflichtig sind, sowie Gewinnbeeinflussungen durch ein herrschendes Unternehmen, das die Ergebnisse in der Vergangenheit z. B. durch Konzernverrechnungspreise künstlich erhöht oder herabgesetzt hat.[39] Die traditionelle „pauschale" oder auch vergangenheitsorientierte Methode beschränkt sich auf einer Fortschreibung der so ermittelten Werte bei einem unterstellt gleichmäßigen Geschäftsgang.[40]

---

[36] Siehe Großfeld, Unternehmens- und Anteilsbewertung, S. 77, 79.

[37] IDW S 1, Abschnitt 5.2., Tz. 78, WPg 2000, 825, 832; BayObLG vom 11.07.2001 - 3Z BR 153/00, AG 2002, 390, 391 – „Rieter II"; OLG Celle vom 01.07.1980 – 9 Wx 9/79, AG 1981, 234; LG Dortmund vom 31.10.1980 – 18 AktE 2/79, AG 1981, 236, 238 f. – „Rheinstahl/Thyssen"; Koppensteiner in: Kölner Kommentar, § 305 Rn. 79; Großfeld, Unternehmens- und Anteilsbewertung, S. 153 f.; Bergrath, Vergleich der Ertragswertmethode mit der DCF-Methode, S. 121, 129 ff.; Piltz, Unternehmensbewertung, S. 19, 145 f.

Siehe im einzelnen: Dörner in: WP-Handbuch 1992 II, A Rn. 128 ff.

[38] Vgl. Großfeld, Unternehmens- und Anteilsbewertung, S. 78; Bergrath, Vergleich der Ertragswertmethode mit der DCF-Methode, S. 131.

[39] OLG Hamburg vom 17.08.1979 – 11 W 2/79, AG 1980, 163, 164 – „Hamburger Verkehrsbetriebe".

[40] Großfeld, Unternehmens- und Anteilsbewertung, S. 92 f.; Aha AG 1997, 26, 29; Zehner DB 1981, 2109, 2114; vgl. LG Frankfurt vom 16.05.1984 – 3/3 AktE 144/80, AG 1985, 310 ff. – „Triumph-Adler AG"; BayObLG vom 11.09.2001 – 3Z BR 101/99, ZIP 2001, 1999, 2001 – „Ytong".

Siehe die Kritik hierzu von Ränsch AG 1984, 202, 209 f., der mehrere alternative Reihen von Ertragserwartungen mittels Wahrscheinlichkeits- oder Erwartungswerten gewichten will. Bei diesem Vorgehen wird jedoch nur versucht, die graduellen Unterschiede bei der Schätzung des „gleichmäßigen Geschäftsganges" auszumitteln. Nichts anderes muss man m. E. aber in jedem Fall durchführen, damit eine „pauschale" Ertragsprognose als aussagekräftig angesehen werden kann. Bereits bei der Frage, in welchem Umfang die Vergangenheitsergebnisse zu bereinigen sind und wie „gleichmäßig" die zukünftige Geschäftsentwicklung verlaufen wird, müssen verschiedene Alternativen berücksichtigt und in ihrer Wahrscheinlichkeit bewertet werden.

Es kann jedoch nicht davon ausgegangen werden kann, dass sich die bisherige Entwicklung unverändert und unendlich fortsetzt und eine bloße Fortschreibung der Vergangenheitswerte die zukünftige Entwicklung genau genug abbilden kann. Vielmehr müssen Unsicherheiten und absehbare Veränderungen in der Prognose Beachtung finden. Daher ist das so genannte Phasenmodell, auch bezeichnet als analytisches oder prognoseorientiertes Verfahren, entwickelt worden.[41] Es werden mehrere Prognosezeiträume gebildet (I. Phase: Jahr 1-3; II. Phase: Jahr 4-max. 8; III. Phase: ab Jahr 9)[42] und für alle übersehbaren erfolgswirksamen Faktoren ins einzelne gehende Planungen aufgestellt.[43] Hierzu zählen Erfolgsanalysen für einzelne Produkte, Produktbereiche sowie Analysen der Entwicklung von Aufwendungen und Erträgen.[44] Für die 1. Phase lassen sich auf der Grundlage der bisherigen Geschäftsentwicklung noch relativ genaue Ertragsvorschaurechnungen erstellen.[45] Je ferner die Prognosezeiträume aber in der Zukunft liegen, desto geringere Anforderungen werden an die Detailliertheit der Prognose gestellt.[46] Ab der zweiten Phase werden Trenderwartungen und Schätzungen berücksichtigt, die sich nur auf Grundlage der vorhergehenden Prognosewerte ergeben.[47] Die Unsicherheit der Prognose liegt dabei unter anderem darin begründet, dass für die Einzelgrößen, die Auswirkungen auf den Gesamtwert haben, jeweils mehrere Schätzwerte für möglich gehalten werden, die allenfalls anhand subjektiver Wahrscheinlichkeiten gewichtet werden können.[48]

Oft wird in der Praxis eine Kombination von Pauschal- und Phasenmethode angewandt.[49] Wenn jedoch eine Prognose auf der Grundlage von Vergangenheits-

---

[41] Koppensteiner in: Kölner Kommentar, § 305 Rn. 80; Piltz, Unternehmensbewertung, S. 20.

Noch im Jahr 1984 wurde dieses Verfahren von der Rechtsprechung als eine nicht mehr auf nachweisbare Tatsachen gemäß §§ 286, 287 ZPO gestützte Schätzung angesehen, die nicht mit der Maßgeblichkeit des Stichtags gemäß § 305 AktG vereinbar sei. LG Frankfurt vom 16.05.1984 – 3/3 AktE 144/80, AG 1985, 310, 311 – „Triumph-Adler AG".

[42] Vgl. IDW S 1, Abschnitt 5.3., Tz. 80 ff., WPg 2000, 825, 832 f.; Großfeld, Unternehmens- und Anteilsbewertung, S. 93 f.; Piltz, Unternehmensbewertung, S. 20; Bergrath, Vergleich der Ertragswertmethode mit der DCF-Methode, S. 109.

[43] Dörner in: WP-Handbuch 1992 II, A Rn. 52; Aha AG 1997, 26, 30.

[44] Dörner in: WP-Handbuch 1992 II, A Rn. 54; siehe auch Bergrath, Vergleich der Ertragswertmethode mit der DCF-Methode, S. 132 ff.

[45] Bergrath, Vergleich der Ertragswertmethode mit der DCF-Methode, S. 109.

[46] Aha AG 1997, 26, 30.

[47] IDW S 1, Abschnitt 5.3., Tz. 83, WPg 2000, 825, 833; Bergrath, Vergleich der Ertragswertmethode mit der DCF-Methode, S. 109.

[48] Bergrath, Vergleich der Ertragswertmethode mit der DCF-Methode, S. 104.

[49] Aha AG 1997, 26, 31; Seetzen WM 1994, 45, 47 f.

werten unmöglich ist, wendet die Rechtsprechung auch allein analytische Methoden an und schätzt die Ertragsentwicklung nach anderen Hilfsgrößen.[50]

2. Wurzeltheorie

Die von der Rechtsprechung aufgestellte Wurzeltheorie besagt, dass nur die bewertungserheblichen Umstände berücksichtigt werden dürfen, die zum Bewertungsstichtag bereits in ihrer „Wurzel" angelegt waren.[51] Daher muss sich das in der Wurzel Angelegte schon konkretisieren lassen, etwa anhand von dokumentierten Planungen.[52] Die Wurzeltheorie greift in der Regel spätestens ab der 2. Phase der Planung nur noch eingeschränkt ein, da die Prognose ab diesem Punkt nur noch auf allgemeinen Einschätzungen der Markt- und Branchenentwicklung sowie der Konjunktur beruht.[53] Die allgemeine Entwicklung der Volkswirtschaft über einen Zeitraum von mehreren Jahren ist jedoch von vielen Faktoren abhängig, die im Bewertungszeitpunkt nicht vorhersehbar sind.

3. IAS/IFRS-Werte

Gemäß § 315a HGB Konzernabschlüsse in vielen Fällen nach internationalen Rechnungslegungsstandards und nicht mehr nach HGB aufzustellen. Unterschiede bestehen z. B. für die Planung der Unternehmensergebnisse im Grundsatz der Bewertung nach „percentage of completion", d. h. Erträge bei längerfristigen Herstellungsprozessen werden über die Dauer der Herstellung verteilt.[54] Da die Ergebnisse bei einer konsequenten Anwendung der Bewertungsmethoden jedoch identisch sein sollen,[55] und auch die internationalen Standards vom Ge-

---

[50] OLG Düsseldorf vom 07.06.1990 – 19 W 13/86, ZIP 1990, 1333, 1341 – „DAB/Hansa".

[51] BGH vom 04.03.1998 – II ZB 5/97, BGHZ 138, 136, 140 – „ASEA/BBC II"; BayObLG vom 11.09.2001 – 3Z BR 101/99, ZIP 2001, 1999, 2001 – „Ytong"; OLG Düsseldorf vom 15.01.2004 – I-19 W 5/03 AktE, ZIP 2004, 1503, 1505 – „Krupp/Hoesch"; OLG Hamburg vom 03.08.2000 – 11 W 36/95, AG 2001, 479, 480; OLG Düsseldorf vom 19.10.1999 – 19 W 1/96 AktE, AG 2000, 323 f. – „Hoffmann's Stärkefabriken"; OLG Celle vom 31.07.1998 – 9 W 128/97, AG 1999, 128, 129 – „Hofbräuhaus Wolters/Gildebrauhaus"; OLG Karlsruhe vom 04.02.1998 – 15 W 25/97, AG 1998, 288, 289 – „SEN/KHS"; LG Frankfurt vom 19.12.1995 – 3-03 O 162/88, AG 1996, 187, 189 – „Nestlé Deutschland AG".

[52] Siehe im einzelnen Dörner in: WP-Handbuch 1992 II, A Rn. 47 ff., 49, für eine noch weitere Fassung des „bereits Angelegten" Großfeld, Unternehmens- und Anteilsbewertung, S. 60 f.

[53] Zehner DB 1981, 2109, 2115; Gansweid AG 1977, 334, 336, 338; siehe auch BayObLG vom 11.07.2001 – 3Z BR 172/99, AG 2002, 388, 389 – „Rieter I".

[54] Hentzen DB 2005, 1891, 1892.

[55] Hentzen DB 2005, 1891 f.

setzgeber als gleichwertig anerkannt seien, können sie der Unternehmensbewertung auch im Bereich der Abfindungsfälle zugrundegelegt werden.[56]

II. Kapitalisierungszinsfuß

Der auf diese Weise ermittelte Zukunftsertrag ist nun auf den Bewertungsstichtag nach der Rentenformel abzuzinsen bzw. zu diskontieren, um einen Gegenwartswert zu ermitteln.[57] Dabei werden die prognostizierten zukünftigen Erträge als Verzinsung des eingesetzten Kapitals betrachtet; es wird geprüft, welcher Kapitalbetrag bei der Anlage in langfristige festverzinsliche Wertpapiere vermutlich dieselben Erträge erbringen würde. Das bedeutet, dass die zu bewertenden Ausschüttungserwartungen an alternativen Geldverwendungsmöglichkeiten gemessen und mit ihnen verglichen werden.[58] Je höher dieser Zinssatz festgelegt wird, desto niedriger ist der Gegenwartswert der zunächst geschätzten zukünftigen Erträge. Dabei reichen schon geringfügige Änderungen aus, um den Ertragswert stark zu beeinflussen.[59]

Der Kapitalisierungszinssatz setzt sich aus verschiedenen Faktoren zusammen: Dem Basiszinssatz, der dem Zinssatz öffentlicher Anleihen oder langfristiger festverzinslicher Wertpapiere entspricht, einem Inflationsabschlag in Höhe des Inflationsrisikos sowie nach h. M. einem Unternehmerrisikozuschlag.[60] Umstritten ist, ob darüber hinaus aus Fungibilitätszuschlag anzusetzen ist.

1. Basiszinssatz

Als Basis für die Abzinsung des Zukunftserfolges auf den Bewertungsstichtag findet die durchschnittliche risikolose Rendite öffentlicher Anleihen mit 10 oder mehr Jahren[61] Laufzeit (Laufzeitäquivalenz[62]) und anderer festverzinslicher An-

---

[56] OLG Hamburg vom 29.09.2004 – 11 W 78/04, ZIP 2004, 2288; OLG Hamm vom 19.08.2005 – 8 W 20/05, AG 2005, 854.

[57] Grzimek in: Geibel/Süßmann, WpÜG, Art. 7 § 327b Rn. 17; Aha AG 1997, 26, 31.

[58] Bergrath, Vergleich der Ertragswertmethode mit der DCF-Methode, S. 145.

[59] Jacobs, Bedeutung der Unternehmenssubstanz, S. 97 ff.; Bergrath, Vergleich der Ertragswertmethode mit der DCF-Methode, S. 144.

[60] Zum Teil wird auf die Verwendung von Zu- oder Abschläge auch ganz verzichtet: OLG Stuttgart vom 01.10.2003 – 4 W 34/93, ZIP 2004, 712, 716 – „Vereinigte Filzfabriken AG"; BayObLG vom 11.07.2001 – 3Z BR 153/00, AG 2002, 390, 391 – „Rieter II"; OLG Stuttgart vom 04.02.2000 – 4 W 15/98, AG 2000, 428, 432 – „Schwaben Zell AG".

[61] Auf eine Laufzeit der Anleihen von 30 Jahren stützte sich etwa das Gutachten in LG Bremen vom 18.02.2002 – 13 O 458/96, AG 2003, 214 – „Gestra/Foxboro", auf 24 Jahre Laufzeit in OLG Düsseldorf vom 31.01.2003 – 19 W 9/00 AktE, NZG 2003, 588, 594 (insoweit in AG 2003, 329 nicht abgedruckt) – „SNI".

leihen Anwendung.[63] Diese werden als die jedermann verfügbare, objektive Geldverwendungsalternative herangezogen.[64] Die Rechtsprechung stellt dabei entweder auf eine geschätzte zukünftige durchschnittliche Rendite[65] oder aber auf die durchschnittliche Rendite am Bewertungsstichtag[66] ab. Entscheidend sei bei einer Prognose des zukünftigen Zinssatzes jedenfalls, dass dieser sich, vom Standpunkt des Stichtags aus, auf Dauer erzielen lasse, so dass ungewöhnliche Schwankungen zu eliminieren seien.[67] Durchschnittlich wurden von der Rechtsprechung etwa 7 – 8 % für den Basiszinssatz angesetzt.[68]

---

62 Entsprechend der Annahme der unbegrenzten Lebensdauer des Unternehmens. BayObLG vom 11.07.2001 – 3Z BR 172/99, AG 2002, 388, 389 – „Rieter I".

63 Bergrath, Vergleich der Ertragswertmethode mit der DCF-Methode, S. 147; Bula/Schlösser in: Sagasser/Bula/Brünger, J Rn. 50; Piltz, Unternehmensbewertung, S. 27; BGH vom 30.09.1981 – IVa ZR 127/80, NJW 1982, 575 f.

Wenger ZIP 1993, 1627 f., verweist hierfür auf die umfangreiche Deutsche Finanzdatenbank (DFDB) der Universität Mannheim über die Performance aller Bundesanleihen.

Für die Ableitung des Zinsfußes aus der durchschnittlichen Aktienrendite Gansweid AG 1977, 334, 339; Wenger ZIP 1993, 1627, 1628. Dagegen wendet Großfeld, Unternehmens- und Anteilsbewertung, S. 121, ein, dass eine Durchschnittsaktienrendite zum einen kaum zu ermitteln ist, zum anderen die zugrundeliegende These von der Dividende „als Spiegelbild des Aktienertrages" fragwürdig sei.

64 Dörner in: WP-Handbuch 1992 II, A Rn. 198 ff.

65 OLG Düsseldorf vom 11.04.1988 – 19 W 32/86, ZIP 1988, 1555, 1560 – „Colditz"; OLG Düsseldorf vom 11.01.1990 – 19 W 6/86, AG 1990, 397, 399 f. – „EVA"; so auch Großfeld, Unternehmens- und Anteilsbewertung, S. 119; **dagegen** Dielmann/König AG 1984, 57, 60.

Da Spruchverfahren sich oft über einen langen Zeitraum erstrecken, ist teilweise fraglich, ob das Gericht tatsächlich rückwirkend vom Zeitpunkt der Entscheidung eine Schätzung aus der Sicht des Bewertungsstichtages vornehmen kann, ohne sich von der tatsächlichen Entwicklung beeinflussen zu lassen. So hat etwa das OLG Düsseldorf, Beschluss vom 11.01.1990 – 19 W 6/86, AG 1990, 397, 399 f. – „EVA", bei der rückwirkenden Zukunftsschätzung des Basiszinssatzes auf die tatsächliche Entwicklung der Durchschnittsrenditen in den Jahren nach dem Bewertungsstichtag verwiesen und diese quasi als Plausibilitätskontrolle herangezogen.

66 BGH vom 30.09.1981 – IVa ZR 127/80, NJW 1982, 575 f.; vgl. auch Bergrath, Vergleich der Ertragswertmethode mit der DCF-Methode, S. 149.

67 LG Hannover vom 16.06.1977 – 22 AktE 1/70, AG 1977, 346, 349 – „Ilseder Hütte AG/Salzgitter Hüttenwerke AG".

68 BayObLG vom 11.07.2001 – 3Z BR 153/00, AG 2002, 390, 391 – „Rieter II" (7 %); LG Hannover vom 16.06.1977 – 22 AktE 1/70, AG 1977, 346, 349 – „Ilseder Hütte AG/Salzgitter Hüttenwerke AG" (7,2 %); BayObLG vom 11.12.1995 – 3Z BR 36/91, AG 1996, 176, 178 f. (7,4 %); OLG Düsseldorf vom 31.01.2003 – 19 W 9/00 AktE, NZG 2003, 588, 594 (insoweit nicht in AG 2003, 329 ff. abgedruckt) – „SNI" (7,4 %); BayObLG vom 11.09.2001 – 3Z BR 101/99, ZIP 2001, 1999, 2001 – „Ytong" (7,5 %); OLG

2. Inflationsabschlag

Geldanlagen unterliegen stets dem Risiko der Inflation. Die Anlage in einem Unternehmen stellt aber eigentlich eine Sachwertanlage dar, und ist von diesem Risiko daher nicht in demselben Maße betroffen. Daher wird ein Inflationsabschlag bei dem Kapitalisierungszinssatz gefordert[69]. Ein solcher Abschlag würde rechnerisch zu einer Erhöhung des Unternehmenswertes führen. Es wird jedoch darauf hingewiesen, dass eine Realwertsteigerung nur dann in vollem Maße realisiert werden kann, wenn es gelingt, die inflationsbedingten Ausgabensteigerungen in den Preisen weiterzugeben.[70] Da das nur teilweise möglich sei, müsse zwar ein Geldwertabschlag angesetzt werden, jedoch nicht in voller Höhe der Inflationsrate, sondern nur insoweit, als sich das Inflationsrisiko bei dem betreffenden Unternehmen geringer auswirkt als bei festverzinslichen Anleihen.[71] Je mehr das Unternehmen der Geldentwertung entgehen kann, desto höher ist der Inflationsabschlag anzusetzen.[72] Von der Rechtsprechung wurden Abschläge von 0,5 %[73], 1 %[74], 1,5 %[75], 1,69 %[76], 2 %[77], 2,4 %[78], 2,5 %[79] oder 3 %[80] im

---

Düsseldorf vom 15.01.2004 – I-19 W 5/03 AktE, ZIP 2004, 1503, 1506 – „Krupp/Hoesch" (7,5 %); OLG Düsseldorf vom 08.07.2003 – 19 W 6/00 AktE, AG 2003, 688, 693 – „Veba AG" (7,5 %); LG Frankfurt a. M. vom 06.02.2002 – 3/3 O 150/94, AG 2002, 358, 360 – „VDO/Mannesmann" (7,5 %); OLG Stuttgart vom 01.10.2003 – 4 W 34/93, ZIP 2004, 712, 715 (7,8 %) – „Vereinigte Filzfabriken AG"; OLG Frankfurt vom 30.07.2001 – 20 W 4/96, AG 2002, 404, 405 – „Nestlé AG" (7,8 %); BayObLG vom 11.07.2001 – 3Z BR 172/99, AG 2002, 388, 389 – „Rieter I" (7,91 %); OLG Düsseldorf vom 11.01.1990 – 10 W 6/86, AG 1990, 397, 399 f. (8 %) – „EVA"; OLG Düsseldorf vom 07.06.1990 – 19 W 13/86, ZIP 1990, 1333, 1341 – „DAB/Hansa" (8 %); OLG Düsseldorf vom 12.02.1992 – 19 W 3/91, AG 1992, 200, 203 – „Dt. Babcock/Balcke-Dürr" (8 %); OLG Düsseldorf vom 22.01.1999 – 19 W 5/96 AktE, AG 1999, 321, 323 – „Lippe-Weser-Zucker AG" (8 %); OLG Düsseldorf vom 19.10.1999 – 19 W 1/96 AktE, AG 2000, 323, 324 f. – „Hoffmann's Stärkefabriken" (8 %).

Anders OLG Stuttgart vom 26.10.2006 - 20 W 14/05

69 Wenger/Hecker, ifo-Studien 1995, 51, 67 f.; Wenger/Hecker/Knoesel in: Gahlen/Hesse/Ramser, Finanzmärkte, S. 95, 109 ff.; Großfeld, Unternehmens- und Anteilsbewertung, S. 148 f.

70 OLG Düsseldorf vom 11.01.1990 – 10 W 6/86, AG 1990, 397, 400 – „EVA".

71 OLG Düsseldorf vom 11.01.1990 – 10 W 6/86, AG 1990, 397, 400 – „EVA"; Dielmann/König AG 1984, 57, 61; Seetzen WM 1994, 45, 48.

72 OLG Düsseldorf vom 22.01.1999 – 19 W 5/96 AktE, AG 1999, 321, 323 – „Lippe-Weser-Zucker AG"; OLG Düsseldorf vom 19.10.1999 – 19 W 1/96 AktE, AG 2000, 323, 325 – „Hoffmann's Stärkefabriken".

73 OLG Düsseldorf vom 07.06.1990 – 19 W 13/86, ZIP 1990, 1333, 1341 – „DAB/Hansa".

74 BayObLG vom 11.09.2001 – 3Z BR 101/99, ZIP 2001, 1999, 2001 – „Ytong"; OLG Stuttgart vom 26.10.2066 - 20 W 14/05, AG 2007, 128, 135; OLG Düsseldorf vom

Einzelfall für richtig erachtet, jeweils in Abhängigkeit von der Inflationserwartung sowie der geschätzten Fähigkeit des Unternehmens, das Risiko der inflationsbedingten Geldentwertung auszugleichen. Da sich jedoch die künftige Preiselastizität und die Entwicklung der Inflation für eine unbegrenzte Zeitdauer nicht annähernd berechnen lassen, ist jedoch auch Kritik am Ansatz eines Inflationsabschlages laut geworden. Soweit überhaupt ein Abschlag anzusetzen sei, sei dieser im Basiszinssatz bereits enthalten und müsse – vorbehaltlich einer konkreten Berechnung, durch welche die Erforderlichkeit dennoch nachgewiesen werden könne – nicht zusätzlich in Ansatz gebracht werden.[81]

3. Unternehmerrisikozuschlag

Umstritten ist, ob dem Basiszinssatz Prozentpunkte für das Risiko, das die Anlage in ein Unternehmen im Unterschied mit festverzinslichen Wertpapieren mit sich bringt, zuzuschlagen sind. Einigkeit besteht – weitgehend – lediglich insoweit, dass ein Zuschlag für spezielle Risiken des Unternehmens unzulässig ist, da diese bereits im einzelnen bei der Bewertung der Ertragsaussichten Berück-

---

15.01.2004 – I-19 W 5/03 AktE, ZIP 2004, 1503, 1506 – „Krupp/Hoesch"; OLG Düsseldorf vom 19.10.1999 – 19 W 1/96 AktE, AG 2000, 323, 325 – „Hoffmann's Stärkefabriken"; OLG Düsseldorf vom 11.04.1988 – 19 W 32/86, ZIP 1988, 1555, 1560 – „Colditz"; OLG Celle vom 04.04.1979 – 9 Wx 2/77, AG 1979, 230, 232 – „Ilseder Hütte/Salzgitter AG"; LG Frankfurt vom 31.01.1990 – 34 AktE 1/86, AG 1990, 403, 404 – „Balamundi AG/Adt AG"; LG München I vom 25.01.1990 – 17 HKO 17002/82, AG 1990, 404, 405 – „Paulaner"; LG Berlin vom 24.11.1982 – 98 AktE 3/80, AG 1983, 135, 136 – „Scheidemandel AG/Gelatine Verwaltungs-GmbH".

75 OLG Düsseldorf vom 11.01.1990 – 10 W 6/86, AG 1990, 397, 400 – „EVA".

76 BayObLG vom 11.07.2001 – 3Z BR 172/99, AG 2002, 388, 389 – „Rieter I".

77 OLG Düsseldorf vom 31.01.2003 – 19 W 9/00 AktE, AG 2003, 329, 333 – „SNI"; OLG Frankfurt vom 30.07.2001 – 20 W 4/96, AG 2002, 404, 405 – „Nestlé AG"; OLG Düsseldorf vom 12.02.1992 – 19 W 3/91, AG 1992, 200, 203 f. – „Dt. Babcock/Balcke-Dürr"; OLG Düsseldorf vom 16.10.1990 – 19 W 9/88, ZIP 1990, 1474, 1475 – „Wicküler-Küpper-Brauerei"; LG Dortmund vom 16.11.1981 – 18 AktE 1/78, AG 1982, 257, 259 – „Krupp Südwestfalen AG".

78 LG Frankfurt vom 16.05.1984 – 3/3 AktE 144/80, AG 1985, 310, 311 – „Triumph-Adler AG".

79 BayObLG vom 11.12.1995 – 3Z BR 36/91, AG 1996, 176, 179; BayObLG vom 19.10.1995 – 3Z BR 17/90, AG 1996, 127, 130 – „Paulaner".

80 BGH vom 13.03.1978 – II ZR 142/76, NJW 1978, 1316, 1319 – „Kali+Salz" (in BGHZ 71, 40 insoweit nicht abgedruckt).

81 Aha AG 1997, 26, 32 f.

sichtigung gefunden haben.[82] Eine zweifache Veranschlagung desselben Risikofaktors ist nicht zulässig.[83]

Darüber, inwieweit ein so genannter allgemeiner Unternehmerrisikozuschlag anzusetzen ist, herrscht jedoch Uneinigkeit. Das generelle Unternehmerrisiko ist wiederum im Verhältnis zur alternativen Anlage in festverzinsliche Anleihen zu sehen. Es ergibt sich daher vor allem daraus, dass ein Unternehmen durch außergewöhnliche Ereignisse wie unvorhergesehene Ergebnisschwankungen,[84] Betriebsstörungen durch höhere Gewalt, Belegschaftsveränderung, Insolvenzen wichtiger Abnehmer etc. betroffen werden kann.[85] Rechnerisch ermittelt wird der Zuschlag durch die Multiplikation der durchschnittlichen Risikoprämie für Aktien mit dem Beta-Faktor[86] für die Aktien des entsprechenden Unternehmens.[87] Für das allgemeine Unternehmerrisiko wurden von der Rechtsprechung zum Teil pauschal Zuschläge von 0,5 %[88], 0,6 %[89], 1 %[90], 1,5 %[91], 2 %[92],

---

82 BayObLG vom 11.12.1995 – 3Z BR 36/91, AG 1996, 176, 179; Bergrath, Vergleich der Ertragswertmethode mit der DCF-Methode, S. 150; Piltz, Unternehmensbewertung, S. 174; Jacobs, Bedeutung der Unternehmenssubstanz, S. 101 f.

Das Institut der Wirtschaftsprüfer rät dagegen, im Hinblick auf Abgrenzungsschwierigkeiten zwischen allgemeinen und unternehmensspeziellen Risiken, das gesamte Unternehmerrisiko ausschließlich im Kapitalisierungszinssatz zu berücksichtigen. IdW S 1, Abschnitt 6.2, Tz. 96 f., WPg 2000, 825, 834. Hierauf bezieht sich auch das OLG Düsseldorf, Beschluss 08.07.2003 – 19 W 6/00 AktE, AG 2003, 688, 693 – „Veba AG", wobei durch den Verweis auf die Rechtsprechung im übrigen nicht hinreichend klar wird, ob der dort verwendete Zuschlag von 2,5 % tatsächlich das unternehmensspezielle Risiko betrifft.

83 Dörner in: WP-Handbuch 1992 II, A Rn. 208; Bula/Schlösser in: Sagasser/Bula/Brünger, J Rn. 52.

84 Vgl. Dörner in: WP-Handbuch 1992 II, A Rn. 211; Bergrath, Vergleich der Ertragswertmethode mit der DCF-Methode, S. 151.

85 BayObLG vom 11.12.1995 – 3Z BR 36/91, AG 1996, 176, 179; OLG Düsseldorf vom 19.10.1999 – 19 W 1/96 AktE, AG 2000, 323, 325 – „Hoffmann's Stärkefabriken"; Großfeld, Unternehmens- und Anteilsbewertung, S. 122 f., 129; Hommel/Braun, BB-Beilage Nr. 6 zu Heft 38/2002, S. 10, 11.

86 Siehe unten Abschnitt D.II.2.a) „Eigenkapitalkosten – Capital Asset Pricing Model".

87 OLG Düsseldorf vom 31.01.2003 – 19 W 9/00 AktE, AG 2003, 329, 333 – „SNI"; LG Bremen vom 18.02.2002 – 13 O 458/96, AG 2003, 214, 215 – „Gestra/Foxboro".

88 OLG Hamburg vom 03.08.2000 – 11 W 36/95, AG 2001, 479, 480 f.; OLG Düsseldorf vom 22.01.1999 – 19 W 5/96 AktE, AG 1999, 321, 323 f. – „Lippe-Weser-Zucker AG" (EG-Zuckermarkt); OLG Düsseldorf vom 11.01.1990 – 19 W 6/86, AG 1990, 397, 400 f. – „EVA"; OLG Düsseldorf vom 07.06.1990 – 19 W 13/86,ZIP 1990, 1333, 1341 – „DAB/Hansa"; OLG Düsseldorf vom 16.10.1990 – 19 W 9/88, ZIP 1990, 1474, 1475 f. – „Wicküler-Küpper-Brauerei"; **anders noch** die Vorinstanz LG Düsseldorf vom 16.12.1987 – 34 AktE 1/82, AG 1989, 138, sowie OLG Celle vom 04.04.1979 – 9 Wx 2/77, AG 1979, 230, 232 – „Ilseder Hütte/Salzgitter AG", die davon ausgingen, dass ein

2,5 %[93] und auch 3 %[94] zum Basiszinssatz festgesetzt. Bei den Zusammenschlüssen von Daimler-Benz und Chrysler sowie Thyssen und Krupp wurde jeweils für beide Unternehmen sogar ein Risikozuschlag von 3,5 % angesetzt[95], bei der Eingliederung der SNI gar 4,1 %[96]

Gegen einen Zuschlag für ein allgemeines Unternehmerrisiko wird die Beliebigkeit der Festlegung angeführt, die auf keinerlei nachvollziehbaren Faktoren beruhe.[97] Dem ist im Grunde nichts entgegenzuhalten. Außerdem würden einseitig bestehende Risiken und Ungewissheiten zu Gunsten des abfindungspflichtigen Unternehmens berücksichtigt, nicht dagegen die ebenfalls bestehenden Chancen

---

Zuschlag für das allgemeine Unternehmerrisiko nicht angesetzt werden könne, weil dem allgemeinen Risiko die Chancen mit gleicher Wertigkeit gegenüberständen.

Dielmann/König AG 1984, 57, 61 befürworten einen Zuschlag von 0,5 % als „in der Regel angemessen“.

89 BayObLG vom 11.12.1995 – 3Z BR 36/91, AG 1996, 176, 179; BayObLG vom 19.10.1995 – 3Z BR 17/90, AG 1996, 127, 130 – „Paulaner“.

90 OLG Frankfurt vom 30.07.2001 – 20 W 4/96, AG 2002, 404, 405 – „Nestlé AG“; OLG Düsseldorf vom 19.10.1999 – 19 W 1/96 AktE, AG 2000, 323, 325 – „Hoffmann's Stärkefabriken“.

91 OLG Frankfurt vom 30.07.2001 – 20 W 4/96, AG 2002, 404, 405 – „Nestlé AG“; OLG Düsseldorf vom 12.02.1992 – 19 W 3/91, AG 1992, 200, 204 – „Dt. Babcock/Balcke-Dürr“; LG Frankfurt vom 31.01.1990 – 34 AktE 1/86, AG 1990, 403, 404 – „Balamundi AG/Adt AG“; OLG Düsseldorf vom 11.04.1988 – 19 W 32/86, ZIP 1988, 1555, 1560 – „Colditz“.

92 BayObLG vom 11.09.2001 – 3Z BR 101/99, ZIP 2001, 1999, 2001 – „Ytong“; BayObLG 11.07.2001 – 3Z BR 172/99, AG 2002, 388, 389 – „Rieter I“; LG München I vom 25.01.1990 – 17 HKO 17002/82, AG 1990, 404, 405 – „Paulaner“; nachfolgend aber BayObLG vom 19.10.1995 – 3Z BR 17/90, AG 1996, 127 – „Paulaner“ (0,6 %).

Ebenfalls 2 % setzte der BGH bei der Berechnung eines Nachlasswertes an: BGH vom 30.09.1981 – IVa ZR 127/80, NJW 1982, 575, 576.

93 OLG Düsseldorf vom 20.11.2001 – 19 W 2/00 AktE, AG 2002, 398, 402 – „Kaufhof/Metro“ (2,3 % bzw. 2,5 %).

94 BayObLG vom 11.09.2001 – 3Z BR 101/99, ZIP 2001, 1999, 2001 – „Ytong“ (Zulieferer für Bauunternehmen); LG München I vom 03.12.1998 – 5 HKO 14889/92, AG 1999, 476 f. (Baubranche).

95 Vgl. Großfeld, Unternehmens- und Anteilsbewertung, S. 131.

96 OLG Düsseldorf vom 31.01.2003 – 19 W 9/00 AktE, AG 2003, 329, 333 – „SNI“.

Das OLG Stuttgart nimmt (unter Berücksichtigung eines Beta-Faktors von 1,2) in einem Fall 4,5 % an: OLG Stuttgart vom 26.10.2006 - 20 W 14/05, AG 2007, 128, 131 f.

97 Gansweid AG 1977, 334, 339 f.; vgl. auch Großfeld, Unternehmens- und Anteilsbewertung, S. 128.

einer günstigen Entwicklung. Risiken wie Chancen sollten bereits bei der Ertragsprognose einbezogen werden.[98] Es ist zwar zutreffend, dass die gerade im Unternehmen liegenden Chancen und Risiken nicht über den Kapitalisierungszins sondern tatsächlich im Rahmen der Ertragsplanung Beachtung finden müssen. Die allgemeinen Risiken der Beteiligung an einem Unternehmen sind jedoch in Relation zu den Risiken der festverzinslichen langjährigen Anleihe zu sehen. Es besteht immer die Chance einer günstigeren Entwicklung des Unternehmenserfolges, jedoch führt das nicht zu einer vollständigen Aufhebung des Risikos der ebenfalls möglicherweise eintretenden Verschlechterung der Entwicklung.[99]

In neuerer Zeit wird zur genaueren marktgestützten Ermittlung des Unternehmerrisikos auch das Capital Asset Pricing Model (CAPM) angewandt.[100] Als alternatives Modell zur Schätzung der Eigenkapitalkosten nach Einschätzung des Marktes ist es vor allem im Zusammenhang mit dem Discounted Cash Flow-Verfahren bekannt geworden,[101] ist jedoch in der Anwendung nicht darauf beschränkt, sondern lässt sich auch innerhalb des Ertragswertverfahrens heranziehen.[102]

4. Fungibilitätszuschlag

Weiterhin ist zu überlegen, ob ein Zuschlag zum Basiszinsfuß damit begründet werden kann, dass die Anlage in Unternehmensanteilen weniger fungibel als die Anlage in die im Basiszins berücksichtigten Geldmarkttiteln ist.[103] Gerade bei börsennotierten Aktien erscheint ein solcher Ansatz jedoch nicht überzeugend.

---

98 Gansweid AG 1977, 334, 339 f.

99 Es wird hierbei auch von Risikoaversion gesprochen, die dazu führt, zukünftige Risiken stärker zu gewichten als zukünftige Chancen, vgl. IdW S 1, Abschnitt 6.2, Tz. 94, WPg 2000, 825, 833; Großfeld, Unternehmens- und Anteilsbewertung, S. 123, 126 f.

100 OLG Düsseldorf vom 15.01.2004 – I-19 W 5/03 AktE, ZIP 2004, 1503, 1506 – „Krupp/Hoesch".

101 Siehe die weitere Darstellung im Zusammenhang mit dem DCF-Verfahren, unten Abschnitt D.II.2.a) „Eigenkapitalkosten – Capital Asset Pricing Model".

102 IdW S 1, Abschnitt 6.2., Tz. 98, WPg 2000, 825, 834.

Diese Vorgehensweise fand z. B. bei der Verschmelzung von VEBA und VIAG 1999/2000 Anwendung, siehe Verschmelzungsbericht S. 144 f., veröffentlicht als pdf-Dokument unter http://www.eon-ag.com im Verzeichnis \Investoren\Finanzberichte\Weitere Berichte.

103 Jaensch, Wert und Preis der ganzen Unternehmung, S. 67, führt als Argument **gegen** die Annahme eines solchen Zuschlages die Unwissenschaftlichkeit eines derartigen Ansatzes an. Zudem verweist er darauf, dass das fragliche Risiko grundsätzlich unbeachtlich sei, da in der Regel nicht geplant sei, das Unternehmen sofort wieder zu verkaufen.

Anders stellt es sich jedoch dar, wenn man börsennotierte Anteile solchen ohne Börsenzulassung gegenüberstellt. Wie bereits oben dargestellt,[104] stellt der Wegfall der Börsennotierung für den Aktionär eine entscheidende Veränderung dar, die auch in der eingeschränkten Veräußerbarkeit gegenüber einem großen Kreis potentieller Erwerber besteht. Daher wird vorgeschlagen, bei der Verschmelzung einer börsennotierten auf eine nicht börsennotierte Gesellschaft – im Rahmen der Ermittlung der Verschmelzungswertrelation – bei der Bewertung der nicht börsennotierten Gesellschaft einen Fungibilitätszuschlag zum Kapitalisierungszins anzusetzen, um die Gesellschafter der börsennotierten Gesellschaft über das für sie verbesserte Umtauschverhältnis für den Fungibilitätsmangel der neuen Aktien im Vergleich zu den alten (börsennotierten) Aktien zu entschädigen.[105] Die eintretende Verwässerung der Anteile der übernehmenden Gesellschaft sei dabei hinzunehmen.

Ein derartiger Einsatz eines Fungibilitätszuschlages erscheint durchaus als eine Möglichkeit, die Beteiligung der bei der Verschmelzung nicht ausscheidenden Gesellschafter im aufnehmenden Rechtsträger wirtschaftlich angemessen und wertmäßig voll weiterzuführen. Sie ist jedoch im Hinblick auf die Verwässerung, bezüglich derer der die Verschmelzung steuernde Mehrheitsaktionär nach der Ansicht von STECK „nicht schutzwürdig“ sei,[106] kritisch zu hinterfragen. Eine solche Verschiebung in der Bewertung allein zu Lasten des Mehrheitsaktionärs mag bei einem down-stream-merger auf eine 100 %ige Tochtergesellschaft noch denkbar sein. Die Beteiligungsverhältnisse verändern sich in diesem Fall nicht, da die Gesellschafter des übertragenden Rechtsträgers (der Muttergesellschaft) die Anteile des übernehmenden Rechtsträgers (der Tochtergesellschaft) im Wege des Umtauschs erhalten. Eine Wertverschiebung zu Gunsten der Minderheitsaktionäre und zu Lasten des Mehrheitsaktionärs, der die Umwandlung durchgesetzt hat, ist denkbar, aber im Hinblick auf den Grundsatz der Gleichbehandlung der Aktionäre grundsätzlich problematisch. Dieser Punkt kann hier jedoch nicht weiter vertieft werden. Anzumerken ist nur, dass eine solche Verwässerung in keinem Fall zu Lasten anderer Gesellschafter des übernehmenden Rechtsträgers gehen kann, d. h. spätestens bei einer bloßen Mehrheitsbeteiligung der Muttergesellschaft an der übernehmenden Tochtergesellschaft kann nicht einfach ein Fungibilitätszuschlag in der Bewertung des nicht börsennotierten übernehmenden Rechtsträgers angesetzt werden.

[104] Siehe oben 2. Kapitel Abschnitt D. III. „Folgen für den Minderheitsaktionär“.

[105] Steck AG 1998, 460, 465 f.

[106] Steck AG 1998, 460, 466.

5. Zwischenergebnis

Es ist immer zu bedenken, dass bereits geringe Änderungen in der Zinsfußfestlegung zu großen Auswirkungen führen, die Schwankungsbreite der Schätzungenauigkeit daher enorm ist. Beispielweise führt die Änderung des Unternehmerrisikozuschlages von 1 auf 1,5 Prozentpunkte bei einem Basiszinssatz von 7 % und einem „mittleren" Inflationsabschlag von 2 % zu einer Erhöhung des Kapitalisierungsfaktors von 6 auf 6,5 %, was eine Herabsetzung des Barwertes der Überschüsse um 8,3 % bedeutet. Zu beachten ist auch das Verhältnis von Basiszinssatz und Zu- oder Abschlägen, denn bei unterschiedlich hohen Basiszinssätzen führen Änderungen, die in Prozentpunkten gleich bemessen sind, absolut zu unterschiedlichen Zu- oder Abschlagswerten.[107] Allein diese sehr vereinfachten Überlegungen verdeutlichen, dass der mit dem Ertragswertverfahren ermittelte Unternehmenswert in hohem Maße vom Kapitalisierungszinssatz abhängt, der zur scheinbaren Objektivierung in verschiedene Faktoren zerlegt wird. Eine tatsächlich stichhaltige und nachprüfbare Begründung für die Wahl eines höheren oder niedrigeren Zinssatzes lässt sich in den meisten Fällen jedoch nicht finden. Zum Teil wird lediglich angeführt, dass ein bestimmter Zinssatz nicht zutreffend sei.[108] Wenn die Abweichungen nicht gerade mehrere Prozentpunkte von den Vorschlägen des Sachverständigen oder der bisherigen Praxis des Gerichts betragen, handelt es sich wohl eher um eine Frage des Gefühls oder Geschmacks des bewertenden Sachverständigen oder des Richters im Spruchverfahren. Ebenso können aber auch politische oder weltwirtschaftliche Ereignisse über Risikozuschläge Auswirkungen auf die Unternehmensbewertung haben.[109] Von einer Bewertungsmethode, die von allen äußeren Einflüssen unabhängig allein den „inneren" Unternehmenswert bestimmt, kann daher auch beim Ertragswertverfahren nicht die Rede sein.

III. Nicht betriebsnotwendiges Vermögen

Neutrales oder auch nicht betriebsnotwendiges Vermögen sind alle die Vermögensgegenstände, die frei veräußert werden könnten, ohne dass davon die eigentliche Unternehmensaufgabe berührt würde.[110] Diese Vermögensgegenstände

---

[107] Großfeld, Unternehmens- und Anteilsbewertung, S. 131.

[108] So hat etwa das OLG Celle, Beschluss vom 31.07.1998 – 9 W 128/97, AG 1999, 128, 130 f. – Hofbräuhaus Wolters/Gildebrauhaus", einen Risikozuschlag von 2,4 % „jedenfalls in dieser Höhe" als zu hoch angesehen.

[109] Seisler, Anspruch des Minderheitsaktionärs, S. 126.

[110] Dörner in: WP-Handbuch 1992 II, A Rn. 65; siehe LG Düsseldorf vom 16.12.1987 – 34 AktE 1/82, AG 1989, 138 – „Wicküler-Küpper Brauerei KGaA" mit Beispielen für die Einschätzung von Grundstücken als betriebsnotwendiges Vermögen.

sind also zur nachhaltigen Erzielung der Unternehmenserfolge nicht erforderlich, daher sind sie wertmäßig noch nicht in der Ermittlung des Ertragswertes erfasst. Sie stellen einen Zusatzwert dar, der „außerhalb des funktionalen Zusammenhangs der Werte im Betriebsgeschehen“[111] steht, jedoch nicht vernachlässigt werden darf, da er als Zusatz- oder Überschusssubstanz einen Teil des Vermögens des Unternehmens bildet.[112] Zum nicht betriebsnotwendigen Vermögen zählen Finanzanlagen, nicht betriebsnotwendige Grundstücke[113] oder auch Beteiligungen, die für die Marktposition unwichtig sind.[114]

Das nicht betriebsnotwendige Vermögen ist stets gesondert zu bewerten;[115] dabei sind Einzelveräußerungspreise anzusetzen, wenn der Liquidationswert den Barwert der zu erwartenden finanziellen Überschüsse übersteigt.[116] Steuern und sonstige Kosten, die aufgrund der Veräußerung entstünden, sind wertmindernd in Ansatz zu bringen.[117] Auch hier gilt grundsätzlich das Stichtagsprinzip, d. h es ist der Wert zu ermitteln, den der Vermögensgegenstand gerade an diesem Tag hat.[118] Allerdings hat diese pauschale, allein stichtagsbezogene Betrachtungsweise Kritik insofern erfahren, als hier – wie auch im Rahmen einer Liquidationswertermittlung für das gesamte Unternehmen – die Zeitkomponente bei der Abwicklung Beachtung finden müsse.[119] Dies führt dazu, dass ein niedrigerer Wert zum Stichtag anzunehmen ist, da der zukünftig zu erzielende Liquidations-

---

[111] Dörner in: WP-Handbuch 1992 II, A Rn. 65; Aha AG 1997, 26, 35 f.

[112] BayObLG vom 19.10.1995 – 3Z BR 17/90, AG 1996, 127 128 – „Paulaner“; BayObLG vom 11.12.1995 – 3Z BR 36/91, AG 1996, 176, 178; Großfeld, Unternehmens- und Anteilsbewertung, S. 168.

[113] Anlass zu Diskussionen gaben hier vor allem die Gaststättengrundstücke, die im Eigentum von Brauereien stehen, siehe hierzu BayObLG vom 19.10.1995 – 3Z BR 17/90, AG 1996, 127 ff. – „Paulaner“; OLG Düsseldorf vom 16.10.1990 – 19 W 9/88, ZIP 1990, 1474, 1476 – „Wicküler-Küpper-Brauerei“; Forster in: FS Claussen, 1997, S. 91, 93 ff.

[114] Siehe im einzelnen Dörner in: WP-Handbuch 1992 II, A Rn. 65 ff., 173 f.

[115] OLG Celle vom 04.04.1979 – 9 Wx 2/77, AG 1979, 230, 232 – „Ilseder Hütte/Salzgitter AG“; Koppensteiner in: Kölner Kommentar, § 305 Rn. 83; Bergrath, Vergleich der Ertragswertmethode mit der DCF-Methode, S. 113; Piltz, Unternehmensbewertung, S. 30, vgl. auch S. 181.

[116] Grzimek in: Geibel/Süßmann, WpÜG, Art. 7 § 327b AktG Rn. 18; Vollrath in: Widmann/Mayer, UmwR, § 30 Rn. 23.

[117] Dörner in: WP-Handbuch 1992 II, A Rn. 65; Forster in: FS Claussen, 1997, S. 91, 97 f.; Piltz, Unternehmensbewertung, S. 31, 187 f.; a. A. BayObLG vom 19.10.1995 – 3Z BR 17/90, AG 1996, 127, 130 – „Paulaner“.

[118] BayObLG vom 19.10.1995 – 3Z BR 17/90, AG 1996, 127 128 – „Paulaner“; BayObLG vom 11.12.1995 – 3Z BR 36/91, AG 1996, 176, 180.

[119] Forster in: FS Claussen, 1997, S. 91, 97.

erlös diskontiert werden müsse. Bei den anzusetzenden Liquidationswerten handelt es sich in aller Regel um fiktive Werte, das schließt jedoch nicht aus, dass diese Schätzung grundsätzlich möglichst realitätsgerecht und genau zu erfolgen hat. Handelt es sich im Einzelfall um beachtliche Umstände, die eine sofortige Liquidation erschweren oder unmöglich machen,[120] müssen diese Umstände bei der Bewertung beachtet werden und der Wert muss diskontiert werden.

D. Discounted Cash Flow

Eine weitere Form der Gesamtbewertungsmethode stellt die so genannte Discounted Cash Flow-Methode (DCF) dar, die in den USA nach dem Ende des 2. Weltkriegs entwickelt wurde.[121] Wie bereits aus dem Begriff abzuleiten, bezieht sich dieses Verfahren auf Kapitalflüsse, d. h. Geldbewegungen, die auf einen bestimmten Barwert zum Bewertungsstichtag abgezinst werden.[122] Die Kapitalflüsse finden im Unternehmen als dynamischer Vorgang während des ganzen Jahres statt.[123] Ähnlich dem Ertragswertverfahren wird mit dieser Methode ein Unternehmenswert aus den zukünftigen Einnahmeüberschüssen des Unternehmens ermittelt.[124] In der Theorie führen beide Methoden sogar zu den gleichen Ergebnissen.[125] Der Cash-flow drückt jedoch vor allem aus, ob das Unternehmen in der Zukunft fähig sein wird, Geldmittel zu erarbeiten, um Eigen- und Fremdkapital zu bedienen und Investitionen durchzuführen.[126] Er zeigt daher die Selbstfinanzierungskraft des Unternehmens an.[127]

Die Discounted Cash Flow-Methode ist inzwischen in Deutschland durchaus als Bewertungsmethode üblich und anerkannt,[128] von den Gerichten wurde sie in

---

[120] In der kritisierten Paulaner-Entscheidung des BayObLG ging es sich um die Bewertung brauereieigener Gaststättengrundstücke, die mit teilweise sehr langfristigen Pachtverträgen „belastet" waren.

[121] Vgl. Bergrath, Vergleich der Ertragswertmethode mit der DCF-Methode, S. 164.

[122] Vollrath in: Widmann/Mayer, UmwR, § 30 Rn. 25.

[123] Bergrath, Vergleich der Ertragswertmethode mit der DCF-Methode, S. 164.

[124] Bergrath, Vergleich der Ertragswertmethode mit der DCF-Methode, S. 195; vgl. IDW S 1, Abschnitt 7.1., Tz. 106, WPg 2000, 825, 835.

[125] IDW S 1, Abschnitt 7.1., Tz. 106, WPg 2000, 825, 835; Seetzen WM 1999, 565, 571; Hommel/Braun, BB-Beilage Nr. 6 zu Heft 38/2002, S. 10, 12; vgl. aber auch Bergrath, Vergleich der Ertragswertmethode mit der DCF-Methode, S. 163 f., 199.

[126] Großfeld, Unternehmens- und Anteilsbewertung, S. 40.

[127] Bergrath, Vergleich der Ertragswertmethode mit der DCF-Methode, S. 167.

[128] Siehe die Grundsätze zur Durchführung von Unternehmensbewertungen des Instituts der Wirtschaftsprüfer IdW S 1, WPg 2000, 825 ff.; Grzimek in: Geibel/Süßmann, WpÜG,

Spruchverfahren, soweit ersichtlich, noch nicht herangezogen. Mittlerweile ist eine Kapitalflussrechnung gemäß § 297 Abs. 1 S. 2 HGB für den Konzernabschluss börsennotierter Mutterunternehmen obligatorisch.

I. Shareholder-Value-Ansatz

Wegen seiner Herkunft aus der strategischen Unternehmensbewertung lässt sich der Discounted Cash Flow vor allem als ein Instrument zur Erfolgsmessung des Managements betrachten. Vor diesem Hintergrund ist auch der Shareholder-Value-Ansatz zu nennen, nachdem Entscheidungen des Managements an der mit ihnen erzielbaren Steigerung des Unternehmenswertes gemessen werden.[129] Das Management soll danach allein den Interessen der Anteilseigner verpflichtet sein; der Erfolg wird daher nicht mehr im rechnerischen Gewinn des Unternehmens gesehen, sondern allein im Wertzuwachs zu Gunsten der Anteilseigner in Form von Dividenden und Anteilswertsteigerungen.[130]

II. Berechnung des DCF

Der Discounted Cash Flow kann sowohl durch eine direkte Gegenüberstellung von Einzahlungen und Auszahlungen ermittelt werden als auch durch die „Rückführung der periodisierten Einzahlungen (Erträge) in tatsächliche Einzahlungen und der periodisierten Ausgaben (Aufwendungen) in tatsächliche Ausgaben der Betrachtungsperiode“[131]. Es lassen sich verschiedene DCF-Verfahren unterscheiden, die zwar unterschiedliche Rechentechniken verwenden, im übrigen aber zu übereinstimmenden Ergebnissen führen[132]: das Konzept des Angepassten Barwerts (Adjusted Present Value, APV), das Konzept der direkten Ermittlung des Werts des Eigenkapitals (Equity-Ansatz) sowie das Konzept der gewogenen Kapitalkosten (Weighted Average Cost of Capital-Ansatz, WACC). Nach dem APV- und dem WACC-Ansatz wird der Marktwert des Eigenkapitals indirekt als Differenz aus einem Gesamtkapitalwert und dem Marktwert des Fremdkapitals ermittelt.[133] Das Konzept des Equity-Ansatzes ist dagegen eher

Art. 7 § 327b Rn. 19 f.; **ablehnend** gegenüber einer Anwendung im Spruchverfahren: Aha AG 1997, 26, 31.

129 Bergrath, Vergleich der Ertragswertmethode mit der DCF-Methode, S. 169.

130 Bergrath, Vergleich der Ertragswertmethode mit der DCF-Methode, S. 169, 182 f.

131 Bergrath, Vergleich der Ertragswertmethode mit der DCF-Methode, S. 167 f.

132 IdW S 1, Abschnitt 7.3.1., Tz. 124, WPg 2000, 825, 837.

133 Diese Art der Bruttounternehmenswertberechnung wird als Entity-Methode bezeichnet, vgl. Betsch/ Groh/ Lohmann, Corporate Finance, S. 217.

mit der Berechnung nach dem Ertragswertverfahren vergleichbar;[134] dabei wird der Marktwert des Eigenkapitals durch Abzinsung der um die Fremdkapitalkosten verminderten Cash flows mit der Rendite des Eigenkapitals berechnet.[135] Im folgenden soll kurz allein auf die Berechnung nach dem WACC-Ansatz eingegangen werden.

1. Prognose des zukünftigen Free Cash Flow

Auch das DCF-Verfahren arbeitet mit Prognosen. Die Ein- und Auszahlungen, und damit der betriebliche Cash-flow als Saldo, werden für einen Prognosezeitraum von 5-10 Jahren geplant.[136] Diese Schätzung kann auf eine konstante Größe bezogen oder entsprechend des Phasenmodells durchgeführt werden.[137]

Die künftigen zu schätzenden Cash flows sind dabei diejenigen finanziellen Überschüsse, die unter Berücksichtigung der gesellschaftsrechtlichen Ausschüttungsgrenzen allen Kapitalgebern, d. h. sowohl Eigenkapital- als auch Fremdkapitalgebern, zur Verfügung stehen werden.[138] Das bedeutet, aus der buchhalterischen Gewinn- und Verlustrechnung ist das handelsrechtliche Jahresergebnis um die Fremdkapitalzinsen sowie Abschreibungen und sonstige zahlungsunwirksame Aufwendungen zu erhöhen, zahlungsunwirksame Erträge sowie die Steuerersparnis aufgrund der Abzugsfähigkeit der Fremdkapitalzinsen sind vom Ergebnis abzuziehen. Durch das Abstellen auf die tatsächlichen Zahlungsströme und das Herausrechnen von Abschreibungen wird der „Bilanzkosmetik" bei der Aufstellung von Jahresabschlüssen entgegengewirkt.[139]

---

[134] Es handelt es bei beiden um Nettokapitalisierungsverfahren, IdW S 1, Abschnitt 6.5., Tz. 105, WPg 2000, 825, 835.

[135] IdW S 1, Abschnitt 7.3.1., Tz. 124, WPg 2000, 825, 837.

[136] Zelger: in: Haarmann Hemmelrath & Partner, Gestaltung und Analyse in der Rechts-, Wirtschafts- und Steuerberatung von Unternehmen, 1998, S. 359, 361.

[137] IdW S 1, Abschnitt 7.3.2.1., Tz. 125, WPg 2000, 825, 837; Großfeld, Unternehmens- und Anteilsbewertung, S. 163.

[138] IdW S 1, Abschnitt 7.3.2.2., Tz. 127, WPg 2000, 825, 837; Großfeld, Unternehmens- und Anteilsbewertung, S. 161; siehe im einzelnen Bergrath, Vergleich der Ertragswertmethode mit der DCF-Methode, S. 171 ff.

[139] Vgl. Großfeld, Unternehmens- und Anteilsbewertung, S. 159; siehe auch Bergrath, Vergleich der Ertragswertmethode mit der DCF-Methode, S. 200 f.; Betsch/Groh/Lohmann, Corporate Finance, S. 212.

Die Begrenzung auf die für die Kapitaleigner tatsächlich verfügbaren Zuflüsse (free cash flow) ergibt sich etwa aus dem Zwang zur Bildung gesetzlicher Rücklagen, die gesellschaftsrechtlich einer Ausschüttung entgegenstehen.[140]

2. Kapitalkostenrechnung

Der Stichtagswert des zukünftigen Cash flow ist durch Abzinsung zu ermitteln. Als Kalkulationszinsfuß werden hierfür die Kapitalkosten des Unternehmens herangezogen.[141] Da sich die Prognose auf den gesamten durch Eigen- und Fremdkapital erwirtschafteten Cash flow bezieht, muss der Kapitalisierungszinssatz ebenfalls die Kosten aller Kapitalquellen rechnerisch erfassen.[142] Das Weighted Average Cost of Capital-Konzept geht daher zur Ermittlung des Abzinsungsfaktors von der Rendite des Gesamtkapitals im Unternehmen, getrennt nach Eigen- und Fremdkapital, aus. Zu Recht wird darauf hingewiesen, dass der Marktwert des Eigenkapitals gerade ermittelt werden soll und damit eigentlich nicht als Berechnungsgröße in das Verfahren eingehen darf, es sich somit um einen Zirkelschluss handelt, der jedoch durch Ergebnisiteration aufgelöst werden könne.[143]

a) *Eigenkapitalkosten – Capital Asset Pricing Model*

Die Ermittlung der Eigenkapitalkosten, d. h. der Verzinsung des Eigenkapitals, erfolgt bei Cash flow-orientierten Bewertungsverfahren meist nach dem so genannten Capital Asset Pricing Model (CAPM). Dieses Verfahren wird angewandt, um anstatt einer auf subjektiven Einschätzungen beruhenden Zinsfußbestimmung[144] die Risikoprämie für eine Anlage in dem jeweiligen Unternehmen nach der Einschätzung des Kapitalmarktes zu ermitteln.[145] Aus dieser Kapitalmarktorientierung ergibt sich, dass das CAPM in der Regel nur für börsennotierte Unternehmen anwendbar ist.[146] Im Unterschied zur herkömmlichen Methode der Zinsfestsetzung wird nicht eine Alternativrendite geschätzt, sondern es werden die jährlichen Eigenkapitalkosten ermittelt, die zum einen aus den Dividendenzahlungen und zum anderen aus den Kursgewinnen entstehen.[147] Die Einrechnung der möglichen Kursgewinne ist notwendig, da allein die Dividende

---

140 Großfeld, Unternehmens- und Anteilsbewertung, S. 162 f.

141 Bergrath, Vergleich der Ertragswertmethode mit der DCF-Methode, S. 186.

142 Bergrath, Vergleich der Ertragswertmethode mit der DCF-Methode, S. 186 f.

143 Betsch/Groh/Lohmann, Corporate Finance, S. 224 f.

144 Siehe oben die gängige Berechnung im Rahmen der Ertragswertmethode, Abschnitt C.II.

145 Großfeld, Unternehmens- und Anteilsbewertung, S. 134.

146 Großfeld, Unternehmens- und Anteilsbewertung, S. 134 f.

147 Aha AG 1997, 26, 34.

nicht ausschlaggebend für die im Vergleich zur Anleihe unsichere Anlage in Aktien ist.[148] Die Mehrrendite (Kapitalkosten) wird vom Markt dafür verlangt, dass der Anleger das im Verhältnis zur sicheren Anleihe höhere Risiko zu tragen bereit ist.[149] Grundlage der weiteren Überlegungen ist daher das Problem, die durchschnittliche *Mehr*rendite der betreffenden Aktie im Vergleich zur Kapitalanlage in Anleihen zu bestimmen; dieses Mehr bildet quasi den Risikozuschlag zum Basiszinssatz.

Zur Ermittlung der Mehrrendite wird zunächst der Gesamtaktienmarkt betrachtet. Anhand empirischer Untersuchungen wird versucht, eine allgemeine Mehrrendite des Aktienmarktes gegenüber dem Zinssatz öffentlicher Anleihen zu ermitteln. Im Zeitraum zwischen 1954 und 1988 lag diese allgemeine Mehrrendite bei circa 5 Prozentpunkten.[150] Wählt man einen möglichst großen Zeitrahmen, verringert sich auch die Gefahr, allein auf einen Zeitraum mit ausgeprägt hoher oder niedriger Aktienrendite abzustellen.

Um den Bezug zum jeweiligen Unternehmen herzustellen, ist es anschließend erforderlich, die Anlage in das betreffende Unternehmen in Relation zu diesem allgemeinen Risikoausdruck zu setzen. Dazu wird der Aktienmarkt in der Regel zu Vereinfachungszwecken[151] durch Bezugnahme auf Indizes des deutschen Aktienmarktes wie DAX, MDAX, Smax, Nemax, möglicherweise aber auch Euro Stoxx, Dow Jones, NASDAQ oder Standard and Poor (S&P 500) eingegrenzt.[152] Hierbei ist abzuwägen welcher dieser Marktportfolios repräsentativ für das zu bewertende Unternehmen ist. Von der Marktprämie wird der Basiszinssatz subtrahiert, um die durchschnittliche Mehrrendite (Marktrisikoprämie) zu ermitteln. Um zu ermitteln, ob das zu bewertende Unternehmen risikobehafteter als dieser Durchschnitt ist, wird die Volatilität, d. h. die Schwankungsbreite des Kursverlaufes der Aktien, mit den Durchschnittschwankungen verglichen. Diese Relation wird als Beta-Faktor bezeichnet; er beträgt 1, wenn die Kursschwankungen dem Durchschnitt entsprechen.[153] Ist Beta > 1, ist auch die Schwankungsbreite und damit das Kursrisiko größer als beim Durchschnitt, entsprechend geringer ist das Risiko bei Beta < 1.[154] Für die meisten börsennotierten Unternehmen

---

148 Großfeld, Unternehmens- und Anteilsbewertung, S. 135; Aha AG 1997, 26, 34.

149 Bergrath, Vergleich der Ertragswertmethode mit der DCF-Methode, S. 184 f., 186.

150 Aha AG 1997, 26, 34.

151 Vgl. IdW S 1, Abschnitt 7.3.2.5., Tz. 136, WPg 2000, 825, 838.

152 Großfeld, Unternehmens- und Anteilsbewertung, S. 135 f.; Bergrath, Vergleich der Ertragswertmethode mit der DCF-Methode, S. 189.

153 Großfeld, Unternehmens- und Anteilsbewertung, S. 136

154 Aha AG 1997, 26, 34.

werden die Beta-Faktoren und die Korrelation mittlerweile veröffentlicht, so dass auf diese Daten ohne Berechnungsaufwand zurückgegriffen werden kann.[155] Der so ermittelte Beta-Faktor wird wiederum mit der durchschnittlichen Mehrrendite des Marktsegmentes bzw. Index multipliziert, das Ergebnis schließlich zum Basiszinssatz hinzuaddiert. Das Ergebnis bildet den Kapitalisierungszinssatz.[156]

Ob das CAPM tatsächlich eine geeignete Alternative zur herkömmlichen pauschalen Festsetzung einer Risikoprämie darstellt, ist nicht unumstritten.[157] Festzuhalten ist, dass der Berechnung auch hier Prognosen und zur Vereinfachung Vergangenheitswerte zugrundegelegt werden, welche die Berechnung beeinflussen, weshalb auch hier die ermittelten Werte zwar rechnerisch genau sind, jedoch Näherungswerte innerhalb einer als richtig anzunehmenden Bandbreite darstellen.

b) *Fremdkapitalkosten*

Zusätzlich ist der gewogene durchschnittliche Zinssatz für das Fremdkapital des Unternehmens zu ermitteln. Hierfür werden entweder die jeweils vereinbarten Zinssätze[158] oder aber aktuelle Marktkonditionen[159] in Ansatz gebracht. Fehlt ein solcher festgelegter oder vergleichbarer aktueller Zinssatz, d. h. sind bestimmte Posten des Fremdkapitals wie Pensionsrückstellungen nicht explizit verzinslich, ist hierfür unter Beachtung der Fristen und Laufzeiten ein Zinssatz zu Kreditmarktkonditionen anzusetzen.[160]

c) *Bildung eines gewogenen Mittelwertes*

Aus den Kostensätzen für das Eigenkapital und das Fremdkapital wird schließlich ein Mittelwert gebildet, der nach dem quantitativen Verhältnis der Kapital-

---

[155] Großfeld, Unternehmens- und Anteilsbewertung, S. 137.

Problematisch ist jedoch, dass der Beta-Faktor eigentlich für die Zukunft zu prognostizieren ist, um den Kapitalisierungszinssatz zukunftsorientiert zu ermitteln. Eine Abschätzung der zukünftigen Volatilitäten von Aktienkursen erscheint jedoch nahezu unmöglich. Auf die eingeschränkte Geeignetheit von Beta-Faktor-Prognosen weist auch das Institut der Wirtschaftsprüfer hin, IdW S 1, Abschnitt 7.3.2.5, Tz. 136, WPg 2000, 825, 838.

[156] Vgl. IdW S 1, Abschnitt 7.3.2.5., Tz. 135, WPg 2000, 825, 838.

[157] Dagegen z. B. Großfeld, Unternehmens- und Anteilsbewertung, S. 138 f.

[158] Großfeld, Unternehmens- und Anteilsbewertung, S. 140.

[159] Bergrath, Vergleich der Ertragswertmethode mit der DCF-Methode, S. 185 f.

[160] IdW S 1, Abschnitt 7.3.2.5., Tz. 134, WPg 2000, 825, 838; Großfeld, Unternehmens- und Anteilsbewertung, S. 140; Bergrath, Vergleich der Ertragswertmethode mit der DCF-Methode, S. 185.

anteile zueinander zu gewichten ist.[161] Ist zu erwarten, dass sich das Verhältnis der Marktwerte von Eigen- und Fremdkapital in der Zukunft wesentlich ändern wird, ist die Gewichtung der Eigenkapitalkosten entsprechend anzupassen.[162]

Der prognostizierte Cash flow ist mit diesem gewogenen Kapitalkostensatz auf den Stichtag zu diskontieren.

3. Schätzung des Residualwertes

Die Discounted Cash Flow-Methode als zukunftsbezogene Bewertungsmethode geht von einer unendlichen Lebensdauer des Unternehmens aus. Zum Ende des Zeitraums der Cash flow-Prognose wird der so genannte Residualwert ermittelt, d. h. der Gegenwartswert eines Geschäfts oder einer Unternehmung nach der Prognosephase[163]. Dieser Wert kann nach zwei Lösungsansätzen beurteilt werden.

Entweder wird ein Fortführungswert unter der Prämisse konstanter Cash flows als Barwert nach der Rentenformel ermittelt,[164] oder es wird ein Veräußerungswert zu Markt- oder Börsenkonditionen geschätzt.[165] Stehen beiden Wegen keine rechtlichen oder wirtschaftlichen Gegebenheiten entgegen, ist der jeweils höhere Wert anzusetzen.[166] Dieser Wert ist zum Barwert der prognostizierten Cash flows hinzuzurechnen.

4. Nicht betriebsnotwendiges Vermögen

In die bisherige Berechnung wurde sonstiges zum Unternehmen gehörendes Vermögen, das für die Prognose der Cash flows unerheblich war, nicht einbezogen. Es handelt sich dabei oft jedoch um Wirtschaftsgüter von einigem Wert, die bei der Unternehmenswertermittlung nicht unbeachtet bleiben dürfen. Der Wert dieses Zusatzvermögens ist daher zu dem bis hier ermittelten Wert hinzuzurechnen.[167]

---

161 Großfeld, Unternehmens- und Anteilsbewertung, S. 140.

162 IdW S 1, Abschnitt 7.3.2.5., Tz. 133, WPg 2000, 825, 838.

163 Zelger in: Haarmann Hemmelrath & Partner, Gestaltung und Analyse in der Rechts-, Wirtschafts- und Steuerberatung von Unternehmen, 1998, S. 359, 360.

164 IdW S 1, Abschnitt 7.3.2.3., Tz. 130, WPg 2000, 825, 838; Bergrath, Vergleich der Ertragswertmethode mit der DCF-Methode, S. 192 f.; Großfeld, Unternehmens- und Anteilsbewertung, S. 164.

165 Bergrath, Vergleich der Ertragswertmethode mit der DCF-Methode, S. 193.

166 IdW S 1, Abschnitt 7.3.2.3., Tz. 129, WPg 2000, 825, 838.

167 Siehe hierzu oben Abschnitt C.III. „Nicht betriebsnotwendiges Vermögen".

5. Abzug des Marktwertes des Fremdkapitals

Bisher wurde der Gesamtkapitalwert des Unternehmens (Bruttounternehmenswert) ermittelt. Ausdrücklich wurden auch Kapitalströme an Fremdkapitalgeber bzw. Fremdkapitalkosten in die Berechnung integriert. Aus diesem Gesamtkapitalwert ist in einem letzten Schritt der Wert des Fremdkapitals zu subtrahieren, um den Unternehmenswert aus der Sicht der Kapitaleigner, d. h. der Eigenkapitalgeber, (Nettounternehmenswert) zu erhalten.[168] Der Marktwert des Fremdkapitals wird ermittelt, indem die Cash flows an die Fremdkapitalgeber, d. h. die Gläubiger des Unternehmens, mit einem risikogemäßen Zinssatz diskontiert werden.[169]

III. Zwischenergebnis

Grundsätzlich ist das DCF-Verfahren mit dem Ertragswertverfahren vergleichbar, da hier wie dort der Unternehmenswert aus der Betrachtung des gesamten Unternehmens abgeleitet wird, indem der geschätzte zukünftige Erfolg als Barwert im Bewertungszeitpunkt ermittelt wird. Anders als die Ertragswertmethode kann der DCF-Methode eine größere Objektivität insoweit zukommen, als regelmäßig Positionen wie Abschreibungen, Rückstellungen oder aktivierte Eigenleistungen, die kein Äquivalent in liquiden Zu- oder Abflüssen haben und bilanzpolitisch leicht beeinflussbar sind, ohne Auswirkungen auf die Berechnung bleiben.[170] Der Unternehmenswert ist nach dieser Methode zahlungs- und zukunftsorientiert[171] und hängt vor allem vom prognostizierten Cash flow sowie den Eigenkapital- und Fremdkapitalkosten ab. Diese wiederum werden durch Kapitalmarktdaten bestimmt, so dass dem Bewertenden, insbesondere bei der Ermittlung des Beta-Faktors, ein relativ geringer Entscheidungsspielraum verbleibt.[172]

Nicht beantwortet ist damit die Frage, ob das Discounted Cash Flow-Verfahren für die Ermittlung einer Abfindung im Spruchverfahren tatsächlich und rechtlich geeignet ist. Das Verfahren stammt aus der strategischen Unternehmensplanung

---

168 IdW S 1, Abschnitt 7.3.2.1., Tz. 126, WPg 2000, 825, 837; Großfeld, Unternehmens- und Anteilsbewertung, S. 165.

169 IdW S 1, Abschnitt 7.3.2.1., Tz. 126, WPg 2000, 825, 837; Großfeld, Unternehmens- und Anteilsbewertung, S. 165.

170 Vgl. Bergrath, Vergleich der Ertragswertmethode mit der DCF-Methode, S. 200 f.

171 Zelger in: Haarmann Hemmelrath & Partner, Gestaltung und Analyse in der Rechts-, Wirtschafts- und Steuerberatung von Unternehmen, 1998, S. 359, 360.

172 Bergrath, Vergleich der Ertragswertmethode mit der DCF-Methode, S. 199 f.

und enthält demgemäß strategische Implikationen,[173] die auf die Ermittlung eines Entscheidungswertes im Bereich von Akquisitionen/Deinvestitionen sowie der strategischen Planung von Geschäftsbereichen abzielen.[174] Es ließe sich daher daran zweifeln, ob diese Methode dem Verlangen der verfassungsgerichtlichen Rechtsprechung nach einer „vollen Abfindung" gerecht wird. Auch stellt das Verfahren zur Ermittlung der Kapitalkosten und damit zur Bestimmung des Kapitalisierungsfaktors auf Bezugsgrößen des Kapitalmarktes ab. Dies könnte zum Anlass genommen werden, die fehlende Objektivität sowie die Beeinflussbarkeit der Kursverläufe zu kritisieren. Zum einen jedoch wird die Grundlage der Berechnung, die Cash flow-Prognose, wie die Ertragsprognose aus unternehmensinternen Daten gewonnen, zum anderen handelt es sich bei einer börsennotierten Aktiengesellschaft gerade um eine Unternehmensbeteiligung mit Kapitalmarktbezug, die von jedem Anleger unter diesem Gesichtspunkt gesehen und gewählt wird, und bei der es gerade nicht allein auf den in der Dividende ausgedrückten Gewinn ankommt, sondern darüber hinaus auf die Gesamtrendite, die sich auch aus den Kursschwankungen am Markt ergibt. Insofern stellt das Discounted Cash Flow-Verfahren durchaus eine grundsätzlich geeignete Methode zur Ermittlung eines gerechten Wertes zwischen Parteien im Spruchverfahren dar.

E. Börsenkurs

Eine andere Herangehensweise zur Ermittlung des Wertes eines Unternehmens oder eines Unternehmensanteils ist es, den Kurswert der einzelnen an einer Börse gehandelten Anteile zugrunde zu legen. Dieser Wert ist ein Preis, der sich aus dem Verhältnis und dem Ausgleich von Angebot und Nachfrage an einem bestimmten Markt gebildet hat. Er stellt damit die durchschnittliche Wertschätzung des am Handel beteiligten Anlegerpublikums über den in der Aktie verkörperten Gesellschaftsanteil dar. Der Börsenkurs ist zum einen unmittelbar der Preis des einzelnen Anteils, zum anderen lässt sich durch Multiplikation mit der Anzahl der auf das Grundkapital ausgegebenen Aktien ein Wertausdruck für das gesamte Unternehmen ermitteln.

I. Bedeutung der Begriffe „Börse" und „Kapitalmarkt"

Die Börse ist als Handelsplatz für Wertpapiere Teil des Kapitalmarktes. Der Begriff „Markt" stammt vom lateinischen „mercatus" bzw. „mercatores" (lat. die Händler); „Börse" leitet sich ab vom lateinischen „bursa" für Geldbeutel

[173] Bergrath, Vergleich der Ertragswertmethode mit der DCF-Methode, S. 196

[174] Bergrath, Vergleich der Ertragswertmethode mit der DCF-Methode, S. 202.

bzw. dem älteren griechischen Wort „býrsa“ für Fell bzw. Ledersack. Zurückgeführt wird der Begriff oft jedoch auch auf die belgische Patrizierfamilie „van der Beurse“ oder „van den Bursen“, die einen Geldbeutel in ihrem Wappen führten und vor deren Haus in Brügge sich Händler zum Warenaustausch zusammenfanden.[175]

Durch das Zweite Finanzmarktförderungsgesetz von 1994 wurde der Begriff des „Kapitalmarktes“, der in anderen Ländern ein seit langem anerkannter Rechtsbegriff ist,[176] auch für das deutsche Recht teilweise konkretisiert. Über die Bezeichnung des Wertpapiermarktes als das Marktsegment, über das Bundesaufsichtsamt für den Wertpapierhandel die staatliche Aufsicht führt (§ 4 Abs. 1 WpHG), kann dieser als Kapitalmarkt im engeren Sinne bezeichnet werden.[177] Der staatlichen Aufsicht unterliegen die in § 2 Abs. 1 WpHG genannten Kapitalmarkttitel, so etwa Aktien, Zertifikate, die Aktien vertreten, Schuldverschreibungen, Genussscheine, Optionsscheine und vergleichbare Wertpapiere, wenn sie an einem Markt gehandelt werden.

Die Börse als Institution zur Zusammenführung von Angebot und Nachfrage im Bereich des Wertpapierhandels existierte bereits im 17. Jahrhundert mit der Holländisch-Ostindischen Compagnie.[178] In Frankfurt am Main begann die Entwicklung einer Wertpapierbörse zunächst 1585 mit dem Zusammenschluss von Messekaufleuten zur Festlegung einheitlicher Wechselkurse. Im Jahr 1682 wurde die erste Börsenordnung erlassen und ein offizieller Börsenverwalter etabliert. Zunächst wurden vor allem Schuldverschreibungen und Anleihen gehandelt; gegen Ende des 18. Jahrhunderts kam der Handel mit Staatsanleihen hinzu. Mit der wachsenden Industrialisierung und einer steigenden Zahl von Neugründungen von Aktiengesellschaften mit wachsendem Kapitalbedarf begann etwa ab Mitte des 19. Jahrhunderts zusätzlich der Handel in Aktien.

II. Struktur der Börse in Deutschland

Anders als in einigen anderen europäischen Staaten existiert in Deutschland keine Zentralbörse. Wertpapierbörsen gibt es derzeit vielmehr an acht verschiedenen Standorten: in Berlin, Bremen, Düsseldorf, Frankfurt/Main, Hamburg, Hannover, München und Stuttgart. Unumstritten gewinnt jedoch die Frankfurter

---

[175] Foelsch in: Hellner/Steuer, Bankrecht und Bankpraxis, Rn. 7/421.

[176] Kümpel, Bank- und Kapitalmarktrecht, Rn. 8.1.

[177] Kümpel in: Schimansky/Bunte/Lwowski, § 104 Rn. 28 ff.

[178] Vgl. Claussen, Bank- und Börsenrecht, § 9 Rn. 2; Foelsch in: Hellner/Steuer, Bankrecht und Bankpraxis, Rn. 7/421.

Wertpapierbörse vor allem im internationalen Handel zunehmend an Bedeutung.[179]

1. Öffentlich-rechtliche Organisationsform

Die rechtliche Einordnung der Institution Börse ist in Deutschland umstritten. Eine gesetzliche Definition fehlt in diesem Bereich. Grundsätzlich ist die Börse als Marktplatz von dem Träger der Börse, der die sachlichen Mittel, Gebäude etc. zum Betrieb der Börsenveranstaltungen vorhält, zu unterscheiden.[180] Träger der Börsen waren früher oft die örtlichen Industrie- und Handelskammern, so etwa auch in Frankfurt bis zur Gründung der Frankfurter Wertpapierbörse AG zum 1.1.1991,[181] die inzwischen von der Deutsche Börse AG abgelöst wurde. Mittlerweile sind die Träger aller deutschen Wertpapierbörsen in der Form einer Aktiengesellschaft verfasst.[182] Zur Errichtung und dem Unterhalten einer Börse bedarf der Träger gemäß § 1 Abs. 1 BörsG einer Genehmigung durch die Börsenaufsichtsbehörde des Landes.

Die eigentliche Wertpapierbörse ist in Deutschland ein staatlich überwachter Markt. Umstritten ist, ob es sich um eine nicht rechtsfähige[183] oder teilrechtsfähige Anstalt des öffentlichen Rechts[184] handelt. Der gegenwärtig anerkannte Anstaltsbegriff ist zurückzuführen auf OTTO MAYER; danach stellt eine öffentlich-rechtliche Anstalt einen Bestand von sachlichen und persönlichen Mitteln dar, der in der Hand eines Subjekts der öffentlichen Verwaltung einem bestimmten

---

179 Vgl. Hopt/Baum, WM-Sonderbeilage Nr. 4/1997, S. 8.

180 Claussen, Bank- und Börsenrecht, § 9 Rn. 16; Mues, Börse als Unternehmen, S. 72 ff.

181 Zu dieser Umstrukturierung siehe z. B. Laule, Die Umstrukturierung der Frankfurter Wertpapierbörse, in: FS Heinsius, 1991, S. 437 ff.

182 Die *Niedersächsische Börse zu Hannover* und die *Hanseatische Wertpapierbörse Hamburg* haben mit der BÖAG Börsen AG einen gemeinsamen Träger errichtet. Die *Berliner Börse* hat ihren Träger durch Ausgliederung ebenfalls in eine Aktiengesellschaft, die Berliner Börse AG, umgewandelt, deren alleiniger Aktionär der vormalige Träger Berliner Börse e. V. ist. Die *Bremer Wertpapierbörse* hat nunmehr die BWB AG als Träger, deren alleinige Gesellschafterin die BWB Holding AG ist, ihr alleiniger Gesellschaft wiederum ist der BWB Verein. Träger der *Bayerischen Börse* ist jetzt die Bayerische Börse AG, der *Baden-Württembergischen Wertpapierbörse zu Stuttgart* die Börse-Stuttgart AG, der *Börse Düsseldorf* die Börse Düsseldorf AG.

183 Claussen, Bank- und BörsenR, § 9 Rn. 21; vgl. Laule in: FS Heinsius, 1991, S. 437, 438, **siehe auch** Peterhoff in: Schäfer, § 1 BörsG, Rn. 33.

184 Beck WM 1996, 2313, 2315; Kümpel, Bank- und Kapitalmarktrecht, Rn. 17.306 ff.; Foelsch in: Hellner/Steuer, Bankrecht und Bankpraxis, Rn. 7/441

öffentlichen Zweck auf Dauer dienen soll.[185] Bei einer Wertpapierbörse besteht dieser Zweck darin, den Abschluss privatrechtlicher Verträge über den Kauf und Verkauf von Wertpapieren zu ermöglichen. Benutzer der Anstalt Börse, die ihre Einrichtungen in Anspruch nehmen, sind die Handelsteilnehmer und die Emittenten von Wertpapieren.[186] Allerdings wird auch versucht, zumindest als Gestaltungsmöglichkeit, den Charakter der Börse im privatrechtlichen Bereich anzusiedeln. Gerade bei der Frage nach internationalen Zusammenschlüssen von Handelsplätzen[187] stellt sich die Frage nach privatrechtlichen Organisationsformen.[188] Eine nähere Untersuchung würde an dieser Stelle jedoch zu weit führen.

Die volle Rechtsfähigkeit der öffentlich-rechtlichen Anstalt Börse wird durch die herrschende Ansicht abgelehnt. CLAUSSEN weist auf § 13 Abs. 6 BörsG n. F. hin, wonach die Börse unter eigenem Namen im verwaltungsgerichtlichen Verfahren klagen und verklagt werden kann. In der Vorauflage wurde allerdings hieraus sowie aus der Vertretungsregel in § 3c Abs. 2 BörsG a. F. (§ 12 Abs. 2 BörsG n. F.) die Rechtsfähigkeit der Börse abgeleitet.[189] § 13 Abs. 6 BörsG n. F. bezieht sich ausdrücklich jedoch nur auf verwaltungsgerichtliche Rechtsstreitigkeiten und legt fest, dass die Börse nicht wie bisher lediglich beteiligtenfähig i. S. d. § 61 VwGO sein soll.[190] Die Parteifähigkeit im verwaltungsgerichtlichen Verfahren bedeutet jedoch noch keine volle Rechtsfähigkeit. Wird die Fähigkeit, Träger von Rechten und Pflichten zu sein, nur für bestimmte Rechtsgebiete oder Rechtsnormen anerkannt, liegt auch im öffentlichen Recht, wie im Privatrecht, Teilrechtsfähigkeit vor.[191] Aus der Norm des § 12 Abs. 2 BörsG n. F., wonach die Geschäftsführer die Börse gerichtlich und außergerichtlich vertreten, die volle Rechtsfähigkeit abzuleiten, ist nicht zwingend, da der Kreis der den Organen der Börse zugewiesenen Zuständigkeiten beschränkt ist. Darauf weist auch der

---

[185] Mayer, Deutsches Verwaltungsrecht, 2. Band, S. 318, 377 ff.; vgl. Maurer, Allgemeines Verwaltungsrecht, § 23 Rn. 46.

[186] Beck WM 1996, 2313, 2315; Kümpel Bank- und Kapitalmarktrecht, Rn. 17.690 ff.; Mues, Börse als Unternehmen, S. 80; vgl. Maurer, Allgemeines Verwaltungsrecht, § 23 Rn. 52.

[187] Die vor wenigen Jahren geplante Fusion der Frankfurter Börse mit der London Stock Exchange ist im Ergebnis gescheitert. Dennoch werden Kooperationen zwischen den einzelnen europäischen Börsen auch weiter vorangetrieben, so dass die Möglichkeit einer Fusion für die Zukunft sicher nicht auszuschließen ist.

[188] Siehe hierzu Mues, Die Börse als Unternehmen, 1999; Claussen, Bank- und Börsenrecht, § 9 Rn. 22.

[189] Claussen, Bank- und Börsenrecht², § 9 Rn. 21.

[190] Peterhoff in: Schäfer, § 4 BörsG Rn. 17.

[191] Maurer, Allgemeines Verwaltungsrecht, § 21 Rn. 6.

Daher geht die jetzige Auffassung von Claussen, Bank- und BörsenR, 3. Auflage, § 9 Rn. 21, der Börse die Rechtsfähigkeit ganz abzusprechen, zu weit.

2. Halbsatz des § 12 Abs. 2 S. 1 BörsG n. F. hin, der die Vertretungsbefugnis der Geschäftsführer insoweit einschränkt, als der Träger der Börse zuständig ist. Die organisatorische Selbstständigkeit der Börse als Anstalt des öffentlichen Rechts wird in dieser Formulierung ebenso deutlich wie ihre rechtliche (Teil-) Unselbständigkeit durch die Beschränkung der Vertretungsbefugnis aufgrund der Zuständigkeit des Börsenträgers. Dieser tritt vorrangig nach außen auf. Daher ist von der Teilrechtsfähigkeit der Börse auszugehen, sie bedarf zur Bereitstellung und Aufrechterhaltung ihrer Infrastruktur einer Trägerorganisation.

2. Marktsegmente

Das Börsengesetz geht davon aus, dass die Handelsplattform Börse in verschiedene Marktsegmente unterteilt ist: den amtlichen Markt, den geregelten Markt und den Freiverkehr. Diese Marktsegmente zeichnen sich durch unterschiedliche gesetzlich normierte Zugangsvoraussetzungen und Zulassungsfolgepflichten aus. Die Zulassung zu einem Marktsegment schließt die Zulassung zu einem weiteren Segment aus, §§ 49 Abs. 1, 57 Abs. 1 BörsG (Verbot der Doppelnotierung).

Für den amtlichen Markt (§§ 30 ff. BörsG, §§ 56 f. BörsenO-FWB) sind die gesetzlichen Zulassungsvoraussetzungen am strengsten.[192] Nach den Änderungen des Börsengesetzes durch das 4. Finanzmarktförderungsgesetz ist der amtliche Markt jedoch nicht mehr dadurch gekennzeichnet, dass die Börsenpreise durch Kursmakler amtlich festgestellt werden.[193]

Am geregelten Markt (§§ 49 ff. BörsG, §§ 68 ff. BörsenO-FWB) sind die Voraussetzungen zur Zulassung geringer, vor allem hinsichtlich der Prospektpflicht, da hier im Unterschied zum amtlichen Markt lediglich ein Unternehmensbericht vorgelegt werden muss, der den in § 51 Abs. 3 BörsG genannten Voraussetzungen entspricht. Vor allem kleineren und mittleren Aktiengesellschaften soll der Zugang zu einem börsenmäßigen Markt erleichtert werden.[194] So sind die Unternehmen, die zum geregelten Markt zugelassen sind, grundsätzlich nicht zur Abgabe von Zwischenberichten über Finanzlage und allgemeinen Geschäftsgang gemäß § 40 BörsG verpflichtet. Mit dem Wertpapiererwerbs- und Übernahmegesetz wurden jedoch zum 1.1.2002 die Vorschriften des WpHG über die Berichtspflichten auf solche Aktien erstreckt, die zum Handel an einem „organi-

[192] Vgl. Begr. zum RegE Viertes Finanzmarktförderungsgesetz, zu § 29, BT-Drucks. 14/8017, S. 79.

[193] Zur Preisermittlung siehe sogleich Abschnitt E.III. „Börsenpreis".

[194] Kümpel, Bank- und Kapitalmarktrecht, Rn. 17.605; Foelsch in: Hellner/Steuer, Bankrecht und Bankpraxis, Rn. 7/602.

sierten Markt" zugelassen sind.[195] Damit werden die Anforderungen des geregelten Marktes insoweit denen des amtlichen Marktes angenähert. Gleichermaßen gelten auch die einheitlichen Börsenusancen („Bedingungen für Geschäfte an den deutschen Wertpapierbörsen") ausdrücklich auch für den geregelten Markt.[196]

Gemäß § 57 BörsG kann die Börse für Wertpapiere, die weder zum amtlichen noch zum geregelten Markt zugelassen sind, einen Freiverkehr[197] einrichten. Dieser ist ein privatrechtlich organisiertes Marktsegment, das weitgehend nicht der Reglementierung durch die Börse unterliegt.[198] Die bisher bestehende Kontrollbefugnis der Börsengeschäftsführung wurde jedoch in § 57 Abs. 3 BörsG um eine Untersagungsbefugnis der Börsenaufsichtbehörde erweitert, um der Verantwortung des Staates für die Börse als Anstalt öffentlichen Rechts stärker Rechnung zu tragen.[199] Anwendbar sind außerdem, im Interesse eines geregelten Handelsverlaufs, die Börsenusancen.[200] Eine Gesellschaft, deren Aktien im Freiverkehr gehandelt werden, gilt aber dennoch nicht als börsennotiert i. S. d. § 3 Abs. 2 AktG, da der Freiverkehr kein Markt ist, der von staatlich anerkannten Stellen geregelt und überwacht wird.[201] Damit korrespondieren eingeschränkte Publizitätspflichten, so müssen z. B. keine Ad-hoc-Mitteilungen gemäß § 15 WpHG abgegeben werden.[202]

Zusätzlich ermächtigt das BörsG nunmehr die einzelnen Wertpapierbörsen in den Börsenordnungen Teilsegmentierungen des amtlichen und geregelten Marktes vorzunehmen. Für diese Teilbereiche können im amtlichen und im geregelten Markt erhöhte Zulassungsfolgepflichten (§ 42, § 54 S. 2 BörsG) und im geregelten Markt außerdem erhöhte Zulassungsvoraussetzungen (§ 50 Abs. 3 BörsG) vorgesehen werden. Als weitere Zulassungsfolgepflichten wären z. B.

---

195 Artikel 2, BGBl. I 2001, S. 3822, 3837.

196 Kümpel, Bank- und Kapitalmarktrecht, Rn. 17.617 f.

Siehe z. B. § 1 Bedingungen für Geschäfte an der Frankfurter Wertpapierbörse, abrufbar unter http://deutsche-boerse.com.

197 An der Frankfurter Wertpapierbörse trägt der Freiverkehr nunmehr die Bezeichnung „Open Market".

198 Begr. zum RegE Börsenzulassungsgesetz, BT-Drucks. 10/4296, S. 11; Begr. zum RegE Zweites Finanzmarktförderungsgesetz, BT-Drucks. 12/6679, S. 75 f.

199 Vgl. Begr. zum RegE Viertes Finanzmarktförderungsgesetz, zu § 56 Abs. 3, BT-Drucks. 14/8017, S. 83.

200 Kümpel, Bank- und Kapitalmarktrecht, Rn. 17.635.

201 Heider in: MünchKomm AktG, § 3 Rn. 40; Hüffer § 3 Rn. 6.

202 Vgl. Ledermann in: Schäfer, § 78 BörsG, Rn. 13.

die Veröffentlichung von Quartalsberichten, die Aufstellung eines Unternehmenskalenders für das Geschäftsjahr, die Veranstaltung von Analystenkonferenzen oder auch die Anwendung internationaler Rechnungslegungsstandards (IAS, US-GAAP) möglich.[203] Als zusätzliche Zulassungsbedingungen kommen etwa die Verpflichtung zur Zulassung einer höheren Zahl von handelbaren Aktien, eine höhere Marktkapitalisierung oder das Erfordernis einer „Lock-up"-Vereinbarung in Betracht.[204] Beispielweise hat die Frankfurter Wertpapierbörse von der Möglichkeit der Teilsegmentierung Gebrauch gemacht und sowohl den amtlichen als auch den geregelten Markt in die Segmente General Standard und Prime Standard unterteilt (§§ 60 ff., 75 ff. BörsenO-FWB).[205]

Ein eigenständiges Handelssegment des Freiverkehrs an der Frankfurter Wertpapierbörse mit einigen rechtlichen und strukturellen Besonderheiten stellte der Neue Markt[206] dar. Als Wachstumssegment sollte er vor allem innovativen Unternehmen, die überdurchschnittliches Umsatz- und Gewinnwachstum erwarten lassen, Finanzierungsmöglichkeiten erschließen. Er wurde im März 1997 eingerichtet und zum 5.6.2003 wieder geschlossen, da das zunächst in dieses Segment gestützte Vertrauen durch zahlreiche Skandale, Verunsicherung durch Gewinn- und Verlustwarnungen etc. erschüttert wurde.[207]

3. Zulassung und Einbeziehung

Entscheidend für die Zuordnung von Aktien zu dem einen oder anderen Marktsegment ist die Zulassung zum bzw. die Einbeziehung in den Handel. Über die Zulassung entscheidet, außer für den Freiverkehr, die Zulassungsstelle der jeweiligen Börse gemäß §§ 31 Abs. 1 S. 1, 49 Abs. 2 S. 2 BörsG. Neu ist die Möglichkeit der Einbeziehung von Aktien in den Handel in den geregelten Markt gemäß § 56 BörsG. Hierdurch können Aktien auf Antrag eines Handelsteilnehmers ohne die weitere Mitwirkung oder Zustimmung des Emittenten in den Handel eines „Regulated Market" im Sinne der Wertpapierdienstleistungsrichtlinie einbezogen werden.[208]

---

[203] Beck BKR 2002, 699, 707.

[204] Begr. zum RegE Viertes Finanzmarktförderungsgesetz, zu § 49, BT-Drucks. 14/8017, S. 82.

[205] Zur Neustrukturierung der Frankfurter Wertpapierbörse und ihrer Segmente s. Schlitt AG 2003, 57 ff.

[206] Siehe LG Frankfurt/Main vom 16.08.2001 – 3-13 O 110/01, ZIP 2001, 1498, 1500 – „Foris/Deutsche Börse"; im einzelnen: Potthoff/Stuhlfauth WM-Sonderbeilage Nr. 3/1997.

[207] Siehe zur Entwicklung im einzelnen Witte/Rafiqpoor BB 2002, 2615.

[208] Beck BKR 2002, 699, 708.

Die Zulassung, die für jede neu einzuführende Emission erteilt werden muss,[209] stellt eine Einzelentscheidung auf dem Gebiet des öffentlichen Rechts und damit einen Verwaltungsakt dar.[210] Liegen die Voraussetzungen für einen Erlass gemäß § 30 Abs. 3 BörsG vor, hat der Antragsteller nach h. M. einen Anspruch auf Zulassung der Wertpapiere.[211] Hierfür spricht vor allem die Formulierung im Gesetz, wonach die Wertpapiere zuzulassen *sind*, wenn die genannten Voraussetzungen erfüllt sind.

Da es sich bei der Zulassung zur Börse um einen Verwaltungsakt im Sinne des § 35 VwVfG handelt, entfällt er bei Erledigung. Zu denken ist hier vor allem an eine Erledigung durch Wegfall des Regelungsobjektes, wenn eine Aktiengesellschaft oder Kommanditgesellschaft auf Aktien wie bei der Verschmelzung kraft Gesetzes aufgelöst wird. Dann existieren keine handelbaren Wertpapiere mehr, die Zulassung erledigt sich daher. Fraglich ist diese Erledigung z. B. bei einem Rechtsformwechsel gemäß §§ 190 ff. UmwG zwischen einer AG und einer KGaA, da die Anteile beider Unternehmensformen zum Handel an einer Börse zugelassen werden können und die rechtliche Identität beibehalten wird. Die hohen Zulassungsvoraussetzungen dienen aber vor allem dem Schutz des Anlegerpublikums. Trotz Identitätswahrung ist die rechtliche Ausgestaltung der Mitgliedschaft bei einer Aktiengesellschaft von der bei einer Kommanditgesellschaft auf Aktien verschieden. Auch hier ist daher davon auszugehen, dass sich die bisherige Zulassung erledigt und eine neue Zulassung zu beantragen ist.

III. Börsenpreis

Der Börsenpreis ist gemäß § 24 Abs. 1 BörsG der Preis, der während der Börsenzeit an einer Wertpapierbörse im amtlichen oder im geregelten Markt bzw. im Freiverkehr (§ 57 Abs. 2 BörsG) ermittelt wurde. Eine amtliche Kursfeststellung oder –notierung gibt es nicht mehr.

1. Preisermittlung

Die Preisermittlung findet gemäß § 25 BörsG entweder im elektronischen Handel oder durch Skontroführer statt. Die Entscheidung, welche Handelsart und auch welche Art der Preisermittlung stattfinden, ist gemäß § 13 Abs. 2 Nr. 3

[209] Schwark in: Schwark, KapitalmarktR, § 30 BörsG Rn. 6.

[210] Hamann in: Schäfer, § 37 BörsG, Rn. 4; Schwark in: Schwark, KapitalmarktR, § 30 BörsG Rn. 6.

[211] Hamann in: Schäfer, § 36 BörsG Rn. 12; Kümpel, Bank- und Kapitalmarktrecht, Rn. 17.734; Schwark in: Schwark, KapitalmarktR, § 30 BörsG Rn. 45; a. A. Göppert, Recht der Börsen, S. 222.

BörsG in der Börsenordnung zu treffen. Indem diese Entscheidung der Börse in ihrem Selbstverwaltungsrecht überlassen wird, wird ihnen die Möglichkeit eingeräumt, flexibel auf die Erfordernisse des Marktes einzugehen.[212] Entscheidend ist, dass für die Handelsteilnehmer Rechtssicherheit und –klarheit besteht, welche Handelsplattformen und Preisfeststellungsregeln für das jeweilige Marktsegment gelten.[213] Die Entscheidung, das Wertpapier entweder durch den Skontroführer oder über das elektronische Handelssystem oder aber auch parallel in beiden Systemen zu handeln, kann sich dabei vor allem nach den Markterfordernissen wie etwa der Liquidität des Wertpapiers richten.[214]

a) Skontroführer

Gemäß § 26 BörsG wird der Skontroführer durch Zulassung der Börsengeschäftsführung zum Börsenhandel zugelassen. Dabei handelt es sich um einen Verwaltungsakt, dieser Vorgang ist somit öffentlich-rechtlich ausgestaltet.[215] Dadurch erhält der Skontroführer freien Zugang zu den Börseneinrichtungen und zur ungehinderten Teilnahme am Handel. Der Skontroführer handelt gemäß § 27 BörsG weisungsfrei und muss seine Tätigkeit neutral ausüben. Eigen- und Aufgabegeschäfte sind aber auch zulässig, soweit sie nicht tendenzverstärkend wirken. Die Tätigkeit des Skontroführers wird durch die Börsengeschäftsführung überwacht, die auch berechtigt ist, die Zulassung bei einer groben Pflichtverletzung zu entziehen.

Der Skontroführer, der im Präsenzhandel der Börse tätig wird, kann für die gehandelten Wertpapiere entweder die Börsenpreise entweder im Rahmen fortlaufender Notierung (§ 7 Abs. 2 Börsenusancen) oder als Einheitspreis (§ 7 Abs. 1 Börsenusancen) ermitteln. Der Einheitspreis geht auf die sogenannten Kassakurse zurück, die bis zum 1. Weltkrieg für jede gehandelte Aktie gegen Mitte der Börsenveranstaltung festgestellt wurden; eine variable Notierung über die Dauer der Börsenveranstaltung war damals, anders als im Börsenterminhandel, für den Wertpapierhandel nicht üblich.[216]

---

212 Begr. zum RegE, Viertes Finanzmarktförderungsgesetz, zu § 13, BT-Drucks. 14/8017, S. 74.

213 Begr. zum RegE, Viertes Finanzmarktförderungsgesetz, BT-Drucks. 14/8017, S. 74; Beck BKR 2002, 699, 701.

214 Begr. zum RegE, Viertes Finanzmarktförderungsgesetz, zu § 24, BT-Drucks. 14/8017, S. 77.

215 Begr. zum RegE, Viertes Finanzmarktförderungsgesetz, zu § 25, BT-Drucks. 14/8017, S. 77.

216 Kümpel, Bank- und Kapitalmarktrecht, Rn. 17.446.

Der Einheitspreis ist derjenige Preis, zu dem die meisten Aufträge, d. h. Kauf- und Verkaufsorders, erledigt werden können, so, wie sie dem mit der Preisfeststellung beauftragten Skontroführer vorliegen (Meistausführungsprinzip).[217] Angebot und Nachfrage werden gesammelt, um sie zu einem bestimmten Zeitpunkt börsentäglich in Ausgleich bringen zu können, § 28 Abs. 2 S. 1 BörsenO-FWB. Der Nachteil des Einheitspreises liegt in der mangelnden Flexibilität, da alle Aufträge bis zur Preisermittlung in der Schwebe bleiben und nach der Preisermittlung bis zum Ende der Börsenveranstaltung keine neuen Geschäftsabschlüsse mehr getätigt werden können.[218] Umsatzstarke Papiere können daher zur fortlaufenden, d. h. variablen, Notierung zugelassen werden.

Bei variabler Notierung hat der Skontroführer zu Beginn des Präsenzhandels gemäß § 28 Abs. 3 BörsenO-FWB zunächst einen Eröffnungskurs nach Maßgabe der ihm bis dahin vorliegenden Aufträge festzustellen. Gemäß § 7 Abs. 2 Börsenusancen sind die weiteren Aufträge zum fortlaufenden Kurs auszuführen. Am Ende des Präsenzhandels ist wiederum ein Schlusskurs nach dem Verfahren für die Feststellung des Einheitskurses zu ermitteln, § 28 Abs. 5 BörsenO-FWB.

b) Elektronische Handelsplattformen

Der Börsenhandel kann in verschiedener Hinsicht computergestützt organisiert werden: zum einen durch computergestützte Informationssysteme, zum anderen aber auch durch elektronische Handelsplattformen, wie sie grundsätzlich durch § 25 BörsG zugelassen werden. Ein solcher vollelektronischer Handel erfolgt in Deutschland an der Frankfurter Wertpapierbörse über Xetra („Exchange Electronic Trading")[219], das die eingehenden Wertpapierorders, die sich ausführbar gegenüberstehen, automatisch „matcht".[220] Dabei kommt es unmittelbar zu Geschäftsabschlüssen und zur Bildung von Börsenpreisen ohne das Mitwirken von Skontroführern. Auch hier gilt grundsätzlich das Meistausführungsprinzip. Die elektronische Handelsplattform ist räumlich unabhängig vom tatsächlichen „Börsenparkett", so dass insoweit von der Ortsgebundenheit der Börse, die den Präsenzhandel geprägt hat, Abschied genommen wurde.[221]

---

[217] Vgl. Kümpel, Bank- und Kapitalmarktrecht, Rn. 17.494.
Siehe etwa § 32 Abs. 2 BörsenO-FWB.

[218] Kümpel, Bank- und Kapitalmarktrecht, Rn. 17.501.

[219] Siehe im einzelnen z. B. Beck WM 1998, 417 ff.

[220] Groß, Kapitalmarktrecht, Vorbemerkungen BörsG, Rn. 31; Foelsch in: Hellner/Steuer, Bankrecht und Bankpraxis, Rn. 7/432.

[221] Claussen, Bank- und Börsenrecht, § 9 Rn. 245; Foelsch in: Hellner/Steuer, Bankrecht und Bankpraxis, Rn. 7/430.

2. Anforderungen des § 24 Abs. 2 BörsG

Die ordnungsgemäße Ermittlung der Börsenpreise ist entscheidendes Kriterium für die Verlässlichkeit der Börse als Handelsplatz.[222] So muss der Börsenpreis insbesondere der wirklichen Marktlage des Handels entsprechen; hierzu gehört auch, dass den Handelsteilnehmern sowohl die Preise als auch die ihnen zugrundeliegenden Umsätze unverzüglich bekannt zu machen sind. Als wesentliche Neuerung ist § 24 Abs. 2 S. 3, 4 BörsG hervorzuheben, wonach bei der Preisermittlung auch Preise einer anderen Börse oder börsenähnlichen Einrichtung im Inland oder eines organisierten Marktes im Ausland berücksichtigt werden können. Hierdurch wird gewährleistet, dass die Ausführung von Aufträgen an kleineren Börsen und Nebenmärkten zu den gleichen Konditionen erfolgen kann wie am liquiden Hauptmarkt, so dass Preisentwicklungen, die auf Nebenmärkten allein aufgrund einer zu geringen Liquidität entstehen, vermieden werden.[223]

IV. Kursbeeinflussende Faktoren

Die Anlage in Aktien wird durch ein spekulatives Element charakterisiert und ist scheinbar vielfach von reinen Zufälligkeiten abhängig.[224] Diese Tatsache ist immer wieder als Argument gegen eine Heranziehung des Börsenkurses zur Bestimmung der angemessenen Abfindung angeführt worden. Dabei wurde oft auch unbestimmt auf die Manipulationsmöglichkeiten des Mehrheitsaktionärs hingewiesen.[225]

1. Gezielte Kursbeeinflussung

Die Bezeichnung „Manipulation" impliziert dabei ein ungesetzliches Verhalten. Vorbehaltlich ungesetzlichen Vorgehens stellt sich aber vor allem die Frage nach zulässigen Einflussmöglichkeiten, die auch gezielt kursverändernd eingesetzt werden können. Denn genauso wenig wie Missbrauchsmöglichkeiten ein Argument dafür sein können, etwa subjektive private Rechte nicht anzuerkennen, kann allein wegen der bloßen Möglichkeit von Manipulation die Marktbewertung nicht als unzulässiger Bewertungsindikator verworfen werden.[226]

---

[222] Kümpel, Bank- und Kapitalmarktrecht, Rn. 17.53 ff.

[223] Beck BKR 2002, 699, 703.

[224] So bereits Heun Wirtschaftstreuhänder 1938, 220, 221.

[225] Siehe z. B. Hüchting, Abfindung und Ausgleich, S. 41 f.

[226] Götz DB 1996, 259, 264.

a) *Kurspflege und Kursmanipulation*

Ein Emittent von Wertpapieren oder der für ihn tätige Händler bzw. die Bank[227] wird unter Umständen mit so genannten Kurspflegemaßnahmen, insbesondere Stabilisierungskäufen, tätig.[228] Diese sollen eine unregelmäßige Kursentwicklung glätten und einen liquiden Markt schaffen;[229] damit dienen sie den Interessen sowohl von Anlegern als auch von Emittenten und werden grundsätzlich als zulässig angesehen.[230] Im Sinne einer solchen Kursstabilisierung ist die Kurspflege eine gezielte Einwirkung auf den Börsenkurs, um Zufallsschwankungen zu vermeiden, die nicht durch die aktuelle Geschäftslage des Unternehmens oder auch die allgemeine Marktentwicklung begründet sind.[231] Abzugrenzen ist die Kurspflege von der „Kursstützung um jeden Preis", die wesentlich nachdrücklicher in die Kursentwicklung eingreift.[232] Außerdem kann nicht mehr von bloßer Kurspflege gesprochen werden, wenn Kursveränderungen verhindert werden sollen, obwohl sie durch das Verhältnis von Angebot und Annahme veranlasst wären, und wenn der Kurs nicht bloß stabilisiert sondern tatsächlich verändert werden soll, etwa zur Abwehr eines Übernahmeversuchs. In einem solchen Fall liegt vielmehr Kursmanipulation oder Kursdoping vor.[233]

Maßnahmen zur Kurspflege werden zu verschiedenen mit der Kursentwicklung verbundenen Zwecken eingesetzt, bei Börseneinführungen etwa durch so genannte „Greenshoe-Optionen", um zulassungsbedingte Zufallsschwankungen des Kurses zu vermeiden.[234] Der Rückkauf eigener Aktien gemäß § 71 Abs. 1 Nr. 8 AktG, direkt oder indirekt über ein befreundetes Kreditinstitut, kann durch

---

227 Eine der Restriktionen, denen Banken und andere Dritte unterliegen, wenn sie fremdnützige Kurspflege für den Emittenten betreiben, findet sich in § 71d S. 1 AktG, wonach ein Dritter Aktien nur erwerben darf, soweit dies der Gesellschaft selbst nach § 71 AktG gestattet wäre. Im einzelnen siehe Ekkenga WM 2002, 317, 320 ff.

228 Lenzen, Unerlaubte Eingriffe in die Börsenkursbildung, S. 17.

229 Schäfer WM 1999, 1345.

230 Begr. zum RegE Zweites Finanzmarktförderungsgesetz, BT-Drucks. 12/6679, S. 47; Begr. zum RegE KonTraG, BT-Drucks. 13/9712, S. 13; Caspari ZGR 1994, 530, 544; Ledermann in: Schäfer, § 88 BörsG [a. F.], Rn. 12; Schäfer WM 1999, 1345, 1347; siehe auch Groß, Kapitalmarktrecht, § 45 BörsG, Rn. 50, Fn. 171.

Zur internationalen Praxis bei der Zulässigkeit von Kurspflegemaßnahmen siehe Nachweise bei Hopt in: FS Heinsius, 1991, S. 289, 291, Fn. 6; Groß, Kapitalmarktrecht, 2. Auflage, § 88 BörsG a. F., Rn. 9a; siehe auch: Lenzen, Unerlaubte Eingriffe in die Börsenkursbildung, 2000.

231 Ekkenga WM 2002, 317; Fleischer ZIP 2003, 2045.

232 Kümpel, Bank- und Kapitalmarktrecht, Rn. 9.83; Schäfer WM 1999, 1345.

233 Ekkenga WM 2002, 317.

234 Groß, Kapitalmarktrecht, 2. Auflage, § 88 BörsG a. F., Rn. 7.

die damit erzielte Verknappung der Aktie[235] und eintretende Kurssteigerung z. B. zu einer Erhöhung der Eigenkapitalrendite, der Abwehr feindlicher Übernahmen oder zur Bilanzpflege einer Holdinggesellschaft mit börsennotierten Tochtergesellschaften eingesetzt werden.[236] Ebenso ist es möglich, dass der Börsenkurs im Hinblick auf eine geplante Neuemission auf einem gewissen Niveau gehalten werden soll.[237]

b) Begrenzung der Einflussmöglichkeiten

Der Gesetzgeber hat die Möglichkeiten der gezielten Einflussnahme auf die Börsenkursentwicklung in verschiedenen Regelungsbereichen eingeschränkt und Verstöße mit Sanktionen belegt.[238]

(1) §§ 71, 71c AktG

Bei der Kurspflege sind die engen Voraussetzungen des ausnahmsweise erlaubten Rückerwerbs eigener Aktien zu beachten. Durch § 71 Abs. 1 Nr. 8 AktG wird dem Emittenten der Wertpapiere untersagt, kontinuierlich Kurspflege durch Erwerb oder Veräußerung eigener Aktien zu betreiben.[239] Dieses Verbot ist allerdings nicht strafbewehrt. Jedenfalls darf aber dauerhaft der Anteil eigener Aktien am Grundkapital 10 % nicht übersteigen. Wird diese Grenze überschritten, greift die Veräußerungspflicht des § 71c Abs. 1 i. V. m. § 71 Abs. 2 AktG ein. Damit wird zwar ein zu hoher Bestand an eigenen Aktien bei der Gesellschaft abgebaut, eine tendenziell kurssteigernde Wirkung der ursprünglichen Kaufmaßnahme wird dadurch jedoch nicht unterbunden oder verhindert.

(2) § 20a WpHG

Vor Inkrafttreten des Vierten Finanzmarktförderungsgesetzes bot die Vorschrift des § 88 BörsG a. F. eine nur unzureichende Möglichkeit zur Sanktionierung von zu weitreichenden Kurspflegemaßnahmen. Dies lag insbesondere an den subjektiven Tatbestandsmerkmalen Manipulationsabsicht und Täuschungswillen, deren Nachweis schwer zu erbringen war.[240] Zum 1.7.2002 ist § 88 BörsG a. F. aufgehoben und durch § 20a WpHG ersetzt worden.[241] Mit der Gesetzesän-

---

[235] Vgl. Luttermann ZIP 2001, 869, 872.

[236] Siehe im einzelnen Schäfer WM 1999, 1345, 1346 f.

[237] Lenzen, Unerlaubte Eingriffe in die Börsenkursbildung, S. 17; siehe auch Fleischer ZIP 2003, 2045, 2048.

[238] Rechtsvergleichend für die USA und England siehe Fleischer ZIP 2003, 2045, 2048 ff.

[239] Begr. zum RegE KonTraG, BR-Drucks. 872/97, S. 30; siehe auch Ekkenga WM 2002, 317, 319 f.

[240] § 88 BörsG ist daher eigentlich nicht zur Anwendung gelangt. Vgl. Ekkenga WM 2002, 317, 319.

[241] Zu den Einzelheiten siehe Kutzner WM 2005, 1401.

derung wurde auch bezweckt, den Anlegerschutz zu stärken, indem die rechtlichen Voraussetzungen dafür geschaffen werden, das Verbot der Kursmanipulation wirksam durchzusetzen.[242]

Verstöße stellen nun lediglich Ordnungswidrigkeiten dar (§ 39 Abs. 1 WpHG); strafbar ist eine Marktpreismanipulation nur unter der weiteren Voraussetzung, dass sie tatsächlich auf den Börsen- oder Marktpreis einwirkt (§ 38 Abs. 1 Nr. 4 WpHG). Im übrigen entsprechen die Tatbestandsalternativen im wesentlichen denen des § 88 BörsG a. F. Allerdings wurde in § 20a Abs. 1 Nr. 1 WpHG, der Tatvariante der unwahren und unterlassenen Angabe bewertungserheblicher Umstände, auf die bisher normierte Absicht der Einwirkung auf den Börsen- und Marktpreis verzichtet.

Ebenso wurde das „auf Täuschung berechnete Mittel" durch eine objektive Täuschungshandlung ersetzt, § 20 Abs. 1 Nr. 2 WpHG. Der Vorsatz, Marktteilnehmer mit dem eingesetzten Mittel zu täuschen, genügt daher nicht mehr; entscheidend ist die objektive Eignung der Maßnahme zur Täuschung.[243] Da von dieser Alternative *sonstige* Täuschungshandlungen erfasst werden sollen, sind hierunter in Abgrenzung zu Nr. 1 Handlungen zu verstehen, die – ohne Erklärungen über bewertungserhebliche Umstände zu sein – den Marktteilnehmern die Bewertungserheblichkeit bestimmter Umstände oder einer bestimmten Situation vorspiegeln.[244] Hierzu zählen unzweifelhaft sog. fiktive Geschäfte,[245] d. h. Transaktionen wie matched orders[246] und wash sales[247], die zwar rechtlich verbindliche Geschäftsabschlüsse darstellen, wirtschaftlich betrachtet jedoch keine Wirkung entfalten. Auch effektive Geschäfte wie Leerverkäufe[248] sollen nach

242 Begr. zum RegE Viertes Finanzmarktförderungsgesetz, BT-Drucks. 14/8017, S. 62 f.

243 Vgl. Altenhain BB 2002, 1874, 1877.

244 Altenhain BB 2002, 1874, 1877,

245 Begr. zum RegE Viertes Finanzmarktförderungsgesetz, BT-Drucks. 14/8017, S. 89; Altenhain BB 2002, 1874, 1877; Möller WM 2002, 309, 313.

246 Hierbei geben Käufer und Verkäufer zeitgleich Kauf- und Verkaufsorder mit gleichem Volumen und gleichen Preisen, so dass das Transaktionsvolumen steigt und eine scheinbar höher Liquidität der Aktie verbunden mit einem entsprechenden Interesse des Marktpublikums vorgetäuscht wird.

247 Dies sind Transaktionen, die sich alle einem einzigen wirtschaftlich Berechtigten zurechnen lassen, etwa innerhalb eines Konzernverbundes.

248 Hierunter sind Verkäufe von Wertpapieren zu verstehen, die der Verkäufer noch nicht besitzt. Er erwirbt die Wertpapiere erst zu einem späteren Zeitpunkt, wenn der Kurs gefallen ist. Die Kursentwicklung kann hier vor allem auch durch die Verkaufsaktion erst hervorgerufen werden, wenn Dritte dahinter die Einschätzung des Verkäufers vermuten, das Wertpapier sei vom Markt überbewertet.

der Begründung des Gesetzesentwurfs von der Regelung des § 20a Abs. 1 Nr. 2 WpHG erfasst werden.[249] Dies wird in der Literatur mit dem Argument kritisiert, dass der Handelnde hierbei keinen Sachverhalt schafft, der die Marktteilnehmer über einen kurserheblichen Umstand täuscht, da sie sich in einem solchen Fall lediglich über das Motiv des Verkäufers irren.[250]

Neu ist auch die Verordnungsermächtigung[251] in § 20a Abs. 2 WpHG, durch welche die Bundesanstalt für Finanzdienstleistungsaufsicht über das Bundesministerium der Finanzen ermächtigt werden kann, die unbestimmten Begriffe der bewertungserheblichen Tatsache in § 20a Abs. 1 Nr. 1 WpHG und der sonstigen Täuschungshandlung in Nr. 2 durch Rechtsverordnung auszufüllen. Hervorzuheben ist hierbei die Möglichkeit, sogenannte safe-harbour-Regelungen einzuführen[252], d. h. Bestimmungen, die festlegen, welche Handlung jedenfalls nicht von der Verbotsnorm umfasst ist. Auch wenn Bedenken u. a. bezüglich des Bestimmtheitsgebotes nicht von der Hand zu weisen sind,[253] ist die Flexibilisierung und gleichzeitig das Bestreben nach Konkretisierung der ausfüllungsbedürftigen Begriffe zu begrüßen.

(3) Insiderhandel

Eine andere Form der Sanktionierung kann durch das Insiderrecht[254] erfolgen. In Betracht kommt zum einen die Pflicht zur Abgabe von Ad-hoc-Mitteilungen gemäß § 15 WpHG über die Kurspflegemaßnahmen, zum anderen kann die Kurspflege als Insiderhandel dem Verbot des § 14 WpHG unterliegen.

---

[249] Begr. zum RegE Viertes Finanzmarktförderungsgesetz, BT-Drucks. 14/8017, S. 89.

[250] Altenhain BB 2002, 1874, 1877.

[251] Ausgefüllt durch die Verordnung zur Konkretisierung des Verbotes der Marktmanipulation (MaKonV) vom 1.3.2005, BGBl. I 2005, S. 515.

vorhergehend: Verordnung zur Konkretisierung des Verbotes der Kurs- und Marktpreismanipulation (KuMaKV), BGBl. I 2003, S. 2300.

[252] Gemäß § 20a Abs. 2 WpHG i. V. m. §§ 7 ff. MaKonV entscheidet die BaFin über zulässige Marktpraktiken. Von dieser Möglichkeit wurde bislang noch kein Gebrauch gemacht. Die vorher in §§ 4 ff. KuMaKV aufgeführten „safe harbour"-Maßnahmen sind nunmehr in der Verordnung Nr. 2273/2003 der Europäischen Kommission vom 22.12.2003 geregelt, die in Deutschland unmittelbare Anwendung findet.

[253] Siehe die Verweise bei Altenhain BB 2002, 1874, 1877.

[254] In diesem Bereich stellt sich stets die Frage, ob und wie Insiderhandel überhaupt erkannt werden kann. Siehe hierzu die Untersuchungen zum zeitlichen Zusammenhang von anlagerelevanten Bekanntmachungen und Ankündigungen und Rendite- und Umsatzentwicklungen von Schmidt/Wulff ZBB 1993, 57.

Der Emittent eines Wertpapiers, das zum Börsenhandel zugelassen ist, muss neue Informationen aus seinem Tätigkeitsbereich, die nicht öffentlich bekannt sind und den Börsenkurs beeinflussen können, unverzüglich bekannt machen (ad-hoc-Mitteilung). Es ist zu beachten, dass durch das AnSVG[255] der ursprünglich verwendete Begriff der Insidertatsache durch den wesentlich weitergehenden Begriff der kurserheblichen Information ersetzt wurde, der nunmehr z. B. auch Werturteile, Empfehlungen und Prognosen sowie externe Informationen, solange sie den Emittenten unmittelbar betreffen, umfasst.[256] Eine neue Information ist kurserheblich, wenn ein verständiger Anleger sie bei seinem Kauf- oder Verkaufsangebot berücksichtigen würde.[257] Auch das Gebrauchmachen von einer Ermächtigung zum Rückkauf eigener Aktien gemäß § 71 Abs. 1 Nr. 8 AktG durch den Vorstand stellt regelmäßig eine ad-hoc-publizitätspflichtige Information dar.[258] Umstritten ist lediglich, ob bereits die Entscheidung des Vorstandes vor der eigentlichen Umsetzung eine solche Information ist.[259] Entscheidend muss m. E. sein, wie nahe der Entschluss des Vorstandes der Realisierung bereits steht,[260] da nicht jede vom Vorstand erwogene Maßnahme bereits Konsequenzen zeitigt. Entschließt sich der Vorstand zum Erwerb einer Menge von X Aktien zum Kurs von maximal Y in einem bestimmten Zeitraum,[261] so erfüllt dieser Entschluss durchaus die Voraussetzungen einer ad-hoc-publizitätspflichtigen Information und eine Mitteilung dieses Inhalts ist erforderlich. Eine Knebelung des Vorstandes, wie sie von PELTZER[262] ausgemalt wird, lässt sich durch die Benennung eines Maximalkurses sowie einer zeitlichen Begrenzung in der Mitteilung jedenfalls ausschließen.

Erfolgt keine Veröffentlichung der Kurspflegemaßnahmen, was im Regelfall bereits einen Verstoß gegen die Publizitätspflicht darstellen wird, stellt sich die

---

[255] Gesetz zur Verbesserung des Anlegerschutzes vom 28.10.2004, BGBl. I 2004, S. 2630 ff.

[256] Spindler NJW 2004, 3449, 3450.

[257] Spindler NJW 2004, 3449, 3450 f. Entsprechend für den früheren Begriff der Insidertatsache, die geeignet ist den Kurs zu beeinflussen, wenn der Marktteilnehmer seine Kauf- oder Verkaufsentscheidung wegen des Eintritts dieser Tatsache ändern würde: Vaupel WM 1999, 521, 522.

[258] Schäfer in: Schäfer, § 14 WpHG, Rn. 69.

[259] Bejahend Assmann in: Assmann/Schneider, WpHG, § 14 Rn. 38.

Nach dem alten Begriff der Insidertatsache für eine Publizitätspflicht Claussen DB 1998, 177, 180; Schäfer WM 1999, 1345, 1349 f.; a. A. Peltzer WM 1998, 322, 329 f.

[260] Vgl. Geibel in: Schäfer, § 15 WpHG, Rn. 63; Irmen in: Hellner/Steuer, Bankrecht und Bankpraxis, Rn. 7/777, 7/786 ff.

[261] Vgl. Schäfer WM 1999, 1345, 1349.

[262] Peltzer WM 1998, 322, 329 f.

Frage, ob sie eine kurserhebliche Insiderinformation im Sinne des § 13 WpHG ist und das Insiderhandelsverbot des § 14 WpHG eingreift. Jedenfalls ist der Entschluss, Kurspflegemaßnahmen durchzuführen, nach den Voraussetzungen des § 13 WpHG eine insiderpapierbezogene Information, die geeignet ist, im Falle ihres Bekanntwerdens erhebliche Kursbeeinflussungen auszulösen.[263] Werden die Kurspflegemaßnahmen anschließend durch den Vorstand durchgeführt, würde dies eigentlich ein Insidergeschäft im Sinne von § 14 WpHG darstellen. Entscheidend ist jedoch, dass der Entschluss zum Erwerb der Papiere unter Ausnutzung der Kenntnis der kurserheblichen Information erfolgen muss. Kommen nicht weitere Umstände hinzu, durch welche die Kurspflege als das Ausnutzen (anderer) Informationen anzusehen ist, ist sie als unternehmerische Entscheidung zu betrachten,[264] welche die Information „Entschluss zur Kurspflege" nicht ausnutzt, sondern lediglich umsetzt. Kurspflege fällt daher regelmäßig nicht unter das Insiderhandelsverbot.

Darüber hinaus soll die Marktpflege insiderrechtlich zulässig sein, wenn sie lediglich eine Kursglättung bezweckt[265] und nicht entgegen dem Markttrend erfolgt.[266] Hier sind m. E. jedoch Abgrenzungsschwierigkeiten zu befürchten.[267] Um einer übermäßigen Kurspflege zu begegnen, ist das Insiderrecht zudem kein geeignetes Instrument, da nicht erkennbar ist, warum bei Überschreiten des Bereiches der „Kursglättung" eine Insiderinformation entsteht bzw. warum darin nicht mehr das Umsetzen einer unternehmerischen Entscheidung zu sehen ist.

(4) Offenlegungspflicht nach VerkProspG

Zu denken ist außerdem an eine Offenlegung von Kurspflegemaßnahmen im Prospekt für die Zulassung zum amtlichen Markt bzw. im Unternehmensbericht für den geregelten Markt (§§ 30 Abs. 3 Nr. 2, 51 Abs. 1 Nr. 2 BörsG). Der Prospekt muss die erforderlichen Angaben enthalten, damit sich ein Anleger ein zutreffendes Urteil über die Emittenten sowie die Wertpapiere bilden kann. Der BGH hat in diesem Zusammenhang ausgeführt, dass eine längerfristige Kursbe-

---

[263] Schäfer WM 1999, 1345, 1350; Schäfer in: Schäfer, § 13 WpHG, Rn. 54.

[264] Zum alten Begriff der Insidertatsache bzw. -information: Begr. zum RegE Zweites Finanzmarktförderungsgesetz, BT-Drucks. 12/6679, S. 47; Assmann in: Assmann/Schneider, WpHG, § 13 Rn. 4 ff.; Claussen, Bank- und Börsenrecht, § 9 Rn. 99; Ekkenga WM 2002, 317, 323; Hopt in: FS Heinsius, 1991, S. 289, 290 f.; Kümpel, Bank- und Kapitalmarktrecht, Rn. 16.172; Lenzen, Unerlaubte Eingriffe in die Börsenkursbildung, S. 202 f.; Schäfer WM 1999, 1345, 1351.

[265] Begr. zum RegE Zweites Finanzmarktförderungsgesetz, BT-Drucks. 12/6679, S. 47; Weber NZG 2000, 113, 115.

[266] Caspari ZGR 1994, 530, 544; Möller WM 2002, 309, 315.

[267] Vgl. auch Assmann in: Assmann/Schneider, WpHG, § 14 Rn. 36 f.

einflussung vor der Börseneinführung durch ein von der Gesellschaft beauftragtes Unternehmen „ungewöhnlich, wenn nicht sogar bedenklich" sei, und dass dies im Prospekt dargelegt werden müsse.[268] Eine solche Berichtspflicht, etwa in einem Nachtragsprospekt, wird heute von der wohl überwiegenden Meinung im Hinblick auf auch später, d. h. nach Börseneinführung, vereinbarte oder durchgeführte Kurspflegemaßnahmen bejaht.[269]

(5) Übernahmekodex und § 3 Abs. 5 WpÜG

Der Verhinderung unzulässiger Kursbeeinflussung[270] diente im weitesten Sinne bisher auch der freiwillige Übernahmekodex in der Fassung vom 28.11.1997,[271] der von der Börsensachverständigenkommission als Vorschlag erstellt wurde und für eine Anwendbarkeit von den einzelnen Unternehmen anerkannt werden musste. In der Einleitung wird es als Aufgabe des Kodex festgestellt, Marktmanipulationen vorzubeugen, und gemäß Art. 3 waren die am Übernahmeverfahren Beteiligten, d. h. Bieter und Zielgesellschaft, während der Angebotsphase verpflichtet, alles zu unterlassen, was außergewöhnliche Kursbewegungen auslösen könnte. Mittlerweile sind durch das zum 1.1.2002 in Kraft getretene Wertpapiererwerbs- und Übernahmegesetz detaillierte Regelungen zum Verhalten von Bieter und Zielgesellschaft speziell für die Übernahmesituation und die Zeit der Angebotsfrist geschaffen worden; der Übernahmekodex ist daher obsolet geworden. Eine ähnlich allgemein gehaltene Regelung findet sich nunmehr in § 3 Abs. 5 WpÜG, wonach beim Handel mit Aktien der am Übernahmeverfahren beteiligten Gesellschaften keine Marktverzerrungen geschaffen werden dürfen.

c) Zwischenergebnis

Zusammenfassend lässt sich sagen, dass vorübergehende Kurspflegemaßnahmen durch die Gesellschaft in einem gewissen Rahmen grundsätzlich zulässig sind.[272] Eine Begrenzung erfolgt hier sowohl durch die Grenzen des zulässigen Rückerwerbs eigener Aktien als auch mittelbar durch Publizitäts- und Offenlegungspflichten. Die hierdurch geschaffene Transparenz kann nicht verhindern, dass u. U. auch eine übermäßige Kursbeeinflussung stattfindet, jedoch ist diese für den Markt erkennbar, so dass eine Regulierung stattfinden wird, wenn der Kurs der Aktie als nicht angemessen angesehen wird. Den gleichen Grenzen unterliegen naturgemäß Maßnahmen des Mehrheitsaktionärs, die auf Verteuerung der Aktien durch Rückkauf oder auf ein zumindest kurzfristiges Absinken des

---

268 BGH vom 05.07.1993 – II ZR 194/92, BGHZ 123, 106, 116 – „Hornblower/Fischer".

269 Vgl. Schäfer WM 1999, 1345, 1348; Groß, Kapitalmarktrecht, § 45 BörsG, Rn. 50.

270 Lenzen, Unerlaubte Eingriffe in die Börsenkursbildung, S. 216 f.; Weber NZG 2000, 113, 126.

271 Abdruck in NZG 2000, 390 ff.

272 Vgl. Ekkenga WM 2002, 317, 324.

Kurses durch Veräußerung eigener Aktien der Gesellschaft gerichtet sind, und die dieser über die Organe der Gesellschaft faktisch durchsetzt.

Andererseits kann der Mehrheitsaktionär dadurch, dass er Aktien aus eigenem Bestand auf den Markt bringt, durch ein plötzliches Erhöhen des Angebots den Kurs negativ beeinflussen. Ein solches Vorgehen ist grundsätzlich zulässig, wenn es sich um Handelsaktivitäten handelt, die nicht die Grenze zur Kursmanipulation i. S. d. § 20a WpHG überschreiten. Die Neuregelung dieser Norm dient der Effektivität des Anlegerschutzes. Der Schutz vor Manipulation des Markt- und Börsenpreises wurde dadurch verstärkt und der Vertrauensschutz der Anleger in ein ordnungsgemäßes Zustandekommen der Preise erhöht.

2. Unbestimmbare Einflussfaktoren?

Bei der Frage nach sonstigen Einflussfaktoren lässt sich plakativ sagen: Allein Angebot und Nachfrage, d. h. Kauf- und Verkaufsentscheidungen von Anlegern, beeinflussen den Kurs. Es gibt keinen unerklärlichen externen Einfluss, der unerkannt die Kurse schwanken lässt. Dennoch steht andererseits außer Frage, dass die Lage an Aktienmärkten von externen Faktoren abhängig ist, die nichts mit dem einzelnen Unternehmen zu haben, in dessen Aktien Handel betrieben wird. So ist oftmals die „Stimmung“ an den deutschen Börsen, insbesondere der Frankfurter Wertpapierbörse, abhängig von der Entwicklung am amerikanischen Markt, vor allem an der New York Stock Exchange. Man „wartet auf Bewegung“ an den amerikanischen Märkten; boomen die Werte der Indizes der amerikanischen Börsen, erwartet man auch in Deutschland eine positive Entwicklung. Die asiatischen Märkte, hier ist als größte die Tokioter Börse zu nennen, scheinen dagegen weniger Einfluss auf den hiesigen Markt zu haben, was sicherlich nicht nur mit der größeren Zeitdifferenz und einer größeren geografischen Distanz zu erklären ist. Nicht übersehen werden darf nämlich, dass solche Stimmungsschwankungen oft auch Ergebnis tatsächlicher wirtschaftlicher Entwicklungen einzelner Unternehmen oder Konzerne sind. Dass für europäische Handelsplätze aufgrund intensiverer wirtschaftlicher Verflechtungen mit den USA als mit dem ostasiatischen Raum die dortige Entwicklung wichtiger ist und größeren Einfluss hat, liegt ebenfalls nahe.

Daneben ist jedoch auch anerkannt, dass etwa politische Faktoren wie Kriege Einfluss auf die Gesamtlage an der Börse haben können, die allein mit einer Verschlechterung der gesamtwirtschaftlichen Lage nicht erklärbar sind.[273] Auffällige Beispiele für Kursentwicklungen, die nicht mit der wirtschaftlichen Ent-

[273] Busse von Colbe AG 1964, 263, 265; Dette, Kursbildung am deutschen Aktienmarkt, S. 110; Inderbitzin, Going Private, S. 167.

wicklung des einzelnen Unternehmens selbst zusammenhängen, sind daneben Börsencrashs, die wohl eher auf massenpsychologische Momente zurückzuführen sind, denn auf individuelle, objektiv informationsgesteuerte und nutzenorientierte Anlageentscheidungen.[274]

Darüber hinaus ist zu beachten, dass die Kursentwicklung selbst Einfluss haben kann, etwa indem extreme Kursausschläge die Aufmerksamkeit auf sich ziehen.[275] Ein wachsendes Interesse an Anlegerinformationen hat dazu geführt, dass diese dem Anlegerpublikum vermehrt über Massenmedien vermittelt werden. Durch Interviews mit Analysten, Mitarbeitern institutioneller Anleger und so genannten „Börsengurus“[276] erhält das Anlegerpublikum eine Fülle von Informationsmaterial. Es kann aber nicht immer zwischen bloßer Information und Meinungsbildung durch die Meinungsführer[277] getrennt werden, da bereits durch Auswahl der Nachricht und Darstellung oftmals eine beeinflussende Wertung erreicht wird. Vor zu weitgehender Beeinflussung kann auch hier der neu gefasste § 20a WpHG schützen.

a) „Random Walk-Hypothese“

Der Versuch, die Entwicklung sowohl von Aktienkursen an Börsen als auch von Preisen für Verbrauchsgüter wie Weizen an Warenbörsen mathematisch als Serie darzustellen, bei der ein Wert zu einem bestimmten Zeitpunkt vom zeitlich vorhergehenden Wert abhängt, ist unternommen worden, hat jedoch wohl zu keinem Ergebnis geführt.[278] Die Preisentwicklung wurde dabei verglichen mit der zufälligen Brown'schen Bewegung von Molekülen in Flüssigkeiten oder Gasen.[279]

Hieraus entstand die Random Walk-Hypothese, die besagt, dass Aktienkurse einem Zufallspfad (random walk) folgen, da gerade keine Korrelation zeitlich aufeinander folgender Kurse feststellbar ist.[280] Die Abweichungen der Renditen von ihrem statistischen Erwartungswert sind vielmehr zufällig.[281] Diese Hypo-

[274] Dette, Kursbildung am deutschen Aktienmarkt, S. 127 f.; Steiner/Bruns, Wertpapiermanagement, S. 47.

[275] Dette, Kursbildung am deutschen Aktienmarkt, S. 163.

[276] Dette, Kursbildung am deutschen Aktienmarkt, S. 137 f.

[277] Dette, Kursbildung am deutschen Aktienmarkt, S. 137 ff.

[278] Kendall, Journal of the Royal Statistical Society, 1953, 11 ff.

[279] Kendall, Journal of the Royal Statistical Society, 1953, 11, 18: "It may be that the motion is genuinely random and what looks like a purposive movement over a long period is merely a kind of economic Brownian motion."

[280] Steiner/Bruns, Wertpapiermanagement, S. 201.

[281] Möller ZfbF 1985, 500, 502.

these ist mittlerweile zumindest umstritten.[282] Empirische Untersuchungen, die saisonale und anderweitig erklärbare Tendenzen oder Schwankungen zum Gegenstand haben, gelangen teilweise zu anderen Ergebnissen.[283] Hier ist zunächst die technische Analyse zu erwähnen, die aufgrund des historischen Verlaufs von Kursdaten und anderen internen Marktdaten Schlüsse auf die künftige Entwicklung des Börsenkurses ermöglichen soll.[284] Bei der so genannten Fundamentalanalyse werden verschiedene Bewertungsgrößen des Unternehmens wie Anlagevermögen, Gewinn, Dividenden oder auch die Kompetenz des Managements etc. untersucht. Es wird versucht, daraus den quasi „inneren Wert" der Aktie zu ermitteln, um festzustellen, ob sie verglichen mit dem Börsenkurs über- oder unterbewertet wird.[285]

Es gibt also, auch darüber hinaus, eine Reihe von Analysemethoden, die die Kursbewegungen an Aktienmärkten zu erfassen, zu systematisieren und vorherzusagen versuchen.[286] Derzeit ist aber davon auszugehen, dass keines dieser Modelle die Komplexität des Systems Aktienmarkt in Gänze erfasst und über eine bloße Beschreibung hinaus sichere Lösungen liefern kann. An dieser Stelle soll dies jedoch nicht weiter vertieft werden.

b) Theorie des effizienten Kapitalmarkts

Eng verknüpft mit der eben genannten Random Walk-Hypothese ist die Theorie effizienter Kapitalmärkte. Die Funktionsfähigkeit eines Marktes hängt entscheidend von seiner Transparenz ab.[287] Idealerweise verhält sich jeder Marktteilnehmer rational und ist im Besitz aller relevanten Informationen über die Funktionsweise des Marktes, die anderen auftretenden Marktteilnehmer sowie vor allem über die Eigenschaften der Handelsobjekte, etwa die vergangene Kursentwicklung. Darüber hinaus fallen keine Transaktionskosten für Wertpapiergeschäfte an.[288] Effizienz des Kapitalmarktes bedeutet daher im Ergebnis, dass in den am Kapitalmarkt entstandenen Kursen alle vorliegenden und relevanten In-

---

282 Vgl. Steiner/Bruns, Wertpapiermanagement, S. 201 f.; Dette, Kursbildung am deutschen Aktienmarkt, S. 59 ff.

283 Vgl. Steiner/Bruns, Wertpapiermanagement, S. 45 ff.; Hockmann, Prognose von Aktienkursen, S. 106 ff.

284 Ginsberg, Möglichkeiten der Aktienkursprognose, S. 83.

285 Ginsberg, Möglichkeiten der Aktienkursprognose, S. 80 f.

286 Vgl. Steiner/Bruns, Wertpapiermanagement, S. 200–261; Möller ZfbF 1985, 500, 502; Hockmann, Prognose von Aktienkursen, S. 136 ff.

287 Kümpel, Bank- und Kapitalmarktrecht, Rn. 16.213.

288 Dette, Kursbildung am deutschen Aktienmarkt, S. 54; Luttermann, Unternehmen, Kapital und Genussrechte, S. 11; Behringer BUW 2000, 463, 465; **anders** Steiner/Bruns, Wertpapiermanagement, S. 41.

formationen bereits enthalten, d. h. unverzüglich umgesetzt, sind.[289] Die Theorie des effizienten Kapitalmarktes wird von der Betriebswirtschaft vom allem im Zusammenhang damit untersucht, welche Informationen ausgenutzt werden können, um eine Überrendite zu erzielen.

In der strengen Form unterstellt die Theorie des effizienten Kapitalmarktes, dass alle, auch nicht öffentliche, Informationen über ein Unternehmen durch Angebot und Nachfrage in dessen Börsenkurs enthalten sind,[290] dieser entspräche danach dem inneren Wert des Unternehmens.[291] Allein zukünftige Informationen könnten dann, sobald sie bekannt werden, Auswirkungen auf die Kursentwicklung haben.[292] Diese Form der Theorie wird von der h. M. abgelehnt, da in empirischen Untersuchungen belegt wurde, dass nicht in allen Segmenten des Kapitalmarktes stets alle relevanten Informationen im Kurs umgesetzt werden können,[293] und zum anderen gezeigt werden konnte, dass das Ausnutzen von Insiderinformationen durchaus finanziell lohnend sein kann.[294] Einen in diesem Sinne streng informationseffizienten Kapitalmarkt gibt es daher nicht; unter den genannten Voraussetzungen würde hier der Börsenkurs jedoch der genaueste Ausdruck für den „tatsächlichen“ Handelswert der Aktie sein.

In der schwachen Form besagt die Theorie, dass alle vergangenen Kursbewegungen, die in Charts dargestellt werden können, im aktuellen Kurs berücksichtigt sind.[295] Durch Chartanalysen könnten daher keine neuen Erkenntnisse gewonnen werden. Andere Informationen jedoch, die darüber hinausgehen und eben nicht durch einen schwach informationseffizienten Kapitalmarkt vermittelt werden, können kursbeeinflussend sein.

---

289 Möller ZfbF 1985, 500, 503; Lo/MacKinlay, Non-Random Walk, S. 3 f.

290 Behringer BUW 2000, 463, 465; Steiner/Bruns, Wertpapiermanagement, S. 41.

291 Vgl. Inderbitzin, Going Private, S. 165.

Da eine solche völlige Transparenz des Kapitalmarktes nie gegeben sei, schließen Bula/ Schlösser in: Sagasser/Bula/Brünger, J Rn. 32, dass der Börsenkurs den „wahren“ Unternehmenswert nie wiederspiegeln könne und daher zur Bestimmung der Abfindung völlig ungeeignet sei.

292 Steiner/Bruns, Wertpapiermanagement, S. 200.

293 Inderbitzin, Going Private, S. 166.

294 Vgl. Dette, Kursbildung am deutschen Aktienmarkt, S. 55, der zudem auch auf die gesetzliche Sanktionierung des Ausnutzens von Insidertatsachen hinweist, die bei einem streng effizienten Kapitalmarkt überflüssig wäre.

295 Behringer BUW 2000, 463, 465; Steiner/Bruns, Wertpapiermanagement, S. 42.

Die mittel- oder halb-strenge Form der Theorie des effizienten Kapitalmarktes geht davon aus, dass alle öffentlich verfügbaren Informationen unverzüglich im Kurs berücksichtigt werden.[296] So könnten allein Insiderinformationen, d. h. unveröffentlichten Fakten und Umständen, kursrelevant werden.

Es wurden eine Reihe von empirischen Untersuchungen durchgeführt, um die Richtigkeit der verschiedenen Modelle und die tatsächliche Informationseffizienz des deutschen Aktienmarktes zu untersuchen.[297] Zu beachten ist, dass die Untersuchungszeiträume recht lange zurückliegen und neuere Untersuchungen ersichtlich nicht vorliegen, so dass etwa zu den Auswirkungen von Ad-hoc-Mitteilungen keine Ergebnisse vorliegen. MÖLLER zieht aber bereits 1985 aus einer Zusammenstellung verschiedener Analysen die Erkenntnis, dass zum einen die genannten Modelle nicht in der Lage sind, die tatsächliche Preisbildung –ex post– angemessen zu erklären, und dass zum anderen die Kursentwicklung und –änderung zeitlich mit der Veröffentlichung von kursrelevanten Informationen zusammenhängt.[298]

Aus praxisnaher Sicht mag nicht verwundern, dass die genannten Modellansätze nicht zu überzeugenden Ergebnissen führen werden.[299] Es handelt sich um theoretische Modelle, die bewusst bestimmte Faktoren zu Untersuchungszwecken ausblenden und so Prämissen setzen, die mit den tatsächlichen Daten von Börsenkursen nicht restlos korrelieren können. An dieser Stelle kann jedoch nicht mehr als ein kurzer Ausblick auf die betriebswirtschaftliche Theorie und ihre Lösungsansätze zum Portfoliomangagement gegeben werden, der hier nicht weiter vertieft werden soll.

c) Noise- und Chaos-Theorie

Eng verknüpft mit der Erkenntnis, dass es einen total informationseffizienten Börsenmarkt nicht geben kann, ist der Versuch der Adaption der Chaostheorie. Danach erklären sich plötzliche Kursveränderungen aus einem nicht-linearen Informationsstrom,[300] was bedeutet, dass sich nicht jede kursrelevante Information gleich auswirkt bzw. dass sich die Relevanz der Information nicht losgelöst von der Situation, in der sie zugänglich wird, bestimmen lässt. Ein linearer Zusammenhang zwischen Information und Kursreaktion ist danach auszuschließen.

---

296 Steiner/Bruns, Wertpapiermanagement, S. 43.

297 Ausführlich Gude, Strukturänderungen und Unternehmensbewertung zum Börsenkurs, S. 266 ff.

298 Möller ZfbF 1985, 500 ff., 514 ff.

299 Vgl. Lo/MacKinlay, Non-Random Walk, S. 6 ff.

300 Vgl. Großfeld, Unternehmens- und Anteilsbewertung, S. 184.

Die so genannte „Noise-Theorie“ nimmt außerdem an, dass viele Kursveränderungen das Ergebnis von psychologischen und emotionalen Momenten sind.[301] Hierzu zählen der Einfluss der Börsen- oder Marktstimmung (Hausse und Baisse) aber auch Mitläufereffekte, die gerade nicht auf einer eigenständigen Analyse und Informationsverarbeitung beruhen. Daraus ist zu schlussfolgern, dass spekulative Übertreibungen möglich aber eben gerade auch für das komplexe System Börsenveranstaltung charakteristisch sind.

d) Einbeziehung von Synergieeffekten

Inwieweit Synergieeffekte bei der Unternehmensbewertung einzubeziehen sind, wird im folgenden noch zu diskutieren sein.[302] Ohne dass dies tatsächlich nachweisbar sein wird, sind im Börsenkurs aber sicher Erwartungen der Handelsteilnehmer über das zukünftige Entwicklungspotential der Gesellschaft manifestiert. Unter der Prämisse eines effizienten Kapitalmarktes müssten zumindest teilweise auch Synergieeffekte bereits in der Marktbewertung rezipiert werden. Zwar existiert der vollkommen informationseffiziente Markt in dieser Idealform nicht, aber auch das andere Extrem der vollkommenen Informationsineffizienz dürfte tatsächlich in Deutschland nicht vorliegen. Zwar ist Vorsicht bei dem Versuch der rationalen Erklärung von Kursbewegungen angebracht, dennoch ist stets davon auszugehen, dass relativ sichere Synergiepotentiale, zumindest teilweise im Börsenkurs widergespiegelt werden.[303] Dies ist umso unwahrscheinlicher, je unsicherer die Realisierung der Synergieeffekte erscheint, etwa weil sie sich nur unter Einschränkungen, z. B. nur aufgrund eines Zusammenschlusses mit einem bestimmten Unternehmen, erzielen lassen. Insoweit ist fraglich, ob im Spruchverfahren zu beweisen sein kann, dass im Börsenkurs bereits Synergieeffekte antezipiert sein können.[304] Eine solche Rechenaufgabe erscheint nahezu unlösbar, da sich kaum ein fiktiver Kursverlauf erfinden lässt; andererseits könnte das Problem durch die Heranziehung eines veränderten Referenzzeitraums möglicherweise beseitigt werden. Entscheidend ist daher zum einen, wie der Bewertungszeitpunkt oder –rahmen gesetzt wird[305] und zum anderen, wem die Darlegungs- und Beweislast im Spruchverfahren obliegt.[306]

---

301 Vgl. Großfeld, Unternehmens- und Anteilsbewertung, S. 184.

302 S. u. 4. Kapitel Abschnitt B.II.2.c) „Das Problem der Berücksichtigung von Synergieeffekten“.

303 Vgl. Ehricke/Roth DStR 2001, 1120, 1123; BGH vom 12.03.2001 – II ZB 15/00, BGHZ 147, 108, 119 – „DAT/Altana“.

304 Vgl. Wilken ZIP 1999, 1443 f.

305 Siehe hierzu unten 4. Kapitel Abschnitt D.I. „Stichtagsprinzip“.

306 Siehe hierzu unten 4. Kapitel Abschnitt D.V. „Auswirkungen auf das Spruchverfahren“.

e) Insidervorsprung des Mehrheitsaktionärs

Auf ein weiteres Problem weist GÖTZ hin: Der Mehrheitsaktionär, der die Gesellschaft beherrscht und unternehmerisch bestimmt, verfügt über Insiderwissen und Informationen über die Gesellschaft und ihre Planungen, die von der Marktentwicklung im fraglichen Zeitpunkt regelmäßig noch nicht widergespiegelt werden.[307] Der Mehrheitsaktionär plant eine Maßnahme, die für ihn aus verschiedenen Gründen attraktiv und finanziell lohnend erscheint. Im Börsenkurs spiegelt sich dieser Vorteil noch nicht (vollständig) wieder, da die Informationen hierüber noch nicht allgemein zugänglich sind. Dieser Insidervorsprung dürfe dem Minderheitsaktionär nicht zum Nachteil, umgekehrt dem zur Abfindung Verpflichteten nicht zum Vorteil gereichen.

Dem muss entgegengehalten werden, dass zum einen dem Minderheitsaktionär gerade *nicht* der subjektive Grenzpreis des Mehrheitsaktionärs ersetzt werden soll sondern der Normwert des Anteils. Des Weiteren ist auch sehr fraglich, ob der das Bewertungsgutachten aufstellende Sachverständige zum einen vollständige Kenntnis von den weiteren Plänen und Vorhaben des beherrschenden unternehmerischen Mehrheitsaktionärs erhält, die sich wertsteigernd auswirken würden, zum anderen, ob er diese Umstände bei Kenntnis auch in jedem Fall vollständig berücksichtigt. Es wird in der Regel schwer nachzuvollziehen sein, ob hier ein Informationsvorsprung angemessen in die Wertermittlung einbezogen wird.

In Bezug auf die geplante Maßnahme, die schließlich zur Abfindungsverpflichtung führt, berühren die Überlegungen von GÖTZ zumindest teilweise auch den Problembereich der Berücksichtigung von Synergieeffekten, bei dem jedoch die Unterscheidung der h. M. zwischen echten und unechten Verbundeffekten grundsätzlich zu einer angemessenen Lösung führt.[308]

3. Zwischenergebnis

Der Börsenkurs ist das Ergebnis eines Marktgeschehens und charakterisiert die Aktiengesellschaft als „Börsenveranstaltung".[309] Er spiegelt die Einschätzung[310] des Anlegerpublikums über die zukünftige Entwicklung des Börsenkurses unter Zugrundelegung der verfügbaren Informationen wider und repräsentiert dabei „den größtmöglichen Konsens unter den Anlegern über den Wert einer Ak-

---

[307] Götz DB 1996, 259, 264.

[308] S. u. 4. Kapitel Abschnitt B.II.2.c) „Das Problem der Berücksichtigung von Synergieeffekten".

[309] So Luttermann ZIP 2001, 869, 871.

[310] Vgl. Rieger Wirtschaftstreuhänder 1938, 256, 257.

tie"[311]. Er ist Ausdruck des Wertes, den die Gesamtheit der Anleger am jeweiligen Markt diesem Handelsobjekt zum jeweiligen Zeitpunkt zumisst.

Die Einführung der Ad-hoc-Publizität hat zu einer verstärkten Transparenz des Marktes geführt, wenn auch zu beachten ist, dass eine ausreichende Transparenz durch umfangreiche Publizitätspflichten nicht in jedem Marktsegment der Börsen in Deutschland gewährleistet ist. Die umfassendsten Anforderungen werden bei Aktien gestellt, die am Amtlichen Markt notiert werden. Bei Aktien, die am Geregelten Markt gehandelt werden, sind die Publizitätspflichten noch annähernd vergleichbar ausgestaltet. Bei den im Freiverkehr gehandelten Aktien schließlich ist eine entsprechende Transparenz nicht mehr als gewährleistet anzusehen. Ausnahmen können nur gelten, wenn ausländische Aktien nicht zum Amtlichen Handel angemeldet wurden und daher ohne Kenntnis des Emittenten im Freiverkehr gehandelt werden; unter Umständen kann eine vergleichbare Transparenz über die Anforderungen anderer Börsenplätze gewährleistet sein.

Die steigende oder sinkende Entwicklung des Börsenkurses lässt sich – vereinfacht – auf verschiedene Umstände zurückführen. So spielen etwa Meldungen über den erwarteten Gewinn bzw. Gewinnwarnungen, die auf die zukünftige Dividende schließen lassen, wie auch andere Unternehmenskennzahlen, umfangreiche Großaufträge etc. eine große Rolle. Ebenso sind Vorkommnisse in der jeweiligen Branche, die wiederum Auswirkungen auf die Position des Unternehmens am Markt haben, von einiger Relevanz. Solche Einflüsse lassen sich als in wirtschaftlicher Hinsicht unternehmensbezogene zusammenfassen. Die Bedeutung dieser Faktoren steigt mit zunehmender Transparenz des Marktes und einem wachsenden Informationsangebot für die Anleger, das rund um die Uhr zur Verfügung steht.

Sich damit überschneidend gibt es eine Reihe von Faktoren, die durch die Unternehmensleitung und/oder einen Mehrheitsaktionär beeinflusst werden können. Hierzu sind Entscheidungen über die Gewinnverwendung oder Bilanzierungsfragen zu rechnen. Außerdem besteht die Möglichkeit einer unmittelbaren Beeinflussung des Börsenkurses durch so genannte Kurspflegemaßnahmen.

Daneben spielen aber auch gesamtwirtschaftliche Faktoren eine bedeutende Rolle für die Reaktion des Anlegerpublikums, auch wenn ein Zusammenhang mit der wirtschaftlichen Lage aus der Sicht eines objektiven informierten Beobachters nicht unbedingt erkennbar sein muss.

---

[311] Steinhauer AG 1999, 299, 303.

Auszugehen ist zudem davon, dass der Börsenkurs einer Aktie auch nicht erfassbaren oder gar quantifizierbaren Einflüssen unterliegt, die bei Anlegern, unabhängig von ihrer Einschätzung des einzelnen Unternehmens und seiner wirtschaftlichen Entwicklung, zu Kaufs- oder Verkaufsentschlüssen führen. Die Entscheidung des einzelnen Anlegers hängt immer auch von seiner persönlichen Situation, z. B. der Liquidität, sowie der Attraktivität anderer Anlageformen ab. Diese Überlegungen führen zusammengefasst zu dem recht simplen Schluss, dass der Börsenkurs „das unbeabsichtigte Ergebnis der beabsichtigten Handlungen unübersehbar vieler Akteure mit unbekannten materiellen, intellektuellen und psychologischen Ressourcen“[312] ist.

F. Weitere Bewertungsmethoden

Im folgenden sollen weitere Bewertungsmethoden, die von der Betriebswirtschaft erörtert und von der Praxis angewandt werden, kurz angerissen werden.

I. Kapitalisierung einer Dividendengarantie

In einem Fall aus dem Jahr 1979[313] hatte das Hanseatische Oberlandesgericht über die Höhe einer nach § 305 AktG angebotenen Abfindung zu entscheiden. Dabei wurde erwogen, die Abfindung an einer kapitalisierten, d. h. abgezinsten, Dividendengarantie zu orientieren. Den außenstehenden Aktionären der beherrschten Gesellschaft war bereits vor Bestehen des Unternehmensvertrages in der Satzung eine Dividendengarantie in Höhe von 5 % durch die Freie und Hansestadt Hamburg als Mehrheitsaktionärin zugesichert. Darüber hinaus hatte sich die Stadt der Gesellschaft gegenüber auch ausdrücklich zum Ausgleich eines etwaigen Fehlbetrages verpflichtet. Herrschendes Unternehmen des später geschlossenen Unternehmensvertrages, der das Abfindungsangebot nach sich zog, war eine Gesellschaft im alleinigen Anteilsbesitz der Stadt Hamburg.

Die Dividendengarantie wurde zu Gunsten der außenstehenden Aktionäre als ein wertbildender Faktor für den Barwert der Aktie angesehen, der ihnen in jedem Fall zustehen müsse, auch wenn der Wert der jeweiligen Aktie danach höher sei als der quotale Anteil am Wert des Unternehmensvermögens.[314] Aus diesem Grund sah es das Gericht auch als vernachlässigbar an, dass damit nicht auf einen Wert abgestellt würde, den das beherrschte Unternehmen selbst aufweist.

---

[312] Großfeld, Unternehmens- und Anteilsbewertung, S. 184.

[313] OLG Hamburg vom 17.08.1979 – 11 W 2/79, AG 1980, 163 – „Hamburger Verkehrsbetriebe“.

[314] OLG Hamburg vom 17.08.1979 – 11 W 2/79, AG 1980, 163, 165.

Dieser Fall ist jedoch als eine Ausnahme anzusehen, da es sich um eine Gesellschaft der öffentlichen Daseinsvorsorge handelte, deren Minderheitsaktionäre durch die Freie und Hansestadt Hamburg ausdrücklich durch eine Renditezusage abgesichert waren. Schließlich hat das Gericht seine Entscheidung auch nicht auf diese Erwägungen gestützt, da der so errechnete Abfindungsbetrag immer noch weit unter der tatsächlich angebotenen Abfindung lag.

II. Übergewinnmethode

Eine andere Technik der Anteilsbewertung, die wieder vom gesamten Unternehmenswert ausgeht, ist die so genannte Übergewinnmethode. Dabei wird – vereinfacht – der zu erwartende nachhaltige Übergewinn des Unternehmens, d. h. der Gewinn, der über der Normalverzinsung liegt, kapitalisiert und zum Substanzwert hinzugefügt.[315] Aus dem erwarteten Übergewinn für eine bestimmte Anzahl von Gewinnperioden wird der Geschäftswert des Unternehmens abgeleitet. Zum einen jedoch werden alle Kombinationsmethoden, die den Substanzwert des Unternehmens mit ertragsbezogenen Werten mischen wollen, heute fast einhellig abgelehnt.[316] Zum anderen ist die Bestimmung einer konkreten Anzahl von Gewinnperioden eher als eine Form der angemessenen Preisfindung zwischen Veräußerer und Erwerber eines gesamten Unternehmens einzustufen.[317] Für die Abfindungssituation, die hier zu betrachten ist, eignet sich diese Methode daher nicht.

III. Mittelwertverfahren

Eine weitere Praktikermethode stellt das so genannte Mittelwertverfahren dar. Dabei werden Substanz- und Ertragswertverfahren kombiniert, indem beide addiert und die Summe anschließend halbiert wird.[318] Evtl. wird noch vorgeschlagen, den Ertragswert in dieser Rechnung mit 2/3 zu gewichten. Auch diese Form

---

315 Vgl. Großfeld, Unternehmens- und Anteilsbewertung, S. 43; Jacobs, Bedeutung der Unternehmenssubstanz, S. 14 ff.; W. Müller JuS 1974, 288, 289; BFH vom 24.04.1980 – IV R 61/77, BFHE 131, 220, 223.

316 Vgl. Großfeld, Unternehmens- und Anteilsbewertung, S. 43; Hügel, Verschmelzung und Einbringung, S. 198; **siehe aber noch** OLG Düsseldorf vom 27.11.1962 – 6 Spruchv. 1/60, AG 1963, 159, 160; OLG Düsseldorf vom 31.07.1964 - 6 Spruchv. 1/62, AG 1964, 246, 247; OLG Düsseldorf vom 17.02.1984 – 1 W 1/81, ZIP 1984, 586, 588 – „ATH/Rheinstahl“; Zehner DB 1981, 2109 ff.

317 Jacobs, Bedeutung der Unternehmenssubstanz, S. 15.

318 Vgl. Großfeld, Unternehmens- und Anteilsbewertung, S. 42 f.; Jacob in: Janberg, Finanzierungshandbuch, S. 519, 521 f.

der schematischen Kombination von Substanz- und Ertragswert wird heute abgelehnt[319] und ist daher hier nicht weiter zu untersuchen.

IV. Stuttgarter Verfahren

Das so genannte Stuttgarter Verfahren wird von der Finanzverwaltung verwendet, um nicht notierte Anteile an Kapitalgesellschaften zu bewerten.[320] Es erinnert zunächst an das Mittelwertverfahren, setzt jedoch bei anderen Werten an,[321] und ist mit der Übergewinnmethode verwandt, wobei nicht der Überschuss über die Normalverzinsung des Substanzwertes sondern über die Normalverzinsung des gesuchten Unternehmenswertes ermittelt wird.[322]

Das Stuttgarter Verfahren ist in den Erbschaftsteuer-Richtlinien (ErbStR 96 ff.) geregelt und könnte daher den Anschein rechtlicher Unbedenklichkeit und Verbindlichkeit erwecken. Hier wird es im Zusammenhang mit der Ermittlung des erbschaftsteuerpflichtigen Vermögens für die Bewertung nicht notierter Anteile an Kapitalgesellschaften erläutert. Börsennotierte Anteile dagegen sind gemäß R 95, § 11 Abs. 1 S. 1 BewG ausdrücklich mit dem Börsenkurs zum Stichtag anzusetzen. Auch gehen Werte aus zeitnahen Verkäufen im gewöhnlichen Geschäftsverkehr der Schätzung gemäß der Vermögens- und Ertragslage der Gesellschaft vor.[323]

Das Stuttgarter Verfahren stellt ebenfalls eine Form der Kombination von Substanz- und Ertragswert dar, die - wie erwähnt - mittlerweile für die Abfindungswertermittlung starke Kritik erfahren haben. Zudem ist der Bewertungszweck im Rahmen der Ermittlung der Steuerschuld streng von der Ermittlung einer angemessenen Abfindung zu unterscheiden. Es ist für die Abfindungsermittlung als systematisch und strukturell ungeeignet anzusehen.[324]

---

[319] LG Hannover vom 16.06.1977 – 22 AktE 1/70, AG 1977, 346, 348 – „Ilseder Hütte AG/Salzgitter Hüttenwerke AG"; Dörner in: WP-Handbuch 1992 II, A Rn. 232; Dielmann/König AG 1984, 57, 64; Großfeld, Unternehmens- und Anteilsbewertung, S. 43; Hügel, Verschmelzung und Einbringung, S. 197; Koppensteiner in: Kölner Kommentar, § 305 Rn. 72; Vollrath in: Widmann/Mayer, UmwR, § 30 Rn. 24; vgl. Gansweid AG 1977, 334, 336 f.; **siehe aber** Henn, Hb. Aktienrecht, Rn. 360; Zehner DB 1981, 2109 ff.; **anders noch** BGH vom 30.09.1981 – IVa ZR 127/80, NJW 1982, 575.

[320] Vgl. W. Müller JuS 1974, 288, 289.

[321] Maßgeblich sind die Werte aus der Steuerbilanz des Unternehmens, vgl. Großfeld, Unternehmens- und Anteilsbewertung, S. 261.

[322] Piltz, Unternehmensbewertung, S. 39 f.

[323] Vgl. Großfeld, Unternehmens- und Anteilsbewertung, S. 52.

[324] **A. A.:** BGH vom 14.7.1986 – II ZR 249/85, NJW-RR 1987, 21, 22 für den Fall, dass das Unternehmen seine Erträge weniger mit der Vermögenssubstanz als durch den persönli-

V. Geschäftswertabschreibung

Bei der Methode der Geschäftswertabschreibung geht man davon aus, dass der Geschäftswert, der die positive Differenz zwischen Ertragswert und Substanzwert, d. h. dem auf Fortführung des Unternehmens bezogenen Teilreproduktionswert, darstellt, in der Zukunft abnimmt und daher abgeschrieben werden muss.[325] Dadurch sollen die zukünftigen Nettoerträge des Unternehmens genauer zu bestimmen sein und zu einer zutreffenderen Wertermittlung für das Unternehmen führen. Hierbei handelt es sich um eine Ableitung des bereits dargestellten Ertragswertverfahrens und ist von der Struktur der Wertermittlung als diesem vergleichbar einzuordnen.

VI. Umsatzmethode

Weit verbreitet zur Ermittlung des Geschäftswertes ist in der Praxis auch die so genannte Umsatzmethode. Der Wert des Unternehmens wird dabei anhand des Jahresumsatzes ermittelt, der mit einem von Branche und Ertragsaussichten abhängigen Faktor multipliziert wird.[326] Dieses Verfahren eignet sich vor allem bei Unternehmen, deren Wert in hohem Maße vom Good will geprägt wird, so etwa bei Praxen von Freiberuflern, d. h. Steuerberatern, Rechtsanwälten oder Ärzten.[327] In diesem Bereich hat der BGH die Methode etwa für die Ermittlung des Zugewinnausgleichs akzeptiert.[328] Zur Bewertung von Publikumsgesellschaften ist diese Methode jedoch ungeeignet,[329] da der in ihnen verkörperte Wert regelmäßig nicht maßgeblich durch einen verkehrsfähigen Kundenstamm sowie die persönliche Leistung eines Inhabers geprägt wird. Zwar können die Umsatzzahlen über den Marktanteil im Vergleich zu anderen Unternehmen der Branche Aufschluss geben, jedoch fehlt vor allem das personale Gepräge des Unterneh-

---

chen Einsatz seiner Geschäftsführer erzielt; siehe auch OLG München vom 17.9.1987 – 24 U 794/86, NJW-RR 1988, 751, 752, zur Maßgeblichkeit von Verkehrswerten statt Buchwerten der Gegenstände im Unternehmensvermögen.

325 Jacobs, Bedeutung der Unternehmenssubstanz, S. 11 f.

326 Vgl. Seetzen WM 1999, 565, 571.

Eine beispielhafte, wenn auch mittlerweile wohl nicht mehr vollständig aktuelle, Aufstellung von Faktoren, die sich branchenspezifisch und aufgrund des Verhältnisses von Angebot und Nachfrage ergeben bei Barthel DB 1990, 1145, 1152.

327 Barthel DB 1996, 149, 160 ff.

328 BGH vom 26.10.1972 – VII ZR 232/71, NJW 1973, 98, 100; BGH vom 24.10.1990 – XII ZR 101/89, NJW 1991, 1547 f.

329 Seetzen WM 1999, 565, 571; vgl. auch IDW S 1, Abschnitt 8.3.4., Tz. 167 f., WPg 2000, 825, 840 f.

mens. Darüber hinaus muss beachtet werden, dass die Umsatzmethode vor allem als *Einigungswert*, der auf gewissen Übungen und Erfahrungssätzen beruht, für einen Bereich der wirtschaftlichen Betätigung entwickelt wurde, den Bewertungsverfahren, die allein auf die Substanz und bzw. oder den damit zu erwirtschaftenden Ertrag gerichtet sind, nicht vollständig erfassen können. Für börsennotierte Publikumsgesellschaft kann die Umsatzmethode bereits vor diesem Hintergrund für eine Abfindungsberechnung nicht in Frage kommen.

G. Fazit

Als abschließende Feststellung zur Betrachtung der verschiedenen Bewertungsverfahren und –methoden bleibt festzuhalten, dass es keinen *„objektiv“* richtigen Wert für einen Unternehmensanteil geben kann. Neben der viel diskutierten Unterscheidung zwischen dem objektiven Wert als dem Gegenstück zum (subjektiven) Grenzpreis sollte auch erinnert werden, dass jeder ermittelte Wert keine „Größe an sich“ ist, sondern immer von der Einschätzung der Werthaltigkeit des Bewertungsobjektes abhängt, die sowohl von einem einzelnen Bewertenden als auch von einer Vielzahl von Bewertenden an einem Markt vorgenommen werden kann.[330] Jede Methode, die den Unternehmenswert rechnerisch ermittelt, beruht auf bestimmten Schwerpunktsetzungen, die der Bewertende je nach den Umständen des Einzelfalles wählen kann. Auch hier sind den Bewertungsmethoden jedoch gewisse Unsicherheiten und Unschärfen immanent, was dazu führt, dass eher von einer Bandbreite von zutreffenden Werten gesprochen wird, die den *„richtigen“* Wert enthält. Alle anderen Werte innerhalb dieser Bandbreite können daher nicht als *falsch* angesehen werden.

Ein Vorteil des Börsenkurses besteht demgegenüber in einer größeren Ausmittlung der subjektiv (durch die Marktteilnehmer) ermittelten Werte. Bei einer Bewertung anhand von derartigen (Kapital-)Marktpreisen ist jedoch zu beachten, dass die Marktteilnehmer auch bei optimistisch unterstellter hoher Kapitalmarkteffizienz nur über begrenzte Informationen zur Werthaltigkeit des Unternehmens verfügen und diese möglicherweise auch nicht totaleffizient umsetzen. Der „richtige“ Börsenkurs wäre der, in den alle Anlageentscheidungen aller Marktteilnehmer bei Kenntnis aller entscheidungserheblichen Tatsachen bereits eingeflossen sind. Zu den relevanten Informationen zählt dabei aber z. B. auch der Kurs selbst, da er zu Kauf- und Verkaufsentscheidungen der Anleger führt und darum für sich genommen wiederum kursbeeinflussende Wirkung haben

330 Einleuchtend ist in diesem Zusammenhang auch der Hinweis von Hommel/Braun, BB-Beilage Nr. 6 zu Heft 38/2002, S. 10, 12, dass der Börsenkurs auf keinem grundlegend anderen Bewertungsverfahren basiere als der Ertragswert. Beide unterschieden sich nur im „Umfang der zur Verfügung stehenden Informationen und im Prozess der Informationsverarbeitung“. Der Markt sei dabei aber weniger gut informiert als ein interner Gutachter.

kann. Totale Informationseffizienz in diesem Sinne existiert daher nur theoretisch. Es ist aber irreführend, einen Kurs als „angemessen" oder demgegenüber als „falsch" zu betrachten. Er ist das Ergebnis eines Preisbildungsprozesses am Markt und damit eine Tatsache, die nicht durch Berechnungen verifiziert oder korrigiert werden kann. Bei einer solchen Korrektur würde versucht, das Ergebnis der Entscheidungsprozedur eines komplexen Systems zu berechnen, was nicht mit mathematischer Gewissheit durchgeführt werden kann. Der Kursverlauf ist damit als Tatsache hinzunehmen und einer Korrektur nicht zugänglich. Inwieweit gerade der Abfindungsermittlung die Kursdaten bestimmter Handelstage oder der Durchschnittskurs eines bestimmten Zeitraums zugrundegelegt werden kann, ist im 4. Kapitel näher zu untersuchen.[331]

Weiterhin ist anzumerken, dass bei den Bewertungsverfahren, die nur vom Unternehmen und nicht vom einzelnen Anteil ausgehen, der Wert des Mehrstimmrechts, dessen Bestimmung wie im 2. Kapitel gezeigt u. U. erforderlich sein kann, unberücksichtigt bleibt. Es lässt sich nicht als werthaltiger Anteil am Grundkapital darstellen; eine indirekte Ableitung des Wertes aus quasi unternehmensinterner Sicht kommt daher nicht in Betracht. Es bleibt nur die Möglichkeit, die Einschätzung des Marktes für diesen besonderen Teilaspekt des Vermögensgegenstandes Aktie heranzuziehen, notfalls auch im Rahmen einer Vergleichswertermittlung durch Heranziehung von Kursdaten anderer Gesellschaften.

Entscheidend ist für den „Anwender" jedenfalls neben den Vorgaben aus der betriebswirtschaftlichen Forschung, die auf neuen wissenschaftlichen Erkenntnissen zur Genauigkeit oder methodologischen Korrektheit einzelner Verfahren oder Aspekte beruhen, vor allem die Frage nach dem Bewertungszweck. Dieser wird bestimmt vom Bewertungsanlass in Zusammenhang mit den mit ihm übergreifend verknüpften Wertungszusammenhängen.

---

[331] Abschnitt D.I. „Stichtagsprinzip.

4. Kapitel: Rechtliche Kriterien für die Wahl der Bewertungsmethode

Nach der Untersuchung der verschiedenen Abfindungsfälle auf ihre Gemeinsamkeiten und Unterschiede sowie der Darstellung der Bewertungsmethoden, die für die Berechnung der Abfindung in Betracht kommen, ist in einem entscheidenden letzten Schritt zu ermitteln, ob sich rechtliche Kriterien finden lassen, welche die Wahl der Bewertungsmethode beeinflussen und möglicherweise ein bestimmtes Verfahren als vorzugswürdig in den Vordergrund rücken. Dass überhaupt eine Abfindung anzubieten und zu leisten ist, steht nach den Feststellungen des 2. Kapitels fest; nun soll genauer untersucht werden wie auf Rechtsfolgenseite ein unter normativen Gesichtspunkten angemessener finanzieller Ausgleich zu gewährleisten ist, der den Eigentumseingriff kompensieren kann.

Ausgangspunkt der Untersuchung ist die Forderung des Gesetzes[1] nach einer angemessenen Abfindung. „Angemessenheit" ist ein unbestimmter Rechtsbegriff, der der Ausfüllung bedarf.[2] Dabei ist die Frage der (im Spruchverfahren) durchzuführenden Unternehmensbewertung unter rechtlichen Gesichtspunkten zu diskutieren, da dies nach der überwiegenden Ansicht im Schrifttum kein betriebswirtschaftliches sondern ein juristisches Problem ist.[3] Dagegen wird von der Rechtsprechung vielfach betont, dass die Wahl der richtigen Bewertungsmethode keine Rechtsfrage sei, sondern es sich vielmehr um eine Tatfrage handele, die dem pflichtgemäßen Urteil der mit der Bewertung betrauten Fachleute unterliege.[4] In der Praxis werden in der Regel zwar Sachverständige mit der Bewertung des Unternehmens sowie der Anteile beauftragt. Letztlich beruht dies darauf, dass der Richter - der Jurist - nicht über die wissenschaftlichen Methoden

---

1 §§ 305 Abs. 1, 320b Abs. 1 S. 1, 327a Abs. 1 S. 1 AktG, § 29 Abs. 1 S. 1 UmwG, §§ 7 Abs. 1 S. 1, 9 Abs. 1 S. 1, 12 Abs. 1 S. 1 SEAG.

2 Großfeld, Unternehmens- und Anteilsbewertung, S. 17.

3 Fleischer ZGR 1997, 368, 374; Großfeld, Unternehmens- und Anteilsbewertung, S. 19, 20 f.; Luttermann NZG 2006, 816, 817; Werner in: FS Steindorff, 1990, S. 303, 305 f.; Hügel, Verschmelzung und Einbringung, S. 187 f., 193 f.; siehe auch OLG Köln vom 26.3.1999 – 19 U 108/96, NZG 1999, 1222, 1224.

4 BGH vom 13.3.1978 – II ZR 142/76, NJW 1978, 1316, 1319 – „Kali + Salz" (insoweit nicht in BGHZ 71, 40 ff. abgedruckt); BGH vom 16.12.1991 – II ZR 58/91, BGHZ 116, 359, 370 f.; OLG Hamm vom 23.1.1963 – 8 AR 1/60, AG 1963, 218, 221; zu Einzelheiten siehe Darstellung bei Piltz, Unternehmensbewertung, S. 121 ff.; Mertens AG 1992, 321 ff.

zur Erkenntnisgewinnung im Bereich der Unternehmensbewertung verfügt.[5] Dennoch gilt es, rechtliche Kriterien zu verwenden, um die Angemessenheit der Bewertung zutreffend bestimmen zu können. Verwendet das Gesetz den Begriff der Angemessenheit, ist dieser als Rechtsbegriff durch den Juristen zumindest in seinen Eckwerten zu definieren. Die Rechtsordnung sowie ihr innewohnende Prinzipien bilden in einem solchen Fall Grenzen bei der Auslegung des Begriffes, die mit juristischen Methoden zu ermitteln und zu bestimmen sind. Daher ist der Jurist aufgerufen, die von der Betriebswirtschaftslehre zur Verfügung gestellten Bewertungsmethoden nach den im Einzelfall maßgeblichen juristischen Kriterien zu beurteilen. Das Gericht kann über die Fragen der Bewertung und die daraus resultierenden Abfindungsbeträge als Rechtsfragen somit – innerhalb der anerkannten Grundsätze der Betriebswirtschaft – selbst entscheiden. Im übrigen kann es die Höhe der Abfindung nach § 287 Abs. 2 ZPO, § 738 Abs. 2 BGB schätzen.[6]

A. Die „Berücksichtigung der Verhältnisse der Gesellschaft"

Das Gesetz konkretisiert einheitlich für die Abfindungsfälle, die angemessene Abfindung müsse die Verhältnisse der Gesellschaft im Zeitpunkt der Beschlussfassung der Hauptversammlung, d. h. am Bewertungsstichtag, berücksichtigen.[7] Aus der methodischen Auslegung des Gesetzestextes können sich Rückschlüsse auf Kriterien ziehen lassen, welche die Auswahl der Bewertungsmethode beeinflussen. Daher ist die gegebene Gesetzesformulierung unter grammatikalischen, systematischen, historischen und teleologischen Gesichtspunkten zu untersuchen. Bei der juristischen Auslegung eines Textes sind die genannten Kriterien nicht getrennt und isoliert voneinander anzuwenden, sondern müssen zu einer Gesamtbetrachtung führen und eine abschließende Gesamtwertung nach sich ziehen.[8]

---

5 Vgl. Ränsch AG 1984, 202, 209, im Ergebnis nimmt der Autor aber dennoch an, dass es eine rein juristische Aufgabe sei zu bestimmen, welche Konzeptionen oder Motive bei der Bewertung sachgerecht sind (S. 212).

6 Großfeld, Unternehmens- und Anteilsbewertung, S. 18; BayObLG vom 11.7.2001 – 3Z BR 172/99, AG 2002, 388, 389 – „Rieter I"; siehe auch BGH vom 12.03.2001 – II ZB 15/00, BGHZ 147, 108, 116 – „DAT/Altana".

7 §§ 305 Abs. 3 S. 2, 320 b Abs. 1 S. 5, 327 b Abs. 1 S. 1 AktG, § 30 Abs. 1 S. 1 UmwG, § 7 Abs. 2 SEAG.

8 Larenz, Methodenlehre, S. 321, 318.

I. Auslegung nach dem Wortsinn

Dem Wortsinn nach bedeutet der Verweis auf die „Berücksichtigung der Verhältnisse der Gesellschaft", dass die jeweiligen Umstände des Einzelfalles Beachtung finden sollen, wobei auf die eigene Gesellschaft des abzufindenden Aktionärs abzustellen ist. Es bedeutet daher, Besonderheiten des jeweiligen Unternehmens sollen möglichst genau erfasst werden, um eine größtmögliche Genauigkeit in der Schätzung des Beteiligungswertes zu erreichen. Darunter kann zum einen verstanden werden, dass im Rahmen einer Ertragswertermittlung oder beim DCF-Verfahren auf Branchenspezifika zu achten ist und die Prognose für das jeweilige Unternehmen besonders detailliert, sorgfältig und unter Vermeidung zu weitreichender Pauschalierungen aufzustellen ist. Andererseits gehört es auch zu den Besonderheiten eines Unternehmens, wenn seine Aktien an der Börse gehandelt werden. Dies hat z. B. Einfluss auf die Chancen, auch später günstig Geldmittel auf dem Kapitalmarkt beschaffen zu können; es kann Auswirkungen auf den Bekanntheitsgrad eines Unternehmens und seiner Produkte oder Dienstleistungen haben etc. Für die Aktionäre bedeutet es unter anderem eine erhöhte Volatilität der Anteile, kapitalmarktrechtliche Schutz- und Informationsinstrumente etc. Die Börsennotierung ist daher ein Umstand, der das Unternehmen kennzeichnet und zu den „Verhältnissen der Gesellschaft" zu rechnen ist. Die Heranziehung des Börsenkurses für die Abfindungsberechnung ist daher, ebenso wie die Wertmittlung nach anderen Methoden, die sich an die Forderung nach Berücksichtigung von Unternehmensbesonderheiten halten, vom Wortlaut der Norm umfasst.

Bereits aus der Bezugnahme auf „die Gesellschaft" jedoch schließen zu wollen, es solle stets das Unternehmen als ganzes bewertet werden,[9] ist dagegen zu einseitig. Zum einen ist die Gesellschaft keinesfalls mit dem Unternehmen gleichzusetzen, zum anderen übersieht diese Ansicht die dargestellte Bedeutung des Verweises auf die Besonderheiten der jeweiligen Gesellschaft.

II. Systematische Auslegung

Im Rahmen einer systematischen Auslegung ist zu untersuchen, in welchem Bedeutungszusammenhang der fragliche Gesetzestext steht.[10] Aufgrund der identischen Formulierung, die der Gesetzgeber in den verschiedenen Abfindungsfällen gewählt hat, lässt sich ableiten, dass auch die gleichen Grundsätze bei der Ermittlung der Abfindung gelten sollen. Wie im 2. Kapitel dargestellt, bewegen sich die Abfindungsfälle im Konflikt zwischen Mehrheits- und Minderheitsge-

---

9 So Maier-Reimer/Kolb in: FS W: Müller, 2001, S. 93, 96.

10 Larenz, Methodenlehre, S. 324 f.

sellschafter. Der Gesetzgeber hat diesen Konflikt in allen Fällen zugunsten der Zulässigkeit der Umstrukturierungsmaßnahme gelöst, gewährt dem Minderheitsaktionär jedoch einen Ausgleich in Form einer (Bar-)Abfindung. Diese Überlegung sowie die normative Angleichung auf Rechtsfolgenseite rechtfertigt es, auch die Abfindungsberechnung auf dieselben rechtlichen Kriterien zurückzuführen.

III. Historische Auslegung

Weiteres Auslegungskriterium können die Vorstellungen und Absichten des historischen Gesetzgebers sein, die anhand von Gesetzesentwürfen, Beratungsprotokollen, Entwurfs- und amtlichen Begründungen sowie Parlamentsberichten zu ermitteln sind.[11] Dabei ist zu versuchen, die Grundabsichten, die Tendenz der Vorstellungen des „Gesetzgebers" zu ermitteln; konkrete Normvorstellungen über die Auslegungsmöglichkeiten einzelner Gesetzespassagen lassen sich regelmäßig nicht mit letzter Verlässlichkeit aufklären.[12]

Der Gesetzestext besteht in seiner heutigen Form, nach der auf die Verhältnisse der Gesellschaft zum Zeitpunkt der Beschlussfassung über die Maßnahme abzustellen ist, erst seit wenigen Jahren.

§ 12 Abs. 1 UmwG 1956, der den Fall der Mehrheitsumwandlung betraf und mit dem sich die Feldmühle-Entscheidung des BVerfG befasste, beschränkte sich darauf, die Angemessenheit der Abfindung zu fordern.

> § 12 Abs. 1 UmwG 1956: [13]
> „Die ausscheidenden Aktionäre haben Anspruch auf eine angemessene Abfindung."

Begründet wurde diese knappe Regelung, die keine nähere Umschreibung der Angemessenheit enthält, damit, dass so sichergestellt sei, dass alle Umstände des Einzelfalles berücksichtigt werden könnten.[14]

---

[11] Larenz, Methodenlehre, S. 330.

[12] Larenz, Methodenlehre, S. 329.

[13] Siehe BGBl. I 1956, S. 844, 845.

[14] Auf die Norm bezugnehmend und zur identischen Formulierung auch in § 294 AktG-E 1965: Begr. zum RegE AktG 1965, BT-Drucks. 4/171, S. 225 f.

Der Rechtsausschuss hatte in den Beratungen zum AktG-E dagegen bereits darüber hinaus vorgeschlagen, die Formulierung „Berücksichtigung der Vermögens- und Ertragslage des Unternehmens" in den Wortlaut der Norm aufzunehmen; BT-Drucks. 4/3296, S. 164. Dies wurde im Ergebnis auch umgesetzt. Siehe dazu gleich.

Im Jahr 1969 wurde die Vorschrift ergänzt:

> § 12 Abs. 1 UmwG 1969: [15]
> „Die ausscheidenden Aktionäre haben Anspruch auf eine angemessene Barabfindung. Die Barabfindung muss die Vermögens- und Ertragslage der Gesellschaft im Zeitpunkt der Beschlussfassung ihrer Hauptversammlung über die Umwandlung berücksichtigen.“

Die gleiche Formulierung fand sich bereits im § 305 Abs. 3 S. 2 AktG 1965. Der Regierungsentwurf sah auch hier zunächst nur einen Satz 1 vor, wonach die Höhe der angemessenen Abfindung in Aktien nach dem Verschmelzungswertverhältnis zu bestimmen sei. Wann die Barabfindung angemessen wäre, sollte das Gesetz nicht näher darlegen; dadurch sollte sichergestellt sein, dass das Gesetz nicht zu eng gefasst ist und jeweils die Umstände des Einzelfalls berücksichtigt werden können.[16] Jedoch wurde in der Beschlussfassung durch den Bundestag ein dem § 12 Abs. 1 S. 2 UmwG 1969 gleichlautender Satz 2 mit dem Verweis auf die Vermögens- und Ertragslage der Gesellschaft angefügt, um, wie es im Ausschussbericht heißt, klarzustellen, „dass es für die Bemessung der Abfindung nicht allein auf den Kurswert der Aktien ankommt“.[17] Verschiedentlich ist aus diesem Satz herausgelesen worden, dass es nach dem Willen des Gesetzgebers *gar nicht* auf den Kurswert des Anteils ankommen solle.[18] Diese Lesart ist m. E. nicht mit dem Wortlaut der Begründung zu vereinbaren. Es sollte gerade die freie Methodenwahl je nach den Umständen des Einzelfalls sichergestellt bleiben; der Gesetzgeber wollte damit auch für eine Weiterentwicklung der wirtschaftswissenschaftlichen Methoden offen bleiben.

1994 wurde das gesamte Umwandlungsrecht durch das UmwBerG nochmals geändert und neu gefasst. Die allgemeine Abfindungsvorschrift im Umwandlungsgesetz lautet seitdem:

> § 30 Abs. 1 S. 1 UmwG 1994:
> „Die Barabfindung muss die Verhältnisse des übertragenden Rechtsträgers im Zeitpunkt der Beschlussfassung über die Verschmelzung berücksichtigen.“

Entsprechend wurde durch das UmwBerG auch die Formulierung im Aktiengesetz geändert:

---

15 Siehe BGBl. I 1969, S. 2081, 2083.

16 Begr. zum RegE § 305, bei Kropff S. 399.

17 Vgl. Kropff S. 399.

18 Siehe etwa Böcking, Betriebswirtschaftliche versus rechtliche Unternehmensberatung, S. 10.

§ 305 Abs. 3 S. 2 AktG:
„Die angemessene Barabfindung muss die Verhältnisse der Gesellschaft im Zeitpunkt der Beschlussfassung ihrer Hauptversammlung über den Vertrag berücksichtigen."

In der Begründung zum Gesetzentwurf wird angeführt, dass nicht mehr wie bisher die Berücksichtigung bestimmter Bewertungsmethoden vorgeschrieben werden sollte; die Vorschrift sollte sich vielmehr darauf beschränken, den für die Bemessung der Barabfindung maßgeblichen Zeitpunkt zu bestimmen.[19] Es sollten somit alle Zweifelsfragen ausgeräumt werden, ob mit der „Vermögens- und Ertragslage der Gesellschaft" eventuell ein Hinweis auf Liquidations- bzw. Substanzwert und Ertragswert verbunden sein könnte, denn die Anwendung und gegebenenfalls Gewichtung der verschiedenen denkbaren Methoden könne nach Natur und Gegenstand des Unternehmens verschieden sein.

Als Ergebnis der historischen Auslegung der Normen lässt sich somit folgendes festhalten: Alle Begründungen des Gesetzgebers betonen, keine Bewertungsmethode solle a priori vorgeschrieben sein. Vielmehr soll sich die Gesetzesanwendung einerseits neuen Erkenntnissen in der betriebswirtschaftlichen Forschung öffnen können, andererseits sollen stets die Umstände des Einzelfalles und die Besonderheiten des betreffenden Unternehmens beachtet werden können. Konkrete normative Kriterien zur Behandlung des Einzelfalles können dagegen nicht abgeleitet werden.

IV. Objektiv-teleologische Kriterien und verfassungskonforme Auslegung

Jede Auslegung des Begriffes der Angemessenheit der Abfindung bzw. der Berücksichtigung der Verhältnisse der Gesellschaft muss auch den Sinn und Zweck der gesetzlichen Regelung beachten und konform mit den Vorgaben der Verfassung als übergeordneter Rechtsnorm sein. Die Anwendung der einfachgesetzlichen Normen ist unbestritten Sache der Zivilgerichte; jedoch müssen sie dem Grundrecht, das durch die zivilrechtlichen Normen ausgestaltet oder auch eingeschränkt wird, bei der Auslegung und Anwendung der Normen Rechnung tragen, damit „dessen wertsetzende Bedeutung auch auf der Rechtsanwendungsebene gewahrt bleibt".[20] Dem Gebot der verfassungskonformen Auslegung muss dabei auch der Vorrang vor im vorgesetzlichen Bereich gebliebenen Vorstellungen und Absichten des Gesetzgebers eingeräumt werden, soweit nicht ein ein-

[19] Begr. zum Gesetzentwurf UmwBerG 1994, BT-Drucks. 12/6699, S. 94, 179.

[20] BVerfG vom 27.4.1999 – 1 BvR 1613/94, BVerfGE 100, 289, 304 – „DAT/Altana".

deutiger Gesetzeswortlaut entgegensteht.[21] Im Hinblick auf die Abfindungsvorschriften spielt vor allem die Eigentumsgarantie des Art. 14 GG eine herausragende Rolle; wegen dieser verfassungsrechtlichen Schutzgarantie hat das BVerfG auch stets betont, der finanzielle Ausgleich müsse den abzufindenden Aktionär voll entschädigen.[22]

Besondere Bedeutung kommt hierbei auch dem Grundprinzip der Gerechtigkeit zu, das die Gleichbehandlung gleichartiger Sachverhalte verlangt.[23] In Bezug auf die Abfindungsregelungen kommen mehrere einzelne Aspekte in Betracht, die eine Untersuchung im Lichte dieses Kriterium erfordern; hierauf ist in den folgenden Abschnitten einzugehen.[24]

V. Zwischenergebnis

Die Suche nach Auslegungsmöglichkeiten des Begriffes der „Verhältnisse der Gesellschaft“ führt zunächst nur zu dem Ergebnis, dass nach Wortlaut und historischem Zusammenhang die Wahl der Bewertungsmethode nicht eingeschränkt werden soll. Die Umstände des Einzelfalles müssen in jedem Fall besonders beachtet werden; damit dies ausreichend gewährleistet ist, wollte der Gesetzgeber keine bestimmte Methode a priori bevorzugt oder verworfen wissen. Entscheidend ist daher die Suche nach übergeordneten rechtlichen Kriterien insbesondere aus dem Verfassungsrecht.

B. Artikel 14 GG als Grundlage der „vollen“ Abfindung

Vom Bundesverfassungsgericht wurde im Hinblick auf den Anspruch auf Abfindung sowie seinen Umfang stets auf die Schutzwirkung der Eigentumsgarantie des Art. 14 GG verwiesen. Dabei sind zunächst zwei Aspekte zu unterscheiden: Zum einen verlangt das Grundrecht, dass die geschützte Eigentumsposition nicht ohne weiteres entzogen werden darf, zum anderen ist jedoch, falls ein solcher Eingriff aufgrund anderer überwiegender Gesichtspunkte gestattet wird, für

---

21 BVerfG vom 17.3.1959 – 1 BvL 5/57, BVerfGE 9, 194, 200; BVerfG vom 24.3.1995 – 2 BvF 1/92, BVerfGE 93, 37, 81; LG Karlsruhe vom 06.11.1997 – O 43/97 KfH – I, ZIP 1998, 385.

22 BVerfG vom 7.8.1962 – 1 BvL 16/60, BVerfGE 14, 263, 284 – „Feldmühle“; BVerfG vom 27.04.1999 – 1 BvR 1613/94, BVerfGE 100, 289, 305 – „DAT/Altana“.

23 Larenz, Methodenlehre, S. 334 f.

24 Siehe unten Abschnitt B.II.3. „Schutz des Unternehmens und des Anteils am Unternehmen“; Abschnitt C.II.5. „Unterscheidung von Aktionärstypen und der Gleichbehandlungsgrundsatz“ sowie Abschnitt C.III.4. „Bewertung und der Gleichbehandlungsgrundsatz“.

den Verlust der Eigentumsposition bzw. die Beeinträchtigung Ersatz zu leisten. Daher stellte das BVerfG bereits in der Feldmühle-Entscheidung den Grundsatz der vollen Abfindung auf.[25]

Dieser Aussage stellt sich dem Anschein nach zunächst wenig problematisch dar, allerdings bedarf der Begriff der „vollen Abfindung" einer grundrechtskonformen Ausfüllung und Ausgestaltung. Die Aussage, der Aktionär solle das erhalten, was seine Beteiligung am lebenden Unternehmen tatsächlich wert ist,[26] bedeutet in seiner Allgemeinheit nicht viel mehr, als dass nicht der Liquidationswert des Unternehmens zur Grundlage der Berechnung gemacht werden soll, es sei denn besondere Umstände gebieten es.

Darüber hinaus ist jedoch eine qualitativ andere Frage zu stellen: Gibt Art. 14 GG rechtliche Vorgaben auf, die die geforderte „Angemessenheit" der Abfindung in der Folge des Eingriffs definieren? Dabei ist zu überprüfen, ob sich tatsächlich rechtliche Kriterien finden lassen, die bestimmte Bewertungsmethoden als vorzugswürdig oder möglicherweise auch unzulässig qualifizieren. Auszugehen ist hierbei von der Feststellung des BVerfG im DAT-Altana-Beschluss, in welchem das Gericht die Ertragswertmethode als grundsätzlich zulässige Bewertungsmethode einstufte, gleichzeitig jedoch verlangte, dass der Börsenkurs, soweit er dem Verkehrswert entspräche, nicht außer acht gelassen werden darf.[27]

I. Grundrechte im Verhältnis zwischen Privaten

Inwieweit Grundrechte im Verhältnis zwischen Privaten relevant sind, wird ausführlich unter dem Stichwort der sogenannten „Drittwirkung" von Grundrechten diskutiert. Diese Diskussion gründet sich auf der historischen Entwicklung der Funktion von Grundrechten, die zunächst tatsächlich nur der Abwehr von Eingriffen durch den Staat in die bürgerliche „Privatsphäre" dienten. In diesem klassischen Sinne sind die Grundrechte Abwehrrechte des einzelnen gegen den Staat.[28] Im Gesellschaftsrecht wird versucht, die Wirkung der Grundrechte mit dem Argument auszuschließen, der Gesellschafter habe mit dem Eintritt in die Korporation auf das Bestehen oder die Geltendmachung verfassungsrechtlicher Grundsätze verzichtet.[29]

---

25 BVerfG vom 07.08.1962 – 1 BvL 16/60, BVerfGE 14, 263, 284 – „Feldmühle".

26 BVerfG vom 07.08.1962 – 1 BvL 16/60, BVerfGE 14, 263, 284.

27 BVerfG vom 27.04.1999 – 1 BvR 1613/94, BVerfGE 100, 289, 307 – „DAT-Altana".

28 BVerfG vom 15.01.1958 – 1 BvR 400/51, BVerfGE 7, 198, 204 f. – „Lüth".

29 OLG Düsseldorf vom 14.04.1960 – 6 U 26/60, AG 1960, 161, 164.

Ähnlich Zöllner/Hanau, AG 1997, 206, 213, die annehmen, durch die freiwillige Mitgliedschaft im Verband und die damit verbundene Unterwerfung unter die Mehrheitsentschei-

Nach der ganz herrschenden Meinung gelten jedoch die Grundrechte im Privatrecht wenigstens mittelbar.[30] Ausgangspunkt dieses Geltungsanspruchs ist die Wirkung der Grundrechte als ein Wertesystem, das der gesamten Rechtsordnung bestimmend und wertend zugrunde liegt. Dieser Ordnung entzieht man sich auch nicht durch den Eintritt in einen Verein oder eine andere Korporation, deren Innenrecht man sich unterwirft.[31] Die Gesamtheit der Grundrechte stellt vielmehr die Grundlage dar, in die sich alle weiteren Normen sowie die Auslegung und Anwendung dieser Normen, die wiederum durch die Justiz als öffentliche Gewalt kontrolliert wird, einfügen muss. Zum einen müssen die Vorschriften, die das privatrechtliche Rechtsverhältnis regeln und ausgestalten, verfassungskonform sein, zum anderen müssen diese Normen auch dem Sinn der Grundrechte gemäß, d. h. verfassungskonform, ausgelegt werden.[32] Bei der Frage der Ausgestaltung von Mehrheits- und Minderheitsinteressen in der Aktiengesellschaft ist stets der Blick auch auf die verfassungsrechtlichen Vorgaben und Grenzen eines zulässigen Interessenausgleichs zu lenken. Eine Beeinträchtigung oder Umgestaltung der Mitgliedschaft in einer Gesellschaft oder Korporation durch gesetzlich zugelassene Mehrheitsmaßnahmen ist dabei grundsätzlich nicht zu missbilligen.[33] Das Mehrheitsprinzip, d. h. die Möglichkeit, Interessen der Mehrheit auch gegen den Willen und die Interessen der Minderheit durchzusetzen, ist dem Gesellschaftsrecht immanent und auch verfassungsrechtlich nicht zu beanstanden. Allein auf der Seite der Auswirkungen der Maßnahme, der Rechtsfolgen, ist nach ganz überwiegender Ansicht zu beachten, dass zum einen Rechtsschutz vor willkürlicher Ausübung der Mehrheitsbefugnis gewährleistet sein muss, zum anderen die Beeinträchtigung der Rechtsposition grundsätzlich nicht kompensationslos erfolgen darf.[34]

Inwieweit Grundrechte dagegen unmittelbare Wirkung auch im Privatrecht entfalten, ist umstritten und eine darauf beruhende Argumentation wurde durch das Bundesarbeitsgericht nur in einigen gesondert gelagerten Fällen herangezogen.[35]

---

dung der Hauptversammlung werde der Eingriff in Eigentumsrechte durch gerade diese Mehrheitsbeschlüsse zumindest partiell privatautonom legitimiert. Diese Argumentation kann jedoch nicht begründen, warum überhaupt eine Abfindung notwendig ist und verkennt den Charakter eigentumsregelnder Inhalts- und Schrankenbestimmungen.

[30] Dreier in: Dreier, GG, Vorb. 59.

[31] Vgl. von Falkenhausen, Verfassungsrechtliche Grenzen der Mehrheitsherrschaft, S. 11 ff.

[32] BVerfG vom 15.01.1958 – 1 BvR 400/51, BVerfGE 7, 198, 205 – „Lüth“.

[33] Zöllner/Noack AG 1991, 157, 161.

[34] Vgl. BVerfG vom 07.08.1962 – 1 BvL 16/60, BVerfGE 14, 263, 283 – „Feldmühle“; BVerfG vom 27.04.1999 – 1 BvR 1613/94, BVerfGE 100, 289, 303 – „DAT/Altana“.

[35] Vgl. BAG vom 10.11.1955 – 2 AZR 591/54, BAGE 2, 221, 224 f. – „arbeitsrechtliche Treuepflicht“; BAG vom 15.02.1957 – 1 AZR 391/55, BAGE 4, 22, 25 – „§ 1 KSchG“;

Der Streit um Begrifflichkeiten der „mittelbaren" oder „unmittelbaren" Drittwirkung mag im Ergebnis überflüssig oder sogar fruchtlos sein,[36] eine „Ausstrahlungswirkung" bzw. auslegungs- und anwendungsleitende Funktion für privatrechtliche Normen ist im Grunde unumstritten.

II. Der sachliche Schutzbereich von Art. 14 GG

Art. 14 Abs. 1 S. 1 GG schützt das privatrechtliche Eigentum als den vor allem durch eigene Arbeit und Leistung erworbenen Bestand an vermögenswerten Gütern.[37]

1. Aktie als gesellschaftsrechtlich vermitteltes Eigentum

In den Schutzbereich des Art. 14 GG fällt nach einhelliger Ansicht auch das Eigentum an Aktien.[38] Aktien als Anteile an einer privatrechtlichen Körperschaft vermitteln ihrerseits das Eigentum an dieser; bestimmt werden Inhalt und Form der Ausprägung des Aktieneigentums als gesellschaftsrechtliche Beteiligungsform durch die vom Gesetzgeber aufgestellten Grenzen. Bei der Aktiengesellschaft sind diese Grenzen wegen des § 23 Abs. 5 AktG, der die Dispositivität der gesetzlichen Regeln einschränkt, besonders eng gezogen. Diese besondere normative Ausgestaltungsbefugnis des Gesetzgebers beruht auf der Normgeprägtheit des Schutzbereichs gerade von Art. 14 GG, die sich aus dem Wortlaut von Art. 14 Abs. 1 S. 2 GG ergibt.

Oft wird die Bedeutung des Eigentumsgrundrechts als ein für die Freiheitssphäre des einzelnen besonders wichtiges Grundrecht hervorgehoben.[39] Die Eigentumsgarantie soll *„einen Freiheitsraum im vermögensrechtlichen Bereich"* sichern und dadurch eine eigenverantwortliche Gestaltung des Lebens ermögli-

---

BAG vom 10.05.1957 – 1 AZR 249/56, BAGE 4, 274, 276 – „Zölibatsklausel". Später ist das BAG auch von der grundsätzlichen Position der unmittelbaren Drittwirkung abgerückt: BAG Großer Senat vom 27.02.1985 – GS 1/84, BAGE 48, 122, 138 f.; BAG vom 27.05.1986 – 1 ABR 48/84, BAGE 52, 88, 97 f.

36 Dreier in: Dreier, GG, Vorb. 60 f.

37 BVerfG vom 16.03.1971 – 1 BvR 52, 665, 667, 754/66, BVerfGE 30, 292, 334.

38 BVerfG vom 20.07.1954 – 1 BvR 459, 484, 548, 555, 623, 651, 748, 783, 801/52, 5, 9/53, 96, 114/59,BVerfGE 4, 7, 26 – „Investitionshilfe"; BVerfG vom 07.08.1962 – 1 BvL 16/60, BVerfGE 14, 263, 276 – „Feldmühle"; BVerfG vom 27.04.1999 – 1 BvR 1613/94, BVerfGE 100, 289, 301 – „DAT/Altana"; Wieland in: Dreier, GG, Art. 14 Rn. 41.

39 BVerfG 07.08.1962 – 1 BvL 16/60, BVerfGE 14, 263, 277 – „Feldmühle"; Wieland in: Dreier, GG, Art 14 Rn. 25.

chen.[40] Sie grenzt die privaten Vermögensbereiche ab,[41] während gleichzeitig ihre besondere Bedeutung für das soziale Gefüge im Rechtsstaat betont wird.

a) Herrschaftsrechte und Vermögensrechte

Im Zusammenhang mit dem Aktieneigentum wird eine Unterscheidung zwischen dem Schutz von Herrschaftsrechten und von Vermögensrechten als verschiedene Komponenten des von Art. 14 GG geschützten Eigentums getroffen. Grundsätzlich sind beide in einer Wechselbeziehung stehenden Ausprägungen bzw. Teilaspekte des Anteilseigentums als von Art. 14 GG geschützt anzusehen.[42]

In der konkreten Ausgestaltung in einer Aktiengesellschaft bedeutet dies, dass dem Aktionär sowohl Leitungsbefugnisse über die Kompetenzen der Hauptversammlung als auch vermögensrechtliche Ansprüche im Rahmen der Verteilung des Bilanzgewinns (§ 58 Abs. 4 AktG), beim Bezug neuer Aktien in der Folge einer Kapitalerhöhung (§ 186 AktG) sowie die Teilhabe am Liquidationserlös (§ 271 AktG) zustehen.[43] Diese Ansprüche unterliegen dem Schutz des Art. 14 GG, vorbehaltlich einer zukünftig abweichenden Ausgestaltung durch den Gesetzgeber.

In der Reaktion auf das Feldmühle-Urteil des BVerfG aus dem Jahr 1962 wurde in der Literatur kritisiert, es werde trotz des komplexen Charakters der Aktie dem Gesetzgeber überlassen, entweder der vermögensrechtlichen oder der mitgliedschaftlichen Seite des Anteilseigentums den Vorrang einzuräumen.[44] Dem muss jedoch entgegengehalten werden, dass gerade der normgeprägte Schutzbereich des Art. 14 Abs. 1 GG der Ausgestaltung durch den einfachen Gesetzgeber unterliegt, mithin dem Gesetzgeber auch eine bestimmte Entscheidungs- und Wertungsfreiheit obliegt.

---

[40] BVerfG vom 18.12.1968 – 1 BvR 638, 673/64 u. 200, 238, 249/65, BVerfGE 24, 367, 389.

[41] BVerfG vom 07.08.1962 – 1 BvL 16/60 BVerfGE 14, 263, 277 – „Feldmühle".

[42] BVerfG vom 07.05.1969 – 2 BvL 15/67, BVerfGE 25, 371, 407 – „Rheinstahl"; BVerfG 01.03.1979 – 1 BvR 532, 533/77, 419/78, 1 BvL 21/78, BVerfGE 50, 290, 339 ff. – „Mitbestimmung"; BGH vom 16.11.1981 – II ZR 150/80, BGHZ 82, 188, 192 – „Hoogovens"; Zöllner/Hanau AG 1997, 206, 207 f.

[43] Vgl. BVerfG vom 27.04.1999 – 1 BvR 1613/94, BVerfGE 100, 289, 302 – „DAT/Altana".
Ausführlicher zum allgemeinen Verständnis des rechtlichen Stellung des Aktionärs: siehe unten Abschnitt C.II.4.a) „Das Grundverständnis von der rechtlichen Stellung des Aktionärs".

[44] Fechner AG 1962, 229, 231.

Durch die im 2. Kapitel dieser Arbeit beschriebenen gesellschaftsrechtlichen Maßnahmen der Umstrukturierung wird das Anteilseigentum der von der Maßnahme betroffenen Aktionäre beeinträchtigt. Zum Teil werden nur Herrschaftsrechte des Aktionärs bzw. der mitgliedschaftliche Aspekt betroffen, etwa wenn das Stimmrecht entzogen wird; ganz überwiegend werden aufgrund der gegenseitigen Abhängigkeit von Herrschaftsrecht und Vermögensrecht jedoch beide Komponenten des Aktieneigentums betroffen. Zum Teil wird in der Literatur, vor allem von MÜLBERT, aus der tatsächlichen normativen Ausgestaltung des Eigentumsschutzes durch das Aktiengesetz der Schluss gezogen, nicht die Mitverwaltungsrechte des Minderheits- oder Kleinaktionärs (immerhin bis zu einer Gesellschaftsanteil von 25 %) seien geschützt, sondern allein seine vermögensmäßige Beteiligung, da die Mitgliedschaft gerade durch eine Mehrheitsentscheidung entzogen werden könne.[45] Auf die Implikationen dieses Ansatzes für die Kernfrage der vorliegenden Untersuchung ist unten noch näher einzugehen.[46]

b) Enteignung durch oder aufgrund gesellschaftsrechtlicher Bestimmungen?

Bei einem vollständigen Verlust der Eigentumsposition bei einem Grundrechtsträger liegt es nicht völlig fern zu überprüfen, ob möglicherweise eine Enteignung vorliegt. Dies ist jedoch bei den hier zu untersuchenden Konstellationen in keinem Fall gegeben. Weder der Gesetzgeber noch die Exekutive beeinträchtigen in den fraglichen Fällen die Eigentumsposition eines Grundrechtsträgers, um sie ihm „zur Erfüllung bestimmter öffentlicher Aufgaben vollständig oder teilweise zu entziehen“[47]. Keine staatliche Gewalt entzieht dem Aktionär final, d. h. zweckgerichtet, die Verfügungsbefugnis; ebenso wenig wird der Hauptversammlung bzw. dem Mehrheitsaktionär die Durchführung einer enteignenden Maßnahme gestattet. Daher scheidet die Einstufung der gesetzlichen Regelungen, auch des Squeeze-out, als Enteignung aus.

c) Ausgestaltung der Reichweite des Eigentumsschutzes durch Inhalts- und Schrankenbestimmungen

Es handelt sich bei den Vorschriften über Unternehmensverträge und andere Konzernierungs- und gesellschaftsrechtliche Umgestaltungsmöglichkeiten um

---

45 Mülbert, Aktiengesellschaft, Unternehmensgruppe und Kapitalmarkt, S. 271; kritisch hierzu Hanau NZG 2002, 1040, 1042 f.

46 Siehe unten Abschnitt C.II.4.c) „Umfang der Beteiligung als Abgrenzungskriterium“.

47 Vgl. BVerfG vom 02.03.1999 – 1 BvL 7/91, BVerfGE 100, 226, 239 f. – „Denkmalschutz“.

Inhalts- und Schrankbestimmungen,[48] die das Aktieneigentum definieren, d. h. - im Wortsinn - seine Grenzen bestimmen.

Auch das Delisting, als Möglichkeit der Fungibilitätsbeschränkung aufgrund einer Entscheidung der Mehrheit in der Hauptversammlung, ist als Inhalts- und Schrankenbestimmung des Aktieneigentums anzusehen.[49] Nach der Rechtsprechung des Bundesverfassungsgerichts ist das Privateigentum durch Privatnützigkeit und Verfügungsbefugnis gekennzeichnet.[50] Das Gericht betonte dabei in den jüngeren Entscheidungen die Bedeutung der Verkehrsfähigkeit von Aktien gerade für Kleinaktionäre.[51] Dieser grundsätzlichen Wertung hat der BGH in der Macrotron-Entscheidung Rechnung getragen und festgestellt, auch das Delisting beeinträchtige das Aktieneigentum wegen der Einschränkung der Verkehrsfähigkeit.[52] Die Börsennotierung ist daher nicht mehr nur als bloßer Wertbestim-

---

48 BVerfG vom 07.08.1962 – 1 BvL 16/60, BVerfGE 14, 263, 277 – „Feldmühle“; BVerfG vom 27.01.1999 – 1 BvR 1805/94, NJW 1999, 1699, 1700 – „SEN“; BVerfG vom 27.04.1999 – 1 BvR 1613/94, BVerfGE 100, 289, 302 – „DAT/Altana“; Grzimek in: Geibel/Süßmann, WpÜG, Art. 7, § 327a AktG Rn. 26 ff.; Hellwig/Bormann ZGR 2002, 465, 486; Luttermann JZ 1999, 945, 946; Pötzsch/Möller, WM 2000, Sonderbeilage Nr. 2 zu Heft 31, S. 3, 30; Zöllner/Noack AG 1991, 157, 161 f.

Anders, wohl aufgrund der früher noch vorherrschenden Dogmatik des Verhältnisses zwischen Inhalts- und Schrankenbestimmung und Enteignung: Fechner AG 1962, 229, 231.

Der BGH spricht davon, dass die Durchführung des Unternehmensvertrages einen Eingriff in das nach Art. 14 GG geschützte Anteilsrecht des Aktionärs darstelle, der nur unter den Voraussetzungen eines effektiven Rechtsschutzes und einer vollständigen Entschädigung zulässig sei: BGH vom 20.05.1997 – II ZB 9/96, BGHZ 135, 374, 378 f. – „Guano“. Hierzu ist anzumerken, dass die Durchführung des Vertrages im Rahmen des durch den Gesetzgeber definierten Rahmens keinen Eigentumseingriff im eigentlichen Sinne darstellen kann. Die der Vertragsdurchführung zugrundeliegende gesetzliche Regelung stellt jedoch ihrerseits als Inhalts- und Schrankenbestimmung eine eigentumsrelevante Maßnahme dar, die nur unter Wahrung der Interessen der außenstehenden Aktionäre durch die genannten Voraussetzungen rechtmäßig ist.

49 Hellwig/Bormann ZGR 2002, 465, 473 f.

50 BVerfG vom 01.03.1979 – 1 BvR 532, 533/77, 419/78, 1 BvL 21/78 BVerfGE 50, 290, 339 – „Mitbestimmung“; BVerfG vom 27.04.1999 – 1 BvR 1613/94, BVerfGE 100, 289, 301 – „DAT/Altana“; BVerfG vom 27.01.1999 – 1 BvR 1805/94, NJW 1999, 1699, 1700 – „SEN“.

51 BVerfG vom 27.04.1999 – 1 BvR 1613/94, BVerfGE 100, 289, 305, 308 – „DAT/Altana“; BVerfG vom 23.08.2000 – 1 BvR 68/95, 1 BvR 147/97, NJW 2001, 279, 280 – „Moto Meter“.

52 BGH vom 25.11.2002 – II ZR 133/01, BGHZ 153, 47, 54 f. – „Macrotron“.

mungsfaktor zu verstehen[53], er ist vielmehr als Eigenschaft des jeweiligen Anteils Bestandteil des Eigentums.

Der Schutzbereich des Art. 14 Abs. 1 GG ist, wie erwähnt, normgeprägt, das heißt, der Schutzumfang des Grundgesetzes unterliegt in diesem Punkt der Ausgestaltung durch den einfachen Gesetzgeber. Dies wiederum bedeutet im Zusammenhang mit den hier fraglichen Strukturmaßnahmen in der AG, dass der Gesetzgeber z. B. im AktG und im UmwG Inhaltsbestimmungen treffen kann, die – solange sie nicht gegen andere grundrechtliche Prinzipien verstoßen und das Institut des Eigentums in seinem Kern unberührt lassen – den Schutzbereich des Art. 14 Abs. 1 GG zulässig einschränken. Dem Gesetzgeber steht es daher frei, den Konzerninteressen bzw. den Interessen der Mehrheit in einer Aktiengesellschaft Vorrang vor Minderheitsinteressen zu gewähren. Es muss jedoch zum einen eine wirksame Missbrauchskontrolle gewährleistet sein, da es mit der grundsätzlichen Garantie des Eigentumsschutzes durch Art. 14 GG sowie dem Grundgedanken aus Art. 3 GG nicht vereinbar wäre, wenn der Gesetzgeber einer Partei die Kompetenz für missbräuchliche Nutzung von Entscheidungsgewalt einräumte, ohne der anderen Partei effektiven Rechtsschutz zu ermöglichen. Zum anderen folgt daraus auch, dass der Gesetzgeber den Bestand des Privateigentums auch insoweit schützen muss, dass die Minderheit, gegen deren Bestandsinteressen der Mehrheit eine Maßnahme durch den Gesetzgeber gestattet wurde, eine volle Kompensation für den erlittenen Rechtsverlust verlangen kann.[54]

Das Gesetz verfolgt dabei verschiedene Wege der Kompensation der Beeinträchtigung. So dient die regelmäßig wiederkehrende Ausgleichszahlung im Vertragskonzern an die außenstehenden Aktionäre der abhängigen Gesellschaft der Abgeltung vermögensmäßiger Einbußen aufgrund der Abschöpfung des Gewinns durch das herrschende Unternehmen. Das Pflichtabfindungsangebot dient daneben der Kompensation der Beeinträchtigung der Herrschaftsrechte des Aktionärs, da die Gesellschaft sich der Leitung eines anderen Unternehmens unterstellt hat. Beim Squeeze-out wird dem Aktionär die Beteiligung durch die Maßnahme vollständig entzogen, hierbei wird eindeutig die mitgliedschaftliche Position in der schwersten Form beeinträchtigt. Diese Beeinträchtigung wird

---

53 So noch LG München I vom 04.11.1999 – 5 HKO 10580/99, ZIP 1999, 2017, 2021 – „Macrotron"; Großfeld, Unternehmens- und Anteilsbewertung, S. 9; Bungert BB 2000, 53, 57.

54 Die Inhaltsbestimmung ist wegen des Verhältnismäßigkeitsgrundsatzes ausgleichspflichtig, Roller NJW 2001, 1003, 1005 f.

jedoch auch hier durch eine Geldzahlung kompensiert, mithin ein Ausgleich im vermögensrechtlichen Bestand des Aktionärs geschaffen.[55]

Dies ist dahingehend zu verallgemeinern, dass die mitgliedschaftliche Position des Gesellschafters in ihrem Bestand nur schwach gesichert ist, solange ein vermögenswerter Ausgleich gewährleistet ist. Nur in Ausnahmefällen erfolgt eine Kompensation der Beeinträchtigung, indem eine äquivalente Mitgliedschaft in einem anderen Rechtsträger, aufgrund umwandlungsrechtlicher Bestimmungen, gewährt wird.

d) Verfassungskonforme Auslegung und Anwendung der Inhalts- und Schrankenbestimmungen

Die grundsätzlich als Inhalts- und Schrankenbestimmung zulässigen und grundrechtskonformen Normen müssen jedoch auch in einer Art und Weise angewandt werden, die die grundsätzliche Bedeutung des Eigentumsschutzes durch Art. 14 Abs. 1 GG wahrt. Auch die Rechtsanwendung muss sich im Rahmen des grundrechtlich Zulässigen bewegen.

Die Gerichte müssen daher im Spruchverfahren die grundsätzliche Bedeutung der Eigentumsgarantie beachten und sich bei der Auslegung der Normen innerhalb der Grenzen halten, die auch für den Gesetzgeber bezüglich der Ausgestaltung und Definierung des Eigentums gelten.[56] Das Bundesverfassungsgericht betont dabei die „wertsetzende Bedeutung“ des Grundrechts aus Art. 14 Abs. 1 GG auf der Rechtsanwendungsebene,[57] d. h., bei der Auslegung und Anwendung der an sich verfassungsgemäßen Normen muss stets die Grundwertung des Schutzes des Eigentums in privater Hand beachtet werden. Genau dieses Prinzip ist auch maßgeblich für die vorliegende Untersuchung, indem geprüft werden soll, ob sich auf der Rechtsanwendungsebene Einschränkungen dahingehend ergeben, dass die Eigenschaft einer AG als börsennotiert zu einer Beschränkung der zulässigen Bewertungsmethode allein auf den Börsenkurs führt.

2. Erstreckung des Eigentumsschutzes auf zukünftige Entwicklungen und Chancen?

Wie erwähnt unterliegt dem Schutz des Art. 14 GG der durch eigene Arbeit und Leistung erworbene Bestand an vermögenswerten Gütern. Die Formulierung „Bestand“ an Vermögensgegenständen betont die zeitliche Komponente der

---

[55] Vgl. LG Osnabrück vom 05.07.2002 – 13 O 177/02, AG 2002, 527 – „KM Europa Metall AG“.

[56] BVerfG vom 27.01.1999 – 1 BvR 1805/94, NJW 1999, 1699, 1700 – „SEN“.

[57] BVerfG vom 27.04.1999 – 1 BvR 1613/94, BVerfGE 100, 289, 304. – “DAT/Altana“.

Erstreckung des Eigentumsschutzes; in der Zukunft liegende oder ungewisse Chancen und Verdienstmöglichkeiten sind grundsätzlich keine durch Art. 14 GG geschützten Positionen.[58] Es ist zu hinterfragen, inwieweit dieser Grundsatz bei den verschiedenen Bewertungsmethoden ausreichend Beachtung findet, da vielfach geschätzte Zukunftswerte maßgeblich für den Wert des Unternehmens bzw. des Anteils sein sollen.

a) *Der Gegenwartswert des Prognosewertes*

Vor allem beim Ertragswertverfahren und bei der DCF-Methode wird aus den zum Stichtag gegebenen Werten und Unternehmensergebnissen, ob durch reine Extrapolation oder aufgrund detaillierter Planungen, eine zukünftige Entwicklung geschätzt. Dieser Zukunftsschätzwert wird mit einem Zinssatz diskontiert und damit ein Gegenwartswert der Prognose ermittelt, der ausdrücken soll, wie viel der zukünftig zu erzielende Unternehmenserfolg am Stichtag wert ist. Das Bundesverfassungsgericht hat die Ertragswertmethode als eine im Grunde verfassungsrechtlich unbedenkliche Methode bezeichnet.[59] Ebenso sei der zugrundeliegende Ansatz, „dass der Wert eines Unternehmens in erster Linie von der Fähigkeit abhängt, künftig Erträge zu erwirtschaften", verfassungsrechtlich unbedenklich.[60]

Jedoch sind mit der Zukunftsprognose Unsicherheiten verknüpft, die maßgeblich auf den Unternehmenswert als Resultat der Ertragswertmethode durchschlagen. Die Rechtsprechung folgt mit der Anerkennung der Ertragswertmethode der Fortentwicklung in der betriebswirtschaftlichen Forschung und Praxis, wonach unbestritten der rechnerische Gesamtwert eines Unternehmens mehr sein muss als die Summe der bloßen Zeitwerte des Anlagevermögens. Um diese Differenz zu beziffern zu können, wird versucht zu ermitteln, wie viel Potenz zur Gewinnerzielung an einem bestimmten Stichtag in dem Unternehmen bereits vorhanden ist.[61] Dass eine gewisse Fähigkeit zur Gewinnerzielung an einem gegebenen Stichtag in dem Unternehmen vorhanden ist, ist ein Faktum, ein Be-

---

58 BVerfG vom 18.03.1970 – 2 BvO 1/65, BVerfGE 28, 119, 142; BVerfG vom 16.03.1971 – 1 BvR 52, 665, 667, 754/66, BVerfGE 30, 292, 334 f.; BVerfG vom 01.04.1971 – 1 BvL 22/67, BVerfGE 31, 8, 32; BVerfG vom 19.03.1975 – 1 BvL 20, 21, 22, 23, 24/73, BVerfGE 39, 210, 237; BVerfG vom 21.06.1977 – 2 BvR 70, 361/75, BVerfGE 45, 272, 296; BVerfG vom 14.01.1987 – 1 BvR 1052/79, BVerfGE 74, 129, 148; BVerfG vom 06.10.1987 – 1 BvR 1086, 1468, 1623/82, BVerfGE 77, 84, 118 – „Arbeitnehmerüberlassung"; BVerfG 23.01.1990 – 1 BvR 306/86, BVerfGE 81, 208, 227 f.; BVerfG vom 22.01.1997 – 2 BvR 1915/91, BVerfGE 95, 173, 187.

59 BVerfG vom 27.04.1999 – 1 BvR 1613/94, BVerfGE 100, 289, 307 – "DAT/Altana".

60 BVerfG vom 27.04.1999 – 1 BvR 1613/94, BVerfGE 100, 289, 307 – "DAT/Altana".

61 Bergrath, Vergleich der Ertragswertmethode mit der DCF-Methode, S. 119.

stand an Werten, an dem der Anteilseigner beteiligt ist, und der dem Eigentumsschutz des Art. 14 Abs. 1 GG unterliegen muss.

Es muss jedoch unterschieden werden zwischen der vorhandenen Ertragskraft des Unternehmens und dem Ergebnis eines Bewertungsvorganges. Die Zukunftsprognose ist ein rechnerisches Hilfsmittel zur Bestimmung eines Näherungswertes für die *derzeitige* Fähigkeit, Gewinne zu erwirtschaften. Hierfür wird errechnet, in welchem Maße das Unternehmen nach derzeitigen Wissens- und Erkenntnisstand *in einem Zeitraum in der Zukunft* in der Lage sein wird, eine gewisse Summe von Gewinnen zu erwirtschaften.

Die zukünftige Gewinnerwartung selbst kann als ungewisse, in der Zukunft liegende Realität keinesfalls dem Schutz des Art. 14 GG unterliegen. Sie kann nicht als „feste Realität" gelten.[62] Sie ist jedoch als rechnerischer Wert ein Ausdruck dafür, was am Stichtag *aus der Sicht des Bewertenden* anhand der für ihn maßgeblichen Kriterien an Ertragskraft in dem Unternehmen steckt.[63] Der errechnete Ertragswert selbst ist, ebenso wie die nach anderen Verfahren ermittelten Werte, somit nur der subjektive Versuch, die derzeitige Fähigkeit des Unternehmens zur wirtschaftlichen Betätigung angemessen zu beziffern. Er fällt aufgrund seiner Zukunftsgerichtetheit als Ausdruck von Chancen nicht in den Schutzbereich des Eigentums. Der Ertragswert ist lediglich ein rechnerisches Hilfsmittel, das zur Anwendung kommen kann, wenn kein anderes geeignetes Mittel zur Bestimmung des Wertes des Unternehmens zum Stichtag verfügbar ist.

b) Der Börsenkurs als bloße Erwerbschance?

In der Rechtsprechung wurde geäußert, der Börsenkurs müsse und dürfe bei der Abfindungsermittlung schon deswegen nicht berücksichtigt werden, weil die in der Aktie enthaltene bloße Möglichkeit, den in ihr verkörperten Wert zum Börsenkurs zu veräußern, lediglich eine Erwerbschance darstelle.[64] Die Grundlage dieser Argumentation liegt in der Feststellung des BVerfG, dass Art. 14 GG keine Chancen und Verdienstmöglichkeiten schütze.[65] Dieser Grundsatz leuchtet ohne weiteres ein, da ansonsten die Gefahr bestünde, dass der Schutzbereich des

[62] Anders W. Müller JuS 1975, 553, 557 f.

[63] Die Anmerkung von Fleischer DNotZ 2000, 876, 878, die der Bewertung zugrunde liegenden Gewinnerwartungen seien gerade nicht von Art. 14 GG geschützt, greift daher zu kurz.

[64] OLG Celle vom 31.07.1998 – 9 W 128/97, AG 1999, 128, 129 – „Hofbräuhaus Wolters/Gildebrauhaus".

[65] BVerfG vom 18.03.1970 – 2 BvO 1/65, BVerfGE 28, 119, 142; BVerfG vom 16.03.1971 – 1 BvR 52, 665, 667, 754/66, BVerfGE 30, 292, 334 f.

Grundrechts zu weit gefasst und eine klare Abgrenzung nicht mehr möglich wäre. Auch bereits rein begrifflich kann unter „Eigentum" schlechterdings nicht die bloße Aussicht auf einen Rechtserwerb verstanden werden, sondern nur eine irgendwie bereits gefestigte Rechtsposition.

Das OLG Hamm führt in einem Urteil aus dem Jahr 1963 aus, dem Aktionär, der im Rahmen einer Umwandlung ausscheidet, seien auch die Nachteile zu ersetzen, die dadurch entstehen, dass ihm die Möglichkeit genommen wurde, mit einem Verkauf seiner Anteile zu warten, bis der übernehmende Rechtsträger bereit ist, mehr dafür zu bezahlen.[66] Auch wenn diese Chance betragsmäßig in Geld nicht auszudrücken ist, sei sie dennoch unter Billigkeitsgesichtspunkten bei der Abfindungsermittlung zu berücksichtigen; das Gericht hielt hierfür im entschiedenen Fall einen Zuschlag von 32 % zum Börsenkurs für angemessen. Solche Erwägungen sind m. E. jedoch unzutreffend und gehen in der Sache zu weit.

Der Börsenkurs ist Folge des Marktgeschehens, der Handelssituation und Ausdruck der Einschätzung des gesamten Börsenpublikums über die Werthaltigkeit des Anteils – allein bezogen auf die aktuellen und zukünftigen Handelsmöglichkeiten. Er beziffert, zu welchem Preis die Aktie am betreffenden Tag durchschnittlich hätte verkauft werden können, wenn der Einfluss der Kauforder selbst auf die Preisbildung vernachlässigt wird. Der Börsenkurs stellt damit einen Durchschnittswert mit Näherungswertcharakter dar. Er ist für den Aktieninhaber insofern hypothetisch und kann als „Erwerbschance" betrachtet werden, weil der Verkauf tatsächlich nicht stattgefunden hat und auch der Einfluss des Verkaufsangebotes auf die Preisbildung dabei vernachlässigt werden müsste. Entscheidend ist jedoch, dass der Börsenkurs als betragsmäßiger Wertausdruck ein gegenwartsbezogener, ganz genau betrachtet sogar ein vergangenheitsbezogener Wert ist. Er hat auch am folgenden Börsenhandelstag keinerlei Gültigkeit und Werthaltigkeit mehr und ist daher kein Ausdruck für eine in der Zukunft liegende Verdienstmöglichkeit. Der zur Ausführung der Order festgestellte Börsenkurs ist vielmehr der stichtagsbezogene betragsmäßige Ausdruck der Einschätzung des Börsenpublikums über die Werthaltigkeit des Anteils.

Es lässt sich danach festhalten, dass der Börsenkurs ebenso wie das Ergebnis des Ertragswertverfahrens allein ein subjektiver Versuch ist, den Wert des Unternehmens, der am Bewertungsstichtag für die Berechnung der Abfindung vorhanden ist, zahlenmäßig auszudrücken. Dieser Bewertungsversuch ist allerdings aufgrund der Zahl der Marktteilnehmer gegenüber dem Einzelangebot,[67] etwa

---

[66] OLG Hamm vom 23.01.1963 – 8 AR 1/60, AG 1963, 218, 219.

[67] Hiermit nicht vergleichbar ist daher auch eine Entscheidung des Oberlandesgerichts Hamburg aus dem Jahr 1979, in welchem das Gericht einen für den Fall des Erwerbs des Unternehmens vertraglich vereinbarten Preis von 150 % nicht auf das Abfindungsangebot des

auch gegenüber dem Angebot mit Paketzuschlag, als *objektiviert* anzusehen.[68] Es kommt nicht auf den Charakter des Kurses als tatsächliche Verkaufschance an, ebenso wie das Ertragswertverfahren für die Abfindungsermittlung nur teilweise auf die Sicht eines potentiellen Erwerbers des Unternehmens abstellt. Es ist daher nicht zutreffend, den Börsenkurs für die Abfindungsberechnung allein deshalb zu verwerfen, weil bloße Chancen und Verdienstmöglichkeiten nicht in den Schutzbereich des Art. 14 GG fallen. Der *Anteil*, den der abzufindende Aktionär hält, ist geschützt; die Wertermittlung ist hier wie da auf hypothetische bzw. geschätzte Werte angewiesen.

c) Das Problem der Berücksichtigung von Synergieeffekten

Weiterhin stellt sich im Licht von Art. 14 GG die Frage der Einbeziehung von Synergieeffekten in die Unternehmenswertermittlung. Auch Synergieeffekte, die durch die Strukturmaßnahme geplant und angestrebt werden, sind bloße in der Zukunft liegende Erwerbschancen, deren Verwirklichung in den meisten Fällen unsicher ist. Dennoch sind sich Wissenschaft, Rechtsprechung und Rechtspraxis im wesentlichen einig, dass erhoffte Synergieeffekte in bestimmten Fällen in die Bewertung des einzelnen Anteils einzubeziehen sind.

(1) Begriffsklärung

Synergieeffekte oder auch Verbundeffekte sind die Vorteile und Überschüsse, die sich durch den wirtschaftlichen Verbund von Unternehmen erzielen lassen[69] und über die Summe der Überschüsse bei isolierter Betrachtung der Unternehmen hinausgehen.[70] Sie sind eines der wichtigsten Motive zum Erwerb von Unternehmen und zur Durchführung von Konzernierungs- und Konzentrationsmaßnahmen.[71] Zu denken ist vor allem an Synergien im Produktions- und Absatzbereich, im Investitions- und Finanzbereich, in der Forschung und Entwicklung sowie bei der Unternehmensführung und im Personal.[72] Außerdem können solche Vorteile darin bestehen, dass das herrschende Unternehmen an das abhängige neue Einschüsse leistet und somit die Kapitalstruktur verbessert; es können sich aus dem Verbund Steuerersparnisse ergeben und die Marktchancen

tatsächlich geschlossenen Unternehmensvertrags anwenden wollte, da es an einer ernsthaften Verwirklichungschance für diesen Wert mangelte. OLG Hamburg vom 17.08.1979 – 11 W 2/79, AG 1980, 163 – „Hamburger Verkehrsbetriebe".

68 Zur Frage der möglicherweise unzureichenden Objektivierung siehe unten Abschnitt D.II.1. „Unzuverlässigkeit des Börsenkurses durch Marktversagen".

69 Großfeld, Unternehmens- und Anteilsbewertung, S. 63.

70 IdW S 1, Abschnitt 4.4.2.2., Tz. 42, WPg 2000, 825, 830.

71 Vgl. Busse von Colbe ZGR 1994, 595, 603.

72 Fleischer ZGR 1997, 368, 377; Bula/Schlösser in: Sagasser/Bula/Brünger, J Rn. 34.

können verbessert werden.[73] Verbundeffekte lassen sich neben dieser Einteilung nach dem Entstehungsbereich danach unterscheiden, ob sie sich unmittelbar nach der Unternehmenszusammenführung realisieren lassen, oder erst im Laufe der weiteren Geschäftsentwicklung wirksam werden.[74] Des Weiteren kann danach unterschieden werden, auf welcher Stufe der Konzernierung Synergien zwischen den betreffenden Unternehmen entstehen und genutzt werden können. So können die konzerninterne Koordination betrieblicher Abläufe, Vertriebsvorteile, verbesserte Bankenkontakte etc. durch die Konzernspitze bereits mit dem Kontrollerwerb über die Gesellschaft umgesetzt werden.[75] Die steuerliche Organschaft wiederum ist erst mit dem Abschluss eines Beherrschungs- und Gewinnabführungsvertrages zu erreichen.[76] Gleiches gilt für den Vorteil, keiner Begrenzung des Einflusses und der Leitungsmacht aus § 311 AktG zu unterliegen und keinen Abhängigkeitsbericht gemäß § 312 AktG aufstellen zu müssen.[77]

Zumeist wird der Vorteil, der aus dem Unternehmensverbund resultiert, in der Regel *nicht* bei der Gesellschaft ökonomisch wirksam werden, deren Gesellschafter nach der hier gewählten Zusammenstellung abzufinden sind. Vielmehr wird der Zusammenschluss bzw. die Konzernierungsmaßnahme von dem anderen Unternehmen angestrebt und gesteuert, weil der Vorteil bei ihm bzw. einem anderen Unternehmen im Konzernverbund entstehen wird.[78] Umstritten ist daher, inwieweit solche Vorteile bei der Bewertung der Gesellschaft anzurechnen sind, deren Gesellschaftern eine Abfindung anzubieten ist.

(2) Abfindung in Aktien und Aktientausch

Nach der überwiegenden Ansicht sind Verbundvorteile bei einer Abfindung in Aktien bzw. einem Aktientausch, wie sie bei Unternehmensvertrag, Eingliederung, Verschmelzung und Spaltung stattfinden, nicht zu berücksichtigen.[79]

---

[73] Werner in: FS Steindorff, 1990, S. 303, 305.

[74] Fleischer ZGR 1997, 368, 377.

[75] Fleischer ZGR 1997, 368, 377 f.

[76] Vgl. Kübler, Gesellschaftsrecht, § 19 V. 3., S. 278 f.

[77] Vgl. Busse von Colbe ZGR 1994, 595, 603.

[78] Werner in: FS Steindorff, 1990, S. 303, 305.

[79] Großfeld, Unternehmens- und Anteilsbewertung, S. 64; Seetzen WM 1999, 565, 572; Werner in: FS Steindorff, 1990, S. 303, 315 f.; i. E. auch Dirrigl DB 1990, 185, 189 ff.; OLG Düsseldorf vom 15.01.2004 – I-19 W 5/03 AktE, ZIP 2004, 1503, 1504 – „Krupp/Hoesch"; OLG Düsseldorf vom 31.01.2003 – 19 W 9/00 AktE, AG 2003, 329, 330 – „SNI"; offengelassen durch OLG Düsseldorf vom 17.02.1984 – 19 W 1/81, ZIP 1984, 586, 590 – „ATH/Rheinstahl".

Festzuhalten ist, dass dem Gesellschafter immer dann, wenn ihm durch eine Abfindung in Aktien oder einen Aktientausch die Möglichkeit der Beteiligung an dem anderen Unternehmen bzw. Rechtsträger eröffnet wird, mittelbar auch die Teilhabe an den Synergieeffekten ermöglicht wird. Es erfolgt zwar keine rechnerische Ermittlung und Bezifferung der Verbundvorteile – deren Aufteilung auf die Ausgangsgesellschaften auch fraglich wäre –; die Aktionäre werden jedoch entsprechend dem Umtauschverhältnis an der anderen Gesellschaft beteiligt und partizipieren an ihrer wirtschaftlichen Entwicklung. Zeigen sich positive Veränderungen in der Entwicklung des Unternehmens, nehmen die Aktionäre daran über höhere Dividenden und einen möglicherweise steigenden Aktienkurs teil.

(3) Barabfindung

Im Fall des Ausscheidens des Aktionärs gegen eine Barabfindung ist jedoch die Situation schwieriger, da der Aktionär sich von der Gesellschaft löst und eine angemessene Entschädigung nur über den Abfindungsbetrag geleistet werden kann. Ob bei der Bemessung dieses Betrages Synergieeffekte zu berücksichtigen sind, ist umstritten. Es wird dabei unterschieden zwischen so genannten echten und unechten Verbundvorteilen, wobei die Abgrenzung im Einzelfall durchaus Schwierigkeiten bereiten kann.

(a) Echte Verbundvorteile

Echte Synergieeffekte sind dadurch gekennzeichnet, dass sie gerade durch die Maßnahme, d. h. das Zusammenwirken der Unternehmen in der geplanten Weise, entstehen. Die Rechtsprechung und ein Teil der Literatur lehnen die Einbeziehung echter Verbundvorteile in die Abfindungsberechnung ab,[80] während

---

[80] BGH vom 04.03.1998 – II ZB 5/97, BGHZ 138, 136, 140 – „ASEA/BBC II"; BayObLG vom 11.12.1995 – 3Z BR 36/91, AG 1996, 176, 177; BayObLG vom 19.10.1995 – 3Z BR 17/90, AG 1996, 127, 128 – „Paulaner"; OLG Stuttgart vom 04.02.2000 – 4 W 15/98, AG 2000, 428 – „Schwaben-Zell AG"; OLG Celle vom 31.07.1998 – 9 W 128/97, AG 1999, 128, 129 – Hofbräuhaus Wolters/Gildebrauhaus; OLG Düsseldorf vom 27.02.2004 – 19 W 3/00 AktE, ZIP 2004, 753, 757 – „EVA AG"; OLG Düsseldorf vom 26.09.1997 – 19 W 1/97 AktE, AG 1998, 37, 38 – „Hageda AG/M und H GmbH"; OLG Hamburg vom 17.08.1979 – 11 W 2/79, AG 1980, 163, 165 – „Hamburger Verkehrsbetriebe"; LG Frankfurt vom 19.12.1995 – 3-03 O, AG 1996, 187, 189 – „Nestlé Deutschland AG"; LG Dortmund vom 14.02.1996 – 20 AktE 3/94, AG 1996, 278, 279 – „Hoffmann's Stärkefabriken"; **offengelassen durch:** BGH vom 19.06.1995 – II ZR 58/94, NJW 1995, 3115, – „Rieter/SSI II" ; OLG Düsseldorf vom 17.02.1984 – 19 W 1/81, ZIP 1984, 586, 590 – „ATH/Rheinstahl".

Grzimek in: Geibel/Süßmann, WpÜG, Art. 7 § 327b Rn. 32 (für den Fall des Squeeze-out); Kallmeyer AG 2000, 59, 60; Koppensteiner in: Kölner Kommentar, § 305 Rn. 65, 96; Land/Hennings AG 2005, 380, 386; W. Müller JuS 1973, 745, 747; Ränsch AG 1984, 202, 206 f.; Weiler/Meyer ZIP 2001, 2153, 2158; Werner in: FS Steindorff, 1990, S. 303, 317; Wilken ZIP 1999, 1443, 1444.

dies von anderen Stimmen in der Literatur gefordert wird.[81] Die Ablehnung der Berücksichtigung von Synergieeffekten wird zumeist damit begründet, dass die Bewertung gedanklich darauf beruhe, die Unternehmen würden selbständig weitergeführt. Eine Einbeziehung der Verbundeffekte würde die Bewertung vor allem jedoch stark subjektivieren, wobei sich zum einen die Berechnung eines zahlenmäßigen Ausdrucks der Synergieeffekte wegen eines Informationsdefizits beim außenstehenden Bewertenden schwierig gestaltet, vor allem aber auch die Zurechnung der Vorteile zu der einen oder anderen Gesellschaft willkürlich erfolgt.

Etwas anderes soll nur dann gelten, wenn die Vorteile in dem zu bewertenden Unternehmen bereits derart angelegt wären, dass sie sich bei einer Verbindung mit nahezu jedem Unternehmen der Branche objektivierbar auswirken würden.[82] Hier findet sich der Begriff der „latenten Verbundvorteile".

(b) Unechte Verbundvorteile

Handelt es sich dagegen um so genannte unechte Verbundvorteile, die sich auch ohne die geplante Maßnahme erzielen ließen und sich nicht gerade erst aus der Maßnahme ergeben, sondern als werthaltige Faktoren im Unternehmen zum Stichtag bereits angelegt sind, sind diese im Rahmen einer Unternehmensbewer-

---

Siehe auch BFH vom 17.12.1982 – III R 92/80, BFHE 137, 367, 369 f.

81 Busse von Colbe in: FS Lutter, 2000, S. 1053, 1062; Busse von Colbe ZGR 1994, 595, 607; Dirrigl DB 1990, 185, 186; Emmerich/Habersack, Konzernrecht, § 22 III. 5., S. 321 f.; Fleischer ZGR 2001, 1, 27; Gansweid AG 1977, 334, 338 f.; Großfeld, Unternehmens- und Anteilsbewertung, S. 67 f.; Meilicke/Heidel DB 2001, 973, 975 Fn. 54.

Bergrath, Vergleich der Ertragswertmethode mit der DCF-Methode, S. 124 f., fordert, sowohl positive als auch negative Synergieeffekte zu berücksichtigen, und verweist auf die Bewertungsgrundsätze des IdW (Stellungnahme HFA 2/1983, WPg 1983, 468, 475). Allerdings ist klarzustellen, dass sich diese Ausführungen auf die Ermittlung des *Entscheidungswertes* beziehen, nicht auf den *objektiven Einigungswert*, der für die Abfindungsermittlung maßgeblich ist. Das IdW will die Synergieeffekte als subjektive Bewertungskomponenten für die Ermittlung des Entscheidungswertes in einem zweiten Bewertungsschritt in die Bewertung einfließen lassen (WPg 1983, 468, 478 f.). Sich darauf beziehende Begründungen und Argumente sind daher hier nicht verwendbar.

82 OLG Celle vom 31.07.1998 – 9 W 128/97, AG 1999, 128, 130 – „Hofbräuhaus Wolters/Gildebrauhaus"; BayObLG vom 11.12.1995 – 3Z BR 36/91, AG 1996, 176, 177; BayObLG vom 19.10.1995 – 3Z BR 17/90, AG 1996, 127, 128 – „Paulaner"; IdW S 1, Abschnitt 4.4.2.2., Tz. 43, WPg 2000, 825, 830.

Vgl. zu Steuervorteilen: OLG Düsseldorf vom 11.04.1988 – 19 W 32/86, ZIP 1988, 1555, 1557 – „Colditz" (steuerlicher Verlustvortrag als werterhöhender Faktor, nicht jedoch als echter Synergieeffekt); OLG Düsseldorf vom 16.10.1990 – 19 W 9/88, ZIP 1990, 1474, 1475 – „Wicküler-Küpper-Brauerei" (Steuervorteile der Anteilseigner bei der Umwandlung von KGaA in Personengesellschaft nur in der Privatsphäre).

tung zu berücksichtigen.[83] Dazu sollen etwa die Verwendung bereits vorhandener Rezepturen, die Optimierung der Maschinenbelegung und der Ablaufsteuerung, die einheitliche Forschung und Entwicklung, aber auch die Nutzung des Vertriebsapparates des anderen Unternehmens zählen.[84] Solche Synergieeffekte sind in die Bewertung einzubeziehen, können sich aber bereits in tendenziell besseren Planungsergebnissen ausdrücken.[85] Das Institut der Wirtschaftsprüfer verlangt einschränkend, die synergiestiftenden Maßnahmen müssten bereits eingeleitet sein.[86]

(4) Stellungnahme

Nach der bisherigen Darstellung führt erkennbar allein die Frage nach der Einbeziehung der echten Verbundvorteile zu Problemen. Aus dem Wortlaut der Abfindungsnormen lässt sich keine zuverlässige Aussage darüber ableiten, ob eine Einrechnung in den Abfindungsbetrag erfolgen muss oder nicht.[87] Ebenso gibt die grundlegende Feldmühle-Entscheidung des Bundesverfassungsgerichtes[88] mit der Forderung nach der „vollen Abfindung“ keinen weiterführenden Hinweis auf eine Lösung des Problems.

(a) Praktische Argumente: Die Messbarkeit von Synergieeffekten und ihre Aufteilung

Wie oben schon angedeutet, wird vielfach gegen die Einrechnung der Synergieeffekte eingewandt, dass bereits die rechnerische Ermittlung eines Geldbetrages, um Synergieeffekte zu beziffern, zu spekulativ sei.[89] Grundsätzlich ist dieses Argument nicht von der Hand zu weisen, jedoch ist anhand der oben erfolgten Darstellung der Bewertungsmethoden deutlich geworden, dass gerade auch die

---

[83] BGH vom 12.03.2001 – II ZB 15/00, BGHZ 147, 108, 119 – „DAT/Altana“; OLG Stuttgart vom 04.02.2000 – 4 W 15/98, AG 2000, 428, 429 – „Schwaben-Zell AG“; Großfeld, Unternehmens- und Anteilsbewertung, S. 66; Koppensteiner in: Kölner Kommentar, § 305 Rn. 66; Werner in: FS Steindorff, 1990, S. 303, 315.

[84] OLG Stuttgart vom 04.02.2000 – 4 W 15/98, AG 2000, 428, 429 – „Schwaben-Zell AG“.

[85] OLG Stuttgart vom 04.02.2000 – 4 W 15/98, AG 2000, 428, 429 – „Schwaben-Zell AG“.

[86] IdW S 1, Abschnitt 4.4.2.2., Tz. 43, WPg 2000, 825, 830; a. A. Großfeld, Unternehmens- und Anteilsbewertung, S. 66.

[87] Mertens, AG 1992, 321, 331, nimmt hier quasi ein „beredtes Schweigen“ des Gesetzes in dem Sinne an, dass der Gesetzgeber die Beteiligung der abzufindenden Aktionäre an den Synergieeffekten ausdrücklich hätte statuieren müssen, hätte er dies vorsehen wollen. Diese Argumentation weist Fleischer, ZGR 1997, 368, 383 f., vehement zurück.

[88] BVerfG vom 07.08.1962 – 1 BvL 16/60, BVerfGE 14, 263 ff.

[89] Werner in: FS Steindorff, 1990, S. 303, 317; Koppensteiner in: Kölner Kommentar, § 305 Rn. 65; so auch Gansweid AG 1977, 334, 339, der allerdings daraus schließt, der subjektive Entscheidungswert des Käufers sollte zur Grundlage der Berechnung gemacht werden.

Ertragswertmethode aufgrund ihrer Abhängigkeit von Prognosen und Schätzwerten einigen Ungenauigkeiten unterliegt.[90] Man kann nicht jede Spekulation in der Unternehmenswertberechnung eliminieren; warum also die Unsicherheit in der Bewertung zukünftiger Synergieeffekte größer sein sollte als bei der Schätzung zukünftiger Erträge, Investitionskosten, Abzinsungsfaktoren etc. ist nicht ersichtlich. Dieses Argument greift daher m. E. nicht durch. Zusätzlich trägt FLEISCHER vor, aus betriebswirtschaftlicher Sicht seien in den vergangenen Jahren große Fortschritte bei der Ermittlung und Berechnung von Synergieeffekten im Rahmen von Unternehmenszusammenschlüssen und Kooperationen gemacht worden, die es in der Regel ermöglichen, die Effekte relativ genau zahlenmäßig zu erfassen.[91]

Um allerdings mit den verfeinerten Methoden der Betriebswirtschaft Synergieermittlung betreiben zu können, müssen dem bewertenden Wirtschaftsprüfer, Sachverständigen etc. möglichst viele hierfür relevante Informationen zugänglich sein. Unter anderem wurde darauf hingewiesen, das zur Abfindung verpflichtete Unternehmen würde in den meisten Fällen nicht zur Weitergabe von Informationen bereit sein, welche die Abfindungssumme möglicherweise erhöhen und die geplante Maßnahme dadurch insgesamt teurer machen würden.[92] Des Weiteren bestehe auch keinerlei rechtliche Bindung des herrschenden Unternehmens an seine Planungen.[93] Diese Argumente lassen sich m. E. auch nicht ohne weiteres mit einem Hinweis darauf entkräften, dass bisweilen Verbundvorteile für jeden sichtbar sind.[94] Um die fraglichen Beträge nicht nur der Größenordnung gemäß beziffern zu können,[95] müsste durchaus z. B. in die Planungsunterlagen des herrschenden Unternehmens Einsicht genommen werden können.

---

90 Vgl. auch Busse von Colbe ZGR 1994, 595, 600.

91 Fleischer ZGR 1997, 368, 379 f.

92 Ränsch AG 1984, 202, 207; Werner in: FS Steindorff, 1990, S. 303, 317.

93 Werner in: FS Steindorff, 1990, S. 303, 317.

94 So aber Fleischer ZGR 1997, 368, 381.

95 Bei aller Schätzungenauigkeit, die sich aufgrund unsicherer Ausgangsgrößen der Rechnung ergeben muss, und die von den Gerichten im Spruchverfahren auch nie im Sinne einer Scheingenauigkeit zu korrigieren versucht wird, kann man dennoch nicht beliebige Schätzungen ohne detaillierte Grundlagen aufstellen. Die „Bandbreite" innerhalb derer die Abfindung als angemessen anzusehen ist, sollte nicht beliebig dehnbar sein. Jede Verschiebung innerhalb der Rechnung wirkt sich zu Gunsten oder Lasten der abzufindenden Gesellschafter und spiegelbildlich zu Gunsten oder Lasten der abfindungsverpflichteten Gesellschaft aus. Setzt diese den Abfindungsbetrag zu hoch an, schädigt sie mittelbar ihre eigenen Aktionäre und der Vorstand kann sich u. U. schadensersatzpflichtig machen. In diesem Gefüge mit Effekten zu operieren, die quasi offensichtlich jedermann erkennbar sein müssten oder „auf der Hand liegen", erscheint nicht unproblematisch.

Die Forderung nach erweiterten Informationspflichten im Spruchverfahren erscheint naheliegend, jedoch müsste die tatsächliche Handhabbarkeit und gegebenenfalls Sanktionierung eines Verstoßes gegen diese weitergehenden Informationspflichten diskutiert werden. Liegen beispielsweise die von den abzufindenden Aktionären geforderten Beträge noch unter der bei Kenntnis der Synergieeffekte tatsächlich angemessenen Summe, wird das abfindungsverpflichtete Unternehmen höchstwahrscheinlich ohne Offenlegung der betreffenden Daten die Abfindungssumme auf den geforderten Betrag erhöhen. Das so genannte Informationsproblem ist daher m. E. nicht gelöst.

Ist ein Betrag gefunden, der den Synergievorteil beziffert, stellt sich die Frage der Aufteilung auf die Ausgangsgesellschaften. Im Wesentlichen wird entweder eine hälftige Teilung[96] oder eine Aufteilung im Verhältnis der Ertragswerte gefordert,[97] zum Teil auch eine Verteilung von 2/3 bis 3/4 zu Gunsten des Übernehmers, weil dieser mehr für die Entstehung des Verbundvorteils leiste.[98] Da jeder dieser Aufteilungsschlüssel im Grunde willkürlich festgelegt wird, und man jeweils Aspekte findet, welche die eine oder andere Partei benachteiligen, wird auch vertreten, eine Aufteilung könne überhaupt nicht stattfinden.[99] Dass man nicht einfach, weil das Problem schwierig erscheint, aufhören sollte, nach Lösungen zu suchen, ist eine berechtigte Kritik an dieser Position.[100] Teilweise wird daher schlichtweg der Richter aufgefordert, eine im einzelnen angemessene Lösung zu finden.[101]

(b) Systematische Argumente: Die Gleichwertigkeit der Abfindungsalternativen

Auch das Primat von der Gleichheit der Abfindungsalternativen[102] wird für die Lösung der Synergiefrage - wenn auch in unterschiedlicher Weise - nutzbar gemacht. Gleichwertigkeit der Abfindungsalternativen bedeutet, die Abfindung in Aktien und die Barabfindung müssen in einem in Geld ausgedrückten Maßstab gleichwertig sein müssen. Wie oben dargelegt, erfolgt bei der Abfindung in Aktien keine ausdrückliche Berechnung und Zuweisung möglicher Synergieeffekte. Hieraus wird zum Teil geschlossen, dass auch bei der Barabfindung eine Einbe-

96 Böcking, Betriebswirtschaftliche versus rechtliche Unternehmensbewertung, S. 15 ff.

97 Dirrigl DB 1990, 185, 189 f., 191.

98 Großfeld, Unternehmens- und Anteilsbewertung, S. 68.

99 LG Dortmund vom 31.10.1980 – 18 AktE 2/79, AG 1981, 236, 239 – „Rheinstahl/ Thyssen“.

100 Vgl. Fleischer ZGR 1997, 368, 382.

101 Busse von Colbe ZGR 1994, 595, 607; Fleischer ZGR 1997, 368, 382, 400.

102 Siehe Koppensteiner in: Kölner Kommentar, § 305 Rn. 50.

ziehung in die Abfindungsberechnung ausscheidet.[103] Da die Aktionäre jedoch an der zur Abfindung verpflichteten Gesellschaft, d. h. dem aufnehmenden Rechtsträger bei der Verschmelzung, der Hauptgesellschaft bei der Eingliederung oder der herrschenden Gesellschaft bei einem Unternehmensvertrag, beteiligt bleiben, nehmen sie an der wirtschaftlichen Entwicklung dieses Unternehmens teil, bei dem regelmäßig die Verbundvorteile wirksam werden. Man könnte daher auch schlussfolgern, dass eine Einrechnung der Synergieeffekte in das Verhältnis der Unternehmenswerte quasi stillschweigend und im Verhältnis der Ertragswerte der Ausgangsgesellschaften erfolgen muss. Dann müssten die Synergieeffekte konsequenterweise auch bei der Berechnung der Barabfindung berücksichtigt werden,[104] jedenfalls soweit sie am Bewertungsstichtag erkennbar und ermittelbar sind.

Da die Gesellschafter, die eine Abfindung in Aktien erhalten, weiterhin an der wirtschaftlichen Entwicklung des Unternehmens partizipieren, auch wenn die Synergieeffekte in der Berechnung des Umtauschverhältnisses nicht ausdrücklich Eingang finden, spricht die geforderte Gleichwertigkeit der Abfindungsalternativen eher *für* die Einbeziehung in die Berechnung der Barabfindung, um ein in der Rechtsfolge vergleichbares Ergebnis zwischen den Abfindungsarten zu schaffen. Problematisch könnte diese Überlegung nur dann werden, wenn sich die Verbundeffekte unmittelbar bei einem anderen Unternehmen des Konzernverbundes auswirken, das gerade nicht rechtlich zur Abfindung verpflichtet ist. Allerdings greift auch diese Überlegung nicht weit, da die Abfindungsverpflichtung stets bei der Konzernspitze entsteht, die mittelbar von allen Synergieeffekten im Verbund profitiert.

(c) Die Funktion und Rolle des Minderheitsgesellschafters

Eine andere Überlegung ist, die Rolle des abzufindenden Aktionärs zu betrachten. Hier finden sich in der Literatur zwei verschiedene Ansätze: Eine Ansicht lehnt eine Aufteilung der Synergieeffekte zu Gunsten der abzufindenden Aktionäre ab, da diese keine Zuwendungen oder „Opfer" für das Zustandekommen des Verbundes erbrächten. Ihr Ausscheiden sei lediglich die Folge der Festigung der Mehrheitsherrschaft, die der Mehrheitsgesellschafter allein durch die Nutzung seiner bereits bestehenden Macht herbeiführen könne.[105] Daher seien die Verbundvorteile, die sich aufgrund der Aktivitäten der Mehrheit ergeben, auch

---

103 Werner in: FS Steindorff, 1990, S. 303, 315 ff.

104 So Busse von Colbe ZGR 1994, 595, 605; Böcking, Betriebswirtschaftliche versus rechtliche Unternehmensbewertung, S. 12 (allerdings ohne nähere Begründung); ähnlich auch Bula/Schlösser in: Sagasser/Bula/Brünger, J Rn. 35, die jedoch betonen, das Verschmelzungswertverhältnis müsse dennoch nach dem Stand-alone-Prinzip ermittelt werden.

105 Werner in: FS Steindorff, 1990, S. 303, 318 f.

kein „gemeinsamer Gewinn", an dem die abzufindenden Aktionäre teilhaben müssten.

Nach anderer Ansicht ist zwar die Position des abzufindenden Aktionärs so schwach, dass er sich gegen die Maßnahme in der Regel nicht wehren könne; das Gesetz fingiere aber über die Abfindungsverpflichtung zu seinen Gunsten eine Verhandlungssituation, so dass der Minderheitsaktionär im Hinblick auf die Bemessung der Abfindung so zu stellen sei, als ob er sich dennoch in einer solchen Lage befände und einen Kaufpreis aushandeln würde.[106] Dann sei er aber auch an den Synergieeffekten zu beteiligen, die als Bestandteil des subjektiven Grenzpreises eines Veräußerers zu betrachten sind. Zum Teil wird aus diesem Ansatz weitergehend auch gefolgert, es sei eine hälftige Aufteilung der Verbundvorteile geboten, um der Rolle der Parteien als gleichgestellte Verhandlungspartner gerecht zu werden.[107]

Der zweiten Position ist m. E. dem Grunde nach zuzustimmen. Als Begründung für die generelle Einbeziehung der Synergieeffekte in die Abfindungsberechnung kann die Stellung des Minderheitsgesellschafters im rechtlichen Gefüge von gesetzlich gestatteter Ausübung der Mehrheitsherrschaft im Gegenzug mit wirtschaftlichem Ausgleich durchaus herangezogen werden. Die Position des Minderheitsgesellschafters ist vom Gesetz und auch durch die Rechtsprechung mit der Forderung nach „voller Abfindung" im Hinblick auf den vermögensmäßigen Erhalt der Beteiligung bewusst so stark ausgestaltet worden, dass gerade kein weiteres „Opfer" von ihm verlangt werden kann. Dieses Argument jedoch auch für die betragsmäßig hälftige Aufteilung der Verbundvorteile auf die Ausgangsgesellschaften anzuführen - und damit quotal auch auf den Anteil des Minderheitsgesellschafters -, halte ich für zu weitgehend. Es ist eines, eine Verhandlungssituation zu Gunsten des abzufindenden Aktionärs zu fingieren, etwas anderes jedoch, das fiktive Ergebnis in Bezug auf einen „Verhandlungspunkt" als Regelergebnis vorwegzunehmen. Der Ruf nach einer einzelfallgerechten Lösung durch den Richter scheint hierbei das kleinere Übel.

(5) Zwischenergebnis

Die erzielbaren Verbundvorteile sind zwar Chancen und Möglichkeiten, die erst durch das Umsetzen bestimmter Maßnahmen freigesetzt werden. Der Schutzbereich des Art. 14 GG erstreckt sich aber zugunsten des abfindungsberechtigten Aktionärs auch auf das Potential des Unternehmens, soweit die Vorteile abschätzbar und quantifizierbar bereits angelegt sind.

---

106 Hommel/Braun, BB-Beilage Nr. 6 zu Heft 38/2002, S. 10, 13; Fleischer ZGR 1997, 368, 393 (mit dogmatischem Rückgriff auf das GmbH-Recht); Gansweid AG 1977, 334, 339.

107 Böcking, Betriebswirtschaftliche versus rechtliche Unternehmensbewertung, S. 17 f., 20.

Festzuhalten ist somit, dass unstreitig die sogenannten unechten Synergieeffekte, die sich auch ohne den Unternehmensverbund realisieren lassen, in die Bewertung einzubeziehen sind. Ihr Potential ist bereits im Unternehmen angelegt und vom Schutz des Art. 14 GG umfasst.

Bei den echten Synergieeffekten, die sich nur durch das Zusammenwirken der Unternehmen im Verbund erzielen lassen, sind sowohl die latenten Synergieeffekten, die sich bei Zusammenschluss mit nahezu jedem Unternehmen der Branche realisieren lassen, als auch sonstige unmittelbar aus dem speziellen Verbund zu erzielende Synergieeffekte in die Abfindungsermittlung einzubeziehen. Gegen die echten Synergieeffekte spricht nicht bereits ihre Unbestimmtheit, solange sie sich bereits konkretisiert genug im einzelnen Unternehmen auswirken werden. Grundsätzlich sprechen zudem die genannten systematischen und auch dogmatischen Gesichtspunkte für eine Einbeziehung von erzielbaren Synergieeffekten in die Unternehmenswertbestimmung und die Abfindungsberechnung, jedoch müssen sie schon durch Rationalisierung oder Optimierung der Nutzung bereits vorhandener Ressourcen im Unternehmen verwertet werden können. Eine Zurechnung dieser Vorteile zur Gesellschaft des abzufindenden Aktionärs wird hiermit noch nicht festgeschrieben, dies richtet sich stets nach den Umständen des Einzelfalles. Das Gericht ist daher gefordert, die Barabfindung nach dem wirtschaftlichen Potential des Unternehmens abzuschätzen.

3. Schutz des Unternehmens und des Anteils am Unternehmen

Es ist weiterhin zu untersuchen, welchen Stellenwert das BVerfG in seiner Rechtsprechung zu Art. 14 GG dem Schutz des Unternehmens und des Unternehmers – bezogen auf seine Anteilseignerschaft – zuweist. Hierbei lassen sich verschiedene Schutzrichtungen gegenüberstellen, aus denen sich eine unterschiedliche Reichweite des grundrechtlichen Schutzes ergeben mag.

a) Schutz des Unternehmens in der Rechtsprechung des BVerfG

Das BVerfG hat sich in einer Reihe von Entscheidungen mit der Frage beschäftigt, ob auch der Betrieb eines Unternehmens dem Schutzbereich des Art. 14 GG unterfällt. Die Diskussion hierzu wird unter dem Stichwort des Rechts am eingerichteten und ausgeübten Gewerbebetrieb geführt.[108] Im Zivilrecht hat der BGH dieses Recht als schutzwürdiges sonstiges Recht im Sinne von § 823 Abs. 1

[108] Ausführlich hierzu R. Schmidt, Eigentumsschutz für Gewerbebetriebe als Begrenzung umweltrechtlicher Standardverschärfungen?, S. 96 ff.; Depenheuer in: v. Mangoldt/Klein/Starck, GG, Art. 14 Rn. 132 ff.

BGB anerkannt.[109] Auch das BVerwG unterstellt diese Rechtsposition dem Eigentumsbegriff.[110]

Das BVerfG hat jedoch in seinen Entscheidungen nie ausdrücklich auf die angerissene zivilrechtliche Rechtsprechung Bezug genommen.[111] Es hat sich zwar mit der Frage des Schutzes des eingerichteten und ausgeübten Gewerbebetriebes auseinandergesetzt, dabei hat jedoch nur der 2. Senat den eingerichteten und ausgeübten Gewerbebetrieb als von Art. 14 GG geschützt angesehen[112], während der 1. Senat – jedenfalls in den letzten Jahrzehnten – die Entscheidung ausdrücklich offen gelassen hat.[113] Der Schutz des eingerichteten und ausgeübten Gewerbebetriebes würde jedoch nach der Ansicht des 1. Senats jedenfalls nicht

---

[109] BGH vom 28.01.1957 – III ZR 141/55, BGHZ 23, 157, 162 f.; BGH 31.01.1966 – III ZR 110/64, BGHZ 45, 150, 155 – „Elbeleitdamm"; BGH 30.05.1972 – VI ZR 6/71, BGHZ 59, 30, 34 f. – „BILD-Auslieferung"; BGH vom 09.12.1975 – VI ZR 157/73, BGHZ 65, 325, 338 f. – „Stiftung Warentest"; BGH vom 28.02.1980 – III ZR 131/77, BGHZ 76, 387, 394 f. – „Fluglotsenstreik"; BGH vom 10.07.1980 – III ZR 160/78, BGHZ 78, 41, 44; BGH vom 28.06.1984 – III ZR 35/83, BGHZ 92, 34, 37.

Siehe bereits die Entscheidungen des Reichsgerichts in dieser Frage: RG vom 11.04.1901 – Rep. VI 443/00, RGZ 48, 114, 124; RG vom 14.12.1903 – Rep. VI 167/03, RGZ 56, 271, 275; RG vom 27.02.1904 – Rep. I 418/03, RGZ 58, 24, 27; RG vom 17.01.1940 – II 82/39, RGZ 163, 21, 32.

[110] BVerwG vom 03.05.1956 – I C 172/53, BVerwGE 3, 254, 256; BVerwG vom 27.05.1981 – 7 C 34/77, BVerwGE 62, 224, 226.

[111] R. Schmidt, Eigentumsschutz für Gewerbebetriebe als Begrenzung umweltrechtlicher Standardverschärfungen?, S. 99.

[112] BVerfG vom 08.06.1977 – 2 BvR 499/74, 1042/75, BVerfGE 45, 142, 173; BVerfG vom 21.6.1977 – 2 BvR 70, 361/75, BVerfGE 45, 272, 296.

[113] BVerfG vom 29.11.1961 – 1 BvR 148/57, BVerfGE 13, 225, 229; BVerfG vom 13.02.1964 – 1 BvL 17/61, 1 BvR 494/60, 128/61, BVerfGE 17, 232, 247 f.; BVerfG vom 29.11.1967 – 1 BvR 175/66, BVerfGE 22, 380, 386; BVerfG vom 16.03.1971 – 1 BvR 52, 665, 667, 754/66, BVerfGE 30, 292, 335; BVerfG vom 22.05.1979 – 1 BvL 9/75, BVerfGE 51, 193, 221 – „Weinbergrolle I"; BVerfG vom 22.01.1984 – 1 BvR 272/81, BVerfGE 66, 116, 145; BVerfG vom 31.10.1984 – 1 BvR 35, 356, 794/82, BVerfGE 68, 193, 222 f.; BVerfG vom 06.10.1987 – 1 BvR 1086, 1468, 162/82, BVerfGE 77, 84, 118 – „Arbeitnehmerüberlassung"; BVerfG vom 23.01.1990 – 1 BvR 306/86, BVerfGE 81, 208, 227 f.; BVerfG vom 26.06.1991 – 1 BvR 779/85, BVerfGE 84, 212, 232; BVerfG vom 17.11.1992 – 1 BvR 168, 1509/89, 638, 639/90, BVerfGE 87, 363, 394 – „Nachtbackverbot"; BVerfG vom 12.11.1997 – 1 BvR 479/92, 307/94, BVerfGE 96, 375, 397.

Eindeutig zugunsten der Einbeziehung des eingerichteten und ausgeübten Gewerbebetriebes in den Schutzbereich des Art. 14 GG äußerte sich der 1. Senat nur in einer Entscheidung aus dem Jahr 1952: BVerfG vom 30.04.1952 – 1 BvR 14, 25, 167/52, BVerfGE 1, 264, 277 f.; vgl. R. Schmidt, Eigentumsschutz für Gewerbebetriebe als Begrenzung umweltrechtlicher Standardverschärfungen?, S. 100 ff.

bloße (Umsatz- und Gewinn-) Chancen und tatsächliche Gegebenheiten umfassen.[114] Der Schutz des Unternehmens solle danach nicht weitergehen, als seine tatsächlichen, respektive rechtlichen, Grundlagen geschützt sind. Die Beschränkung des Schutzes in der Rechtsprechung des BVerfG bedeutet daher, dass dem Grundrechtsträger das unternehmerische Risiko selbst obliegt und ihm nicht durch einen grundrechtlichen Schutz abgenommen werden soll.[115]

b) Schutz des Anteils an einem Unternehmen in der Rechtsprechung des BVerfG

Das Anteilseigentum, genauer das Eigentum an Aktien, unterliegt nach der Rechtsprechung des BVerfG dem Schutz des Art. 14 GG.[116] Gegenüber dem bloßen Sacheigentum hat es einen geringeren personalen Bezug.[117] Zum einen gründet sich dies darauf, dass der Anteilseigner auf sein Eigentum nur mittelbar einwirken kann. Zwischen dem Träger des Grundrechts – dem Eigentümer – und dem unkörperlichen Gegenstand Gesellschaftsanteil besteht, anders als beim Sacheigentum, keine natürliche sondern allein eine rechtlich vermittelte Beziehung. Zum anderen ergibt sich diese Einschätzung für das BVerfG daraus, dass den Aktionär wirtschaftliche Folgen von Fehlentscheidungen nicht unmittelbar als Person sondern nur in einem abgegrenzten Teil seiner Vermögenssphäre treffen.[118]

Auch in den hier untersuchten Abfindungssituationen greift der Schutz des Art. 14 GG letztlich erst auf der Rechtsfolgenseite ein und soll die wertmäßig volle Abfindung garantieren.[119]

---

[114] BVerfG vom 16.03.1971 – 1 BvR 52, 665, 667, 754/66, BVerfGE 30,292, 334 f.; BVerfG vom 06.10.1987 – 1 BvR 1086, 1468, 1623/82, BVerfGE 77, 84, 118- „Arbeitnehmerüberlassung".

[115] Depenheuer in: v. Mangoldt/Klein/Starck, GG, Art. 14 Rn. 135.

[116] BVerfG vom 20.07.1954 – 1 BvR 459, 484, 548, 555, 623, 651, 748, 783, 801/52, 5, 9/53, 96, 114/54, BVerfGE 4, 7, 26 – „Investitionshilfe"; BVerfG vom 07.08.1962 – 1 BvL 16/60, BVerfGE 14, 263, 276 – „Feldmühle"; BVerfG vom 27.04.1999 – 1 BvR 1613/94, BVerfGE 100, 289, 301 – „DAT/Altana"; Wieland in: Dreier, GG, Art. 14 Rn. 41.

[117] BVerfG vom 01.3.1979 – 1 BvR 532, 533/77, 419/78, 1 BvL 21/78, BVerfGE 50, 290, 348 – „Mitbestimmung"; Berkemann in: Umbach/Clemens, GG, Art. 14 Rn. 149.

[118] BVerfG vom 01.03.1979 – 1 BvR 532, 533/77, 419/78 u. 1 BvL 21/78, BVerfGE 50, 290, 348.

[119] Vgl. oben 1. Kapitel Abschnitt A.I. „Die Feldmühle-Entscheidung des BVerfG vom 7.8.1962".

c) *Lösung eines Wertungswiderspruches?*

Aus dem kurzen Abriss der Rechtsprechung des BVerfG ergibt sich folgende, auf den ersten Blick gegensätzliche Tendenz im Hinblick auf den verfassungsrechtlichen Schutz:

Das Unternehmen wird nicht als Gesamtheit, als lebende Einheit einschließlich der in ihm verkörperten Chancen und Möglichkeiten geschützt. Der Grundrechtsträger, d. h. die Gesellschaft oder derjenige, der das Unternehmen betreibt, muss die mit dem Betrieb verbundenen Risiken vielmehr selbst tragen, soweit nicht einzelne Positionen des (Sach-) Eigentums über Art. 14 GG oder Aspekte seiner Berufsfreiheit gemäß Art. 12 GG zu schützen sind.

Der Aktionär, der nach den gesetzlichen Regeln abzufinden ist, wird dagegen derart geschützt, dass sein Anteil an der Gesellschaft als Eigentumsposition unter Art. 14 GG zu subsumieren ist. Insoweit greift auch hier der Grundsatz ein, dass Chancen und Verdienstmöglichkeiten nicht zu schützen sind, vielmehr nur der bereits bestehende und in irgendeiner Form gesicherte Vermögenswert. Der Grundrechtsschutz wird in den Abfindungsfällen grundsätzlich auf die Vermögenskomponente der Beteiligung beschränkt und setzt sich zwingend auf Rechtsfolgenseite fort. Hier wird dem Anteilsinhaber unter Umständen jedoch ein Schutz gewährt, der über den Grundsatz „keine Chancen und Verdienstmöglichkeiten" hinausgeht, indem bei der angemessenen Abfindungsberechnung eine Bewertungsmethode verwandt wird, die in der Zukunft liegende Chancen und Risiken des Unternehmens abzubilden versucht.

Fraglich ist, ob diese Rechtsanwendung nicht in Widerspruch zu der vom BVerfG vertretenen Durchgriffstheorie steht. Danach kann eine juristische Person des Privatrechts nur deshalb Grundrechtsträger sein, weil auch die Betätigung der juristischen Person letztlich Ausdruck der freien Entfaltung der „dahinterstehenden" natürlichen Personen sei.[120] Kann der Schutz des Grundrechtsträgers Aktiengesellschaft anders ausgestaltet sein als der Schutz des bezüglich des „Durchgriffs" dahinterstehenden Grundrechtsträgers Aktionär?

Es ist jedoch kein Grund ersichtlich, warum der Anwendungsbereich der Grundrechte für die juristische Personen nicht stärker eingeschränkt werden kann als

[120] BVerfG vom 02.05.1967 – 1 BvR 578/63, BVerfGE 21, 362, 369.

Die zunehmend vertretene Ansicht, die dagegen auf die Bedeutung einer „grundrechtstypischen Gefährdungslage" für die juristische Person abstellt, und diese daher um ihrer selbst willen als Grundrechtsträger anerkennt, ist jedoch vorzugswürdig. Sie wird der Funktion der Grundrechte im modernen Wirtschaftsleben, die z. B. auch den Schutz „personenloser" Vermögensmassen wie Stiftungen erfordert, eher gerecht. Dreier in: Dreier, GG, Art. 14 Rn. 21.

für natürliche Personen.[121] Auch wenn man die Grundrechtsfähigkeit der juristischen Person nur vom sogenannten „personalen Substrat“ des eigentlichen Grundrechtsträgers, der natürlichen Person, ableiten will, spricht nichts dagegen, diese besondere Form der Grundrechtsausübung durch ein verselbständigtes gesellschaftsrechtliches Vehikel engeren Grenzen zu unterwerfen. Die aufgezeigte unterschiedliche Anwendung der Grundrechtsnormen unterliegt daher unter diesem Aspekt keinerlei Bedenken.

III. Zwischenergebnis

Die Beteiligung des Aktionärs, die Aktie, wird durch Art. 14 GG als Eigentumsposition geschützt. Hierzu zählt auch die Fungibilität des Anteils durch die Börsennotierung. Inhalts- und Schrankenbestimmungen, wie die Abfindungsregelungen des 2. Kapitels, schränken diese Rechtsposition zulässig ein, verpflichten jedoch auch zur angemessenen Wahrung der Rechte der betroffenen Aktionäre durch Ausgleichsansprüche und Rechtsschutzmöglichkeiten.

Der grundrechtliche Eigentumsschutz erstreckt sich nicht auf unsichere Chancen und Verdienstmöglichkeiten. Allerdings sind sowohl unechte sowie latente im Unternehmen angelegte Synergieeffekte als auch weitergehende sog. echte Synergieeffekte vom Schutzbereich des Art. 14 GG umfasst.

Das Problem des Schutzes von Chancen und Verdienstmöglichkeiten stellt sich bei der Wahl einer der derzeit von der Betriebswirtschaft anerkannten Bewertungsmethoden nicht. Sowohl die Ertragswertermittlung und ähnliche Methoden als auch die Börsenkursbewertung beruhen auf einer subjektiven Einschätzung der derzeitigen Leistungsfähigkeit des Unternehmens und drücken damit Erwartungen über die zukünftige Entwicklung aus. Der Vorrang eines Verfahrens lässt sich unter verfassungsrechtlichen Gesichtspunkten daraus nicht ableiten.

Es stellt keinen Widerspruch dar, wenn das BVerfG den Schutz des Unternehmens und seiner unternehmerischen Betätigung als mittelbare Grundrechtsausübung in engeren Grenzen schützt als das Anteilseigentum am Unternehmensträger, da hierdurch nur mittelbar die wirtschaftliche Betätigung geschützt wird.

[121] Dreier in: Dreier, GG, Art. 14 Rn. 23.

C. These: Börsenkurs als alleiniger Bewertungsmaßstab

Da sich allein aus den dargestellten verfassungsrechtlichen Überlegungen der Vorrang einer bestimmten Bewertungsmethode für die Abfindungssituationen nicht zwingend ergibt, soll nunmehr eine These als Grundlage der weiteren Überlegungen gebildet werden. Es soll überprüft werden, ob allein der Börsenkurs für die Bewertung börsennotierter Aktien in dem im 2. Kapitel dargestellten Abfindungsfällen herangezogen werden kann. Hierbei werden Stellung, Funktion und Eigenschaften der abzufindenden Aktionäre als Ausgangspunkt dienen.

I. Wert und Preis von Anteil und Unternehmen

Der abzufindende Aktionär muss voll entschädigt werden. Ein Kernpunkt der Überlegungen zur Abfindungsermittlung ist die Frage, ob das Unternehmen oder der Anteil selbst als maßgeblicher Bewertungsgegenstand zugrunde liegen. Dabei muss beachtet werden, dass vor allem Kleinaktionäre nach dem System der aktienrechtlichen Zuständigkeit nur begrenzten Einfluss und Zugriff auf die Vermögenssubstanz des Unternehmens und seiner Erträge haben,[122] denn Träger der wirtschaftlichen Einheit Unternehmen ist die Aktiengesellschaft und nicht der einzelne Gesellschafter.

Erklärtes Ziel der Unternehmensbewertungen für die Abfindungsermittlung war in der Vergangenheit, einen „wahren" Wert zu erhalten, zu ermitteln, was die Beteiligung „wirklich wert" ist.[123] Einen solchen objektiv richtigen Wert kann es jedoch aufgrund der Abhängigkeit vom Bewertungsanlass und –zweck sowie der Subjektivität jedes Bewertenden nicht geben.[124] Die Objektivität der Ertragswertmethode wird vor allem aus der scheinbar zwingenden Berechenbarkeit der Werte geschlussfolgert.

Dem sog. objektiven Wert steht der subjektive Wert oder Grenzpreis gegenüber, der aus Sicht des Käufers oder Verkäufers angibt, wie viel höchstens angeboten oder mindestens verlangt werden muss, damit dem betreffenden Aktionär kein wirtschaftlicher Nachteil entsteht.[125] Hierunter ist also der Wert zu verstehen,

---

[122] Vgl. Petzel, Ansprüche der Minderheitsaktionäre, S. 76; Rieger Wirtschaftstreuhänder 1938, 256, 258.

[123] BVerfG vom 07.08.1962 – 1 BvL 16/60, BVerfGE 14, 263, 284; Emmerich in: Emmerich/Habersack, § 305 Rn. 37; Westerfelhaus NZG 2001, 673, 674.

[124] Siehe oben 3. Kapitel Abschnitt G. „Fazit".

[125] Koppensteiner in: Kölner Kommentar, § 305 Rn. 63; Emmerich in: Emmerich/Habersack, § 305 Rn. 38.

den die Sache für eine Partei hat,[126] es handelt sich daher eher um eine Wertvorstellung. Begrifflich existiert somit zwar ein Wert ohne Preis,[127] jedoch nur in der Vorstellung des bewertenden Subjekts.[128] Bei der Abfindungsermittlung hat auch der abzufindende Aktionär einen subjektiven Grenzpreis, der vor allem auf dem Vergleich zum Einkaufspreis (evtl. zuzüglich einer erwarteten Wertsteigerung mindestens im Bereich des Inflationsausgleichs) beruht, denn diesen muss der Aktionär mindestens erzielen, um wirtschaftlich ohne Nachteil aus der Gesellschaft ausscheiden zu können. Zum Teil wird der Grenzpreis mit dem Ertragswert gleichgesetzt;[129] dies ist auch für börsennotierte Aktien nicht völlig von der Hand zu weisen, wenn der Aktionär darauf vertraut, dass sich der Börsenkurs entsprechend dem Ertragswert entwickelt.

Treffen mehrere Wertvorstellungen aufeinander und werden rechtsgeschäftlich zum Ausgleich gebracht, handelt es sich um einen Preis,[130] der auch als Schiedspreis bezeichnet wird.[131] Durch das Ausmitteln werden die subjektiven Wertvorstellungen zum Schiedspreis objektiviert. Im Bereich der Abfindungsermittlung wird der Rückgriff auf Schiedspreise zur Wertermittlung teilweise mit dem Argument verweigert, es handele sich bei der Abfindung nicht um das Abkaufen von Herrschaftsrechten sondern um eine Entschädigung für einen gestatteten Eigentumseingriff, der nur aus rechtstechnischen Gründen in die (Unternehmens-) Vertragsform gekleidet sei.[132] Tatsächlich soll die Abfindung auch keine Gegenleistung für eine Rechts- oder Vermögensübertragung darstellen, hieraus lässt sich jedoch noch nicht schließen, dass verobjektivierte Wertvorstellungen, d. h. Preise, der Abfindungsermittlung nicht zugrunde gelegt werden dürfen. Im Gegenteil ist zu fragen, warum die vor der Preisermittlung stehende Wertvorstellung, die keine Realität sondern allein eine Möglichkeit darstellt,[133] als gerechter Schiedswert, der dem Ausgleich gegenläufiger Interessen der Beteiligten dienen soll,[134] herangezogen werden darf. Dem Schiedswert am nächs-

---

[126] Hering/Olbrich BB 2003, 1519.

[127] A. A. Rieger Wirtschaftstreuhänder 1938, 256, 257; wohl auch von Godin/Wilhelmi, AktG, § 237 Anm. 14 aufgrund der Gleichsetzung von eigentlichem Wert und Marktpreis.

[128] W. Müller JuS 1973, 603, 604.

[129] Emmerich in: Emmerich/Habersack, § 305 Rn. 39; Busse von Colbe ZGR 1994, 595, 605.

[130] W. Müller JuS 1973, 603, 604.

[131] Emmerich in: Emmerich/Habersack, § 305 Rn. 38.

[132] BayObLG vom 29.09.1998 – 3Z BR 159/94, ZIP 1998, 1872, 1873 – „März/EKU"; Großfeld, Unternehmens- und Anteilsbewertung, B.I.5., S. 18; Bilda NZG 2000, 296.

[133] Prägnant: W. Müller JuS 1973, 603, 606.

[134] Koppensteiner in: Kölner Kommentar, § 305 Rn. 63.

ten kommt aufgrund seiner Herkunft aus dem tatsächlichen Interessenausgleich nämlich der dargestellte Schieds*preis*.

II. Der Anlageaktionär als Leitbild der Rechtsanwendung

Nach der Untersuchung der verfassungsrechtlichen Vorgaben des Art. 14 GG ist das Augenmerk auf die besondere Situation und die Rolle des abzufindenden Aktionärs zu lenken. Das BVerfG hat in seiner DAT/Altana-Entscheidung aus dem Jahr 1999 auch darauf verwiesen, bei dem Aktieneigentum stehe insbesondere für Kleinaktionäre die Vermögenskomponente der Beteiligung im Vordergrund, da sie auf die Unternehmenspolitik regelmäßig keinen relevanten Einfluss hätten und die Aktie vorwiegend als Kapitalanlage betrachteten.[135]

Es ist zu untersuchen, ob der Figur des Kleinaktionärs[136] tatsächlich eine besondere Bedeutung nach einer Art Rollenmodell oder Leitbild zukommt. Hierzu sollen verschiedene normierte Besonderheiten als auch rechtstatsächliche Erwägungen einer Prüfung im Hinblick auf die Kernfrage der vorliegenden Untersuchung unterzogen werden. Daneben sollen auch bisherige Stimmen in der Literatur zu diesem Thema erläutert und kritisch hinterfragt werden.

Ein entscheidender Punkt ist m. E., ob der Kleinaktionär als gleichberechtigter und mündiger Teilnehmer am Rechtsverkehr auf dem Kapitalmarkt anzuerkennen ist. Sowohl das Gesetz als auch das BVerfG und die Literaturstimmen scheinen in diesem Zusammenhang von der Existenz eines typischen Rollenmodells „Kleinanleger" auszugehen. Gesteht man dieser Figur zu, als selbstbestimmter und verantwortlicher Partner aufzutreten oder ist er schutzwürdig und –bedürftig? Und wenn ja, wie weit muss dieser Schutz von außen, durch das Gesetz und die Rechtsprechung reichen?

Zunächst sind die Aussagen des BVerfG sowie des BGH über die Figur des Anlegers, speziell des sogenannten Kleinanlegers, zu überprüfen. Der anschließende Exkurs in das Kaufrecht und das kurze Eingehen auf die Figur des Verbrauchers in dieser Rechtsmaterie soll die weitere Diskussion um das Verständnis der Funktion des Kleinaktionärs vorbereiten. Dieser Gedankengang soll dahingehend weitergeführt werden, welche Umstände überhaupt dazu führen sollten, einen bestimmten Personenkreis beim Auftreten auf dem Markt besonders zu schützen.

---

[135] BVerfG vom 27.04.1999 – 1 BvR 1613/94, BVerfGE 100, 289, 305 – „DAT/Altana".

[136] Der Begriff des Kleinaktionärs und des Kleinanlegers sollen hier synonym verwendet werden. Begrifflich zu unterscheiden ist jedoch die im folgenden noch näher zu untersuchende Figur des Anlageaktionärs in Abgrenzung zum unternehmerischen Aktionär.

Für die oben aufgeworfene Frage des notwendigen Schutzes des Kleinanlegers spielt das allgemeine in der Literatur diskutierte Verständnis von der Funktion des Aktionärs zwischen der Stellung als Gesellschafter einerseits und Kapitalanleger andererseits eine gewichtige Rolle. Hierauf wird unter Punkt I.4. unter der Überschrift „Definitionsansätze für die Figur des ‚nichtunternehmerischen bzw. Anlageaktionärs'" näher einzugehen sein.

Nach FECHNER ist der Anlageaktionär ein „Typus der aktienrechtlichen Wirklichkeit",[137] in Abgrenzung dazu sei der Minderheitsaktionär ein „Reflex gesetzlicher Normen". Wer zur Minderheit zähle, könne beim nächsten Beschluss bereits wieder zur Mehrheit gehören. Dem ist zuzustimmen, da sich die Eigenschaft als Minderheitsaktionär nach den jeweils anzuwendenden aktienrechtlichen Normen und der Form der Beschlussfassung einschließlich des Mehrheitserfordernisses richtet[138]. Über die Abgrenzung hinaus ist jedoch nach den Möglichkeiten einer inhaltlichen Verknüpfung der Figur des Minderheitsaktionärs und des sog. Anlageaktionärs, dessen besondere Rolle auf der Rechtsfolgenseite entscheidend sein kann, zu fragen.

1. Der Kleinaktionär in der Rechtsprechung des BVerfG

Das BVerfG hat in einigen Entscheidungen Aussagen zur Figur des „Kleinaktionärs" oder „Kleinanlegers" getroffen.

Bereits im Feldmühle-Urteil aus dem Jahr 1962 äußerte sich das Gericht wie folgt:

> „Die hier zu treffenden Entscheidungen [über Aufbau und Organisation des Konzerns] erfordern einen umfassenden Überblick über die Planung des Konzerns im Rahmen der Gesamtwirtschaft, den zwar naturgemäß die Konzernleitung besitzt, der aber dem Minderheitsaktionär in der Regel verschlossen ist, so daß *dieser zwangsläufig weitgehend auf das Interesse an Rendite und Kurs beschränkt wird.* Daher muß für ihn *die Aktie typischerweise mehr reine Kapitalanlage als unternehmerische Beteiligung* sein." [139]

Im sogenannten Mitbestimmungs-Urteil aus dem Jahr 1979, dem Verfassungsbeschwerden über die Frage der Zulässigkeit der Arbeitnehmermitbestimmung zugrunde lagen, finden sich lediglich allgemeine Aussagen über die Qualität und

---

137 Fechner AG 1962, 229, 231.

138 Vgl. die Darstellung der Abfindungsverpflichtung in der gesellschaftlichen Umstrukturierung im 2. Kapitel „Abfindungsfälle".

139 BVerfG vom 07.08.1962 – 1 BvL 16/60, BVerfGE 14, 263, 282 f. – Hervorhebungen durch den Verfasser.

Siehe auch OLG Hamm vom 23.01.1963 – 8 AR 1/60, AG 1963, 218, 219.

Charakteristik des Aktieneigentums im Gegensatz zum Sacheigentum. Auch wenn die ausdrückliche Bezugnahme auf die Figur des Kleinaktionärs fehlt, illustrieren die Ausführungen in den Urteilsgründen ebenso die Einschätzung des Gerichts zu Motivation und Betätigungszielen von Aktionären:

> „Für die Vielzahl der Anteilseigner bedeutet das Anteilseigentum typischerweise *mehr Kapitalanlage als Grundlage unternehmerischer Betätigung*, die sie mit ihrer Person verbinden; dies wird auch an der Liquidität des Anteilsrechts und der Anonymität des Inhabers deutlich."[140]

Auch in der DAT/Altana-Entscheidung aus dem Jahr 1999 macht das Gericht ähnlich lautende Ausführung über „den Kleinaktionär" wie im Feldmühle-Urteil:

> „Charakteristikum des Aktieneigentums ist zum einen, daß es mitgliedschaftliche Herrschafts- und Vermögensrechte vermittelt. Dabei steht die *Vermögenskomponente vielfach im Vordergrund*. Das trifft insbesondere für *Kleinaktionäre* zu, die auf die Unternehmenspolitik regelmäßig keinen relevanten Einfluß nehmen können und *die Aktie vorwiegend als Kapitalanlage betrachten* (vgl. BGHZ 120, 141 [151] [141]). Zum anderen ermöglicht das Aktieneigentum eine Sphäre individueller Freiheit in finanzieller Hinsicht. ... Die Aktie ist *aus der Sicht des Kleinaktionärs gerade deshalb so attraktiv, weil er sein Kapital nicht auf längere Sicht bindet, sondern sie fast ständig wieder veräußern kann.*" [142]

Ebenfalls aus dem Jahr 1999 stammt die sogenannte Scheidemandel-Entscheidung. In dieser Entscheidung ging es nicht um eine Abfindungssituation sondern um die Frage der Auskunftspflicht des Vorstandes gegenüber den Aktionären in der Hauptversammlung. Hierbei stellte das Gericht dar, dass es in der Aktiengesellschaft zu Interessendivergenzen zwischen Kleinaktionären einerseits und der Gesellschaft und auch anderen (Groß-) Aktionären andererseits kommen kann:

---

[140] BVerfG vom 01.33.1979 – 1 BvR 532, 533/77, 419/78, 1 BvL 21/78 BVerfGE 50, 290, 348 – Hervorhebungen durch den Verfasser.

[141] In dem Urteil des BGH aus dem Jahr 1992, in dem es um den Bezugsrechtausschluss für Genussrechte gemäß §§ 221 Abs. 4 , 186 Abs. 3 AktG ging, führte das Gericht aus: *„Die unterschiedlichen Interessen von Unternehmensaktionären [...] und von Kleinaktionären, die in der Regel lediglich an einer möglichst ertragreichen Anlage ihres Kapitals interessiert sind, und die auf diesem Interessengegensatz beruhende Konfliktlage sind hinreichend bekannt und haben sich in zahlreichen Bestimmungen des Aktienrechts, insbesondere im Recht der verbundenen Unternehmen (§§ 291 ff. AktG) sowie im Verschmelzungs- und Umwandlungsrecht [...] niedergeschlagen."*

[142] BVerfG vom 27.04.1999 – 1 BvR 1613/94, BVerfGE 100, 289, 305 – Hervorhebungen durch den Verfasser.

> „Während Kleinaktionäre *mit ihrer Gesellschaftsbeteiligung zumeist ausschließlich Renditeerwartungen verbinden*, steht bei anderen Aktionären, namentlich Großaktionären, vielfach die *unternehmerische Komponente* der Unternehmensbeteiligung im Vordergrund."[143]

Im Moto-Meter Beschluss aus dem Jahr 2000 heißt es:

> „Die herrschaftsrechtliche Seite des Aktieneigentums ist für Kleinaktionäre ohnehin begrenzt, da sie auf die Unternehmenspolitik regelmäßig keinen relevanten Einfluss nehmen können. Das Aktieneigentum ermöglicht ihnen durch die Kapitalanlage eine Sphäre individueller Freiheit in finanzieller Hinsicht. Die große Verkehrsfähigkeit der Aktie erlaubt es den Kleinaktionären, sich mit ihrem Kapital nicht auf längere Sicht zu binden und es gegebenenfalls nach freiem Belieben neu zu investieren. [...] Im Vordergrund steht [...] die *Vermögenskomponente der Anlage*, nämlich *die Auswahlentscheidung des Aktieneigentümers hinsichtlich seiner Kapitalanlage.*" [144]

Allen vorgenannten Aussagen lässt sich gleichermaßen entnehmen, dass das BVerfG davon ausgeht, dass der sogenannte Kleinaktionär typische Eigenschaften aufweist:

- ⇨ Der Kleinaktionär sieht den Erwerb von Aktien mehr als Kapitalanlage denn als Beteiligung an einem Unternehmen an.
- ⇨ Da der Kleinaktionär keinen wesentlichen Einfluss auf die Unternehmenspolitik hat, verfolgt er mit dem Kauf oder Verkauf der Anteile auch keine unternehmerischen Ziele, sondern strebt Ergebnisoptimierung nur hinsichtlich der für ihn maßgeblichen Kriterien Dividenden- und Kursrendite an, nach denen er seine Entscheidungen ausrichtet.
- ⇨ Er legt für seine Anlageentscheidung darüber hinaus Wert auf Flexibilität durch freie Veräußerbarkeit der Anteile.

Als Zwischenergebnis ist daher dieses vom BVerfG vertretene „Leitbild" des typischen Kleinaktionärs festzuhalten. Das BVerfG knüpft an diese Einschätzungen bestimmte rechtliche Folgen. Beispielsweise räumt es im Feldmühle-Urteil den unternehmerischen Interessen eines Großaktionärs (wiederum unterstellt, dass diese mit dem Unternehmensinteresse gleichgerichtet sind) größeres Gewicht in der Interessenabwägung hinsichtlich der Zulässigkeit der Mehrheitsumwandlung ein.[145] Gleiches gilt für die Interessenabwägung hinsichtlich der

[143] BVerfG vom 20.09.1999 – 1 BvR 168/93, NJW 2000, 129, 130 – Hervorhebungen durch den Verfasser.

[144] BVerfG vom 23.08.2000 – 1 BvR 68/95, 147/97, NJW 2001, 279, 280 – Hervorhebungen durch den Verfasser.

[145] BVerfG vom 07.08.1962 – 1 BvL 16/60, BVerfGE 14, 263, 280 ff.

Berechtigung des Auskunftsverlangens eines Kleinaktionärs in der Scheidemandel-Entscheidung.[146] In der DAT/Altana-Entscheidung stellt das BVerfG vorrangig darauf ab, dass für den Kleinaktionär die Verkehrsfähigkeit des Anteils entscheidend sei. Aus diesem Grund dürfe auch der Abfindungsbetrag nicht ohne Rücksicht auf den Verkehrswert der Aktie, im wesentlichen gleichbedeutend mit dem Börsenkurs, bestimmt werden.[147]

Da es sich bei den geschilderten Merkmalen jedoch ausnahmslos um innere Tatsachen und Motive handelt, können sie bei der Frage, wer überhaupt als Kleinanleger anzusehen ist und auf wen daher die genannten Folgerungen anzuwenden sein sollen, nicht als Voraussetzung dienen. Eine individuelle Erforschung der jeweiligen Motivationsgründe ist aus offensichtlichen Gründen nicht möglich. Es ist somit nach Voraussetzungen zu suchen, die ihrerseits auf die dargestellten inneren Tatsachen schließen lassen.

Im weiteren ist daher zu untersuchen, ab welcher Beteiligungsschwelle von einem solchen Aktionärstypus auszugehen ist und ob weitere persönliche Merkmale vorliegen müssen. Weitergehend wird jedoch vor allem zu hinterfragen sein, ob sich aus den vorgenannten typischen Eigenschaftsmerkmalen des Kleinaktionärs nicht auch weitere Implikationen für die Bestimmung der Abfindungshöhe ergeben können, die das BVerfG in dieser Konsequenz bisher nicht beachtet hat.

2. Der Kleinaktionär in der Rechtsprechung des BGH

In vielen Fällen wird der Kleinaktionär in Entscheidungen des BGH als Gegenstück zum Mehrheitsaktionär benannt, ohne dass jedoch Abgrenzungsmerkmale oder Eigenschaften bezeichnet werden.[148] Im übrigen folgt der BGH der dargestellten Rechtsprechung des BVerfG zum Charakter der Beteiligung von Kleinaktionären an Publikumsgesellschaften. Im Vergleich zum GmbH-Gesellschafter sei die Bindung des Aktionärs an seine Gesellschaft und die Verantwortlichkeit für ihr Schicksal geringer, da auch die Einflussmöglichkeiten auf die Kapitalentwicklung geringer seien.[149] Dies ergebe sich vor allem daraus, dass den Aktionären weder eine Weisungsbefugnis gegenüber der Geschäftsleitung noch

---

146 BVerfG vom 20.09.1999 – 1 BvR 168/93, NJW 2000, 129, 130.

147 BVerfG vom 27.04.1999 – 1 BvR 1613/94, BVerfGE 100, 289, 305 ff.

148 Siehe etwa BGH vom 19.12.1977 – II ZR 136/76, BGHZ 70, 117 ff.; BGH vom 09.02.1998 – II ZR 278/96, BGHZ 138, 71 ff.; BGH vom 05.07.1999 – II ZR 126/98, BGHZ 142, 167 ff. – „Hilgers AG“.

149 BGH vom 26.03.1984 – II ZR 171/83, BGHZ 90, 381, 387 f.

ein laufendes Informationsrecht außerhalb der Hauptversammlung zusteht. Das Gericht charakterisiert den Kleinaktionär ausdrücklich:

> „Das gilt namentlich für die – weitgehend anonym bleibende – Beteiligung an einer Publikumsgesellschaft, deren Aktien frei gehandelt werden. Hier ist, jedenfalls für den Kleinaktionär, gewöhnlich nicht das Interesse an *unternehmerischer Betätigung*, sondern an einer möglichst günstigen *Kapitalanlage* maßgebend."[150]

In der Macrotron-Entscheidung führt das Gericht aus:

> „Es darf jedoch nicht übersehen werden, dass dem Aktionär mit dem Rückzug der Gesellschaft aus dem amtlichen Handel ... oder vom geregelten Markt ... der Markt genommen wird, der ihn in die Lage versetzt, den Wert seiner Aktien jederzeit durch Veräußerung zu realisieren. Das ist für den Großaktionär oder für Paketbesitzer, die mit ihrer Beteiligung *unternehmerische Interessen* und nicht lediglich Anlageinteressen verfolgen, ohne Bedeutung. Für die Minderheits- und Kleinaktionäre, deren Engagement bei einer Aktiengesellschaft allein in der Wahrnehmung von *Anlageinteressen* besteht, bringt der Wegfall des Marktes hingegen wirtschaftlich gravierende Nachteile mit sich, die auch nicht durch die Einbeziehung der Aktien in den Freihandel ausgeglichen werden können."[151]

Auch der Bundesgerichtshof stellt somit der Beteiligung mit unternehmerischem Interesse und unternehmerischem Gewicht die bloße Kapitalanlage als für den Kleinaktionär maßgebliches Ziel gegenüber. Anhand welcher (weiteren) Kriterien der Figur des Kleinaktionärs abzugrenzen ist, erläutert jedoch auch der Bundesgerichtshof nicht.

3. Leitbilder der Rechtsanwendung im Zivilrecht?

Da das BVerfG, wie dargestellt, unter noch näher zu bestimmenden Voraussetzungen von einem bestimmten Aktionärstypus ausgeht, soll kurz der Blick auf andere Modelle von leitbildartig ausgeformten Rechtssubjekten gelenkt werden. Exkursartig sollen „Leitbilder" aus dem Zivilrecht angesprochen werden, die in der alltäglichen Praxis selbstverständlich akzeptiert werden. Hierbei ist die Frage aufzuwerfen, welche Gründe dafür anzuführen sind, bei diesen typisierten Figuren an die Vornahme von nach außen hin gleichartigen Handlungen einzelner Rechtssubjekte zum Teil unterschiedliche Rechtsfolgen zu knüpfen.

---

150 BGH vom 26.03.1984 – II ZR 171/83, BGHZ 90, 381, 388 – Hervorhebungen durch den Verfasser.

151 BGH vom 25.11.2002 – II ZR 133/01, BGHZ 153, 47, 54 – Hervorhebungen durch den Verfasser.

a) Die Rolle des Verbrauchers im Kaufrecht

Einen besonderen Platz in der Gesetzgebung und Rechtsprechung der letzten Jahre hat der Typus des Verbrauchers eingenommen. Auch dem Verbraucher werden subjektive Merkmale und Eigenschaften unterstellt, aus denen rechtliche Schlussfolgerungen gezogen werden, die zu einer besonderen Behandlung im Rechtsverkehr führen.

Der Begriff des „Verbrauchers" wird in § 13 BGB nunmehr legaldefiniert als „natürliche Person, die ein Rechtsgeschäft zu einem Zwecke abschließt, der weder ihrer gewerblichen noch ihrer selbständigen beruflichen Tätigkeit zugerechnet werden kann". Entscheidend ist danach allein die Zweckbestimmung des Rechtsgeschäfts. Über die Zuordnung zum privaten oder unternehmerischen Bereich soll nicht der innere Wille entscheiden, sondern der durch Auslegung zu ermittelnde Inhalt des Rechtsgeschäfts.[152]

Die Eigenschaft als Verbraucher ist maßgeblicher Anknüpfungspunkt für eine Reihe von Schutzbestimmungen wie z. B. § 241a BGB (Schutz bei Zusendung unbestellter Waren), § 310 Abs. 3 BGB (Verschärfung der Regelungen des AGB-Rechts zugunsten des Verbrauchers), § 312 BGB (Widerrufsrecht des Verbrauchers bei Haustürgeschäften), §§ 355, 356 BGB (Widerrufs- und Rückgaberecht bei Verbraucherverträgen), §§ 474 ff. BGB (Sonderregeln für den Verbrauchsgüterkauf), §§ 491 ff. BGB (Sonderregeln für den Verbraucherdarlehensvertrag).

Diese Schutzvorschriften zugunsten des Verbrauchers, die Teil des allgemeinen Privatrechts sind,[153] greifen nur ein, wenn der Verbraucher einem Unternehmer (legaldefiniert in § 14 BGB) als Vertragspartner gegenübersteht. Die Schaffung dieser Normen - und vor allem der zugrundeliegenden EU-Richtlinien - wurde als geboten angesehen, weil der Verbraucher in einer unterlegenen Rolle gesehen wird, gerade wenn er einem Unternehmer gegenübersteht.[154] In Vertragsbeziehungen allein unter Verbrauchern oder allein unter Unternehmern bedarf es wegen der „Waffengleichheit" und der Vergleichbarkeit der vermuteten persönlichen Voraussetzungen keines besonderen Schutzes. Ein Vertragsteil wird somit besonders geschützt, wenn er im allgemeinen Rechtsverkehr einem vermeintlich Überlegenen gegenübertritt, um private Zwecke zu verfolgen. Es kommt somit weder auf seine persönlichen Fähigkeiten noch auf den Rechtskreis an, in welchem er sich bewegt, solange er nach außen ersichtlich Verbraucher ist. Macht er deutlich, dass er nicht als Verbraucher sondern als weniger schützenswerter Vertragspartner auftritt, gelten für ihn die

152 Heinrichs in: Palandt, BGB, § 13 Rn. 4.

153 Heinrichs in: Palandt, BGB, Einleitung Rn. 1.

154 Siehe hierzu Graf von Westphalen ZIP 2002, 1327.

schützenswerter Vertragspartner auftritt, gelten für ihn die ungünstigeren allgemeinen Regeln.

b) Die Figur des Unternehmers und des Kaufmanns

Im Zivilrecht wird dem Verbraucher durch das BGB mittlerweile der „Unternehmer", legaldefiniert in § 14 BGB, gegenübergestellt. Die gewerbliche oder selbständige berufliche Tätigkeit des Unternehmers i. S. d. § 14 BGB ist dadurch gekennzeichnet, dass er aktiv am Markt auftritt, indem er planmäßig und dauerhaft Leistungen gegen ein Entgelt anbietet.[155] Aus den bereits erwähnten Vorschriften ergibt sich, dass den Unternehmer gerade dem Verbraucher gegenüber ein höherer Pflichtenmaßstab trifft. Dies ist größtenteils weniger Ausdruck einer besonderen Behandlung des Unternehmers im Rechtsverkehr sondern eher Reflex der vermuteten erhöhten Schutzwürdigkeit des Verbrauchers. So führt die Unternehmereigenschaft zu Haftungsverschärfungen zu Lasten des Unternehmers, gerade um den Verbraucher zu schützen, etwa durch die Beweislastumkehr des § 476 BGB für das Vorliegen eines Sachmangels bei Gefahrübergang.

Unmittelbarer wirkt sich dagegen der typisierende Blick des Gesetzgebers beim Kaufmann und der für ihn geltenden Sonderrechtsmaterie des HGB aus. Die Kaufmannseigenschaft kann sich mit der Unternehmereigenschaft decken, die Voraussetzungen sind jedoch enger gefasst. Kaufmann ist gemäß § 1 HGB jeder, der ein Handelsgewerbe betreibt, das nach Art und Umfang einen in kaufmännischer Weise eingerichteten Geschäftsbetrieb erfordert. Anknüpfungspunkt für die Regelungen des HGB ist stets die Person des Kaufmanns, ein Bezug der von ihm getätigten Geschäfte zum eigentlichen Handelsgeschäft wird nur über die gesetzliche Vermutung des § 343 HGB hergestellt.

Für den Kaufmann steht nach den Regelungen im HGB die Privatautonomie stärker im Vordergrund, er soll seine Geschäfte schneller, einfacher und mit weniger Formalaufwand abwickeln können. Die hierfür geschaffenen Freiheiten, etwa bei der Formfreiheit der Bürgschaftsverpflichtung bzw. des Schuldanerkenntnisses, § 350 HGB, bedeuten aber auch, dass sich der Kaufmann nur auf einen geringeren Schutzumfang berufen kann. Daneben stehen unmittelbare Haftungsverschärfungen, wie etwa gemäß § 377 HGB.

Vergleichbar der Situation beim Verbraucher werden auch beim Kaufmann bestimmte persönliche Eigenschaften vermutet, die zu rechtlichen Folgen führen. Dem Kaufmann wird in der Rechtsetzung und Rechtsanwendung unterstellt, dass er über höhere rechtliche und wirtschaftliche Kenntnisse verfügt und mit

---

[155] Heinrichs in: Palandt, BGB, § 14 Rn. 2.

bestimmten Handelsbräuchen vertraut ist. Daraus wird geschlussfolgert, dass jeder Kaufmann typischerweise weniger schutzwürdig ist, unabhängig von seiner tatsächlichen persönlichen Situation.

Im Unterschied zum Verbraucher ist für die Kaufmannseigenschaft erforderlich, dass das betriebene Handelsgeschäft einen gewissen Umfang erreicht. Tritt der Kaufmann derart im Rechtsverkehr auf, dass sein Geschäft einen in kaufmännischer Weise eingerichteten Geschäftsbetrieb erfordert, begibt er sich selbst in eine Position, die ihn dem übrigen Rechtsverkehr gegenüber verpflichtet. Dieses eigenständige und aktive Auftreten dem allgemeinen Rechtsverkehr gegenüber ist der Auslöser der Anwendung des gesetzlichen Leitbildes.

c) Zwischenergebnis

Unserem Rechtssystem ist eine Typisierung bestimmter subjektiver Merkmale und daraus abgeleitet das Abstellen auf unterschiedliche „Leitbilder" für die Rechtsanwendung nicht fremd. Auch eine Typisierung des „Kleinaktionärs" aufgrund vermuteter subjektiver Eigenschaften ist daher möglich. Ebenso wie in den dargestellten Fällen können beim Auftreten eines Aktionärs allein äußere Merkmale Kriterien für das Anlegen eines besonderen Maßstabes sein. Die individuelle Situation des handelnden Subjekts ist zugunsten einer typisierten rechtlich qualifizierten Figur zu vernachlässigen.

Ein direkter Vergleich zu den dargestellten Rechtsfiguren verbietet sich jedoch. Im Unterschied zum Unternehmer/Kaufmann, für den geringere Schutzstandards gelten, tritt der Kleinaktionär, da er nicht gewerblich mit Anteilen handelt, dem herkömmlichen Vorstellungsbild nach eher nachfragend am Aktienmarkt auf und weckt damit unter dem hier diskutierten Aspekt Assoziationen zum Verbraucher. Der Verbraucher tätigt Geschäfte, die der Erfüllung „alltäglicher" privater Zwecke dienen. Er ist sich dabei vielmals der rechtlichen und rechtsgeschäftlichen Konsequenzen seines Handels nicht bewusst und ist daher durch die geschilderten Regelungen zu schützen.

Im Unterschied zum Verbraucher, aber auch zum Unternehmer/Kaufmann bewegt sich jedoch ein Aktionär, egal ob er als Groß- oder Kleinaktionär auftritt, in einem besonderen Markt. Der Handel mit Unternehmensanteilen, speziell mit Aktien über eine Börse, ist ein besonders geregelter Handel, der neben den allgemeinen Regeln gewissen Sondernormen unterliegt. Wer am Aktienhandel an der Börse teilnehmen will, muss sich hierzu der Vermittlung Dritter, wie etwa Banken oder Onlinebroker, bedienen, denen besondere Beratungs-, Warn- und Schutzpflichten obliegen.[156] Er bewegt sich dadurch aber *erkennbar* in einem

[156] Siehe hierzu unten Abschnitt C.III.2.b) „Beratungs- und Aufklärungspflichten des Wertpapierdienstleistungsunternehmens".

besonderen Rechtskreis, einem besonderen Markt, der anderen Schutzmechanismen und einem anderen Gefährdungspotential unterliegen kann.

4. Definitionsansätze für die Figur des „nichtunternehmerischen bzw. Anlageaktionärs"

Zu untersuchen sind an dieser Stelle nunmehr die Voraussetzungen, unter denen von einem Kleinaktionär zu sprechen sein könnte, und ob sich hieraus auch eine Figur des *Kleinanlegers* ableiten lässt. Das BVerfG trifft hierzu, wie erwähnt, nur unvollkommene Aussagen, es ging in den zitierten Entscheidungen ohne die explizite Nennung bestimmter objektiver Kriterien vom Vorliegen des Typus „Kleinaktionär" aus. Gewisse Voraussetzungen müssen jedoch impliziert werden, damit etwa der Kleinaktionär vom Großaktionär zu unterscheiden ist. Hierbei werden vor allem der Umfang der Beteiligung[157] und das Verhalten des Aktionärs bei Abstimmungen und Beschlussfassungen der Hauptversammlung, aber auch die erkennbare Intention des Anlegers[158] als mögliches Abgrenzungskriterium näher zu untersuchen sein.

a) Das Grundverständnis von der rechtlichen Stellung des Aktionärs in der Literatur

Der Aktionär ist als Anteilseigner Mitglied eines Verbandes, nämlich der juristischen Person Aktiengesellschaft. Nach dem im Aktiengesetz angelegten Grundkonzept der Binnenorganisation schließen sich die Gesellschafter zusammen, um den Gesellschaftszweck unter Wahrnehmung ihrer Mitverwaltungsrechte gemeinsam zu verfolgen (verbandsrechtlicher Ansatz).[159] Es wird aber in der gesellschaftsrechtlichen Literatur in der letzten Zeit vermehrt darauf hingewiesen, dem Aktionär komme eine Doppelrolle zu, er sei über seine Funktion als Verbandsmitglied hinaus immer auch Kapitalanleger, die Vermögensrechte träten gegenüber den Herrschaftsrechten in den Vordergrund.[160] Diese zweite bedeutsame Rolle des Aktionärs ergibt sich bereits aus den gesellschaftsrechtlichen Grundlagen, da eine normative Zielsetzung des Instituts „Aktiengesellschaft" auch in ihrer Kapitalsammelfunktion besteht.[161]

---

[157] Siehe sogleich Abschnitt C.II.4.c) „Umfang der Beteiligung als Abgrenzungskriterium".

[158] Siehe unten Abschnitt C.III.1. „Börsenkurs als Ansatz für die Anlageentscheidung".

[159] Mülbert ZHR 165 (2001), 104, 132; ausführlich zum Verbandszweck Luttermann, Unternehmen, Kapital und Genussrechte, S. 146 ff.

[160] Das sogenannte „Konzept der hybriden Gesellschafterstellung", vgl. Mülbert, Aktiengesellschaft, Unternehmensgruppe und Kapitalmarkt, S. 101; siehe auch Fleischer ZGR 2002, 757, 766 f.

[161] Mülbert, Aktiengesellschaft, Unternehmensgruppe und Kapitalmarkt, S. 97; vgl. auch Luttermann, Unternehmen, Kapital und Genussrechte, S. 488.

Aus diesem Grund ergibt sich im Hinblick auf die rechtliche Stellung des Aktionärs immer die Notwendigkeit, neben gesellschaftsrechtlichen Erwägungen über das Verhältnis von Aktionären zur der Gesellschaft bzw. von Aktionären untereinander, auch kapitalmarktrechtliche Erfordernisse und Mechanismen zu beachten. Der Aktionär ist als Anleger auch nach Erwägungen zu betrachten und ggf. schützen, die über das Aktiengesetz hinausgehen oder völlig unabhängig davon bestehen. Die Überlagerung des Gesellschaftsrechts durch das Kapitalmarktrecht, welche auch zur Herausbildung eines Börsengesellschaftsrechts führen mag,[162] zwingt dazu, auch das Auftreten des Kleinaktionärs an der Börse in die Betrachtung seiner rechtlichen Stellung mit einzubeziehen.

Hierfür führt HOUBEN auch ein praktisches Argument an: geringe Hauptversammlungspräsenzen seien ein Ausdruck dafür, dass das Interesse vieler Anleger ein rein monetäres ist[163]. Tatsächlich ist es nicht fernliegend, dass sich Aktionäre ohne Stimmenquorum wenig Erfolg davon versprechen, an der Hauptversammlung und den dort stattfindenden Abstimmungen teilzunehmen. Sie konzentrieren sich danach weniger auf die Unternehmenspolitik als vielmehr auf den konkreten Ertrag ihrer Beteiligung und nehmen die wirtschaftlichen Ergebnisse der Unternehmensführung als gegeben hin.

Die Rolle des Aktionärs nicht nur als Anleger sondern auch als *Dauer*anleger betont dagegen z. B. HÜCHTING. Die Abfindungsregelung des § 305 Abs. 2 AktG sei geprägt von dem Bestreben, die ausscheidenden Aktionäre nach Möglichkeit in der Gesellschaft zu halten, und die Regelung der Barabfindung stelle nur eine Ausnahme vom Grundsatz des Daueranlegerprinzips dar.[164] Betrachtet man die (unveränderten) Abfindungsvorschriften im Bereich der Unternehmensverträge bzw. der Eingliederung, erscheint diese Ansicht zunächst überzeugend. Andererseits ist gerade in letzter Zeit das Aktienrecht vor allem durch die Einführung des Squeeze-out aber auch durch das WpÜG grundsätzlich verändert worden. Indem ein Squeeze-out gegen Barabfindung ermöglicht wird, muss auch das Verständnis vom Anlegertypus ein anderes sein, da eine isolierte Betrachtung allein der Normen zum Unternehmensvertrag der durch die §§ 327a ff. AktG ausgedrückten veränderten Gesamtwertung nicht mehr gerecht wird.

Dies entspricht u. a. der begrenzten Zuständigkeit der Hauptversammlung bei der Leitung der Gesellschaft.

162 Vgl. Seibt/Heiser ZHR 165 (2001), 466, 487; Fleischer ZHR 165 (2001), 513, 515; Fleischer NZG 2002, 545 f.; skeptisch wegen einer fehlenden Entscheidung des Gesetzgebers Mülbert ZHR 165 (2001), 104, 130.

163 Houben WM 2000, 1873, 1877.

164 Hüchting, Abfindung und Ausgleich, S. 49; siehe auch Gansweid AG 1977, 334, 339.

b) Persönliche Eigenschaften

Auf die tatsächlich persönlichen Fähigkeiten – etwa im wirtschaftlichen Bereich – kann es bei der Abgrenzung von Aktionärs- und Anlegertypen bereits aus praktischen Gründen nicht ankommen.

Es ist aber zu fragen, ob es sich bei dem Kleinaktionär stets um eine natürliche Person handeln muss. Diese Überlegung könnte nach den Ausführungen des BVerfG zur Figur des Kleinaktionärs nahe liegen, da u. a. von der durch das Aktieneigentum ermöglichten „Sphäre individueller Freiheit" die Rede ist.[165] Jedoch können auch für Personen- oder Kapitalgesellschaften Beteiligungen an anderen Unternehmen reine Kapitalanlagemöglichkeiten mit dem Ziel von Dividenden- und Kursgewinnen und dem Vorteil freier Veräußerbarkeit darstellen. Auch für Gesellschaften oder Körperschaften können daher die Merkmale, die das BVerfG in seiner Rechtsprechung zur Figur des Kleinaktionärs herausstellt[166], zutreffen. Insoweit gelten auch die obigen allgemeinen Ausführungen über das Grundverständnis der rechtlichen Stellung eines Aktionärs. Daher kann die Figur des Kleinaktionärs nicht einschränkend als notwendig natürliche Person verstanden werden.

c) Umfang der Beteiligung als Abgrenzungskriterium

Als Kriterium zur Abgrenzung der Kleinaktionärs- bzw. Anlageaktionärseigenschaft könnte der Umfang der erworbenen bzw. gehaltenen Beteiligung herangezogen werden. Hierfür spricht die unzweifelhafte Objektivität zumindest des Anknüpfungspunktes einer möglichen rechtlichen Wertung. Das BVerfG führt in der DAT/Altana-Entscheidung aus, das Interesse der Minderheitsaktionäre an der Erhaltung der Vermögenssubstanz trete hinter den Interessen „an einer freien Entfaltung der unternehmerischen Initiative im Konzern" zurück.[167] Das BVerfG hatte dabei speziell die Fälle der Unternehmensverträge und der Eingliederung vor Augen. Ein Konzerninteresse stünde aber den Interessen der abzufindenden Aktionäre jedenfalls nicht in jeder Abfindungskonstellation gegenüber.[168] Festzuhalten ist daher, dass das BVerfG grundsätzlich dem bloßen Bestandsinteresse auf Seiten des Kleinaktionärs abgrenzend ein unternehmerisches Interesse, das hinter der Durchsetzung der Maßnahme steht, gegenüberstellt. Der Kleinaktionär hat demnach gerade kein unternehmerisches Interesse oder „unternehmerische Initiative" inne.

---

[165] BVerfG vom 27.04.1999 – 1 BvR 1613/94, BVerfGE 100, 289, 305 – „DAT/Altana".

[166] Vgl. oben Abschnitt C.II.1 „Der Kleinaktionär in der Rechtsprechung des BVerfG".

[167] BVerfG vom 27.04.1999 – 1 BvR 1613/94, BVerfGE 100, 289, 302 f. – „DAT/Altana".

[168] Vgl. das 2. Kapitel dieser Arbeit.

Entscheidend ist, ab welchem Beteiligungsumfang typischerweise davon ausgegangen werden kann, dass ein Aktionär ein bloßes Bestands- oder Anlageinteresse verfolgt und durch die Anlage in seinen Aktien nicht auch unternehmerisch tätig werden will, kurz, ab wann von einem Anlageaktionär gesprochen werden kann. In der Literatur wird das Problem teilweise indirekt beschrieben, indem lediglich festgestellt wird, der mitgliedschaftliche Schutz müsse mit abnehmender Beteiligungshöhe einem rein vermögensrechtlichen Schutz weichen.[169] Es ist im Interesse der Rechtsanwendung jedoch zu versuchen, diese Grenze möglichst konkret zu erfassen. Hierzu könnten die gesetzlichen Rechte, die an das Halten bestimmter Quoren geknüpft sind, als Indizien dienen. Diese Grenzen sind dabei auch im Hinblick auf ihre faktische Wirkung unter ökonomischen Gesichtspunkten zu untersuchen. Exkursartig soll anschließend überprüft werden, ob sich z. B. die im Steuerrecht anzutreffenden Definitionen der „wesentlichen Beteiligung" für die vorliegende Frage nutzbar machen lassen.

(1) Einflussmöglichkeiten von Aktionären in Abhängigkeit von der Größe der Beteiligung

Aus dem Gesetz ergeben sich verschiedene Rechte, die an den Besitz einzelner Aktien oder an bestimmte Quoren geknüpft sind. Grundsätzlich ist Anknüpfungspunkt für die Rechte eines Aktionärs der Besitz bereits einer einzelnen Aktie.[170] Jede Aktie ist zum Bezug von Bilanzgewinn in Form von Dividenden berechtigt. Jede einzelne Aktie gewährt zudem gemäß § 12 Abs. 1 S. 1 AktG ein Stimmrecht in der Hauptversammlung (ausgenommen stimmrechtslose Vorzugsaktien) und bedeutet daher die grundsätzliche Berechtigung zur Mitbestimmung bei Grundsatzentscheidungen in der Aktiengesellschaft. Weitere mitgliedschaftliche Rechte, die der Kontrolle der Leitung und Geschäftsführung der Gesellschaft dienen, wie das Recht zur Anfechtung von Hauptversammlungsbeschlüssen gemäß §§ 243, 245 AktG und z. B. auch das Recht zur Geltendmachung von Ersatzansprüchen der abhängigen Gesellschaft im Vertragskonzern, § 309 Abs. 4 AktG, knüpfen allein an den Besitz einer Aktie an. Diese Rechte werden ergänzt durch das Auskunftsrecht gemäß § 131 AktG.

Weitergehende „Leitungsbefugnisse" in der Gesellschaft sind an das Erreichen bestimmter Quoren bei der Stimmrechtsausübung gebunden. Das Gesetz sieht eine 5 %-Hürde vor z. B. bei:

- dem Verlangen der Bekanntmachung von Gegenständen zur Beschlussfassung der Hauptversammlung, § 122 Abs. 2 AktG

[169] Wolf ZIP 2002, 153, 156.

[170] Hierzu Baums, Gutachten F für den 63. Deutschen Juristentag, 2000, S. 102 ff.

- der Anfechtung des Beschlusses über die Verwendung des Bilanzgewinns, § 254 Abs. 2 S. 3 AktG[171]
- der Herbeiführung einer gerichtlichen Entscheidung über die Feststellung des Sonderprüfers zur Überprüfung von Unterbewertungen im Jahresabschluss, § 260 Abs. 1 S. 1 AktG
- der Bestellung und Abberufung eines Abwicklers, § 265 Abs. 3 S. 1 AktG.

Diese Punkte korrespondieren zum Teil mit den o. g. Rechten und Ansprüchen des Einzelaktionärs auf Teilnahme an der Abstimmung in der Hauptversammlung und Teilhabe am Gewinn der Gesellschaft. Es sind im wesentlichen Rechte, die mit Leitungsfunktionen in der Gesellschaft in Zusammenhang stehen.

Die höhere 10 %-Hürde sieht das Gesetz im Zusammenhang mit dem Verzicht auf Schadensersatzansprüche der Gesellschaft vor bei dem:
- Widerspruch gegen den Verzicht auf Ersatzansprüche gegen den Vorstand, § 93 Abs. 4 S. 3 AktG
- Widerspruch gegen den Verzicht auf Ersatzansprüche gegen das herrschende Unternehmen im Vertragskonzern, § 309 Abs. 3 S. 1 AktG

Durch das Gesetz zur Unternehmensintegrität und Modernisierung des Anfechtungsrecht (UMAG)[172] wurden die Beteiligungsgrenzen für eine Reihe von Aktionärsrechten auf 1 % bzw. 100.000 € Nennwert abgesenkt. Hierdurch sollen die Kontrolle der Unternehmensleitung durch die Hauptversammlung erleichtert und die Rechte auch von Aktionären mit geringeren Beteiligungen gestärkt werden. Die neue Grenze ist für
- die Bestellung von Sonderprüfern zur Überprüfung von Unredlichkeiten oder groben Gesetzesverletzungen bei der Gründung der Gesellschaft oder bei Geschäftsführungsmaßnahmen, § 142 Abs. 2 AktG, sowie für
- den Antrag auf Bestellung eines anderen Sonderprüfers in diesen Fällen, § 142 Abs. 4 AktG,

definiert. Andere Vorschriften verweisen nunmehr auf die Beteiligungsgrenzen des § 142 Abs. 2 AktG. So gilt die 1 %-Grenze danach für:
- das Verlangen auf Einberufung der Hauptversammlung, § 122 Abs. 1 AktG
- den Antrag auf Bestellung eines Sonderprüfers zur Überprüfung von Unterbewertungen im Jahresabschluss, § 258 Abs. 2 S. 3 AktG.

---

[171] Siehe aber auch die Diskussion, ob das Anfechtungsrecht an einen Mindestanteilsbesitz geknüpft werden sollte; vgl. Baums, Gutachten F für den 63. Deutschen Juristentag, 2000, S. 102 ff.

[172] Vom 22.9.2005, BGBl. I 2005, S. 2802 ff.

Hierfür waren ursprünglich jeweils 5 % erforderlich.

Eine besonders deutliche Änderung haben die Vorschriften zur Geltendmachung von Schadensersatzansprüchen der Aktiengesellschaft gegen ihre Organe erfahren. Während in diesem Bereich vor Inkrafttreten des UMAG regelmäßig eine 10 %ige Beteiligung erforderlich war, bedarf die Geltendmachung der Ansprüche nunmehr einer einfachen Mehrheit in der Hauptversammlung, § 147 Abs. 1 AktG. Eine Minderheit von 1 % bzw. 100.000 € kann jedoch gemäß § 148 AktG beantragen, die Ersatzansprüche im eigenen Namen geltend zu machen.

Grundsätzlich ist somit jeder Aktionär über das Stimmrecht an grundlegenden unternehmerischen Entscheidungen beteiligt, die durch das Gesetz der Kompetenz des Vorstands entzogen und der Zuständigkeit der Hauptversammlung zugewiesen sind. Das betrifft auch die im 2. Kapitel untersuchten Fälle, in denen Pflichtabfindungsangebote als Folge unternehmerischer Gestaltungsmaßnahmen in der Gesellschaft bzw. im Konzernverbund abzugeben sind.

Wie sich aus der obigen Aufstellung sowie aus den im 2. Kapitel dargestellten Mehrheitserfordernissen ergibt, gewährt das Aktienrecht dem Aktionär jedoch bei der Beschlussfassung nur eine abgestufte Mitwirkungsbefugnis und schränkt die Berechtigung zu verantwortlichen Entscheidungen in Abhängigkeit vom Umfang der Beteiligung ein.

Qualifizierte Leitungsbefugnisse, die über das grundsätzliche Teilhaberecht hinausgehen, standen dem Aktionär vor Inkrafttreten des UMAG erst ab einer Beteiligungsgrenze von 5 % zu. Zum Teil wurde aus der ab dieser Grenze eröffneten Möglichkeit der Einflussnahme auf die Unternehmenspolitik auch auf den Umfang des mitgliedschaftlichen Schutzes für den einzelnen Aktionär geschlossen.[173] Parallel zu dieser Überlegung wird anlässlich der Diskussion der 95 %-Grenze des § 327a AktG (Squeeze-out) festgestellt, dass einem Aktionär zumindest bei einer Beteiligung von weniger als 5 % in der Regel eine bloße Ertragsorientierung und kein echtes Mitentscheidungsinteresse unterstellt werden kann.[174] Die im Gesetz unter verschiedenen Aspekten wiederkehrende 5 %-Grenze stellt daher eine Typisierung mitgliedschaftlicher Kompetenz dar und könnte als Kriterium für die Unterscheidung von vermutetem Anleger- und Unternehmerinteresse dienen.

Andererseits ist jedoch zu beachten: Kann der jeweilige Aktionär die Maßnahme im Einzelfall weder aktiv steuern noch über eine Sperrminorität bei der Be-

173 Rühland WM 2002, 1957, 1961.

174 Land/Hasselbach DB 2000, 1747, 1754; Vetter AG 2002, 176, 181.

schlussfassung in der Hauptversammlung verhindern, kommt ihm diesem Fall rein *tatsächlich* keine unternehmerische Entscheidungsgewalt in der Gesellschaft zu.[175] MÜLBERT schließt hieraus, dass in den Fällen, in denen das Gesetz keinen einstimmigen Beschluss erfordert, sondern eine 75 %ige Mehrheit ausreicht, um die Maßnahme durchzusetzen, die bis zu 25 %ige Beteiligung des Minderheitsaktionärs allein vermögensmäßig geschützt sei.[176]

HANAU hält dem entgegen, auch Kleinstbeteiligungen könnten als „strategisches Investment" unternehmerischen Charakter haben, was bei einem Unternehmen als Aktionär sogar zu vermuten sei.[177] Schließt man allein vom subjektiven „Wollen" unter Ausblendung des rechtlichen „Könnens" auf den Charakter der Beteiligung und knüpft hieran auch rechtliche Folgen, überschreitet man jedoch die Grenze des Gleichbehandlungsgebotes. Wird bei gleicher Beteiligungshöhe allein die innere Willensrichtung – die überdies schlecht nachprüfbar ist – zum Unterscheidungskriterium, ist nicht mehr die Quantität sondern die Qualität Maßstab der Ungleichbewertung der Aktionäre, dies ist mit § 53a AktG nicht zu vereinbaren.[178]

In den im 2 Kapitel dieser Arbeit untersuchten Abfindungsfällen ergeben sich Beteiligungsquoten von bis zu 95 %, die für die Durchsetzung der Maßnahme erforderlich sind. Spiegelbildlich lässt sich daraus die Größe der Sperrminorität, d. h. der Minderheit, welche die Maßnahme verhindern könnte, ableiten. Dem Aktionär, der allein die Maßnahme nicht verhindern kann, sondern ihr als Objekt ausgesetzt ist, kann typischerweise keine echte unternehmerische Kompetenz zugestanden werden. Die neuen Grenzen nach dem UMAG stellen zwar eine deutliche Erweiterung der Kontrollmöglichkeiten über das Management

175 Schon Beyerle, AG 1980, 317, 318 f., geht bei der Beteiligung an einer unabhängigen Gesellschaft wegen wechselnder Hauptversammlungsmehrheiten, der Möglichkeit abgesprochenen Abstimmungsverhaltens etc. zunächst von einem vollen Mitgliedschaftsrecht aus und erkennt aufgrund des Weisungsrechts des herrschenden Unternehmens sowie der eindeutigen Mehrheitsverhältnisse eine Denaturierung dieser Mitgliedschaft zu einer reinen Finanzbeteiligung ohne Mitspracherecht.

Aus diesem Grund fordern z. B. Sagasser/Sickinger in: Sagasser/Bula/Brünger, R Rn. 39, bei einem Formwechsel die Erleichterung des § 194 Abs. 1 Nr. 6 UmwG (Entbehrlichkeit des Abfindungsangebotes bei 100 %igem Beschluss der Hauptversammlung) auch auf Fälle auszudehnen, in welchen der Aktionär mit der geringsten Beteiligung mehr als 25 % hält, und damit eine faktische Einstimmigkeitssituation vorliegt. A. A. Meister/Klöcker in: Dirksen/Kallmeyer, UmwG, § 194 Rn. 45

176 Mülbert, Aktiengesellschaft, Unternehmensgruppe und Kapitalmarkt, S. 270 f.

177 Hanau NZG 2002, 1040, 1043.

178 Siehe zu § 53a AktG in diesem Zusammenhand ausführlich unten Abschnitt C.II.5. „Unterscheidung von Aktionärstypen und der Gleichbehandlungsgrundsatz".

dar, eine grundlegende Kompetenz, richtungsweisend in der Gesellschaft zu agieren, ergibt sich hieraus jedoch nicht. Daher ist, gerade in Anbetracht des auch im übrigen durch das Aktiengesetz stufenweise gegliederten mitgliedschaftlichen Schutzes, in Abhängigkeit von der Größe der Sperrminorität auch der Maßstab des typisierten und daher vermuteten unternehmerischen Interesses festzustellen.[179] Für die Abfindungsfälle des Unternehmensvertrages und der Umwandlung sind daher bis zu 25 %ige Beteiligungen als typischerweise ohne unternehmerisches Interesse gehaltene anzusehen.

Dieser Überlegung steht auch nicht entgegen, dass die Anfechtungsbefugnis gemäß §§ 243, 245 AktG gerade nicht an eine Sperrminorität gebunden ist.[180] Die gerichtliche Überprüfung von Hauptversammlungsbeschlüssen ist auf eine Rechtsmäßigkeitskontrolle beschränkt. Gemäß § 243 Abs. 1 AktG können Gesetzes- und Satzungsverstöße überprüft werden, jedoch gerade nicht die Zweckmäßigkeit eines Beschlusses in unternehmerischer Hinsicht.

(2) Stimmrechtsbündelung

Die oben zusammengestellten Rechte stehen nicht nur dem einzelnen Aktionär zu sondern selbstverständlich auch einer Gruppe von Aktionären, deren Anteile zusammen die genannten Grenzen erreichen. Schließen sich daher mehrere Aktionäre für die Abstimmung in der Hauptversammlung über einen Konsortialvertrag zusammen oder werden die Stimmen einer Vielzahl von (Klein-) Anlegern über das Depotstimmrecht der Banken einheitlich ausgeübt, erhöht sich der unternehmerische Einfluss des einzelnen Anteils faktisch. Jedem einzelnen Anteilsinhaber kommt daher durch die Bündelung überproportional viel unternehmerischer Einfluss zu. In Abstimmungen etwa über Struktur- und Konzernierungsmaßnahmen des 2. Kapitels können mehrere Kleinaktionäre daher durchaus Gestaltungsmacht ausüben, indem sie das jeweilige Vorhaben verhindern.

Eine solche Wirkung in der Abstimmung ist jedoch vom Zusammenwirken der einzelnen Stimmrechtsinhaber und damit u. U. von vielfältigen Interessenabwä-

---

179 BGH vom 16.11.1981 – II ZR 150/80, BGH Z 82, 188, 192 f. – „Hoogovens“ für den Fall der übertragenden Auflösung.

Vgl. auch LG München I vom 14.09.2001 – 5 HKO 16369/99, ZIP 2001, 1959, 1962 – „Siemens“: In diesem Urteil sah das Gericht eine Minderheitsbeteiligung, die durch mehrfaches Stimmrecht etwa 8-9 % ausmachte, als durchaus relevant für unternehmerische Entscheidungen, vor allem für die Besetzung des Aufsichtsrates, an. Diese Relevanz wird jedoch nur aus der *tatsächlichen* Um- und Durchsetzung eigener Interessen abgeleitet. Umgekehrt kann jedoch daraus nicht geschlossen werden, dass jeder Beteiligung von 8 % ein unternehmerisches Gewicht zukommt und von unternehmerischem Interesse getragen wird.

180 So aber im Ansatz Vetter AG 2002, 176, 181.

gungen abhängig. So kann etwa auch das Depotstimmrecht der Banken durch Einzelweisungen des Depotinhabers jederzeit beeinflusst werden. Eine Bündelung von Stimmrechten verschiedener Anteilsinhaber ändert daher nichts daran, dass das unternehmerische Potenzial, das einem einzelnen Anteilsinhaber zukommt, nur nach dem Umfang seiner eigenen Beteiligung bestimmen werden kann, da sich die durch das Zusammenwirken entstehende unternehmerische Initiative auf den Einzelfall beschränkt. Auf die Abfindungssituation übertragen bedeutet dies, der jeweilige (Klein-) Aktionär verhindert die Maßnahme entweder im Zusammenschluss mit anderen oder muss sie durch die Mehrheitsentscheidung geschehen lassen. In letzterem Fall kommt ihm keine unternehmerische Initiative zu.

(3) Das „rationale Desinteresse" des Aktionärs

Den Aktionären stehen wie dargestellt, in Abhängigkeit von dem Umfang ihrer Beteiligung, dem Gesetz nach bestimmte Rechte im Gefüge der Organisationsform Aktiengesellschaft zu. Ob diese Rechte jedoch tatsächlich auch ausgeübt werden, hängt nicht zuletzt vielfach von ökonomischen Nutzen-Risiko-Überlegungen ab. In der Literatur, vor allem im Rahmen von Untersuchungen zur ökonomischen Analyse des Rechts, wird festgestellt, dass bestimmte Rechte etwa bei der Überwachung der Unternehmensleitung erst wahrgenommen werden, wenn der durch die Überwachung erzielte Gewinn höher als die dadurch verursachten Kosten ist („rationales Desinteresse").[181]

Es stellt sich die Frage, ob ein solches rationales Desinteresse Einfluss auf die rechtliche Würdigung im Rahmen der Abgrenzung des Klein- oder Minderheitsaktionärs haben kann und soll. Dann wäre ein Gesellschafter, der nach den oben dargelegten Erwägungen als unternehmerischer Aktionär anzusehen ist, abweichend hiervon wegen seines Untätigbleibens aufgrund einzurechnender Kosten als Anlageaktionär anzusehen. Hierzu müsste wiederum typisierend festgelegt werden, ab welcher Grenze eine Einflussnahme des Gesellschafters aus seiner Sicht wirtschaftlich lohnend erscheint. Eine Abwägung im Einzelfall kann jedoch praktisch nicht erfolgen, da die Einschätzung des einzelnen Aktionärs nicht in jedem Fall objektiv nachvollzogen werden kann. Welche Kosten die Entscheidungen des einzelnen Aktionärs beeinflussen, kann grundsätzlich eben gerade nicht, auch wenn der Begriff des rationalen Desinteresses dies impliziert, rational im Sinne von objektiv nachvollzogen werden. Rationalität kann in diesem Zusammenhang nur heißen, dass jeder Aktionär eine *für seine Person* ratio-

---

[181] Schäfer/Ott, Lehrbuch der ökonomischen Analyse des Zivilrechts, S: 656 f.; Baums ZIP 1995, 11 ff.; Teichmann ZGR 2001, 645, 651 f.; Rühland WM 2002, 1957, 1961 f.

nale Kosten-Nutzen-Abwägung trifft, die jedoch nicht allgemeinverbindlich nachvollzogen oder gar festgeschrieben werden kann.[182]

Zudem betrifft die vorliegende Fragestellung nicht die Ausübung nachträglicher Kontrolle der Unternehmensleitung, die nur eine Überprüfung der Rechtmäßigkeit nicht aber der unternehmerischen Zweckmäßigkeit der Maßnahme darstellen kann. Ansatzpunkt ist vielmehr die vorhergehende unternehmerische Entscheidung, die ihren Niederschlag im Abstimmungsverhalten bei der Beschlussfassung findet. Die hierbei zu beachtenden Kosten, etwa für die Anreise zur Hauptversammlung oder die Beauftragung der depotführenden Bank, sind zu vernachlässigen.

Der Ansatz des rationalen Desinteresses lässt sich m. E. daher zur Lösung des hier aufgestellten Problems nicht nützlich machen.

(4) Das tatsächliche Desinteresse des Aktionärs

Daneben ist jedoch auch die Konstellation zu bedenken, in welcher der betroffene Aktionär sein Desinteresse an der anstehenden Entscheidung über eine Umstrukturierungsmaßnahme tatsächlich, etwa durch Nichtteilnahme an der Hauptversammlung, zum Ausdruck bringt. In der Mehrzahl der im 2. Kapitel dargestellten Abfindungsfälle ist für die Durchsetzung der Maßnahme die qualifizierte Mehrheit des *bei der Beschlussfassung vertretenen* Kapitals erforderlich. In einem solchen Fall kann eine Mehrheitsentscheidung auch dadurch zustande kommen, dass ein Aktionär, der eigentlich eine Sperrminorität innehat, nicht an der Beschlussfassung teilnimmt. Er macht sein Einflusspotential in der Gesellschaft also gerade nicht geltend.

Setzt man den oben entwickelten Gedanken fort, entzieht sich der an der ordnungsgemäß einberufenen Hauptversammlung nicht teilnehmende Aktionär der Ausübung seiner unternehmerischen Initiative. Er nimmt weder die Möglichkeit wahr, die zu entscheidende Maßnahme zu verhindern, noch sie in der Entscheidung mitzutragen. In solch einem Fall ist aufgrund seines tatsächlichen Desinteresses auch der Aktionär mit einer Beteiligungsgröße, die eine Sperrminorität vermittelt, als nichtunternehmerischer Aktionär, mithin als Anlageaktionär, anzusehen und in der Rechtsfolge dementsprechend zu behandeln. HOPT etwa führt an, dass institutionelle Anleger ihrem Einfluss nach oft Unternehmensgesell-

[182] In der Praxis wirkt sich das rationale Desinteresse von Kleinaktionären in der Regel in der Beauftragung der Bank zur Ausübung des Depotstimmrechts aus. Häufig nehmen nur sehr wenige Aktionäre die Möglichkeit wahr, an der Hauptversammlung überhaupt teilzunehmen.

schafter seien, ihrer Beteiligungsabsicht und ihrem Verhalten nach jedoch Kapitalanleger.[183]

Dem ist somit insoweit zuzustimmen, als im Mittelpunkt der jeweiligen Betrachtung vor allem das Abstimmungsverhalten des Aktionärs und seine Rolle gerade in der jeweiligen Entscheidungssituation stehen müssen. Eine generelle Einstufung verbietet sich,[184] da sich Mehrheitsverhältnisse und das Zugehören zu einer zustimmenden, ablehnenden oder sich enthaltenden Aktionärsgruppe nur in der konkreten Abstimmungssituation festgestellt werden können. Übt der jeweilige Aktionär seinen unternehmerischen Einfluss und seine unternehmerische Macht nicht aus, begibt er sich dieses Potentials in der zu entscheidenden Frage.[185]

(5) Strukturelle Unterlegenheit des Kleinaktionärs

Der Kleinaktionär ist aufgrund seiner geringen Beteiligungshöhe bei der Abstimmung in der Hauptversammlung notwendig fast immer unterlegen. Schafft er es nicht, etwa über die Wahrnehmung des Auskunfts- und Rederechts, sich mit anderen Aktionären bis zum Umfang einer Sperrminorität zusammenzuschließen, bleibt seine Abstimmungsverhalten in der Hauptversammlung wirkungslos. Aufgrund dieser festgelegt schwachen Stellung reißt FLEISCHER Parallelen zur Bürgschaftsrechtsprechung des Bundesverfassungsgerichts[186] an und fordert eine Auseinandersetzung mit dem Problem struktureller Unterlegenheit im Zusammenhang mit dem Ausschluss von Minderheitsaktionären.[187]

Eine solche Auseinandersetzung führt jedoch nicht weit. Ein Kernpunkt der Bürgschaftsrechtsprechung, aufgrund dessen das BVerfG die Inhaltskontrolle privatrechtlicher Verhältnisse und Verträge und eine mögliche Korrektur durch die Zivilgerichte für zulässig hält, liegt in der gestörten Vertragsparität. Aus dem Sozialstaatsprinzip ergibt sich eine – begrenzte – Schutzpflicht des Staates für den im Privatrechtsverkehr Schwächeren.[188] Der Ausgleich derartiger Ungleichgewichte als Folge bestehender ungleicher Verhandlungsstärke stellt eine

---

183 Hopt ZHR 141 (1977), 389, 428.

184 Vgl. auch Fechner AG 1962, 229, 231.

185 A. A. Banerjea ZIP 2003, 1730, 1736, der nach der Holzmüller-Rechtsprechung davon ausgeht, das Aktienrecht sei vom Leitbild des Aktionärs als Unternehmer geprägt, ohne dass dabei nach dem Umfang der Beteiligung zu differenzieren sei. Dies gelte auch für den Aktionär, der passiv den vorgegebenen Kurs mittrage, da auch hierin eine unternehmerische Entscheidung liege.

186 Siehe u. a. BVerfG vom 19.10.1993 – 1 BvR 567/89, 1 BvR 1044/89, BVerfGE 89, 214 ff.

187 Fleischer DNotZ 2000, 876, 878.

188 Starck in: v. Mangoldt/Klein/Starck, GG, Art. 3 Rn. 295.

Hauptaufgabe des Zivilrechts dar.[189] Eine Pflicht zum Eingreifen kann dann vorliegen, wenn einer der Vertragsteile ein so starkes Übergewicht innehat, dass er den Vertragsinhalt faktisch einseitig bestimmen kann, und dies daher für den anderen Vertragsteil eine Fremdbestimmung darstellt.[190] Eine Korrektur kommt in Betracht, wenn die Folgen für den unterlegenen Vertragsteil ungewöhnlich belastend und der Inhalt des Vertrages als Interessenausgleich offensichtlich unangemessen ist.[191] Es kommt letztlich auf ein Spannungs- und Missverhältnis zwischen dem zu übernehmenden Risiko einerseits und der Entscheidungsfreiheit – flankiert durch Aufklärungspflichten über den Grad des Risikos – andererseits an.

Zwar weist das Verbindung des Minderheitsaktionärs zu der vom Mehrheitsaktionär beherrschten Gesellschaft strukturelle Ungleichheiten etwa im Bereich der Informationsweitergabe sowie der gestuften Mehrheitserfordernisse im Rahmen der ohnehin beschränkten Hauptversammlungszuständigkeit auf. Ein Ausgleich wird jedoch durch Auskunftsansprüche und umfangreiche Prospektpflichten[192] geschaffen. Auch wird das Verhältnis des Minderheitsaktionärs zum Mehrheitsaktionär, welches durch keine eigene rechtliche Beziehung gekennzeichnet ist, durch Mehrheitsmacht auf der einen und sehr geringen bis fehlenden Einfluss auf der anderen Seite bestimmt. Dieses Ungleichgewicht ist jedoch gerade kennzeichnend für die Kapitalgesellschaft, bei der das Risiko für jeden Teilhaber auf seine Beteiligung beschränkt wird. Der Grad der Risikoübernahme bestimmt den Grad des Einflusses, so dass eine Entscheidungsbefugnis nach Köpfen wie bei der Personengesellschaft dem Einsatz des Mehrheitsbeteiligten nicht gerecht würde. Dies liefe schließlich auf eine umgekehrt strukturelle Unterlegenheit des Mehrheitsgesellschafters hinaus. Gleiches gilt für eine denkbare Forderung nach einstimmiger Beschlussfassung in grundlegenden Gesellschaftsangelegenheiten. Der Gesetzgeber hat daher für Strukturmaßnahmen in der Gesellschaft Mehrheitserfordernisse festgelegt, die in der konkreten Ausgestaltung der Höhe der jeweiligen Zustimmung zwar willkürlich sind, aber der notwendigen Grenzziehung dienen.

Die strukturelle Ungleichheit im Dreieck Gesellschaft, Minderheits- und Mehrheitsgesellschafter ist diesem System daher von Beginn an immanent. Der Minderheitsaktionär wird jedoch bei der Entscheidung für eine Beteiligung weder in

---

189 BVerfG vom 19.10.1993 – 1 BvR 567/89, 1 BvR 1044/89, BVerfGE 89, 214, 232.

190 BVerfG vom 07.02.1990 – 1 BvR 26/84, BVerfGE 81, 242, 255; BVerfG vom 19.10.1993 – 1 BvR 567/89, 1 BvR 1044/89, BVerfGE 89, 214, 232.

191 BVerfG vom 19.10.1993 – 1 BvR 567/89, 1 BvR 1044/89, BVerfGE 89, 214, 232.

192 Die notwendige Ergänzung zum Schutz der Anleger kann durch das geplante Kapitalmarktinformationshaftungsgesetz geleistet werden.

seiner Entscheidungsfreiheit beeinträchtigt noch liegt für ihn aufgrund der Haftungsbeschränkung ein nicht zu überblickendes Risiko vor. Der „Schritt in die Minderheit“ wird zudem von umfangreichen Aufklärungspflichten begleitet[193], die sowohl der Gesellschaft als Emittenten als auch den Finanzdienstleistern obliegen.

(6) Exkurs: Bedeutung von Beteiligungsgrenzen in anderen Rechtsfragen

Der Umfang der Beteiligung ist auch in anderen Anwendungsfällen entscheidend für die rechtliche Einordnung des Status des Aktionärs. Dabei ist jedoch im Einzelfall zu hinterfragen, ob hieraus auch auf den unternehmerischen Charakter der Beteiligung zu schließen ist.

(a) Eigenkapitalersatz in der Aktiengesellschaft

Die Vorschriften über den eigenkapitalersetzenden Charakter von Gesellschafterleistungen gemäß §§ 32a ff. GmbHG sind nach ständiger Rechtsprechung auf die Aktiengesellschaft entsprechend anzuwenden.[194] Nach § 32a Abs. 3 S. 2 GmbHG findet für den nicht geschäftsführenden Gesellschafter eine 10 % Grenze Anwendung; erst bei einer Beteiligung oberhalb dieses Wertes greifen die Regeln über den Eigenkapitalersatz ein.

Derartige Grenzen sind jedoch nach der Rechtsprechung des BGH in Abhängigkeit von der Rechtsform der Gesellschaft zu betrachten:[195] In der Regel vermittele bei der Aktiengesellschaft erst eine Beteiligung von mehr als 25 % einen derartigen Einfluss des Gesellschafters, dass von einer unternehmerischen Verantwortung gesprochen werden könne, die sich auch auf die ausreichende Kapitalausstattung der Gesellschaft erstrecke. Der gesellschaftsrechtlich bestimmte Einfluss auf Entscheidungen der Hauptversammlung, die wegen ihrer grundsätzlichen Bedeutung mit qualifizierter Mehrheit zu beschließen sind, ließe ein entsprechendes unternehmerisches Interesse vermuten.

Eine anders begründete Differenzierung zwischen den Aktionären nach dem Motiv für die Beteiligung oder eine Unterscheidung zwischen personalistisch oder kapitalistisch strukturierten Gesellschaften sei dagegen vom Gesetz nicht vorgesehen und zu unsicher. Nur ausnahmsweise könne auch eine geringere Beteiligung als unternehmerisch angesehen werden, wenn weitere Umstände Ein-

---

193 Siehe unten Abschnitt C.III.2. „Nutzung des besonderen Marktes Börse“.

194 BGH vom 26.03.1984 – II ZR 171/83, BGHZ 90, 381, 385 ff.; BGH vom 09.05.2005 – II ZR 66/03, ZIP 2005, 1316, 1317.

195 BGH vom 09.05.2005 – II ZR 66/03, ZIP 2005, 1316, 1317.

fluss auf die Unternehmensleitung sichern und der Aktionär ein entsprechendes unternehmerisches Interesse erkennen lasse.

Zusammenfassend lässt sich festhalten, dass die Rechtsprechung in diesem Zusammenhang eine Typenbildung mit vermutetem unternehmerischem oder vermutetem reinem Anlageinteresse vornimmt, die vorrangig aus der Beteiligungsgröße und dem Erreichen einer allgemeinen Sperrminorität von 25 % abgeleitet wird.

(b) Wesentliche Beteiligung gemäß § 17 EStG a. F.

In § 17 EStG fand sich bis zum 31.12.2002 der Begriff der wesentlichen Beteiligung. Hatte der Veräußerer von Aktien eine wesentliche Beteiligung inne, gehörten Veräußerungsgewinne aus Aktienverkäufen zu den Einkünften aus Gewerbebetrieb, Veräußerungsverluste waren einkommensmindernd zu berücksichtigen. Die Grenze der Wesentlichkeit war in § 17 Abs. 1 S. 4 EStG a. F. legal definiert als unmittelbare oder mittelbare Beteiligung von mindestens 25 %, ab 1.1.1999 mindestens 10 %.

Durch das Gesetz zur Senkung der Steuersätze und zur Reform der Unternehmensbesteuerung (Steuersenkungsgesetz – StSenkG) vom 23.10.2000[196] ist der Begriff der Wesentlichkeit abgeschafft und die Beteiligungsgrenze auf 1 % abgesenkt worden.[197] Bereits ab einer Beteiligung von 1 % am Grundkapital unterliegen die Veräußerungsgewinne daher der Besteuerung nach § 17 EStG.

Der frühere Begriff der „wesentlichen Beteiligung“ impliziert neben einer gewissen Beteiligungsgröße auch einen bestimmenden Einfluss auf die Gesellschaft. Ausgangspunkt war jedoch nach der Rechtsprechung des BFH[198] nicht der Grad des unternehmerischen Einflusses des Gesellschafters, sondern allein der nominelle Anteil am Stammkapital. So können Vorzugsaktien eine wesentliche Beteiligung vermitteln, Mehrstimmrechte bleiben dagegen außer Betracht. Dies ergab sich aus § 36a Abs. 1 S. 2 EStG a. F., der seinem Wortlaut nach den wesentlich beteiligten Anteilseigner ohne beherrschenden Einfluss voraussetzte.

Zum einen können Wertungen aus dem Steuerrecht, die oft anderen Zielsetzungen wie der Steuergerechtigkeit oder auch Lenkaufgaben unterliegen, nicht ohne weiteres in andere Rechtsgebiete übertragen werden. Zum anderen ergibt in diesem Fall die genauere Prüfung, dass der Begriff der wesentlichen Beteiligung

---

[196] BGBl. I 2000, 1433.

[197] Zusätzlich wurde durch das Halbeinkünfteverfahren nach § 3 Nr. 40 a) EStG ein neues System der Besteuerung von Veräußerungsgewinnen umgesetzt.

[198] BFH vom 10.12.1969 – I R 43/67, BFHE 98, 30, 33.

nicht mit dem Begriff einer unternehmerischen Beteiligung in Zusammenhang steht.[199]

(7) Zwischenergebnis: Figur des Anlageaktionärs abstrakt bestimmbar

Das Aktienrecht weist ein gestuftes System von Mitbestimmungs- und mitgliedschaftlichen Mitwirkungsrechten des Aktionärs auf. Diese Mitwirkungsrechte können als Anhaltspunkt genutzt werden, um auf ein typischerweise vorhandenes unternehmerisches Interesse des Anteilsinhabers zu schließen. In den Abfindungsfällen wird das unternehmerische Interesse dann deutlich, wenn der Aktionär die Maßnahme, die zum Abfindungsangebot führen würde, mit seinem Stimmrecht gerade verhindert. In den übrigen Fällen, d. h. bei einer Beteiligung, die unter der Sperrminorität in der Abstimmung liegt und bei der sich die unternehmerische Initiative nicht ausnahmsweise durch eine gemeinsame Abstimmung zur Verhinderung der Maßnahme entfaltet, ist typisierend eine nichtunternehmerische Beteiligung anzunehmen. Die Begriffe Anlage- und Kleinaktionär haben zwar einen unterschiedlichen Ansatz, in ihren Voraussetzungen stimmen sie jedoch nach den oben aufgezeigten Kriterien teilweise überein, so dass sie sich übereinander führen lassen. Nach der hier verwandten Terminologie kann daher in einem solchen Fall von dem Kleinaktionär als Anlageaktionär gesprochen werden.

5. Unterscheidung von Aktionärstypen und der Gleichbehandlungsgrundsatz

Gemäß § 53a AktG sind Aktionäre unter gleichen Voraussetzungen gleich zu behandeln. Die Vorschrift hat nach h. M. lediglich klarstellende Bedeutung,[200] und stellt trotz aller strukturellen Ähnlichkeiten zu Art. 3 Abs. 1 GG kein subjektiv-öffentliches Recht oder Sonderrecht des Aktionärs dar.[201] Das Gleichbehandlungsgebot gilt nur gegenüber der Gesellschaft und ihren Organen,[202] und ist der Maßstab, nach dem sich die Gesellschaft bei Gestaltung aller Beziehungen zu ihren Aktionären zu richten hat. Für Mitgesellschafter sind Rücksichtnahme- oder Gleichbehandlungspflichten dagegen aus der gesellschaftsrechtlichen Treuepflicht[203] abzuleiten.[204] So hat etwa § 3 Abs. 1 WpÜG als Pflicht für

---

199 **Anders** Götz DB 1996, 259, 260 f.

200 Bungeroth in: MünchKomm AktG, § 53a Rn. 2; Henn AG 1985, 240, 241, 242.

201 Bungeroth in: MünchKomm AktG, § 53a Rn. 2; Henze/Notz in: GroßKomm, AktG, § 53a Rn. 9 f.

202 Bungeroth in: MünchKomm AktG, § 53a Rn. 3 f.

203 Siehe hierzu BGH vom 01.02.1988 – II ZR 75/87, BGHZ 103, 184, 194 f – „Linotype"; noch ablehnend BGH vom 16.02.1976 – II ZR 61/74, AG 1976, 218, 219 – „Audi/NSU".

den Bieter gegenüber den Aktionären der Zielgesellschaft nicht nur deklaratorischen Charakter.[205]

Im Bereich des Grundrechtsschutzes wird Art. 3 Abs. 1 GG zum einen als Willkürverbot, zum anderen als Verbot der ungerechtfertigten Gleich- bzw. Ungleichbehandlung verstanden.[206] Nach der „Neuen Formel" ist eine Ungleichbehandlung nur dann gerechtfertigt, wenn zwischen den Gruppen Unterschiede von solcher Art und solchem Gewicht bestehen, dass sie die ungleiche Behandlung rechtfertigen.[207] Diese Kriterien lassen sich auch für das gesellschaftsrechtliche Gleichbehandlungsgebot nutzbar machen: So muss die Ungleichbehandlung von Aktionären sachlich gerechtfertigt sein und darf nicht willkürlich erfolgen.[208] Die sachliche Rechtfertigung kann nur in Sachgründen von erheblichem Gewicht beruhen, die im Interesse der Aktiengesellschaft wurzeln. Die Ungleichbehandlung muss zudem geeignet, erforderlich und verhältnismäßig sein, um diesen Gründen gerecht zu werden.[209]

Das Aktiengesetz selbst enthält Sondervorschriften zu § 53a AktG, die das Gleichbehandlungsgebot konkretisieren[210], aber auch den Umfang der Beteiligung als hinreichendes und sachgerechtes Differenzierungsmerkmal nennen[211]. Daher ist festzuhalten, dass die Gleichbehandlung im Grundsatz proportional nach der Kapitalbeteiligung ausgestaltet ist, so dass eine „Gleichheit der Aktien, nicht der Aktionäre" besteht.[212] Dies gilt jedenfalls für die Hauptrechte wie dem Stimmrecht in der Hauptversammlung und dem Recht auf Teilhabe am Unternehmensgewinn.[213] Nur für die daneben bestehenden „Hilfsrechte" des Aktio-

---

204 Bungeroth in: MünchKomm AktG, § 53a Rn. 4; Henn AG 1985, 240, 241.

205 Henze/Notz in: GroßKomm, AktG, § 53a Rn. 13.

206 BVerfG vom 17.03.1959 – 1 BvL 39, 44/56, BVerfGE 9, 201, 206; BVerfG vom 09.08.1978 – 2 BvR 831/76, BVerfGE 49, 148, 165.

207 BVerfG vom 07.10.1980 – 1 BvL 50, 89/79, 1 BvR 240/79, BVerfGE 55, 72, 88; BVerfG vom 11.02.1992 – 1 BvL 29/87, BVerfGE 85, 238, 244.

208 BGH vom 06.10.1960 – II ZR 150/58, BGHZ 33, 175, 186 – „Minimax II"; Henze/Notz in: GroßKomm, AktG, § 53a Rn. 11; Bungeroth in: MünchKomm AktG, § 53a Rn. 12.

209 Bungeroth in: MünchKomm AktG, § 53a Rn. 13.

210 Z. B. § 131 Abs. 4 AktG, wonach die einem Aktionär außerhalb der Hauptversammlung erteilte Auskunft auch den übrigen Aktionären in der Hauptversammlung zu erteilen ist.

211 So etwa bei der Gewinnverteilung (§ 60 AktG), dem Bezugsrecht (§ 186 AktG), der Vermögensverteilung im Fall der Auflösung (§ 271 AktG) sowie dem Stimmrecht in der Hauptversammlung (§ 134 Abs. 1 AktG).

212 Bungeroth in: MünchKomm AktG, § 53a Rn. 9 f.

213 Zu beachten ist, dass es bei den vom Umfang der Beteiligung abhängenden Rechten de facto auch „Sprünge" gibt, die sich aus dem konkreten Einflusspotential auf die Beschlüs-

närs[214], die zahlenmäßig nicht abzustufen sind, wie das Recht auf Teilnahme, Rede und Auskunft in der Hauptversammlung sowie das Recht, Hauptversammlungsbeschlüsse anzufechten, gilt diese Proportionalität nicht. Sie stehen jedem Aktionär unabhängig vom Umfang seiner Beteiligung zu.

Festzuhalten ist: Das Gleichbehandlungsgebot gilt nur unter gleichen Voraussetzungen.[215] Entscheides Kriterium zur Ungleichbehandlung von Teilhabern an Kapitalgesellschaften ist der Umfang der Beteiligung.[216] Die Möglichkeit der Einflussnahme auf die Geschicke der Gesellschaft ist nach dem wirtschaftlichen Einsatz und Risiko und nicht etwa nach Köpfen gestaffelt. Die wesentliche Ausnahme des Anfechtungsrechts beschränkt sich daher auch auf eine Rechtmäßigkeitskontrolle.[217] Dieses Prinzip ist der Aktiengesellschaft immanent und findet seinen Ausdruck darin, dass bei Entscheidungen der Hauptversammlung nicht weniger aber auch nicht mehr als die vorgeschriebene Mehrheit für die Durchsetzung der Maßnahme und damit von Leitungsbefugnissen erforderlich ist.

Die Herausbildung verschiedener Aktionärstypen nach Unternehmer- und Anlegerfunktion in Abhängigkeit vom Umfang der Beteiligung und dem hierdurch vermittelten Einfluss auf das Unternehmen im ganzen verstößt daher nicht gegen den Gleichbehandlungsgrundsatz.

---

se der Hauptversammlung ergeben. So wirkt sich etwa der Einfluss auf die Gewinnverwendung mittelbar auch auf den Anspruch der übrigen Aktionäre auf die Gewinnverteilung aus. Der Mehrheitsaktionär, der über § 58 Abs. 3, 4 AktG die Thesaurierung von Gewinnen betreibt, macht den proportionalen Dividendenanspruch gemäß § 60 Abs. 1 AktG wertlos.

214 Bungeroth in: MünchKomm AktG, § 53a Rn. 11.

215 Betont wird stets die sich aus dem bereits Dargestellten ergebende Selbstverständlichkeit, dass auch bei absoluter Gleichheit des Hintergrundes eine ungleiche Behandlung von Aktionären nach Abwägung aller Umstände zulässig sein kann. Entscheidend sei, welche im Verhältnis zu anderen Aktionären „vergleichbare Stellung“ den betroffenen Aktionären nach sachlicher Rechtfertigung eines Eingriffs in die mitgliedschaftliche Position noch gebührt. (Henze/Notz in: GroßKomm, AktG, § 53a Rn. 69).

216 Henn AG 1985, 240, 242.

217 In Übereinstimmung hiermit geht die Rechtsprechung davon aus, dass ein Mehrheitsbeschluss einer weiter gehenden sachlichen Rechtfertigung regelmäßig nicht bedarf, sondern diese bereits in sich trage, es sei denn die Maßnahme stellt eine Ungleichbehandlung von Aktionären dar. BGH vom 06.10.1960 – II ZR 150/58, BGHZ 33, 175, 186 – „Minimax II“; BGH vom 13.03.1978 – II ZR 142/76, BGHZ 71, 40, 44 – „Kali+Salz“; BGH vom 19.04.1982 – II ZR 55/81, BGHZ 83, 319, 320 f. – „Holzmann“.

6. Ergebnis

Aus der Beteiligungsgröße und dem Verhalten in der konkreten Abstimmungssituation bei der Hauptversammlung lässt sich von der Rolle des Kleinaktionärs auf die Eigenschaft als Anlageaktionär schließen. Der Anlageaktionär kann als Leitbild, als Figur für die Rechtsanwendung dienen, da er sich als Rechtssubjekt anhand objektiver Kriterien abgrenzen und bestimmen lässt.

Insoweit ist der Rechtsprechung des BVerfG zu folgen. In der Unterscheidung zwischen Anlageaktionär und Unternehmeraktionär anhand der aufgezeigten Kriterien liegt aufgrund unterschiedlicher Ausgestaltung ihrer Mitgliedschaft keine unzulässige Ungleichbehandlung.

Eine solche Differenzierung widerspricht zwar dem das Aktienrecht in seiner durch das ursprüngliche Aktiengesetz 1965 verfassten Form von verbandsrechtlicher Mitgliedschaft und der Gemeinschaft wirtschaftlicher Eigentümer[218], trägt jedoch der täglichen Praxis in weit größerem Maße Rechnung. Insofern ist die aktienrechtliche Theorie von der Wirklichkeit überholt, in der Aktionäre von Publikumsgesellschaften nicht der gemeinsamen Zweckverfolgung wegen sondern zur Unternehmensfinanzierung geworben werden und diese Funktion – wie im folgenden Abschnitt zu zeigen sein wird – zur Verfolgung vorrangig eigener wirtschaftlicher Zwecke auch wahrnehmen.

III. Entscheidung für die Relevanz der Marktbewertung

In der bisherigen Darstellung und auch in anderen Untersuchungen wurde stets darauf abgestellt, dass die Börsennotierung für das Unternehmen bzw. den jeweiligen Anteil charakterisierend ist. Unbeachtet blieb dabei jedoch, dass dies auch für den Anleger selbst eine wesentliche Eigenschaft sein kann.

1. Börsenkurs als Ansatz für die Anlageentscheidung

Da der Anlageaktionär, wie dargelegt, effektiv mit seiner Beteiligung keinen unternehmerischen Einfluss im Hinblick auf die Gesellschaft wahrnimmt, bleibt festzustellen, welche Ziele und welche Erwartungshaltung er mit seiner Investitionsentscheidung bei der Anlage in börsennotierte Aktien regelmäßig tatsächlich verfolgt, um möglicherweise rechtliche Konsequenzen aus der Figur des Anlageaktionärs in der Abfindungssituation ableiten zu können.

218 Vgl. Luttermann, Unternehmen, Kapital und Genussrechte, S. 488.

Die Kursnotierung der Unternehmensanteile an der Börse zählt zu den besonderen Eigenschaften sowohl des Unternehmens als auch der einzelnen Anteile. Gemäß § 22 Abs. 1 BörsG sind Kauf- oder Verkaufsaufträge für notierte Anteile in der Regel über die Börse abzuwickeln. Als Marktzulassung schränkt die Börsennotierung die Möglichkeiten des Handels somit teilweise ein, erleichtert jedoch den Handel vor allem für Kleinanleger durch die Zusammenführung von Angebot und Nachfrage zusammen mit den kapitalmarktrechtlichen Pflichten der Emittenten.

Ausschlaggebend für die Anlageentscheidung können zum einen stets persönliche Motive sein, etwa bei dem Halten von Belegschaftsaktien durch die Arbeitnehmer der Gesellschaft. Ganz überwiegend wird der Anleger jedoch die Aktienbeteiligung als bloße Investitionsmöglichkeit begreifen, die er aufgrund einer eigenen Kosten-Nutzen-Analyse auswählt. Dabei sind die Merkmale der Anlage in Aktien mit ihren Chancen und Risiken gegenüber der Anlage in andere Titel, wie festverzinsliche Wertpapiere, Zertifikate, Investmentanteilsscheine, Versicherungen oder Fonds in ihrer vielfachen Ausgestaltung, abzuwägen. Eine solche Kosten-Nutzen-Analyse erfolgt dabei *idealerweise*, d. h. unter Vernachlässigung subjektiver Effekte wie der genannten persönlichen Motive, anhand der für den Anleger verfügbaren Kursdaten sowie der weiteren kursrelevanten wirtschaftlichen Informationen über das Unternehmen.

Stellt man allein auf Kosten-Nutzen- bzw. Kosten-Risiko-Erwägungen ab, ist der Residualwert des Anteils die für den idealtypischen Anleger maßgebliche Größe. Hierunter wird der für den Anleger verbleibende Gesamtwert seiner Anlage verstanden, der sich aus dem Wert des vorhandenen und eingesetzten Kapitalstocks sowie den hiermit erzielten und ausgeschütteten Gewinnanteilen, Dividenden etc., abzüglich der Kosten, Steuern etc, zusammensetzt. Hierzu ist für den Aktienanleger auch ein zu realisierender Kursgewinn zu zählen. Diesen Gesamtwert versucht der Anleger für die beabsichtigte Anlagedauer zu schätzen und stellt ihn in Relation zum Börsenkurs.[219]

Bei einer sorgfältigen Analyse der Unternehmensdaten wird der Anleger versuchen, Aktien zu finden, die am Markt unterbewertet sind. Dabei ist es wahrscheinlich, dass der Anleger bei seiner Kaufentscheidung Größen wie den Ertragswert des Unternehmens, die Eigenkapitalquote und –rendite und Anlagendeckung überprüfen wird.[220] Diese zum Teil aus der Bilanz zu entwickelnden Werte sind zwar Ausdruck der Werthaltigkeit des Anteils. Ausschlaggebend für

[219] Vgl. Hommel/Braun BB-Beilage Nr. 6 zu Heft 38/2002, S. 10 f.

[220] Siehe Aufzählung bei Hüttemann ZGR 2001, 454, 468: Produktprogramm, Auftragslage, Investitionsprogramme, Konkurrenzlage, allgemeine wirtschaftliche Lage etc.

die Anlageentscheidung ist jedoch das Verhältnis dieses Wertes zum Börsenkurs,[221] verbunden mit der Hoffnung, dass später auch andere Anleger die zu niedrige Darstellung im Börsenkurs erkennen und gleichfalls kaufen – was zu einem Kursanstieg führen würde.

Wegen der weitaus höheren Renditemöglichkeit kommt der Kursentwicklung im Verhältnis zum Dividendenertrag ein proportional höheres Gewicht zu.[222] Die kurz- oder längerfristigen Schwankungen des Börsenkurses eröffnen Chancen für einen Veräußerungsgewinn im Vergleich zum Einkaufspreis, der deutlich über dem Profit aus der Gewinnbeteiligung liegen kann. Daher orientiert sich auch an der Summe dieser Werte bzw. der diesbezüglichen Erwartungen vorrangig die Kaufentscheidung des Kleinanlegers, und nicht am Wert des gesamten Unternehmens. Da der Aktionär seine Investitionsentscheidung somit selbst nach dieser Größe getroffen hat, erscheint es widersprüchlich, ihm zu einem späteren Zeitpunkt einen Wert zu eröffnen, den er ansonsten niemals realisieren kann und der für ihn im günstigsten Fall, d. h. bei intensiver Überprüfung der Unternehmensdaten, nur eine Hilfsgröße darstellt.[223]

Vor allem aber entscheidet sich der Anleger bei der Wahl börsennotierter Aktien als Anlageform gerade gegen die bei der Ertragswertberechnung maßgeblich Größen und Kriterien wie Festverzinslichkeit und Laufzeitgarantie. Er wählt vielmehr eine Anlageform, die nach der Beratungspraxis der Banken in die Risikoklasse 3 der Wertpapierkategorien eingeordnet wird, gerade keine gesicherte Ertragserwartung aufweist und bei der er das eingesetzte Kapital auch verlieren kann. Es erscheint daher sachfremd, für die Bewertung von Aktieneigentum Alternativen heranzuziehen, die der Aktionär bewusst nicht gewählt hat.[224]

2. Nutzung des besonderen Marktes Börse

Mit der Entscheidung für die Anlage in börsennotierte Aktien begibt sich der Anleger auf einen Markt, der besonderen Bestimmungen und Bedingungen unterliegt.

---

[221] Siehe schon Rieger, Wirtschaftstreuhänder 1938, 256, 257, der anführte, die Schätzung des Substanzwertes markiere die Untergrenze des Kurses.

[222] Dies gilt vor allem vor dem Hintergrund der für den Kleinaktionär ungünstigen, von ihm aber letztlich nicht zu beeinflussenden Gewinnthesaurierung, vgl. Mülbert, Aktiengesellschaft, Unternehmensgruppe und Kapitalmarkt, S. 158.

Siehe auch Großfeld, Unternehmens- und Anteilsbewertung, S. 127.

[223] Vgl. Martens in: FS Bezzenberger, 2000, S. 267, 286.

[224] Vgl. Götz DB 1996, 259, 263.

a) Markt mit besonderer Zulassungspflicht

Die Besonderheiten und Regeln des Handelsplatzes Börse, den der Kleinanleger nutzt, wurden bereits dargestellt.[225] Kennzeichnend ist zudem für den Anleger vor allem, dass er die Aktien nicht selbst an der Börse erwerben kann, sondern sich durch einen Börsenhändler vertreten lassen muss. Dieser bedarf gemäß § 16 BörsG der Zulassung durch die Börsenaufsicht.

b) Beratungs- und Aufklärungspflichten des Wertpapierdienstleistungsunternehmens

Kreditinstitute[226] sowie Finanzdienstleistungsinstitute[227], die Wertpapierdienstleistungen i. S. d. § 2 Abs. 3 WpHG erbringen, vor allem die Anschaffung und Veräußerung von Wertpapieren, werden als Wertpapierdienstleistungsunternehmen i. S. d. § 2 Abs. 4 WpHG tätig. Die Wertpapierdienstleister sind gemäß § 31 Abs. 2 WpHG verpflichtet, zum einen Angaben über die Erfahrungen und Kenntnisse des Anlegers im Geschäft mit Wertpapieren[228] sowie die Anlageziele von ihren Kunden zu erfragen, als auch diesem alle zweckdienlichen Informationen mitzuteilen. Hierunter wird die zutreffende und zweckdienliche Mitteilung von Tatsachen verstanden, die den Kunden in die Lage versetzt, eine sachgerechte Anlageentscheidung zu treffen.[229] Ob sich darüber hinaus aus § 31 Abs. 2 WpHG eine Pflicht zur Aufklärung und Warnung des Kunden im Hinblick auf die allgemeinen und speziellen Risiken der Anlageformen ergibt, ist umstritten.[230] Jedenfalls kommt mit dem Kunden, unter Umständen auch stillschweigend, ein Auskunfts- und Beratungsvertrag mit entsprechenden Pflichten und Haftungsfolgen für die Bank zustande.[231] Zu diesen Pflichten gehört auch die Aufklärung über die spezifischen Risiken der Anlage in Wertpapieren, bei Aktien vor allem das Risiko der Kursänderung bis hin zum Totalverlust des eingesetzten Kapitals.[232] Jedenfalls ist eine Hinweis- bzw. Warnpflicht anzunehmen, wenn Art oder Umfang der geplanten Geschäfte mit der aufgrund der Erkundi-

---

225 Siehe oben 3. Kapitel Abschnitt E. „Börsenkurs“.

226 § 1 Abs. 1 KWG.

227 § 1 Abs. 1a KWG.

228 In der Praxis erfolgt die Klassifizierung nach standardisierten Risikogruppen.

229 Schwark in: Schwark, KapitalmarktR, § 31 WpHG Rn. 52.

230 Siehe statt aller: Schwark in: Schwark, KapitalmarktR, § 31 WpHG Rn. 52 f.

231 BGH vom 04.03.1987 – IVa ZR 122/85, BGHZ 100, 117, 118; BGH vom 06.07.1993 – XI ZR 12/93, BGHZ 123, 126, 128; siehe auch BGH vom 27.11.1998 – V ZR 344/97, BGHZ 140, 111, 115.

232 Eine besondere Pflicht zur umfassenden und wiederholten schriftlichen Information besteht z. B. wegen der besonderen Risiken des Termingeschäfts gemäß § 37d WpHG gegenüber Verbrauchern bei Finanztermingeschäften i. S. d. § 2 Abs. 2 WpHG.

gungspflicht ermittelten Risikofähigkeit des Kunden nicht in Einklang stehen.[233] Die Pflicht, Erkundigungen über Erfahrungen, Kenntnisse und den Wissensstand des Kunden einzuholen, führt zu einer derartigen Warnpflicht, da sie ansonsten reiner Selbstzweck bliebe.

Der Anleger trifft mit der Wahl einer bestimmten Kapitalanlage daher eine eigenverantwortliche Entscheidung. Aufgrund der weitreichenden Aufklärungspflichten der Banken muss er sich dabei über die Besonderheiten der von ihm gewählten Anlageform bewusst sein. Er unterwirft sich zum einen dem Vertragsinhalt mit seinem Handelspartner, zum anderen den Anlagespezifika, zu denen insbesondere bei Anlagen im Wertpapiermarkt auch die jeweiligen Marktbesonderheiten gehören. Bei der Anlage in Aktien zählen hierzu sowohl die Volatilität der Kurse als auch die beschränkte Einflussmöglichkeit im Unternehmen in Abhängigkeit vom Umfang der Beteiligung. Bereits die Entscheidung zur Teilnahme am Handel mit Aktien muss als Entscheidung dahingehend angesehen werden, auch die sich ergebenden Folgen aus dem Handel mit einem bestimmten Anlagegut zu akzeptieren. Gerade diese Umstände nimmt der Aktienanleger im Hinblick auf die Chancen der Anlage[234] bewusst als Risiko in Kauf.

3. Marktbewertung als Rechtsgröße

Der Börsenkurs als Bewertungsmaßstab ist – unabhängig vom System der Abfindungsansprüche – dem Aktiengesetz nicht fremd und wird auch in anderen Bereichen, wie in Bilanzierungsfragen oder im Steuerrecht herangezogen. Auf diesen Umstand verweist auch das BVerfG in der DAT/Altana-Entscheidung.[235] Von der Zulässigkeit oder Üblichkeit in bestimmten Fällen ist zwar nicht ohne weiteres auf die Zulässigkeit in im Hinblick auf die Abfindungssituation zu schließen, da die Bewertung in Beziehung zu dem zugrunde liegenden Rechtsverhältnis steht und von seinem Zweck bestimmt wird[236] (Funktionenlehre der Unternehmensbewertung).[237] Jedoch sind diese Funktionen und der Hintergrund, vor welchem die Wahl bestimmter Methoden vorzugswürdig erscheint, zu untersuchen.

---

[233] OLG Saarbrbücken vom 07.12.2006 - 8 U 563/05, ZIP 2007, 763; Schwark in: Schwark, KapitalmarktR, § 31 WpHG Rn. 56.

[234] Siehe oben Abschnitt C.III.1. „Börsenkurs als Ansatz für die Anlageentscheidung“.

[235] BVerfG vom 27.04.1999 – 1 BvR 1613/94, BVerfGE 100, 289, 308 – „DAT/Altana“; dem folgend OLG Düsseldorf vom 25.05.2000 – 19 W 1/93 AktE, ZIP 2000, 1525, 1527 – „DAT/Altana III“; bereits vorher Aha AG 1997, 26, 27.

[236] W. Müller JuS 1973, 603.

[237] Großfeld, Unternehmens- und Anteilsbewertung, S. 21.

a) *Bezugsrechtsausschluss und § 186 Abs. 3 S. 4 AktG*

Im Aktiengesetz erscheint vor allem § 186 Abs. 3 S. 4 AktG interessant, wonach ein Bezugsrechtsausschluss insbesondere dann zulässig ist, wenn bei einer Barkapitalerhöhung die neuen Aktien nicht mehr als 10 % des Grundkapitals betragen und der Ausgabebetrag den Börsenpreis nicht wesentlich unterschreitet. Die Regelung, die 1994 in das Aktiengesetz eingefügt wurde,[238] soll der Erleichterung der Eigenkapitalaufnahme und damit der Unternehmensfinanzierung dienen.[239] Denn der Bezugsrechtsausschluss bedarf nach ganz überwiegender Ansicht einer sachlichen Rechtfertigung, d. h. er muss einem Zweck dienen, der im Interesse der Gesellschaft liegt.[240] Bei fehlender sachlicher Rechtfertigung droht die Beschlussanfechtung gemäß § 243 Abs. 1 AktG.[241] Zudem kann die Kapitalerhöhung mit Bezugsrechtsausschluss bei einem unangemessen niedrigen Ausgabebetrag durch die Altaktionäre gemäß § 255 Abs. 2 AktG angefochten werden.

Ein Kapitalerhöhungs- und Bezugsrechtsausschluss, der sich nach den Vorgaben des § 186 Abs. 3 S. 4 AktG richtet, vermeidet diese Probleme. Zum einen schafft § 186 Abs. 3 S. 4 AktG eine widerlegliche Vermutung für die sachliche Rechtfertigung des Beschlusses,[242] zum anderen kann bei einem in der Nähe des Börsenkurses liegenden Ausgabebetrag vermutet werden, dass er nicht unangemessen niedrig ist.[243] Streitpunkt kann aufgrund der Gesetzesformulierung das Maß der „wesentlichen Unterschreitung" des Börsenpreises sein.[244] Des Weiteren wurde auch hier diskutiert, ob auf einen Stichtags- oder einen Durchschnittskurs abgestellt werden soll.[245]

Ansatzpunkt der Auseinandersetzungen ist der Ausgabebetrag der neuen Aktien, der die Interessen der Beteiligten berührt und von ihnen beeinflusst wird. Der

---

238 Gesetz für kleine Aktiengesellschaften und zur Deregulierung des Aktienrechts vom 2.8.1994, BGBl. I, S. 1961.

239 Begr. des Fraktionsentwurfes, BT-Drucks. 12/6721, S. 10.

240 Siehe statt aller Peifer in: MünchKomm AktG, § 186 Rn. 71, 75.

241 Vgl. BGH vom 13.03.1978 – II ZR 142/76, BGHZ 71, 40, 43 f. – „Kali+Salz".

242 Peifer in: MünchKomm AktG, § 186 Rn. 83.

243 Hüffer, § 186 Rn. 39e.

Dem Bezugsrechtsausschluss steht durch die Anbindung an den Börsenkurs ein „faktisches Bezugsrecht" gegenüber: Martens in: FS Bezzenberger, 2000, S. 267, 278.

244 Der Ausschussbericht, BT-Drucks. 12/7848, S. 9 sieht einen Regelabschlag von 3 % und einen Maximalabschlag von 5 % vor.

245 Siehe Hüffer, § 186 Rn. 39d (Durchschnitt der letzten 5 Börsentage); Marsch-Barner AG 1994, 532, 536 f. (Stichtagskurs).

Ausgabebetrag kann wegen § 9 Abs. 1 AktG nicht unter pari, d. h. nicht unter dem Nennwert liegen. Bei einer arbeitenden und ertragbringenden Gesellschaft wird der Ausgabebetrag nicht zu sondern über pari erfolgen, da der Wert des gesamten Unternehmen ebenso wie der Wert des einzelnen Anteils über dem Nennwert liegen wird. Es liegt eine Kaufsituation vor, in welcher eine Ausmittlung des Preises erforderlich ist. Die Aktiengesellschaft erstrebt einen möglichst hohen Ausgabebetrag, um viel Kapital aufnehmen zu können; der Abnehmer der neuen Aktien, zunächst der Inhaber des Bezugsrechts, möchte dagegen einen möglichst niedrigen Preis zahlen.

Sind Aktien derselben Gattung wie die neuen Aktien börsennotiert, ist der Kurs maßgeblicher Ansatzpunkt für die Bestimmung des Ausgabebetrags. Der Ausgabebetrag darf nicht über dem Börsenkurs liegen, da die Aktien anderenfalls nicht abgenommen würden und die Kapitalerhöhung fehlschlüge. Gleiches gilt für eine Ausgabe zum gleichen Kurs wie die Altaktien, auch hier besteht zu wenig Anreiz, die Neuaktie zu zeichnen, da zum gleichen Preis auch Altaktien erworben werden können. Liegt der Ausgabebetrag zu weit unter dem Börsenkurs, werden die neuen Aktien zwar ohne weiteres platziert werden können, da mögliche Käufer die Werthaltigkeit auch der neuen Anteile an der Verkaufsmöglichkeit der alten Anteile und damit an deren Börsenkurs messen; die Gesellschaft erhält dann jedoch zu wenig Eigenkapital. Aus diesen Gründen wird idealerweise ein Ausgabebetrag mit einem Abschlag gegenüber dem Kurs der Altaktie festgesetzt. Die hierdurch eintretende leichte Verwässerung[246] zu Lasten der vom Bezugsrecht ausgeschlossenen Altaktionäre, die sich bei Kleinaktionären in der Regel ohnehin kaum auswirkt,[247] wird dabei in Kauf genommen.

Der Börsenkurs ist somit bei der Barkapitalerhöhung gegen Einlagen mit oder ohne Bezugsrechtsausschluss maßgeblicher Ansatzpunkt für die Bewertung von Aktien aus der Sicht der zeichnenden Aktionäre im Verhältnis zur Gesellschaft.[248] Für den Fall des Bezugsrechtsausschlusses sind diese Überlegungen als Vermutung für eine sachliche Rechtfertigung in das Gesetz aufgenommen worden. In der unmittelbaren Kaufsituation liegt die Maßgeblichkeit des Börsenkurses auf der Hand.

---

246 Lutter in: FS Zöllner, 1998, S. 363, 374.

247 Kübler/Mendelsohn/Mundheim AG 1990, 461, 473 f.; **a. A.:** Zöllner AG 2002, 585, 590 f.

248 Martens in: FS Bezzenberger, 2000, S. 267, 285, weist zutreffend darauf hin, dass die ausdrückliche Nennung des Börsenkurses in § 186 AktG keine Ausschlussfunktion habe, da es sich nicht um eine Bewertungsvorschrift handelt, sondern vielmehr eine Öffnung des Aktienrechts für die Bewertung nach aktuellen Börsenkurses bedeutet.

b) Schadensersatz

Im Bereich des Schadensersatzes hat der Gesetzgeber in §§ 376 Abs. 2, 3, 381 HGB den Börsen- oder Marktpreis beim Handelskauf als maßgeblich für die Berechnung des Schadensersatzes wegen Nichterfüllung festgeschrieben. Im Zivilrecht ist als Schadensersatz wegen Nichterfüllung stets das positive Interesse zu ersetzen, d. h. der Gläubiger ist so zu stellen, wie er gestanden hätte, wenn der Schuldner ordnungsgemäß erfüllt hätte. Danach kann der nicht belieferte Käufer oder Besteller auch die Differenz zwischen dem Kaufpreis und dem Marktwert der Sache als Schadensersatz geltend machen.[249] Hintergrund dieser Regelungen ist, dass der Schuldner durch seine Nichterfüllung dem Gläubiger die Möglichkeit vorenthält, die Sache im vereinbarten Leistungszeitpunkt zum Marktwert weiterzuveräußern.

Nach LUTTERMANN ist der Marktwert seit der Girmes-Entscheidung des Bundesgerichtshofes[250] allgemein bei Schadensersatzprozessen als Rechtsgröße anerkannt.[251] In dieser Entscheidung stellte der BGH fest, dass der den Aktionären entstandene Schaden nach dem Verkehrswert zu bemessen ist, d. h. nach dem Betrag, den ein Dritter als Erwerber üblicherweise zu zahlen bereit wäre.[252] Der Kurs sei zu berücksichtigen, auch wenn spekulative Momente außerhalb der üblichen preisbildenden Faktoren, wie der realen Einschätzung des Wertes des lebenden Unternehmens, den Kurs beeinflusst hätten. Voraussetzung sei aber, dass die Aktionäre diesen Kurs ohne die im Fall haftungsauslösende Pflichtverletzung hätten realisieren können. Dies entspricht den allgemeinen Grundsätzen der §§ 249 ff. BGB.

Im Girmes-Fall bestand die Besonderheit, dass das Gericht zwischen dem Schaden der Aktionäre, der im Kursverlust Ausdruck fand, und einer Schädigung der Gesellschaft durch die Pflichtverletzung unterschied, die zwar den inneren Wert der Gesellschaft mindere, den Gesellschafter dadurch aber nur reflexartig betreffe.[253] Die Unterscheidung des Schadens der Aktionäre vom Schaden der Gesellschaft, den diese nicht als Leistung an sich geltend machen können, ergibt sich bereits aus §§ 117 Abs. 1 S. 2, 317 Abs. 1 S. 2 AktG. Bemerkenswert ist jedoch die Feststellung, die Minderung des Unternehmenswertes treffe den Aktionär nur mittelbar, während sein eigener Schaden nach dem Verkehrswert zu bemes-

---

249 Heinrichs in: Palandt, BGB, § 281 Rn. 26.

250 BGH vom 20.03.1995 – II ZR 205/94, BGHZ 129, 136 – „Girmes".

251 Luttermann EWiR 1998, 821, 822

252 BGH vom 20.03.1995 – II ZR 205/94, BGHZ 129, 136, 164 – „Girmes"; siehe auch die heftige Kritik von Wenger, ZIP 1993, 321, 329, an der Ablehnung des Börsenkurses durch die Vorinstanzen.

253 BGH vom 20.03.1995 – II ZR 205/94, BGHZ 129, 136, 165 – „Girmes".

sen sei. Auch hier wird aus der Sicht des Aktionärs auf seine Veräußerungsmöglichkeiten abgestellt.

c) *Zugewinn- und Nachlassbewertung*

Auch im Familien- und Erbrecht kann die Bewertung börsennotierter Aktien relevant werden. Aktienbesitz ist für die Vermögensermittlung im Rahmen von Zugewinnansprüchen[254] gemäß § 1376 BGB und Pflichtteilsansprüchen[255] gemäß § 2311 BGB zu bewerten. In beiden Fällen ist nach h. M. der mittlere Börsenkurs der Aktie zum Bewertungsstichtag zugrunde zu legen.[256] Maßgeblicher Zeitpunkt ist dabei zum einen der Erbfall, zum anderen der Tag der Rechtshängigkeit des Scheidungsantrags gemäß § 1384 BGB.

Auch im Bereich der Zugewinn- und Nachteilsbewertung muss der „tatsächliche" bzw. „volle" Wert des Anteils erfasst werden, um einen gerechten Güterausgleich zu gewährleisten. Ansatzpunkt ist auch hier die theoretische Veräußerungsmöglichkeit im Bewertungszeitpunkt, d. h. der „Geldwert" des Vermögensgegenstandes Aktie.

Ein weiteres Argument für die Berücksichtigung des Börsenkurses bei der Nachlassbewertung könnte die Unbeeinflussbarkeit des Bewertungszeitpunktes sein, da ein Kritikpunkt an der Börsenkursermittlung stets das entsprechende Manipulationsrisiko ist[257]. Genau dies spräche jedoch bei der Zugewinnermittlung gegen eine solche Betrachtung. Die Vorverlegung des Berechnungszeitpunktes durch § 1384 BGB soll zwar gerade Manipulationen des Endvermögens vorbeugen; dass dies auch durch die Wahl eines günstigen Zeitpunktes zur Bewirkung

---

[254] §§ 1373 ff. BGB.

[255] §§ 2303 ff. BGB.

[256] Zum Zugewinnanspruch: BGH vom 20.12.2000 – XII ZR 237/98, NJW-RR 2001, 793; Brudermüller in: Palandt, BGB, § 1376 Rn. 24; Gernhuber in: MünchKomm BGB, § 1376 Rn. 13; Thiele in: Staudinger, § 1376 Rn. 32; Piltz/Wissmann NJW 1985, 2673, 2680 Fn. 73.

Zur Nachlassbewertung beim Pflichtteilsanspruch: Lange in: MünchKomm BGB, § 2311 Rn. 23; Dieckmann in: Soergel, § 2311 Rn. 18. A. A.: Nirk NJW 1962, 2185 ff. sowie Edenhofer in: Palandt, BGB, § 2311 Rn. 8 m. w. N., der jedoch die überraschende Differenzierung zwischen „Wertpapieren mit Kurswert (Aktien, Pfandbriefe, Bundesobligationen usw.)", die mit dem Börsenkurs anzusetzen seien, und Aktienpaketen mit einer Minoritätsbeteiligung unter 25 %, deren innerer Wert durch ein Gutachten zu ermitteln sei, nicht erläutert. Eine denkbare Erklärung ist, dass gerade bei einer Beteiligung *über* 25 % die Wertermittlung durch Gutachten gemeint ist, vgl. Nirk NJW 1962, 2185, 2188.

[257] Siehe auch die Diskussion um die Wahl des Stichtags bei der Abfindungsermittlung, unten Abschnitt D.I.2.a) „Stichtag bzw. Rückrechnungszeitpunkt".

der Rechtshängigkeit geschehen kann, liegt aber gerade bei der Stichtagsbewertung ebenso auf der Hand.

Als möglicher Grund ist auch die Einfachheit der Wertermittlung denkbar. Anders als in Spruchverfahren[258] ist bei Streitigkeiten um Zugewinn- oder Pflichtteilsansprüche kein Unternehmen vertreten, das umfangreiche und kostenaufwändige Bewertungsgutachten finanzieren kann. Der Kläger wäre gemäß § 17 Abs. 1 GKG vorschusspflichtig. Es würde zudem die alltäglichen Verfahren in unzumutbarer Weise belasten und in die Länge ziehen, wollte man in jedem Fall eine Bewertung der Anteile nach dem Ertragswertverfahren durchführen. Jedoch wäre dann im Einzelfall zu prüfen und durch das Gericht zu begründen, warum auf die Einholung eines Sachverständigengutachtens in dem im Spruchverfahren üblichen Umfang verzichtet werden kann oder muss. Dies geschieht jedoch nicht.

d) Handelsbilanz

Auch im Rahmen der Bilanzierung ist eine Bewertung von Aktien notwendig. In der Handelsbilanz nach deutschem Recht sind Vermögensgegenstände gemäß § 253 Abs. 1 HGB grundsätzlich mit den Anschaffungs- oder Herstellungskosten anzusetzen, bei einem Erwerb über die Börse somit zum Ausführungskurs zuzüglich entstandener Nebenkosten. Zählen die zu bewertenden Anteile zum Umlaufvermögen, d. h. sind sie zur Weiterveräußerung angeschafft worden, gilt gemäß § 253 Abs. 3 S. 1 HGB das strenge Niederstwertprinzip; negative Entwicklungen des Kurses mindern den Wert der Anteile zwingend. Bei Anteilen im Anlagevermögen, die gemäß § 247 Abs. 2 HGB bestimmt sind, dauernd dem Betrieb zu dienen, ist dagegen nur ein dauernder Wertverlust zu berücksichtigen; kurzfristige Schwankungen sind unbeachtlich (gemildertes Niederstwertprinzip). Vermögensgegenstände sind grundsätzlich gemäß § 252 Abs. 1 Nr. 4 HGB vorsichtig zu bewerten, (Kurs-)Gewinne dürfen nur berücksichtigt werden, wenn sie bereits realisiert sind.

Die Buchführungs- und Bilanzierungspflichten der §§ 238 ff., 242 ff. HGB dienen der Rechenschaftslegung des Unternehmens gegenüber Gläubigern und Aktionären.[259] Ziel der Vorschriften ist es, vor allem die Gläubiger vor einer zu positiven Selbstdarstellung des Unternehmens in der Bilanz zu schützen und die Vermögenslage des Schuldners möglichst vorsichtig abzubilden. Hierdurch werden stille Reserven geschaffen, der tatsächliche Wert des Gesellschaftsvermögens wird jedoch nicht ermittelt. Die Bewertungsgrundsätze des Handelsbilanzrechts können daher nicht auf die Abfindungssituation übertragen werden.

---

[258] Siehe hierzu unten Abschnitt D.V.4. „Kosten des Verfahrens".

[259] W. Müller JuS 1973, 603.

e) Steuerrecht

Das BVerfG verweist ebenso wie verschiedene Autoren[260] auch auf § 11 BewG. Gemäß Abs. 1 sind börsennotierte Wertpapiere mit dem niedrigsten am Stichtag bzw. innerhalb von 30 Tagen vor dem Stichtag notierten Kurs anzusetzen. Falls die Anteile nicht börsennotiert sind, ist der Wert gemäß Abs. 2 aus Verkäufen innerhalb des letzten Jahres abzuleiten, nur falls auch dies nicht möglich ist, ist der Wert unter Berücksichtigung des Vermögens und der Erfolgsaussichten der Gesellschaft zu schätzen.

§ 11 Abs. 3 BewG erachtet dagegen den sog. gemeinen Wert des gesamten Beteiligungspaketes als maßgeblich, wenn die Beteiligung aufgrund besonderer Umstände, wie einer hierdurch vermittelten beherrschenden Stellung, mehr wert sei als die Summe der Kurswerte der Anteile. Der gemeine Wert eines Wirtschaftsgutes wird gemäß § 9 Abs. 2 BewG durch den Preis bestimmt, der im gewöhnlichen Wirtschaftsverkehr bei einer Veräußerung zu erzielen wäre. Dies bedeutet, dass Paketzuschläge, die üblicherweise für den Vorteil eines bestimmten Beteiligungsumfanges gezahlt werden, zu berücksichtigen sind.[261]

Auf diese Norm verweist etwa § 12 ErbStG, so dass für die Erbschaftssteuer vor allem der Kurswert am Todestag des Erblassers maßgeblich ist.[262] Ausschlaggebend ist auch in diesem Bereich daher die potentielle Veräußerungsmöglichkeit zum Bewertungsstichtag. Hierzu gehört vor allem die Berücksichtigung von Paketzuschlägen bei einer maßgeblichen Beteiligungsgröße, da der Umfang der Erbschaft und damit die Bemessungsgrundlage für die Erbschaftssteuer nicht davon abhängen soll, ob eine Veräußerung durch den Erblasser tatsächlich erfolgt ist oder nur theoretisch möglich war.

f) Zwangsvollstreckung und Verwertung

Verwiesen wird weiterhin auf die Maßgeblichkeit des Börsenpreises bei der Verwertung von hinterlegten oder ver- bzw. gepfändeten Gegenständen.[263] Der freihändige Verkauf zum laufenden Börsen- bzw. Marktpreis auf Rechnung des Eigentümers bzw. Verpflichteten ist in §§ 385, 1221, 1235 Abs. 2, 1295 BGB, § 373 Abs. 2 HGB, § 821 ZPO im Gesetz vorgesehen. Ein ähnlich gelagerter Fall ist § 268 Abs. 3 UmwG, wonach die nicht abholten Aktien aus der Umwandlung einer eingetragenen Genossenschaft in eine Aktiengesellschaft nach

---

260 Aha AG 1997, 26, 27; Luttermann EWiR 1998, 821, 822; Luttermann ZIP 1999, 45, 49; Bilda NZG 2000, 296, 299.

261 Großfeld, Unternehmens- und Anteilsbewertung, S. 229.

262 R 101 ErbStR.

263 BVerfG vom 27.04.1999 – 1 BvR 1613/94, BVerfGE 100, 289, 308 – „DAT/Altana“; Aha AG 1997, 26, 27; Luttermann ZIP 1999, 45, 48.

Androhung zum Börsenpreis zu veräußern sind. Ein Ziel dieser Bestimmungen ist die zeitnahe und einfache Verwertung des haftenden Gegenstandes, die der Verkauf über einen organisierten Markt in der Regel gewährleistet. Ein weiterer Aspekt ist jedoch daneben der Schutz des Gläubigers, so dass auch angestrebt wird, den „vollen" oder „wahren" Wert des Pfandgegenstandes in Barmitteln zu erlangen. Die Verwertung kommt daher einem Zwangsverkauf zu allgemein zugänglichen Bedingungen gleich.

g) Ergebnis

Die von Rechtsprechung und Literatur aufgeführten Verweise auf die Maßgeblichkeit des Börsenkurses in anderen Rechtsbereichen können vergleichend für die Abfindungsfälle herangezogen werden, sind jedoch differenziert zu betrachten.

Die Bewertung im Rahmen der Bilanzierung kann wegen des abweichenden Bewertungszwecks außer Betracht bleiben. Beim Bezugsrechtsausschluss gemäß § 186 Abs. 3 S. 3 AktG sowie in den Verwertungsfällen handelt es sich tatsächlich um eine Verkaufssituation, an welcher der Aktionär beteiligt ist.

Für die Vermögensermittlung im Rahmen der Besteuerung darf es keinen Unterschied machen, ob das Vermögen in bar vorhanden oder in bestimmten Gegenständen angelegt ist, so dass eine Veräußerung unterstellt wird. Auch bei der Zugewinn- und Nachlassbewertung wird die potentielle Veräußerungsmöglichkeit als objektiver Bewertungsmaßstab herangezogen. Gleiches gilt im Bereich des Schadensersatzes; dort handelt es sich um den Verlust bzw. das Vorenthalten der Veräußerungsmöglichkeit, die abzugelten sind.

Daher ergeben sich Parallelen zu den Abfindungsfällen. Gerade die Veräußerungsmöglichkeit sieht das BVerfG in der DAT/Altana-Entscheidung als die für den Aktionär maßgebliche Eigenschaft der Aktie an.[264] Dieser Bezugspunkt muss in auch in der Abfindungssituation zur Maßgeblichkeit der Markteinschätzung bei der Bewertung des beeinträchtigten bzw. vorenthaltenen Rechtsgutes führen. Er darf nicht zugunsten des nur mittelbaren anteiligen Unternehmenswertes zurückgestellt oder höchstens als Untergrenze berücksichtigt werden. Die dargestellte Gesetzgebung und Rechtsprechung in anderen Bereichen ordnet dagegen den zu ersetzenden Schaden sehr genau dem Verlust oder der Vorenthaltung der Veräußerungsmöglichkeit zu.

Es bleibt daher die Frage offen, aus welchem Grund der Börsen(stichtags-)kurs zwischen dem Aktionär und Dritten als allein maßgeblich und richtig erachtet

[264] BVerfG vom 27.04.1999 – 1 BvR 1613/94, BVerfGE 100, 189, 305 – „DAT/Altana".

werden kann, nicht jedoch zwischen dem Aktionär und dem Abfindungsverpflichteten.[265] Zwischen diesen Beziehungen müsste ein entscheidender Unterschied bestehen, der die Abweichung erklärt.[266] Ein derartiger Umstand ist jedoch gerade bei dem Anlegeraktionär, der seinen Aktienbesitz nicht mit unternehmerischer Verantwortung nutzen kann, selbst wenn er es wollte, nicht ersichtlich. Der entscheidende Unterschied besteht daher nicht zwischen den Rechtsverhältnissen Anlageaktionär-Abfindungsverpflichteter und Anlageaktionär-Dritter, vielmehr zwischen den sich aus dem Beteiligungsumfang ergebenden Formen der unternehmerischen Investition und der bloßen Vermögensanlage.

4. Bewertung und der Gleichbehandlungsgrundsatz

Die Grundsätze zum Gleichbehandlungsgebot wurden bereits dargestellt.[267] Sie werden nunmehr im Hinblick auf die Frage relevant, ob für die unterschiedlichen Aktionärstypen vor diesem Hintergrund verschiedene Bewertungsansätze und –methoden zulässig sind. Im Steuerrecht sind wie bereits dargestellt, sowohl Paketzuschläge als auch Minderheitsabschläge für die Bewertung beachtlich.[268]

a) Verschiedene Bewertungsarten

Die Bewertung eines gesamten Unternehmens etwa im Rahmen von Kaufverhandlungen zur Ermittlung eines Entscheidungswertes erfolgt nach in der Regel nach Gesamtbewertungsmethoden wie dem Ertragswert- oder DCF-Verfahren, um einen Maßstab für den Wert des Vermögensgegenstandes „Unternehmen" zu finden. Die Fokussierung der Anteilsbewertung auf den Börsenkurs löst sich jedoch von dieser Größe und behandelt den abzufindenden Minderheitsaktionär nach anderen Maßstäben. Daraus ergibt sich die Frage, ob die Anwendung verschiedener Bewertungsmethoden für die verschiedenen, wie dargestellt zulässig differenzierten, Aktionärstypen dem Gleichbehandlungsgrundsatz widerspricht.

---

265 Diese Differenzierung trifft nicht einmal auf alle hier skizzierten Fälle zu. So stehen sich bei der Kapitalerhöhung die Gesellschaft und der Neu- bzw. Altaktionär gegenüber.

266 Ein Beispiel, um das Bewertungsdurcheinander zu verdeutlichen, ist das mögliche zeitliche Zusammentreffen von Erbfall oder Zugewinnberechnung mit einem Abfindungsfall, z. B. der Eingliederung. Welche Bewertungsbeziehung setzt sich im zivilrechtlichen Prozess mit welchen Argumenten durch? Kann der Abfindungsanspruch einen anderen Vermögenswert haben als die Beteiligung selbst?

267 Siehe oben Abschnitt C.II.5. „Unterscheidung von Aktionärstypen und der Gleichbehandlungsgrundsatz".

268 Siehe oben Abschnitt C.III.3.e) „Steuerrecht"; Großfeld, Unternehmens- und Anteilsbewertung, S. 229.

Die Aktiengesellschaft wird als juristische Person dadurch geprägt, dass die Aktionäre nur über das Bindeglied Gesellschaft auf das Gesellschaftsvermögen zugreifen können. Der Mehrheitsaktionär kommt einer direkten Zugriffsmöglichkeit faktisch sehr nahe, da er nicht nur über die Hauptversammlungsmehrheit Einfluss auf die Geschäftsführung nehmen kann, sondern das Unternehmen auf diese Weise auch liquidieren kann. Dem Minderheitsaktionär bleibt diese Möglichkeit versagt, da er allein Anspruch auf den anteiligen Unternehmensgewinn hat, der jedoch ebenfalls unter dem Vorbehalt der Genehmigung durch die Hauptversammlungsmehrheit steht. Der Kleinaktionär hat daher nur eine indirekte Beziehung zu dem von der Gesellschaft getragenen Unternehmen; er ist Anteilsinhaber, besitzt jedoch keinen diesem Anteilsbesitz entsprechenden Teil des Unternehmens.[269]

Der Unterschied in der Beteiligungsgröße wirkt sich daher nicht allein graduell sondern vielmehr auch qualitativ aus,[270] da mit steigendem Anteilsbesitz die Bezugsgröße übergeht vom Anteil hin zum Unternehmen als ganzem. Die Grenze für diesen unterschiedlichen Blickwinkel abstrakt und allgemeingültig zu bestimmen, ist aufgrund der individuellen Ausgestaltung der Verhältnisse in den Gesellschaften, etwa aufgrund der Hauptversammlungspräsenzen, dem Einfluss und Verhalten bestimmter Aktionäre schwerlich möglich. In der konkreten Abstimmungssituation über die Umstrukturierungsmaßnahme zeigt sich jedoch die Fähigkeit zur Durchsetzung unternehmerischen Handelns und liefert damit die Abgrenzung im Einzelfall. Eine Ungleichbehandlung findet bei der Anwendung unterschiedlicher Bewertungsmethoden somit zwar statt, die Differenzierung beruht jedoch auf dem sachgerechten Kriterium des Beteiligungsumfangs. Allein die „streng arithmetische Vervielfältigung" der Aktionärsrechte[271] als zulässige Differenzierung zuzulassen, widerspricht dem System der Mehrheitsentscheidung in der Aktiengesellschaft, dem die qualitative Abstufung nach Aktionärstypen immanent ist.[272]

---

269 Götz DB 1996, 259, 260 f.

270 Gerade bei qualitativen Unterschieden setzt Henn, AG 1985, 240, 242, jedoch für die unzulässige Ungleichbehandlung an, ohne dies näher zu erläutern. Andererseits räumt er z. B. im Bereich des Minderheitenschutzes die Existenz „qualitativer Sonderrechte" ein, die dem Grundsatz arithmetischer bzw. quantitativer Gleichbehandlung nicht entgegenstünden, AG 1985, 240, 243.

271 Henn AG 1985, 240, 242.

272 Siehe oben Abschnitt C.II.5. „Unterscheidung von Aktionärstypen und der Gleichbehandlungsgrundsatz".

b) Paketzuschläge und „goldene Aktien"

In diesem Zusammenhang stellt sich ein weiteres Problem: Der Käufer eines größeren Aktienpaketes ist in der Regel bereit, einen Preis zu zahlen, der über dem Börsenkurs liegt, vor allem wenn hierdurch eine Sperrminorität oder gar die Mehrheit in der Hauptversammlung erreicht wird. Gleiches gilt für wenige Aktien, die dem Mehrheitsaktionär zum Erreichen bestimmter Beteiligungsgrenzen wie der 75 %-Quote fehlen und für die er wegen der – allerdings nur für ihn verkörperten – Herrschaftsmacht deutlich höhere Preise zahlt.[273] Vereinzelt wird vertreten, dieser als Paketzuschlag bezeichnete Aufpreis soll auch für die Abfindung des Minderheitsaktionärs maßgeblich sein.[274] Dabei wird auch auf die Gleichpreisregel des WpÜG verwiesen,[275] wonach vom Bieter auch außerbörslich gezahlte Preise im Vorfeld des Übernahmeangebotes beachtlich sind und das Angebot zwingend erhöhen.

Die h. M. lehnt dagegen die Berücksichtigung von Paketpreisen, die z. B. auch anhand der Preise in einem vorausgegangenen Übernahmeangebot, für die Abfindungsermittlung ab.[276] Zutreffend unterscheidet sie zwischen dem Wert des Anteils in der Hand des Minderheitsaktionärs und dem Grenznutzen, den das Aktienpaket für einen bestimmten Aktionär vermittelt und durch einen erhöhten Preis abgebildet wird.[277] Dieser Preis taugt als intersubjektiver Wert[278] nicht, da es gerade am intersubjektiven Ansatz fehlt. Zwar ist auch die Handelssituation an der Börse vom individuellen Verhalten der Anbieter und Nachfrager geprägt und nicht nachzuholen. Sie stand jedoch dem Kleinaktionär als Veräußerungsmöglichkeit theoretisch und praktisch offen und hat als Ergebnis einen intersubjektiven Preis hervorgebracht. Wendet EMMERICH hiergegen ein, dass auch der nicht erreichbare höhere Preis maßgeblich sein soll, denn entscheidend sei letzt-

---

[273] Sog. „goldene Aktien", Piltz ZGR 2001, 185, 197 f. – Da das Problem dem der Paketzuschläge entspricht, wird im folgenden nur auf diese eingegangen. Die Ergebnisse der Untersuchung gelten jedoch entsprechend.

[274] Emmerich/Habersack, Konzernrecht, § 22 III. 2., S. 317 f; Busse von Colbe in: FS Lutter, 2000, S. 1053, 1061 f.; Land/ Hasselbach DB 2000, 1747, 1754; Behnke NZG 1999, 934.

[275] Emmerich in: Emmerich/Habersack, § 305 Rn. 50.

[276] BVerfG 27.4.1999 – 1 BvR 1613/94, BVerfGE 100, 289, 306 – „DAT/Altana"; Henze Stellungnahme zum Verfahren 1 BvR 1613/94 des BVerfG, zitiert aus BVerfGE 100, 289 ff., S. 299, 300; Piltz ZGR 2001, 185, 198 f.; Kallmeyer AG 2000, 59, 60; Koppensteiner in: Kölner Kommentar, § 305 Rn. 74; Land/Hennings AG 2005, 380, 386 f.; Vetter AG 2002, 176, 188; Wenger/Hecker ifo-Studien 1995, 51, 65; Werner in: FS Steindorff, 1990, S. 303, 319; Wilm NZG 2000, 234, 240; **siehe auch** OLG Celle vom 30.01.1974 – 9 U 73/73, AG 1974, 83, 84.

[277] BVerfG vom 27.04.1999 – 1 BvR 1613/94, BVerfGE 100, 289, 306 – „DAT/Altana".

[278] Siehe oben Abschnitt C.I. „Wert und Preis von Anteil und Unternehmen".

lich nur, dass das herrschende Unternehmen selbst gezeigt habe, wie viel ihm die Aktien wert sind, und wie der Markt die Anteile bewerte[279], wird der Begriff des Marktes verkannt.

Der Markt ist kein abstraktes Phänomen; er wird durch die herrschenden Regeln und die Zulassung zur Teilnahme geprägt. Diese Größen sind beim Markt Börse in der Art definiert, dass auch Kleinaktionäre teilnehmen können. Anders verhält es sich bei dem Markt für Aktienpakete, Unternehmensteile oder gar ganze Unternehmen. Aufgrund seiner Voraussetzungen kann der Kleinaktionär auf diesem Markt nicht auftreten und mitbieten, er hat keinen Zugang. Ein regulierender und egalitärer Eingriff von Seiten des Gesetzgebers oder der Rechtsprechung, der die – wohlgemerkt nur positiven – Verhandlungsergebnisse dieses Marktes zu Lasten des Abfindungsverpflichteten auch für den Kleinaktionär zugänglich macht, bedürfte einer weitaus umfassenderen Begründung und erscheint vor den gleichfalls schützenswerten Eigentumsrechten des Mehrheitsaktionärs zu weitgehend. Auch wenn dieser „unter der Hand“[280] einen höheren Preis zahlt, geht die Sozialpflichtigkeit des Eigentums nicht so weit, die Ergebnisse von Preisverhandlungen abgeschlossener Märkte zu sozialisieren.

Die angeführte Gleichpreisregel des WpÜG[281] besagt, der Bieter muss den Aktionären ein Angebot zu mindestens den gleichen Bedingungen unterbreiten, die er auch außerhalb des offiziellen Angebotsverfahrens einzugehen bereit ist. Der Bieter wird vom Gesetzgeber gezwungen, die Verhandlungsergebnisse mit einzelnen Aktionären nicht nur zu veröffentlichen, sondern allen anderen ebenfalls anzubieten. Dies erzwingt ein formell gerechtes weil für auch für Dritte gleichartiges Ergebnis von Kaufverhandlungen zwischen Vertragsparteien, zwischen denen eine ausgewogene Verhandlungsstärke aufgrund der Preisverhandlungen vermutet wird. Die Ähnlichkeit mit den Abfindungsfällen nach dem Aktien- oder Umwandlungsgesetz liegt scheinbar auf der Hand, da auch dort ein angemessenes Abfindungsangebot zu unterbreiten ist. Allerdings ist die Situation im Falle des Pflichtangebotes nach dem WpÜG eine andere. Das Angebot ist nicht an die von einer Umstrukturierungsmaßnahme betroffene Aktionärsminderheit zu richten, Adressaten sind alle Aktionäre mit einer Beteiligung von insgesamt bis zu 70 %. Zwischen den Parteien besteht eine Verhandlungssituation, die für alle Beteiligten auf die gleiche Basis gestellt wird, um unter anderem die Funktionsfähigkeit der Gesellschaft und damit des Unternehmens aufrecht zu erhal-

---

279 Emmerich/Habersack, Konzernrecht, § 22 III. 2., 7. Auflage, S. 337, 8. Auflage, S. 317; Emmerich in: Emmerich/Habersack, § 305 Rn. 50.

280 Emmerich/Habersack, Konzernrecht, § 22 III. 2., S. 317

281 Siehe oben 2. Kapitel Abschnitt F.III.2.c) „Gleichpreisregel“.

ten.[282] Daher ist es praktikabel auch Aktionäre mit wenig oder sehr geringem Einfluss neben den eigentlich verhandelnden Parteien an diesem Prozess zu beteiligen. Der Gesetzgeber hat für diesen Ausnahmefall die dargestellten sehr detaillierten Regelungen getroffen; hieraus lässt sich jedoch noch kein allgemeiner Gerechtigkeitsgedanke für alle Bereiche der aktienrechtlichen Abfindungsfälle herleiten.

c) Minderheitenabschläge

Dem Problem der Paketzuschläge gegenüber steht die weniger diskutierte Frage nach Minderheitenabschlägen bei der Abfindungsermittlung. Ein solcher Abschlag ist in der Art denkbar, dass der Unternehmenswert nach einer Gesamtbewertungsmethode ermittelt und vom hieraus abgeleiteten Anteilswert ein Abzug vorgenommen wird. Jedenfalls für Aktien einer Gattung wird eine solche Differenzierung in der Bewertung als mit dem Gleichheitsgrundsatz bzw. § 53a AktG unvereinbar einhellig abgelehnt.[283]

Der Gedanke an derartige Abschläge widerspricht jedoch nicht von vornherein dem Gleichbehandlungsgebot. Bedingt durch die im Aktiengesetz vorgesehenen Beteiligungsgrenzen setzt sich auch der durch den Anteilsbesitz vermittelte Einfluss nicht linear fort.[284] In Anbetracht fehlender linearer Gleichheit beim Einfluss auf die Geschicke der Gesellschaft, ist es nicht zwingend, eine solche dagegen beim Vermögensinteresse anzunehmen.[285] Der Grundsatz des § 53a AktG von der „Gleichheit der Aktien" wird hiervon daher zwar berührt jedoch nicht durchbrochen. Deutlich wird dies, wenn der Börsenkurs als ausgehandelter Preis hinzugezogen wird. Ist ein Börsenkurs für die Aktie vorhanden, kann weder nachgewiesen noch berechnet werden, ob und in welchem Umfang Abschläge gegenüber dem anteiligen „Gesamtunternehmenswert" enthalten sind. Möglich ist jedoch, dass sich quasi spiegelbildlich zur Werterhöhung durch die Zusammenfassung als Paket auch eine Wertminderung dafür ergibt, dass die Anteile gerade einzeln verkauft werden.

---

[282] Kritisch Mülbert ZIP 2001, 1221, 1224, der bereits eine Mindestpreisregel als „paternalistische Abweichung vom Modell der freiwilligen Verhandlungslösung" ansieht.

[283] Henze/Notz in: GroßKomm, AktG, § 53a Rn. 80; Koppensteiner in: Kölner Kommentar, § 305 Rn. 95.

[284] Siehe dazu oben Abschnitt C.II.4.c)(1) „Einflussmöglichkeiten von Aktionären in Abhängigkeit von der Größe der Beteiligung" sowie Abschnitt C.III.4.a) „Verschiedene Bewertungsarten".

[285] So aber mit Bezug auf die Begr. zum RegE § 311, bei Kropff S. 407: Koppensteiner in: Kölner Kommentar, § 305 Rn. 95.

Bei der Ermittlung des Anteilswertes über das Ertragswertverfahren wäre die rechnerische Bestimmung genau dieses Minus erforderlich; einen zahlenmäßigen Ausdruck hierfür zu finden, stieße jedoch an die Grenzen einer richterlichen Schätzung. Das Gegenstück zum ausgehandelten Mehr für das Aktienpaket kann nicht nachvollziehbar ermittelt werden, da die sowohl für den Paketzuschlag als auch für den Börsenkurs typische Verhandlungssituation fehlt. Bei der Kursbildung steht der Aktionär Dritten gegenüber, die mit ihm die Werthaltigkeit des Anteils aushandeln. Fehlt eine Börsennotierung, gibt es keinen nachvollziehbaren Markt und der abzufindende Aktionär sieht sich stattdessen allein dem Abfindungsverpflichteten gegenüber, der bereits gegen ihn die Umstrukturierungsmaßnahme mehrheitlich durchgesetzt hat. Die der echten Verhandlung immanente Gleichordnung der Parteien fehlt in dieser Situation. Aus diesem Grund ist zum Schutz des abzufindenden Aktionärs in solch einem Fall auf die explizite Berechnung eines Minderheitsabschlags zu Lasten des überlegenen Abfindungsverpflichteten zu verzichten und die Abfindung direkt nach der Beteiligungsquote aus dem Gesamtwert abzuleiten.

d) Zwischenergebnis

Die Anteilsbewertung nach dem Börsenkurs widerspricht nicht dem Gleichbehandlungsgrundsatz, auch wenn in anderen Bereichen des Unternehmens und für andere Aktionäre in besonderen Verhandlungssituationen die Wertermittlung für das Unternehmen nach Gesamtbewertungsmethoden sinnvoll und methodisch richtiger ist. Die Gleichpreisregel des WpÜG ist auf die Abfindungsfälle nicht anzuwenden, da ihr u. a. Praktikabilitätserwägungen zugrunde liegen, die sich nicht für alle Bewertungsfälle verallgemeinern lassen.

Paketzuschläge, die Aktionäre dadurch erzielen, dass sie Beteiligungspakete mit einem besonderen Umfang außerbörslich verkaufen oder einem Dritten durch den Verkauf das Erreichen bestimmter Beteiligungsgrenzen ermöglichen, sind nicht an den abzufindenden Aktionär weiterzugeben. Sie sind das Ergebnis einer besonderen Verhandlungssituation auf einem Markt, der anders als die Börse für den Kleinaktionär nicht erreichbar ist. Minderheitenabschläge können dagegen im Börsenpreis enthalten sein und sind auch zu berücksichtigen. Erfolgt jedoch eine rechnerische Bewertung über den Unternehmenswert, kann ein Minderheitenabschlag zum Schutz der abzufindenden Aktionäre nicht berücksichtigt werden, da eine Ausmittlung der entsprechenden Wertvorstellungen kaum möglich und dem Richter nicht zuzumuten ist.

5. „Rosinentheorie" zugunsten des Kleinanlegers?

Nach den bisherigen Überlegungen ist die Anteilsbewertung nach dem Börsenkurs die aus Sicht des Kleinanlegers für die Anlageentscheidung maßgebliche

Größe. Das BVerfG erkennt zwar die Anlageorientierung der Beteiligung an der Aktiengesellschaft grundsätzlich an, zieht hieraus jedoch mit der Beschränkung des Börsenkurses auf die Untergrenze der Abfindung[286] eine Konsequenz, die eine Sowohl-als-auch-Lösung darstellt, quasi eine „Rosinentheorie", wonach der abzufindende Aktionär stets den höchsten zu ermittelnden Wert als Abfindung verlangen kann.

In die gleiche Richtung gehen die Ausführungen des BGH im Macrotron-Urteil, indem das Gericht die volle Abfindung nicht als gesichert sieht, wenn der Börsenkurs unter dem Wert der Aktie liege.[287] Auch die Literatur folgt dieser Ansicht überwiegend und bejaht die Notwendigkeit einer Doppelbewertung des Anteils nach dem Börsenkurs sowie über den Unternehmenswert, da der vom BVerfG geforderte „volle Wert" nur durch den „wirklichen inneren Wert" der Anteile verkörpert werde.[288] Zum Teil wird dies einschränkend nur dann verlangt, wenn Anhaltspunkte darauf schließen lassen, dass der Börsenkurs deswegen unrichtig sei, weil z. B. bei den Handelsteilnehmern aufgrund von Verstößen gegen die ad-hoc-Publizitätspflicht ein Informationsdefizit vorliege.[289] Die Forderung nach Doppelbewertung entspringt dem Bemühen um einen Schutz der abzufindenden Aktionäre vor wirtschaftlichen Verlusten. Ihr liegt weiterhin die Vorstellung der absoluten Richtigkeit des Ertragswertes zugrunde, während der Börsenkurs als zusätzliche Absicherung dienen soll.[290] Im Zentrum der Diskussion steht an diesem Punkt die Schutzwürdigkeit der abzufindenden Aktionäre und die Frage, ob der rechtliche Schutz so weit gehen muss oder soll, dem Aktionär nach Art der Meistbegünstigung zu gestatten, den höchsten Wert auszuwählen.

Ansatzpunkt für den Schutz von Minderheitsaktionären ist der in der Feldmühle-Entscheidung[291] festgehaltene Grundsatz, der Minderheitsaktionär müsse sich zwar in der Beschlusssituation dem Willen der Mehrheit beugen und auch Eingriffe in seine Beteiligung hinnehmen, müsse dafür jedoch auch wirtschaftlich voll entschädigt werden. Da die Durchsetzung der unternehmerischen Interessen aufgrund der Mehrheitsverhältnisse in der Gesellschaft geboten ist, verlagert sich der Schutz der nicht unternehmerischen Aktionäre auf die nachträgliche

---

286 BVerfG vom 27.04.1999 –1 BvR 1613/94, BVerfGE 100, 289, 306, 308.

287 BGH vom 25.11.2002 – II ZR 133/01, BGHZ 153, 47, 56 f.

288 Emmerich in: Emmerich/Habersack, § 305 Rn. 46a; Koppensteiner in: Kölner Kommentar, § 305 Rn. 112.

289 Emmerich in: Emmerich/Habersack, § 305 Rn. 46a; Hüttemann ZGR 2001, 454, 476 f.

290 A. A. Maier-Reimer/Kolb in: FS W. Müller, 2001, S. 93, 105.

291 BVerfG vom 07.08.1962 – 1 BvL 16/60, BVerfGE 14, 263, 283 f.

Rechtmäßigkeitskontrolle sowie die monetäre Entschädigung als Rechtsfolge. Zur näheren Auslegung des Begriffs der „angemessenen Entschädigung" verweist das Gericht auf den Gegensatz zur Enteignungsentschädigung des Art. 153 Abs. 2 S. 2 WRV.[292] Auch hier sprach das Gesetz von einer angemessenen Entschädigung; jedoch galt bereits, was Art. 14 Abs. 3 S. 3 GG nunmehr festschreibt:

> „Die Entschädigung ist unter gerechter Abwägung der Interessen der Allgemeinheit und der Beteiligten zu bestimmen."

Dem Abwägungsgebot muss im Einzelfall durch die enteignende Behörde Rechnung getragen werden. Es erlaubt nach der Rechtsprechung des BVerfG aufgrund der beteiligten Interessen eine höhere als die nominelle Entschädigung, verlangt aber auch nicht den Ersatz des vollen Verkehrswertes.[293] Es kann u. a. berücksichtigt werden, ob das Eigentum Äquivalent eigener Leistung oder nur staatlichen Leistungen oder auch Zufällen zu verdanken ist.[294]

Anders verhält es sich in den Abfindungssituationen, die Folge von Inhalts- und Schrankenbestimmungen des Gesetzgebers sind[295]: Hier stehen sich Privatrechtssubjekte gegenüber, deren Verhältnis angemessen zum Ausgleich zu bringen ist. Eine umfassende Abwägung der beteiligten Interessen hat bei der Frage nach der Zulässigkeit der Mehrheitsmaßnahme stattgefunden und dazu geführt, dem betroffenen Aktionär Rechtsschutzmöglichkeiten sowie eine volle Abfindung zuzugestehen. Auf Rechtsfolgenseite – für die Höhe der Abfindung – ist daher keine weitere Abwägung zu Lasten der Minderheitsaktionäre möglich. Zutreffende Schlussfolgerung ist, dass dem Minderheitsaktionär aufgrund der Ausgleichsfunktion der Abfindung unabhängig von den Interessen der Gesellschaft, der Aktionärsmehrheit oder anderer Beteiligter der volle Wert seiner Beteiligung zu ersetzen ist. Nicht weniger aber auch nicht mehr bedeutet der Grundsatz der vollen Entschädigung nach der Feldmühle-Entscheidung.

Aus der Forderung nach „voller Abfindung" ist jedoch, ebenso wie aus dem Gesetzeswortlaut „angemessene Abfindung", keine Präferenz für eine bestimmte Bewertungsmaßnahme zu entnehmen. Das BVerfG stellt die Aussage, der aus-

---

292 Siehe oben 1. Kapitel Abschnitt A.I. „Die Feldmühle-Entscheidung des BVerfG vom 7.8.1962".

293 BVerfG vom 18.12.1968 – 1 BvR 638, 673/64, 200, 238, 249/65, BVerfGE 24, 367, 421; BVerfG vom 26.10.1977 – 1 BL 9/72, BVerfGE 46, 268, 285.

294 Papier in: Maunz/Dürig, Art. 14 Rn. 608 ff.

295 Vgl. oben Abschnitt B.II.1.c) „Ausgestaltung der Reichweite des Eigentumsschutzes durch Inhalts- und Schrankenbestimmungen".

scheidende Aktionär müsse das erhalten, „was seine gesellschaftliche Beteiligung an dem arbeitenden Unternehmen wert ist“,[296] in den dargestellten Kontext zur Enteignungsentschädigung. Zwar verweist die Entscheidung auf das Unternehmen; der Schwerpunkt der Aussage kann aber auch auf dem *arbeitenden* Unternehmen liegen, da etwa § 738 Abs. 1 S. 2 BGB als Abfindungsvorschrift im Personengesellschaftsrecht auf eine theoretische Beendigung der Gesellschaft abstellt. Ob also unter dem vollen Wert der Beteiligung der Verkehrswert des Anteils oder ein über den Unternehmenswert zu bestimmender „innerer“ Wert zu verstehen ist, folgt daraus nicht.

Dies bestimmt sich vielmehr nach „den Verhältnissen der Gesellschaft“, auf die in den Abfindungsvorschriften Bezug genommen wird. Ist durch die Börsennotierung eine Ausrichtung der Gesellschaft auf den Kapitalmarkt erfolgt, ist für die Anteilsbewertung daher vorrangig auf den Börsenkurs abzustellen; eine Anteilswertermittlung über den Unternehmenswert ist allenfalls hilfsweise zulässig. Bei einer nicht börsennotierten Gesellschaft ist folgerichtig i. d. R. mangels einer Marktbewertung auf einen vom Unternehmenswert abgeleiteten Anteilswert abzustellen. Stellt man beide Wege jedoch nach Wahl des abzufindenden Aktionärs nebeneinander, löst sich die Abfindung von den Verhältnissen der Gesellschaft; es kommt zu einer Begünstigung des Aktionärs, zu einem Mehr auf seiner Seite, das über die im Rahmen der Abwägung der Feldmühle-Entscheidung geforderte Entschädigung hinausgeht. Die Rosinentheorie der DAT/Altana-Entscheidung verschiebt die Abwägung über die Zulässigkeit der ausgleichspflichtigen Inhalts- und Schrankenbestimmung zugunsten der abzufindenden Aktionäre.

Hierfür liefert das BVerfG jedoch keine Begründung. Sie könnte allenfalls in der oben angesprochenen besonderen Schutzwürdigkeit des Aktionärs liegen. Es stellt sich daher die Frage, ob die Schutzwürdigkeit des Aktionärs nicht bereits umfassend in der Feldmühle-Entscheidung berücksichtigt wurde. Es besteht nämlich kein derartiger Grund für einen weitergehenden Schutz i. S. d. Rosinentheorie, da der Aktionär nicht in diesem Maße schutzwürdig ist. Er hat die kapitalmarktliche Ausrichtung der Anlage in börsennotierte Aktien unter Inkaufnahme seiner Risiken eigenverantwortlich gewählt,[297] daher belastet es vielmehr den Abfindungsverpflichteten über Gebühr, wenn der Abfindungsberechtigte sich nicht mehr an dieser Entscheidung festhalten lassen will. Deutlich wird dies mit einer einfachen Überlegung: Liegt der Börsenkurs unter dem anteiligen Ertragswert, wäre der „zu schützende“ Aktionär sogar froh, wenn in sein Aktienei-

[296] BVerfG vom 07.08.1962 – 1 BvL 16/60, BVerfGE 14, 263, 284.

[297] Siehe hierzu oben Abschnitt C.III.1. „Börsenkurs als Ansatz für die Anlageentscheidung“ sowie Abschnitt C.III.2. „Nutzung des besonderen Marktes Börse“.

gentum eingegriffen würde, da er – von Manipulationsfällen abgesehen – niemanden für schlechte Börsenkurse in Haftung nehmen kann. Wird jedoch eine Umstrukturierungsmaßnahme vorgenommen, wäre er gegenüber Spekulationsverlusten abgesichert, ohne auf Spekulationsgewinne verzichten zu müssen.

6. Ergebnis

Der nichtunternehmerische bzw. Anlageaktionär legt den Börsenkurs und die möglichen Kursgewinne seiner Anlageentscheidung zugrunde. Der Ertragswert des Unternehmens dient ebenso wie andere innere Unternehmenskennzahlen als Hilfswert zur Vorbereitung der Anlageentscheidung. Börsennotierte Aktien stellen eine besondere Anlageform dar, über deren spezielle Chancen und Risiken der Anleger aufgeklärt wird; er trifft daher eine eigenverantwortliche Entscheidung zugunsten der Marktbewertung seiner Beteiligung. Er entscheidet sich damit gegen Kriterien wie Festverzinslichkeit und Laufzeitgarantie, welche die im Rahmen der Ertragswertermittlung zugrunde gelegte Anlagealternative der festverzinslichen Anleihen kennzeichnen. Die Aktienanlage weist gerade keine gesicherte Ertragserwartung oder gar Kapitalerhaltungsgarantie auf.

Auch in anderen Rechtsbereichen wie dem Schadensersatzrecht ist der Verkehrswert bzw. Börsenkurs maßgeblich für die Bewertung. Entscheidende Gemeinsamkeit, die eine Parallele zu den Abfindungsfällen erlaubt, ist der Eingriff in die Veräußerungsmöglichkeit durch Entzug oder Vorenthalten bzw. eine konzernrechtliche Umstrukturierung, die zur Berücksichtigung der Vergütung gerade dieser Veräußerung, nämlich dem Börsenkurs, führen muss. Da der Anlageaktionär aufgrund selbstgewählter Größen sowie aufgrund seiner tatsächlichen Einflussmöglichkeit behandelt wird, liegt in der Maßgeblichkeit des Börsenkurses auch keine ungerechtfertigte Ungleichbehandlung gegenüber anderen Aktionären, die aufgrund des unternehmerischen Charakters ihrer Beteiligung von Unternehmenswerten und nicht nur von Anteilswerten ausgehen.

Der Anlageaktionär kann daher auch nicht verlangen, dass für ihn Preise als Wert seiner Beteiligung gelten, die auf einem für ihn nicht erzielbaren Markt, nämlich dem Markt für Aktienpakete in größerem Umfang, erzielt werden. Sind spiegelbildlich zum Paketzuschlag im Börsenkurs, der durch den Handel mit geringen Beteiligungsquoten geprägt wird, Minderheitsabschläge enthalten, muss der abzufindende Aktionär diese hinnehmen; eine Korrektur des Börsenkurses ist nicht möglich. Es stellt keinen Widerspruch dar, dass im Gegensatz dazu bei fehlendem oder aus rechtlichen Gründen nicht zu beachtendem Börsenkurs, d. h. bei Fehlen eines Schiedspreises, auf die Ertragswertmethode zurückzugreifen ist und die Wertvorstellung des Anlageaktionärs mit dem quotalen Anteil am Ertragswert als maßgeblich für die Abfindung festzusetzen ist. Hier fehlt es an der Verhandlungssituation, so dass ein rechnerischer Ausdruck für den Minderheitsabschlag nicht sicher gebildet werden kann; diese Unsicherheit geht wegen der Schutzwürdigkeit des abzufindenden Aktionärs zu Lasten des Abfindungsverpflichteten.

Die Rosinentheorie des BVerfG mit der Erforderlichkeit der doppelten Bewertung des Anteils ist abzulehnen. Sie verschiebt das in der Feldmühle-Entscheidung festgehaltene Abwägungsergebnis in unzulässigem Umfang, da der Anlageaktionär nicht so schutzwürdig ist, ihn auch vor negativen Veränderungen der Kapitalmarktbewertung zu schützen, deren Chancen und Risiken er selbst als Bezugsgröße gewählt hat.

IV. Ergebnis der Überprüfung der aufgestellten These

Aus dem Begriff „Kleinanleger" lässt sich aufgrund des konkreten Einflusses auf die Gesellschaft in Abhängigkeit vom Beteiligungsumfang und aufgrund der Kapitalmarktausrichtung börsennotierter Gesellschaften die Figur des Anlegeraktionärs ableiten. Er kann die konzernrechtliche Umstrukturierung bzw. die zum Abfindungsangebot führende Maßnahme nicht verhindern, so dass ihm in der konkreten Situation keine unternehmerische Initiative für die Geschicke der Gesellschaft zukommt. Eine solche Typenbildung ist zulässig und auch in anderen Rechtsbereichen zur angemessenen Behandlung bestimmter Teilnehmer des Rechtsverkehrs entweder aufgrund ihrer vermuteten besonderen Schutzwürdigkeit oder vermuteter besonderer Kenntnisse vorhanden.

In der Praxis existiert diese Figur des Anlageaktionärs mit alleinigem oder vordergründigem Interesse der Maximierung des eingesetzten Kapitals vor allem durch die erwarteten Kursveränderungen. Auch das Recht muss diese Bewegung vom vermuteten Daueranleger hin zum Kapitalanleger nachvollziehen, der diese Funktion aufgeklärt und selbstbestimmt wahrnimmt und an deren Konsequenzen auch gemessen werden sollte. Für die Bewertung des Anteils in den Abfindungsfällen ist daher vorrangig und allein der Börsenkurs heranzuziehen.

Es stellt keine Ungleichbehandlung gegenüber den Großaktionären dar, die aufgrund ihrer Beteiligungsquote überhaupt unternehmerisch handeln können, dass für sie interne Unternehmenswerte wie der Ertragswert für unternehmerische Entscheidungen als maßgeblich anerkannt werden, für den Anlegeraktionär dagegen vorrangig die Marktbewertung gelten muss und der Ertragswert allein als vorbereitender Hilfswert für die Bildung einer Wertvorstellung anzusehen ist. Statt der unternehmerischen Gestaltungsmöglichkeit steht für den Anlageaktionär, wie vom BVerfG zutreffend betont, die Veräußerungsmöglichkeit im Vordergrund, die auch in anderen Rechtsbereichen zu Marktpreisen abgegolten wird.

D. Konsequenzen des gefundenen Ergebnisses für die Abfindungsfälle

I. Stichtagsprinzip

In §§ 305 Abs. 3 S. 2, 320b Abs. 1 S. 5 AktG sowie § 30 Abs. 1 S. 1 UmwG ist gefordert, die Abfindung müsse die Verhältnisse der Gesellschaft *im Zeitpunkt der Beschlussfassung* berücksichtigen. Danach ist die Wertermittlung stichtagsbezogen durchzuführen.[298] Umstritten ist lediglich der genaue Zeitpunkt, auf den abzustellen sein soll. So wird von einer Ansicht entsprechend den Regelungen im Umwandlungsgesetz der Zeitpunkt favorisiert, in dem der Verschmelzungsvertrag durch die Zustimmung der Hauptversammlungen der Gesellschaften gemäß § 13 Abs. 1 UmwG wirksam wird.[299] Nach der wohl überwiegenden Ansicht ist dagegen nur der Tag entscheidend, an dem die Hauptversammlung der beherrschten Gesellschaft bzw. des übertragenden Rechtsträgers zustimmt.[300] Vertreten wird auch, dass ein Stichtag, der jedoch vor den zustimmenden Hauptversammlungsbeschlüssen liegen müsse, durch Vereinbarung frei gewählt werden kann.[301]

1. Gesamtbewertungsmethoden

Für die Gesamtbewertungsmethoden wie das Ertragswertverfahren und das DCF-Verfahren lassen sich diese Vorgaben ohne weiteres umsetzen, da sie vom Standpunkt eines prognostizierenden Beobachters aus mit den zum Stichtag bekannten Unternehmenskennzahlen und -wertansätzen, in die Zukunft blicken. Dabei lassen sich Verschiebungen um einen bestimmten Zeitraum, wenn eine Wertermittlung bereits kurz zuvor durchgeführt wurde, durchaus rechnerisch durch Aufzinsung des in zeitlicher Nähe ermittelten Wertes berücksichtigen. Eine tatsächliche Verschiebung des Bewertungsstichtages, etwa vor den Beginn

---

[298] Zur Wurzeltheorie, nach der nur solche Umstände, die sich in der Zukunft auswirken, berücksichtigt werden dürfen, wenn sie zum Stichtag bereits „in der Wurzel angelegt waren", siehe auch oben 3. Kapitel Abschnitt C. I.2. „Wurzeltheorie".

[299] Seetzen WM 1999, 565, 569; Seetzen WM 1994, 45, 46.

[300] Koppensteiner in: Kölner Kommentar, § 305 Rn. 59; Bula/Schlösser in: Sagasser/Bula/Brünger, J Rn. 30; Mayer in: Widmann/Meyer, UmwR, § 5 Rn. 131; Hoffmann-Becking in: FS Fleck, 1988, S. 105, 116; Weiler/Meyer ZIP 2001, 2153, 2156 f.

[301] Lutter in: Lutter, UmwG, § 5 Rn. 21 m. w. N.

der (tatsächlichen) Einflussnahme des herrschenden Unternehmens, wird jedoch von der Rechtsprechung wegen der Gefahr willkürlicher Entscheidungen zu Recht abgelehnt.[302]

2. Börsenkurs

Anders verhält es sich bei der Wertbestimmung anhand des Börsenkurses. Die eben aufgezeigten Grundsätze lassen sich nicht ohne weiteres übertragen, denn es scheint fraglich, ob man einem Stichtagskurs tatsächlich die erforderliche Aussagekraft für in jedem Fall eine angemessene Abfindung zuschreiben darf. Das BVerfG hat in diesem Zusammenhang festgestellt, die Verfassung gebe die Wahl eines bestimmten Stichtages zur Kursermittlung nicht vor, vielmehr obliege es den Zivilgerichten, durch die Wahl des Referenzkurses, etwa eines Durchschnittskurses im Vorfeld der Bekanntgabe des Unternehmensvertrages, einem Missbrauch beider Seiten möglichst zu begegnen.[303] Es hat die Heranziehung eines Durchschnittskurses jedoch nicht für unbedingt erforderlich gehalten. In der DAT/Altana-Entscheidung hat das Gericht somit nur den Weg für die Heranziehung des Börsenkurses geebnet, die technische Ausgestaltung, mit der Maßgabe der Einschränkung von Missbrauchsmöglichkeiten, dabei aber den Zivilgerichten überlassen.

a) Stichtag bzw. Rückrechnungszeitpunkt

Zunächst ist der Zeitpunkt festzulegen, der als Stichtag für die Kursermittlung anzusehen wäre bzw. an den für einen Durchschnittskurs anzuknüpfen wäre. Das BVerfG schlug zunächst vor, die Bekanntgabe des Unternehmensvertrages als Ausgangspunkt zu wählen. In einer jüngeren Entscheidung hat das Gericht jedoch festgestellt, dass es verfassungsrechtlich auch nicht zu beanstanden sei, auf einen Zeitpunkt nach Bekanntgabe oder Bekanntwerden der Maßnahme abzustellen, so, wenn als Anknüpfungspunkt die Beschlussfassung der Hauptversammlung angenommen werde.[304] Das LG München I stellte im Fall einer Verschmelzung auf den Zeitpunkt der Bekanntgabe des Umtauschverhältnisses ab.[305] Das OLG Stuttgart hielt dagegen zunächst den Zeitpunkt des Abschlusses

---

302 BayObLG vom 11.07.2001 – 3 Z BR 172/99, AG 2002, 388, 389 – „Rieter I".

303 BVerfG vom 27.04.1999 – 1 BvR 1613/94, BVerfGE 100, 289, 309 f. – „DAT/Altana".

304 BVerfG vom 29.11.2006 - 1 BvR 704/03, NJW 2007, 828 f. - „Siemens/Nixdorf" (Eingliederung) allerdings mit dem Hinweis, dass es im Hinblick auf den intendierten Schutz der Minderheitsaktionäre besser sein möge, auf eine Referenzperiode *im Vorfeld* der Bekanntgabe der Maßnahme abzustellen.

305 LG München I vom 27.03.2000 – 5 HKO 19156/98, ZIP 2000, 1055, 1056.

des Unternehmensvertrages für maßgeblich,[306] knüpft jedoch mittlerweile ebenfalls an die Bekanntgabe der Strukturmaßnahme an.[307] Ebenso stellte das Kammergericht Berlin auf die Bekanntgabe ab.[308] Das OLG Düsseldorf sowie der BGH nehmen dagegen mit Referenz auf den Wortlaut des § 305 Abs. 3 S. 2 AktG an, der maßgebliche Zeitpunkt sei der Tag der Beschlussfassung der Hauptversammlung des beherrschten Unternehmens über den Unternehmensvertrag.[309] Die Literatur ist überwiegend dem ursprünglichen Vorschlag des BVerfG gefolgt und knüpft an die Bekanntgabe des Unternehmensvertrages, genauer an den Zeitpunkt der ad-hoc-Mitteilung über die Maßnahme gemäß § 15 Abs. 1 WpHG, an.[310] Unklarheiten bestehen lediglich insoweit, als einige Stimmen dem Anschein nach den eigentlichen Tag der Bekanntgabe für maßgeblich erachten,[311] andere jedoch den Börsenhandelstag vor der Mitteilung als den zutreffenden Rückrechnungsstichtag betrachten.[312]

Der Forderung des BVerfG, Missbrauchsmöglichkeiten durch Kursbeeinflussung zu verhindern, ist zuzustimmen. Der Zeitpunkt der Beschlussfassung der Hauptversammlung über z. B. den Unternehmensvertrag oder auch den Verschmelzungsvertrag ist daher als Stichtag für die Bewertung nach dem Börsenkurs nicht unproblematisch; der Kurs würde sich in der Höhe des vorher zu ver-

---

306 OLG Stuttgart vom 04.02.2000 – 4 W 15/98, AG 2000, 428, 429 – „Schwaben-Zell AG". Bungert/Eckert, BB 2000, 1845, 1848, interpretieren die Ausführungen des Gerichts hingegen dahingehend, dass auf den letzten Börsenhandelstag vor Bekanntgabe des Vertragsabschlusses abzustellen sei.

307 OLG Stuttgart vom 16.02.2007 - 20 W 6/06, ZIP 2007, 530 ff. - „DaimlerChrysler" (wegen der Abweichung von der Rechtsprechung des BGH sind die sofortigen Beschwerden vorgelegt worden).

308 KG vom 16.10.2006 - 2 W 148/01, ZIP 2007, 75 ff - „DeTeWe II".

309 BGH vom 12.03.2001 – II ZB 15/00, BGHZ 147, 108, 118 – „DAT/Altana"; OLG Düsseldorf vom 25.05.2000 – 19 W 1/93 AktE, ZIP 2000, 1525, 1526 f. – „DAT/Altana III"; OLG Düsseldorf vom 31.01.2003 – 19 W 9/00 AktE, AG 2003, 329, 330 – „SNI"; OLG Düsseldorf vom 08.07.2003 – 19 W 6//00 AktE, AG 2003, 688, 693 – „Veba AG".

310 Koppensteiner in: Kölner Kommentar, § 305 Rn. 104; Emmerich in: Emmerich/Habersack, § 305 Rn- 47c; Bungert BB 2001, 1163, 1165 f.; Maier-Reimer/Kolb in: FS W. Müller, 2001, S. 93, 105 f. **Anders** Bilda NZG 2000, 296, 299, der den mittleren Tageskurs am Tag des Hauptversammlungsbeschlusses als den zutreffenden Referenzkurs ansieht.

311 Behnke NZG 1999, 934 (Die Bemerkung, die Ad-hoc-Mitteilung markiere den *Beginn* der Durchschnittsberechnung kann nur als Lapsus betrachtet werden, da es sich richtigerweise nur um das zeitliche *Ende* der von der Mitteilung möglichst unbeeinflussten Kursentwicklung handeln kann.); Wilken ZIP 1999, 1443, 1444; Wilm NZG 2000, 234, 239; Wilm NZG 2000, 1070, 1071.

312 Bauer NZG 2001, 1148; Bungert/Eckert BB 2000, 1845, 1849.

öffentlichenden Abfindungsangebotes einpendeln, dessen Höhe eigentlich jedoch erst an diesem Tag feststehen könnte[313]. Andererseits entfiele diese Gefahr bei einer abstrakten Bestimmung der Abfindungshöhe im Vertrag und einer anschließenden Feststellung nach Abschluss des Handelstages. Der Umsetzung einer Konzernierungsmaßnahme geht zwar in der Regel eine recht lange Planungsphase voraus, während der es Gerüchte und Spekulationen im Vorfeld der Maßnahme gibt, die den Kurs nicht unerheblich beeinflussen können. Allein deswegen kann jedoch der Rückrechnungszeitpunkt nicht unendlich in die Vergangenheit verschoben werden.

Zudem zählt der BGH zutreffend Abfindungsspekulationen gerade nicht zu den auszuschließenden Entwicklungen, da weiterhin Angebot und Nachfrage den Preis bestimmen und die Einschätzung des Marktes über die zu erwartenden Synergieeffekte im Kurs zum Ausdruck kommt.[314] Nach der Rechtsprechung des BVerfG stellt sich die Einbuße des betroffenen Minderheitsaktionärs als Verlust des Verkehrswertes der Aktie dar, der in der Regel mit dem Börsenkurs identisch ist. Schwankungen des Börsenkurses hat der Minderheitsaktionär hinzunehmen, außer in den vom BVerfG anerkannten Fällen der Marktenge, Einstellung des Handels mit den Aktien über einen längeren Zeitraum sowie der missbräuchlichen Manipulationen, in denen der Börsenkurs nicht den Verkehrswert der Aktie widerspiegelt.[315] Allein in einem solchen Fall lässt sich daher eine Korrektur sinnvoll dadurch erreichen, dass der Anknüpfungszeitpunkt innerhalb eines angemessenen Zeitraums weiter in die Vergangenheit verlegt

---

[313] Vgl. Grzimek in: Geibel/Süßmann, WpÜG, Art. 7 § 327b Rn. 29; Meilicke/Heidel DB 2001, 973, 974 f.

[314] BGH vom 12.03.2001 – II ZB 15/00, BGHZ 147, 108, 120 f. – „DAT/Altana“; dem folgend OLG Hamburg vom 07.08.2002 – 11 W 14/94, AG 2003, 583, 584 – „RWE/DTA“; OLG Düsseldorf vom 31.01.2003 – 19 W 9/00 AktE, AG 2003, 329, 331 – „SNI“. Ebenso Weiler/Meyer ZIP 2001, 2153, 2157 (Stichtagskurs am Tag der Beschlussfassung der Hauptversammlung des übertragenden Rechtsträgers). **A. A.:** LG Frankfurt vom 06.02.2002 – 3/3 O 150/94, AG 2002, 358, 360 – „VDO/Mannesmann“.

Zur Einbeziehung von Synergieeffekten in die Bewertung: siehe oben Abschnitt B.II.2.c) „Das Problem der Berücksichtigung von Synergieeffekten“.

Siehe aber auch die Ausführungen des BVerfG in der DAT/Altana-Entscheidung, BVerfG vom 27.04.1999 – 1 BvR 1613/94, BVerfGE 100, 289, 309, die Skepsis in Bezug auf eine Stichtagsregelung zeigen, weil Interessenten während der einmonatigen Einberufungsfrist „sonst die Möglichkeit [hätten], den Börsenkurs während dieser Zeit auf Kosten des Mehrheitsaktionärs in die Höhe zu treiben“.

[315] Vgl. BVerfG vom 27.04.1999 – 1 BvR 1613/94, BVerfGE 100, 289, 309 – „DAT/Altana“.

Siehe hierzu unten Abschnitt D.II.1. „Unzuverlässigkeit des Börsenkurses durch Marktversagen“.

wird. Auch im Hinblick auf den Gesetzeswortlaut ist daher auf den Zeitpunkt der Beschlussfassung der eigenen Gesellschaft abzustellen.

b) Stichtags- oder Durchschnittskurs?

Nach der Ermittlung dieses Zeitpunkts, ist eine Entscheidung darüber zu treffen, ob der Kurs des Stichtages allein als für die Abfindungsermittlung ausreichend betrachtet wird oder vielmehr von diesem Tag rückwärts betrachtet ein Durchschnittskurs zu ermitteln ist. Sowohl in der Rechtsprechung als auch in der Literatur wurden bisher beide Standpunkte vertreten.

Für die Heranziehung des Stichtagskurses wurde vor allem angeführt, dass ein Durchschnittskurs immer nur die Vergangenheit abbilde, nicht jedoch den Preis für eine tatsächlich bestehende Veräußerungsmöglichkeit für den betroffenen Aktionär darstelle.[316] Nur der Stichtagskurs entspreche dem wahren Wert, der dem Aktionär wertmäßig ersetzt werden soll.[317]

Dagegen soll ein Durchschnittskurs[318] nach anderer Ansicht besser geeignet sein, Manipulationen des Kurses auszuschließen und kurzfristige Schwankungen

---

[316] OLG Düsseldorf vom 25.05.2000 – 19 W 1/93 AktE, ZIP 2000, 1525, 1527 – „DAT/Altana III"; Piltz ZGR 2001, 185, 200 f.; Bauer NZG 2001, 1148; vgl. auch LG Dortmund vom 18.11.2000 – 20 AktE 8/94, ZIP 2001, 739, 742 – „SNI", das sich im Ergebnis dennoch für einen 3-monatigen Referenzzeitraum entschied.

[317] Weiler/Meyer ZIP 2001, 2153, 2157.

[318] Für die technische Durchführung der Durchschnittsberechnung sind verschiedene mathematische Verfahren denkbar. Zu unterscheiden sind hierbei Mittel- und Medianwert sowie das arithmetische und das geometrische Mittel. Für den Mittelwert werden der höchste und der niedrigste Wert addiert und anschließend halbiert; der Medianwert ist der Wert aus den vorhandenen Datensätzen, der bei einer aufsteigenden Sortierung dieser Daten dem mittleren Datensatz entspricht. Bei der Berechnung des arithmetischen Mittels werden alle Datensätze addiert und anschließend die Summe durch die Anzahl der Datensätze dividiert. Das geometrische Mittel wird dagegen ermittelt, indem alle Datensätze multipliziert werden und aus dem Produkt die Wurzel mit der Anzahl der Datensätze als Wurzelexponent gezogen wird. Das geometrische Mittel liegt in der Regel nahe dem arithmetischen Mittel, ist jedoch unabhängiger von Extremwerten und daher zur Berechnung von Durchschnittskursen am ehesten geeignet. (Vgl. LG München I vom 14.09.2001 – 5 HKO 16369/99, ZIP 2001, 1959, 1961 – „Siemens AG") Daher ist der Durchschnittskurs regelmäßig als das geometrische Mittel der ausgewählten Einzelkurse zu bilden. Eine weitere Möglichkeit besteht darin, einen gewichteten Durchschnittskurs zu ermitteln (siehe § 5 Abs. 1 und 3 WpÜG-AngebotsVO), bei dem die Kurse, der näher am Stichtag gelegenen Handelstage stärker gewichtet werden. Hierdurch ist eine gewisse Glättung von Kursausschlägen möglich, die Relevanz der aktuellen Entwicklung, die das Stichtagsprinzip gebietet, wird jedoch stärker berücksichtigt. (so z. B. OLG Frankfurt vom 09.01.2003 – 20 W 425, 434/93, AG 2003, 581, 582 – „Henninger Bräu")

auszugleichen,[319] damit der Abfindungsbetrag nicht von Zufälligkeiten abhängig sei. Es wurden verschiedene Referenzperioden zur Ermittlung eines Durchschnittskurses vorgeschlagen, die von 30 oder 100 Tagen vor der Ad-hoc-Mitteilung[320] über mehrere Monate[321] bis zu 2 oder 3 Jahren reichen.[322] Der BGH hat den maßgeblichen Referenzzeitraum auf 3 Monate bestimmt.[323]

Derart lange Zeiträume von Monaten und Jahren sind zwar geeignet, kurzfristige Schwankungen in der Kursentwicklung auszugleichen und somit dem Argument der zu starken Volatilität bzw. der Abhängigkeit der Kurse von nicht nachvollziehbaren Einflussfaktoren entgegenzuwirken, aber mit einer stichtagsbezogenen Bewertung haben sie nichts mehr zu tun. Ein Durchschnittswert, der aus den Kurswerten von mehr als 2 Jahren gebildet wurde, stellt eine Beschreibung der Vergangenheit dar, die von der aktuellen Marktentwicklung längst überholt wurde.

Eines der Argumente des OLG Düsseldorf für die Stichtagsbewertung, jeder Durchschnittskurs stelle aufgrund der freien Festlegung des Referenzzeitraums eine Schätzung dar, die Voraussetzungen des § 287 Abs. 1 seien ZPO aber nicht erfüllt,[324] greift nicht durch. Es ist nicht ersichtlich, welche Voraussetzungen des

---

319 Weiler/Meyer ZIP 2001, 2153, 2158.

320 Wilken ZIP 1999, 1443, 1444.

321 OLG Stuttgart vom 16.02.2007 - 20 W 6/06, ZIP 2007, 530 ff. - „DaimlerChrysler"; KG vom 16.10.2006 - 2 W 148/01, ZIP 2007, 75 ff. - „DeTeWe II"; LG Dortmund vom 18.11.2000 – 20 AktE 8/94, ZIP 2001, 739, 742 – „SNI"; Krieger BB 2002, 53, 56, Meilicke/Heidel DB 2001, 973, 974 f. (3 Monate).

OLG Stuttgart vom 04.02.2000 – 4 W 15/98, AG 2000, 428, 429 – „Schwaben-Zell AG" (5 Monate vor Vertragsschluss).

Wilm NZG 2000, 234, 239 (nicht weniger als 6 Monate, besser 1 Jahr oder mehr); Luttermann JZ 1999, 945, 946 (nicht unter 12 Monaten).

322 BayObLG vom 29.09.1998 – 3Z BR 159/94, ZIP 1998, 1872, 1876 – „März/EKU" (2-2 ½ Jahre); Luttermann ZIP 1999, 45, 51; Luttermann ZIP 2001, 869, 872; Vetter AG 1999, 569, 571 f. (2-3 Jahre); Koppensteiner in: Kölner Kommentar, § 305 Rn. 106 (3 Jahre).

323 BGH vom 12.03.2001 – II ZB 15/00, BGHZ 147, 108, 118 – „DAT/Altana".

324 OLG Düsseldorf vom 25.05.2000 – 19 W 1/93 AktE, ZIP 2000, 1525, 1527 – „DAT/Altana III".

In der ZIP ist fälschlicherweise § 297 Abs. 1 ZPO angegeben.

§ 287 ZPO, unabhängig vom rechtlichen Charakter des Abfindungsanspruchs[325] nicht vorlägen.[326]

Allerdings ist der Stichtagskurs aus anderen Gründen maßgeblich[327]: Der Aktionär soll einen Wertausgleich erlangen, der jedenfalls nicht geringer ist als das, was er bei einer freien Deinvestitionsentscheidung erhalten hätte.[328] Maßgebliche Größe ist der Verkehrswert der Aktie, d. h. der Preis, der mit diesem Wirtschaftsgut am Markt erzielt werden kann. Ein Durchschnittskurs spiegelt diesen Wert aber nur beschränkt wider und ist kein Ausdruck für die Größe, die der Aktionär selbst für seine Anlageentscheidung als maßgeblich erachtet hat.[329] Die Heranziehung eines Durchschnittskurses bedürfte daher einer besonderen Begründung. Der allgemeine Verweis auf Manipulationsmöglichkeiten kann auch an dieser Stelle nicht ausreichen.[330] Zum einen sind Kursspekulationen und damit Kursausschläge aufgrund von Handelsaktivitäten in Kenntnis der geplanten Maßnahme nach zutreffender Ansicht des BGH gerade nicht aus der Bewertung auszunehmen[331], zum anderen ist die Einflussnahme von Großaktionären und dem Management der Gesellschaft durch die Kapitalmarktaufsicht zu überwachen[332]. Zudem ist auf den Tag der Zustimmung der Hauptversammlung als Bewertungsstichtag abzustellen; dies bietet zudem Schutz vor einer weiteren Möglichkeit der Einflussnahme durch das Management: Dieser Termin ist durch die Einberufungsfrist von mindestens einem Monat gemäß § 123 Abs. 1 AktG

---

325 Siehe etwa Klöhn AG 2002, 443 ff.

326 Zu kritisch im Hinblick hierauf lehnt auch Zehner, DB 1981, 2109, 2115 f., das prognoseorientierte Ertragswertverfahren im Hinblick auf die Voraussetzungen des § 287 ZPO, vor allem die Nachprüfbarkeit der zugrunde liegenden Tatsachen, ab.

327 Meines Erachtens stellt sich die von Fleischer (ZGR 2001, 1, 28) aufgeworfene Frage, ob eine Glättung von Kursschwankungen durch einen Durchschnittskurs „technisch möglich, ökonomisch empfehlenswert und rechtlich geboten" ist, nicht in diesem Umfang. Ob und wie technisch möglich, wurde bereits kurz erläutert; ob die Kursglättung jedoch ökonomisch empfehlenswert ist, sollte im Hinblick auf die rechtliche Gebotenheit wohl nachrangig sein, soweit die Frage allein auf das Problem ökonomisch „richtiger" Werthaltigkeit der Abfindungsforderung zielt.

328 BVerfG vom 27.04.1999 – 1 BvR 1613/94, BVerfGE 100, 289, 306 – „DAT/Altana".

329 Siehe oben Abschnitt C.III.1. „Börsenkurs als Ansatz für die Anlageentscheidung".

330 So schon in der Vergangenheit die zum Teil undifferenzierte Kritik mit der grundsätzlichen Ablehnung des Börsenkurses, siehe oben 1. Kapitel Abschnitt B. „Diskussion in der Literatur". Siehe auch Hüttemann ZGR 2001, 454, 463.

331 BGH vom 12.03.2001 – II ZB 15/00, BGHZ 147, 108, 120 f. – „DAT/Altana"; siehe auch im folgenden Abschnitt D.III. „Börsenkurs und Synergieeffekte".

332 Siehe oben 3. Kapitel Abschnitt E.IV.1 „Gezielte Kursbeeinflussung".

längerfristig bekannt und kann daher – anders als etwa eine ad-hoc-Mitteilung - nicht beliebig nach dem aktuellen Marktgeschehen verschoben werden.

c) Notierungen an verschiedenen Börsen

Bei der mehrfachen Notierung der Aktie an verschiedenen Börsen können sich durch den unterschiedlichen Handelsverlauf abweichende Stichtagskurse ergeben. Dabei ist zunächst auf inländische bzw. europäische Notierungen abzustellen; dabei ist es höchst unwahrscheinlich, dass die Aktien einer Gesellschaft, auf die das deutsche Abfindungsrecht anzuwenden ist, nur an einer ausländischen Börse notiert sind.

Bei unterschiedlicher Notierung an den deutschen Wertpapierbörsen soll nach dem BGH für ein möglichst ausgeglichenes Ergebnis ein Durchschnittskurs aus den Festsetzungen der betreffenden Börsen gebildet werden.[333] Dies ist jedoch nicht zwingend, viel eher kann wegen der Anknüpfung an die tatsächliche Veräußerungsmöglichkeit auf den Handelsplatz abgestellt werden, über den der Aktionär seine Wertpapiergeschäfte üblicherweise abwickelt. Im Zweifel kann wegen der zentralisierenden Funktion auch allein der Kurs der Deutschen Börse in Frankfurt herangezogen werden.

II. Verkehrswert abweichend vom Börsenkurs?

Liegt kein Börsenpreis als Wertmaßstab vor, ist der Anteilswert durch den Rückgriff auf die indirekten Gesamtbewertungsmethoden zu bestimmen.[334] Das BVerfG nimmt darüber hinaus an, dass – während eine Überschreitung des Kurses bei der Abfindung verfassungsrechtlich unbedenklich sei – eine Unterschreitung dann in Betracht käme, wenn der Börsenkurs ausnahmsweise nicht den Verkehrswert der Aktie widerspiegele.[335] Dies sei etwa dann der Fall, wenn längere Zeit praktisch kein Handel mit den Aktien stattgefunden habe, weil wie bei der Eingliederung mindestens 95 % der Aktien nicht verkäuflich seien. Das Gericht trennt somit den Verkehrswert begrifflich vom Börsenkurs und damit vom Preis auf dem für den Anleger relevanten Markt. Für diesen Schritt müssen nach den bisherigen Untersuchungsergebnissen besondere Umstände vorliegen, die kritisch zu überprüfen sind. Hierbei ist zum einen zweifelhaft, auf welchen anderen Verkehrswert anstelle des Börsenpreises zurückgegriffen werden soll, zum anderen, in welchen Situationen die Börsenpreisbildung aus rechtlichen Gründen als unmaßgeblich verworfen werden darf.

---

333 BGH vom 12.03.2001 – II ZB 15/00, BGHZ 147, 108, 124 f. – „DAT/Altana"; zustimmend Bungert BB 2001, 1163, 1166.

334 Piltz, Unternehmensbewertung, S. 33.

335 BVerfG vom 27.04.1999 – 1 BvR 1613/94, BVerfGE 100, 289, 309 – „DAT/Altana".

1. Unzuverlässigkeit des Börsenkurses durch Marktversagen

Das BVerfG will dem Börsenkurs die Aussagekraft absprechen, wenn er nicht dem Verkehrswert entspreche.[336] Ausdrücklich erwähnt das Gericht den Fall der Marktenge sowie der schlechten Verfassung der Kapitalmärkte. Wenn praktisch kein Handel mit den Aktien stattfindet, existiert kein Markt mehr, aus dem ein Bewertungsansatz abzuleiten wäre. Zu diesen Fällen ist auch die nachweisliche Manipulation des Kurses[337] zu zählen, da sie auf Angebot und Nachfrage als Voraussetzungen der Preisbildung einwirkt.

a) Marktenge

Eine Marktenge kann nach Ansicht des BVerfG etwa im Fall der Mehrheitseingliederung auftreten, da hier 95 % der Aktien unverkäuflich sind, sich umgekehrt daher nur 5 % in Streubesitz befinden und dem Markt zumindest theoretisch zur Verfügung stehen. Große Handelsaufträge sind daher für den Börsenmakler nicht ohne weiteres zu platzieren und müssen evtl. über mehrere Handelstage verteilt abgewickelt werden. Zu beachten ist aber auch, dass die an der Börse notierten Aktien ein stets in nur begrenztem Umfang verfügbares und damit „knappes" Handelsgut sind.[338]

(1) 95 %-Schwelle

An die Ausführungen des BVerfG in der DAT/Altana-Entscheidung angelehnt, wird die 95 %-Grenze als Maßstab[339] oder zumindest Indiz für das Vorliegen einer Marktenge angesehen.[340] Ein konkretes Beispiel findet sich z. B. in der DAT/Altana-Entscheidung des Bundesgerichtshofes, wonach eine Marktenge nicht schon aufgrund der Beteiligungsverhältnisse angenommen werden konnte, da sich nur 91,31 % der Aktien in Mehrheitsbesitz befanden und somit noch 8,69 % im freien Handel verfügbar waren.[341] Eine Marktenge wurde dagegen vom Landgericht Frankfurt a. M. bei einer Mehrheitsbeteiligung von 98,4 % bejaht.[342] Weiteres Kriterium war jedoch, dass praktisch keinerlei Handel mit den Aktien mehr stattgefunden habe.

---

[336] BVerfG vom 27.04.1999 – 1 BvR 1613/94, BVerfGE 100, 289, 309 – „DAT/Altana".

[337] Siehe hierzu oben 3. Kapitel Abschnitt E.IV.1. „Gezielte Kursbeeinflussung".

[338] Luttermann ZIP 2001, 869, 872.

[339] OLG Düsseldorf vom 31.01.2003 – 19 W 9/00 AktE, AG 2003, 329, 331 – „SNI".

[340] BGH vom 12.03.2001 – II ZB 15/00, BGHZ 147, 108, 123 – „DAT/Altana"; OLG Düsseldorf vom 25.05.2000 – 19 W 5/93 AktE, AG 2000, 421, 422 – „DAT/Altana II"; Eisolt DStR 2002, 1145, 1151; Fleischer ZGR 2002, 757, 781 m. w. N.

[341] BGH vom 12.03.2001 – II ZB 15/00, BGHZ 147, 108, 123 – „DAT/Altana".

[342] LG Frankfurt vom 06.02.2002 – 3/3 O 150/94, AG 2002, 358, 360 – „VDO/Mannesmann".

Entscheidend ist danach – und dem ist zuzustimmen – nicht allein die abstrakte Prozentzahl von Anteilen, die im Besitz des Mehrheitsaktionärs stehen. Befindet sich ein großer Teil der Aktien in der Hand eines einzelnen Aktionärs, kann dies vielmehr eine Ursache für das Entstehen einer Marktenge sein. Umgekehrt wäre eine Marktenge nur zu verneinen, wenn die restlichen höchstens 5 % dem Handel in irgendeiner Form zur Verfügung stehen, um an die nach dem BVerfG maßgebliche Freiheit der Deinvestitionsentscheidung des Kleinaktionärs anzuknüpfen. Ein solcher Nachweis oder auch der Beweis des Gegenteils sind jedoch praktisch nicht zu führen. Als alleiniges Kriterium scheidet die starre 95 %-Grenze daher aus.

(2) Anzahl der Handelstage und Transaktionen

Nach anderer Ansicht soll dagegen auf die tatsächliche Handelsaktivität in einem bestimmten Zeitraum vor dem Bewertungszeitpunkt abzustellen sein.[343] So werden z. B. Umsätze von weniger als 100 Transaktionen pro Monat als völlig losgelöst von der eigentlichen Markteinschätzung und damit als nicht mehr repräsentativ für die Werthaltigkeit des Anteils angesehen.[344] Der BGH lehnt eine schematische Betrachtung, die – wie etwa von WILM vorgeschlagen[345] – ein Mindesthandelsvolumen von 3-5 % oder Handelsaktivitäten an mindestens jedem zweiten Tag im Monat für erforderlich hält, dagegen ausdrücklich ab.[346] Solange noch wie im DAT/Altana-Fall 8,69 % der Aktien im freien Handel verfügbar seien, seien Handelsumsätze von nur 2,5-3,7 % des Aktienbestandes für sich genommen nicht erheblich. Das Gericht verbindet daher die beiden Kriterien und stellt auf einen hohen Aktienanteil im Festbesitz zusammen mit sehr geringen Umsätzen ab, legt sich jedoch nicht auf verbindliche Grenzen fest. Es wird daher auch angenommen, dass im Zweifel das Vorliegen einer Marktenge zu verneinen sei.[347]

Dem Begriff der Marktenge ist auf der dargestellten Grundlage nur schwer Kontur zu verleihen. Es ist nicht auszuschließen, dass es einen „engen Markt“ geben kann, der durch geringe Umsätze und nur wenige dem Handel auch nur theoretisch zur Verfügung stehende Aktien geprägt ist. Andererseits sind unter rechtli-

[343] Siehe etwa Maier-Reimer/Kolb in: FS W. Müller, 2001, S. 93, 98.

[344] Meyer-Landrut/Kiem WM 1997, 1361, 1367; siehe auch Hommel/Braun, BB-Beilage Nr. 6 zu Heft 38/2002, S. 10, 15.

[345] Wilm NZG 2000, 234, 238, so auch Bungert BB 2001, 1163, 1164.

Ein weiterer Vorschlag von WILM an dieser Stelle ist die Forderung nach einem Mindestumsatz annähernd in Höhe der von den abfindungsverpflichteten Aktionären insgesamt gehaltenen Aktien innerhalb eines Jahres vor Bekanntgabe der Maßnahme.

[346] BGH vom 12.03.2001 – II ZB 15/00, BGHZ 147, 108, 123.

[347] Ehricke/Roth DStR 2001, 1120, 1123.

chen Gesichtspunkten keine stichhaltigen Anhaltspunkte für die Definition einer Marktenge ersichtlich, so dass schwerlich rechtliche Konsequenzen hieran zu knüpfen sind. Die Beschreibung des BGH kann allenfalls hilfsweise wie in der genannten DAT/Altana-Entscheidung dazu dienen, das Vorliegen oder Nichtvorliegen einer Marktenge als Ergebnis unscharfer Billigkeitserwägungen scheinbar zu begründen.

(3) § 5 Abs. 4 WpÜG-AngebotsVO

Häufig wird für die Verlässlichkeit des Börsenkurses daher auf § 5 Abs. 4 WpÜG-AngebotsVO verwiesen.[348] Danach ist der Börsenkurs nicht für die Wertermittlung des Übernahmeangebotes heranzuziehen und dieses stattdessen anhand des Unternehmenswertes zu ermitteln, wenn während der letzten 3 Monate vor der Angebotsveröffentlichung an weniger als einem Drittel der Börsentage Börsenkurse festgestellt wurden und wenn mehrere nacheinander festgestellte Kurse um mehr als 5 % voneinander abweichen. Im Sinne eines widerspruchsfreien Systems der Abfindungsbewertung sei diese Regelung auch auf die anderen Abfindungsfälle wie den Squeeze-out anzuwenden.[349]

Die Regelung im Verordnungswege hilft nicht über die dargestellten Probleme hinweg, das Phänomen der Marktenge rechtlich zu fassen, sondern legt notgedrungen willkürlich einen Maßstab fest. Genau diese Grenzen lassen sich mit rechtlichen Argumenten weder begründen noch ablehnen, allerdings wird ihre Anwendung in der Regel zu vertretbaren Ergebnissen führen. Inwieweit dies für die Abfindungsfälle genutzt werden kann, wird noch zu prüfen sein.[350]

(4) Zwischenergebnis

Die Marktenge ist ein tatsächliches Phänomen, das oft durch geringe Handelsumsätze deutlich wird. Sie kann dadurch hervorgerufen werden, dass sich ein Großteil der Aktien in der Hand eines Aktionärs befindet und unverkäuflich ist. Ein sicheres Kriterium für das Vorliegen einer Marktenge lässt sich daraus jedoch nicht ableiten, da noch keine Aussage über die Handelsaktivität mit den restlichen „freien" Aktien getroffen wird. Sind so gut wie keine Aktien mehr in freiem Besitz, und hierbei muss es sich um deutlich weniger als 5 % handeln, sondern werden die Anteile fast ausschließlich von einem Mehrheitsaktionär gehalten, verhindert dieser damit das Entstehen eines Marktes und es kommt zum Marktversagen. Nehmen allerdings eine Vielzahl freier Aktionäre nicht am Handel teil, obwohl genügend Kapazität vorhanden wäre, und kommt es deshalb zu geringen Handelsaktivitäten, ist dies auf Wertvorstellungen der Aktionäre

---

348 Krieger BB 2002, 53, 56; Fleischer ZGR 2002, 757, 781; Angerer BKR 2002, 261, 264.

349 Fleischer ZGR 2002, 757, 781.

350 Siehe sogleich unten Abschnitt D.II.1.d)(1) „Marktversagen als Ausschlusskriterium".

zurückzuführen, die höher liegen als der aktuelle Kurs. Subjektive Wertvorstellungen sind jedoch nicht schützenswert. Der Markt ist in einem solchen Fall durchaus in Lage, einen Verkehrswert abzubilden, nur kann dieser eben gerade nicht allein von einseitigen Forderungen abhängen.

b) Schlechte Verfassung der Kapitalmärkte

Das BVerfG weist in der DAT/Altana-Entscheidung darauf hin, dass für die Bestimmung der Verschmelzungswertrelation den Aktien der herrschenden bzw. Hauptgesellschaft ein über dem Börsenkurs liegenden Wert zugemessen werden kann, wenn eine schlechte Verfassung der Kapitalmärkte vorliege.[351] Auch dann soll somit der Börsenkurs nicht mehr dem Verkehrswert der Anteile entsprechen.

In der SNI-Entscheidung des Oberlandesgerichts Düsseldorf weist das Gericht diesen Einwand der fehlenden Aussagekraft des Börsenkurses aus tatsächlichen Gründen zurück, da sich der Aktienmarkt tatsächlich in einer günstigen Entwicklung befunden habe.[352] Die schlechte Verfassung der Kapitalmärkte müsse sich nicht nur im Kurs des zu bewertenden Unternehmens sondern auch in den Indizes niedergeschlagen haben.[353] Die abfindungsverpflichtete Gesellschaft versuchte bei einer Abfindung in Aktien, die Umtauschrelation durch den Ansatz ihres eigenen über dem Börsenwert liegenden Ertragswertes zu ihren Gunsten zu verändern. Erläuternd führt das Gericht aus, die Verfassung der Kapitalmärkte sei aus ihrem zeitlichen Umfeld heraus zu bewerten, so dass etwa der Börsenboom der 90er Jahre entsprechend einzuordnen sei.[354] In dieselbe Richtung gehen die Äußerungen des BGH, die schlechte Verfassung müsse sich außer im Kurs des herrschenden Unternehmens auch in den Kursen der Aktienindizes wie DAX 30, DAX 100, EURO-STOXX etc. niederschlagen.[355]

Diese hohen Anforderungen an die Abweichung vom Börsenkurs sind dadurch gerechtfertigt, dass die „schlechte Verfassung der Kapitalmärkte" vor dem Hintergrund eines grundsätzlichen Vorrangs der Kapitalmarktbewertung eine Schutzklausel als Notfalloption darstellt. Kein Anleger kann oder soll vor einem reinen Marktphänomen wie dem Kursverlust geschützt werden. Allein eine schlechte Performance der Aktien eines einzelnen Unternehmens, die auf unternehmensspezifische Umstände schließen lässt, oder auch der Aktien einer be-

[351] BVerfG vom 27.04.1999 – 1 BvR 1613/94, BVerfGE 100, 189, 310 – „DAT/Altana".

[352] OLG Düsseldorf vom 31.01.2003 – 19 W 9/00 AktE, AG 2003, 329 ff. – „SNI".

[353] OLG Düsseldorf vom 31.01.2003 – 19 W 9/00 AktE, AG 2003, 329, 330 – „SNI".

[354] OLG Düsseldorf vom 31.01.2003 – 19 W 9/00 AktE, NZG 2003, 588, 597 (insoweit nicht in AG 2003, 329 ff. abgedruckt).

[355] BGH vom 12.03.2001 – II ZB 15/00, BGHZ 147, 108, 122 – „DAT/Altana".

stimmten Branche stellen keinen solchen Extremfall dar. Es muss sich bereits begrifflich aber auch wegen des absoluten Ausnahmecharakters um einen Zustand handeln, der durch hohe Kurseinbrüche im gesamten Markt gekennzeichnet ist und dem auch durch das Eingreifen der Börsenaufsicht, etwa durch ein Aussetzen des Handels wie nach den Anschlägen des 11.9.2001, nicht entgegengewirkt werden kann. Auch hier fällt es schwer, allgemein gültige Kriterien zur Bestimmung eines derartigen Zustandes zu benennen. Als Indizien können etwa die genannten Handlungsversuche sowie entsprechende Mitteilungen der Börsenaufsicht herangezogen werden.

c) *Manipulation des Kapitalmarktes*

Auch wenn der Börsenpreis manipuliert wurde, spiegelt er nach Ansicht BGH den Verkehrswert der Aktie nicht zutreffend wieder.[356] Das BVerfG hatte diesen Fall in der DAT/Altana-Entscheidung nicht angeführt, jedoch liegt auf der Hand, dass durch die Einwirkung auf Angebot und/oder Nachfrage mit dem einzigen Ziel der Kursbeeinflussung nicht mehr von einem im freien Verkehr gebildeten Preis gesprochen werden kann. Ein derart beeinflusster Kurs kann, wenn sich die Kursabweichung aufgrund der Einflussnahme nicht in sehr geringem Rahmen hält, keinen Verkehrswert mehr darstellen.

PILTZ schlägt vor, derartige kursbeeinflussende Maßnahmen des Mehrheitsaktionärs aus dem Börsenkurs herauszuschätzen.[357] Hier ergeben sich jedoch praktische Schwierigkeiten. Die Darlegungs- und Feststellungslast[358] würde den abzufindenden Aktionären obliegen, da sie einen höheren Abfindungsbetrag als den Börsenkurs verlangen. Erkennt aber nicht bereits die Börsenaufsicht manipulative Handelsaufträge wie etwa matched orders zu einem niedrigen Preis, lassen sich derartige Vorgänge kaum nachweisen, vor allem da eine Überprüfung der Handelsaktivitäten oft erst nach Schluss des Handelstages durchgeführt werden kann. Selbst wenn die Vorgänge nachzuweisen sind, lässt sich eine „Hochrechnung" des Kurses ohne die Manipulation jedoch nicht zuverlässig durchführen, da andere, den Kurs ebenfalls beeinflussende Handelsaktivitäten, die hierdurch ausgelöst wurden, nicht mehr geschätzt werden können. Greift somit eine Sicherung durch die Börsenaufsicht nicht unmittelbar ein, stellt der manipulierte Kurs keinen Verkehrswert des Anteils mehr dar.

Dieser Fall unterscheidet sich in seiner Qualität erheblich von den oben dargestellten Konstellationen, so dass zum Schutz der abzufindenden Aktionären zum

---

[356] BGH vom 12.03.2001 – II ZB 15/00, BGHZ 147, 108, 116 – „DAT/Altana".

[357] Piltz ZGR 2001, 185, 203.

[358] Siehe dazu unten Abschnitt D.V.1. „Darstellungs- und Feststellungslast im Spruchverfahren".

einen wahlweise die Abfindungsermittlung über den Unternehmenswert, z. B. nach der Ertragswertmethode, als Ausnahme offen stehen muss, zum anderen aber auch ohne nähere Prüfung Strafzuschläge zum (manipulierten) Börsenkurs als Erhöhung der Abfindung und damit zu Lasten des Abfindungsverpflichteten denkbar sind.

d) Eigener Ansatz

(1) Marktversagen als Ausschlusskriterium

Die vom BVerfG und vom BGH dargestellten Fällen der Marktenge, der schlechten Verfassung der Kapitalmärkte sowie der Kursmanipulation basieren auf der Vorstellung, dass der gebildete Börsenpreis nicht mehr aus einem unbeeinflussten und nur an der Werthaltigkeit der Anteile orientierten Handelstätigkeit gebildet wurde.

Ist der Markt aus tatsächlichen Gründen nicht mehr in der Lage, Angebot und Nachfrage in einem geregelten Verfahren zusammenzuführen, weil entweder nicht mehr ausreichend Aktien zum Handel zur Verfügung stehen, der Kurs ebenso wie der gesamte Markt über das normale Maß hinaus von außerhalb der Beteiligung selbst liegenden Faktoren beeinflusst wird oder gezielt auf das ansonsten intersubjektive Preisbildungsverfahren eingewirkt wird, hat er versagt. Nicht mehr aber auch nicht weniger als ein Marktversagen ist erforderlich, um dem Börsenkurs die Eigenschaft als Verkehrswert absprechen zu können. Unter dem Verkehrswert kann nämlich nur ein Wert verstanden werden, der sich als Wertvorstellung im (Rechts-)Verkehr, d. h. an einem Markt bilden kann. Nur wenn der Markt hierzu nicht mehr in der Lage ist, ist ein von ihm gleichwohl ausgegebener Preis kein Verkehrswert mehr.

Der manipulierte Börsenpreis kann per definitionem nicht als Verkehrswert angesehen werden, da die Marktmechanismen bewusst umgangen werden. Die bloße Verknappung des Marktes i. S. e. Marktenge nach den dargestellten Kriterien führt dagegen noch nicht zu einem Versagen des Marktes. Auch wenige Umsätze sind Ausdruck verbindlicher Handelsaktivität, und führen somit zu einem Verkehrswert. Ein Marktversagen ist daher erst anzunehmen, wenn eine Preisbildung überhaupt nicht mehr möglich ist, weil keine Abschlüsse mehr vermittelt werden können.

Die schlechte Verfassung der Kapitalmärkte insgesamt nimmt demgegenüber eine Sonderstellung ein, da weiterhin eine reguläre Handelstätigkeit stattfindet. Der Markt versagt hierbei in dem Sinne, dass eine Orientierung der Kurse insgesamt an der Werthaltigkeit der Anteile nach anderen (Gesamt-) Bewertungsmethoden nicht mehr nachweisbar ist. Zum Schutz der Anleger soll dem so ermittelten Verkehrswert die Gültigkeit versagt werden. Schwankungen der Kurse im Rahmen der periodisch auftretenden üblichen Hausse- oder Baisse-Märkte sind aufgrund des Ausnahmecharakters dieses Kriteriums jedoch noch nicht als Marktversagen einzustufen. Es sind hohe Anforderungen an die Darlegung eines solchen Zustandes der Märkte zu stellen, so dass die „schlechte Verfassung" in der Regel zu verneinen ist.

(2) Hypothetische Veräußerungsmöglichkeit mit der Fiktion von Preisneutralität

Das BVerfG hat auch bei Vorliegen einer Marktenge den Börsenkurs für beachtlich gehalten, solange nicht ersichtlich sei, dass die Veräußerung der Anteile für den abzufindenden Aktionär völlig unmöglich war.[359] Damit stellt das Gericht allein auf die tatsächliche Verkaufsmöglichkeit für den einzelnen Aktionär ab.[360] Dieser Ansatz ist nach den dargestellten Überlegungen zum Marktversagen grundsätzlich nicht zu beanstanden. Sich allein auf die tatsächliche Veräußerungsmöglichkeit zu beziehen, reicht jedoch gerade für den Fall der Marktenge nicht aus.

So könnte anders als im Fall DAT/Altana[361] detaillierter von den Parteien vorgetragen werden, die Nachfrage habe nur in sehr geringem Umfang bestanden, so dass keine wirkliche Veräußerungsmöglichkeit für den gesamten Aktienbesitz gegeben war. Zudem wird der veröffentlichte Börsenkurs nach dem Meistausführungsprinzip ermittelt,[362] so dass nicht sicher festgestellt werden kann, wie hoch der Kurs auch unter Einbeziehung des hier unterstellten Verkaufs gewesen wäre. Der für die Abfindungsermittlung unterstellte Verkauf könnte schließlich die Höhe des Kurses beeinflussen. Legt man daher den festgestellten Tageskurs zugrunde, muss daher zusätzlich ein fiktives Element in die Abfindungsermittlung einbezogen werden, da unterstellt wird, die Ausführung der ebenfalls nur hypothetischen Verkaufsorder sei ohne Einfluss auf die Preisbildung geblieben.

Um die allein hypothetische Qualität der Veräußerungsmöglichkeit nicht zu weit auszudehnen, kann nach der Art des festgestellten Kurses, welcher aus den Kurszusätzen ersichtlich ist, differenziert werden. Die Kurse mit dem Zusatz „b"

---

[359] BVerfG vom 27.04.1999 – 1 BvR 1613/94, BVerfGE 100, 289, 312 – „DAT/Altana".

[360] Hüttemann ZGR 2001, 454, 460.

Dem halten Maier-Reimer/Kolb in: FS W. Müller, 2001, S. 93, 105, entgegen, der Börsenkurs könne überhaupt nicht als Deinvestitionsmöglichkeit begriffen und beachtet werden, da sich der Minderheitsaktionär bewusst gegen die Desinvestition entschieden und diesen Wert gerade nicht realisiert habe. Er sei daher nicht schutzwürdig.

[361] BVerfG vom 27.04.1999 – 1 BvR 1613/94, BVerfGE 100, 289, 312 – „DAT/Altana".

[362] Zur Börsenpreisermittlung siehe oben 3. Kapitel Abschnitt E. „Börsenkurs".

(bezahlt) kennzeichnen den Preis, zu dem alle Aufträge ausgeführt wurden. Die Kombinationen „bB“ (bezahlt Brief) bzw. „bG“ (bezahlt Geld) zeigen an, dass die zum festgestellten Kurs limitierten Aufträge nicht vollständig ausgeführt wurden; es bestand entweder weiteres Angebot (bB) oder weitere Nachfrage (bG). Demgegenüber bedeuten „G“ (Geld) und „B“ (Brief) reine Nachfrage- oder Angebotsorder zu diesem Preis.

Alle festgestellten Preise mit dem Zusatz „b“ oder „bG“ bzw. „bB“ zeigen die tatsächliche Ausführung von Handelsaufträgen und können wegen des rein hypothetischen Charakters der Verkaufsmöglichkeit unabhängig vom Umfang der Order oder des Angebots- bzw. Nachfrageüberhangs verwendet werden. Dagegen scheiden „B“-Kurse aus, da zu diesem Preis lediglich Aktien zum Verkauf angeboten wurden und gerade keine Verkaufsmöglichkeit bestand. Bei „G“-Kursen kann entweder dieser seinerseits hypothetische Kurs zugrunde gelegt werden, oder es ist – da der Kurs vor allem von der einseitigen Limitierung der Order abhängt – auf den letzten Kurs mit Umsätzen zurückzugreifen.

Hierbei stellt sich jedoch das Problem, dem Stichtagsprinzip[363] gerecht zu werden und nicht einen zu weit in der Vergangenheit liegenden Zeitpunkt heranzuziehen. Es ist somit abzuwägen zwischen dem Vorrang der Kapitalmarktbewertung und dem Stichtagsprinzip, eine zeitliche Abgrenzung wird hierbei immer willkürlich ausfallen. Denkbar ist, den letzten Ausführungskurs innerhalb des letzten Monats vor dem Stichtag zu wählen. Gibt es in diesem Zeitraum keine Feststellung eines Börsenpreises, zu welchem Aufträge ausgeführt wurden, ist kein aktueller Markt mehr für die Anteile feststellbar, so dass mangels eines Verkehrswertes auf andere Bewertungsmethoden zurückzugreifen ist.

2. Verkehrswerte

Das BVerfG stellt in den Raum, dass der Börsenkurs den Verkehrswert in bestimmten Situationen nicht widerspiegele.[364] Danach ist davon auszugehen, dass

---

[363] Siehe oben Abschnitt D.I. „Stichtagsprinzip“.

[364] BVerfG vom 27.04.1999 – 1 BvR 1613/94, BVerfGE 100, 289, 309 – „DAT/Altana“.

Ein weiteres Beispiel neben den aufgeführten Fällen mangelnder Aussagekraft des Börsenkurses stellte das OLG Düsseldorf in seinem Beschluss vom 04.10.2006 (26 W 7/0 AktE, ZIP 2006, 2379 ff.) fest. Der Aktienhandel war nach Bekanntgabe des Ausschlussverlangens des Mehrheitsaktionärs spunghaft angestiegen und der Börsenkurs war maßgeblich durch die Höhe des Abfindungsangebotes, dessen Angemessenheit im Spruchverfahren noch überprüft wurde, beeinflusst. Die Käufer waren zu diesem Zeitpunkt - unter Berücksichtigung der „Jenoptik“-Entscheidung des BGH (Urteil vom 08.05.2006 - II ZR 27/05, BGHZ 167, 299 ff.) irrtümlich - davon ausgegangen, dass sie den Abfindungsanspruch als akzessorisches Recht mit der Aktie erwerben würden.

in jedem Fall ein Verkehrswert für den Anteil existiert, der jedoch nicht notwendig mit dem Börsenpreis überstimmen muss. Unter dem Verkehrswert kann jedoch nur ein Wert verstanden werden, der sich als *Preis* durch Ausmittlung der Wert*vorstellungen* im (Rechts-)Verkehr, d. h. an einem Markt bilden kann. Voraussetzung hierfür ist wiederum, dass tatsächlich ein Markt besteht, der zur Preisbildung geeignet ist.

Es wurde bereits dargelegt, dass für den Kleinaktionär in der Regel nur die Börse als Markt erreichbar ist und außerbörsliche Märkte oft nicht wahrgenommen werden können.[365] Kann jedoch ausnahmsweise ein solcher für ihn erreichbarer – außerbörslicher – Verkehrswert vom Aktionär vorgetragen werden – in Betracht kommt etwa der Freiverkehr –, ist er als Verkehrswert nach der Rechtsprechung des BVerfG vorrangig zu berücksichtigen. Als Folgeproblem stellt sich die Frage der Nachweisbarkeit von Kriterien, die den Wert tatsächlich als Verkehrswert kennzeichnen. Merkmal des Börsenkurses ist vor diesem Hintergrund vor allem die Bestimmung im Handelsverkehr durch die Ausmittlung von subjektiven Preisvorstellungen über die Zusammenführung von Angebot und Nachfrage. Die dabei anwendbaren besonderen Mechanismen der Börse zur Preisfindung gelten auf den außerbörslichen Märkten jedoch nur eingeschränkt und die angebotenen Kaufpreise müssen nicht der tatsächlichen Angebots- und Nachfragesituation entsprechen. Hier träfe den abzufindenden Aktionär eine entsprechende umfangreiche Darlegungslast.[366]

Ist danach ein Verkehrswert nicht feststellbar, ist *hilfsweise* auf andere Werte zurückzugreifen. Hierzu können vor allem die Gesamtbewertungsmethoden wie Ertragswert- und DCF-Verfahren herangezogen werden, die ihrerseits in der Regel wenn auch nur als Schätzung für die Vorbereitung einer Preisfindung dienen.

3. Ergebnis

Das Versagen des Marktes Börse führt zum Verlust der Fähigkeit, einen Verkehrswert im Börsenkurs ausdrücken zu können. Bei einem engen Markt ist zwischen dem tatsächlich und dem nur scheinbar versagenden Markt zu unterscheiden. Sind tatsächlich so gut wie keine Aktien mehr im freien Besitz, versagt der Markt schon objektiv. Hier müsste bereits die Börsenaufsicht einschreiten; ein dennoch aufgrund einzelner Umsätze festgestellter Börsenkurs stellt zwar einen Schiedspreis dar, kann jedoch der Funktion eines Verkehrswertes

---

365 Zum Handel mit Aktienpaketen siehe oben Abschnitt C.III.4.b) „Paketzuschläge und ‚goldene Aktien'".

366 Siehe hierzu unten Abschnitt D.V.1. „Darstellungs- und Feststellungslast im Spruchverfahren".

nicht mehr gerecht werden. Sind dagegen genügend Aktien im freien Besitz und sind geringe Umsätze das Ergebnis einer gewollten Nichtteilnahme am Markt, verliert er dadurch nicht seine Fähigkeit zur Feststellung des Verkehrswertes. Der Verkehrswert weicht nur so weit von den Wertvorstellungen der Aktionäre ab, dass sie nicht zum Handel bereit sind. Einseitige Wertvorstellungen können jedoch nicht zur Grundlage eines Schiedswertes gemacht werden. Eine bloße Verknappung des Marktes führt daher noch nicht zum Marktversagen; diese Schwelle wird erst überschritten, wenn keine Abschlüsse mehr möglich sind.

Allgemeine Schwankungen des gesamten Marktes bedeuten noch kein Marktversagen und können daher nicht unter das Kriterium der schlechten Verfassung der Kapitalmärkte fallen. Auch hier ist Voraussetzung eines korrigierenden Eingriffs ein Totalausfall des Systems Börse, an dessen Vorliegen hohe Anforderungen zu stellen sind.

Kann ein Börsenkurs ausnahmsweise nicht als Verkehrswert ermittelt oder angesehen werden, ist vorrangig nach anderen Verkehrswerten zu fragen, die sich auf außerbörslichen Märkten bilden. Die Darlegungslast für die Höhe dieses Verkehrswertes sowie die Verlässlichkeit der Preisbildung liegen beim abfindungsberechtigten Aktionär. Erst hilfsweise ist auf den quotalen Ertragswert der Beteiligung zurückzugreifen, und der Abfindung damit eine Wertvorstellung anstatt eines Schiedspreises zugrunde zu legen.

Bei jeder Betrachtung der Veräußerungsmöglichkeit zum Börsenkurs müssen die hypothetischen Elemente der vollständigen Ausführbarkeit des Auftrags sowie seiner Preisneutralität beachtet werden. Trotzdem kann eine Anbindung an die reelle Veräußerungssituation dadurch geschaffen werden, dass nur Kurse mit den Zusätzen „b“, „bB“, „bG“ oder „G“ berücksichtigt werden. Wegen des Vorrangs des Verkehrswertes vor indirekten Bewertungsmethoden ist eine Lockerung des Stichtagsprinzips zu befürworten, so dass der letzte derartige Kurs in einem Zeitraum von einem Monat vor dem Stichtag herangezogen werden kann, sollte an diesem Tag ein Kurs nicht festgestellt werden können.

III. Börsenkurs und Synergieeffekte

Synergieeffekte sind in die Berechnung der Barabfindung einzubeziehen.[367] Der BGH hat in konsequenter Fortführung dieses Grundsatzes festgestellt, dass die Minderheitsaktionäre an den Synergieeffekten zu beteiligen sind, die in den

---

[367] Siehe oben Abschnitt B.II.2.c) „Das Problem der Berücksichtigung von Synergieeffekten“.

Börsenkurs Eingang gefunden haben.[368] Bei der Ermittlung der Verschmelzungswertrelation sei dies bei beiden zu bewertenden Unternehmen der Fall, daher sei die Wertrelation gewahrt, wenn man die Börsenkurse auf beiden Seiten zugrunde legt.[369]

Der Marktpreis bildet sich durch den ausgehandelten Ausgleich der Beurteilung der Werthaltigkeit der Aktie durch die Marktteilnehmer. Es ist unter den strukturbedingten Einschränkungen[370] davon auszugehen, dass die Ankündigung einer Umstrukturierungsmaßnahme dazu führt, dass potentiell kursbeeinflussende Faktoren zum ersten Mal oder unter dem veränderten Gesichtspunkt der Umstrukturierung einer Überprüfung unterzogen werden. Die Reaktion der Börse auf die veränderte Konstellation und ihre Auswirkungen auf die Werthaltigkeit des einzelnen Anteils darf den Aktionären grundsätzlich nicht vorenthalten werden. Auch um dies zu gewährleisten, ist der Ansatz des BGH zutreffend, für die Bewertung nach dem Börsenkurs auf den Stichtag des § 305 Abs. 3 S. 2 AktG abzustellen.[371]

IV. Ermittlung der Verschmelzungswertrelation für die Abfindung in Aktien

Beim Abschluss eines Unternehmensvertrages sowie bei der Eingliederung ist grundsätzlich eine Abfindung in Aktien des herrschenden Unternehmens bzw. der Hauptgesellschaft anzubieten, die Barabfindung kommt nur in Einzelfällen zur Anwendung.[372] Bei der Abfindung in Aktien sollen grundsätzlich die gleichen Bewertungsmaßstäbe wie bei der Barabfindung anzuwenden sein.[373] Der Ansatzpunkt im Gesetz ist jedoch ausdrücklich ein anderer, gemäß §§ 305 Abs. 3 S. 1, 320b Abs. 1 S. 4 AktG ist auf die sog. Verschmelzungswertrelation

---

[368] BGH vom 12.03.2001 – II ZB 15/00, BGHZ 147, 108, 119 f. – „DAT/Altana"; zustimmend Koppensteiner in: Kölner Kommentar, § 305 Rn. 67.

[369] BGH vom 12.03.2001 – II ZB 15/00, BGHZ 147, 108, 119 f. – „DAT/Altana".

[370] Siehe oben 3. Kapitel Abschnitt E.IV.2. „Unbestimmbare Einflussfaktoren?".

[371] Siehe oben Abschnitt D.I.2.a) „Stichtag bzw. Rückrechnungszeitpunkt".

[372] Siehe im einzelnen oben 2. Kapitel „Abfindungsfälle".

[373] Bilda in: MünchKomm AktG, § 305 Rn. 59; Geßler in: Geßler/Hefermehl, § 305 Rn. 36; Hüffer, § 305 Rn. 18; Krieger in: Münch. Hb. GesR, § 70 Rn. 102; Werner in: FS Steindorff, 1990, S. 303, 315; **anders:** LG Dortmund vom 31.10.1980 – 18 AktE 2/79, AG 1981, 236, 238 – „Rheinstahl/Thyssen", anschließend OLG Düsseldorf vom 17.02.1984 – 19 W 1/81, ZIP 1984, 586, 593 – „ATH/Rheinstahl", die davon sprechen, dass die Barabfindung u. U. günstiger für den ausscheidenden Aktionär sein könne, dass aber das Gesetz der übernehmenden Gesellschaft die Barabfindung nicht aufzwinge, und dass deren Wert daher nicht die Untergrenze für die Aktienabfindung darstellen darf.

abzustellen, d. h. das Verhältnis, in welchem bei einer Verschmelzung Aktien der herrschenden bzw. Hauptgesellschaft für die Aktien der beherrschten bzw. eingegliederten Gesellschaft zu gewähren wären.

Es ist demnach erforderlich, beide Unternehmen zu einem bestimmten Stichtag zu bewerten.[374] Eine explizite Bestimmung, nach welchen Kriterien die Bewertung im Rahmen der Verschmelzung vorzunehmen ist, findet sich jedoch im Umwandlungsgesetz nicht. Anhaltspunkte liefert auch § 12 Abs. 2 UmwG nicht, wonach der Verschmelzungsprüfer in seinem Bericht zur Angemessenheit des Umtauschverhältnisses sowie den angewandten Bewertungsmethoden Stellung nehmen muss. Das Umtauschverhältnis zwischen den beteiligten Rechtsträgern unterliegt aber auch bei der Verschmelzung selbst der rechtlichen Kontrolle, da die Aktionäre des übertragenden Rechtsträgers gemäß § 15 Abs. 1 UmwG gegen den übernehmenden Rechtsträger einen Anspruch auf Verbesserung des Umtauschverhältnisses durch bare Zuzahlung geltend machen können. Auch im Rahmen dieses Bewertungsanlasses sind daher rechtliche Kriterien maßgeblich; in der Vergangenheit fand ebenso wie in den Abfindungsfällen die Ertragswertmethode Anwendung.[375]

1. Börsenkurs als Ober- oder Untergrenze

In der DAT/Altana-Entscheidung stellte das BVerfG für den Fall des Unternehmensvertrages fest, dass der Börsenkurs wegen der grundsätzlichen Bedeutung der Verkehrsfähigkeit der Aktie auch für die Bewertung der abhängigen Gesellschaft im Rahmen der Ermittlung der Verschmelzungswertrelation zugrunde zu legen sei.[376] Umgekehrt sei aber nicht geboten, den Börsenwert der herrschenden Gesellschaft als Obergrenze für deren Bewertung heranzuziehen, da der abzufindende Aktionär keinen Anspruch darauf habe, diese Aktien zu höchstens dem Börsenkurs zu erwerben.[377] Das herrschende Unternehmen könne daher auch höher bewertet werden. Der BGH verweist jedoch darauf, dass auch der Börsenwert des herrschenden Unternehmens grundsätzlich dem Verkehrswert entspricht, da sich der Kurs unter gleichen Verhältnissen am Markt wie der Kurs

---

[374] Hüffer, § 305 Rn. 17.

[375] Vgl. Weiler/Meyer ZIP 2001, 2153.

[376] BVerfG vom 27.04.1999 – 1 BvR 1613/94, BVerfGE 100, 289, 310; siehe auch BayObLG vom 18.12.2002 – 3Z BR 116/00 mit dem Hinweis, es sei angemessen, das herrschende Unternehmen mit dem Risiko einer sachgerechten Bewertung zu belasten.

[377] BVerfG vom 27.04.1999 – 1 BvR 1613/94, BVerfGE 100, 289, 310; zustimmend Koppensteiner in: Kölner Kommentar, § 305 Rn. 114; Vetter ZIP 2000, 561, 566; kritisch Hommel/Braun BB 2002, Beilage Nr. 6 zu Heft 38, 10, 16.

der beherrschten Gesellschaft bilde.[378] Entsprechend hat das LG Köln in der Umsetzung dieses Beschlusses auf den DAT/Altana-Fall die Verschmelzungswertrelation aus den Börsenkursen beider Gesellschaften ermittelt.[379]

Unklarheit besteht dahingehend, ob bei der Bewertung des beherrschten Unternehmens auch dann der höhere Börsenkurs heranzuziehen ist, wenn das Wertverhältnis beider Unternehmen unter Zugrundelegen des niedrigeren Ertragswertes günstiger für den abzufindenden Aktionär wäre.[380]

2. Methodengleichheit

Eng damit verwandt und umstritten ist die Frage, ob stets zwingend die gleichen Methoden für die Bewertung von Ober- und Untergesellschaft anzuwenden sind, was die DAT/Altana-Entscheidung des BVerfG mit seiner Differenzierung von Ober- und Untergrenze offen lässt. Bei einem über dem Börsenwert liegenden Ertragswert des herrschenden Unternehmens führt die strenge Methodengleichheit zur einseitigen Wertverschiebung zugunsten der abfindungsberechtigten Aktionäre.[381] Problematisch sind zudem vor allem die Fälle, in denen nur eine der beteiligten Gesellschaften börsennotiert ist. Während eine Ansicht den Börsenwert für das notierte Unternehmen wegen seiner objektiven Richtigkeit auch in diesem Fall berücksichtigen und mit dem Ertragswert der nicht notierten Gesellschaft in Relation setzen will,[382] weicht die wohl überwiegende Ansicht wegen der gebotenen Methodengleichheit[383] dann auf die Ertragswertmethode für beide Unternehmen aus, da nur so eine Vergleichbarkeit der Werte gewährleistet sei.[384] Die Bewertungsmethoden müssten nicht unbedingt absolut richtig sein, da

---

[378] BGH vom 12.03.2001 – II ZB 15/00, BGHZ 147, 108, 121 – „DAT/Altana"; LG Frankfurt a. M. vom 06.02.2002 – 3/3 O 150/94, AG 2002, 358, 360 – „VDO/Mannesmann".

[379] LG Köln vom 15.01.2003 – 91 O 204/88, AG 2003, 279 – „DAT/Altana V".

[380] Vgl. OLG Düsseldorf vom 15.01.2004 – I-19 W 5/03 AktE, ZIP 2004, 1503, 1505 – „Krupp/Hoesch".

[381] Bungert BB 2001, 1163 f.

[382] Weiler/Meyer NZG 2003, 669, 671; Hommel/Braun BB 2002, Beilage Nr. 6 zu Heft 38, 10, 16.

[383] OLG Düsseldorf vom 04.06.2003 – 19 W 3/03 AktE, ZIP 2003, 1247, 1249 f. – „DAT/Altana V"; Emmerich in: Emmerich/Habersack, § 305 Rn. 48a; Bungert/Eckert BB 2000, 1845, 1846; Hüttemann ZGR 2001, 454, 464; Maier-Reimer ZHR 164 (2000), 563, 567 f.; Piltz ZGR 2001, 185, 203 f. Grundsätzlich auch Koppensteiner in: Kölner Kommentar, § 305 Rn. 110, siehe aber Rn. 114.

[384] Das BayObLG, Beschluss vom 18.12.2002 3Z BR 116/00, AG 2003, 569, 571 f. – „Hypobank/Vereinsbank", lehnt allerdings bei grundsätzlicher Zustimmung zur Methodengleichheit ab, dass das Verhältnis der Börsenkurse überhaupt zur Ermittlung der Verschmelzungswertrelation geeignet sein könne.

Fehler sich bei gleichen Methoden auch bei beiden zu bewertenden Unternehmen gleich auswirkten und das richtige Wertverhältnis dadurch nicht berührt werde.[385]

Zu einer differenzierten Betrachtung ruft MARTENS auf.[386] Der Grundsatz der Methodengleichheit könne zu einer Benachteiligung der Aktionäre des herrschenden Unternehmens führen, da die Bewertung ihrer Gesellschaft nicht nach dem jeweils höheren Ergebnis ausgewählt werden, sondern zwingend dem Ergebnis der abhängigen Gesellschaft folge. Zudem entspreche auch das Verhältnis der Börsenwerte in der Regel nicht dem Verhältnis der Ertragswerte der Unternehmen; zur Fehlerkompensation durch die Ermittlung einer jedenfalls richtigen Gewichtung der Unternehmen zueinander sei die Methodengleichheit daher nicht geeignet.[387]

Für die Methodengleichheit spricht aber die vom BVerfG in den Vordergrund gerückte freie Deinvestitionsmöglichkeit des Minderheitsaktionärs, da er mit seiner alten Beteiligung eine entsprechende Beteiligung am herrschenden Unternehmen erwirbt; dies muss gleichfalls zu Kapitalmarktkonditionen möglich sein.[388] Zu beachten ist, dass bei der Aktienabfindung – anders als im Rahmen der vieldiskutierten Anwendung der DAT/Altana-Grundsätze auf die Verschmelzung selbst – Konzernkonflikte, Verhandlungspositionen[389] und dergleichen keine Rolle spielen können. Es gelten vielmehr dieselben Grundsätze zur Schutzwürdigkeit der Minderheitsaktionäre wie bei der Barabfindung.

---

385 OLG Düsseldorf vom 31.01.2003 – 19 W 9/00 AktE, AG 2003, 329, 334 – „SNI"; Piltz ZGR 2001, 185, 204.

386 Martens AG 2003, 593.

387 Martens AG 2003, 593, 597.

388 OLG Düsseldorf vom 04.06.2003 – 19 W 3/03 AktE, ZIP 2003, 1247, 1250 – „DAT/Altana V".

389 Für die Vergleichbarkeit der Lage von Minderheitsaktionären bei Verschmelzung, Eingliederung und Unternehmensvertrag: Erb DB 2001, 523 f.; Puszkajler BB 2003, 192, 1693; Vetter ZIP 2000, 561, 566 f.; Weiler/Meyer ZIP 2001, 2153, 2155; Wilsing/Kruse DStR 2001, 991, 995 f. (jedenfalls bei der Verschmelzung, bei der ein Abhängigkeitsverhältnis besteht).

Das Vorliegen eines Konzernkonflikts wie beim Unternehmensvertrag wird dagegen zum Teil bei Verschmelzungen (Stichwort: merger of equals) verneint: BayObLG vom 18.12.2002 – 3Z BR 116/00, AG 2003, 569, 570 f. – „Hypobank/Vereinsbank"; Bungert/Eckert BB 2000, 1845, 1846; Bungert BB 2001, 1163, 1166; Hüttemann ZGR 2001, 454, 465; Piltz ZGR 2001, 185, 206 ff.; Wilm NZG 2000, 234, 235 f.; Wilsing/Kruse DStR 2001, 991, 995.

3. Parallelfall: Sachkapitalerhöhung gegen Aktien und § 255 Abs. 2 AktG

Ein Fall, der Parallelen zur Ermittlung der Verschmelzungswertrelation aufweist, ist die Kapitalerhöhung gegen Sacheinlagen in Form von Aktien. Die einzubringenden Gesellschaftsanteile sind dabei als Vermögensgegenstände zu bewerten, um im Gegenzug eine angemessene Anzahl eigener Aktien der Gesellschaft zu gewähren. Auch hier ist daher eine Wertrelation der Anteile festzusetzen. Bei Unangemessenheit droht die Anfechtung des Kapitalerhöhungsbeschlusses gemäß § 255 Abs. 2 AktG, der ausdrücklich nur für die Barkapitalerhöhung gilt, auf die Sachkapitalerhöhung aber entsprechend anwendbar ist.[390] Die Sacheinlage muss wertäquivalent sein, um die Altaktionäre der Gesellschaft vor der Verwässerung ihrer Anteile zu schützen.[391]

Nach der Rechtsprechung des BGH ist der Ausgabebetrag der neuen Aktien nicht nach Börsenkursen sondern nach dem inneren Wert des Unternehmens, d. h. dem Ertragswert, zu ermitteln; die Bewertung nach dem Börsenkurs wurde mit Verweis auf die Rechtslage in den Abfindungsfällen ausgeschlossen.[392] Ein Problem der Bewertung der Sacheinlage liegt jedoch in der Verfügbarkeit von Daten des anderen Unternehmens, um eine Bewertung nach dem Ertragswertverfahren durchführen zu können.[393] Deshalb wird auch hier eine Bewertung der einzulegenden Anteile nach ihrem Börsenkurs vorgeschlagen,[394] die allgemeine Übertragbarkeit der DAT/Altana-Grundsätze jedoch abgelehnt,[395] da es sich bei der Bestimmung der angemessenen Gegenleistung letztlich um einen Preisfindungsprozess handele, der nicht durch einen wie in den Abfindungsfällen vorliegenden Konzernkonflikt bestimmt wird.[396] Eine Bewertung nach den Börsenkursen der Anteile ist zwar zulässig, aber die verbindliche Festlegung der Gegenleistung nach bestimmten Bewertungsmethoden, vielleicht sogar nach der Rosinentheorie des BVerfG,[397] würde die Verhandlungschancen der kapitaler-

390 Martens in: FS Bezzenberger, 2000, S. 267, 279 ff.

391 Martens in: FS Bezzenberger, 2000, S. 267, 280.

392 BGH vom 13.03.1978 – II ZR 142/76, BGHZ 71, 40, 51 f. – „Kali+Salz“.

393 Martens in: FS Bezzenberger, 2000, S. 267, 281.

394 Martens in: FS Bezzenberger, 2000, S. 267, 281.

395 Kirchner/Sailer NZG 2002, 305, 309 f.

396 Kirchner/Sailer NZG 2002, 305, 310.

397 So gefordert von Mülbert, Aktiengesellschaft, Unternehmensgruppe und Kapitalmarkt, S. 267, 341; a. A. Kirchner/Sailer NZG 2002, 305, 309.

höhenden Gesellschaft in einer Erwerbssituation über ein vertretbares Maß einschränken.[398]

4. Konsequenzen der Untersuchung für die Abfindung in Aktien?

Im Gesetzgebungsverfahren zum AktG 1965 war umstritten, ob beim Unternehmensvertrag überhaupt eine Abfindung in Aktien nötig sei und in das Gesetz aufgenommen werden sollte. So hielt es z. B. die Konzernrechtskommission des Deutschen Juristentages für ausreichend, dass ein Barabfindungsgebot unterbreitet werden muss,[399] da es z. B. als unzumutbare Belastung für das abfindungsverpflichtete Unternehmen angesehen wurde, sowohl eine Bar- als auch eine Aktienabfindung bereit halten zu müssen. Der Wirtschaftsausschuss hat aber dennoch die Vorgaben des Regierungsentwurfs gebilligt, die Abfindung in Aktien wurde in § 305 AktG aufgenommen.

Ziel der Regelung ist es, dem außenstehenden Aktionär nicht nur einen reinen Vermögensausgleich zu gewährleisten, sondern ihm auch weiterhin die Beteiligung an einer Gesellschaft zu ermöglichen, die seiner bisherigen wirtschaftlich nahe steht.[400] Sowohl vor dem Hintergrund der Äußerungen des BVerfG zum rechtlichen Charakter der Aktienanlage von Kleinaktionären als auch durch die Entwicklung der Gesetzgebung mit der Einführung des Squeeze-out stellt sich aber die Frage, ob dieses gesetzgeberische Bild des Daueranlegers noch zeitgemäß ist.[401] Das BVerfG hat zwar in der DAT/Altana-Entscheidung keine wesentlich neuen Aussagen über die Figur des Kleinanlegers getroffen,[402] hat aber durch die konsequente Anwendung auf die Abfindungsfälle die Grundlage für ein verändertes Verständnis der zu differenzierenden Figur Aktionär geschaffen. Die Entscheidung des BGH, bei der Verschmelzungswertrelation grundsätzlich beide Gesellschaften anhand der Börsenkurse zu bewerten,[403] geht diesen Weg nun konsequent weiter, führt aber auch dazu, dass der Unterschied zwischen Bar- und Aktienabfindung vernachlässigt und letztlich Bargeld transferiert wird.[404] Dies steht jedoch im Widerspruch zum angestrebten Primär- statt Ver-

[398] Martens in: FS Bezzenberger, 2000, S. 267, 282 f., 287 f.

[399] Ausschussbericht § 305, bei Kropff, S. 398; s. a. Studienkommission des DJT, Untersuchungen zur Reform des Konzernrechts, S. 84, Rn. 537; vgl. Altmeppen in: MünchKomm AktG, Einl. §§ 291 ff. Rn. 18.

[400] Siehe oben 2. Kapitel Abschnitt .A.I.2.c)(1) „Abfindung in Aktien".

[401] Vgl. oben Abschnitt C.II.4.a) „Das Grundverständnis von der rechtlichen Stellung des Aktionärs in der Literatur".

[402] Siehe oben Abschnitt C.II.1. „Der Kleinaktionär in der Rechtsprechung des BVerfG".

[403] BGH vom 12.03.2001 – II ZB 15/00, BGHZ 147, 108, 121 – „DAT/Altana".

[404] Martens AG 2003, 593, 598 f.

mögensschutz für den (Dauer-) Anleger[405], der nicht aus der Gesellschaft gedrängt werden soll.

Hinzu kommt, dass Bar- und Aktienabfindung zwar gleichwertig sein sollen,[406] letztlich führt die Gleichbehandlung mit der Barabfindung nach DAT/Altana jedoch zu einer erhöhten Marktbeobachtungspflicht für den Anleger, der seine Investitionsentscheidung nicht mehr nur anhand der Daten seiner Gesellschaft sondern auch einer möglicherweise zukünftig herrschenden Gesellschaft überprüfen müsste. Dem Vorteil, Transaktionskosten durch den direkten Aktientausch zu sparen, steht der Nachteil entgegen, dass keine Rücksicht auf die Freiheit auch der (Neu-) Investitionsentscheidung genommen wird. Soll nur die Freiheit der Deinvestitionsmöglichkeit vergütet werden, ist die Barabfindung sogar der einfachere Weg. Dass dem herrschenden Unternehmen dadurch die Möglichkeit genommen wird, die Konzernierung durch die selbst geschaffene „Akquisitionswährung Aktie“[407] möglicherweise zu vereinfachen, ist kein überzeugendes Argument für die Erforderlichkeit einer Aktienabfindung, auch in anderen konzernrechtlichen Umstrukturierungsmaßnahmen wird dem Abfindungsverpflichteten die Barabfindung ohne weiteres zugemutet. Die allein beim Unternehmensvertrag und der Eingliederung vorgeschriebene Aktienabfindung steht daher seltsam unpassend neben der sonst unangefochtenen Barabfindung.

Zudem ist bei der Verschmelzung, auf die ja Bezug genommen wird, auch für einen Kleinaktionär Anknüpfungspunkt nicht der einzelne Anteil sondern sein Verhältnis zum gesamten Unternehmen und dessen Vermögenswert. Jeder Aktionär hat einen Anspruch darauf, einen seiner bisherigen Beteiligung entsprechenden Anteil an dem neuen Gesamtunternehmen zu erhalten. Hierbei kommt es vor allem auf das Verhältnis zu den anderen alten und neuen Mitaktionären, nicht aber auf die äußere Marktbewertung an.[408] Die Bewertung muss grundsätzlich eine Gesamtbewertung sein und betrifft den einzelnen Aktionär nur reflexartig. Im Gegensatz dazu soll die Abfindung den Aktionär für den Eingriff in seinen Anteil entschädigen, Ausgangspunkt muss daher auch die Bewertung dieses Anteils sein, so dass eine Ähnlichkeit der Verschmelzung mit der Abfindung in Aktien fern liegt.

Es wäre daher zu überprüfen, ob die Aktienabfindung in dieser Form auch in Zukunft beibehalten werden sollte, oder ob nicht der Gesetzgeber zu einer Vereinheitlichung der konzernrechtlichen Abfindungssystematik aufzurufen ist.

---

405 Vgl. Bilda in: MünchKomm AktG, § 305 Rn. 38.

406 Emmerich in: Emmerich/Habersack, § 305 Rn. 37.

407 Kirchner/Sailer NZG 2002, 305; Beyerle AG 1980, 317, 318.

408 Martens in: FS Bezzenberger, 2000, S. 267, 273 f.

V. Auswirkungen auf das Spruchverfahren

Der Minderheitsaktionär, der mit der ihm angebotenen Abfindung betragsmäßig nicht einverstanden ist, wird zur Durchsetzung seines Anspruches auf das Spruchverfahren verwiesen. Es ist zu überlegen, ob sich aus Erwägungen der Praktikabilität und Verfahrensbeschleunigung ein Argument für die Bevorzugung der einen oder anderen Bewertungsmethode finden lässt. Ein Spruchverfahren ist gemäß § 1 SpruchG vorgeschrieben für die Fälle der Unternehmensverträge, für Eingliederung und Squeeze-out sowie für die Fälle der Umwandlungen und für Abfindungen nach dem SEAG. Es ist nach der hier vertretenen Ansicht außerdem im Fall des „Kalten Delisting" sowie dem gesellschaftsrechtlichen Anspruch im Rahmen des ordentlichen Delisting durchzuführen.

Die Angemessenheit der angebotenen Abfindung kann jeder von den Maßnahmen betroffene Aktionär im Spruchverfahren nach dem SpruchG überprüfen lassen. Die Umstrukturierungsmaßnahme selbst kann dagegen nicht allein wegen eines nicht angemessenen Abfindungsangebotes angegriffen werden.[409] Wird die Maßnahme durch einen Vertrag umgesetzt, führt das Fehlen einer angemessenen Barabfindung bzw. überhaupt einer Regelung abweichend von § 134 BGB nicht zur Nichtigkeit des Vertrages.[410] Die Aktionäre können lediglich eine Ergänzung des Vertrages erreichen.[411] Die vom Gericht bestimmte Regelung wird Bestandteil des Vertrages,[412] d.h. sie ändert ihn rückwirkend. Gemäß § 13 S. 2 SpruchG profitieren auch die bereits abgefundenen Aktionäre nachträglich von der höheren Festsetzung. Dabei kann sich aus dem Verfahren lediglich eine Erhöhung des Abfindungsbetrages ergeben, eine niedrigere Festsetzung, d. h. eine reformatio in peius, ist unzulässig.[413]

Schließlich ist den außenstehenden Aktionären, die nicht selbst Antragsteller im Spruchverfahren sind, zur Wahrung ihrer Interessen durch das Gericht ein ge-

---

409 Siehe §§ 305 Abs. 5 S. 1, 320b Abs. 2 S. 1, 327 f AktG, § 32 UmwG, § 7 Abs. 5 SEAG.

410 Vgl. für den Unternehmensvertrag Geßler in: Geßler/Hefermehl, § 305 Rn. 9, 62; BGH vom 15.06.1992 – II ZR 18/91, BGHZ 119, 1, 9 f. – „ASEA/BBC"; **dagegen:** Beyerle BB 1978, 784, 788 f., der die Muss-Formulierung in § 305 Abs. 1 für vorrangig ansieht und daher den Vertrag bei fehlender Abfindungsklausel für unwirksam hält.

411 Henze ZIP 2002, 97, 107.

412 LG Hamburg vom 10.01.2001 – 411 O 171/00, AG 2002, 100 – „ Philips".

413 BayObLG vom 19.10.1995 – 3Z BR 17/90, AG 1996, 127 – „Paulaner"; LG Dortmund vom 06.08.1993 – 18 AktE 1/87, AG 1994, 85 – „Guano"; Emmerich/Habersack, Konzernrecht, § 22a IV., S. 334; Wenger/Hecker, ifo-Studien 1995, 51, 78.

Zu den Rechtsschutzmöglichkeiten im Hinblick auf eine Entwertung der anderen Anteile durch eine überhöhte Festsetzung der Abfindung siehe Linnerz ZIP 2007, 662 ff.

meinsamer Vertreter zu bestellen (§ 6 SpruchG), der die Stellung eines gesetzlichen Vertreters hat. Durch den gemeinsamen Vertreter sind die antragstellenden Aktionäre gemäß § 6 Abs. 3 SpruchG nicht mehr allein dispositionsbefugt über den Fortgang des Verfahrens; einem Missbrauch des Spruchverfahrens als Druckmittel zur (außergerichtlichen) Zahlung eines Betrages im Bereich des „Lästigkeitswertes“ für die Gesellschaft wird damit entgegen gewirkt.[414]

1. Darstellungs- und Feststellungslast im Spruchverfahren

Gemäß § 17 SpruchG gilt im Spruchverfahren der Amtsermittlungsgrundsatz des § 12 FGG.[415] Das Gericht hat daher die Wahrheit objektiv zu ermitteln, ohne dass es zur Feststellung der Entscheidungsgrundlagen an das Vorbringen der Parteien oder die gestellten Beweisanträge gebunden ist.[416]

Dieser Grundsatz führt jedoch nicht zu einer völligen Entlastung der Beteiligten, sie haben auch in diesem Verfahren an der Aufklärung des Sachverhalts mitzuwirken. Den Beteiligten obliegt grundsätzlich eine Darlegungs- und Informationslast, da es sich um ein echtes Streitverfahren handelt.[417] Diese Pflicht findet z. B. Ausdruck in § 4 Abs. 2 S. 2 Nr. 4 SpruchG, wonach der Antragsteller konkrete Einwendungen vortragen muss, die nach seiner Ansicht zur Unangemessenheit der Abfindung führen. Es soll davon auszugehen sein, dass der Antragsteller die ihm günstigen Tatsachen vorträgt.[418]

Falls eine anspruchsbegründende Tatsache, vor allem die Unangemessenheit des Abfindungsbetrages, nicht näher aufklärbar ist, trägt der Antragsteller die Feststellungslast, d. h. der Antrag auf Festsetzung einer höheren Abfindung ist abzuweisen.[419] Aus der Feststellungslast war wegen des Amtsermittlungsgrundsatzes zumindest vor Einführung des SpruchG nicht notwendig auch eine Darlegungslast für den Antragsteller abzuleiten.[420] Da der Antragsteller nunmehr je-

---

414 Bilda NZG 2000, 296, 297 f.

415 Einschränkungen, die zu einer deutlichen Verfahrensbeschleunigung führen können, ergeben sich aus der Verspätungsvorschrift des § 10 SpruchG.

416 Vgl. OLG Düsseldorf vom 26.09.1997 – 19 W 1/97 AktE, AG 1998, 37, 38 – „Hageda AG/M und H GmbH“.

417 OLG Düsseldorf vom 26.09.1997 – 19 W 1/97 AktE, AG 1998, 37, 38 – „Hageda AG/M und H GmbH“.

418 Bilda NZG 2000, 296, 300.

419 Siehe z. B. BayObLG vom 31.07.2002 – 3Z BR 362/01, ZIP 2002, 1765, 1769 f. – „Siemens“.

420 KG vom 15.12.1970 – 1 W 2982/69, AG 1971, 158, 160; dagegen Bilda NZG 2000, 296, 300;.

doch in der Anspruchsbegründung konkrete Einwendungen gegen die Angemessenheit erheben muss, obliegt ihm auch eine entsprechend umfangreiche Darlegungslast.[421] So reichen pauschale Angriffe gegen ein Sachverständigengutachten nicht aus.[422] Auch sind vom Antragsteller für eine Berücksichtigung des Börsenkurses der Kursverlauf mit Höchst- und Tiefstkurs zum Stichtag sowie die Gründe, die für bzw. im umgekehrten Fall gegen seine Berücksichtigung sprechen, vorzutragen. Darauf muss das Gericht u. U. gemäß § 139 ZPO hinweisen.

2. Unsicherheiten in der Ermittlung der Werte

Bei den Gesamtbewertungsmethoden wie dem Ertragswertverfahren ermittelt das Gericht den angemessenen Abfindungsbetrag aufgrund der von Sachverständigen vorgelegten Gutachten. Abhängig ist deren Ergebnis vor allem von der Prognose der Ertragserwartungen und der Einschätzung des Risikos, das sich in der Festlegung des Kapitalisierungszinssatzes[423] niederschlägt.

a) Prognosen und Schätzungen

Das BVerfG hat die Unternehmenswertermittlung nach dem Ertragswertverfahren bei der Abfindungsberechung für verfassungsrechtlich unbedenklich gehalten.[424] Zu Recht ist jedoch in der Literatur wiederholt darauf hingewiesen worden, dass die Unternehmensbewertung naturgemäß mit Unsicherheiten behaftet sei, weil auch die Prognose der Unternehmensentwicklung nicht ohne spekulative Elemente ist.[425] Bei Verwendung der Phasenmethode ist ab der zweiten Phase des Prognosezeitraums die Anwendung des Wurzeltheorie des BGH zweifelhaft, da die Bestimmung der zukünftigen Erträge nicht mehr davon abhängt, was „in der Wurzel" im Unternehmen angelegt ist, sondern aufgrund der Einschätzung allgemeiner konjunktureller Bedingungen erfolgt, deren Entwicklung am Bewer-

---

[421] Zum Problem des Zurückhaltens von Unterlagen und Informationen durch das Unternehmen siehe etwa Land/Hennings AG 2005, 380, 382.

[422] LG Dortmund vom 22.10.2001 – 20 AktE 15/99, AG 2003, 50.

[423] Siehe etwa den Fall „März/EKU", in dem das BayObLG kritisiert, die Sachverständigen seien ohne nähere Begründung und mit stereotypem Verweis darauf, dass ein Risikozuschlag enthalten sei, von einem Kapitalisierungszinsfuß von 10 % ausgegangen: BayObLG vom 29.09.1998 – 3Z BR 159/94, ZIP 1998, 1872, 1874.

[424] BVerfG vom 27.04.1999 – 1 BvR 1613/94, BVerfGE 100, 289, 307 – „DAT/Altana".

[425] Emmerich/Habersack, Konzernrecht, § 22 III. 3., S. 319; Votum Henze im Rahmen der Stellungnahme des II. Zivilsenats des BGH zur DAT-Altana-Entscheidung des BVerfG, BVerfGE 100, 289, 301 – „DAT/Altana"; Zehner DB 1981, 2109, 211f f.; siehe auch BayObLG vom 11.07.2001 – 3Z BR 172/99, AG 2002, 388, 389 – „Rieter I".

tungsstichtag nicht vorhersehbar ist.[426] Zutreffend weisen auch die Gerichte im Spruchverfahren vielfach darauf hin, dass bereits infolge der Unsicherheiten bei der Ermittlung der Grunddaten die Bewertungsverfahren die Genauigkeit in der Wertermittlung oft nur vortäuschen[427]. Die gleichen wertbeeinflussenden Faktoren können von verschiedenen Sachverständigen ohne weiteres verschieden bewertet und gewichtet werden.[428]

b) *Auswahl des Sachverständigen*

Da so viel von der persönlichen Einschätzung des bzw. der Sachverständigen abhängt, ohne dass die einzelnen Faktoren letztlich an „harten" Kriterien eindeutig nachvollziehbar sind oder offensichtliche Fehler nachgewiesen werden können,[429] liegt auf der Hand, dass bereits die Auswahl der Sachverständigen[430] maßgeblichen Einfluss auf die Höhe des ermittelten Unternehmenswertes und damit der Abfindung hat. Dies ist etwa in § 10 UmwG und bei der obligatorischen Prüfung von Unternehmensverträgen gemäß §§ 293b, c AktG teilweise berücksichtigt worden, indem die Prüfer nicht mehr vom Vorstand sondern auf Antrag vom Landgericht bestimmt werden.[431]

---

426 Zehner DB 1981, 2109, 2114 f.

427 Siehe etwa BayObLG vom 19.10.1995 – 3Z BR 17/90, AG 1996, 127, 130 – „Paulaner"; BayObLG vom 11.12.1995 – 3Z BR 36/91, AG 1996, 176, 180; BayObLG vom 11.7.2001 – 3Z BR 172/99, AG 2002, 388, 389 – „Rieter I"; so auch Emmerich in: Emmerich/Habersack, § 305 Rn. 40a; Barthel DB 1990, 1145, 1149.

428 BayObLG vom 29.09.1998 – 3Z BR 159/94, ZIP 1998, 1872, 1875 – „März/EKU".

429 Kronstein in: FS Geßler, 1971, S. 219, 225.

Forster in: FS Claussen, 1997, S. 91, 99, äußert sich pointiert zu den Schätzungen von z. B. Zinssätzen, die oft tatsächlich nicht nachvollziehbar zu begründen seien: „Die Algebra dient nur der Tarnung."

430 Siehe auch Zeidler NZG 1998, 949.

Auf die Abhängigkeit der WP-Gesellschaften, die neben Hochschullehrern vor allem die Sachverständigen für die Bewertung des Unternehmens im Spruchverfahren stellen, von den Aufträgen derselben Unternehmen weisen Hecker/Wenger (ZBB 1995, 321, 327) hin. Siehe auch Wenger/Hecker, ifo-Studien 1995, 51, 65 ff., 71; Wenger/Hecker/Knoesel in: Finanzmärkte, S. 95, 108.

431 Vgl. Seetzen WM 1999, 565, 567.

Die Einführung der Vertragsprüfung sollte zu einer Entlastung des Spruchverfahrens führen, Begr. zum Gesetzentwurf UmwBerG 1994, BT-Drucks. 12/6699, S. 178, da ohne positiven Prüfvermerk keine Eintragung in das Handelsregister erfolgen darf. Die Bestellung von „Obergutachten" im Spruchverfahren sollte dadurch überflüssig werden (LG Frankfurt a. M. vom 08.08.2001 – 3/8 O 69/97, AG 2002, 357 f.). Vorbild waren die Vorschriften zur Verschmelzungsprüfung. Der Prüfer untersucht schwerpunktmäßig die Angemessenheit der Höhe und der Art von Ausgleich und Abfindung, Emmerich in: Emmerich/Habersack, § 293b Rn. 17. Die Prüfung beschränkt sich jedoch auf die Vertretbarkeit

Zwar ist das Gericht im Spruchverfahren nicht an das vom Abfindungsverpflichteten vorgelegte Gutachten gebunden, da es sich hierbei nur um Parteivorbringen handelt. Es kann ein eigenes Gutachten in Auftrag geben oder die Abfindungshöhe gemäß § 287 ZPO auf anderen Grundlagen schätzen. Probleme wirft jedoch die Frage auf, ob das Gericht stets verpflichtet ist, ein eigenes Gutachten erstellen zu lassen. Diese Frage ist zu verneinen,[432] da allein entscheidend ist, ob das Gericht zu der Überzeugung gelangt, das Abfindungsangebot sei angemessen. Es kann diese Überzeugung auch aufgrund des Gutachtens des Abfindungsverpflichteten bilden.[433] Wird dieses angegriffen, sind Nachprüfungen anzustellen.[434] Sinnvoll ist diese Vorgehensweise unter dem Aspekt, durch das Spruchverfahren nicht unnötig Kosten entstehen zu lassen, die gemäß § 15 Abs. 2 SpruchG allein der Antragsgegner zu tragen hat. Andererseits wird oft eine gewisse Unsicherheit in Bezug auf die Objektivität der vorgelegten Gutachten verbleiben, die aus Sicht der abzufindenden Aktionäre auch durch die Überzeugung des Gerichts nicht vollständig ausgeräumt werden kann. Man behilft sich daher mit der Feststellung, dass sich der Unternehmens- bzw. Anteilswert eben immer nur als „Näherungswert mit einer Bandbreite" ermitteln lässt und eine „Punktgenauigkeit" bei der Überprüfung der Unternehmenswerte nicht angesetzt werden könne.[435]

Es bleibt die Frage, ob ein Sachverständiger, der im übrigen von den Aufträgen großer Unternehmen lebt, - ob vom Vorstand oder vom Gericht bestellt - zu einer ausgewogenen Lösung des Bewertungsproblems für die Abfindungsermittlung in der Lage ist.[436]

c) *Informationsdefizit der Antragsteller*

Ein weiterer Kritikpunkt an der bisherigen Praxis im Spruchverfahren ist der Umgang der Antragsgegner mit Informationen, auf die der Antragsteller ange-

der angewandten Methoden und Prognoseentscheidungen, so dass es sich nur um eine Plausibilitätskontrolle handelt, Lutter in: Lutter, UmwG, § 9 Rn. 11; Emmerich in: Emmerich/Habersack, § 293b Rn. 17 ff.

[432] So auch Ehricke/Roth DStR 2001, 1120, 1126 f.

[433] Land/Hennings AG 2005, 380, 383.; Ehricke/Roth DStR 2001, 1120, 1126 f.; Seetzen WM 1999, 565, 567.

[434] OLG Düsseldorf vom 26.09.1997 – 19 W 1/97 AktE, AG 1998, 37, 38 – „Hageda AG/M und H GmbH".

[435] Bungert/Eckert BB 2000, 1845, 1847; vgl. auch Stellungnahme des IdW zur DAT-Altana-Entscheidung des BVerfG, BVerfGE 100, 289, 299.

[436] Dies gilt vor allem für die gängige Praxis der Parallelbewertung des Berichtes, Vertrages etc. durch den Barabfindungsprüfer. Kritisch hierzu OLG Hamm vom 17.03.2005 – 27 W 3/05, ZIP 2005, 1457, 1460 – „GEA AG".

wiesen ist. Werden für die Bewertung in großem Umfang interne Unterlagen benötigt, kann die – aus Sicht eines Abfindungsverpflichteten nachvollziehbar – fehlende Kooperation das Verfahren über Monate oder Jahre lahm legen. Hieran kann auch die Vorlagepflicht des § 7 Abs. 7 SpruchG, die deutlich über § 142 ZPO hinausgeht, im Hinblick auf die relativ schwachen Zwangsmittel[437] des § 7 Abs. 8 SpruchG wenig ändern.[438] Hinzu kommt, dass gerade die Unterlagen und Arbeitspapiere der vom Antragsgegner mit der Bewertung und Vertragsprüfung befassten Sachverständigen nicht nach § 7 Abs. 7 SpruchG herausverlangt werden können.[439]

d) Zwischenergebnis

Diese Überlegungen führen zwangsläufig zu der Frage, ob die Anteilswertermittlung über den Börsenkurs per se unzuverlässiger und „weniger richtig" als die Unternehmenswertermittlung mit der Ertragswertmethode ist.[440] Notwendig unsichere subjektive Vorstellungen und Erwartungen prägen hier wie dort die, zugegebenermaßen nicht „rechnerisch eindeutige", Gewichtung der Bewertungsfaktoren. Jedoch fließen die subjektiven Erwartungen – außer in den Fällen gezielter Beeinflussung des Kurses – in den Börsenkurs durch die große Anzahl der Handelsteilnehmer an der Börse quasi gefiltert ein. Die unterschiedlichen subjektiven Erwartungen und auch Wertvorstellungen der Käufer und Verkäufer ergeben durch das Forum Börse gemittelt einen „objektiven", m. E. besser „objektivierten", Wert des Anteils.[441]

3. Rechtsschutzbedürfnis

MAIER-REIMER/KOLB sind der Ansicht, dem Aktionär fehle (immer) das Rechtsschutzbedürfnis für ein Spruchverfahren, falls allein die Höhe des erzielbaren Börsenkurses als Abfindungsbetrag geschuldet werde, da er stets den einfacheren Weg des tatsächlichen Verkaufs gehabt habe.[442] Dies überzeugt aus mehre-

---

437 Siehe Beispiel bei Meilicke/Heidel DB 2003, 2267, 2271.

438 Zum besonderen Problem der Geheimhaltung nach § 7 Abs. 7 S. 2 SpruchG: Wasmann/Roßkopf ZIP 2003, 1776 ff.; Meilicke/Heidel DB 2003, 2267, 2271.

Siehe etwa OLG Düsseldorf vom 11.04.1988 – 19 W 32/86, ZIP 1988, 1555, 1558 – „Colditz": Bei einem abhängigen Unternehmen haben die außenstehenden Aktionäre wegen der Geheimhaltungsinteressen keinen Anspruch auf Vorlage des Abhängigkeitsberichtes nach § 312 AktG, sondern lediglich – unabhängig vom anhängigen Spruchverfahren – die Möglichkeit, eine Sonderprüfung gemäß § 315 AktG zu beantragen.

439 Wasmann/Roßkopf ZIP 2003, 1777, 1780 f.

440 Vgl. BayObLG vom 29.09.1998 – 3Z BR 159/94, ZIP 1998, 1872, 1875 – „März/EKU".

441 So auch schon Busse von Colbe AG 1964, 263, 266.

442 Maier-Reimer/Kolb in: FS W. Müller, 2001, S. 93, 97.

ren Gründen nicht: Zum einen kann ungeachtet der Vorgaben durch die Rechtsprechung das Abfindungsangebot unter dem Börsenkurs liegen und damit zu niedrig bemessen sein. Zum anderen wird nicht hinreichend unterschieden zwischen der Prüfung, ob der Kläger sein *Rechtsschutz*ziel auf auch einfacherem und billigerem *prozessualem* Weg erreichen kann[443] im Unterschied zu tatsächlichem Handeln und der relativen Bezugnahme auf die Veräußerungsmöglichkeit über die Börse[444]. Der Aktionär soll keineswegs allein auf die tatsächliche Veräußerungsmöglichkeit über die Börse verwiesen und damit zum, im Zweifel sofortigen, Handeln gezwungen werden. Die Heranziehung des Börsenkurses für die Abfindungsermittlung hat andere Gründe, so dass das Rechtsschutzbedürfnis für das Spruchverfahren ohne Zweifel nicht aus diesem Grund ausscheidet.

4. Kosten des Verfahrens

Verbunden mit dem Problem der umfangreichen Gutachtenerstellung durch Sachverständige ist mittelbar auch die Frage nach den Kosten des Verfahrens. Sie belaufen sich oft auf *weit mehr* als 50.000 €.[445] Grundsätzlich sind, von Missbrauchsfällen abgesehen, die Verfahrenskosten gemäß § 15 Abs. 2 SpruchG von dem Antragsgegner zu tragen, ebenso Auslagenvorschüsse gemäß § 15 Abs. 3 S. 1 SpruchG, so dass die antragsberechtigten Aktionäre hierdurch nicht belastet werden. Da kein Anwaltszwang besteht, fällt zudem nicht zwingend ein Vorschuss für das Anwaltshonorar an; ebenso ist gemäß § 15 Abs. 3 S. 2 SpruchG i. V. m. § 8 KostO kein Gerichtskostenvorschuss zu zahlen. Auch wenn es vorkommt, dass Minderheitsaktionäre ein Spruchverfahren missbräuchlich einleiten, um sich dadurch ein „Lästigkeitspotential“ zu erwerben, das der abfindungsverpflichteten Gesellschaft hohe Abstandszahlungen zur Verfahrensbeendigung wert ist,[446] so darf deswegen die vom Gesetz getroffene Kostenregelung nicht in Frage gestellt werden. Zum einen führt die Rücknahme des Antrags durch die antragsstellenden Aktionäre wegen § 6 Abs. 3 SpruchG nicht zur Beendigung des Verfahrens, zum anderen können missbräuchliche Anträge abgelehnt werden oder die Antragsteller können an den Kosten des Verfahrens beteiligt werden, § 15 Abs. 2 S. 2 SpruchG. Missbräuchlichem Ausnutzen der günstigen Kostenregelung ist damit ausreichend begegnet, im übrigen gewährt sie für die von Maßnahmen der Aktionärsmehrheit quasi als Objekt betroffenen Minderheitsaktionären einen effektiven Rechtsschutz. Spruchverfahren sind in

---

443 BGH vom 11.07.1996 – IX ZR 226/94, NJW 1996, 3147, 3148.

444 Siehe hierzu oben Abschnitt D.II.1.d)(2) „Hypothetische Veräußerungsmöglichkeit mit der Fiktion von Preisneutralität“.

445 Bilda NZG 2000, 296 (allein sechsstellige DM-Beträge für Bewertungsgutachten).

446 Bilda NZG 2000, 296, 297; vgl. dagegen auch die Ausführungen von Wenger ZIP 1993, 1627, 1630.

der Regel teuer; die Durchführung von der Finanzkraft der Antragsteller abhängig zu machen, bedeutete in vielen Fällen daher eine Rechtsschutzverweigerung.

Problematisch kann aus praktischer Sicht werden, dass Sachverständige regelmäßig nicht bereit sind, Bewertungsgutachten zu den gesetzlichen Vergütungssätzen des § 3 ZSEG zu erstatten. Üblicherweise sind dann die Antragsgegner, z. B. die Parteien des Unternehmensvertrages, bereit, eine Vereinbarung über die besondere Vergütung des Sachverständigen gemäß § 7 ZSEG zu treffen.[447] Geschieht dies jedoch nicht, kann sich hieraus eine Situation wie in dem geschilderten März/EKU-Fall[448] ergeben, in der die Einholung eines Gutachtens für die gerichtliche Entscheidung faktisch unmöglich wird. Eigentlich dürfte eine solche Situation jedoch gar nicht eintreten, da der Sachverständige gemäß § 407 ZPO zur Erstellung des Gutachten verpflichtet ist, ohne dass er dies davon abhängig machen darf, dass die Parteien mit seinen Honorarvorstellungen einverstanden sind.[449] Im Gegenteil, weigert sich der Sachverständige, kann gemäß § 409 ZPO Ordnungsgeld verhängt werden, um ihn zu zwingen, seiner Pflicht zur Gutachtenerstellung nachzukommen. Das BayObLG verweist den Hinweis auf § 407 Abs. 1 ZPO jedoch in den Bereich akademischer Theorie,[450] da auch die Verhängung von Ordnungsgeld bei einer Weigerung des Sachverständigen ohne Wirkung bliebe. Bleibt auch hier der Weg, den das BayObLG zur Lösung des Konflikts und zur Beendigung des Spruchverfahrens wählte: es zog den Börsenkurs der Gesellschaft zur Ermittlung der angemessenen Abfindung heran. Dies kann notfalls auch durch die Richter selbst erfolgen, ganz ohne Einschaltung teurer Sachverständiger.

5. Zeitlicher Aufwand des Verfahrens

a) Problemaufstellung

Die Ertragswertmethode ist für die Ermittlung der angemessenen Abfindung aufwendig und teuer, da lange Sachverständigengutachten für die Wertermittlung notwendig sind. Jedoch ist zu bedenken, dass jede Unternehmenswertermittlung, die nicht allein auf dem Ablesen bereits vorhandener Werte, wie etwa

---

[447] BayObLG vom 29.09.1998 – 3Z BR 159/94, ZIP 1998, 1872, 1874 – „März/EKU“.

[448] Siehe oben 1. Kapitel Abschnitt A.II. „Die März/EKU-Entscheidung des BayObLG vom 29.9.1998“.

[449] OLG Düsseldorf vom 26.09.1997 – 19 W 1/97 AktE, AG 1998, 37, 38 – „Hageda AG/M und H GmbH“; Seetzen WM 1999, 565, 567 f.

[450] BayObLG vom 29.09.1998 – 3 Z BR 159/94, ZIP 1998, 1872, 1874.

Buchwerten[451] oder einem Börsentageskurs, bestehen, eine gesonderte Wertermittlung erfordern. Je größere Ansprüche dabei hinsichtlich einer umfassenden Berücksichtigung aller möglicherweise wertbildenden Faktoren gestellt werden, desto umfangreicher wird auch die Wertermittlung durch Gutachter ausfallen.

Das Problem, das sich hierbei stellt, ist folgendes: Sind jahrelange Spruchverfahren hinzunehmende Umstände, da das Gericht hiermit eine gerechte Lösung des Abfindungskonflikts zwischen den Parteien finden muss, die auf die Entscheidung einer objektiven Instanz vertrauen? Und muss tatsächlich stets ein Kompromiss zwischen einer genauen und einer Entscheidung in angemessener Zeit gefunden werden?[452] In der Literatur sind verschiedentlich Beispiele zusammengetragen worden, die deutlich machen, dass Spruchverfahren etliche Jahre dauern können.[453] Derart lange Zeiträume sind verständlicherweise Ansatzpunkte für Kritik und die Forderung nach Verfahrensbeschleunigung.[454] Zudem wird in der Literatur, nicht ohne Grund, vermutet, dass ein starker Anreiz für das abfindungsverpflichtete Unternehmen besteht, zunächst ein viel zu niedriges Abfindungsangebot anzubieten und im übrigen darauf zu vertrauen, auch das langwierige Spruchverfahren werde keine allzu stark abweichende Entscheidung liefern.[455]

---

451 Selbst hier ist jedoch ein gewisser Aufwand zu beachten, wenn eine außerordentliche Bilanz mit Stichtagswerten aufzustellen ist. Das OLG Düsseldorf (Beschluss vom 29.10.1976 – 19 W 6/73, AG 1977, 168 ff. – „Metallgesellschaft/Stolberger Zink") befürwortet aus dem Grund, dass recht einfach die Angaben aus den Steuerbilanzen verwendet werden könnten, das Stuttgarter Verfahren, das jedoch aus generellen Erwägungen zur Abfindungsermittlung ungeeignet ist. Siehe oben 3. Kapitel Abschnitt F.IV. „Stuttgarter Verfahren".

452 So Seetzen WM 1999, 565, 570.

453 Bauer NZG 2001, 1148 (9-13 Jahre); Beyerle BB 1978, 784, 785 (bis zu 8 Jahre); Lutter/Bezzenberger AG 2000, 433, 436 (bis zu 17 Jahre, um die 5 Jahre schon völlig normal); Wenger/Hecker ifo-Studien 1995, 51, 81 (bei Unternehmensverträgen im Schnitt über 5 Jahre).

Beispielsweise seien genannt: LG Hannover vom 16.06.1977 – 22 AktE 1/70, AG 1977, 346 ff. – „Ilseder Hütte AG/Salzgitter Hüttenwerke AG" (7 Jahre); LG Dortmund vom 18.11.2000 – 20 AktE 8/94, ZIP 2001, 739 ff. – „SNI" (9 Jahre); OLG Stuttgart vom 01.10.2003 – 4 W 34/93, ZIP 2004, 712 ff. – „Vereinigte Filzfabriken AG" (12 Jahre).

454 Bauer NZG 2001, 1148; Bilda NZG 2000, 296, 298 ff.; Emmerich/Habersack, Konzernrecht, § 22a I., S. 328; Seetzen WM 1999, 565, 570; Götz DB 1996, 259; Hecker/Wenger ZBB 1995, 321, 337; Lutter, in: Lutter, 25 Jahre Aktiengesetz, S. 76 f.

Siehe auch Beyerle ZGR 1977, 650, 661. Zu beachten ist, dass die dort aufgeführten Verfahren noch wesentlich schneller beendet wurden.

455 Emmerich/Habersack, Konzernrecht, § 22 III. 3., S. 318.

b) Position des BVerfG zum Grundrechtsschutz im Verfahrensrecht

Effektiver Grundrechtsschutz ist neben der materiellrechtlichen Ausgestaltung von Ersatzansprüchen auch durch die Gestaltung des Verfahrens zur Durchsetzung der geschützten Rechtsposition zu gewährleisten.[456] Das Verfahren muss so gestaltet sein, dass es die Rechtsgewährung ermöglicht und der Rechtsausübung keine derartigen Hindernisse in den Weg legt, dass die Gefahr der Entwertung der materiellen Grundrechtsposition entsteht. Grundsätzlich genügt das Spruchverfahrensrecht durch die Bestellung eines Gemeinsamen Vertreters, der Kostentragungspflicht des Antragsgegners[457] sowie dem Amtsermittlungsgrundsatz diesen Anforderungen. Durch die starke Verzögerung der Verfahren im Zusammenhang mit der Gutachtenerstellung und –überprüfung kommt es jedoch faktisch zu Situationen, in denen die Gewährleistung des Rechtsschutzes zum Abfindungsanspruch erheblich erschwert wird.

Das BVerfG hat in diesem Zusammenhang wiederholt festgestellt, der grundgesetzlich geschützte Anspruch auf wirksamen Rechtsschutz umfasse auch, dass dieser Rechtsschutz in angemessener Zeit gewährt wird.[458] In der Frage, ob das Untätigbleiben des Gerichts im Spruchverfahren über mehrere Jahre Rechtsverweigerung darstellt und damit einen Verstoß gegen das Rechtsstaatsprinzip aus Art. 2 Abs. 1 i. V. m. Art. 20 Abs. 3 GG bedeutet, hat das Gericht im Fall „SNI/Siemens" jedoch entschieden, eine Verfahrensdauer im Spruchverfahren von in diesem Zeitpunkt 7 Jahren sei verfassungsrechtlich noch hinnehmbar;[459] vor allem weil, wie das Gericht befand, die Hauptursache für die lange Verfahrensdauer nicht in einer verzögerlichen Verfahrensbehandlung durch das Landgericht zu sehen gewesen sei.[460] Ursächlich war unter anderem der lange Zeit-

---

456 BVerfG vom 20.12.1979 – 1 BvR 385/77, BVerfGE 53, 30, 65 – „Mülheim-Kärlich"; BVerfG vom 08.02.1983 – 1 BvL 20/81, BVerfGE 63, 131, 143.

457 Siehe oben Abschnitt D.V.4. „Kosten des Verfahrens".

458 BVerfG vom 16.12.1980 – 2 BvR 419/80, BVerfGE 55, 349, 369; BVerfG vom 02.03.1993 – 1 BvR 249/92, BVerfGE 88, 118, 123 f.

459 BVerfG vom 26.04.1999 – 1 BvR 467/99, NJW 1999, 2582, 2583 – „SNI/Siemens".

In einem anderen Fall sah das BVerfG einen Verstoß durch ein Vormundschaftsgericht durch eine 6 ½-jährige Verfahrensdauer als gegeben an, BVerfG vom 06.05.1997 – 1 BvR 711/96, NJW 1997, 2811 f. Bei diesem Fall spielte aber vor allem die Besonderheit des Streits um das Sorge- und Umgangsrechts mit nichtehelichen Kindern eine entscheidende Rolle, so dass verallgemeinernde Schlüsse unzulässig erscheinen.

Der Europäische Gerichtshof für Menschenrechte sah in einer Verfahrensdauer von 7 Jahren und 4 Monaten in einem Vorlageverfahren vor dem BVerfG einen Verstoß gegen den Verfahrensbeschleunigungsgrundsatz aus Art. 6 Abs. 1 EMRK, EGMR vom 01.07.1997 – 125/1996/744/943, NJW 1997, 2809 ff. – „Probstmeier./.BRD".

460 BVerfG vom 26.04.1999 – 1 BvR 467/99, NJW 1999, 2582, 2583 – „SNI/Siemens".

raum, den der Sachverständige für die Gutachtenerstellung benötigte. Bereits zu Beginn der Beweiserhebung ging das Gericht aufgrund einschlägiger Erfahrungen davon aus, dass hierfür 2 Jahre oder mehr erforderlich seien. Hinzu kamen Verzögerungen, deren Gründe nach Ansicht des BVerfG eindeutig in der Sphäre der Antragsgegner lägen.

Es mag zutreffend sein, dass das Gericht im Spruchverfahren hierfür nicht verantwortlich gemacht werden kann, da es die Verfahrensverzögerung nicht verursacht hat; dennoch ist das Ergebnis (der Beschluss des Landgerichts erging schließlich nach fast 9 Jahren)[461] für die betroffenen Minderheitsaktionäre nicht hinzunehmen. Der grundrechtliche Schutz der Antragsteller im Hinblick auf die Verfahrensausgestaltung kann nicht dadurch ausgehöhlt werden, dass dem Antragsgegner de facto derartige Verzögerungen ermöglicht werden. Dabei kann es nicht darauf ankommen, ob das Gericht den Ablauf selbst verzögert oder der typische Verfahrensablauf die Verschleppung geradezu bedingt.

c) EGMR in Kind ./. Deutschland

Der Europäische Gerichtshof für Menschenrechte entschied im Verfahren KIND gegen DEUTSCHLAND[462], die Dauer eines Spruchverfahrens von insgesamt 15 Jahren und 9 Monaten stelle eine Verletzung von Art. 6 Abs. 1 EMRK[463] dar. Das Gericht hatte hierbei gemäß seiner ständigen Rechtsprechung die gesamte Verfahrensdauer einschließlich einer gesetzlich nicht vorgesehen Beschwerde zum BGH sowie der Verfassungsbeschwerde betrachtet. Allein das Spruchverfahren hatte jedoch bereits 8 Jahre und 4 Monate in Anspruch genommen. Ob allein diese Dauer als überlang anzusehen ist, hat das Gericht nicht entschieden.

Ebenso befand das BVerfG, die 5-jährige Dauer eines verwaltungsgerichtlichen Verfahrens stelle keinen Verfassungsverstoß dar, insbesondere, weil auch hier die Hauptursache für die Verfahrensverzögerung nicht in einer verzögerlichen Verfahrensbehandlung durch das Gericht zu sehen gewesen sei, BVerfG vom 29.04.1981 – 2 BvR 348/81, EuGRZ 1982, 75 f.

461 LG Dortmund vom 18.11.2000 – 20 AktE 8/94, ZIP 2001, 739 ff. – „SNI".

462 Entscheidung vom 20.2.2003, Individualbeschwerde Nr. 4432/98, in französischer und deutscher Sprache veröffentlicht unter http://www.echr.coe.int. Das Spruchverfahren wurde vor dem Landgericht Düsseldorf, Beschluss vom 16.12.1987 – 34 AktE 1/82, AG 1989, 138, und dem Oberlandesgericht Düsseldorf, Beschluss vom 16.10.1990 – 19 W 9/88, ZIP 1990, 1474 - „Wicküler-Küpper-Brauerei" durchgeführt.

463 Art. 6 EMRK Recht auf ein faires Verfahren, Abs. 1: „Jedermann hat Anspruch darauf, dass seine Sache in billiger Weise öffentlich und innerhalb einer angemessenen Frist gehört wird, und zwar von einem unabhängigen und unparteiischen, auf Gesetz beruhenden Gericht, das über zivilrechtliche Ansprüche und Verpflichtungen oder über die Stichhaltigkeit der gegen ihn erhobenen strafrechtlichen Anklage zu entscheiden hat. ..."

d) Zwischenergebnis

Den Aktionären wird durch die Verfahrensdauer nicht nur die Abfindungssumme über einen sehr langen Zeitraum mit erheblichen Zinsverlusten[464] vorenthalten, zusätzlich tragen sie auch das Risiko der Insolvenz des abfindungsverpflichteten Unternehmens.[465]

Nach der Rechtsprechung des BVerfG, wonach der Börsenkurs bei der Abfindungsermittlung nicht unbeachtet bleiben darf, könnte man unter anderem auch positive Auswirkungen auf die Dauer der Verfahren vermuten, da die Ermittlung und Bestimmung von Stichtags- oder Durchschnittskursen im Vergleich zur Ertragswertermittlung bedeutend weniger aufwendig ist. Jedoch beschränkt sich das Gericht auf die Forderung, der Börsenkurs sollte regelmäßig nur die Untergrenze der Abfindung darstellen. Notwendige Konsequenz dieser Rosinentheorie[466] ist, dass die Bewertung des börsennotierten Unternehmens wie bisher nach der Ertragswertmethode vorgenommen wird und lediglich ergänzt wird um eine allgemeine Kapitalmarktanalyse sowie um die spezifische Auswertung der Börsenkursentwicklung der Aktie der zu bewertenden Gesellschaft.[467] Das Verfahren wird dadurch in der Beweisaufnahme nicht verschlankt, sondern im Gegenteil noch zusätzlich verkompliziert. Die Frage nach der Rechtsstaatlichkeit überlanger Spruchverfahren verschärft sich dadurch weiter.

Es sind in der Literatur Vorschläge gemacht worden, die Verantwortlichkeit der antragstellenden Minderheitsaktionäre zu stärken, etwa indem die Anforderungen in Bezug auf die Darlegungslast in der gerichtlichen Praxis verschärft werden.[468] Diskussionswürdige Ansätze sind dies in der Regel allemal. Auf der Hand liegt jedoch auch, dass eine drastische Vereinfachung des Beweisverfahrens vor allem in Fällen, in denen Börsenkurse vorliegen, auch dadurch erreicht werden kann, dass diese Werte zur alleinigen Grundlage der Abfindungsermittlung gemacht werden. Besteht die Möglichkeit, Bewertungsverfahren heranzuziehen, die sowohl in der Ermittlung der Grunddaten als auch in der Berechnung unkompliziert sind und wesentlich zur Verfahrensbeschleunigung und damit zu einem rechtsstaatlichen Verfahren führen, so kann dies im Rahmen des richterli-

---

464 Möglich durch die niedrige Verzinsung gemäß §§ 305 Abs. 3 S. 3, 320b Abs. 1 S. 6, 327b Abs. 2 AktG, § 30 Abs. 1 S. 2, 15 Abs. 2 UmwG, vgl. Meilicke/Heidel DB 2003, 2267, 2268 f.

465 Bauer NZG 2001, 1148; OLG Köln vom 08.03.2001 – 7 U 146/00, ZIP 2001, 967 ff. – „EKU/März".

466 Siehe hierzu oben Abschnitt C.III.5. „'Rosinentheorie' zugunsten des Kleinanlegers?".

467 Vetter AG 1999, 569, 571.

468 Bilda NZG 2000, 296, 298 ff.; siehe hierzu oben Abschnitt D.V.1. „Darstellungs- und Feststellungslast im Spruchverfahren".

chen Ermessens nach § 287 ZPO Auswirkungen auf die Wahl der Bewertungsmethode haben[469] und dieses Bewertungsverfahren erhält zusätzliches Gewicht. Eine Verfahrensverkürzung mit allen Mitteln zu Lasten des Abfindungsberechtigten findet hierdurch nicht statt, da die Entscheidung für den Börsenkurs als alleinigem Bewertungsmaßstab nach dem Ergebnis der bisherigen Untersuchung keine Entscheidung gegen das „richtige“ zugunsten des „schnellen“ Verfahrens darstellt.

[469] Hüttemann ZGR 2001, 454, 476.

Zusammenfassung der Ergebnisse und Thesen

1. Der Abfindungsanspruch im Rahmen des Unternehmensvertrages ist kein vertraglicher sondern ein gesetzlicher Anspruch, der durch den Vertragsschluss zwischen dem herrschenden und dem beherrschten Unternehmen lediglich ausgelöst wird. Hierfür spricht vor allem die Wirksamkeit des Vertrages gemäß § 305 Abs. 5 S. 2 AktG auch bei fehlendem Abfindungsangebot, das auf Antrag durch das Gericht im Spruchverfahren zu bestimmen ist.

2. Im Rahmen von Konzernverbindungen sind auch solche Gesellschaften als außenstehende Aktionäre i. S. d. § 305 AktG zu behandeln, die mit dem herrschenden Unternehmen über eine Mehrheitsbeteiligung verbunden sind. Dies gilt im Sinne der Rechtsklarheit und zum Schutz der anderen Aktionäre der betreffenden Gesellschaft auch dann, wenn die Konzernvermutung nicht widerlegt ist.

3. Beim Squeeze-out ist wie vom Gesetzgeber vorgesehen ein Hauptversammlungsbeschluss notwendig, auch wenn der Ausgang der Beschlussfassung aufgrund der Mehrheitsverhältnisse vorhersehbar ist und die materiellen Anforderungen ohnehin auch durch das Registergericht zu prüfen sind. Die auszuschließenden Minderheitsaktionäre haben einen Anspruch auf Information und Erörterung der Maßnahme, hierfür ist die Hauptversammlung zum einen das geeignetste Forum und zum anderen ohnehin für alle die Grundlagen der Gesellschaft betreffenden Maßnahmen vorgesehen.

4. Bei der übertragenden Auflösung erhält jeder Aktionär einen seiner Beteiligung entsprechenden Anteil am Liquidationserlös. Auch wenn es sich um eine Mehrheitsmaßnahme handelt, die zum Untergang der Mitgliedschaft führt und Parallelen zu den gesetzlichen Abfindungsfällen aufweist, ist die übertragende Auflösung selbst nicht als Abfindungsfall anzusehen. Die Auswirkungen können zwar vergleichbar sein, grundsätzlich sind die Interessen der Mehrheit und Minderheit an einem angemessenen Kaufpreis jedoch gleichgerichtet. Zudem steht allen Aktionären die Beschlussanfechtung wegen der Unangemessenheit der Gegenleistung offen, so dass ein Spruchverfahren auch in Anbetracht der Aufzählung in § 1 SpruchG nicht möglich ist.

5. Für den Antrag auf Delisting gemäß § 38 Abs. 4 BörsG ist ein Beschluss der Hauptversammlung erforderlich. Es handelt sich beim ordentlichen Delisting wegen der Auswirkungen auf den Charakter der Beteiligung nicht um eine einfache Geschäftsführungsmaßnahme, da sich die börsennotierte von der nicht börsennotierten Gesellschaft durch die besondere Ausprägung der Vorschriften

im Aktiengesetz sowie der kapitalmarktrechtlichen Schutzvorschriften unterscheidet. Die Erforderlichkeit eines Beschlusses stellt einen Schutz der Aktionäre vor einem nicht abgestimmten Vorgehen des Managements dar und eröffnet die gerichtliche Kontrolle im Wege der Beschlussanfechtung.

6. Zutreffend hat der BGH beim ordentlichen Delisting den Schutz allein durch die Börsenordnungen als unzureichend angesehen und zusätzlich einen gesellschaftsrechtlichen Abfindungsanspruch in Anlehnung an das Umwandlungsrecht für erforderlich gehalten. Die Börsenordnungen können durch die Organe der Börse einseitig jederzeit geändert werden, und vor allem die Fristenlösung der Frankfurter Wertpapierbörse ist nicht als ausreichender Schutz der Anleger anzusehen. Wegen der Parallelen zum Formwechsel kommt § 207 UmwG analog als Anspruchsgrundlage in Betracht, so dass auch das Spruchverfahren zur Überprüfung der Angemessenheit anwendbar ist.

Auch beim sog. Kalten Delisting ist den Aktionären wegen der Ähnlichkeit zum Umwandlungsrecht ein Abfindungsanspruch analog §§ 29, 207 UmwG zu gewähren, auch wenn die gesellschaftsrechtlichen Vorschriften in direkter Anwendung eine Abfindung gerade nicht vorsehen. Ein Austrittsrecht aus wichtigem Grund ist dagegen nicht erforderlich, da die analoge Anwendung der Abfindungsvorschriften die „näherliegende" Lösung der vergleichbaren Konfliktsituation liefert.

7. Die Pflichtangebote nach dem WpÜG stellen keine echten Abfindungsangebote dar, so dass auch eine Überprüfung im Spruchverfahren nicht möglich ist. Trotz des möglicherweise bestehenden wirtschaftlichen Drucks zur Überprüfung der Anlageentscheidung während des Angebotsverfahrens ist die Interessen- und Konfliktlage bei der Konzerneingangskontrolle des WpÜG nicht vergleichbar. Es findet kein Eingriff in die Beteiligung anderer Aktionäre statt, diese können die geplante Übernahme vielmehr durch einfaches Nichtstun verhindern. Daher sind auch die Regelungen des WpÜG und der zugehörigen Verordnungen nicht auf die echten Abfindungsfälle übertragbar.

8. Die echten Abfindungsfälle beim Unternehmensvertrag, der Eingliederung, dem Squeeze-out, den Umwandlungsvorgängen, den Umstrukturierungen der SE sowie des Delisting werden durch gemeinsame Merkmale charakterisiert. Dem Angebot liegt ein Konflikt zwischen Mehrheits- und Minderheitsgesellschafter zugrunde, den der Gesetzgeber durch Gestattung der Maßnahme löst und dem betroffenen Aktionär auf Rechtsfolgenseite die angemessene Abfindung sowie deren privilegierte gerichtliche Überprüfung einräumt. Aus Sicht des Minderheitsaktionärs kann die Maßnahme nicht verhindert werden und andere Schutzmechanismen greifen nicht ein. Der Gleichartigkeit hat der Gesetzgeber

auch bei der Formulierung der Rechtsfolgen der Maßnahmen für den Minderheitsaktionär Rechnung getragen und für die angemessene Barabfindung die Maßgeblichkeit der Verhältnisse der Gesellschaft des Minderheitsaktionärs festgeschrieben.

9. Es gibt keinen einzig richtigen, objektiven Wert für Anteil oder Unternehmen. Auswahl und Gewichtung bewertungserheblicher Faktoren richten sich nach Bewertungsanlass und –zweck. Jede Wertermittlung wird zudem von Wertvorstellungen des Bewertenden bestimmt und geprägt und richtet sich nach der subjektiven Einschätzung der Werthaltigkeit. Jede derartige Einschätzung unterliegt aber Unsicherheiten und basiert auf Schätzungen und Prognosen. Der Preis als Ausmittlung dieser subjektiven Wertvorstellungen stellt daher – unter der Prämisse der effizienten Informationsverarbeitung – eine Verobjektivierung dar.

10. Die Auslegung der Abfindungsvorschriften ergibt, dass der Verweis auf die Verhältnisse der Gesellschaft keine Entscheidung oder Präferenz für eine bestimmte Bewertungsmethode beinhaltet. Dies war auch das Ziel des Gesetzgebers. Vor allem ist in der Nennung der Gesellschaft kein Bezug zu Gesamtbewertungsmethoden für Unternehmen zu sehen. Es ist vielmehr auf Besonderheiten der jeweiligen Gesellschaft einzugehen, zu denen neben speziellen Vermögenswerten, besonderem Wachstumspotential etc. auch die Börsennotierung zählt.

11. Zukünftige Gewinnerwartungen fallen als Chancen und Risiken nicht in den Schutzbereich von Art. 14 GG. Etwas anderes gilt jedoch für die derzeit bereits vorhandene wirtschaftliche Potenz des Unternehmens, aufgrund seiner Struktur, Unternehmensführung, vorhandener Vermögensgegenstände und Rechte etc. in der Zukunft Gewinne zu erwirtschaften. Der Ertragswert ist der Ausdruck dieser derzeitigen Fähigkeit aus Sicht des Gutachters und ist daher als rechnerisches „Hilfsmittel“ trotz der Prognoseabhängigkeit selbst nicht an Art. 14 GG zu messen. Auch bei der Bewertung des Anteils über den Börsenkurs kommt es nicht auf die „Chance“ der Veräußerungsmöglichkeit an, sondern auf den Ausdruck subjektiver bzw. verobjektivierter Einschätzung der Werthaltigkeit.

12. Auch echte Synergieeffekte sind in die Ermittlung der Barabfindung einzubeziehen, da Bewertungsanlass gerade die konkrete Umstrukturierungsmaßnahme ist. Bei einer Abfindung in Aktien nimmt der abzufindende Aktionär an der künftigen Entwicklung des Zusammenschlusses bzw. Konzerns teil, so dass dies ein auch für die Barabfindung zutreffender Ansatz ist. Gegen die Einbeziehung sprechen nicht bereits mögliche Schwierigkeiten bei der indirekten Anteilsbewertung über den Unternehmenswert, da eine rechnerische Erfassung durchführbar ist. Es entspricht jedoch auch der Rolle des Minderheitsaktionärs, die

vom Gesetzgeber wegen seiner grundsätzlich schwachen Position in Bezug auf die Durchführung der Maßnahme gestärkt wird, Synergieeffekte bei der Barabfindungsermittlung über eine Unternehmensbewertungsmethode mit abzugelten. Die Beteiligung des Minderheitsaktionärs an hypothetischen Verhandlungspositionen führt jedoch noch nicht zu einer notwendig hälftigen Aufteilung der finanziellen Auswirkung auf beide Unternehmen, dies ist vielmehr eine Frage des Einzelfalles. Der Börsenkurs spiegelt die ausgemittelten Wertvorstellungen der Handelsteilnehmer wieder, so dass auch hier erwartete Synergieeffekte einbezogen werden, v. a. wenn, wie hier vertreten, der Tag des Hauptversammlungsbeschlusses als Stichtag der Barabfindungsermittlung zu wählen ist.

13. Es stellt keinen Wertungswiderspruch dar, wenn das Unternehmen selbst nur in eingeschränktem Maß dem Schutzbereich des Art. 14 GG unterliegt, der abzufindende Aktionär jedoch mit seinem geschützten Anteilseigentum einen Schutz seiner wirtschaftlichen Betätigung erfährt. Das Unternehmen ist jedoch nur eine mittelbare Form der Grundrechtsausübung und kann daher in engeren Grenzen zu schützen sein.

14. Der subjektive Grenzpreis ist der Betrag, zu dem der Gesellschafter aus der Gesellschaft ausscheiden kann, ohne einen wirtschaftlichen Nachteil zu erleiden. Beim Aktionär richtet sich diese Größe vor allem nach dem Vergleich mit dem Einkaufspreis beim Erwerb der Beteiligung. Der Vergleich mit sog. „inneren" Werten des gesamten Unternehmens, insbesondere dem anteiligen Ertragswert, gehört jedoch zum Bereich der Wertvorstellungen, die als bloßes Motiv nicht schützenswert sind. Demgegenüber handelt es sich bei Börsenkursen um den Ausgleich mehrerer subjektiver Wertvorstellungen mit der Bildung eines Preises. Der Verwendung eines solchen Schiedspreises für die Barabfindungsermittlung steht auch nicht entgegen, dass die Abfindung keinen Abkauf von Herrschaftsrechten darstellen soll, da Ziel und Folge nicht allein die Wertermittlung ist. Viel schwerer wiegt, dass der Preis nachprüfbare Realität ist, vorhergehende Wertbestimmungen jedoch nur eine Wertvorstellung bilden.

15. Aus der Figur des Kleinaktionärs kann die des Anlageaktionärs abgeleitet werden, der nach seinem Beteiligungsumfang in der konkreten Abstimmungssituation die Umstrukturierungsmaßnahme nicht verhindern und damit keine unternehmerische Initiative wahrnehmen kann. Aus diesen objektiven Kriterien kann auf das unternehmerische Interesse einerseits und das Anlageinteresse andererseits, das die Beteiligung prägt, geschlossen werden. Eine derartige Herausbildung verschiedener Aktionärstypen ist zulässig und verstößt aufgrund der Staffelung von wirtschaftlichem Risiko und unternehmerischer Einflussnahme nach der Beteiligungsgröße nicht gegen den Gleichbehandlungsgrundsatz des § 53a AktG.

16. Eine strukturelle Unterlegenheit des Minderheitsaktionärs ist dem System der Mehrheitsentscheidung in der Aktiengesellschaft immanent, ist jedoch hinzunehmen, da insbesondere im Bereich der Abfindungsfälle ein ausreichender Schutz auf Rechtsfolgenseite gewährleistet ist. Eine Korrektur nach den Prinzipien der Bürgschaftsrechtsprechung des BGH ist abzulehnen, da ihre Grundsätze – die ungleiche Verhandlungsstärke findet ihren Ausdruck darin, dass der Vertragsinhalt faktisch einseitig bestimmt wird, und die Folgen sind ungewöhnlich belastend und offensichtlich unangemessen – nicht auf die Abfindungsfälle übertragbar sind. Das Ungleichgewicht zwischen Mehrheits- und Minderheitsaktionär ist gerade Ausdruck des gestuften Risikos, und ein Ausgleich erfolgt durch umfassende Auskunftsansprüche, Aufklärungs- und Prospektpflichten, auch wenn diese durch den Gesetzgeber zum Teil anderen Personengruppen auferlegt werden.

17. Es ist kein Grund für eine unterschiedliche Behandlung des Aktionärs im Verhältnis zum Abfindungsverpflichteten einerseits und zu Dritten andererseits ersichtlich. Sowohl im Bewertungsgesetz als auch bei Zugewinn- und Nachlassbewertung sowie im Schadensersatzrecht wird für die Anteilsbewertung auf die Veräußerungsmöglichkeit abgestellt. Diese wird beim Schadensersatz vorenthalten, in den anderen Fällen wird die Veräußerung fingiert, da der Anlagegegenstand genauso zu behandeln ist wie Bargeld. Ähnlich wie bei der Verwertung, die einen Zwangsverkauf darstellt, ist die Anteilsbewertung beim Bezugsrechtsausschluss eine Frage der Preisfindung, die sich am Markt orientiert.

18. Die Maßgeblichkeit des Börsenkurses für die Bewertung der Anteile von Anlageaktionären widerspricht nicht dem Gleichbehandlungsgrundsatz. Dem Anlageaktionär vermittelt seine geringe Beteiligungshöhe nur eine indirekte Beziehung zum Unternehmen, so dass sich auch qualitative Auswirkungen auf den Charakter der Beteiligung ergeben, denen eine „streng arithmetische Vervielfältigung" der Beteiligungsrechte nicht gerecht wird. Aus den Mehrheitserfordernissen in der Hauptversammlung ergeben sich Sprünge in den Einflussmöglichkeiten auf die Gesellschaft.

Paketpreise sind für die Ermittlung der Barabfindung nicht zu berücksichtigen, da sie auf einem für den Minderheitsaktionär nicht zugänglichen Markt gebildet werden. Hierzu spiegelbildliche Minderheitsabschläge, die unerkennbar im Börsenkurs enthalten sind, sind hinzunehmen. Bei der Anteilsbewertung über den quotalen Ertragswert ist ihre Berücksichtigung aufgrund der Unsicherheiten in der Ermittlung zu Lasten des Abfindungsverpflichteten dagegen zu verzichten.

Die Gleichpreisregel der WpÜG-Angebotsverordnung ist auf die Barabfindung nicht anzuwenden, da die Verhandlungssituation vor allem zur zügigen Abwicklung und Vereinfachung des Angebotsverfahrens auf ein Niveau gestellt werden soll. Zudem spricht schon die fehlende strukturelle und systematische Vergleichbarkeit (siehe oben Punkt 7.) gegen eine Anwendung von WpÜG-Regeln auf die echten Abfindungsfälle.

19. Die Rosinentheorie des Bundesverfassungsgerichts, nach welcher der Börsenkurs lediglich als Untergrenze der Abfindung herangezogen werden soll, stellt keine zulässige Lösung des Mehrheits- / Minderheitskonfliktes in der Abfindungssituation dar. Der Anlageaktionär ist nicht so schutzwürdig, dass er vor negativen Veränderungen der Kapitalmarktbewertung, die selbst gewählte Bezugsgröße für die Anlageentscheidung ist, zu schützen ist. Die Abwägung der betroffenen Interessen, Gestaltung der Mehrheitsmaßnahme auf der einen, Rechtsschutz und Abfindung auf der anderen Seite, wird durch eine Meistbegünstigung überproportional zu Gunsten des Abzufindenden verschoben.

20. Für die Bewertung ist auf den im Gesetz genannten Bewertungszeitpunkt, den Tag der Beschlussfassung der Hauptversammlung abzustellen. Eine weitere Vorverlegung ist im Hinblick auf den klaren Gesetzeswortlaut, aber auch vor dem Hintergrund der zutreffenden Einbeziehung von Synergieeffekten abzulehnen, so dass Handelsaktivitäten in Kenntnis der Maßnahme nicht auszuschließen sind. Es ist der Tageskurs dieses Stichtages maßgeblich, da er zugleich Ansatzpunkt der Anlageentscheidung und Kennzeichen der Deinvestitionsmöglichkeit ist. Ein allgemeiner Verweis auf Manipulationsmöglichkeiten reicht nicht aus, eine Abweichung von diesem Prinzip zu begründen.

21. Der Börsenkurs kann dann nicht zur Abfindungsermittlung herangezogen werden, wenn der Markt versagt und nicht mehr zur Preisbildung geeignet ist. Bei einem Marktversagen kann der Börsenkurs keinen Verkehrswert mehr abbilden. Eine Marktenge allein führt jedoch noch nicht zum Marktversagen. Sie ist ohnehin nicht nach schematischen Beteiligungsgrenzen zu bestimmen. Aber auch eine geringe Handelsaktivität mit den restlichen freien Aktien ist kein zuverlässiges Indiz, da sie auf einem Handelsverzicht aufgrund höherer subjektiver Wertvorstellungen basieren kann. Derartige allein einseitige Erwartungen sind jedoch nicht schützenswert.

Die schlechte Verfassung der Kapitalmärkte kann als Kriterium für den Ausschluss des Börsenkurses herangezogen werden, wenn der Charakter aus Ausnahmeklausel mit eindeutiger Schutzrichtung zu Gunsten der abfindungsberechtigten Aktionäre in extremen Marktsituationen berücksichtigt wird. Der grundsätzliche Vorrang der Kapitalmarktbewertung schließt eine Anwendung bereits bei „normalen“ periodischen Schwankungen aus, so dass i. d. R. eine schlechte Verfassung der Kapitalmärkte zu verneinen ist.

Ein Ausschlussgrund ist in jedem Fall jedoch die Manipulation des Kurses, d. h. die Einwirkung auf Angebot oder Nachfrage mit dem Ziel der Beeinflussung des Kurses. Wird ein solcher Vorgang nicht unmittelbar unterbunden, stellt ein hierauf beruhender Kurs keinen Verkehrswert mehr dar. Wegen der indirekten Beeinflussung auch weiterer Handelsaktivitäten kann die Manipulation auch nicht aus dem Kurs „herausgeschätzt" werden. Zum Schutz der abzufindenden Aktionäre ist in einem solchen Fall ausnahmsweise die Rosinentheorie des BVerfG, d. h. eine Bewertung nach Wahl der Aktionäre, anzuwenden. Denkbar sind alternativ pauschale Strafzuschläge zum manipulierten Kurs.

22. Bei Ausschluss des Kurses wegen Marktversagen ist vorrangig auf andere Verkehrswerte, z. B. im Freiverkehr, abzustellen. Hierbei trifft den abzufindenden Aktionär die Darlegungslast dafür, dass der dort entstandene Preis tatsächlich der Angebots- und Nachfragesituation entspricht. Nur hilfsweise ist auf eine mittelbare Bewertung der Anteile über den Unternehmenswert zurückzugreifen.

23. Bei Zugrundelegen eines Stichtagskurses wegen der Maßgeblichkeit der tatsächlichen Veräußerungsmöglichkeit muss zusätzlich ein fiktives Element in die Barabfindungsermittlung einbezogen werden. Zum einen kann nicht die tatsächliche Ausführbarkeit der hypothetischen Order entscheidend sein, zum anderen ist Preisneutralität zu unterstellen, d. h. eine Beeinflussung des Kurses, wie sie bei einer tatsächlich erfolgten Veräußerung möglich wäre, ist nicht zu berücksichtigen. Die Grenzen dieser Fiktion können in einer Beschränkung auf Kurse, zu denen tatsächlich eine Veräußerung stattfand oder möglich gewesen wäre (b, bG, bB und G-Kurse), gesehen werden.

24. Die Abfindung in Aktien bei Unternehmensvertrag und Eingliederung ist nach dem Gesetzeswortlaut anhand der Verschmelzungswertrelation zu bestimmen. Hierbei ergeben sich Probleme, wenn nur eine Gesellschaft börsennotiert ist, das Verhältnis der Ertragswerte vom Verhältnis der Börsenkurs abweicht oder sich ein Ungleichgewicht aus dem Grundsatz der Methodengleich ergibt, etwa weil der Börsenkurs die Untergrenze bei der Bewertung der Untergesellschaft nicht aber die Obergrenze bei der Bewertung der Obergesellschaft bilden soll. Die Verschmelzung selbst, auf die Bezug genommen wird, ist kein Abfindungsfall und mit diesen auch nicht vergleichbar. Die hier angebrachte Bewertung der gesamten Unternehmen betrifft den einzelnen Aktionär – anders als in den Abfindungsfällen – nur reflexartig, so dass völlig andere Maßstäbe anzulegen sein können. Die Widersprüche, die sich dagegen bei der Verschmelzungswertrelation zur Abfindungsermittlung z. B. aufgrund der zu fordernden Gleichwertigkeit der Abfindungsalternativen (bar und in Aktien) ergeben, sind nicht zu lösen. Es wäre daher zu überprüfen, ob auch vor dem Hintergrund des

neu eingeführten Squeeze-out und dem veränderten Verständnis der Aktionärsfigur, eine Abfindung in Aktien noch sinnvoll ist.

25. Spruchverfahren dauern vor allem aufgrund von Schwierigkeiten in der Bewertung oft viele Jahre. Die Anteilsbewertung zur Ermittlung der Barabfindung allein nach dem Börsenkurs führte zu einer deutlichen Verfahrensbeschleunigung, die im Sinne rechtsstaatlicher Verfahrensgrundsätze dringend geboten ist.

Literaturverzeichnis

Aha, Christof: Aktuelle Aspekte der Unternehmensbewertung im Spruchstellenverfahren, zugleich Anmerkung zu der Paulaner-Entscheidung des BayObLG, AG 1997, S. 26-36

Alexy, Robert: Theorie der juristischen Argumentation – Die Theorie des rationalen Diskurses als Theorie der juristischen Begründung, 3. Auflage, Frankfurt/M. 1996

Altenhain, Karsten: Die Neuregelung der Marktpreismanipulation durch das Vierte Finanzmarktförderungsgesetz, BB 2002, S. 1874-1879

Altmeppen, Holger: Neutralitätspflicht und Pflichtangebot nach dem neuen Übernahmerecht, ZIP 2001, S. 1073-1084

Ammon, Ludwig: Rechtsprechungsübersicht zum aktienrechtlichen Spruchstellenverfahren, FGPrax 1998, S. 121-124

Arnold, Arnd: Entschädigung von Mehrstimmrechten bei Übernahmen – Überlegungen zur geplanten Übernahmerichtlinie, BB 2003, S. 267-270

Arnold, Michael: Mitwirkungsbefugnisse der Aktionäre nach Gelatine und Macrotron, ZIP 2005, S. 1373-1579

Assmann, Heinz-Dieter; Schneider, Uwe H. (Hrsg.): Wertpapierhandelsgesetz, 4. Auflage, Köln 2006 (zitiert: Bearbeiter in: Assmann/Schneider, WpHG)

Bachelin, Herwig: Der konzernrechtliche Minderheitenschutz – Die Stellung des außenstehenden Aktionärs in Unternehmensverbindungen, Köln 1969

Banerjea, Nirmal Robert: Due Diligence beim Erwerb von Aktien über die Börse, ZIP 2003, S. 1730-1738

Barthel, Carl W.: Unternehmenswert: Der Markt bestimmt die Bewertungsmethode, DB 1990, S. 1145-1152

- Unternehmenswert: Die vergleichsorientierten Bewertungsverfahren, DB 1996, S. 149-163

Barz, Carl Hans / Brönner, Herbert / Klug, Ulrich u.a. (Hrsg.): Aktiengesetz Großkommentar, Vierter Band §§ 291-410, 3. Auflage, Berlin 1975, § 53a, 4. Auflage, 22. Lieferung, Berlin 2004 (zitiert: Bearbeiter in: GroßKomm, AktG)

Bauer, Patrick: Anmerkung zu LG Dortmund vom 18.11.2000 – 20 AktE 8/94, NZG 2001, S. 1148

Baumbach, Adolf (Begr.) / Hueck, Alfred (fortgef.) / Fastrich, Lorenz u. a.: GmbH-Gesetz, 18. Auflage, München 2006 (zitiert: Bearbeiter in: Baumbach/Hueck, GmbHG)

Baumbach, Adolf (Begr.) / Hueck, Alfred / Hueck, Götz / Schulze-Osterloh, Joachim: Aktiengesetz, 13. Auflage, München 1968

Baums, Theodor: Der Aufsichtsrat - Aufgaben und Reformfragen, ZIP 1995, S. 11-18

- Empfiehlt sich eine Neuregelung des aktienrechtlichen Anfechtungs- und Organhaftungsrechts, insbesondere der Klagemöglichkeiten von Aktionären?, Gutachten F für den 63. Deutschen Juristentag, Herausgegeben von der Ständigen Deputation des Deutschen Juristentages, Leipzig 2000, S. F 1-F 263

Bayer, Wilhelm F.: Mehrstufige Unternehmensverträge in: Flume, Werner / Raisch, Peter / Steindorff, Ernst (Hrsg.): Beiträge zum Zivil- und Wirtschaftsrecht, Festschrift für Kurt Ballerstedt zum 70. Geburtstag am 24. Dezember 1975, Berlin 1975, S. 157-183

Beck, Heiko: Die erwerbswirtschaftliche Betätigung Beliehener am Beispiel des Trägers einer Wertpapierbörse, WM 1996, S. 2313-2319

- Das neue elektronische Handelssystem Xetra der Frankfurter Wertpapierbörse, WM 1998, S. 417-430.
- Die Reform des Börsenrechts im Vierten Finanzmarktförderungsgesetz, BKR 2002, S. 699-709

Becker, Michael: Der Ausschluss aus der Aktiengesellschaft, ZGR 1986, S. 383-417

Behnke, Thorsten: Anmerkung zu BVerfG vom 27.4.1999 – 1 BvR 1613/94, NZG 1999, S. 934

Behringer, Stefan: Börsenkurs als Bewertungsmaßstab bei der Abfindung von Minderheitsaktionären, BUW 2000, S. 463-467

Bergrath, Andreas: Vergleich der deutschen Ertragswertmethode mit der amerikanischen Discounted-Cash-Flow-Methode, Dissertation Universität Würzburg 1997

Betsch, Oskar / Groh, Alexander P. / Lohmann, Lutz G. E.: Corporate Finance – Unternehmensbewertung, M & A und innovative Kapitalmarktfinanzierung; 2. Auflage, München 2000

Beyerle, Konrad: Erfahrungen mit dem Spruchstellenverfahren nach § 306 AktG - Übersicht über abgeschlossene und laufende Verfahren -, ZGR 1977, S. 650-661

- Notwendige Änderungen im Verfahren der Freiwilligen Gerichtsbarkeit nach § 306 AktG, BB 1978, S. 784-791
- Zur Regelabfindung im Konzernrecht gemäß § 305 Abs. 2 Nr. 1 AktG, AG 1980, S. 317-326

Bilda, Klaus: Zur Dauer der Spruchstellenverfahren, NZG 2000, S. 296-301

Binder, Christof U.: Beteiligungsstrategien in der Konzernpraxis, AG 1994, S. 391-396

Böcking, Hans-Joachim: Betriebswirtschaftliche versus rechtliche Unternehmensbewertung, Antrittsvorlesung von Herrn Universitätsprofessor

Dr. Hans-Joachim Böcking, 2. Juli 1993, Vorträge im Fachbereich Wirtschaftswissenschaften, Universität Hannover, Band 16 (Manuskript)

Böttcher, Conrad; Meilicke, Heinz u.a.: Umwandlung, Verschmelzung und Auflösung, 4. Auflage, Berlin 1937

- Umwandlung und Verschmelzung von Kapitalgesellschaften, 5. Auflage, Berlin 1958

Brandes, Stephan M.: Cross Border Merger mittels der SE, AG 2005, S. 177-188

Bungert, Hartwin: Anmerkung zu OLG Celle vom 31.7.1998 – 9 W 128/97, NZG 1998, S. 990-991

- Delisting und Hauptversammlung, zugleich eine Besprechung des Urteils des LG München I, BB 1999, 2634, BB 2000, S. 53-58
- DAT/Altana: Der BGH gibt der Praxis Rätsel auf – Vorgaben aus Karlsruhe zur Ermittlung des Börsenwerts für Ausgleichszahlung und Barabfindungsangebot beim Unternehmensvertrag, zugleich eine Anmerkung zu BGH, BB 2001, 1053, BB 2001, S. 1163-1167
- / *Eckert, Jan*: Unternehmensbewertung nach Börsenwert: Zivilgerichtliche Umsetzung der BVerfG-Rechtsprechung, BB 2000, S. 1845-1849

Busse von Colbe, Walther: Der Zukunftserfolg – Die Ermittlung des künftigen Unternehmenserfolges und seine Bedeutung für die Bewertung von Industrieunternehmen, Wiesbaden 1957

- Zur Maßgeblichkeit des Börsenkurses für die Abfindung der bei einer Umwandlung ausscheidenden Aktionäre, AG 1964, S. 263-267
- Die Bewertung von Gesellschaftsanteilen als Kreditsicherheit in: Hadding, Walther / Schneider, Uwe Helmut (Hrsg.): Gesellschaftsanteile als Kreditsicherheit, Berlin 1979, S. 317-338
- Berücksichtigung von Synergien versus Stand-alone-Prinzip bei der Unternehmensbewertung, ZGR 1994, S. 595-609
- Der Vernunft eine Gasse: Abfindung von Minderheitsaktionären nicht unter dem Börsenkurs ihrer Aktien in: Schneider, Uwe H. / Hommelhoff, Peter / Schmidt, Karsten u. a. (Hrsg.): Festschrift für Marcus Lutter zum 70. Geburtstag, Deutsches und europäisches Gesellschafts-, Konzern- und Kapitalmarktrecht, Köln 2000, S. 1053-1067

Buwert, H.: Das Problem der Abfindung der ausscheidenden Aktionäre bei der erleichterten Umwandlung, Der Wirtschaftstreuhänder 1938, S. 145-148

Caspari, Karl-Burkhard: Die geplante Insiderregelung in der Praxis, ZGR 1994, S. 530-546

Claussen, Carsten Peter: Aktienrechtsreform 1997, AG 1996, S. 481-493

- Wie ändert das KonTraG das Aktiengesetz?, DB 1998, S. 177-186
- Bank- und Börsenrecht, 2. Auflage, München 2000, 3. Auflage, München 2003

Dehmer, Hans: Umwandlungsgesetz – Umwandlungssteuergesetz, 2. Auflage, München 1996

Dette, Guido: Kursbildung am deutschen Aktienmarkt, zugl. Dissertation Universität Witten/Herdecke 1997, Wiesbaden 1998

Diekmann, Hans: Änderungen im Wertpapiererwerbs- und Übernahmegesetz anlässlich der Umsetzung der EU-Übernahmerichtlinie in das deutsche Recht, NJW 2007, S. 17-21

Dielmann, Heinz J.; König, Andreas: Der Anspruch ausscheidender Minderheitsaktionäre auf angemessene Abfindung, AG 1984, S. 57-66

Dirksen, Dirk / Kallmeyer, Harald / Marsch-Barner, Reinhard: Umwandlungsgesetz, 2. Auflage, Köln 2001 (zitiert: Bearbeiter in: Dirksen/Kallmeyer, UmwG)

Dirrigl, Hans: Synergieeffekte beim Unternehmenszusammenschluss und Bestimmung des Umtauschverhältnisses, DB 1990, S. 185-192

Dörfler, Wolfgang / Gahler, Wolfgang / Unterstraßer, Stefan / Wirichs, Robert: Probleme bei der Wertermittlung von Abfindungsangeboten – Ergebnisse einer empirischen Untersuchung, BB 1994, S. 156-162

Doralt, Peter / Druey, Jean-Nicolas / Hommelhoff, Peter / Hopt, Klaus J. / Lutter, Marcus / Wymeersch, Eddy: Konzernrecht für Europa, ZGR 1998, S. 672-772

Dreher, Meinrad: Anmerkung zu OLG Stuttgart vom 4.12.1996 – 8 W 43/93 ("MotoMeter II"), EWiR 1997, S. 197-198

Dreier, Horst: Grundgesetz: Kommentar, Bd. 1 (Präambel, Art. 1-19), 2. Auflage, Tübingen 2004

Drukarczyk, Jochen: Zum Problem der angemessenen Barabfindung bei zwangsweise ausscheidenden Anteilseignern, AG 1973, S. 357-365

Drüke, Heiner: Anmerkung zu OLG Stuttgart vom 4.2.2000 – 4 W 15/98, DB 2000, S. 713-716

Ehricke, Ulrich / Roth, Markus: Squeeze-out im geplanten deutschen Übernahmerecht, DStR 2001, S. 1120-1127

Eisolt, Dirk: Die Squeeze-out-Prüfung nach § 327c Abs. 2 AktG, DStR 2002, S. 1145-1152

Ekkenga, Jens: Kurspflege und Kursmanipulation nach geltendem und künftigem Recht, WM 2002, S. 317-325

Emmerich, Volker: Anmerkung zu BayObLG vom 29.9.1998 – 3 Z BR 159/94 ("März/EKU"), JuS 1999, S. 401-402

- / *Habersack, Mathias*: Aktien- und GmbH-Konzernrecht, 4. Auflage, München 2005 (zitiert: Bearbeiter in: Emmerich/Habersack)

- / *Habersack, Mathias*: Konzernrecht – Das Recht der verbundenen Unternehmen bei Aktiengesellschaft, GmbH, Personengesellschaften, Genossenschaft, Verein und Stiftung, 7. Auflage, München 2001, 8. Auflage, München 2005

Erb, Günther: Der Börsenkurs als Untergrenze der Abfindung auch in Verschmelzungsfällen – Zum Anwendungsbereich der Grundsätze des Beschlusses des Bundesverfassungsgerichts vom 27.4.1999 bei Unternehmensverbindungen im Wege der Verschmelzung, DB 2001, S. 523-524

Erner, Günter: Zur Berücksichtigung von Kapitalverflechtungen beim Anspruch auf angemessene Abfindung und angemessenen Ausgleich nach dem Aktienrecht, Dissertation rer. oec./jur. Universität Bonn 1981

Eßers, Claus / Weisner, Arnd / Schlienkamp, Caroline: Anforderungen des BGH an den Rückzug von der Börsen – die Macrotron-Entscheidung des BGH, DStR 2003, S. 985-990

Exner, Werner: Beherrschungsvertrag und Vertragsfreiheit – Ein Beitrag zur Gestaltung des aktienrechtlichen Beherrschungsvertrags, zugl. Dissertation Universität Göttingen 1983, Frankfurt/M. 1984

Falkenhausen, Bernhard Freiherr von: Verfassungsrechtliche Grenzen der Mehrheitsherrschaft nach dem Recht der Kapitalgesellschaften (AG und GmbH), zugl. Dissertation Universität Köln 1965, Karlsruhe 1967

Fechner, Erich: Das Umwandlungsgesetz und das Bundesverfassungsgericht, Kritische Bemerkungen zum Urteil des BVerfG im Feldmühle-Fall, AG 1962, S. 229-233

Fleischer, Holger: Die Barabfindung außenstehender Aktionäre nach den §§ 305 und 320b AktG: Stand-alone-Prinzip oder Verbundberücksichtigungsprinzip, ZGR 1997, S. 368-400

- Anmerkung zu BVerfG vom 23.8.2000 – 1 BvR 68/95, 147/97 (Moto Meter) DNotZ 2000, S. 876-880
- Grundfragen der ökonomischen Theorie im Gesellschafts- und Kapitalmarktrecht, ZGR 2001, S. 1-32
- Börseneinführung von Tochtergesellschaften, ZHR 165 (2001), S. 513-549
- Zum Begriff des öffentlichen Angebots im Wertpapier- und Übernahmegesetz, ZIP 2001, S. 1653-1660
- Das neue Recht des Squeeze out, ZGR 2002, S. 757-789
- Schnittmengen des WpÜG mit benachbarten Rechtsmaterien - eine Problemskizze, NZG 2002, S. 545-551
- Statthaftigkeit und Grenzen der Kursstabilisierung, ZIP 2003, S. 2045-2053
- / *Kalss, Susanne*: Kapitalmarktrechtliche Schadensersatzhaftung und Kurseinbrüche an der Börse, AG 2002, S. 329-336
- / *Körber, Torsten*: Der Rückerwerb eigener Aktien und das Wertpapiererwerbs- und Übernahmegesetz, BB 2001, S. 2589-2595

Flume, Werner: Allgemeiner Teil des Bürgerlichen Rechts, Erster Band. Erster Teil: Die Personengesellschaft, Berlin 1977

Forster, Karl-Heinz: Zur Ermittlung der angemessenen Abfindung nach § 305 AktG, Anmerkung zum Beschluss des OLG Celle vom 4.4.1979 (AG 1979, 230 ff.), AG 1980, S. 45-47

- Zur angemessenen Barabfindung (§ 305 AktG) in: Martens, Klaus-Peter / Westermann, Harm Peter / Zöllner, Wolfgang (Hrsg.): Festschrift für Carsten Peter Claussen zum 70. Geburtstag, Köln 1997, S. 91-101

Gansweid, Wolfgang: Zur gerichtlichen Überprüfung der angemessenen Barabfindung nach § 305 AktG, AG 1977, S. 334-341

Geibel, Stephan / Süßmann, Rainer (Hrsg.): Wertpapiererwerbs- und Übernahmegesetz, München 2002

Geßler, Ernst / Hefermehl, Wolfgang / Eckardt, Ulrich u. a. (Hrsg.): Aktiengesetz, Band IV §§ 291-410, München 1976 (zitiert: Bearbeiter in: Geßler/ Hefermehl)

Ginsberg, Rüdiger: Möglichkeiten der Aktienkursprognose, Dargestellt am Beispiel des japanischen Aktienmarktes, zugl. Dissertation Universität Marburg 1975, Frankfurt/M. 1975

Göppert, Heinrich: Das Recht der Börsen, Ein Beitrag zum Verwaltungsrecht, Berlin 1932

Götz, Hans Norbert: Entschädigung von Aktionären abseits der Kapitalmarktbewertung? – Unkonventionelles zur konventionellen Behandlung von deutschen Aktionären in Spruchstellenverfahren, DB 1996, S. 259-265

Godin, Reinhard Freiherr von / Wilhelmi, Hans (Hrsg.): Aktiengesetz vom 6. September 1965, Band I: §§ 1-178, Band II: §§ 179-410, 4. Auflage, Berlin 1971

Goutier, Klaus / Knopf, Rüdiger / Tulloch, Anthony: Kommentar zum Umwandlungsrecht, Umwandlungsgesetz – Umwandlungssteuergesetz, Heidelberg 1996

Graf von Westphalen, Friedrich: "Der Mensch im Recht" - nur ein Verbraucher?, ZIP 2002, S. 1327

Groß, Wolfgang: Rechtsprobleme des Delisting, ZHR 165 (2001), S. 141-166

- Kapitalmarktrecht, Kommentar zum Börsengesetz, zur Börsenzulassungs-Verordnung, zum Verkaufsprospektgesetz und zur Verkaufsprospekt-Verordnung, 2. Auflage, München 2002, 3. Auflage, München 2006

Großfeld, Bernhard: Unternehmensbewertung als Rechtsproblem, JZ 1981, S. 641-647

- Bewertung von Anteilen an Unternehmen, JZ 1981, S. 769-775
- Börsenkurs und Unternehmenswert, BB 2000, S. 261-266
- Unternehmens- und Anteilsbewertung im Gesellschaftsrecht, 4. Auflage, Köln 2002

Grunewald, Barbara: Der Ausschluss aus Gesellschaft und Verein, zugl. Habilitationsschrift Universität Bonn 1987, Köln 1987
- Austrittsrechte als Folge von Mischverschmelzungen und Verfügungsbeschränkungen (§ 29 UmwG) in: Ebenroth, Carsten Thomas / Hesselberger, Dieter / Rinne, Manfred Eberhard (Hrsg.): Verantwortung und Gestaltung, Festschrift für Karlheinz Boujong zum 65. Geburtstag, München 1996, S. 175-201
- Die neue Squeeze-out-Regelung, ZIP 2002, S. 18-22
- Die Auswirkungen der Macrotron-Entscheidung auf das kalte Delisting, ZIP 2004, S. 542-544

Gude, Christian: Strukturänderungen und Unternehmensbewertung zum Börsenkurs, Köln 2004, zugl. Dissertation Universität Hamburg 2003

Habersack, Mathias: Der Finanzplatz Deutschland und die Rechte der Aktionäre – Bemerkungen zur bevorstehenden Einführung des "Squeeze Out", ZIP 2001, S. 1230-1239

Hanau, Hans: Der Bestandsschutz der Mitgliedschaft anlässlich der Einführung des "Squeeze Out" im Aktienrecht – Zur Verfassungsmäßigkeit des Zwangsausschlusses, NZG 2002, S. 1040-1047

Hasselbach, Kai: Das Andienungsrecht von Minderheitsaktionären nach der EU-Übernahmerichtlinie, ZGR 2005, S. 387-416

Hax, Herbert: Koreferat zum Referat E. Wenger, R. Hecker und J. Knoesel in: Gahlen, Bernhard / Hesse, Helmut / Ramser, Hans Jürgen (Hrsg.): Finanzmärkte, Tübingen 1997, S. 147-150

Hecker, Renate / Wenger, Ekkehard: Der Schutz von Minderheiten im Vertragskonzern - Ein Betriebsunfall des Aktienrechts, ZBB 1995, S. 321-341

Hellner, Thorwald / Steuer, Stephan (Hrsg.): Bankrecht und Bankpraxis, Loseblattsammlung, 72. Ergänzungslieferung, Köln, Stand: September 2006 (zitiert: Bearbeiter in: Hellner/Steuer, Bankrecht und Bankpraxis)

Hellwig, Hans-Jürgen / Bormann, Michael: Die Abfindungsregeln beim Going Private - Der Gesetzgeber ist gefordert!, ZGR 2002, S. 465-496

Henn, Günter: Die Gleichbehandlung der Aktionäre in Theorie und Praxis, AG 1985, S. 240-249
- Handbuch des Aktienrechts, 6. Auflage, Heidelberg 1998

Hentzen, Matthias: IFRS-Werte als Grundlage der Unternehmensbewertung aus Anlass von Umstrukturierungsmaßnahmen – Zugleich Anmerkung zu OLG Hamburg, Beschluss vom 29.9.2004 – 11 B 78/04 –, DB 2005, S. 1891-1893

Henze, Hartwig: Stellungnahme zum Verfahren 1 BvR 1613/94 des BVerfG, zitiert aus BVerfGE 100, 289 ff, S. 299-301

- Die Berücksichtigung des Börsenkurses bei der Bemessung von Abfindung und variablem Ausgleich im Unternehmensvertragsrecht in: Schneider, Uwe H. / Hommelhoff, Peter / Schmidt, Karsten u. a. (Hrsg.): Festschrift für Marcus Lutter zum 70. Geburtstag, Deutsches und europäisches Gesellschafts-, Konzern- und Kapitalmarktrecht, Köln 2000, S. 1101-1111
- Der Schlusspunkt des Bundesverfassungsgerichts unter den Streit um die "übertragende Auflösung" in: Lutter, Marcus / Scholz, Manfred / Sigle, Walter (Hrsg.): Festschrift für Martin Peltzer zum 70. Geburtstag, Köln 2001, S. 181-194
- Aspekte und Entwicklungstendenzen der aktienrechtlichen Anfechtungsklage in der Rechtsprechung des BGH, ZIP 2002, S. 97-108

Hering, Thomas/Olbrich, Michael: Zur Bemessung der Abfindung nach § 5 EGAktG - Die Abschaffung der Mehrstimmrechtsaktien aus modelltheoretischer und empirischer Sicht, Wpg 2001, S. 809-815
- Der Wert der Mehrstimmrechte und der Fall "Siemens", ZIP 2003, S. 104-106
- Wert, Preis und Entschädigung der Mehrstimmrechte – Anmerkungen zu dem Beitrag von Arnold, BB 2003, 267 ff., BB 2003, S. 1519-1520

Heun, W.: Zur Frage der angemessenen Abfindung der bei der Umwandlung ausscheidenden Minderheitsaktionäre, Der Wirtschaftstreuhänder 1938, S. 220-222

Hirte, Heribert: Bezugsrechtsausschluss und Konzernbildung: Minderheitenschutz bei Eingriffen in die Beteiligungsstruktur des Aktiengesetzes, zugl. Dissertation Universität Köln 1985, Köln 1986
- Die Entwicklung des Unternehmens- und Gesellschaftsrechts in Deutschland in den Jahren 1998 und 1999, Teil 2: GmbH-Recht (Geschäftsführer, Gesellschafterwechsel, Liquidation und Löschung), Gesellschaften ohne Rechtspersönlichkeit, das Recht der Verbundenen Unternehmen, Umwandlungs- und Mitbestimmungsrecht, NJW 2000, S. 3531-3543

Hocker, Ulrich: Minderheitenschutz und Rechte der Aktionäre in Europa in: Westermann, Harm Peter/Mock, Klaus (Hrsg.): Festschrift für Gerold Bezzenberger zum 70. Geburtstag am 13. Mai 2000: Rechtsanwalt und Notar im Wirtschaftsleben, Berlin 2000, S. 147-161

Hockmann, Heinz: Prognose von Aktienkursen durch Point and Figure-Analysen, Wiesbaden 1979

Hoffmann-Becking, Michael: Das neue Verschmelzungsrecht in der Praxis in: Goerdeler, Reinhard / Hommelhoff, Peter / Lutter, Marcus / Wiedemann, Herbert (Hrsg.): Festschrift für Hans-Joachim Fleck zum 70. Geburtstag am 30. Januar 1988, Berlin 1988. S. 105-124
- Der materielle Gesellschafterschutz: Abfindung und Spruchverfahren, ZGR 1990, S. 482-502

- (Hrsg.): Münchner Handbuch des Gesellschaftsrechts, Band 4: Aktiengesellschaft, 2. Auflage, München 1999 (zitiert: Bearbeiter in: Münch. Hb. GesR)

Hommel, Michael / Braun, Inga: Marktorientierte Unternehmensbewertung - der Börsenkurs auf dem Prüfstand, BB 2002, Beilage Nr. 6 zu Heft 38, S. 10-17

Hommelhoff, Peter: 100 Bände BGHZ: Aktienrecht, ZHR 151 (1987), S. 493-516

- Minderheitenschutz bei Umstrukturierungen, ZGR 1993, S. 452-473

Hopt, Klaus J.: Vom Aktien- und Börsenrecht zum Kapitalmarktrecht? - Teil 2: Die deutsche Entwicklung im internationalen Vergleich, ZHR 141 (1977), S. 389-441

- Insiderinformationen und Interessenkonflikte im europäischen und deutschen Bankrecht in: Kübler, Friedrich / Mertens, Hans-Joachim / Werner, Winfried (Hrsg.): Festschrift für Theodor Heinsius zum 65. Geburtstag am 25. September 1991, Berlin 1991, S. 289-322

- / *Baum, Harald*: Börsenrechtsreform: Überlegungen aus vergleichender Perspektive, WM 1997, Sonderbeilage Nr. 4

Horn, Norbert: Die Europa-AG im Kontext des deutschen und europäischen Gesellschaftsrechts, DB 2005, S. 147-153

Houben, Eike: Die Gestaltung des Pflichtangebots unter dem Aspekt des Minderheitenschutzes und der effizienten Allokation der Unternehmenskontrolle, WM 2000, S. 1873-1883

Hüchting, Hans-Jochen: Abfindung und Ausgleich im aktienrechtlichen Beherrschungsvertrag, zugl. Dissertation Universität Bochum 1972, Köln 1972

Hüffer, Uwe: Aktiengesetz, 7. Auflage, München 2006

Hügel, Hanns F.: Verschmelzung und Einbringung – Unternehmensübertragungen auf verbandsrechtlicher Grundlage im österreichischen und deutschen Gesellschafts-, Bilanz- und Ertragssteuerrecht der Kapitalgesellschaften, Köln 1993

Hüttemann, Rainer: Börsenkurs und Unternehmensbewertung, ZGR 2001, S. 454-478

Institut der Wirtschaftsprüfer in Deutschland e. V.: Stellungnahme HFA 2/1983: Grundsätze zur Durchführung von Unternehmensbewertungen, Wpg 1983, S. 468-480

- Wirtschaftsprüfer-Handbuch 1992, Handbuch für Rechnungslegung, Prüfung und Beratung; Band II, Düsseldorf 1992

- IDW Standard: Grundsätze zur Durchführung von Unternehmensbewertungen (IDW S 1) (Stand 28.6.2000), Wpg 2000, S. 825-843

Inderbitzin, Michael: Going Private und dem Going Private ähnliche Sachverhalte, Eine rechtliche Analyse - unter spezieller Berücksichtigung der Finanzierungsproblematik und des Aktionärsschutzes, Dissertation Universität Zürich 1993

Jacob, Herbert: Die Methoden zur Ermittlung des Gesamtwertes einer Unternehmung in: Janberg, Hans (Hrsg.): Finanzierungshandbuch, Wiesbaden 1964, S. 519-552

Jacobs, Heiner: Die Bedeutung der Unternehmenssubstanz und der Bedeutung der anderweitigen Kapitalanlage- und Kapitalaufnahmemöglichkeiten für den Wert eines Unternehmens, Dissertation rer. oec Universität Saarbrücken 1971

Jaensch, Günter: Wert und Preis der ganzen Unternehmung, Köln 1966

Jung, Axel / Wachtler, Frank: Die Kursdifferenz zwischen Stamm- und Vorzugsaktien, Empirische Daten, Erklärungsansätze und Konsequenzen für die Bewertung im Steuer- und Gesellschaftsrecht, AG 2001, S. 513-520

Käfer, Karl: Zur Bewertung der Unternehmung als Ganzes in: Fritzsche, Hans / Mötteli, Hans / Metzger, Robert u. a. (Hrsg.): Rechnungsführung in Unternehmung und Staatsverwaltung, Festgabe für Otto Juzi, Zürich 1946, S. 71-98

Kallmeyer, Harald: Ausschluss von Minderheitsaktionären, AG 2000, S. 59-61

Kendall, M. G.: The Analysis of Economic Time-Series - Part I: Prices In: Journal of the Royal Statistical Society, Series A (General), 1953, S. 11-34

Kermel, Cornelia: Steuerungsmöglichkeiten der öffentlichen Hand bei Beteiligung an Aktiengesellschaften der Energieversorgung, zugl. Dissertation Freie Universität Berlin 1993, Baden-Baden 1994

Kindl, Johann: Anmerkung zu LG Dortmund vom 1.7.1996 – 20 AktE 2/94 ("Lippe-Weser-Zucker AG"), WiB 1996, S. 1107

Kirchheim, Christian: Probleme im Rahmen der Abfindung des Minderheitsaktionärs beim Gewinnabführungs- und Beherrschungsvertrag, Dissertation Universität Münster 1994

Kirchner, Jörg / Sailer, Viola: Rechtsprobleme bei Einbringung und Verschmelzung, NZG 2002, S. 305-314

Kleindiek, Detlef: "Going Private" und Anlegerschutz in: Westermann, Harm Peter / Mock, Klaus (Hrsg.): Festschrift für Gerold Bezzenberger zum 70. Geburtstag am 13. Mai 2000: Rechtsanwalt und Notar im Wirtschaftsleben, Berlin 2000, S. 653-671

Kleppe, Martin: Anlegerschutz beim Rückzug eines Unternehmens von der Börse, zugl. Dissertation, Universität Köln 2001, Köln 2002

Kley, Karl-Ludwig: Die Rechtsstellung der außenstehenden Aktionäre bei der vorzeitigen Beendigung von Unternehmensverträgen, zugl. Dissertation Universität München 1986, München 1986

Klöhn, Lars: Der Abfindungsanspruch des Aktionärs als Aufopferungsanspruch, AG 2002, S. 443-452

Kluth, Winfried: Abschaffung von Mehrstimmrechtsaktien verfassungswidrig? ZIP 1997, S. 1217-1223

Komp, Ralf: Zweifelsfragen des aktienrechtlichen Abfindungsanspruchs nach §§ 305, 320b AktG, Berlin 2002, zugl. Dissertation Universität Köln 1999

Korth, H.-Michael: Unternehmensbewertung im Spannungsfeld zwischen betriebswirtschaftlicher Unternehmenswertermittlung, Marktpreisabgeltung und Rechtsprechung, BB 1992, Beilage 19 zu Heft 33/1992

Krieger, Gerd: Squeeze-out nach neuem Recht: Überblick und Zweifelsfragen, BB 2002, S. 53-62

Kronstein, Heinrich: Die abhängige juristische Person, München 1931

- Aktienrechtliche und wettbewerbsrechtliche Aspekte der Konzentration in: Ballerstedt, Kurt / Hefermehl, Wolfgang (Hrsg.): Festschrift für Ernst Geßler zum 65. Geburtstag am 5. März 1970, München 1971, S. 219-226

Kropff, Bruno: Textausgabe des Aktiengesetzes vom 6.9.1965 mit Begründung des Regierungsentwurfs, Bericht des Rechtsausschusses des Deutschen Bundestags, Verweisungen und Sachverzeichnis, Düsseldorf 1965

- / *Semler, Johannes (Hrsg.)*: Münchener Kommentar zum Aktiengesetz, Bd. 1: §§ 1-53, 2. Auflage, München 2000, Bd. 2: §§ 53a-75, 2. Auflage, München 2003, Bd. 6: §§ 179-221, 2. Auflage, München 2005, Bd. 7: §§ 222-277, 2. Auflage, München 2001, Bd. 8: §§ 278-328, 2. Auflage, München 2000 (zitiert: Bearbeiter in: MünchKomm AktG)

Kruse, Hermann / Berg, Erik / Weber, Martin: Erklären unternehmensspezifische Faktoren den Kursunterschied von Stamm- und Vorzugsaktien? ZBB 1993, S. 23-31

Kübler, Friedrich: Gesellschaftsrecht: die privatrechtlichen Ordnungsstrukturen und Regelungsprobleme von Verbänden und Unternehmen, 5. Auflage, Heidelberg 1999

- Barabfindung bei Gründung einer Europa AG? -Editorial-, ZHR 167 (2003), S. 627-631

- / *Mendelsohn, Morris / Mundheim, Robert H.*: Die Kosten des Bezugsrechts – Eine rechtsökonomische Analyse des amerikanischen Erfahrungsmaterials, AG 1990, S. 461-475

Kümpel, Siegfried: Bank- und Kapitalmarktrecht, 3. Auflage, Köln 2004

Kurzwelly, Jens-Peter: Die Rechtsprechung des Bundesgerichtshofes zur Aktiengesellschaft in den Jahren 1998 und 1999, AG 2000, S. 337-342

Kutzner, Lars: Das Verbot der Kurs- und Marktpreismanipulation nach § 20a WpHG – Modernes Strafrecht?, WM 2005, S. 1401-1408

Land, Volker H. / Hasselbach, Kai: "Going Private" und "Squeeze-out" nach deutschem Aktien-, Börsen- und Übernahmerecht, DB 2000, S. 557-562
- Das neue deutsche Übernahmegesetz: Einführung und kritische Anmerkungen zum Diskussionsentwurf des BMF, DB 2000, S. 1747-1755

Land, Volker H. / Hennings, Frank: Aktuelle Probleme von Spruchverfahren nach gesellschaftsrechtlichen Strukturmaßnahmen, AG 2005, S. 380-387

Lappe, Thomas / Stafflage, Axel: Unternehmensbewertungen nach dem Wertpapiererwerbs- und Übernahmegesetz, BB 2002, S. 2185-2192

Larenz, Karl: Methodenlehre der Rechtswissenschaft, 6. Auflage, Berlin 1991

Laule, Gerhard: Die Umstrukturierung der Frankfurter Wertpapierbörse - Ein Modell - in: Kübler, Friedrich / Mertens, Hans-Joachim / Werner, Winfried (Hrsg.): Festschrift für Theodor Heinsius zum 65. Geburtstag am 25. September 1991, Berlin 1991, S. 437-456

Lenzen, Ursula: Unerlaubte Eingriffe in die Börsenkursbildung, zugl. Dissertation Universität Osnabrück 2000, Frankfurt/M. 2000

Letzel, Hans-Joachim: Das Pflichtangebot nach dem Übernahmekodex - mit Vorausschau auf das Pflichtangebot nach dem ÜbG, NZG 2001, S. 260-268
- Das Pflichtangebot nach dem WpÜG, BKR 2002, S. 293-304

Liebscher, Thomas: Das Übernahmeverfahren nach dem neuen Übernahmegesetz – Übernahmerechtliche Grenzen der Gestaltungsfreiheit im Hinblick auf die Übernahmestrategien des Bieters, ZIP 2001, S. 853-869

Linnerz, Markus: Zu den Beteiligungs- und Rechtsschutzmöglichkeiten des Anteilseigners bei einer überhöhten Kompensation in Spruchverfahren, ZIP 2007, S. 662-666

Lo, Andrew W. / MacKinlay, A. Craig: A Non-Random Walk Down Wall Street, Princeton, New Jersey 1999

Lutter, Marcus: Die Fortentwicklung des Aktienrechts durch die Rechtsprechung in: Lutter, Marcus (Hrsg.): 25 Jahre Aktiengesetz, Ein Symposium der Deutschen Schutzvereinigung für Wertpapierbesitz e. V. (DSW) am 30. Oktober 1990 in Bonn, Düsseldorf 1991
- *(Hrsg.)*: Kölner Umwandlungsrechtstage: Verschmelzung, Spaltung, Formwechsel nach neuem Umwandlungsrecht und Umwandlungssteuerrecht, Köln 1995 (zitiert: Bearbeiter in: Lutter, Kölner Umwandlungsrechtstage)
- Aktienerwerb von Rechts wegen: Aber welche Aktien? in: Immenga, Ulrich / Möschel, Wernhard / Reuter, Dieter (Hrsg.): Festschrift für Ernst-Joachim Mestmäcker zum siebzigsten Geburtstag, Baden-Baden 1996, S. 943-954
- Gesellschaftsrecht und Kapitalmarkt in: Lieb, Manfred / Noack, Ulrich / Westermann, Harm Peter (Hrsg.): Festschrift für Wolfgang Zöllner zum 70. Geburtstag, Köln 1998, S. 363-383
- *(Hrsg.)*: Umwandlungsgesetz, Band I (§§ 1-151), 2. Auflage, Köln 2000

- / *Bezzenberger, Tilman*: Für eine Reform des Spruchverfahrens im Aktien- und Umwandlungsrecht, AG 2000, S. 433-447
- / *Drygala, Tim*: Die Übertragende Auflösung: Liquidation der Aktiengesellschaft oder Liquidation des Minderheitenschutzes? in: Forster, Karl-Heinz / Grunewald, Barbara / Lutter, Marcus / Semler, Johannes (Hrsg.): Aktien- und Bilanzrecht, Festschrift für Bruno Kropff, Düsseldorf 1997, S. 191-223
- / *Drygala, Tim*: Wie fest ist der feste Ausgleich nach § 304 Abs. 2 S. 1 AktG? AG 1995, S. 49-57
-/ *Schneider, Uwe H.*: Die Beteiligung von Ausländern an inländischen Aktiengesellschaften - Möglichkeiten der Beschränkung nach geltendem Recht und Vorschläge de lege ferenda, ZGR 1975, S. 182-211

Luttermann, Claus: Anmerkung zu BGH vom 20.5.1997 – II ZB 9/96 (BGHZ 135, 374), JZ 1997, S. 1183-1185
- Kurzkommentar zu OLG Celle, Beschluss vom 31.8.1998 – 9 W 128/97 ("Hofbräuhaus Wolters/Gildebrauhaus"), EWiR 1998, S. 821-822
- Kurzkommentar zu BayObLG, Beschluss vom 29.9.1998 - 3Z BR 159/94 ("März/EKU"), EWiR 1998, S. 965-966.
- Unternehmen, Kapital und Genussrechte: Eine Studie über Grundlagen der Unternehmensfinanzierung und zum internationalen Kapitalmarktrecht; zugl. Habilitationsschrift Universität Münster 1998, Tübingen 1998
- Anmerkung zu BVerfG, Beschluss vom 27.4.1999 – 1 BvR 1613/94, JZ 1999, S. 945-947
- Zum Börsenkurs als gesellschaftsrechtliche Bewertungsgrundlage – Die Maßgeblichkeit des Marktpreises im Zivil- und Steuerrecht, ZIP 1999, S. 45-52
- Kurzkommentar zu OLG Stuttgart, Beschluss vom 4.2.2000 - 4 W 15/98 ("Schwaben-Zell AG"), EWiR 2000, S. 209-210
- Kurzkommentar zu BayObLG, Beschluss vom 20.3.2000 - 3 Z BR 124/99 („Deutsche Aerospace“), EWiR 2000, S. 701-702
- Der "durchschnittliche" Börsenkurs bei Barabfindung von Aktionären und Verschmelzungswertrelation, Besprechung des BGH vom 12. März 2001 - II ZB 15/00, ZIP 2001, 734 ("DAT/Altana"), ZIP 2001, S. 869-872
- Rechtsnatur und Praxis des Abfindungsanspruchs (§ 305 AktG) als gesetzliches Schuldverhältnis, NZG 2006, S. 816-819

Maier-Reimer, Georg: Verbesserung des Umtauschverhältnisses in Spruchverfahren, ZHR 164 (2000), S. 563-588
- / *Kolb, Franz-Josef*: Abfindung und Börsenkurs – Verfassungsrecht vs. Aktienrecht? in: Hommel, Peter / Zätzsch, Roger / Erle, Bernd (Hrsg.): Gesellschaftsrecht, Rechnungslegung, Steuerrecht, Festschrift für Welf Müller zum 65. Geburtstag, München 2001, S. 93-112

Mangoldt, Hermann von (Begr.) / Klein, Friedrich (fortgef.) / Starck, Christian (Hrsg.): Kommentar zum Grundgesetz, Band 1: Päambel, Artikel 1 bis 19, 5. Auflage, München 2005 (zitiert: Bearbeiter in: v. Mangoldt/Klein/ Starck, GG)

Marsch-Barner, Reinhard: Die Erleichterung des Bezugsrechtsausschlusses, AG 1994, S. 532-540

Martens, Klaus-Peter: Die GmbH und der Minderheitenschutz, GmbHR 1984, S. 265-272

- Die Bewertung eines Beteiligungserwerbs nach § 255 Abs. 2 AktG – Unternehmenswert kontra Börsenkurs in: Westermann, Harm Peter / Mock, Klaus (Hrsg.): Festschrift für Gerold Bezzenberger zum 70. Geburtstag am 13. Mai 2000: Rechtsanwalt und Notar im Wirtschaftsleben, Berlin 2000, S. 267-289
- Die Unternehmensbewertung nach dem Grundsatz der Methodengleichheit oder dem Grundsatz der Meistbegünstigung – Zugleich Besprechung der Entscheidung des OLG Düsseldorf vom 31.1.2003 – 19 W 9/00 AktE – „Siemens/SNI“, AG 2003, S. 593-599

Maunz, Theodor / Dürig, Günter (Begr.): Grundgesetz, Bd. 2 Art. 6-16a (Loseblattsammlung), München, 48. Ergänzungslieferung, Stand: November 2006 (zitiert: Bearbeiter in: Maunz/Dürig)

Maurer, Hartmut: Allgemeines Verwaltungsrecht, 16. Auflage, München 2006

Mayer, Otto: Deutsches Verwaltungsrecht, 2. Band, Leipzig 1896

Meilicke, Heinz: Zur Frage der angemessenen Abfindung der bei der Umwandlung ausscheidenden Aktionäre, JW 1938, S. 3018-3019

Meilicke, Wienand / Heidel, Thomas: Anmerkung zu BGH vom 12.3.2001 - II ZB 15/00, DB 2001, S. 973-975

- Das neue Spruchverfahren in der gerichtlichen Praxis, DB 2003, S. 2267-2275

Mertens, Hans-Joachim: Zur Geltung des Stand-alone-Prinzips für die Unternehmensbewertung bei der Zusammenführung von Unternehmen, AG 1992, S. 321-335

Meyer-Landrut, Andreas / Kiem, Roger: Der Formwechsel einer Publikumsaktiengesellschaft - Erste Erfahrungen aus der Praxis, WM 1997, S. 1361-1373

Möller, Andreas: Die Neuregelung des Verbots der Kurs- und Marktpreismanipulation im Vierten Finanzmarktförderungsgesetz, WM 2002, S. 309-317

Möller, Hans Peter: Die Informationseffizienz des deutschen Aktienmarktes - eine Zusammenfassung und Analyse empirischer Untersuchungen, ZfbF 1985, S. 500-518

Mues, Jochen: Die Börse als Unternehmen – Modell einer privatrechtlichen Börsenorganisation, zugl. Dissertation Universität Bonn 1999, Baden-Baden 1999

Mülbert, Peter O.: Aktiengesellschaft, Unternehmensgruppe und Kapitalmarkt – Die Aktionärsrechte bei Bildung und Umbildung einer Unternehmensgruppe zwischen Verbands- und Anlegerschutzrecht; zugl. Habilitationsschrift Universität München 1995, München 1995
- Übernahmerecht zwischen Kapitalmarktrecht und Aktien(konzern)recht - die konzeptionelle Schwachstelle des RegE WpÜG, ZIP 2001, S. 1221-1229
- Rechtsprobleme des Delisting, ZHR 165 (2001), S. 104-140

Müller, Welf: Der Wert der Unternehmung, JuS 1973, S. 603-606, S. 745-749, 1974, S. 147-151, S. 288-291, S. 558-561, 1975, S. 489-494, S. 553-558
- Die Unternehmensbewertung in der Rechtsprechung. Zustandsbeschreibung und Ausblick in: Westermann, Harm Peter / Mock, Klaus (Hrsg.): Festschrift für Gerold Bezzenberger zum 70. Geburtstag am 13. Mai 2000: Rechtsanwalt und Notar im Wirtschaftsleben, Berlin 2000, S. 705-719
- Kurzkommentar zu OLG Düsseldorf, Urteil vom 25.5.2000 - 19 W 1/93 AktE („DAT“, EWiR 2000, S. 751-752

Neye, Hans-Werner: Die EU-Übernahmerichtlinie auf der Zielgeraden, ZIP 2001, S. 1120-1123

Nirk, Rudolf: Die Bewertung von Aktien bei Pflichtteilsansprüchen, NJW 1962, S. 2185-2188

Oechsler, Jürgen: Die Sitzverlegung der Europäischen Aktiengesellschaft nach Art. 8 SE-VO, AG 2005, S. 373-380

Palandt, Otto (Begr.): Bürgerliches Gesetzbuch, 66. Auflage, München 2007 (zitiert: Bearbeiter in: Palandt, BGB)

Peltzer, Oliver: Die Neuregelung des Erwerbs eigener Aktien im Lichte der historischen Erfahrungen, WM 1998, S. 322-331

Pentz, Andreas: Die Rechtsstellung der Enkel-AG in einer mehrstufigen Unternehmensverbindung, zugl. Dissertation Universität Heidelberg 1994, Frankfurt/M. 1994
- Die verbundene Aktiengesellschaft als außenstehender Aktionär, AG 1996, S. 97-111

Petzel, Albrecht: Ansprüche der Minderheitsaktionäre bei Unternehmensverbindung und Umwandlung, Dissertation Universität Göttingen 1967

Piltz, Detlev Jürgen: Die Unternehmensbewertung in der Rechtsprechung, 3. Auflage, Düsseldorf 1994
- Unternehmensbewertung und Börsenkurs im aktienrechtlichen Spruchstellenverfahren – zugleich Besprechung der Entscheidung BVerfGE 100, 289, ZGR 2001, S. 185-213

- / *Wissmann, Eike*: Unternehmensbewertung beim Zugewinnausgleich nach Scheidung, NJW 1985, S. 2673-2684

Pluskat, Sorika: Going Private durch reguläres Delisting, WM 2002, S. 833-839

Potthoff, Volker / Stuhlfauth, Jutta: Der Neue Markt: Ein Handelssegment für innovative und wachstumsorientierte Unternehmen – kapitalmarktrechtliche Überlegungen und Darstellung des Regelwerkes, WM 1997, Sonderbeilage Nr. 3

Pötzsch, Thorsten / Möller, Andreas: Das künftige Übernahmerecht – Der Diskussionsentwurf des Bundesministeriums der Finanzen zu einem Gesetz zur Regelung von Unternehmensübernahmen und der Gemeinsame Standpunkt des Rates zur europäischen Übernahmerichtlinie, WM 2000, Sonderbeilage 2 zu Heft 31, S. 3-38

Praël, Christoph: Eingliederung und Beherrschungsvertrag als körperschaftliche Rechtsgeschäfte, Berlin 1978

Puszkajler, Karl Peter: Verschmelzung zum Börsenkurs? – Verwirklichung der BVerfG-Rechtsprechung, Zugleich eine Erwiderung auf Bungert, BB 2003, 699, BB 2003, S. 1692-1695

Ränsch, Ulrich: Die Bewertung von Unternehmen als Problem der Rechtswissenschaften – Zur Bestimmung der angemessenen Abfindung für ausscheidende Kapitalgesellschafter, AG 1984, S. 202-212

Rahier, Gabriele: Zusammenführung von Unternehmen durch Verschmelzung nach dem Umwandlungsgesetz: Eine steuerliche Vorteilhaftigkeitsanalyse, Lohmar 1999

Rebmann, Kurt / Säcker, Franz Jürgen / Rixecker, Roland (Hrsg.): Münchner Kommentar zum Bürgerlichen Gesetzbuch, Band 7. Familienrecht I (§§ 1297-1588), 4. Auflage, München 2000, Band 9. Erbrecht (§§ 1922-2385), 4. Auflage, München 2004 (zitiert: Bearbeiter in: MünchKomm BGB)

Reichsjustizamt: Entwurf eines Handelsgesetzbuches mit Ausschluss des Seehandelsrechts nebst Denkschrift, Amtliche Ausgabe Berlin 1896

Reinicke, Dietrich / Tiedtke, Klaus: Die Ausschließung der Ertragswert-Methode bei der Berechnung des Auseinandersetzungsguthabens eines ausscheidenden Gesellschafters, DB 1984, S. 703-708

Reinisch, Armin: Der Ausschluss von Aktionären aus der Aktiengesellschaft, zugl. Dissertation TH Darmstadt 1991, Köln 1992

Richard, Jörg / Weinheimer, Stefan: Der Weg zurück: Going Private, BB 1999, S. 1613-1620

Richter, W.: Anmerkung zu BGH, Urteil vom 30.3.1998 - II ZR 12/97 - VEBA/ Stinnes/Rhenus/Bayrischer Lloyd, NZG 1999, S. 260

Rieger, Wilhelm: Zur Frage der angemessenen Abfindung der bei der Umwandlung ausscheidenden Aktionäre, Wirtschaftstreuhänder 1938, S. 256-258
- Zur Frage der angemessenen Abfindung der bei der Umwandlung ausscheidenden Aktionäre, JW 1938, S. 3016-3018

Riegger, Bodo: Der Börsenkurs als Untergrenze der Abfindung, DB 1999, S. 1889-1891

Rodloff, Frank: Ungeschriebene sachliche Voraussetzungen der aktienrechtlichen Mehrheitseingliederung, Dissertation Freie Universität Berlin 1993
- Börsenkurs statt Unternehmensbewertung - Zur Ermittlung der Abfindung im Spruchstellenverfahren, DB 1999, S. 1149-1153

Röhricht, Volker: Die Rechtsstellung der außenstehenden Aktionäre beim Beitritt zum Beherrschungsvertrag, ZHR 162 (1998), S. 249-260

Roller, Gerhard: Enteignung, ausgleichspflichtige Inhaltsbestimmung und salvatorische Klauseln – Eine Bestandsaufnahme im Lichte der neuen Judikatur des BVerfG, NJW 2001, S. 1003-1009

Rühland, Philipp: Die Abfindung von aus der Aktiengesellschaft ausgeschlossenen Minderheitsaktionären - Ein Diskussionsbeitrag zum Entwurf eines Übernahmegesetzes vom Bundesministerium der Finanzen vom 29.6.2000, WM 2000, S. 1884-1888
- Der squeezeout nach dem RefE zum Wertpapiererwerbs- und Übernahmegesetz vom 12.3.2001, NZG 2001, S. 448-455
- Die Zukunft der übertragenden Auflösung (§ 179a AktG) - Die Konsequenzen des gesetzlichen Ausschlussrechts, der geplanten Reform des Spruchverfahrens und der MotoMeter-Entscheidung des BVerfG für die übertragende Auflösung -, WM 2002, S. 1957-1966

Saenger, Ingo: Mehrstimmrechte bei Aktiengesellschaften, ZIP 1997, S. 1813-1820

Sagasser, Bernd / Bula, Thomas / Brünger, Thomas R.: Umwandlungen: Verschmelzung – Spaltung – Formwechsel – Vermögensübertragung, 3. Auflage, München 2002 (zitiert: Bearbeiter in: Sagasser/Bula/Brünger)

Schäfer, Frank A. (Hrsg.): Wertpapierhandelsgesetz, Börsengesetz mit BörsZulV, Verkaufsprospektgesetz mit VerkProspV, Stuttgart 1999
- Zulässigkeit und Grenzen der Kurspflege, WM 1999, S. 1345-1352

Schäfer, Hans-Bernd / Ott, Claus: Lehrbuch der ökonomischen Analyse des Zivilrechts, 4. Auflage, Berlin 2005

Schaub, Bernhard: Das Abfindungsangebot nach § 29 UmwG, NZG 1998, S. 626-629

Schimansky, Herbert / Bunte, Hermann-Josef / Lwowski, Hans-Jürgen (Hrsg.): Bankrechts-Handbuch, Band III, 2. Auflage, München 2001

Schlitt, Michael: Die neuen Marktsegmente der Frankfurter Wertpapierbörse – Struktur, Zulassungsvoraussetzungen und Folgepflichten, AG 2003, S. 57-69

- Die gesellschaftsrechtlichen Voraussetzungen des regulären Delisting – Macrotron und die Folgen, ZIP 2004, S. 533-541

Schmidt, Karsten: Gesellschaftsrecht, 3. Auflage, Köln 1997

- Macrotron oder: weitere Ausdifferenzierung des Aktionärsschutzes durch den BGH, NZG 2003, S. 601-606

Schmidt, Roland: Eigentumsschutz für Gewerbebetriebe als Begrenzung umweltrechtlicher Standardverschärfungen? Ein grundrechtsdogmatisches Postulat auf dem Prüfstand der Rechtsprechung des Bundesverfassungsgerichts zu Art. 14 GG, zugl. Dissertation Universität Lüneburg 2000, Baden-Baden 2001

Schmidt, Reinhart / Wulff, Sönke: Zur Entdeckung von Insider-Aktivitäten am deutschen Aktienmarkt, ZBB 1993, S. 57-68

Schulz, Stephan: Der Ausgleichsanspruch für erloschene und beseitigte Mehrstimmrechte gem. § 5 III EGAktG, NZG 2002, S. 996-1006

Schulze-Osterloh, Joachim: Kurzkommentar zu LG Dortmund, Beschluss vom 10.6.1997 - 20 AktE 1/94 ("Sinalco"), EWiR 1997, S. 679-680

Schwab, Martin: Abfindungsanspruch außenstehender Aktionäre bei Beendigung des Unternehmensvertrags durch Verschmelzung – Im Blickpunkt: Guano-Beschluß des BGH (BB 1997, 1705) und neue BVerfG-Rechtsprechung, BB 2000, S. 527-531

Schwark, Eberhardt (Hrsg.): Kapitalmarktrechtskommentar, 3. Auflage, München 2004 (zitiert: Bearbeiter in: Schwark, Kapitalmarktrecht)

- / *Geiser, Frank*: Delisting, ZHR 161 (1997), S. 739-773

Schwichtenberg, Jörg: Going Private und Squeezeouts in Deutschland, DStR 2001, S. 2075-2082

Seetzen, Uwe: Die Bestimmung des Verschmelzungswertverhältnisses im Spruchstellenverfahren, WM 1994, S. 45-51

- Spruchverfahren und Unternehmensbewertung im Wandel, WM 1999, S. 565-574

Seibt, Christoph H. / Heiser, Kristian J.: Regelungskonkurrenz zwischen neuem Übernahmerecht und Umwandlungsrecht, ZHR 165 (2001), S. 466-494

Seisler, Harald: Der Anspruch des Minderheitsaktionärs auf angemessene Abfindung im Verfahren nach §§ 306 AktG, 30 ff. UmwG, Dissertation Mannheim 1983

Selzner, Harald: Anmerkung zu OLG Stuttgart, Beschluss vom 4.12.1996 – 8 W 43/93 ("Moto Meter II"), WiB 1997, S. 585

Senger, Michael / Vogelmann, Axel: Die Umwandlung von Vorzugsaktien in Stammaktien, AG 2002, S. 193-214

Sieben, Günter / Schildbach, Thomas: Zum Stand der Entwicklung der Lehre von der Bewertung ganzer Unternehmen, DStR 1979, S. 455-461

Sieger, Jürgen J. / Hasselbach, Kai: Ausschluss von Minderheitsaktionären (Squeeze-out) im ausländischen Recht, NZG 2001, S. 926-930

Soergel, Hans Theodor (Begr.): Bürgerliches Gesetzbuch, Bd. 23. Erbrecht: § 2274-2385, 13. Auflage, Stuttgart 2002 (zitiert: Bearbeiter in: Soergel)

Spindler, Gerald: Kapitalmarktreform in Permanenz – Das Anlegerschutzverbesserungsgesetz, NJW 2004, S. 3449-3455

Staudinger, Joachim von: Kommentar zum Bürgerlichen Gesetzbuch, Buch 4. Familienrecht: §§ 1363-1563, 13. Auflage, Neubearbeitung, Berlin 2000 (zitiert: Bearbeiter in: Staudinger)

Steck, Kai-Uwe: "Going Private" über das UmwG – Das Gesellschaftsrecht des "kalten Delisting", AG 1998, S. 460-466

Steiner, Manfred / Bruns, Christoph: Wertpapiermanagement, 6. Auflage, Stuttgart 1998

Steinhauer, Carsten: Der Börsenpreis als Bewertungsgrundlage für den Abfindungsanspruch von Aktionären – Finanztheoretischer Hintergrund einer möglichen Trendwende in der gesellschaftsrechtlichen Praxis, AG 1999, S. 299-308

Streit, Georg: Delisting Light - Die Problematik der Vereinfachung des freiwilligen Rückzugs von der Frankfurter Wertpapierbörse, ZIP 2002, S. 1279-1289

Studienkommission des Deutschen Juristentages: Untersuchungen zur Reform des Konzernrechts, zugleich Stellungnahme zu den Vorschriften über das Recht der Verbundenen Unternehmen im Entwurf 1960/62 eines Aktiengesetzes und eines Einführungsgesetzes zum Aktiengesetz mit Hinweisen auf das Aktiengesetz 1965, Tübingen 1967

Technau, Konstantin: Übernahmerechtliche Austrittsrechte in Verschmelzungsfällen, AG 2002, S. 260-266

Teichmann, Christoph: ECLR - Corporate Governance in Europa, ZGR 2001, S. 645-679

Thywissen, Johann Heinrich: Das Spruchstellenverfahren im Aktiengesetz und die Wirkung der Entscheidung auf bereits abgefundene Aktionäre, Dissertation Universität Münster 1978

Ulmer, Peter (Hrsg.): Hachenburg: Gesetz betreffend die Gesellschaften mit beschränkter Haftung, Großkommentar, Bd. 3. §§ 53-85, 8. Auflage, Berlin 1997 (zitiert: Bearbeiter in: Hachenburg, GmbHG)

Umbach, Dieter C. / Clemens, Thomas (Hrsg.): Grundgesetz, Mitarbeiterkommentar und Handbuch, Band I: Art. 1-37 GG, Heidelberg 2002 (zitiert: Bearbeiter in: Umbach/Clemens, GG)

Vaupel, Christoph: Zum Tatbestandsmerkmal der erheblichen Kursbeeinflussung bei der Ad-hoc Publizität, WM 1999, S. 521-530

Veith, Günter: Die Bewertung von zum Börsenhandel zugelassenen Aktien bei Pflichtteilsansprüchen, NJW 1963, S. 1521-1525

Veith, Hans-Joachim / Börnstein, Ulrich: Umwandlungsgesetz und Umwandlungs-Steuergesetz, München 1958

Vetter, Eberhard: Anmerkung zu BVerfG vom 27.4.1999, AG 1999, S. 569-572

- Die Entschädigung der Minderheitsaktionäre im Vertragskonzern erneut vor dem Bundesverfassungsgericht - Anmerkung zu BVerfG vom 8.9.1999 - 1 BvR 301/89 (Hartmann & Braun AG), ZIP 2000, S. 561-568
- Squeeze-out nur durch Hauptversammlungsbeschluss?, DB 2001, S. 743-747
- Squeeze-out -- Der Ausschluss der Minderheitsaktionäre aus der Aktiengesellschaft nach den §§ 327a - 327f AktG, AG 2002, S. 176-190

Vollmer, Lothar / Grupp, Alexander: Aktionärsschutz beim Börsenein- und –austritt, ZGR 1995, S. 459-480

Wasmann, Dirk: Erlöschen und Beseitigung von Mehrstimmrechten nach § 5 EGAktG: Gerichtliche Prüfung des Ausgleichs im Spruchverfahren, BB 2003, S. 57-65

- / *Roßkopf, Gabriele*: Die Herausgabe von Unterlagen und der Geheimnisschutz im Spruchverfahren, ZIP 2003, S. 1776-1781

Weber, Martin: Kursmanipulationen am Wertpapiermarkt, NZG 2000, S. 113-129

Weber-Rey, Daniela / Schütz, Bernhard G.: Zum Verhältnis von Übernahmerecht und Umwandlungsrecht, AG 2001, S. 325-330

Weiler, Lothar / Meyer, Ingo: Heranziehung des Börsenkurses zur Unternehmensbewertung bei Verschmelzungen, ZIP 2001, S. 2153-2159

- Berücksichtigung des Börsenkurses bei Ermittlung der Verschmelzungswertrelation, NZG 2003, S. 669-671

Wenger, Ekkehard: Der Fall Girmes - ein Stück aus dem Tollhaus, ZIP 1993, S. 321-332

- Anmerkung zu LG Stuttgart, Beschluss vom 28.6.1993 - 2 KfH O 43/91, ZIP 1993, S. 1627-1630

- / *Hecker, Renate*: Übernahme- und Abfindungsregeln am deutschen Aktienmarkt – Eine kritische Bestandsaufnahme im internationalen Vergleich, ifo-Studien: Zeitschrift für empirische Wirtschaftsforschung 1995, S. 51-87
- / *Hecker, Renate / Knoesel, Jochen*: Abfindungsregeln und Minderheitenschutz bei börsennotierten Kapitalgesellschaften in: Gahlen, Bernhard / Hesse, Helmut / Ramser, Hans Jürgen (Hrsg.): Finanzmärkte, Tübingen 1997, S. 93-145

Werner, Winfried: Die Behandlung von Verbundeffekten bei Abfindungen nach den §§ 305 und 320 AktG in: Baur, Jürgen F./Hopt, Klaus J./Mailänder, K. Peter (Hrsg.): Festschrift für Ernst Steindorff zum 70. Geburtstag am 13. März 1990, Berlin 1990, S. 303-320

Westerfelhaus, Herwarth: IDW-Unternehmensbewertung verkennt Anforderungen der Praxis, NZG 2001, S. 673-679

Widmann, Siegfried / Mayer, Dieter (Hrsg.): Umwandlungsrecht – Umwandlungsgesetz, Umwandlungssteuergesetz – (Loseblattsammlung), Bonn, 84. Aktualisierung, Stand: September 2005 (zitiert: Bearbeiter in: Widmann/Mayer, UmwR)

Wiedemann, Herbert: Rechtsethische Maßstäbe im Unternehmens- und Gesellschaftsrecht, ZGR 1980, S. 147-176
- Entwicklungen im Kapitalgesellschaftsrecht, DB 1993, S. 141-145
- Minderheitsrechte ernstgenommen – Gedanken aus Anlass der Magna Media-Entscheidung BayObLG ZIP 1998, 2002, ZGR 1999, S. 857-872

Wilken, Oliver: Anmerkung zu BVerfG vom 27.4.1999, ZIP 1999, S. 1443-1444

Wilm, Daniel: Abfindung zum Börsenkurs - Konsequenzen der Entscheidung des BVerfG, NZG 2000, S. 234-240
- Nochmals: Abfindung zum Börsenkurs, Kommentar zu OLG Düsseldorf, NZG 2000, 1075, NZG 2000, S. 1070-1073

Wilsing, Hans-Ulrich / Kruse, Tobias: Maßgeblichkeit der Börsenkurse bei umwandlungsrechtlichen Verschmelzungen?, DStR 2001, S. 991-997

Windbichler, Christine: Kurzkommentar zu BayObLG, Beschluss vom 17.9.1998 - 3Z BR 37/98 ("Magna Media/WEKA"), EWiR 1998, S. 1057-1058

Witte, Jürgen / Rafiqpoor, Parwäz: Die „Beerdigung" des Neuen Marktes – rechtliche Aspekte, BB 2002, S. 2615-2619

Wolf, Martin: Der Minderheitenausschluss qua "übertragender Auflösung" nach Einführung des Squeeze-Out gemäß § 327a-f AktG, ZIP 2002, S. 153-160

Zehner, Klaus: Unternehmensbewertung im Rechtsstreit – Zur Fehlinterpretation neuer höchstrichterlicher Entscheidungen, DB 1981, S. 2109-2117

Zeidler, Finn: Anmerkung zu BayObLG vom 29.9.1998 - 3Z BR 159/94, NZG 1998, S. 949-950

Zelger, Hansjörg: Überlegungen zur praxisorientierten Umsetzung einer wertorientierten Unternehmensführung in: Haarmann, Hemmelrath & Partner,

Sozietät von Rechtsanwälten, Wirtschaftsprüfern und Steuerberatern (Hrsg.): Gestaltung und Analyse in der Rechts-, Wirtschafts- und Steuerberatung von Unternehmen, Köln 1998, S. 359-372

Zöllner, Wolfgang: Gerechtigkeit bei der Kapitalerhöhung, AG 2002, S. 585-592

- / *Hanau, Hans*: Die verfassungsrechtlichen Grenzen der Beseitigung von Mehrstimmrechten bei Aktiengesellschaften, AG 1997, S. 206-219

- / *Noack, Ulrich*: Zulässigkeitsgrenzen des gesetzgeberischen Eingriffs in Gesellschafterrechte – Verfassungsrechtliche Fragen der Beseitigung bestehender Höchst- und Mehrstimmrechte, AG 1991, S. 157-165

- / *Noack, Ulrich (Hrsg.)*: Kölner Kommentar zum Aktiengesetz, Band 6 (§§ 15-22, §§ 291-328), 3. Auflage, Köln 2004; Band 5/1 (§§ 179-240), 2. Auflage, Köln 1995 (zitiert: Bearbeiter in: Kölner Kommentar)

- / *Winter, Martin*: Folgen der Nichtigerklärung durchgeführter Kapitalerhöhungsbeschlüsse, ZHR 158 (1994), S. 59-100

Zschocke, Christian: Europapolitische Mission: Das neue Wertpapiererwerbs- und Übernahmegesetz, DB 2002, S. 79-85

Entscheidungsregister

I. Entscheidungen der Europäischen Gerichte

Gericht	Datum	Aktenzeichen	Fundstelle		Bezeichnung
EuGH	27.09.1988	Rs. 81/87	NJW 1989, 2186-2188		Daily Mail
EGMR	01.07.1997	125/1996/744/943	NJW 1997, 2809-2811		Probstmeier./.BRD
EuGH	09.03.1999	C-212/97	NJW 1999, 2027-2029		Centros
EuGH	05.11.2002	C-208/00	NJW 2002, 3614-3617	ZIP 2002, 2037-2045	Überseering
EuGH	30.09.2003	C-167/01	ZIP 2003, 1885-1893	AG 2003, 680-683	Inspire Art
EuGH GA Schlussanträge	07.07.2005	C-411/03	ZIP 2005, 1227-1233		Sevic

II. Entscheidungen der Gerichte des Deutschen Reiches

1. Reichsgericht

Datum	Aktenzeichen	Fundstelle	Bezeichnung
11.04.1901	Rep. VI 443/00	RGZ 48, 114-129	
14.12.1903	Rep. VI 167/03	RGZ 56, 271-287	
27.02.1904	Rep. I 418/03	RGZ 58, 24-31	
08.04.1908	Rep. I 595/07	RGZ 68, 235-247	Hibernia
13.11.1908	VII 590/07	LZ 1909, 229	
22.12.1922	II 621/22	RGZ 106, 128-132	

30.03.1926	II 226/25	RGZ 113, 188-197	
13.12.1927	II 401/27	RGZ 119, 248-259	
08.02.1935	II 280/34	RGZ 147, 42-58	
06.01.1940	II 56/40	DR 1941, 1301-1303	
17.01.1940	II 82/39	RGZ 163, 21-35	
13.08.1942	II 67/41	RGZ 169, 330-339	

2. Kammergericht

Datum	**Aktenzeichen**	**Fundstelle**
18.01.1906	1 Y 19/06	KGJ 42, A 164
13.06.1913	1a X 649/13	KGJ 45, A 172

III. Entscheidungen der Bundesgerichte

1. Bundesverfassungsgericht

Datum	**Aktenzeichen**	**Fundstelle**		**Bezeichnung**
30.04.1952	1 BvR 14, 25, 167/52	BVerfGE 1, 264-281		
20.07.1954	1 BvR 459, 484, 548, 555, 623, 651, 748, 783, 801/52, 5, 9/53, 96, 114/59	BVerfGE 4, 7-27		Investitionshilfe
15.01.1958	1 BvR 400/51	BVerfGE 7, 198-230	NJW 1958, 257-259	Lüth
17.03.1959	1 BvL 5/57	BVerfGE 9, 194-200		
17.03.1959	1 BvL 39, 44/56	BVerfGE 9, 201-212	NJW 1959, 1027-1028	

29.11.1961	1 BvR 148/57	BVerfGE 13, 225-230	NJW 1962, 100-101	
07.08.1962	1 BvL 16/60	BVerfGE 14, 263-288	NJW 1962, 1667-1670	Feldmühle
13.02.1964	1 BvL 17/61, 1 BvR 494/60, 128/61	BVerfGE 17, 232-252	NJW 1964, 1067-1072	
12.01.1967	1 BvR 169/63	BVerfGE 21, 73-87	NJW 1967, 619-621	
02.05.1967	1 BvR 578/63	BVerfGE 21, 362-378		
29.11.1967	1 BvR 175/66	BVerfGE 22, 380-387	NJW 1968, 347-348	
18.12.1968	1 BvR 638, 673/64, 200, 238, 249/65	BVerfGE 24, 367-424	NJW 1969, 309-316	
07.05.1969	2 BvL 15/67	BVerfGE 25, 371-408	NJW 1969, 1203-1205	Rheinstahl
18.03.1970	2 BvO 1/65	BVerfGE 28, 119-151		
16.03.1971	1 BvR 52, 665, 667, 754/66	BVerfGE 30, 292-336	NJW 1971, 1255-1261	
01.04.1971	1 BvL 22/67	BVerfGE 31, 8-32		
19.03.1975	1 BvL 20, 21, 23, 24/73	BVerfGE 39, 210-237		
08.06.1977	2 BvR 499/74, 1942/75	BVerfGE 45, 142-186	NJW 1977, 410-415	
21.06.1977	2 BvR 70, 361/75	BVerfGE 45, 272-297	NJW 1977, 1629-1631	
26.10.1977	1 BvL 9/72	BVerfGE 46, 268-298		
09.08.1978	2 BvR 831/76	BVerfGE 49, 148-168		
01.03.1979	1 BvR 532, 533/77, 419/78, 1 BvL 21/78	BVerfGE 50, 290-381	NJW 1979, 699-711	Mitbestimmung
22.05.1979	1 BvL 9/75	BVerfGE 51, 193-222	NJW 1980, 383-386	Weinbergrolle I
20.12.1979	1 BvR 385/77	BVerfGE 53, 30-96	NJW 1980, 759-764	Mülheim-Kärlich
07.10.1980	1 BvL 50, 89/79, 1 BvR 240/79	BVerfGE 55, 72-95		
16.12.1980	2 BvR 419/80	BVerfGE 55, 349-370	NJW 1981, 1499-1500	
29.04.1981	2 BvR 348/81	EuGRZ 1982, 75-76		
08.02.1983	1 BvL 20/81	BVerfGE 63, 131-148	NJW 1983, 1179-1181	
15.01.1984	1 BvR 272/81	BVerfGE 66, 116-151	NJW 1984, 1741-1746	

31.10.1984	1 BvR 35, 356, 794/82	BVerfGE 68, 193-226	NJW 1985, 1385-1390	
14.01.1987	1 BvR 1052/79	BVerfGE 74, 129-162	ZIP 1987, 440-441	
06.10.1987	1 BvR 1086, 1468, 1623/82	BVerfGE 77, 84-120	NJW 1988, 1195-1199	Arbeitnehmer-überlassung
23.01.1990	1 BvR 306/86	BVerfGE 81, 208-228	NJW 1990, 2189-2192	
07.02.1990	1 BvR 26/84	BVerfGE 81, 242-263		
26.06.1991	1 BvR 779/85	BVerfGE 84, 212-232	NJW 1991, 2549-2551	
11.02.1992	1 BvL 29/87	BVerfGE 85, 238-247		
17.11.1992	1 BvR 168, 1509/89, 638, 639/90	BVerfGE 87, 363-394		Nachtbackverbot
02.03.1993	1 BvR 249/92	BVerfGE 88, 118-128	NJW 1993, 1635-1636	
19.10.1993	1 BvR 567, 1044/89	BVerfGE 89, 214-236	NJW 1994, 36-39	
24.05.1995	2 BvF 1/92	BVerfGE 92, 37-85	NVwZ 1996, 574-579	
22.01.2997	2 BvR 1915/91	BVerfGE 95, 173-188	NJW 1997, 2871-2873	
06.05.1997	1 BvR 711/96	NJW 1997, 2811-2812		
27.01.1999	1 BvR 1805/94	NJW 1999, 1699-1701	ZIP 1999, 532-535	SEN
02.03.1999	1 BvL 7/91	BVerfGE 100, 226-248	NJW 1999, 2877-2880	Denkmalschutz
26.04.1999	1 BvR 467/99	NJW 1999, 2582-2583	ZIP 1999, 999-1001	SNI/Siemens
27.04.1999	1 BvR 1613/94	BVerfGE 100, 289-313	NJW 1999, 3769-3773	DAT/Altana
20.09.1999	1 BvR 168/93	NJW 2000, 129-131	ZIP 1999, 1801-1804	Scheidemandel AG
23.08.2000	1 BvR 68/95, 147/97	NJW 2001, 279-281	AG 2001, 42-44	Moto Meter
29.11.2006	1 BvR 704/03	NJW 2007, 828-830	ZIP 2007, 175-178	Siemens/Nixdorf

2. Bundesverwaltungsgericht

Datum	**Aktenzeichen**	**Fundstelle**	
03.05.1956	1 C 172/53	BVerwGE 3, 254-258	NJW 1956, 1293-1294

27.05.1981	7 C 34/77	BVerwGE 62, 224-230	NJW 1982, 63-65

3. Bundesgerichtshof

Datum	Aktenzeichen	Fundstelle		Bezeichnung
01.04.1953	II ZR 235/52	BGHZ 9, 157-179		
09.06.1954	II ZR 70/53	BGHZ 14, 25-39		
17.02.1955	II ZR 316/53	BGHZ 18, 350-366	NJW 1955, 1919-1921	
28.01.1957	III ZR 141/55	BGHZ 23, 157-172		
06.10.1960	II ZR 158/58	BGHZ 33, 175-189	NJW 1961, 26	Minimax II
31.01.1966	III ZR 110/64	BGHZ 45, 150-162	NJW 1966, 1120-1122	Elbeleitdamm
30.03.1967	II ZR 141/64	NJW 1967, 1464	WM 1967, 479	
30.05.1972	VI ZR 6/71	BGHZ 59, 30-42	NJW 1972, 1366-1369	BILD-Auslieferung
26.10.1972	VII ZR 232/71	NJW 1973, 98-100		
17.01.1973	IV ZR 142/70	NJW 1973, 509-511		
27.05.1974	II ZR 109/72	NJW 1974, 1557-1558	WM 1974, 713-717	BASF/Wintershall
12.06.1975	II ZB 12/73	BGHZ 65, 22-30		
09.12.1975	VI ZR 157/73	BGHZ 65, 325-340	NJW 1976, 620-625	Stiftung Warentest
16.02.1976	II ZR 61/74	AG 1976, 218-219	WM 1976, 449-450	Audi/NSU
09.03.1977	IV ZR 166/75	BGHZ 68, 163-169	NJW 1977, 949-950	
13.10.1977	II ZR 123/76	BGHZ 69, 334-337	NJW 1978, 104-107	VEBA
19.12.1977	II ZR 136/76	BGHZ 70, 117-127	NJW 1978, 540-542	
13.03.1978	II ZR 142/76	BGHZ 71, 40-53	NJW 1978, 1316-1320	Kali+Salz
28.02.1980	III ZR 131/77	BGHZ 76, 387-397	NJW 1980, 2457-2460	Fluglotsenstreik
10.07.1980	III ZR 160/78	BGHZ 78, 41-52	NJW 1980, 2700-2703	
23.02.1981	II ZR 229/79	BGHZ 80, 346-352	NJW 1981, 2302-2303	

30.09.1981	IVa ZR 127/80	NJW 1982, 575-577	ZIP 1981, 1330-1332	
16.11.1981	II ZR 150/80	BGHZ 82, 188-200	NJW 1982, 933-936	Hoogovens
25.02.1981	II ZR 174/80	BGHZ 83, 122-144	NJW 1982, 1703-1708	Holzmüller
19.04.1982	II ZR 55/81	BGHZ 83, 319-327	NJW 1982, 825-826	Holzmann
26.03.1984	II ZR 171/83	BGHZ 90, 381-399	NJW 1984, 1893-1900	
28.06.1984	III ZR 35/83	BGHZ 92, 34-54	NJW 1984, 2516-2520	
14.07.1986	II ZR 249/85	NJW-RR 1987, 21-23	WM 1986, 1384-1386	
04.03.1987	IVa ZR 122/85	BGHZ 100, 117-125	NJW 1987, 1815-1818	
01.02.1988	II ZR 75/87	BGHZ 103, 184-197	NJW 1988, 1579-1582	Linotype
24.10.1988	II ZB 7/88	BGHZ 105, 324-346	NJW 1989, 295-300	Supermarkt
24.10.1990	XII ZR 101/89	NJW 1991, 1547-1552	WM 1991, 283-291	
11.11.1991	II ZR 287/90	BGHZ 116, 37-47	NJW 1992, 505-507	Stromlieferung
16.12.1991	II ZR 58/91	BGHZ 116, 359-376	NJW 1992, 892-896	
30.01.1992	II ZB 15/91	NJW 1992, 1452-1454	ZIP 1992, 395-398	Siemens
15.06.1992	II ZR 18/91	BGHZ 119, 1-20	NJW 1992, 2760-2765	ASEA/BBC
22.06.1992	II ZR 178/90	NJW 1992, 3167-3176	ZIP 1992, 1464-1478	IBH/Scheich Kamel
05.07.1993	II ZR 194/92	BGHZ 123, 106-119	NJW 1993, 2865-2868	Hornblower/Fischer
06.07.1993	XI ZR 12/93	BGHZ 123, 126-131	NJW 1993, 2433-2343	
20.03.1995	II ZR 205/94	BGHZ 129, 136-177	NJW 1995, 1739-1749	Girmes
19.06.1995	II ZR 58/94	NJW 1995, 3115-3117	ZIP 1995, 1256-1260	Rieter/SSI II
11.07.1996	IX ZR 226/94	NJW 1996, 3147-3150		
20.05.1997	II ZB 9/96	BGHZ 135, 374-381	NJW 1997, 2242-2244	Guano
09.02.1998	II ZR 278/96	BGHZ 138, 71-81	NJW 1998, 2054-2057	
04.03.1998	II ZB 5/97	BGHZ 138, 136-142	NJW 1998, 1866-1868	ASEA/BBC II
30.03.1998	II ZR 12/97	BGHZ 138, 224-230	NJW 1998, 3202-3203	Veba/Stinnes/Rhenus/ Bayerischer Lloyd
27.11.1998	V ZR 34/97	BGHZ 140, 111-117	NJW 1999, 638-639	

05.07.1999	II ZR 126/98	BGHZ 142, 167-171	NJW 1999, 3197-3198	Hilgers AG
18.12.2000	II ZR 1/99	BGHZ 146, 179-190	NJW 2001, 1425-1427	MEZ
20.12.2000	XII ZR 237/98	NJW-RR 2001, 793-794		
12.03.2001	II ZB 15/00	BGHZ 147, 108-125	NJW 2001, 2080-2084	DAT/Altana
13.11.2001	XI ZR 122/01	ZIP 2001, 2278	NZG 2002, 88-89	Computer 2000
25.11.2002	II ZR 133/01	BGHZ 153, 47-61	NJW 2003, 1032-1036	Macrotron
13.01.2003	II ZR 227/00	BGHZ 153, 285-293	NJW 2003, 2314-2316	
09.05.2005	II ZR 66/03	ZIP 2005, 1316-1318	AG 2005, 617-619	
08.05.2006	II ZR 27/05	BGHZ 167, 299-312	NJW 2006, 3146-3150	Jenoptik

4. Bundesfinanzhof

Datum	**Aktenzeichen**	**Fundstelle**	
10.12.1969	I R 43/67	BFHE 98, 30-34	BStBl II 1970, 310-311
24.04.1980	IV R 61/77	BFHE 131, 220-224	BStBl. II 1980, 690-692
17.12.1982	III R 92/80	BFHE 137, 367-370	BStBl. II 1983, 192-194
09.03.1994	II R 39/90	BFHE 173, 561-568	BStBl. II 1994, 394-398; WM 1994, 1331-1335
21.04.1999	II R 87/97	BFHE 188, 432-434	BStBl. II 1999, 810-812; NZG 2000, 109-110

5. Bundesarbeitsgericht

Datum	**Aktenzeichen**	**Fundstelle**		**Bezeichnung**
10.11.1955	2 AZR 591/54	BAGE 2, 221-226		Treuepflicht
15.02.1957	1 AZR 391/55	BAGE 4, 22-27		
10.05.1957	1 AZR 249/56	BAGE 4, 274-286		Zölibatsklausel

27.02.1985	GS 1/84	BAGE 48, 122-139	NJW 1985, 2968-2974	
27.05.1986	1 ABR 48/84	BAGE 52, 88-114	NJW 1987, 674-680	

IV. Entscheidungen des Bayrischen Obersten Landesgerichtes

Datum	Aktenzeichen	Fundstelle		Bezeichnung
10.12.1992	3Z BR 130/92	NJW 1993, 1804-1805	ZIP 1993, 263-265	BSW
31.05.1995	3Z BR 67/89	AG 1995, 509-512	WM 1995, 1580-1586	
19.10.1995	3Z BR 17/90	AG 1996, 127-131	WM 1996, 526-534	Paulaner
11.12.1995	3Z BR 36/91	AG 1996, 176-180	BB 1996, 687-689	
17.09.1998	3Z BR 37/98	ZIP 1998, 2002-2006	AG 1999, 185-188	Magna Media/ WEKA
29.09.1998	3Z BR 159/94	ZIP 1998, 1872-1876	AG 1999, 43-46	März/EKU
11.07.2001	3Z BR 172/99	AG 2002, 388-390	NZG 2001, 1033-1036	Rieter I
11.07.2001	3Z BR 153/00	AG 2002, 390-392		Rieter II
11.09.2001	3Z BR 101/99	ZIP 2001, 1999-2003	AG 2002, 392-394	Ytong
31.07.2002	3Z BR 362/01	ZIP 2002, 1765-1770	AG 2003, 97-99	Siemens AG
18.12.2002	3Z BR 116/00	AG 2003, 569-573	BB 2003, 275-280	Hypobank/Vereinsbank
01.12.2004	3Z BR 106/04	ZIP 2005, 205-211		Macrotron

V. Entscheidungen der Oberlandesgerichte (OLG bzw. KG)

OLG	Datum	Aktenzeichen	Fundstelle		Bezeichnung
Düsseldorf	03.04.1913	7 U 36/13	LZ 1914, 272-173		
Düsseldorf	14.04.1960	6 U 26/60	AG 1960, 161-166		

Stuttgart	12.11.1962	8 AR 1/59	AG 1963, 77-78		
Düsseldorf	27.11.1962	6 Spruchv. 1/60	AG 1963, 159-160		
Hamm	23.01.1963	8 AR 1/60	AG 1963, 218-224		
Berlin	28.04.1964	5 U 1493/63	AG 1964, 217-221		
Düsseldorf	31.07.1964	6 Spruchv. 1/62	AG 1964, 246-247		
Berlin	15.12.1970	1 W 2982/69	AG 1971, 158-164	WM 1971, 764-771	
Celle	28.06.1972	9 U 155/71	WM 1972, 1004-1015		
Düsseldorf	08.06.1973	19 W 21/72	DB 1973, 1391-1393		
Celle	30.01.1974	9 U 73/73	AG 1974, 83-84		
Frankfurt a. M.	06.07.1976	14 U 103/75	AG 1976, 298-304		Kali+Salz
Düsseldorf	29.10.1976	19 W 6/73	AG 1977, 168	WM 1977, 797-802	Metallgesellschaft/Stolberger Zink
Celle	04.04.1979	9 Wx 2/77	AG 1979, 230-232	WM 1979, 1336-1342	Ilseder Hütte/Salzgitter AG
Hamburg	17.08.1979	11 W 2/79	AG 1980, 163-165		Hamburger Verkehrsbetriebe
Celle	01.07.1980	9 Wx 9/79	AG 1981, 234-235		
Düsseldorf	17.02.1984	19 W 1/81	ZIP 1984, 586-594		ATH/Rheinstahl
München	17.09.1987	24 U 794/86	NJW-RR 1988, 751-753	BB 1987, 2392-2393	
Düsseldorf	11.04.1988	19 W 32/86	ZIP 1988, 1555-1562	AG 1988, 275-279	Colditz
Karlsruhe	30.06.1989	15 U 76/88	ZIP 1989, 988-995	AG 1990, 35-39	SEN
Düsseldorf	11.01.1990	19 W 6/86	AG 1990, 397-403	WM 1990, 1282-1292	EVA
Düsseldorf	07.06.1990	19 W 13/86	ZIP 1990, 1333-1346	AG 1990, 490-494	DAB/Hansa
Düsseldorf	16.10.1990	19 W 9/88	ZIP 1990, 1474-1477	AG 1991, 106-109	Wicküler-Küpper Brauerei

Düsseldorf	12.02.1992	19 W 3/91	AG 1992, 200-205	WM 1992, 986-994	Dt. Babcock/Balcke-Dürr
Karlsruhe	12.10.1993	11 Wx 48/93	WM 1993, 2092-2093		
Hamm	08.12.1993	15 W 291/93	AG 1994, 376-378	WM 1994, 383-387	Siemens/Nixdorf
Stuttgart	21.12.1993	10 U 48/93	ZIP 1995, 1515-1522	AG 1994, 411-415	Moto Meter I
Düsseldorf	02.08.1994	19 W 5/93 AktE	AG 1995, 84-85		DAT/Altana Eingliederung
Düsseldorf	02.08.1994	19 W 1/93 AktE	AG 1995, 85-88	WM 1995, 756-765	DAT/Altana Unternehmensvertrag
Zweibrücken	09.03.1995	3 W 133, 145/92	AG 1995, 421-424	WM 1995, 980-986	Saint Gobain/Grünzweig +Hartmann
Nürnberg	17.01.1996	12 U 2801/91	AG 1996, 228-229		Tucherbräu
Stuttgart	04.12.1996	8 W 43/93	ZIP 1997, 362-364	AG 1997, 136-138	
Düsseldorf	26.09.1997	19 W 1/97 AktE	AG 1998, 37-39		Hageda AG/M und H GmbH
Düsseldorf	07.10.1997	19 W 1/97	AG 1998, 39-41	NZG 1998, 39-41	
Celle	31.07.1998	9 W 128/97	AG 1999, 128-131	NZG 1998, 987-990	Hofbräuhaus Wolters/Gildebrauhaus
Berlin	27.11.1998	14 U 2892/97	AG 1999, 126-128	NZG 1999, 508-510	Aqua Butzke Werke AG
Düsseldorf	22.01.1999	19 W 5/96 AktE	AG 1999, 321-325	DB 1999, 681-684	Lippe-Weser-Zucker AG
Köln	26.03.1999	19 U 108/96	NZG 1999, 1222-1228		
Düsseldorf	19.10.1999	19 W 1/96 AktE	AG 2000, 323-326	NZG 2000, 693-697	Hoffmann's Stärkefabriken
Stuttgart	04.02.2000	4 W 15/98	AG 2000, 428-432	NZG 2000, 744-748	Schwaben-Zell AG
Düsseldorf	25.05.2000	19 W 5/93 AktE	AG 2000, 421-422	NZG 2000, 1074-1075	DAT/Altana II

Düsseldorf	25.05.2000	19 W 1/93 AktE	ZIP 2000, 1525-1529	AG 2000, 422-425	DAT/Altana III
Hamburg	03.08.2000	11 W 36/95	AG 2001, 479-482	NZG 2001, 471-474	
München	14.02.2001	7 U 6019/99	ZIP 2001, 700-705	AG 2001, 364-367	Macrotron
Köln	08.03.2001	7 U 146/00	ZIP 2001, 967-970		EKU/März
Frankfurt a. M.	30.07.2001	20 W 4/96	AG 2002, 404-406		Nestlé AG
Düsseldorf	20.11.2001	19 W 2/00 AktE	AG 2002, 398-403		Kaufhof/Metro
Hamm	07.08.2002	11 W 14/94	AG 2003, 583-585	NZG 2003, 89-93	RWE/DTA
Frankfurt a. M.	09.01.2003	20 W 425,434/93	AG 2003, 581-583		Henninger Bräu
Düsseldorf	31.01.2003	19 W 9/00 AktE	AG 2003, 329-334	NZG 2003, 588-599	SNI
Düsseldorf	04.06.2003	19 W 3/03 AktE	ZIP 2003, 1247-1251	AG 2003, 507-510	DAT/Altana V
Düsseldorf	08.07.2003	19 W 6/00 AktE	AG 2003, 688-693		Veba AG
Stuttgart	01.10.2003	4 W 34/93	ZIP 2004, 712-719	AG 2004, 43-48	Vereinigte Filzfabriken AG
Düsseldorf	15.01.2004	19 W 5/03 AktE	ZIP 2004, 1503-1507		Krupp/Hoesch
Düsseldorf	27.02.2004	18 W 3/00 AktE	ZIP 2004, 753-760	AG 2004, 324-329	EVA AG
Hamburg	29.09.2004	11 W 78/04	ZIP 2004, 2288-2290	AG 2005, 253-254	
Düsseldorf	30.12.2004	19 W 3/04 AktE	ZIP 2005, 300-302		Rhenag
Hamm	17.03.2005	27 W 3/05	ZIP 2005, 1457-1463		GEA AG
Zweibrücken	25.04.2005	3 W 255/04	ZIP 2005, 948-951		Guano AG II
Hamm	19.08.2005	8 W 20/05	AG 2005, 854-855	NZG 2005, 897	
Düsseldorf	04.10.2006	26 W 7/06 AktE	ZIP 2006, 2379-2385	NZG 2007, 36-40	
Berlin	16.10.2006	2 W 148/01	ZIP 2007, 75-79	NZG 2007, 71-72	DeTeWe II
Stuttgart	26.10.2006	20 W 14/05	AG 2007, 128-136	NZG 2007, 112-119	
München	23.11.2006	23 U 2306/06	ZIP 2006, 2370-2375	NZG 2007, 192-193	
Saarbrücken	07.12.2006	8 U 563/05	ZIP 2007, 763-765		
Stuttgart	16.02.2007	20W 6/06	ZIP 2007, 530-539	NZG 2007, 302-310	DaimlerChrysler

VI. Entscheidungen der Landgerichte

Landgericht	Datum	Aktenzeichen	Fundstelle		Bezeichnung
Hannover	16.06.1977	22 AktE 1/70	AG 1970, 346-349	DB 1977, 1405-1408	Ilseder Hütte AG/Salzgitter Hüttenwerke AG
Dortmund	31.10.1980	18 AktE 2/79	AG 1981, 236-240		Rheinstahl/Thyssen
Dortmund	16.11.1981	18 AktE 1/78	AG 1982, 257-259		Krupp Südwestfalen AG
Berlin	24.11.1982	98 AktE 3/80	AG 1983, 135-136	BB 1983, 1432	Scheidemandel AG/Gelatine Verwaltungs-GmbH
Frankfurt a. M.	16.05.1984	3/3 AktE 144/80	AG 1985, 310-311		Triumph-Adler AG
Düsseldorf	16.12.1987	34 AktE 1/82	AG 1989, 138-140		Wicküler-Küpper Brauerei KGaA
München I	25.01.1990	17 HKO 17002/82	AG 1990, 404-407	DB 1990, 518-519	Paulaner
Frankfurt a. M.	31.03.1990	34 AktE 1/89	AG 1990, 403-404		Balamundi AG/Adt AG
Stuttgart	28.06.1993	2 KfH O 43/91	ZIP 1993, 1625-1627	WM 1994, 239-240	Vereinigte Filzfabriken
Dortmund	06.08.1993	18 AktE 1/87	AG 1994, 85-87	DB 1993, 1916-1917	Guano
Essen	16.12.1994	47 O 212/94	AG 1995, 189-191		RAG Immobilien AG
Frankfurt a. M.	19.12.1995	3-3 O 162/88	AG 1996, 187-190		Nestlé Deutschland AG
Dortmund	14.02.1996	20 AktE 3/94	AG 1996, 278-281		Hoffmann's Stärkefabriken
Dortmund	01.07.1996	20 AktE 2/94	AG 1996, 427-430		Lippe-Weser-Zucker AG
Heidelberg	07.08.1996	II KfH O 4/96	AG 1996, 523-526		Scheidemandel AG
Köln	04.12.1996	91 O 222/94	AG 1997, 187-188		Hageda AG/M und H GmbH

Berlin	26.02.1997	99 O 178/96	ZIP 1997, 1065-1067	AG 1997, 335-336	Aqua Butzke-Werke AG
Dortmund	10.06.1997	20 AktE 1/94	AG 1998, 142-144	DB 1997, 1915-1916	Sinalco AG
Karlsruhe	06.11.1997	O 43/97 KfH I	ZIP 1998, 385-390	AG 1998, 99-103	SEN/KHS
Konstanz	13.02.1998	1 HT 6/97	ZIP 1998, 1226-1227	NZG 1998, 827-828	
München I	03.12.1998	5 HKO 14889/02	AG 1999, 476-477	DB 1999, 684-685	
Nürnberg/Fürth	22.04.1999	1 HK 6730/89	AG 2000, 89-91		Philips
München I	04.11.1999	5 HKO 10580/99	ZIP 1999, 2017-2021	AG 2000, 140-142	Macrotron
München I	27.03.2000	5 HKO 19156/98	ZIP 2000, 1055-1057	AG 2001, 99-100	
Dortmund	18.11.2000	20 AktE 8/94	ZIP 2001, 739-744	AG 2001, 544-547	SNI
Hamburg	10.01.2001	411 O 171/00	AG 2002, 100-101		Philips
Frankfurt a. M.	08.08.2001	3/8 O 69/97	AG 2002, 357-358		
Frankfurt a. M.	16.08.2001	3-13 O 110/01	ZIP 2001, 1498-1502	AG 2002, 53-56	Foris/Deutsche Börse
München I	14.09.2001	5 HKO 16369/99	ZIP 2001, 1959-1962	AG 2002, 105-108	Siemens AG
Dortmund	22.10.2001	20 AktE 15/99	AG 2003, 50-51		
Frankfurt a. M.	06.02.2002	3/3 O 150/94	AG 2002, 358-360		VDO/Mannesmann
Bremen	18.02.2002	13 O 458/96	AG 2003, 214-216		Gestra/Foxboro
Essen	15.03.2002	42 T 1/02	ZIP 2002, 893-895	NZG 2002, 736-738	Abspaltung zu Null
Mannheim	25.03.2002	23 AktE 1/97	AG 2002, 466-467		Rheinelektra AG
Osnabrück	05.07.2002	13 O 177/02	AG 2002, 527		KM Europa Metall AG
Köln	15.01.2003	91 O 204/88	AG 2003, 279		DAT/Altana V

Schriften zum Wirtschafts- und Medienrecht, Steuerrecht und Zivilprozeßrecht

Herausgegeben von Jürgen Costede und Gerald Spindler

Band 1 Reiner Fu: Die stille Gesellschaft im internationalen Steuerrecht aus deutscher Sicht. 1997.

Band 2 Kirsten Forsblad: Restschuldbefreiung und Verbraucherinsolvenz im künftigen deutschen Insolvenzrecht. 1997.

Band 3 Vassilios Tountopoulos: Die Reichweite der registerrechtlichen Gründungsprüfung einer AG. Eine Untersuchung unter rechtsvergleichendem Aspekt. 1998.

Band 4 Franc Pfahl: Die Maßgeblichkeit der Handelsbilanz, ein dem Steuerbilanzrecht vorgegebenes Grundprinzip? Von der Notwendigkeit einer steuerrechtlichen Begründung der durch § 5 Abs. 1 EStG in das Steuerrecht übernommenen handelsrechtlichen Vorschriften der Gewinnermittlung. 1999.

Band 5 Michael Schröder: Die Wertpapierhandelsaufsicht nach dem Zweiten Finanzmarktförderungsgesetz. 1998.

Band 6 Daniela Hasche: Die Sachgründung der GmbH. 1999.

Band 7 Oliver Wendt: Die rechtliche Problematik von Strahlenschäden. Rechtliche und rechtstatsächliche Aspekte der Haftung für Strahlenschäden unter Einbeziehung der Vorfälle in der strahlentherapeutischen Abteilung des Universitäts-Krankenhauses Eppendorf. 2000.

Band 8 Susanne Matussek: Zum Werbungskostenbegriff im Einkommensteuerrecht. 2000.

Band 9 Klaas Ziervogel: Rufausbeutung im Rahmen vergleichender Werbung. Veränderungen im Zuge der gesetzlichen Regelung vergleichender Werbung. 2002.

Band 10 Sven Wortberg: Lösungsklauseln und Insolvenz. 2003.

Band 11 Eva Ullrich: Die Zurechnung von Buchgutschriften. Zufluß und Leistungsfähigkeit im Einkommensteuerrecht. 2004.

Band 12 Carmen Werner: Einkommensteuerrechtliche Zurechnungen bei mittelbaren Beteiligungen an Personengesellschaften. 2003.

Band 13 Ulf Andreas Nissen: Die Online-Videokonferenz im Zivilprozess. 2004.

Band 14 Oliver Wiegmann: Grund, Grenzen und Wirkungsweise des § 105 InsO. 2004.

Band 15 Holger Seidler: Eigene Aktien. Eine Analyse des Aktien-, Handelsbilanz- und Kapitalmarktrechts zur Ermittlung von Deregulierungspotential und Regulierungsbedarf. 2004.

Band 16 Stefan Eck: Providerhaftung von Konzernunternehmen. Rechtliche Zusammenschau von Konzernunternehmen bei der Verbreitung rechtsverletzender Informationen im Internet. 2004.

Band 17 Frauke Fasold: Die einkommensteuerliche Problematik der Buchwertfortführung. Übertragung stiller Reserven und Gewinnrealisierung im Einkommensteuerrecht. 2005.

Band 18 Thomas Linke: Selbstregulierte Streitlösung für deutsche Domains. 2005.

Band 19 Malte Abel: Pfändungsschutz nach § 851 ZPO. Speziell die Pfändung zweckgebundener Forderungen. 2005.

Band 20 Harriet Eidam: Typische Risiken des elektronischen Rechtsgeschäftsverkehrs. 2005.

Band 21 Katharina Schmitz: Haftung für Links. Zur Verantwortlichkeit des Hyperlinksetzers und Suchmaschinenbetreibers unter besonderer Berücksichtigung von Verkehrs- und Garantenpflichten. 2006.

Band 22 Thomas Miserre: Rundfunk-, Multimedia- und Telekommunikationsrecht. Abgrenzung der Anwendungsbereiche von Art. 5 I 2 GG, Rundfunkstaatsvertrag, Teledienstegesetz, Mediendienstestaatsvertrag und Telekommunikationsgesetz. 2006.

Band 23 Mona Bandehzadeh: Jugendschutz im Rundfunk und in den Telemedien. Eine Würdigung des Staatsvertrages über den Schutz der Menschenwürde und den Jugendschutz in Rundfunk und Telemedien unter verfassungsrechtlichen Aspekten. 2007.

Band 24 Judith Volkmann: Mediation im Zivilprozess. Rechtliche Rahmenbedingungen für ein gerichtsinternes Mediationsangebot. 2006.

Band 25 Tino Grattenthaler: Die Vergütung von Vorstandsmitgliedern in Aktiengesellschaften. Eine grundlegende Betrachtung mit ausgesuchten Schwerpunkten aus rechtswissenschaftlicher Sicht. 2007.

Band 26 Till Dunckel: Online-Auktionen und Wettbewerbsrecht. 2007.

Band 27 Lena Katharina Landsmann: Die stille Gesellschaft in der Insolvenz. 2007.

Band 28 Jan Riebeling: Der Einsatz von Informations- und Kommunikationstechnologie im Insolvenzverfahren. 2007.

Band 29 Daniela Stiegel: Aktienoptionen als Vergütungselement aus arbeitsrechtlicher Sicht. Eine Vergütungsform an der Schnittstelle von Arbeits- und Gesellschaftsrecht. 2007.

Band 30 Jia Li: Nutzungen und Nutzungsrechte im Einkommensteuerrecht. 2007.

Band 31 Olaf Koglin: Opensourcerecht. Die urheber- und schuldrechtlichen Beziehungen zwischen Lizenzgeber und Lizenznehmer bei Open Source Software am Beispiel der General Public License (GPL). 2007.

Band 32 Katharina Padberg: Die Bedeutung des Börsenkurses für die Höhe von Barabfindungen. 2008.

www.peterlang.de

Peter Lang · Internationaler Verlag der Wissenschaften

Sandra Posegga

Squeeze-out

Unter besonderer Berücksichtigung möglicher Missbrauchsfälle sowie der Besonderheiten der Bemessung der Barabfindung

Frankfurt am Main, Berlin, Bern, Bruxelles, New York, Oxford, Wien, 2006.
XLVIII, 242 S.
Europäische Hochschulschriften: Reihe 2, Rechtswissenschaft. Bd. 4475
ISBN 978-3-631-56043-3 · br. € 51.50*

Nach den §§ 327a-f AktG kann ein Aktionär, der über 95% des Grundkapitals einer AG verfügt, die restlichen Aktionäre durch einen Hauptversammlungsbeschluss aus der Gesellschaft ausschließen, ohne dass dafür ein wichtiger Grund vorliegen muss. Vor diesem Hintergrund ist es zunächst Gegenstand der Arbeit, die Fälle aufzuzeigen, in denen der Ausschluss beispielsweise aufgrund der Art und Weise der Ausübung des Ausschlussrechts gleichwohl missbräuchlich ist. Anschließend wird untersucht, welche Faktoren bei der Ermittlung der zu leistenden Abfindung zu berücksichtigen sind. Dabei wird unter Auswertung der bislang vertretenen Ansichten und durch einen systematischen Vergleich mit dem Rechtsinstitut der Eingliederung unter anderem die Bedeutung von Börsenkurs und Vorerwerbspreisen dargestellt.

Aus dem Inhalt: §§ 327a-f AktG · Verwirkung des Ausschlussrechts · Squeeze-out zur Unzeit · Kapitalerhöhung unter Bezugsrechtsausschluss · Zusammenschluss mehrerer Aktionäre · Formwechsel zum Zwecke des Squeeze-out · Abfindung nach Börsenkursen und Vorerwerbspreisen · Behandlung von Umtausch- und Bezugsrechten

Frankfurt am Main · Berlin · Bern · Bruxelles · New York · Oxford · Wien
Auslieferung: Verlag Peter Lang AG
Moosstr. 1, CH-2542 Pieterlen
Telefax 0041 (0) 32 / 376 17 27

*inklusive der in Deutschland gültigen Mehrwertsteuer
Preisänderungen vorbehalten

Homepage http://www.peterlang.de